清儒學案

第一册

徐世昌等 編纂
沈芝盈 梁運華 點校

中華書局

圖書在版編目(CIP)數據

清儒學案/徐世昌等編纂;沈芝盈,梁運華點校.—北京:中華書局,2008.10(2013.5重印)
ISBN 978-7-101-05051-6

Ⅰ.清…　Ⅱ.①徐…②沈…③梁…　Ⅲ.學術思想-思想史-中國-清代　Ⅳ.B249

中國版本圖書館CIP數據核字(2008)第149245號

責任編輯：王景桐　張繼海

清　儒　學　案
(全八册)
徐世昌等　編纂
沈芝盈　梁運華　點校
*
中　華　書　局　出　版　發　行
(北京市豐臺區太平橋西里38號　100073)
http://www.zhbc.com.cn
E-mail:zhbc@zhbc.com.cn
北京瑞古冠中印刷廠印刷
*
850×1168毫米1/32·264印張·5756千字
2008年10月第1版　2013年5月北京第2次印刷
印數:2501-4500册　定價:928.00元

ISBN 978-7-101-05051-6

點校前言

清儒學案凡二百零八卷，正案一百七十九人，附案九百二十二人，另列諸儒六十八人，共計介紹清代學者一千一百六十九人。

清儒學案由徐世昌出資編纂，並有序言一篇。據張伯駒春遊瑣談中所載夏緯明清儒學案編纂經過記略，徐世昌在不擔任北洋政府總統後，移居天津，欲仿照明儒學案和宋元學案體例及宗旨，編纂清儒學案。一九二九年，他在北京邀請夏孫桐、王式通、金兆蕃、朱彭壽、閔爾昌、沈兆奎、傅增湘、曹章和陶洙等人着手進行，並由夏、王、金、閔、沈五人任編纂，傅任提調，朱、曹、陶等分別辦理有關總務和採書、刻書事宜。編纂工作採取分頭選編的辦法。開始亦曾草擬編纂方案，商討案名，擬定體例。爲聯繫方便，還商定每逢星期五在曹章寓所定期聚會，交流情況。待各人將選編初稿陸續交卷，由曹章安排抄寫。由於全書編纂過程很長，人事也有不少變動。在編纂工作進行期間，金兆蕃南歸，王式通病故，人員逐漸減少。但工作並未停止，稿件愈積愈多。當時實際負責總纂的夏孫桐年近八旬，要求徐世昌增聘助手。其間曾聘張爾田擔任，不料張和閔等發生齟齬，不到三個月就拂袖而去。一九三四年國風半月刊第八、九合期發表張爾田清儒學案序，而清儒學案於一九三九年出版時，並未採用張序，而用徐世昌序，今一仍其舊。後來夏孫桐以年老辭職，其他人員也陸續星散，由朱彭壽一人校訂序言、凡例，照管刊刻等事宜。一九三九年，全書由文楷齋刻印一百部，交修綆堂書店發售。這時徐世昌已經去世。

回顧清代歷史，從一六四四年到一九一一年，隨着政治形勢和社會性質的變化，反映在學術思想方面也有巨大變化。清初，宋、明理學已逐漸衰頽，許多著名思想家和學者，在尖鋭激烈的民族矛盾和階級矛盾面前，多講究「經世致用」，反對「空談心性」，企圖以此糾正明代空疏的學風。康熙中期以後，抗清鬥争已經歇息，社會秩序日趨安定，大批學者從事古代文化典籍的整理。到了乾隆、嘉慶年間，經過許多學者的努力，在古籍的考訂、辨僞、輯佚等方面，取得了很大的成績，形成了我國學術史上著名的乾、嘉學派。他們的工作，爲後人研究我國古代歷史文化提供了許多方便條件。後來，盛極一時的乾、嘉學派也逐漸式微，特别是鴉片戰争以後，我國逐步淪爲半封建半殖民地社會，有識之士爲了尋求救國救民的真理，曾經通過各種途徑，學習西方資本主義的社會學説和自然科學，企圖以此挽救祖國的危亡。各種西方社會學説和自然科學傳入中國，和封建主義文化發生了激烈衝突，産生了「新學」和「舊學」之爭。

清儒學案編於二十世紀三十年代，由於徐世昌以維護封建文化爲指導思想，因此無論編纂體例、學術資料的取捨，還是學案的擬定，都存在着一些問題。

在編纂體例方面，「凡例」規定以學者「生年爲次」，却又提出「以從祀兩廡十一人居前」，而這十一位能在孔廟兩廡享受冷猪頭的，除孫奇逢、湯斌和陸隴其三人「從祀」時間較早外，其餘都是鴉片戰爭以後的事，有的還在辛亥革命以後。這種用突出幾個人的辦法來滿足自己的政治需要，從而破壞了較爲系統的編纂體例的做法，不能不説是一種缺陷。

在學術資料的取捨方面，對一些著名學者及其著述，如方以智、朱之瑜、談遷、屈大均以及後來的楊守敬、廖平等不加選録；傅山作爲顧炎武亭林學案的「附案」，介紹極爲簡略；唐甄列在諸儒學案；吕留良附於張履祥楊園學案交遊中。至於洪仁玕、鄭觀應、馬建忠、嚴復、康有爲、譚嗣同、梁啟超以及章炳麟等人，大概因爲他們或多或少都屬於「新學」，或被視爲異端，故被排斥於學案之外。

此外，選材不當，覆核不精，亦屢見不鮮。如官獻瑶，於蔡世遠梁村學案和楊名時凝齋學案兩見；尹會一健餘學案則父子文字相混。

以上問題，除了反映編纂者的政治態度外，與該書卷帙巨大，成於衆人之手，而又急於求成，也是分不開的。

清儒學案雖有不少缺陷，但把它和同時代記述清人學術思想的其他著作相比較，也有它的特點。唐鑑國朝學案小識，以程、朱理學爲主，門户之見極深，且對各家思想介紹未免過於簡單。黄嗣東道學淵源録中的聖清録，只録小傳，無從了解各家學術梗概。江藩漢學師承記和宋學淵源記，雖記敘經學和理學的學術淵源，但過於疏漏。而清儒學案却以明儒學案和宋元學案爲樣板，在佈局層次上與宋元學案相似，各家各派的師承關係，傳授淵源，脈絡清楚；在學術宗旨上和明儒學案相同，主張消除門户之見，兼收並蓄，比較客觀地反映了有清一代的學術思想。總之，清儒學案紹介人物之多，收集資料之全，學派門類之衆，到目前爲止，在同類著作中還没有超越它的。對於研究有清一代學術思想來説，仍不失爲一部有價值的入門書。

清儒學案雖有刻印本，但翻閲諸多不便，且定價昂貴，流傳不廣。我們加以標點並作了必要的校勘，凡有改動，均出注當頁。書後編有人名索引，以便讀者查檢。不當之處，請隨時指正。

沈芝盈　梁運華　一九八八年十二月於北京

清儒學案序

民受天地之中以生，天所賦於人者謂之性。盡人以合天，其進焉有程，其行焉有軌，體天地以爲化育謂之道。範天下之人，使循是道以復其性，作之君謂之政，作之師謂之教。五三之盛，君天下者即師天下者也，故政教合於一，而俾天下之人心悦誠服。磋磨漸漬畢生而莫之殫究者謂之學。政無異術，教無異師，學亦無異趨，循是道而復其性而已矣。

周室既衰，孔子以無位之聖人，上承堯、舜、禹、湯、文、武、周公之統，於是政教始分。戰國殽亂，諸子爭鳴，雖復放拘謷盪，然莫不有牖世之志。漢興，表章六經而定一尊。宋以來，乃專言性理，以别於漢，謂之道學。要之，實事求是與格物窮理，其爲學爲用未甚遼絶也。上者則正誼明道以風化其下，下者則審端致力以扶護其上，是故分者其迹而終有以相成，用之合則治。時有不用，用之而不合則不治，雖不治，而爲學未嘗間息焉，特政教之分也既久，學在於下之日恒多。

至有清聖祖仁皇帝，以乾德之中，躬儒素之業，少而好學，至老而不休。御經筵者四十年，成圖書者萬數千卷。觀摩朱子之言，擷其綱領，推其説以治天下，而天下治矣。上而天象、地輿、曆算、音韻、禮樂、兵刑、農桑、布帛之要，下至射御、醫藥、術數、游藝、庶卉、滿、蒙、西域、外國之文，殆無一不通方合莫，窮流溯原。其於易註、道統、臣工之作也，辨之惟恐其或疏。其於演算也，夙夜孜孜，積草盈篋。

夫以萬乘之尊，萬幾之重，誰爲爲之而不自暇逸？孰或勸之而不少憚煩？微論春臺熙皞政教之所敦，即絜矩於當時箸作之林，實已兼容並包，深造其極，謂爲天縱之聖，豈過諛哉！

於時南北儒碩，生際剥復，招弓旌而不至，隱巖野以潛修，然其聲聞學説，因此益彰，例以爲漢制作之前言，詎止升平之黼黻耶！在朝則貞庵、環溪、孔伯、稼書、敬庵，德行而兼政事者也；健庵、厚庵，通經以致用者也。在野則夏峯、梨洲、亭林、船山，兼體用之大儒也；桴亭、楊園、二曲，關、閩之遺也；習齋、恕谷，艱苦卓絶，别闢門庭而不詭於正者也；宛溪、東樵、季野、潛丘，史家之才也；曉庵、勿庵，疇人之師也；西河、竹垞、堯峯、望溪，文學之選也。份份焉，郁郁焉，庶幾與西京、北宋比隆也矣。而凝齋、可亭、健餘、榕門，猶及先朝之矩矱。乾、嘉之世，精研攷證，風尚稍異，治經則味經、讓堂、撝約、伯淵、次仲、皋文、里堂；訓詁則若膺、未谷、石臞、蘭皋；攷史則謝山、西沚、竹汀、二雲；金石則德甫、覃谿、虚谷、鐵橋；校讐則紹弓、澗蘋；述學則容甫、鄭堂。而慎修導之先河，東原繼之後勁，曉嵐、芸臺則又爲之樞紐者也。道、咸學者，思駕東漢而上之，有所謂微言大義之學。微言則强六經以就我，大義則頗矯異於宋儒，陳義甚高，張之别幟。他如申耆、星伯、石洲、願船之於地理，茗香、方立、君青、嘯山、壬叔之於曆算，則亦各擅專長而求闕，挺生其間。博文以約禮，信道而尊聞，嘗欲以班、馬之文章，發程、朱之義理。其爲聖哲畫象記，直足以牢籠百代，經緯萬端，使後之學者師其人，讀其書，終身用之而不能盡。至先正事略一序，於清代之達人傑士，悉推本於聖祖教育而成。由斯以觀，先君後臣，若合符契，是則聖祖之教，涵育於二百餘年者，信而有徵矣。

凡斯舉譬，竝取宏規，自餘諸家，各隨所造，猶之泰岱之接徂徠，大江之納漢水。而元和之惠氏，績谿之胡氏，寶應、儀徵之劉氏，累葉傳經，蔚爲盛業，其曠代之星鳳乎！

夫經正民興，斯無邪慝。顧盱衡斯世，新知競瀹，物奥偏明，爭競之器愈工，即生民之受禍益烈。狂瀾既倒，孰障而東？世昌曩在京時，輒欲以聖賢義藴，提倡流布，置郵於遠方。側聞歐、美才儁，久尊孔教，名區巨鎮，多建中國學院，廣運書籍，爭事研摩，文治大同，輝映壇坫。此以知崇儒重道，遐邇同風，矧生爲仲尼之徒，寧可舍本逐末哉！記有之：「昔吾有先正，其言明且清。」吾國三百年來，名儒輩出，遠紹宋、明。上述諸家，班班可考。竊不自揆，謹撮舉其言行著作，鉤玄提要，彙爲一編，以繼梨洲二書之後，願與當世學人共相參攷，俾知學術爲天下之公，殊塗同歸，咸主於有用。因學以明道，修道以爲教，冀以端本善俗，範圍曲成。凡屬斯民，各盡其天畀之聰明，尊所聞，行所知，皆優游於禮讓道德之中，用臻一代文明之盛，豈不懿歟！

戊寅　月，天津徐世昌。

清儒學案凡例

一、是編以從祀兩廡十一人居前，崇聖道也。自高彙旃以下，則以生年爲次。不得其年者，則以其生平行誼及與交游同輩約略推之。不以科第先後者，例不能括也。全唐詩以登第之年爲主，於是文房遠在李、杜之前，浩然遠在李、杜之後，豈其所哉！

一、夏峯已見明儒學案，而是編取以弁冕羣倫，以蘇門講學時入清初，謹取靖節晉、宋兩傳之例。學案小識不加甄録，蓋有門户之見存，非以其重出也，次青論之韙矣。

一、諸儒傳略，取材於漢學師承記、宋學淵源記、洛學編、濂學編、學案小識、先正事略之名儒、經學，碑傳集之理學、經學，續碑傳集之儒學，耆獻類徵之儒行、經學，去其複緟，表其粹美，大抵著者八九，而不著者一二。經解兩編作者畢舉，疇人三傳家數多同。至儒學傳稿，雖未梓行，而足備一代綱要；清史列傳，雖出坊印，而實爲館檔留遺，引證所資，無妨慎取，斯二書者，亦參用之。

一、清儒衆矣，無論義理攷據，高下自足成家。第欲遠紹旁搜，譬之舉網而漁，不可以一目盡。所謂不著之一二，非故擯棄也，或聲聞不彰，或求其書不得，如都四德黄鐘通韻之類，遂付闕如。

一、家學濡染，氣類薰陶，凡有片善偏長，必廣爲鉤索。或遇之文集，或附載序跋，而名不見於上述諸書者十之三四。非曰發潛闡幽，亦寧詳毋略之義。

一、上述諸書，體例各異，其中有分門類者，如卿相中之湯文正、魏敏果、紀文達、阮文達、曾文正、張文襄，下至監司守令若唐確慎、羅忠節、徐星伯、武授堂之倫，並依官爵，猶漢之魯國、唐之昌黎不入儒林，固史法也。是編以學爲主，凡於學術無所表見者，名位雖極顯崇，概不濫及。

一、古人爲學，不以詞章自專，長卿、子雲，包蘊甚廣。自范書別立文苑一傳，遂若斷港絶潢，莫之能會。而秋孫、叔師，豈遽遜於子嚴、敬仲？清代文章，號爲桐城、陽湖二派，證以錢魯斯之言，則二派固自一源。望溪之於三禮，姬傳之於九經，即不與婺源同科，亦何異新安正軌。前乎此者，堯峯經術與望溪疊矩重規；並乎此者，子居究心三代，識解獨超；後乎此者，柈湖子序風詩傳記，根柢亦深。惟冰叔縱横之氣，爲四庫提要所嗤，然極其意，量雪苑未可抗衡。是編於文苑中人亦加甄綜，必其文質相宣，無愧作述之美。其餘附見，未必盡純。要之，空疏而徒騁詞鋒者寡矣。

一、明儒學案通以地望標題，其淵源有緒者則加之曰相傳，同時者則否；其不相統系者則曰諸儒；其以字標題者，惟止修、蕺山二案。宋元學案或以地，或以謚，或以字，爲例不純。諸儒則累其姓於上，步趨班、范而意過其通。是編標題以字稱，曾爲宰輔者以縣稱，二人合案者亦以縣稱，諸儒以省稱，參酌梨洲、謝山二書而折衷之，固無取因襲也。

一、宋元學案附案之類有六，曰學侶，曰同調，曰家學，曰門人，曰私淑，曰續傳。而於居首之人，大書其前曰某某講友，某某所出，某某所傳，某某別傳。其再傳三傳者，又細書於其下。詳則詳矣，其如紊何！以視梨洲明儒學案，繇簡頓殊。今於附案之人，別爲五類，曰家學，曰弟子，曰交游，曰從游，曰私淑，亦足以該之矣。删緐就簡，由親及疏，合而觀之，後生或越前輩；别類觀之，仍以生年爲次，義例相符。

一、宋元學案每案之前必爲一表，以著其淵源出入，支分派别，瓜蔓系聯，力至勤，意至善也。清代學術宏多，非同道統之有傳衍。是編於授受攸關而别在他案者，則分類列舉，不復表於卷前。然或居附傳之前，或居附傳之後，或錯綜各傳之間，或以所見先後爲次，或以生年先後爲次，當屬稿時，隨筆記載，不拘一式，迨書經墨板，改刻良難，閱者諒之。

一、學案大旨，以尊統卑，其祖若父若兄學術聲名不足以統一案者，則載之子弟傳首；其子孫不别爲傳者，則附之祖父傳末，目中不著其名，名遺而實不遺也。亦有兄弟齊名，未可軒輊，則比肩居首，分系諸徒。是編所舉二高、三魏之屬，六家而已。交游相附，但視所長，年輩後先，無事拘執。

一、諸儒著述，詳敍傳中。已刊行者，舉其卷數異同多寡，間爲更定。設其書僅有傳稿，若存若亡，或僅見書名，未知成否，則别爲未見，以待續攷。然書籍浩緐，雖八道以求，而一時難得。以梨洲之通博，猶失朱布衣語録、韓苑洛、范栗齋諸集，矧在寡陋，頗囿見聞，海内鴻儒，幸賜匡正。

一、甄録著述，蓋有二義：一、其書貫串，未容翦裁，如禮書綱目、廿二史攷異之屬，則取其序例，以見大凡。一、其書美富，不勝標舉，如日知録、東塾讀書記之屬，則擇其尤至，以概其餘。凡近於帖括者，雖經不録也。近於評騭者，雖史不録也。清儒序跋，最爲經意，自序必詳爲書之綱要，爲人書序必爲之説以相資，此固徵實之學，大啟後學之塗徑，故足取焉。

一、采纂諸書，必求原本。正、續經解，多割棄序跋，而所收札記文集，雖經抉擇，往往未睹其全，後出單行，每堪補訂。其未見之書，或有序跋載於文集，刻之叢書，如説文統釋之屬，則記注其下，庶免疑誤將來。其文集不傳，而得篇章於總集選本者，題曰文鈔，亦同此例。

一、采纂諸書，略依四部排比，先專著而後文集。書名與正文平寫，序例視正文文集亦平寫，其篇目則抑寫，以爲區别。然清儒文集編次，多規仿經子，如述學、述林之屬，力避文集之名，若概稱曰集，似違作者本意。宋元學案盡依原目，不取通稱，深合名從其實之義。是編於各傳後所採著作，悉已於傳中標明，其名實固可攷見焉。

一、采纂諸書，其原刻大書細書，平寫抑寫，體式互有不同，是編義取整齊，輒復變通，期臻畫一。

一、是編列入正案者一百七十九人，附之者九百二十二人，諸儒案六十八人，凡二百八卷，共一千一百六十九人。

清儒學案目録

第一册

卷一　夏峯學案

卷二　南雷學案

卷三 桴亭學案上

卷四 桴亭學案下

卷五　楊園學案

卷六　亭林學案上

卷七 亭林學案下

卷八 船山學案

卷九 潛庵學案

卷十　三魚學案

卷十一 習齋學案

卷十二 敬庵學案

卷十三 恕谷學案

卷十四　梁溪二高學案

卷十五　用六學案

卷十六　蒿庵學案

卷十七　潛齋學案

卷二十二　寧都三魏學案

卷二十三　孜堂學案

卷二十四　白山學案

第二册

卷二十五　西河學案上

卷二十六　西河學案下

卷三十　起庵學案

卷三十一　曉庵學案

卷三十二　竹垞學案

卷三十八　孝感學案

卷三十九　潛丘學案

第三冊

卷六十四　臨桂學案

卷六十五　堇浦學案

卷六十六　翠庭學案

卷六十七　味經學案

卷六十八　息園學案

第四册

第五册

卷一百二十　里堂學案

卷一百二十一　儀徵學案上

卷一百二十二　儀徵學案中

卷一百二十三　儀徵學案下

第六册

第七册

第八册

清儒學案卷一

夏峯學案

夏峯以豪傑之士，進希聖賢，講學不分門户，有涵蓋之量。與同時梨洲、二曲兩派同出陽明，氣魄獨大，北方學者，奉爲泰山、北斗。命弟子魏蓮陸、湯潛庵分輯北學、洛學兩編，其傳衍甚遠。述夏峯學案。

孫先生奇逢

孫奇逢字啟泰，一字鍾元，容城人。明萬曆庚子舉人。少敦内行，好奇節，負經世之志。年十七舉於鄉，連丁父母憂，廬墓六年。與定興鹿伯順善繼講學，以聖賢相期。天啟中，逆閹魏忠賢竊朝柄，左光斗、魏大中、周順昌三公以黨禍被逮。先生受左公知，魏、周兩公皆道義交。伯順方贊大學士高陽孫公軍事，先生上書孫公，責以大義，請急疏救。孫公將入覲面陳未及，而三公已死廠獄。三公以誣坐贓，酷刑急追，先生與伯順父太公、新城張果中傾身營護，醵金代輸。三公雖不及待，終賴以歸骨。當時義聲震天下，臺垣及巡撫交章論薦，孫公欲疏請以職方起贊軍事，其後尚書范公景文聘爲贊畫，皆辭不就。畿輔被兵，率鄉里助守，縣城危而獲全。崇禎十五年，攜家入易州五公山，結茅雙峯，門生親故從而相保者數百家，修飭武備，爲守禦計。暇則講學，擾攘之中，絃誦不輟。明亡，歸隱。順治初，巡按柳寅東、侍郎劉餘佑先後以人才薦。祭酒薛所蘊疏陳其學行，以比元之許衡、吴澄，薦以自代，以病辭。因田園被圈入旗，移居新安。又南徙河朔輝縣蘇門山。工部郎馬光裕奉以夏峯田廬，率子弟躬耕。四方學者歸之，亦授田使耕，所居成聚。居夏峯凡二十五年，屢徵不起，學者稱夏峯先生。

先生之學，原本象山、陽明，以慎獨爲宗，以體認天理爲要，以日用倫常爲實際，不欲判程、朱、陸、王爲二途，以朱子晚年定論爲歸。於明儒推羅念庵，不取王龍谿。輯理學宗傳，録周元公、程純公、程正公、張明公、邵康節、朱文公、陸文安、薛文清、王文成、羅文莊、顧端文十一子，以爲直接道統之傳。此外諸儒，别爲考以次之，宗旨見自序中。人無賢愚，苟問學，必開以性之所近，使自力於庸行。其與人無町畦，一以誠意接之，用此名在天下而人無忌嫉。承明季講學之後，氣象規模，最爲廣大。被其教者，出爲名臣，處爲醇儒，世以比唐初河、汾之盛云。所著讀易大旨五卷，書經近指六卷，四書近指二十卷，又晚年重訂本十七卷，家禮酌一卷，孝友堂家規一卷，答問一卷，理學宗傳二十六卷，畿輔人物考八卷，中州人物考八卷，歲寒居集三十卷，後改編夏峯集十六卷，年譜一卷，游譜一卷。又有聖學録、兩大案録、甲申大難録、乙丙紀事、晦庵文鈔、孫文正公年譜、新安縣志、蘇門紀事、日譜諸書。康熙十四年卒，年九十有二。道光八年，從祀文廟。參史傳、魏裔介撰家傳、夏峯年譜、文集。

四書近指 晚年增定本。

文成之良知，紫陽之格物，原非有異。如主文成，則天下無心外之物，無物外之心，一切木礫瓦石，一覽即見，皆因吾心原有此物。起一念事親則親即是物，起一念事君則君即是物，知與物不相離者也。如主紫陽，則今日格一物，明日格一物，詩書文字，千言萬語，只是説明心性不是靈知原在吾心，如何能會文切理，通曉意義。且一旦豁然，則格物即是知。物物皆知，水月交涵，光光相射，不復辨别格之與致矣，此亦知與物不相離者也。識得知與物原不相離，則致知有致知之工夫，虚中澄湛，不染一塵，内外皆忘，物我並照；格物有格物之工夫，隨事察識，因類旁通，鏡古知今，達權通變。然而終不得言先後者，致時已涵物之理，格時適見吾固有之靈而已。

皆自明也，是從古帝王自己明了，一了百了，並不曾分心到民上去。自即身心意知，自明即格致誠正。

大學致知一義，不專爲誠意發，貫通於正心修身及齊治平之間，故不明言，以起誠意之端。而毋自欺即是致知之首，惟毋欺能用好惡之實，以至自慊，便是知至意誠。誠意工夫，只一毋自欺便了。慎獨即毋自欺，獨不但此心初動之幾，凡事物交集時有獨，即事物應酬後亦有獨。初動之獨有嚴防法，交動之獨有密證法，既動之獨有挽回法。總之，是慎獨心之廣，體之胖，總一自慊也，誠意所以爲夢覺關。

平天下者，明明德於天下也。上老老三句，正是明明德於天下之實際處。因道德之同以齊嗜欲，就人心之一以類人情，故下文曰好惡，曰慎德，曰忠信，曰仁，皆所謂絜矩以明明德於天下也。平天下雖蒙治國，實括十傳之義，好惡之不平，天下不平矣。絜矩者，所以平好惡也。此是王道，必有天德，故曰慎德。忠信者，德之謂也。慎此之謂仁人，爲父母，衆可得，命可凝，身可發，道莫大於斯矣。只爲財利關頭世主難破，而言利小人乘閒而入，官爭民競，天下之不平莫甚於此。則休休有容，無他技之一個臣，所由爲子孫黎民利賴無窮者，豈容一日少耶？人土財用即是德之精靈，看作外内便不是，況外本内末乎？聚而後散，散已晚矣。義即以財發身，利即終事守財，前以理言，後以利害言也，下此謂解上此謂也。説小人一段，見所以不畜聚斂之臣，只了專利一案。

從古原有性、道、教名目，子思一切從人身指點以證之，以道字爲主。道橫亘六合，豎貫古今，大無不包，細無不入。若説可離，便不是道。戒懼慎獨，是須臾不離之功，蓋天下有無形聲時，無不覩聞時，則「其所」二字，直須指性説。此性在不覩不聞中自有覩聞，未見形而見心，未聞響而聞寂，是吾心之覩聞也。此性在覩聞内卻有不覩不聞，形聲接而寂，若不爲之動，是覩聞中之不覩聞也。戒慎恐懼，即是不覩不聞之惺體。此際著力不得，只有默默檢點工夫，則即工夫即本體耳。此兼動静，乃根塵不及之處。打醒此心，見天於天，又見人於天，真是顧諟天命光景。喜怒節是養成後復還得箇天命之性，緊承慎獨來。末節乃率性之能事，而修道至此極矣。

「君子中庸」四字，蓋以嫡派屬之君子，見其爲宇宙大宗，而庶孽不得而亂之。言君子就是中庸，官骸肢體渾是一元之結聚，血脈擁衛純是太極之流行。仲尼於中字下添一注脚曰庸，於中字上添一注脚曰時。中不離日用故曰庸，中不可執著故曰時。

問察以前，有一段不覩不聞工夫，在問察以下，皆大知之形容。舜之大知，只是百姓日用而不知者，察而用之耳。隱惡無可見，就揚善中見其隱；揚善無可見，就用中内見其揚。執兩端就是執中，徹終始而言也。其斯句見大知不過中庸之知。

人心體只有中和，中和最强且矯，任有道無道，總之不流不倚，便是不變塞。塞是韜塞，乃曰闇，曰固，曰不顯，曰不覩聞之義，故勛業彌天壤，於心體闇淡，毫無滲漏。凡處亂世，而刻意尚行，故爲皦皦，較平日有加者，皆非聖賢之學。

夫子見人之不能中庸，非獨隱怪倡之，即半塗而廢者，亦是隱中好名之病，故直説到遯世不悔，非身隱，乃心潛也。斂之則退藏於密，有闇然不顯之意。聖賢第一學問，是掃盡名根，一絲不掛。

君子之道費而隱。「隱」字即首章「莫見乎隱」之義。如人用財，日見其出，將有窮時。此道時時有用，時時無用，時時有感有應，時時無感無應，故曰即費即隱，是聖人與天地藏身最固處。通章不是把道説得闊大，正把道説得顯淺，見眼前天地，心上鳶魚，室中夫婦，無一處不是道。即此便是玄妙費處，即隱也。末節正指出實地，教人用功，見夫婦之外無道也。自與知能極之，察上察下，其至乃夫婦之至，測識天地，旋轉乾坤，皆居室中之能事耳。察者，靈知炯炯，天光湛湛，如日當空，有下視天地之意。重道不重天地，亦不重夫婦即天地。

素位而行，與逍遥物外者有别。君子歷一境如游一名山勝境，盡採其異，盡領其趣，然後謂之能游。此身纔臨此境，便家於是，室於是，安身立命於是。做不盡頭，不是住足之地。富貴有富貴中底蘊，君子固做得十分精彩。貧賤等亦有貧賤中分量，君子亦做得十分痛快。不改其常，故曰素也。「素」字是我自己性命在富貴諸境之先，故素位者，無位者也，不願外者，無外者也。無位則虚，虚則行無所行；無外則大，大則無行而無不行。易曰：「艮其背不獲其身，行其庭不見其人。」象曰：「君子以思不出其位。」此之謂也。

「哀公問政」章，只是其人存道理，人存在於修身。修身者，以仁行道，以知勇行仁，而其功在於三近。三近乃百倍弗措之學問，所以求誠，所以成仁也，所以求人道，所以存其人也。「九經」上分截首二節，言人存政舉之易。自爲政至治天下國家，説人存而後政舉。「九經」至末，説政舉由於人存。中間段段相對，最可玩味。説仁又説誠者，真心歸之實意，方可爲行政之本。

多聞闕疑。「闕」字是聖人裁削詩書、删正六經妙手。聖人讀書考文，其慎如此。若夫非聖之書，百家諸子，不在五經六藝之科者，知聖人不敢一出諸口矣。

十世可知，重在損益句，因正其損益之端也。如因不足則所益可知，因有餘則所損可知，不是改革後知。殷之損益，即在夏時可知；周之損益，即在殷時可知。禮所該甚廣，一切法則制度皆禮也。其所以可知者，揆理準數，因時制宜之故。

林放問禮，「本」字畢竟不曾説出。本在不可思議，禮此本，樂亦此本。本只有一，更無有二，須深思而自得之。

管仲爲千古英雄，其揮霍自豪，臺池門户，俱是英雄本色。非器小不如此鋪張，如此氣燄，然無此鋪張，無此氣燄，決不敢從古今取出一箇「霸」字。春秋以下，人材成器者絶少，夫子獨取一管仲，猶恨其小耳！

今人都把比義作用權看了，不知此處是君子有主之學，非以「之於」二字爲聽憑天下也。內以律身，外以律人，不論經權正反，務要得其心之所是。比者君子孤立於天下，他無所恃，恃此義耳。

曾子日日在忠恕上著力，而未免有紛投互應之跡。所爭只在一點化，一點化則知吾心均平齊治誠正修齊之脈，忠恕而已。一言而終身行之者，此也。此是實解，勿虚描玄幻。

簡正是狂之好處。大凡人情世故上周摺的人，則多心多事，而本來之心，闇汶而不章。惟狂故簡，淡於俗情，必濃於道趣，任他性質自是光明俊偉，成得片段，但高曠處多實在工夫。少不知裁，即在成章內，非兩轉語也，此正簡之所以爲狂也。

奸雄變動天下，只因一「才」字籠絡，世人奉之太高，附之太熱，則後遂有不測之患。夫子卻從「驕吝」兩字看出破綻，頓使才人熱鬧處忽然冰冷，無復站脚地矣。

「顔淵問仁」章，全重禮字。大中至正，萬物各得其理之謂。提出一箇欛柄，立定一箇主宰，不於無聲無形中問本體，而於有條有理、衆著而成象者見本原也。惟不勝乃能自勝，惟有制乃得從容。克非克去，此在心上初起念時用工，一念回頭，萬火自降。説禮不説理者，用功必有下落，離卻顯然條理，説恁麽不覩不聞！天下歸仁者，乾坤渾是一箇禮，蓋舍了天下，即無處寄我之仁。曰由己者，謂獨知一念上用功，不是人預不得，乃由外不得也。顔子請問其目，是他胸中先有綱領者。非禮之發有二，一從思慮未起中不知不覺萌出來的，一從物感時交相引動出來的，總不從本心發來。如鐵身生垢，垢豈鐵身？如鏡生塵，塵非鏡面！去垢而鐵現其身，拂塵而鏡現其面，不必於非禮既去之後又求禮也。

子貢設爲二問，討出信不可去，以立萬世爲政者之命脈。知箇輕重，則平日圖之亦有緩急。去字不著力，去兵時已無兵，去食時已無食，不益之召募搜括云耳。寧去兵食之心，仍是足兵食之心，不肯去兵食，足不得兵食。

大都士品之卑，皆世運所激。士生三代以下，若一味認真做去，動而得謗，舉輒爲仇，且如質直好義，儘是認真修爲。然觀察下人以問心問世，不敢率意自遂，隱然有末世之思，憂患之慮。是三代以下聖賢，不可無此委婉、周折、曲全、善處之方，所以有聞者一路，不是立心要僞，只是見世情大抵如斯，故隨時逐世也，樂得十分便宜自在。蓋世運所使，豎立不定，便墮色取一流，莫謂士品之卑，非氣運之所激也。

千古聖人，俱是狂狷做成的。夫子以狂狷兩路收盡有道種子，又以狂狷絶盡世間假冒種子，聖人實實見得狂狷好處。不得中行者，言中行不易得以千古道統付之也。陽明曰：「三代以下，皆是鄉願學問。彌天蓋地，磊磊落落，無回無互，能有幾人？此世道日以衰也。」

聖人心體光明洞達，如水澄鏡淨，事物之來，千條萬目，以一心印之，全不費力。多學而識，識字是生人内賊，子貢正從此處受病，夫子特爲一刀割斷，萬法俱銷，萬義齊墮。譬如標指見月，月已見矣，中間更無是月。非月與第二月等見，只是一月，了無有指。

上智下愚是習成，不是生成。由其既成，故不移，若其未極，何不可移之有！

六言六蔽即在「言」字上見。六言者，六箇話頭也。這六件把做話頭拈弄不得，須是參研自心，使我靈明迸露，到處逢源，遇慈祥處謂之仁，照朗處謂之智。信、直、勇、剛亦復如是。故君子終身有六德之用，而實未有六言之名善。只羨慕六箇話頭，纔開門即是墻垣，所謂蔽也。夫子劈頭一語，直是提子路於萬障之中，一一剖出病證，使他自返。雖有六藥，只是一「學」字。

西河之疑夫子近百年，友教且徧四國。曾子少而得其傳，子夏老而大其傳。如論交以子夏爲正的，子張則交友而疑於師矣。論教亦以子夏爲正的，子游則弟子而疑於聖矣。誣之一字，最爲道學大病。自謂能接上上根，不知粱肉豢病，金屑著眼，未有不貽大患而翳後進者矣！

養氣非求之於氣，知言亦非求之於言。養氣者養心，知言者知心，此孟子之得於心者也。告子只論求不求，孟子只論得不得。人身只是一氣所生，掀揭事業俱由膽力上生來。養氣者，識定之爲大識，力定之爲大力。氣必統於義者，統於義之爲正氣也。義必反於心者，反於心之爲本義也。養之成浩然者，進於渾然一團元氣。知言工夫從養氣中來，知之竟陳王道而正人心，功亞於平成，烈同於摧廓，則養氣非徒節義之概，是孔子之立與不惑。知言非徒距放之幟，是孔子之删述贊修。不動心非徒功名事業之本，是孔子所爲定靜安慮之大學矣。總要歸到不動心上，任百感之紛紜，衆緣之攻伺，只是行所無事，動而不離於不動之主者也。氣與心非二，志與氣亦不相離，工夫一時俱到。曰體之充，則心亦體也，志亦體也，豈獨百骸九竅俟其翊衛，而心與志亦待其充周矣。集義只是復其全體，必有事焉勿正主下句，乃申解之辭。事與心無二，忘助皆生於心，期近效而不可得，遂忘迫於見效則助也。孔子太和元氣渾然流行四時，孟子一變而爲浩然，此正是善學孔子處。當時若無孔子，今人連堯、舜也不識。「宰我」三節，總見不動心，源流有自，非無本之學。三賢語皆大駭人，孟子反以爲確論。三賢亦自處於匪阿，蓋孔集大成，一人不動心之學，千聖不動心之學也，源流如此，度越三五，區區伯王，何足爲異！

「墨者」章，一本二字，全是挑剔他良心不是，攻擊墨學。佛未入中國而墨先之，孔、墨並稱，自戰國迄兩漢無有改者，此天下所以多儆佛者。然薄葬變爲火葬，其道止易其徒，則中國之治以儒，葬以儒，留厚終於一綫者，孟子之言，其砥柱歟！

「離婁之明」章，重在法古，責臣所以責君也。真正仁人，有心即有政矣，如何住手得？「繼」字與「竭」字相應，蓋從此心中引續出來，不繼不成其竭。惟其有見成規矩榜樣，則後來者可繼續而行，是作者爲述者之地，而聖人之後於是有聖人矣。「方蹶」二字，有不止於蹶，亦有不至於蹶。天心仁愛，警戒之所自始，亦君與臣吉凶悔吝之所自轉也。泄泄如水之流，續續不已然者，後如前之所爲，一人如人人之所爲，舉朝不以爲戒而詩戒之，聞者寧不悚然！

凡從口耳入者，皆非自得，故居之不安。居安則静，静乃太極本體，與天地萬物同居，故曰深。

「盡心知性」章，「心性天命」四字，只一樣人，具之爲心，心之靈爲性，性自出於天，天之一定爲命。只要人從本來處探討得真切，而下手「存養」二字，存養工夫又須做到盡頭，不可歇手，静時默存，動時惺存，是謂存心。靜是寂養，動是順養，是謂養性。心性合而成身，存養合而成修。壽則心性與身俱存，殀則心性不與身俱滅。天命自我植立，有常存宇宙間者，故曰立命。此知天之至，事天之極，而天命之性完全於心之結果處也。知天是知自心之天，事天是事自心之天，立命是立自心之命。總之，心生天、生命也。首節虛，二節實，知是透頭處，存養不二是用功處。首節包下二節，下二節一串合來，是了上一節。

一部大易微言，只一知命了之。所謂進退存亡不失其正，聖人事也。愚不肖而不知命，必且妄爲，則有滅頂之禍。賢知而不知命，必且强爲，强爲則有壯趾之凶。順受非只聽他，正有感格凝承二意。世無文王，而吾心之文王自在也。豪傑所以無待，只一「待」字，斷送了許多人。焚書非始皇也，書也。焚書非書也，盡信書者也。不開眼界，不大心胸，不去取聖賢，未許讀書。此路是古今達道，到底不能塞，但人心蔽錮已久，便成山徑。介然字極有精神。逃墨歸楊，「逃」字正是悟機，孟子所以開招降之路也。

讀易大旨

上天之載，無聲無臭而萬物生，此易之源也。庖羲氏通神明之德，類萬物之情，始設奇偶二畫以象之。二畫錯而八卦成，八卦錯而四圖著，圖之不一，陰陽消長之象則一。陰陽消長，天地之變化也，文王重之以盡其變，周、孔繫之以效其動，因時捄弊，豈能於圖之外加毫末！及其久也，意義繁而諸家之學競起，徇於有者，見動而不見靜，墮於無者，見靜而不見動，知易者鮮矣。千餘年後，太極圖著而庖羲氏之圖益明。無極者，言乎其本無聲無臭，上天之載也；無欲者，言乎其功渾然與物同體，夫是之謂仁。仁存則人極立，順事畢，夫是之謂合德，濂溪之言至矣，横渠西銘見其大者也。誠敬存之，未嘗致纖毫之力，則性定而内外忘，明道所以發其蘊也。庖羲之後不容無文王、周、孔，濂溪之後，横渠、明道亦豈容少哉！此條脉路乎契最微，按詞章訓詁而求之，將愈求而愈遠矣。

易，變易也，所以盡心之變也，故其爲卦不相假借，其爲爻不可混淆。蓋心之變無窮，則其詞亦無窮，引而伸之，觸類而長之，無非貞吉之爲趨，而凶悔之爲避，此易之大端也。横渠云：「易爲君子謀，不爲小人謀。」章楓山則云：「易之一言一字，皆小人之藥石，不爲之謀，特不爲之謀爲小人之事耳。小人而欲爲君子，易固未始不深爲之謀也。」楓山之言，豈果有外於横渠，但從其意而引伸之。愚謂易固無一人不爲之謀，無一事不爲之謀，無一時不爲之謀，惠迪吉，從逆凶，惟影響。至哉，易之爲教乎！

艮卦以艮爲止，聖人恐人認爲息滅之義，故云止亦止也，行亦止也，惟時而已矣。思不出位，所以爲止，不間於行止之間。若云不思而不出位，是離用以言體，告子之不動心是也。周公夜以繼日之思，體在用中，用在體中，無爲而無不爲，明道所謂擴然大公，物來順應而已矣。夫以憧憧往來之境，而遽令其擴然順應，此可想殊途同歸，一致百慮，天下何思何慮，其道之所以光明也。

天道貴陽而賤陰，聖人抑陰而扶陽，故一陽之生，保護惟恐不嚴，一陰之生，遏絶惟恐不力。凡易之所謂吉亨利，必多陽也，非然者，必陰之比陽，應陽從陽而得正者也；其所謂凶悔吝必多陰也，非然者，必陽之比陰，從陰應陰而失正者也。聖帝明王宰世，陽剛盛而陰不能撓，非無陰也，比之應之從之而得其正，則陰亦陽耳。暴君污吏當權，陰邪盛而陽不能主，非無陽也，比之應之從之而失其正，則陽亦陰耳。聖人作易，全是參贊造化，輔相生民，大之元會運世，小之食息起居，無遠弗届，無微不入。易之妙用，夫子贊之又贊，只是難以言語形容。君相能用易，而覆育在天下，賢士大夫能用易而補救在邦家，家之父慈、子孝、兄友、弟恭、夫健、婦順以至飲食宴息，避難反身，一切處常處變之事，有一非易之發用者乎？不明於此義，不足言讀易。

易者，天地聖人之精藴，而羲畫以象告，彖於文，爻於周公，十翼於孔子，亦皆觀象而繫之辭。卦之爲六十四，爻之爲三百八十四，吉凶悔吝生焉。似乎俚而支，無怪乎人以卜筮之書目之也。不知象也者，聖人之所立焉以盡意，而象之所含又不可以辭盡也。傳之辭非必盡彖爻之旨，彖爻之藴固不可以傳盡也。四大聖人各就其所獨得而各爲言，易之精藴仍未有盡也。千百載之後，再有幾大聖人出焉，發明講究，易之藴仍是其未盡耳。易一盡，則太極窮，天地息矣！孔子後千餘年，程傳主理，本義言占，亦非歧言之也。理者確乎不易，而占則示人以用，易之道也。人不知用易，則易亦虚設於天地之間，兩大儒亦各言其所獨得而已。不恒其德，或承之羞，子曰：「不占而已矣，占焉而可免於羞。」此正用易之妙也。

一陰一陽之謂道，有陰陽則不能無剛柔，有剛柔則不能無善惡，有善惡則不能無君子小人。然其道以陽統陰，則陰皆爲陽之用，以君子統小人，化枉爲直，則小人皆爲君子之用，故舉皋陶而不仁者遠，舉伊尹而不仁者遠。聖人參贊天地，大功用全在轉小人爲君子。經世宰物之人，不明於此義，不足言用世。

寂中之感既向於動，感中之寂仍歸於靜，此處正好窺動靜合一之旨。易贊知幾爲神，而以介石先之，朱子曰：「介如石，理素定也。」是素定者，非所謂寂然者乎？又曰：「惟，幾也，故能成天下之務。」而以惟深先之，朱子曰：「極深者，至精也。研幾者，至變也。」是精深者非寂然者乎？此大易動靜合一之旨也。周子曰：「動而未形，有無之間曰幾。幾善惡者，言惟幾故能辨善惡，必常戒懼，常能寂然，而後不逐於動，是乃所謂研幾也。」無欲故靜，周子立極之功，此方是動靜合一真妙訣。

讀易之道，最忌拘泥，貴變通。何謂拘泥？不察象而以臆説者支，不察夫聖人精意之所存，徒瑟瑟于象與辭之辨者枝。六十四卦，三百八十四爻，變而通之以趣時，必執一法以衡之者，固傳之辭非必盡象爻之旨，參而玩焉可也。定謂四聖一心而强合焉者膠，何謂變通？易非四聖之易，乃天開地闢，陰陽消息，霄壤間自然之易也。又非霄壤之易，乃吾心之誠明，寂然不動，感而遂通之易也。會得此旨，則知吾之心與四聖之心一，天下後世之心與吾之心一，其於易也，思過半矣。

嘗讀泰卦「内君子而外小人」，只此一言，用之不盡。不獨君王借賢人以共治，即士大夫而得一良朋益友以託身託家，則道德有於己而家世平康，其義不亦重乎！其聚不亦樂乎！故曰：「身無一賢曰窮，朋來四方曰達。」

復其見天地之心乎？從此葆而勿失，存存不息，自然光輝發越，還我天然完具之體。此所謂誠之者之事，盡人以合天，全恃這些靈露。孟子論夜氣平旦之好惡與人相近，正謂此也。

程子曰：「作易，自天地幽明，至於昆蟲草木，微物無不合。」故能盡飲食言語之道者，則能盡晝夜死生古今之道。

凡物自無而有曰始，自有而無曰終。如一日有一日之終始，一人有一人之終始，知一日一人之終始，則知千百世千萬人之終始。因始而究極其所無始，因終而究極其所無終，總是此一個消息。白沙云：「無極老人無欲教，一番拈動一番新。」其識此消息者乎！

語録

陽明良知之説，著力在「致」字，故自謂龍場患難死生之後，良知方得出頭。龍谿時而放下「致」字，專言良知，其究也，遂有認食色以爲性者，言不可不慎也。念庵每提戒慎恐懼爲龍谿忠告，見良友切磋之益。

自渾樸散，而象數之繁，異同之見，理氣之分，種種互起爭長，然皆不謬於聖人所謂小德之川流也。有統宗會元之至人出焉，一以貫之，所謂大德之敦化也。學者不能有此大見識，切不可專執一偏之見，正宜於古人議論不同處著眼理會，如夷、尹、惠不同，微、箕、比不同，朱、陸不同，豈可相非？正借有此異以證其同。合知廉勇藝而文之以禮樂，愈見冶鑄之手。

問：「古來聖賢俱能易地皆然否？」曰：「是未可概論也。伯夷、柳下，一隘一不恭，斷不能相易。

泰伯、文王斷不爲湯、武之事，龍、比亦不能爲箕子之事。平水土，治稼穡，教人倫，典樂明刑，五臣亦不相易，而況其他！行造其極之謂聖，各從其性之所近而登峯入微，如金之足色，正以不能相易爲絶詣也，何必同？同道者，此心此理，易地皆然，其識趣才情有相近者耳。從來亦有一等人，自謂無不可爲，到手成窘，皆不達于此。」

毁譽莫看得容易。張魏公身爲將相，師久無功，君厭之，民苦之。至殺曲端，陷岳飛，此非小失也，而身後之文無遺議，儼然推爲古之大臣，未免是譽。陸子靜求放心，先立乎其大，正是孟氏之傳，詆之者援人證己，必以爲僞學，令不得出頭，未免是毁。乃知史册中網入毁譽者不知凡幾，讀史者先矢虚公方可著眼。處己處人之道亦如是。

學問喫緊當先透死生之關，此關一透，功名富貴自可不消費力。人能念念不忘死候，日夕戒懼，臨深履薄，自不敢恣情縱欲，作越理犯分之事。逸史公云：「常念病時，則塵心漸減，常防死日，則道心自生。」

道理只在眼前。眼前有相對之人、相對之物、靜對之我，正所謂道也者不可須臾離也。能盡人性，盡物性，皆是眼前事。舍眼前而求諸遠且難，不知道者也。學而時習之，智及之，仁能守之，知之，好之，樂之，皆指眼前説。不離日用常行，内直造先天未畫前。

儒者談學不啻數百家，爭虚爭實，爭同爭異，是非邪正，儒釋真僞，雄辨無已。予謂一折衷於孔子之道，則諸家之伎倆立見矣。論語中論學是希賢希聖之事，論孝是爲子立身之事，論仁是盡心知性之事，論政是致君澤民之事，論言行是與世酬酢之事，論富貴貧賤是境緣順逆之事，論交道是親師取友之事，論生死是生順没寧之事。只此數卷論語，無義不備，千聖萬賢不能出其範圍，識其大者爲大儒，識其小者爲小儒。不歸本於孔聖之道者，則異端邪説，是謂非聖之書，不必觀可也。

夏、殷、周一禮相因，而妙處全在損益，如無損益，天地爲死局矣。六十四卦皆相逼而來，不得不受，不得不轉，節宣陰陽，摶捖宇宙，古今一大損益也。大哉易乎！其用無窮，與天地相爲終始。

從來學者每傷于所恃。淺儒有淺儒之恃，大儒有大儒之恃，恃不同，所傷一也。謝上蔡去一「矜」字，而曰「子細檢點，病痛盡在這裏」，是欲破其所恃也。大易洗心退藏於密，其至矣乎！

康節學於穆伯長，每有叩請，必曰：「願開其端，勿盡其意。」人于道理，須經自己思量，方有悟。入程門亦時有此意，所以多高弟。泛泛問答，祇是一番酬應而已，何關學問之事！

大臣當國，須有一段沈深博大之氣，不止容君子，并能容小人，不止容小人，并能化小人爲君子，纔是聖賢心腸，豪傑作用。輕分門户，先横己見，奪小人應得之物，予小人難堪之名，無惑乎彼之無復顧忌而恣其反噬之毒也！仁人君子有教養之責者，俱宜念兹。

乾之不能不爲姤也，坤之不能不爲復也，姤所積漸而往，勢必至于坤，復所積漸而往，勢必至于乾，此陰陽消息，自然之理，雖聖人不能違。若是聖人不幾于無權乎？非也。帝降而王，王降而霸，春秋之時，霸功且漸微矣，孔子祖堯、舜而憲文、武，春秋之世雖不能轉而爲唐、虞、三代之大經大法，千萬世賴孔子而不墮，所謂配天配地配無疆，聖人之太極也，豈隨陰陽之氣數消俱消而息俱息乎？從古來大聖大賢皆于盈虚消息之中而有履滿守謙之道，彼不能持世而轉於世者，何足爲有無重輕哉！易之大綱曰：「聖人貴未然之防。」蓋古今治亂只在君子小人。復言「七日來復」，是闢之於未然，臨言「八月有凶」，是闔之於未然，故邵子曰：「易者，聖人長君子消小人之具也。」

人心虚靈，最不可有先入之見，然不可不以六經、四書爲先入之見。心有主始，不爲旁門曲學所亂，亦所謂先立乎大，則其小者不能奪也。

問：「陽明子謂『博約是一齊事』，人多病其失序。」曰：「子十年讀書，將前五年專用之博文，後五年專用之約禮耶？抑隨博隨約，隨約隨博耶？隨博隨約，博中約也；隨約隨博，約後博也，故陽明之言曰『約禮必在於博文，而博文乃所以約禮』。二之而分先後焉者，是聖學之不明，而功利異端之説亂之也。知此，則致良知以格物，格物以致其良知，又何疑焉！」

學問先要見出大總腦，總腦不清，則時時有難處之事，在在有難處之人，總腦清，則天下之物盡在我，而不足以增損我，故得喪榮辱俱不足驚吾神，擾吾慮，而日用飲食之間，盡皆性命流行之會，然非閑邪存誠，不足與語此。

孔伯問：「儒學本天，釋學本心，心無二理，何以與吾儒異？」曰：「心無善無不善，此禪宗也，釋氏本心之説也。性命於天，自是至善無惡，孟子所以道性善，此聖學本天之説也。本天以天地萬物爲一體，故能兼善天下。本心祗了當一己，故謂之自私自利。有統體之理，有一偏之理，理有偏全，學術自别。」

問：「下學即上達，卑邇即高遠，如何？」曰：「吾夫子一生，日用起居，接人應物，莫非下學。至其精義入神，達天知命，則總在下學卑邇之中，所謂『不離日用常行，內直造先天未畫前』。若分何時爲下學，何時爲上達，何處爲卑邇，何處爲高遠，便於道理割裂。即此推之，形色亦天性，糟粕亦神奇，説心在事上見，説體在用上見，約禮在博文上見，致知在格物上見，內聖外王，一以貫之，原無許多頭緒。」

文集

四書近指序

或問：「學何爲也哉？」曰：「學爲聖人而已。」曰：「聖人可學而能乎？」曰：「可。孟子曰『乃所願』，則學孔子也。」曰：「仲尼，日月也，猶天之不可階而升也，烏能學？」曰：「日在天之上，心在人之中，天與日月不可學，亦學吾之心而已。心以天地萬物爲體，其操功卻在日用飲食間，故曰『不離日用常行，內直造先天未畫前』。盡心知性以知天，而聖人之能事畢矣。周元公曰『聖希天』，程明道曰『聖學本天』，孔子亦曰『知我者其天』，天之外復何事哉！夫子假年學易，而以不息法天行，在春秋以天自處，即魯論二十篇，大之言仁言德，細之日用飲食，名色雖殊，要之文章皆性道。維天之命，於穆不已，聖人以至誠配天，同一不已。誠者天之道，誠之者人之道，時習之學，殆所稱盡人以合天，則人也，而實天者乎？魯論所載，無言不可會通，然其教之所重，而本之所匯，則時習一語，足盡諸賢之蘊，故曾子得之而明德至善，子思得之而修道而教，孟子得之而集義養氣以塞天地，皆所謂一以貫萬者耳。不能得其一者，讀書破萬卷，究於自己身心毫無干涉，窮年矻矻，終老無聞。余嘗與及門二三子拈『學而時習』一語，六經、四書不能滿其分量，千聖萬賢不能出其範圍。即如清任和至不一也，而所以一之者，曰『皆古聖人也』。微、箕、比干至不一也，而所以一之者，曰『殷有三仁焉。』支分派别之中，自有統宗會元之地，若其必不能一者，是其端與我異者耳，非本天之學也。孔子曰『不知言無以知人』，孟子亦曰『我知言』，魯論二十篇，無一言不載聖人之精神色笑。而出二千餘年，學聖人之學者，戴聖人之天而忘其高，履聖人之地而忘其深，此仲尼之天地所以爲大也。劉靜修著有四書精要，惜久失傳。鹿忠節説約一編，刻畫生動。余耄矣，偶讀論語，復識數言於首，標曰『近指』，以告吾黨士之讀四子書者，亦以示不可求於遠且難之意。」

理學宗傳序

學以聖人爲歸，無論在上在下，一衷於理而已矣。理者，乾之元也，天之命也，人之性也。得志，則放之家國天下者，而理未嘗有所增；不得志，則斂諸身心意知者，而理未嘗有所損，故見之行事，與寄之空言，原不作歧視之。舍是，天莫屬其心，人莫必其命，而王路道術遂爲天下裂矣。周子曰：「聖希天。」程子曰：「聖學本天。」又曰：「余學雖有所受，天理二字卻是自己體貼出來。」余賦性庸拙，不能副天之所與我者。幼承良友鹿伯順提攜，時證諸先正三子衍其端，濂、洛、關、閩五子大其統，嗣是而後，地各有其人，人各鳴其説，雖見有偏全，識有大小，莫不分聖人之一體焉。余因是知理未嘗一日不在天下，儒者之學，乃所以本諸天也。嗚呼！學之有宗，猶國之有統，家之有系也，系之宗有大有小，國之統有正有閏，而學之宗有天有心。今欲稽國之運數，當必分正統焉；遡家之本原，當先定大宗焉；論學之宗傳，而不本諸天者，非善學者也。先正曰，道之大原出於天，神聖繼之，堯、舜而上，乾之元也；堯、舜而下，其亨也；洙、泗、鄒、魯，其利也；濂、洛、關、閩，其貞也。分而言之，上古則羲皇其元，堯、舜其亨，禹、湯其利，文、武、周公其貞乎？中古之統，元其仲尼，亨其顔、曾，利其子思，貞其孟子乎？近古之統，元其周子，亨其程、張，利其朱子，孰爲今日之貞乎？明洪、永表章宋喆，納天下人士於理，熙、宣、成、弘之世，風俗篤醇，其時有學有師，有傳有習，即博即約，即知即行，蓋仲尼殁至是且二千年，由濂、洛而來且五百有餘歲矣，則姚江豈非紫陽之貞乎？余謂元公接孔子生知之統，而孟子自負爲見知。靜言思之，接周子之統者，非姚江其誰與歸！程、朱固元公之見知也，羅文恭、顧文端意有所屬矣。宗傳共十一人，於宋得七，於明得四。其餘有漢隋唐儒考、宋元儒考、明儒考各若干人，尚有未盡者入補遺。「補遺」云者，謂其超異與聖人端緒微有不同，不得不嚴毫釐千里之辨。真修之悟，其悟皆修，真悟之修，其修皆悟，諸不本天之學者，區區較量於字句口耳之習，此爲學也，腐而少達。又有務爲新奇，以自飾其好高眩外之智，其爲學也，僞而多惑。更有以理爲入門之障，而以頓悟爲得道之捷者，儒釋未清，學術日晦，究不知何所底極也。此編已三易，坐卧其中，出入與偕者，逾三十年矣。少歷經於貧賤，老困躓於流離，曩知饑之可以爲食，寒之可以爲衣，而今知跛之可以能履，眇之可以能視也。初訂於渥城，自董江都而後五十餘人，以世次爲序。後至蘇門，益廿餘人。後高子攜之會稽，倪、余二君復增所未備者。今亦十五年矣，賴天之靈，幸不填溝壑，策燈燭之光，復爲是編，管窺蠡測之見，隨所録而箋識之，宛對諸儒於一堂，左右提命，罔敢屑越，願與同志者共之，並以俟後之學者。

家禮酌序

家禮酌者何？酌夫貴賤貧富之不同，器數文物之互異，分之爲各家自行之禮，合之爲衆家共由之禮，此其所以酌也。不驚夫婦之愚，不傷渾樸之舊，如其必不可行、必不能行者，則亦不必酌矣。竊自有儀禮以來，學士大夫之家相傳爲鼎彝，寶玩之而弗用。非天下後世之罪，則禮之文也繁也，自絶于天下後世耳。孔子曰：「禮與其奢也寧儉，喪與其易也寧戚。」蓋已心厭其繁，故多方以補救之，而後世之靡也滋甚。嘗思之，孔子與子夏論禮曰：「繪事後素。」則其所先者可思也。中庸敦厚以崇禮，厚固其所先者哉！禮從厚出，即三千三百不足盡太素之體。所謂萬殊，原於一本，一本散爲萬殊者，此耳！先聖先儒定禮，無非教人以敦厚之意。禮行自上，爲公卿大夫設，不得不畫一式焉，使行禮者知所趨。士亦不忍自爲菲薄，易知簡能。乾坤不易之禮，尚忠尚質尚文，皆易簡中之不得不然。今之四禮雖云廢矣，然天下無不冠不婚不喪不祭之人，名存而實在其中矣。十室之邑，必有忠信，但願行禮者隨分自盡，不漓其忠信之初，禮何常不易也，不簡也！近寧陵吕氏有四禮疑一書，其簡易有先進之遺，間嘗竊取其義。夫易知簡能而天下之理得，更有望後之君子云。

題念庵集後

念庵，陽明功臣，龍谿益友也。陽明良知之説，本之孟子不慮而知，龍谿遂以爲一念靈明，無内外，無寂感。吾人不昧此一念靈明，便是致知。或以良知不足以盡天下之變，必加見聞知識補益而助發之，便是俗學。此以一念之明爲極則，一覺之頃爲實際也。念庵曰：「不然。陽明常以入井怵惕、孩提愛敬、平旦好惡三言爲證，蓋以一端之發見，未能即復其本體，故言怵惕矣必以擴充繼之，言好惡矣必以長養繼之，言愛敬矣必以達之天下繼之。孟子之意可見，陽明得其意者也，故亦不以良知爲足，而以致知爲功。」念庵集中多以此立論，故曰：「陽明宗傳，舊選朱子止取晚年。」友人云：「若止存此，則朱、陸當欣然相得，安得許多同異？」道問學與尊德性原是一樁事，正不妨竝存，見聖道之大，各人入門不同。又如格物與陽明不同，俱當互見，以示天下後世。因簡朱、陸始焉不合，繼焉漸合，終焉相合之語，俱列於册，見友朋之益、相得之難如此。後之學者，不知陸，并不知朱，必以爲到底不合。至舉晚年定論之語，亦不之信。見有人尊信陸子者，則極力擯斥之；見有人指摘陸子者，則極力推奬之，此與朱、陸何涉？適足明己之拘，而不大千古學術。豈一己之意見，遂爲定評哉！王子格物之説，冒險犯難，歷盡諸攻，始得休息，然亦與朱、王何涉？究竟建安亦無朱元晦，青田亦無陸子静，姚江亦無王伯安。

寄張蓬軒

某幼而讀書，謹守程、朱之訓，然于陸、王亦甚喜之。三十年來，輯有宗傳一編，識大識小，莫不有孔子之道，小德之川流也。及領指示，覺人繁派淆，殊非傳宗之旨，故止存周、張、二程、邵、朱、陸、薛、王、羅、顧十一子，標曰傳宗録，然于舊所彙者，終不敢有散佚也。若云付梓，淺學曲識不能自信，烏能信天下後世？又念宋文憲、方正學根極理要，開我明道學之傳，復彙數人爲一編，内雖有學焉而未純者，要皆各具一得，録以備考。皆欲攜以就正，恨未得各家全書，零星收録，不成片段。邇于同志中得兩人焉，一守建安，一守姚江。某嘗舉先生「建安没，天下之實病不可不洩；姚江没，天下之虚病不可不補。」守建安者，謂建安何病？病在姚江之支離。守姚江者，亦極言姚江無病。其守之專而衛之嚴，兩人固各守師説，不至流爲陳相，但未免虚益虚，實益實。倘于先生之言更有會焉，且于陳良有光矣！孔子教人之法，孟子教人之法，雖稍有異，朱則成其爲朱，陸則成其爲陸，聖賢豪傑，豪傑聖賢，即有不同，亦不失建安、姚江面目，又何病焉？某謂學人不宜有心立異，亦不必著意求同。若先儒無同異，後儒何處著眼？試看從古帝王賢聖，放伐不同于揖讓，清不同于任，任不同於和，清任和不同于時。殷之三仁，所生之時同，所事之主同，而或去或奴或死，判然不同，亦各存其所見而已矣。先生云：「少墟之方，南皐之圓，不能圓其所方，方其所圓，則圓可也，方可也。如毁方而圓，便非豪傑本色。」札中見教者，即姚江復生，指天泉四無之説，亦當拜直諒之益。間嘗思之，固不敢含糊一家之言，亦不敢調停兩是之念。不墜之緒，即剥喪蔑貞，必存乎其人。譬之適都者，雖南北之異，遠近之殊，要必以同歸爲止。總之，學以尼山爲宗，孟氏不同道，姑舍是，乃所願。獨學孔子論性之原，孔曰「性相近」，孟曰「性善」，孔子道其全，孟子指其本，孔子謹于習，孟子充其端，兩義互資，此正尼山大中至正，一無所倚，非純乎天而人不與者，其誰能之！今遵建安者，痛除頓悟，以爲顔子極仰鑽之勞，斯見卓爾；曾子力隨事之察，斯唯一貫。若所悟出于頓，人己隔判，事物遺棄，聖賢之傳授無之。不知頓從漸來，無漸何頓可言。天下之歸于一，日正以有克復之漸也；吾道之貫於一，唯正以有忠恕之漸也。紫陽亦云：「用力之久，一旦豁然貫通。」何嘗非頓悟乎？用力在平時，收功在一旦。漸者，下學也；頓者，上達也，不可以分言，則頓之非虚，而漸之非實，當不作歧觀矣！

與魏蓮陸

知統録終於許、薛，紫陽以前論定矣。先儒有言：「許平仲，其今之朱紫陽乎！」近亦有言：「薛敬軒，其今之許平仲乎！」柏鄉以紫陽集諸儒之大成，故以許、薛終。知統、元燈一線，絶無兩歧。僕極服其見之定而力之專也。然僕所輯宗傳，謂專尊朱而不敢遺陸、王，謂專尊陸、王而不敢遺紫陽，蓋陸、王乃紫陽之益友忠臣，有相成而無相悖。僕嘗謂孔子其歲功也，賢之大者得春夏秋冬之一令，賢之小者或二十四氣，或七十二候，合之而始成歲功。所謂小德之川流，萬殊原于一本，一本散于萬殊之意。謂有春夏而無秋冬可乎？有秋冬而無春夏可乎？有知統之敦化，正不可無宗傳之川流耳。手教又惓惓以柏鄉與陽明「無善無惡心之體」未得合併一路，此亦未免見之不大。陽明是説心之體，非説性之體也。繼善成性，性自是善心。有人心道心，人心危而道心微，可謂皆善乎？此只在陽明自信得，及我輩何庸代爲置辯耶？言陽明之言者，豈遂爲陽明？須行陽明之行，心陽明之心，始成其爲陽明。言紫陽之言者，豈遂爲紫陽？須行紫陽之行，心紫陽之心，始成其爲紫陽。我輩今日要真實爲紫陽爲陽明，非求之紫陽、陽明也，各從自心自性上打起全副精神，隨各人之時勢身分，做得滿足，無遺憾，方無愧紫陽與陽明。無愧二子，又何慚于天地，何慚于孔、孟乎！

復魏蓮陸

接手字，以去人欲、存天理持之終身，老夫真是喜而不寐。去欲存理，人恒有之。持之終身，恐日月至焉者，亦未敢輕言也。由雞鳴平旦而密之食息起居，由食息起居而密之造次顛沛，無時無事非去欲存理之會，此便是自强不息之君子。所云「柏鄉于朱、王不無抑揚」，此正見柏鄉之定力。昔陽明于羅整庵手書面論，倍爲詳切，而整庵之守朱説益堅。兩人者，固各有得也，不必强而同也。僕患遵紫陽者不能盡紫陽，能盡紫陽又復何憾。我輩今日特似乎尊王，王與朱不同，大段在格物。柏鄉所彙格物册，僕閲之爲一説，兩賢之大旨固未嘗不合也。後之學者，乏融通之見，失原初之旨，支上生支，遂成歧路。若其當初入手著脚真實理會做工夫，有何不同乎？我輩既有此志，先以虚心爲主。咸大象曰：「君子以虚受人。」近儒有言：「看古人於異處正好著眼。」今日試於異處而加體認之功，可以見吾心之所主矣。柏鄉公又云：「於寬收之中而嚴析之。」僕服膺此言，耄年精力衰耗，而求益之心無時自懈。感柏鄉提攜殷切，真可以助我不逮也。

答常二河

辱問致知格物異同，只緣朱子補傳，陽明復古本，遂成聚訟。今就格物而論，朱子謂窮理，陽明謂爲善去惡是格物。某嘗思之，朱子謂：「理有未明，則知有未盡。」若偏以窮理屬知也。又曰：「凡物必有當然之則而自不容已，所謂理也，外而至於人，則人之理不異於己；遠而至于物，則物之理不異於人。」由此言之，亦是求理於心，非就事物而求其理也。豈如後人向一草一木而求其理乎？陽明謂：「格，正也。物之得其正，而理始極其明。如事父，不成向父上尋箇事的道理，只盡吾心之孝。」此固是求理于心，然欲爲善去惡，舍窮理又何由辨乎？窮理正爲善去惡功夫。總之，窮理者，聖學之首事；正物者，聖學之結局。某與吾友鹿江村論格物，朱、王入門原有不同，及其歸也，總不外知之明，處之當而已。至用功先後雖有次序，其實合天下國家身心意知以爲物，不離乎治修齊誠正以爲格也。此處求信於心，共偕大道而已。陽明言無善無惡心之體，後之儒者羣起而攻之。陽明所言，蓋心也，非性也，心性必不容分，而才情相去倍蓰什佰千萬，亦必欲强而同之乎！來教謂：「孟子言性善指天命之性而言，而陽明指其心寂然不動時言也。」夫心當寂然不動，有何善惡之可名？而天命之性自在其中，正與無極而太極、太極本無極吻合。此即程子言「惡亦不可不謂之性」。意固各有指，必以其辭求之，不幾類苟子性惡之説乎？大凡我心未化，自謂爲孔、孟固藩籬，而訟之聚也滋甚。我輩惟虚心而體認之，不必向人問津梁也。

答田華石

昨承下問，未盡一得之愚，敢因台旨而詳言之，無非借以爲求教之地。凡立言有宗，舉意有指，弟謂閑邪以存誠，先生謂誠存自無邪，然亦非兩事，無二功也。來旨謂預存一誠，自可省卻許多閑邪功夫。靜言思之，誠何能預存？曾子之忠恕，一生自省用多少戒欺功夫，方能有自慊之時？孟子之不動心，一生集義擴充長養浩然不奪於外，豈一朝一夕可得到此境地？欲淨理還不期存而自無不存，非決盡羣陰閑邪之至，豈易語此！弟謂閑邪以存誠，下學也；先生謂誠存自無邪，上達也。凡可用功、可告語者，皆下學也。上達只在下學裏。以孔子之聖，而曰「聞義不能徙，不善不能改」；以顏子之賢，而曰「有不善未嘗不知，知之未嘗復行」，皆所謂閑邪也，下學也。下學從入門時論也，上達從成德時論也。程子曰：「窮理盡性至命只是一事。」愚故謂閑邪以存誠，誠存自無邪，亦非兩事，無二功也。要知邪非淫蕩恣肆，顯與名理背叛，只稍與吾性命相違拂，便非所謂未發之中，中節之和。君子戒懼慎獨致吾中，致吾和，去其不中不和者，而誠存矣。誠無妄。邪者妄也，留一分妄，蝕一分誠，兩者恒相爭勝。諺云：「道高一尺，魔高一丈。」學術治術各有魔。聲色前，君已身體而力行之矣。今復云「人事繁冗，向所操存者以是荒退」，豈謂獨只宜於靜，而不宜於動耶？先儒教在事上磨鍊，若喜靜厭動，豈不自誤一生？君既明知如此，又苦忙中忘了，忙中天理人欲辨不真，其咎只在慎獨工夫做之不熟耳。

答趙寬夫

接來字，迴環讀之，見邇來用功，近裏著己，痛除將就冒認之習，真見本來面目。所云「去一層又有一層」，此正切磋琢磨之詠，精矣而又覺其麤也，密矣而又覺其疏也。堯、舜猶病，到底是猶病。文王未見，到底是未見。孔子何有，到底是何有。顏子之欲從末由，到底是末由。道原無盡頭，學自無了期，安得有剥盡之時耶？一味朴實做去，不落掩著，不以意興氣魄攙和其間，獨不期慎而慎，意不期誠而誠，無時非天晴日霽之候，無處非鳶飛魚躍之機，雖與人共在塵世之中，而此心獨超萬物之表，睟面盎背，所謂充實而有光輝者也。此段趣味，全從剥處得力，剥之時即復之時，非兩候也。前賢議論，語語當活看，稍一執著，便成滯碍。所謂讀有字書，要識無字理，朱、陸異同，數百年聚訟，文成効諍論於紫陽，至今攻之者不遺餘力。憶前番字中，謂新鄭所刻之書，駁者云，文成、文恭不足徒置，此不明于無字理。各伸所見，不足怪也。濂溪爲宋之大儒，而從祀獨後，安得人人盡識姚江哉！明史未修，儒術尚多可采，老夫嘗語同人云：「不在五奎聚東井之後。」此祇可爲吾丈道耳！卧病經年，其苦難以告人。所幸者，一年之病，得良友數人，樂更甚於苦矣。當世士大夫，儒而歸禪者，十常四五。如適庵者，食雪山之食，衣雪山之衣，居雪山之居，而精神意想乃專注于尼山，千百中無一焉。吾不知有心人當何以位置適庵也。顏、曾學孔子，步趣唯謹；孟子學孔子，離合而與之相究。故先儒云：「孔子之道，得孟子而大光。」意興氣魄四字，再作商量。

答張仲誠

手教謂：「學以學此心，不至于天有難己者。」此言能抉其要，與鄙意正相脗合。千聖萬賢，總不外是，豈獨四子、六經之義，焉能出其範圍！諸儒或小德之川流，或大德之敦化，亦豈能外于此哉！僕謂陽明開聞知之統，爲後學闢一生面，大破帖括口耳之習，學者果能見其確然不可擬議，當下承當，則自致其良知，即自信其本心，庶天之所與我者，不至因循半途，廢棄一簣。操之在我，窮達何分？時爲平仲、晉卿即爲平仲、晉卿之事，時爲靜修即爲靜修之事。時之所遇者在天，而我之所學者本天，而不違于時。此處師友之夾助自不可少，空谷窮山，何幸來有道之礪，勉僕策燈燭末光。嘗以不學便老而衰自奮，便鴻望有以教我也。

又

手教亹亹，不傍人口吻，至知行合一之説高明重行字，此尤對學者口耳涉獵之病。僕昔與張東昌屢辯之，伊時亦持台意。東昌反覆言之，大旨謂知行並進，庶不觭于一偏。即如時習，當屬之行，而知固在其中，到悦時則無知行之可分矣。不行固算不得知，不知將貿貿然行之乎？如適邦畿者，須先計其路向，酌其資費，勿畏難自阻，必期至于邦畿而後已。去之之時，到之之後，將屬之知乎？將屬之行乎？此陽明子所以有知行合一之言也。陽明子接聞知之統，私心自信，不敢求他人共信，不意鹿江村之後，再得同心。至判朱、王爲二，不欲持二可之説，足見自信其心。僕昔與吾友持之甚力，迄讀晚年定論暨其全書，而後知晦翁之學，非後學可輕議。涇陽顧子論之，頗得其當耳。

答魏石生

文、武以前，道統在上，治統即道統也。孔子以後，道統在下，學統寄治統也。大人之實事，聖人之説述，顯晦殊途，本源一致，總不出聖學本天一語。不本于天，則異端耳。天一命也，命一性也，性一善也。達而在上，與窮而在下，同一命也性也，則同一善也。君道以此治天下，師道以此覺天下，理一而已。窮理、盡性、至命一以貫之。孔子論行論仁論孝，每每問同而答異。至微、箕、比、夷、尹、惠諸聖，使其生于孔、孟之後，當不止如朱、陸之異同，與朱、王之格物也。尊德性，道問學，説雖不一，本是一事，本人既以相安，後世仍然聚訟。紫陽格物，人謂屬知；陽明格物，人謂屬行。又有謂窮理則格致誠正之功皆在其中，正物則必兼舉致知誠意正心而功始備而密，則是二子之説，未嘗不合而爲一。如春夏秋冬各一其令，强而同之，勢必不能。故非知天必不能知人，蓋行足以兼知，未有能行而不知者；知不足以兼行，恥躬不逮聖人，固慮之。

復許酉山

嘗思濂溪三箇「希」字，是只要做到天上去。天是何境地，人如何可到？濂溪此語，是從「吾十有五而志於學」看出。自志學到知天命、耳順、從心，行住坐卧，刻刻皆與天遊，故曰：「知我者，其天乎！」他人皆信不及，子思獨從安排不得處下箇「天命」字，從不假造作處下箇「率」字，又從一氣渾然不可名狀處下箇「中」字、「獨」字，正是希天嫡傳。曾子乃於明德即是希天，須在物上討箇諦當。身心意知家國天下皆是物格，即神之格思之格。感而遂通之謂學者，不以心爲物役，卻時時與物酬酢，無一事不是分内，須將戒懼之心時時提起。孝子之事親，與仁人之事天，原非歧觀。正札中本體工夫一齊俱到，持此以往，居家以此，居官亦以此，第求自信，隨時自有證悟也。

附録

先生十五歲與鹿伯順訂交，以名節相砥礪。及親喪，廬墓闇然，自證性命，初守程、朱。伯順每舉陽明相語，因讀傳習録，於知行合一之旨有得。後每教人，輒舉伯順之語云：「讀有字的書，卻要識没字的理。」伯順著四書説約，先生爲商正之。年譜。

先生居京師六年，皆鹿伯順、范一泉左右之。奉聖夫人客氏弟光先介所知贈名馬，再辭不受。同上。

高陽孫公督師山海關，先生過塞上，居三月，徧觀諸形勝，孫公欲留之，急歸歸安。茅止生元儀佐孫公軍事，請益，先生曰：「將帥不和，未有成功者。子文士之雄，共事者二三大帥，一有見才之心，便不能容人，人寧有爲我用耶？」止生服膺其言。同上。

萬曆中，顧涇陽、高景逸、馮少墟、鄒南臯諸公講學京師，先生守庶人不見之義，未往謁。晚年因東昌張司空鳳翔爲先朝遺老，曾共四公講習，特往訪謁，以所著理學宗傳就正焉。同上。

中州臺使諸人嘗過夏峯，修式廬之禮，先生田家雞黍，惓惓以民彝爲念曰：「匹夫爲善，康濟一身；公卿爲善，康濟一世。某力不能及民，願公減一分害，民受一分之利。」負笈北面，有千里百里至者，卿貳韋布不作歧觀。即悍夫武弁聞之，傾心悦服，自勉於善。或有以始終瑕瑜爲先生呰其濫者，先生曰：「與人爲善，論其見在，已往將來，安可必耶？」魏裔介撰傳。

同時海内大儒推先生與黄梨洲，南北相望，未相識面。康熙癸丑，作詩寄梨洲，勉以蕺山薪傳。梨洲稱其理學宗傳一書别出手眼，北方之學者大概出於其門，使喪亂之餘，猶知有講學之一脉者，不可泯也。明儒學案。

魏石生曰：「先生行而後言之者也。行之而後言，言太極，言定性，言朱、陸，言良知，何莫非忠孝廉節之繽紛馥郁者乎？披其遺書，而雍容氣象如覩。有德者必有言也，非言也，德也。」文集序。

湯潛庵曰：「先生於道，慎擇而約守之。所著書，皆明前儒所未發。嘗以古今諸儒見有偏全，力有淺深，要以不謬聖人爲歸。慈湖以傳子靜者失子靜，龍谿以傳陽明者失陽明。儒而雜禪，不可不辨。

苟無致知力行之實，徒揣摩億度以軒輊前賢，先生之所不與也。」文集序。

又曰：「草昧初開，干戈未戢，人心幾如重寐，賴先生履道坦坦，貞不絶俗，使人知正心誠意之學，所以立天經，定民彝，不因運會爲遷移。振三百年儒者之緒，而爲當代理學之大宗。其於文中、紫陽何如？非愚之所能知。其有關於世道，則一而已矣。」同上。

夏峯家學

孫先生博雅

孫博雅字君僑，夏峯先生第四子。伯兄立雅字君健，明諸生，受學於鹿伯順，留容城守墳墓，不入城市。先生從侍蘇門，當夏峯晚年，來學者衆，問難往復，爲之傳達，多得言外之意，學者親之。夏峯所著書多出其手編。舉隱逸，以親老辭。著有日約齋集。事母至孝，夏峯有詩紀之。弟因事陷獄五年，傾家營救，弟免。以勞瘁致疾卒，學者稱文孝先生。夏峯孫淦字靜紫，康熙乙丑進士，官内閣中書。淹貫經史，以詩名，有擔峯集。參夏峯集、年譜、先正事略、擔峯集。

夏峯弟子

王先生餘佑

王餘佑字申之，又字介祺，晚號五公山人，直隸新城人，明諸生。父延善，尚義好施，當明末，散萬金結客。生三子，長餘恪，季餘嚴，先生其仲也。出爲世父魯山知縣建善後。會李自成陷京師，先生自魯山歸。父率三子與雄縣馬魯起義兵討賊，孫夏峯徵君亦起兵容城，同恢復三縣，斬僞官。迨清師入關，先生父爲仇家所陷，執入京。兄餘恪以先生後世父不可死，揮之去，獨身赴難，父子畢命燕市。弟餘嚴率壯士入仇家，殲其老幼三十口，於是急捕先生兄弟。上官力解迺免。先生招魂葬父兄，奉嗣父隱於易州五公山。初游定興鹿伯順門，與歸安茅元儀講經世之學。繼受業於夏峯，治兵家言。國變後，往來蘇門，相從講學。復從定興杜紫峯游學，以明體達用爲宗，閑邪存誠爲要。究心經史，教授生徒，務實學，兼文武才，遠近從游數百人，天文、地理、禮樂、兵刑、耕桑、醫卜無不窮析端委。彙古人經世事爲居諸編十卷，集歷代兵畧爲乾坤大畧十卷，又有萬勝車陣圖一卷，兵民經絡圖一卷，諸葛八陣圖一卷，湧幢草三十卷，文集三十二卷，十三刀法一卷，認理說、通鑑獨觀、前著集諸書。康熙二十三年卒，年六十九，學者私謚文節先生。參王源撰傳、北學編、國朝學案小識、先正事畧。

附録

先生所撰兵畧分十類，曰兵行先知所向，曰兵進必有奇道，曰遇敵以決戰爲先，曰出奇設伏，曰招降，曰攻取必於要害，曰據守必審形勢，曰立制在有規模，曰兵聚必資屯田，曰克敵在無欲速。乾坤大略。

先生喜任俠，立身孤介刻苦，有古獨行之風。與人和易，從容簡諒。至論忠孝大節，談兵述往事，目炯炯若電，聲如洪鐘。或持兵指畫，鬚戟張，一躍丈許。馳馬彎弓，矢無虚發，見者莫不震動曰：「王先生，命世才也！」王源撰傳。

夏峯語先生曰：「余五十年始識一貧字。我輩以貧賤之身，值流離憂患之際，典琴書，質簪珥，忍病停藥，日不再食，屢矣！對妻子似難快心，對同志並無愧色。此字不明，終非真實學問，力砥中流之意也。」先生因名其齋曰共饑。夏峯集。

先生晚主獻陵書院，河間知府王奂爲置宅，副將孔毅買田二百畝餽之。野巾牛車，往來瀛海、嵩、岱間，四方豪俊造門，典衣剉薦緩急措置無難色，達官求一見而不可得。王源撰傳。

河北隰從岱、張羅喆、高鐈、吕申管，青陽刁包、張翼星、陳鉉、王之徵，山右傅山諸宿儒，皆慕與交，以學問相礪。顔習齋元素鮮許可，見先生輒愧服，以父執之禮事之。

尹元孚曰：「世人動以儒術迂疏爲道學詬病，如先生者，隱而未見耳。使獲見用於世，其不一雪斯言也歟！」北學編。

湯先生斌 別爲潛庵學案。

耿先生介 別見潛庵學案。

魏先生一鼇

魏一鼇字蓮陸，直隸新安人。明崇禎□□舉人，官忻州知州，有惠政。去官之日，匹馬雙僮而已。順治二年，謁夏峯於北城，從學。夏峯語之曰：「爲官之日短，爲人之日長，失意時不動心，則不受羈縻，所謂英人達士也。」再補泗州不就，仍從夏峯於兼山堂。堂畔築室，顔曰雪亭。與湯潛庵、耿逸庵同堂問辨，潛庵稱其「上下千古，視千秋如旦暮，性高曠不耐俗」。夏峯謂之曰：「聖人之教，爲愚夫愚婦所共由；賢人之教，乃高人志士所獨契。觀師冕一章，即聖人萬物胸襟，位育參贊全體。學者得此，方完性分所固有，職分所當爲。」蓋進之也。從夏峯三十年，及門問答，語先生居多。康熙三十一年卒，祀鄉賢。著有四書偶録、北學編、夏峯年譜、雪亭夢語、雪亭詩草。參北學續編、夏峯集。

附　録

先生嘗策蹇訪湯潛庵於京師，見潛庵緼袱破被，數椽不蔽風雨，歎曰：「此猶雪亭風味也！」潛庵亦以雪亭比朱子之寒泉精舍云。先正事略。

魏石生曰：「蓮陸壯年棄官歸，不顧妻子，不問家人生産，從徵君受性命之學，兢兢以存養省察爲要。其深造所得，備具於雪亭夢語一編，大抵皆發先賢之藴，明内重外輕之義，不汲汲於富貴，不戚戚於貧賤，而於上天之所以生我者，尤諄諄留意。此覺語，非夢語也。朱子以格物爲夢覺之關，謂物格之前皆夢也。聖人之心，與天爲一，常覺而不夢也。下此則沈迷於私欲而不知返，直至於大夢而後已。知其爲夢，庶可覺乎！是以知蓮陸之用心良苦，而益歎容城之學有傳也。」雪亭夢語序。

耿先生極

耿極字保汝，號誠齋，定興人。少厚重，爲鹿伯順所知。初從杜君異游。天啟十二年，夏峯避亂易州之雙峯，先生兄權往從學。所居百樓距雙峯百里，迎夏峯至，居以别墅，遂同受業。有會於良知之旨，謹守師説。中年教授四方，傳夏峯之學。晚從居蘇門之西峯，終焉。聞道最早，同學有疑難，每以請質，稱爲都講。夏峯曰：「此吾門尹彦明也。」精於易。其論略謂：「天地之道，散之萬物，物有大小，莫不有天地之道；亦猶文、武之道在人，賢有大小，莫不有文、武之道。是故孟子欲希聖則學孔子，孔子欲希天則學易。易體天地之撰，通神明之德，類萬物之情，天地之盛德大業畢見於此。後人視易太遠，求易過深，不以爲莫可憑依，即以爲不適時用，此孔子所由歎君子之道鮮也。余得徵君夫子循循善誘，恍然於神無方而吾身即其方，易無體而吾身即其體，且萬物無非神之方，無非易之體，然後知易也者吾之安宅，養生之布帛菽粟，饑渴寒暑所不可一日離者也。」故名其書曰周易淺義。又有古本大學繹言、古本中庸繹言、王制管窺、存誠集諸書。子之翰，字爾良，傳父學，以孝行旌。參夏峯集、年譜、周易淺說自序、畿輔通志。

張先生果中

張果中字于度，直隸新城人，明諸生。初受業於鹿伯順，慷慨好義。夏峯廬墓時來從學。左光斗提學畿輔，奇其文，拔置高等。及魏閹興黨獄，先生從夏峯及鹿太公傾身營護，不避危險，當時所稱范陽三烈士也。順治初，從夏峯徙新安。及卜居蘇門，遂攜家依之，頹然老儒。夏峯謂之曰：「從來舍生取義，殺身成仁，亦是無愧眼前。夷、齊首陽之餓，撐柱乾坤，豈可小覷！」先生阨窮以終，卒年七十一。

賈三槐字正卿，固安人，明諸生。以廬墓旌。初受學於鹿伯順。萬曆中，夏峯寓京師，來執弟子禮。性魯，發憤爲學，相從先後四十年。夏峯稱其樸實醇篤，白首不失赤子之心者也。天啟中，左、魏之難，兩家子弟皆下榻其家。參夏峯集、年譜、先正事略。

薛先生鳳祚

薛鳳祚字儀甫，益都人。父近洙，明萬曆間進士，授中書舍人。值魏忠賢亂政，辭官歸，遂不出。以孝行介節爲鄉里所重。先生明諸生，孝友承其家學。嘗師事鹿忠節及夏峯先生。著聖學心傳，以發明忠節四書説約、夏峯四書近指之旨。又病世之宗姚江者内心性而外學問，無致用之實，故其學無所不究，而尤長於天文曆算。初學於魏文魁，主持舊法。及南，見穆尼閣於江寧，盡得其術。譯穆尼閣所著書，曰天步真原，中論交食一卷，以得梅勿庵訂證，獨行於世。其法專推日月交食，中繪弧三角圖三：一則有北極出地，有日距赤道，有時刻而求高弧；一則有日距天頂正午黄道，有黄道與子午圈相交之角而求黄道高弧交角；一則有黄道高弧交角，有高下差而求東西南北二差。末繪日食食分一圖。既又與湯若望游，所學日精。自著算學會通，凡正集十二卷，考驗二十八卷，致用十六卷。考驗部中論交食一卷，别題天學會通，亦以勿庵訂證而行於世。推算交食，凡有兩例：一用積日積月以取應用諸行度數，由平三角、弧三角等法逐次比例，而得食分時刻方位；一用立成表按年月日時度數逐次檢取角度，加減而得食分時刻方位。先生用表算之例，簡捷精密。其述曆法，以順治十二年乙未冬至爲元，以三百六十五日二十三刻三分五十七秒五微爲歲實。秒數合柰端所推，與穆尼閣以爲四十五秒者不同。又以西法六十分不便以十進位，改從古法，以百分爲度。蓋先生精擘西法，雖得諸穆尼閣，而折衷求當，不墨守一家言。或譏其謹守穆尼閣成法，依數推衍，非篤論也。他所著書又有兩河清彙八卷，車書圖考一卷，氣化遷流八卷，皆切於世用。參史傳、疇人傳、青州府志、四庫全書提要。

天步真原人命敍

今魚生於水，而鱗介爲波紋之象；鳥生於林，而羽毛有枝葉之形。又土脈紆曲，皆作本地北極出地之度；木理迴旋，皆向本地北極出地之方。有形有生皆然，而況於人！夫養生者吐故納新，欲令形氣不朽。呼者飲食之氣，亦即人原禀兩閒之氣也。吸者天地之氣，亦即隨時五行推移之氣也。則人原生吉凶，與其流運禍福，有所從受，概可睹已。譚命多家，除煩雜不歸正道者不論，近理者有子平、五星二種。子平專言干支，其法傳於李虚中。近世精於其道者，譚理微中，可以十得七八。至於五星，何茫然也？五星舊法，出自欽察，而所傳之法甚略。如論日格，不過有日出扶桑、卯。日朝北户、巳。日帝居陽、午。日遇白羊、戌。日帝朝天亥。五法。論午宫格，不過有日帝居陽、日。太陰升殿、月。南枝向煖、木。水名榮顯、水。孛騎獅子、孛。木蔽陽光木。六法外，顧寥寥也。他如天官文昌兼以化曜諸説，然驗與否，皆居其半。予於諸書，多曾講求，終不能自信於心也。竊思其法傳之西域。嘗讀洪武癸亥儒臣吴伯宗譯西法天文，似稱稍備，而十二宫分度有參差不等者，乃獨祕之。予久求其説而不解，不知其玄奥正在於此。壬辰，予來白下，暨西儒穆先生閒居，講譯詳悉，參求益以愚見，得其理爲舊法所未及者，有數種焉。一爲生時不真如子至丑一時，而論人生則非刻漏之時，而過午時圈之時。一子時有三十度過午圈，則子有三十時矣。子時過午圈一也。南北極出地又有無窮之異，則子時且不可以數計矣。財帛等十二宮，赤道皆三十度，然不當用赤道而變爲黄道，其宫分多寡有差五六十度者。日月等七政，臺曆皆本星黄道，然不當用黄道而變爲赤道，其出入宫分有差至三四十度者。至於吉凶之遲速，又全不關黄赤道。而論升度，而正球升度，亦止午圈之一點，外此斜升斜降，隨極高下，益不可齊。以上數大法，舊傳皆略得其似，遂認爲真，而況各宫與七政，性情相離相逐，得力不得力，如舊日格、午宫格者，萬未及一，安敢以爲天地之情即在是也？此書幽渺玄奥，非人思力可及。他如回年行年，流月流日，細分縷晰，皆指諸掌，豈非爲此道特開生面乎！命之理，聖人不輕言，而爲益世教，未嘗無也。窮通有定，擇術在人，或爲五帝之聖焉而死，或爲操、莽之愚焉而死，涼薄時有益堅之念，赫奕時有飲冰之思。人能知命，即能寡過人也。予喜得其理，恐寫本流傳易湮，勉力付梓。有志此道者，尚留意於斯。

附　録

先生所著書，屬於算術者，曰「對數比例」，乃西算以假求真數之便法；曰「中法四線」，從古法，百分爲度，列正絃、餘絃、正切、餘切四線。屬於推步者，曰「太陽太陰諸行法原」，曰「木火土三星經行法原」，曰「交食法原」，曰「歷年甲子」，曰「求歲實」，曰「五星高行」，曰「交食表」，曰「經星中星」，曰「西域回回術」，曰「西域表」，曰「今西法選要」，曰「今法表」，皆合中西法會而通之，故總題爲算學會通，惜不能以全書行世也。史傳。

天步真原別本三卷，專論人命，亦穆尼閣所著，先生爲之刻行，與四庫所收一卷本專論交食者同名而異實。金山錢熙祚跋，謂「天步真原似分部甚多，尚不止二種，特此二種各自單行」。熙祚又謂：「穆尼閣據七政高卑、升降、遲疾、留逆定人命之吉凶，不免依倣附會。惟以弧三角推十二宮法，斜弧形有兩邊夾一角，及兩角夾一邊者，用半和半較立算至精。弧三角有所知之兩邊，則其對邊之兩角，有和可以求較，有較亦可求和。又以次形之法通之，有所知之兩角，則其對角之兩邊，有和可以求較，有較亦可求和。入算既簡，而得數甚真，實曆書未發之覆。先生之刻是書，蓋亦有取於此也。」守山閣叢書所刻天步真原。

先生當明季亂時，練鄉勇，修商山堡自固。戰陣之方，攻守之具，類能出新意於古法之外。一時郡縣多被焚掠，環先生所居五十里，盜賊無敢犯者。青州府志。

先生嘗應聘佐治河道，因著兩河清彙，詳究黄河、運河，北自昌平、通州，南至浙江，河湖泉水諸目皆詳載之。又記黄河職官、夫役道里之數及歷代至清初治河成績。援據古今，疏證明確。别爲海運一篇，欲倣元運故道與漕河並行，蓋祖邱濬舊説也。史傳、青州府志。

先生同時，吴江王曉庵治天算與齊名，稱「南王北薛」。及梅勿庵訂正兩家之書，以爲吴江識解在青州之上。然於天學會通，深稱其便用，而惜所訂註之處，未獲與之相質。其推重實不下於王氏諸書也。四庫全書提要勿庵曆算書記。

馬先生爾楹

馬爾楹字構斯，定興人。父潔，明末從鹿伯順殉難。先生終身不應試。鰥居四十年不再娶，篤學力行，侍蘇門久，問答最多，編夏峯游譜。參夏峯年譜。

高先生鐈

高鐈字薦馨，清苑人，諸生。順治三年，從夏峯於北城，研精性命之學，夏峯問答語始有紀録。佐修新安縣志。善草書，好爲詩，有淵穎集。雜著數種，分爲内外篇，夏峯曾爲序。其嘯隱文娱，蓋門人中之以文章著者。參夏峯集、年譜。

王先生之徵

王之徵字五修，號密齋，安州人。事親孝。夏峯講學新安，來從學。與論不覩不聞，戒慎恐懼，本體工夫合一之理，及白沙静中養出端倪之妙，先生心領神會。及夏峯移居河北，徒步送之。康熙元年，再至蘇門，請益，夏峯告以「舉事接言，乃吾心與天下絹通之脈絡。以義制事，以道接言，爲聖賢至詣。其有錯亂者，皆人欲牽纏，見己而不見人耳。强恕而行，求仁莫近，時時見有過可改，有善可遷，方爲聖賢磨練之功，學者惟於此致力而已」。先生家居獨學，又從杜君異游，顏習齋亦重之，嘗曰「當坦率時輒思王五修」云。參夏峯集、年譜、顏李遺書。

陳先生泚

陳泚字半千，安州人，順治庚子舉人。少好浮屠説，既而棄去。謁夏峯於蘇門，稱高第弟子。博究宋、元以來儒先諸書，於陽明傳習録，鹿伯順尋樂大旨，尤生平所得力也。年七十五卒，祀鄉賢。子鶴齡，康熙丁卯舉人，官正定教諭。承家學，在官效胡安定法教諸生，門人私諡懿長先生。參夏峯年譜、北學續編。

申先生涵光

申涵光字和孟，一字孚孟，號鳧盟，永年人，貢生。父佳胤，明太僕寺丞，殉國難。順治中，與褎卹。先生孝義高行，名重於時。尤工詩，河朔推爲第一。謁夏峯，執弟子禮，夏峯恨得之晚，以聖賢相敦勉，自是究心性命之學，不復爲詩。舉孝行，再舉隱逸，皆辭不就。論學多持平之説，嘗曰：「朱、陸同適於道，朱由大路，陸由便徑，似捷而危，在人自擇耳。」夏峯謂其「苦心積慮，閲歷深而動忍熟」。魏石生則稱之曰：「年少文壇，老來理路，聖賢之所謂博文而約禮也。」所著荆園小語、進語、聽山集，詩文並行世。康熙十六年卒，年五十九。弟涵煜字觀仲，舉人；涵盼字隨叔，翰林院檢討，並傳其學。同郡殷岳字伯巖，雞澤人，崇禎癸亥舉人。明末偕弟淵起義殺賊，淵死，而伯巖走免。順治初，官睢甯知縣，先生招之歸，與永年張蓋覆輿皆高隱工詩，時稱「廣平三子」。偕先生謁夏峯，稱弟子，夏峯仍以友視之。有留耕堂集。王體健字廣生，曲周人，明諸生。甲申後，隱居教授，與先生、伯巖諸人稱同志。年六十三，乃謁夏峯，執弟子禮。夏峯已病，告之曰：「學問之事，在躬不在口，隨時體認天理，此外無他説也。」參聽山集諸序、夏峯年譜、史傳、永年縣志。

荆園進語

主靜不如主敬，敬自靜也。

良知即性善也，陽明終日言良知，卻云「無善無惡」，何故？

魯齋云：「人之自立，當斷於心，若實見得是，則決意爲之，不可因人言以前卻而易其守。」此爲游移者誠也，然先須明理，見得是非確然而後可。若誤以爲是，而概拒人言，則是師心自用，未有不敗者。陸子之學，以究竟爲入門。

李廷平教人靜中看喜怒哀樂未發以前氣象，理學家奉爲不傳之祕。胡敬齋曰：「既是未發，如何看得？只存養便是。」此說較有的據。

明哲保身，只是不使此身陷於不義，後人誤以偷生遠禍當之，遂爲長樂老借口。

良知即四端，致良知即擴而充之，其說本孟子，最爲精確。但標爲名目，無事不歸於此，所以招世俗之議。

朱語有近陸者，陽明擇出以爲晚年定論。陸語亦有近朱者，但無人擇出耳。

近世多呼迂闊者爲道學。道學至迂闊，非善學者，本自可厭，闢道學者詭詞曲辨，反若可喜。然可厭者於人無害，而可喜者流弊無窮，此即馬伏波畫虎之說也。

孟子開卷便極言好利之弊，已知此一事乃千古病源，與仁義是正對頭。此關不破，雖終日言仁義，總無實用，況置仁義於不講乎！

論性是學問大源頭，然用工夫卻是逆溯之法，候到者自明辨之，太早，無益實事，故夫子之言不可得而聞也。

楊慈湖其言狂肆，而不知所定。且極詆程子爲未明道，謂洗心正心非孔子之言，存心存神孟子乃誤認，此皆心學流弊之言也，而後人公然列之理學，何哉？

崔先生蔚林

崔蔚林字夏章，一字玉階，號定齋，直隸新安人。順治戊戌進士，歷官少詹事兼翰林院侍讀學士。登第年未三十，歸從杜君異問學。上蔡張仲誠至京師，聞其言，大悦。康熙六年，往蘇門謁夏峯，夏峯語之曰：「子嗜陽明，須知陽明與程、朱相劑爲用，非有牴牾也。得其相劑之意，則宗傳中諸儒，無一不供吾之用。孔、孟之用，用在萬世，六十四卦三百八十四爻皆言用耳，拘曲之士不能用於一身，不能行於家庭日用，猶居然自命千古耶？楊晉庵之言曰：『身有顯晦，道無窮達。』窮則獨善其身，有多少力量在！路無旁蹊，理惟一貫，第爲之而已矣。」先生沈潛易義，精思三年。嘗以周子太極圖説「動而生陽，靜而生陰，其間有漸生漸長之義」，自爲一圖，與瞿塘來氏易説合。直經筵，以致知格物説進。詔撰易經講義，未終病痱，具疏乞休。忌者言其病非實，落職罷歸，養痾百泉。時夏峯已卒，與夏峯諸子共證所學。康熙二十六年卒。所作易講義未及成書。自著有四書講義。參夏峯集、年譜、畿輔通志。

趙先生御衆

趙御衆字寬夫，號惕翁，灤州人，諸生。明季避亂，居河南密縣。順治十七年，謁夏峯，從游，絶意仕進。於六經羣史諸儒書多所發明。每自訟曰：「垂名千古易，無愧一心難。」夏峯嘗曰：「吾門中若湯孔伯之端亮，趙寬夫之補過，求之古人，亦不可得。」手輯夏峯遺書爲傳信録二十五卷，又輯粹語爲夏峯答問五卷，録其所見與師教合者爲弗措録。自著困亨録，大旨以事心爲主，學貴收斂。夏峯與論學書甚多，嘗告曰：「道原無盡，而學無了期，安得有剥盡之時？從剥處致力，即復之時，非兩候也。所欲所惡，俱性命之理，本體皆順，而功夫皆逆，從逆上得力，正所以求其順也。」先生好言了悟，故以此進之。有山曉堂集行世。

錢佳選字升階，號西齋，密縣人，拔貢。清修篤學，所居超化村，有山水林木之勝，延接儒流講學其中。慕夏峯之學，往執贄，歲往請質。夏峯門下諸人，亦時造訪其家。後人立祠祀張仲誠、趙寬夫、湯潛庵、耿逸庵、李霞表、馬構斯、耿保汝〔一〕、孫君僑、陳孔怹、馬茉，史稱「超化十子」，以傳夏峯之學。參夏峯集、年譜、中州文徵、國朝學案小識。

困亨録

人之事心如事天，但敬吾心，使之潔淨光明，遇事即此應之，一切順逆成敗，惟天所命，我不敢參以畔援希冀之意，故曰天下無事。

今日所謂只此一事者，看來還是未能灼然確然爲不移主宰。若一旦有所侵奪，恐所謂一事者，茫無得力處也。從古聖賢，念兹在兹，舉聚散得失，付之浮雲，我此一事，並無增減，此之謂止此一事。

〔一〕「汝」，原作「極」，耿極字保汝，今改。

學者莫求解聖賢語，要認自己心，明白自己事。依文能解，遇事茫然，總是不親切，自誑誑人。千難萬難，只是打疊此心。若心地潔淨，不但發憤植立，所謂道理平鋪，著足便四通八達。慎獨不是把捉，但認得獨時，自然知慎。

凡人只要辨箇必爲聖人之志，自能博學，自能審問，自能慎思。明辨而篤行之，進是自己進，退是自己退，他人預力不得。所貴乎得良友者，資指迷之益耳。

種種嗜好都教刊落淨盡，無巨細不挂絲毫，方可進道。少有沾滯，終是凡軀，非由己工夫。

心本無物，無物則虛，虛則公，公則無所偏私，任天下紛紜雜賾，遺大投艱，不過如其理分物數應之，更有何事？而第一在識本心，存養得精神强固後，睜眼便看見，開口便説著也。雷霆風雨，天體凝然，若多一念則私吝生，廢其天職矣。

在此時，作此事，一點真心對天下萬世，精義入神，是到圓滿處。饑食渴飲，夏葛冬裘，看出素位而行，不願乎其外來，則周子「無欲故靜」之言，真是了當，更有何説！

上帝臨汝，無貳爾心，是源泉混混，不舍晝夜。學問工夫是疏源達流，不使壅塞之意。

二氏有云：「向上一機，千聖不傳。」此語亦未爲非。但立言太簸弄真，學者自然見之，不然何以欲罷不能？

費先生密 別見諸儒學案。

案：夏峯年譜詳載及門諸人在附案之外者甚衆。賈爾霖字用汝，先生之壻，清苑人，萬曆四十四年從學。李天篤、閻顧行、閻國賓、張泰階、李鳴雷、洪月評、蔚雲會、王宏圻、王際明皆容城人，天啟五年從學。牛光祚，容城人；劉之躍，直隸新安人，崇禎二年從學。鹿立雅、奏雅、望雅皆伯順子，度雅、量雅、維雅、抱雅皆伯順姪，崇禎三年從學。劉師因字範修，崇禎己卯舉人，官天台知縣；張維德字文峯，容城人，崇禎六年從學。王爾祿，明進士，清官刑部侍郎，清苑人，及弟爾禧，崇禎八年從學。郭衛明字扶陽，耿權字是經，定興人，崇禎十一年從學。耿好訥、好訒，定興人，崇禎十二年從學。田存芝字儕蘭，定興人，崇禎十三年從學。李知新字晉亨，新安人；馬之騆字習仲，雄縣人；孫鳳立字備九，容城人，順治二年從學。金鏡字仲遠，京師人；仇憲稷字異渥，新安人，順治三年從學。王家禎字盂山，淮安山陽人，官新安知縣，順治四年執贄稱弟子。于鴻漸字杜若，順治壬辰進士，官醴陵知縣；謝皇錫字彝甫，皆安肅人；王延褒字譽之，清苑人，順治五年從學。盧兆唐，易州人，順治六年從學。李之藻字含生；王元鏕字玉乘，康熙甲辰進士，官中書，皆成安人；李體天字性甫，弟合天字仁甫，明天字信甫，新安人；馬胤錫字振公，弟載錫字宜公，安邑人，順治七年從學。景應熊字乾禎，安邑人；孟瑶字二清，汲縣人；王一廉，雄縣人，順治八年從學。耿熠字大炤，耿帝德字一夔，太康人；李貞吉字元善，肥鄉人，順治十一年從學。杭世拯字行麓，武陟人，順治十三年從學。楊行健字乾行，順治己丑進士，官陝西藍田知縣，直隸新安人；郭迓禧字騤臣，郭遇熙字駿臣，新鄉人；李滋字奕倩，大興人；黄載字載公，開封人，順治十四年從學。王際三字君佐，陽武人；張燦然字天章，原武人；郭治化字熙侯，新鄉人，順治十五年從學。田迺畝字治埏，易州人；趙炎，安肅人；劉始莒字莒石，杞縣人；王國鼎，官汲縣丞，順治十六年從學。韓鼎業字子新，王瑱字伯生，皆盧龍人；陳向敏，光州人；王永康字有年，宿州人，順治十七年從學。郭世昌，顧琮，沈大中，皆河内人；張嵩嵒，盧龍人；李鼎新延津人，順治十八年從學。任宅心字含真，李中節字合符，皆汲縣人，康熙元年從學。劉鴻聲字震之，輝縣人；鄧傳字其可，大興人；張興泰字叔大，涿州人；吴珊字嵩三，淮安人，康熙二年從學。陳奉敕字子石，滄州人；孫立勳字鼎甫，康熙壬子舉人，官邢臺教諭；李瑞徵字吉占，康熙丙辰進士，舉博學鴻詞，官户部主事；李昌宗字公傑，官山海關教諭；李發長字鼠生，官行唐教諭，皆容城人；崔若泰字魯望，田迺理字界埏，皆易州人；劉統字公理，清苑人；高侃字藎臣，蒲州人；管有度字公式；楊爾嘉字亨子；楊爾淑字湛子，康熙丙辰進士，官通政使；管嗣音字振聲，周維翰字御五，陳大廷字憲五，皆新安人，康熙三年從學。王方穀字濟美，康熙己未舉博學鴻詞，授中書，新城人；劉鼎新字重華，舉人，容城人；戴明説字巖犖，號定園，子玉綏、玉絜，孫晏，陳遇堯，趙時泰，孫揚陛，劉重慶，皆滄州人；徐夢松，邯鄲人；趙應文，閻廷儒，閻廷秀，唐文龍，王特簡，皆成安人；尚重字威如，新安人；梁廷援字以道，馬千秋，王餘厚，皆鄢陵人；申宣國，延津人，康熙四年從學。張汝霖，山東人；常大忠，山西人；王志旦，上蔡人，康熙五年從學。程起鳳字來儀，西華人；韓子厚，盧龍人；祝甘來，山陰人；方馥，徽州人；李玉鉉，滄州人；王柔，獲嘉人；殷廷瑄，孫纘緒，張琰，張璘，郭景暉，劉若武，杜晉卿，皆新鄉人，康熙七年從學。李希文，鄭有四，皆密縣人；郭晉熙新鄉人，康熙八年從學。李居易字松友，官密縣知縣，東阿人；呂源字原水，萊蕪人；熊九疇字洛敍，大名人；劉興秀，滄州人；郭承佑，郭景暘，郭琰，段四知，暢泰徵，劉孳雲，皆新鄉人；王鄴，王卲，朱藝，皆輝縣人，康熙九年從學。尹幡然，陳坦，皆保定人；張欲翕，新鄉人；王攀桂，郭采，趙溶，皆獲嘉人；陶公緒，原武人，康熙十一年從學。王荷興，孫爾棫，皆臨漳人，康熙十二年從學。熊夢飛，大名人；宋拱微，廣平人；步翔，安陽人；李對，劉繹祖，新安人，康熙十四年從學。

夏峯晚年有懷友詩云：「孔聖有四友，又復偕六侍。顧我老而病，同人望更亟。匡我之不逮，諸賢時瘖寐。端亮曰孔伯，當仁不肯避。明達蓮陸子，到手無棘事。新安一作定齋。勇向學，識力何超異。滄州一作定園。訟往愆，晚節抉其祕。寬夫善補過，力爲明學地。垂老輕去鄉，蕙馨共旅食。渥城有五修，答問借筆記。習仲能知幾，介祺稱高寄。子新饒俠腸，錢、薛具識器。構斯安貧賤，守身明大義。渾穆稱保汝，不以窮失意。退步震之賢，虛衷亦夔智。騤臣有氣魄，熙侯無俗累。子石稱孺慕，含真嚴指視。天章多慧根，子亮本美質。振公孝友人，景子嘉其志。儕蘭與裕卿，問學漸有次。凫盟荊園語，鄂州辯學字。廉幹推逸庵，此度博綜備。進德而修業，努力各自治。我年已九十，燭光安足熾。願言日有長，助我勿失墜。」詩中所舉凡二十九人，皆及門高第也。其事蹟不盡可考，附載以見概略。

夏峯交游

刁先生包　別爲用六學案。

魏先生裔介　別爲柏鄉學案。

魏先生象樞　別爲環溪學案。

張先生沐　別爲起庵學案。

杜先生越

杜越字君異，號紫峯，定興人，明諸生。孝友尚義，從鹿伯順學，以明道爲己任。左、魏獄起，偕同營護過江村者，爭與納交，慨然有用世之志。明亡，遷居新安，絶口不談時事。布衣蔬食，授徒以奉母，一時學者咸師事之。處人和易而剛介，絶俗學，尊陽明。每舉羅洪先、答何善先、蔣道林兩書教人，大本在孝弟，得力在分晰義利。平生嚴取與，及門弟子一絲爲壽，亦必拒之不受也。康熙中，詔舉博學鴻詞，被薦，歎曰：「名誤我！」堅辭。大吏遣車騎强之行。至京師，杜門謝客。時傅青主同徵至，試日，皆以老病告。舁入，伏而不謁。命免試出，即日行。及歸，特旨授中書，皆不拜，時比之嚴光、周黨云。年八十七卒。病甚，友人問之，告曰：「人本有情，必使之忘，是絶情也。此二氏矯人語，聖賢寧以人等木石耶？我無非自得時即病，而主宰常清，無他苦也。」著有紫峯集十四卷，夏峯序而行之。門人私謚文定先生。參夏峯集、北學續編。

李先生對

李對字霞表，雄縣人，與夏峯有連，相從數十年，誼兼師友，晚號三無道人。「三無」者，眉端無煩惱，胸中無機械，口中無雌黄也。順治七年，訪夏峯於蘇門，相與論易，夏峯乃著讀易大旨曰：「道人以瓦橋老布衣，一旦升堂入室，三十年闇修之力，盡在於不見不聞，他人烏足以知之。」先生輯經中遯世之旨，彙爲一編，曰遯世裒集，首取易之「潛龍」，蓋惟有龍德而後可以遯世也。夏峯字之曰：「遯世與避世異，辟世必隱，遯世不必隱。辟則入山深，入林密，古人所以有不留姓字於天壤者是已。遯則如天山之兩相望而不相親，聖人處此，惟有不悔而已。辟世高，遯世大，此聖人賢人之所由分也。荷蕢丈人一流，總謂之辟世，夫子序列於論語中，未嘗不高其誼。至序逸民，不降不辱，中倫中慮，中清中權，皆遯世之義也。遯之途寬，故遯之義大。堯夫有云：「卷舒萬古興亡手，出入千層雲水身。」其庶幾乎！參夏峯集。

張先生溍

張溍字上若，磁州人。父鏡心字湛虛，明兵部尚書，晚歸林下，著有易經增註，夏峯稱爲「學者不可不讀之書」。先生順治六年進士，改庶吉士，與湯潛庵、耿逸庵以道德相砥礪。因親病乞養歸。服闋赴補，會有翰林外轉之命，告歸。家居二十年，究心性命之學，型家教子，遂不出。學以毋自欺爲本，嘗曰：「真學問在行誼，知而不行，猶弗知也。」又曰：「除忠孝倫常外，別無道學。」不妄交游，惟與夏峯往復論學。夏峯與交，在紀、羣之閒，河朔學者咸尊奉之。著有澹寧集十卷，遺書彙訂爲雲隱堂集三十卷。弟沖字遂子，亦究心性理。夏峯謂其言「有體有用」，學者稱九老先生。子榕端，康熙丙辰進士，官至內閣學士兼禮部侍郎，以文學名。參夏峯集、畿輔通志。

許先生三禮

許三禮字典三，號酉山，安陽人。順治辛丑進士，授浙江海寧知縣。在任八年，循績甚著，行取御史，累擢兵部督捕侍郎。疏請以漢儒董仲舒從祀文廟，議南北郊配位。彈劾尚書徐乾學，中外望其風采。晚以病告歸，遽卒。初赴海寧時，謁夏峯問學，夏峯語以事賢友仁之道。又謂：「大人格君心之非，孝子喻親於道，方成其爲忠孝。」後貽書論希天之道。在海寧聘黄梨洲主講。後官京朝，有疑必貽書相質。先生以明儒宗良知，每本心而不本天，故論學揭出一天字，而實之以仁孝，謂：「舍敦倫之外，更何處可見實行？極之利萬民，愛萬物，格天地，動鬼神，感風雷，貫日月，何莫非君臣父子忠孝節義所推而致焉者！」效宋趙抃故事，日書所爲，夜焚香告天。家居及在海寧，皆建告天樓。聖祖嘗稱爲道學云。所著書有讀禮偶見、仁孝達天發明、聖學問答、考正史綱説、聖學發明、海昌講學集註、丁巳問答、以天自信圖紀、至聖先師生日考定記。參史傳、徐文駒撰墓誌、國朝學案小識。

附録

先生官京朝時，聖祖召對，問：「河圖、洛書，道治之原，一二三四五六七八九十，忽金火易位，何也？」對曰：「此即一陰一陽之道也。天地大德曰生，故河圖左旋，而相生爲順數；洛書右轉，而相剋爲逆數。一順一逆，位所由易也。上曰：「既順何以逆？」對曰：「孤陽不生，獨陰不成。河圖自北而東，順以相生，木火土金水，就流行言。洛書自北而西，逆則相尅，上下四方中，就對待言。既五數在中，縱横皆十五矣。惟尅乃所以生也。陰陽交則生變，變則生生不易。」上又問：「洪範九疇，皇建有極，謂人參三才，此説是乎？」對曰：「自天地開闢以來，賴有聖人。願治而不願亂者天地之心，有治而不能無亂者天地之數，數至則生。聖人撥亂返之治，裁成輔相，以左右民，則聖人建極會極歸極之功也。聖人既能撥亂而返之治，始副天地長治之心，此人參三才之説，實理也，亦實事也。」上頗嘉美之。徐文駒撰墓誌。

讀中庸「天命之謂性」，謂：「人生於天而賦此性，天人曰一，理曰一，氣曰一，體不可以二視，明矣。天人既不可以作二視，誰敢曰天有善有不善？誰敢曰天可以爲善可以爲不善？又誰敢曰天無善無不善？不可以三者加之天，不可以三者加之性，無疑矣！」國朝學案小識。

讀孝經曰：「天地之性人爲貴。人之行莫大乎孝，孝莫大於嚴父，嚴父莫大於配天。就從嚴父配天爲入手，如夫子老安少懷，必先老吾老以及人老，幼吾幼以及人幼，孟子所謂親親而仁民，仁民而愛物者也。又覺先天而天弗違，後天而奉天時，非泛泛言理，實有其事焉。試將仁人孝子事親如事天，事天如事親一念，晨夕提醒，上下陟降，呼吸可通，歲月無閒，此時心胸尚覺上天下地，萬民萬物，有一些阻碍否？真覺妄折一枝，妄殺一獸，即傷吾親之心。一老失養，一幼失教，即傷上帝之心。千古内聖外王以道統相傳，是傳此一副心腸。」同上。

唐鏡海曰：「西山以顧諟天之明命爲宗旨，以告天爲工夫，以仁爲一貫，以孝爲大本。兢兢然體仁行孝，以爲天地萬物之根，以爲淑身善世之具，而其用則斟酌於天理人情之至。可見之推行，可持之永久。」同上。

夏峯私淑

胡先生具慶

胡具慶字餘也，號俟齋。先世爲容城人。父范官至韶州知府，初任睢州，樂中州風土，家焉，遂隸籍杞縣。先生康熙庚子舉人，乾隆壬戌明通榜，銓授陝西石泉知縣，政尚慈惠。桂林陳文恭公時爲巡撫，賢之。以病乞休，未幾卒。孝友篤學，私淑夏峯。屏除門户之見，於晦庵、陽明兩家殊途同歸，反覆推闡，作爲論辨，其義甚詳。大旨以慎獨爲進修之要，研究經義皆鞭辟近裏。所著四書惕中録、尚書日思録、讀易自考録、孝經章句、孝經外傳、儀禮經傳通解、禮記類詮、洪範論、荀子大醇、子産言行録、求志山房詩文稿藏於家。參求是山房詩文稿。

四書惕中録

大學一篇之中，「性」字只一見，曰：「好人之所惡，惡人之所好，是謂拂人之性。」由此觀之，可見好其所當好，惡其所當惡，便是人之本性也。欲識性者，須於好惡得其正時，認取性中本無好，本無惡，只有純然一善而已。惟其只此純然一善，所以遇善便好，遇不善便惡，故於好惡之得其正時，可以見人之本性。

好惡之正者，乃從性而出者也。好惡之僞者、滯者、偏者、私者，皆非從性而出者也。大學於「誠意」章則欲去其好惡之僞，「正心」章則欲去其好惡之滯，「修身齊家」章則欲去其好惡之偏，「治國平天下」章則欲去其好惡之私，凡皆欲去其好惡之不從性而出者耳。去其好惡之不從性而出者，存其好惡之從性而出者，則内而身心意，外而家國天下，凡其好惡所形著之處，即莫非真性所流行之處矣。故吾謂大學即性學，大學之條目工夫即性學之條目工夫也。

意者心之初萌，獨者性之本體。大學以慎獨爲誠意工夫，乃是要學者把一切意念之萌，都返而歸諸性命之真。即意即性，乃是滴滴歸源之學。

治天下不患無才，惟患無萬物一體之真心耳。心既真矣，則視天下猶一身，視天下百姓之疾苦猶一身之疾痛疴癢也。本此心以救天下之疾苦，亦猶身有痛而不禁其自撫之，身有癢而不禁其自搔之，則其興利除害，自有不容已于心者，而才即出乎此矣。大學所謂「絜矩之道」，亦不過本此真心以推之耳。只此一段真心，天德王道具在是矣。

君子終身工夫，只是一箇慎獨。君子終身事業，亦只在一箇慎獨。就獨中以致知誠意正心，就獨中以窮理盡性至命。燕居寂處時如此用工，大庭廣衆中亦如此用工。即至齊家治國平天下，亦無非從慎獨中做出來。把天地萬物都包括在一獨中，把位天地育萬物都包括在一慎獨中，故君子一慎獨，而内聖外王之道胥舉于此矣。

仁智勇三達德，皆本於無欲。無欲，則心無所蔽，而見理明，智也。無欲，則心無所私，而存理純，仁也。無欲，則心無所歉，而浩氣常伸，勇也。一無欲，而智仁勇以全。智仁勇全，而聖人之德以備。故學聖之要，必以無欲爲要。

吾謂聖學只在慎獨，而或有疑其偏者，以爲聖學必兼知行，而慎獨不足盡之也。不知後覺效先覺之所爲，惟欲明善復初，而吾獨體之真，即所謂性善之初體也。明善者明此而已，復初者復此而已。故必用慎獨之工夫，致其精明，使本體無一毫之蔽，然後可以明善，致其專一，使本體無一息之離，然後可以復初。是則聖學兼知行，而慎獨即兼知行也。吾謂聖學只在慎獨，夫豈一偏之説哉！

夫子之道，忠恕而已矣。説者以爲，曾子借學者之忠恕，移上一層，以明聖人之一貫。此説非也。聖人亦實實做盡己推己的工夫，其著力用功，更有甚于學者，豈皆任其自然而出之者乎！但聖人盡己推己的工夫，能貫徹于事事物物之中，而無一事一物之不忠不恕者，此其所以爲一貫之道。學者雖亦做盡己推己的工夫，但或能行于一事一物，而不能貫徹于事事物物，此其所以不及聖人。故吾謂聖人之忠恕，與學者之忠恕，只有純駁之分，初無安勉之别。要其做盡己推己之工夫者，總是一般，豈必將學者用力之忠恕移上一層，説到安行自然，而後足以明聖人之一貫乎！

孟子養氣工夫在於集義。先儒謂集義猶言積善，其説是矣。但須於其中識得主腦，不識主腦，則工夫便無把鼻。主腦者何？吾性是也。義即吾性所固有，善即吾性之本然，故集義者必以性爲主腦，而後衆義歸其宗；積善者必以性爲主腦，而後萬善會其元。衆義歸其宗，而後義之集者全；萬善會其元，而後善之積者備。

「經正則庶民興，斯無邪慝」。孟子此語，乃歐陽本論之所自出，昌黎原道篇末亦歸於明先王之道以道之，此亦孟子「反經」、「經正」之旨也。自古闢邪之法，莫要於「反經」二字，蓋邪正不兩立，正盛則邪自衰，此一定不易之理。後世種種邪教，皆由經之不正而生。雖近日查禁邪教，立法綦嚴，先王之道未明，禮義之教未興，而徒嚴查邪教，恐一邪教滅而一邪教又起，終不足以斷其根株而絶其萌芽也。

文稿

中立辨

今世之儒者，不宗朱則宗王。宗朱者則必攻王，宗王者則必攻朱，紛紛然爭辨而未已也。或者病其若此，乃欲兩是而並存之，人因謂之調停，謂之中立。今余兼取朱、王之所長，而皆以爲吾師，得毋近於中立之見，調停之説乎？曰：「非也。」夫天下之理，不可有兩是也。任其殊塗百慮，總惟歸於一是耳。然所謂一是者，何以定之？亦以吾性之理定之而已矣。吾性之理，本之於天，具之於心，涵而爲純一之體，發而爲靈明之用。其靈明之發，而爲最初之一念者，則良知是也。即良知之發，而識吾性之真，因推極其良知之用，以復還吾性之體，是王子良知之説，正有合於吾性，而不可以爲非者也。吾性之理，本之於天，具之於心，統而爲彝倫之大，散而爲萬事萬物之賾。是萬事萬物之理，即吾性之理之所存也。本吾性之理，以格萬事萬物之理，窮萬事萬物之理，而益明吾性之理，是朱子即物窮理之説，亦有合於吾性，而不可以爲非也。蓋王子得吾性之要，朱子得吾性之全。不得其要則泛濫而無本，不得其全則缺略而不該。然所謂要者，即所以主宰乎其全，非於全理之外而別有所謂要。所謂全者，即所以統具乎其要，非於要理之外而別有所謂全。是吾所謂歸於一是者也。夫豈徒欲兩是而並存之，以爲中立之計，調停之策哉！彼爲中立之計者，特欲以避人之攻，是子莫之執中無權也。爲調停之策者，特欲解人之紛，是宋銒之以胹合歡也。吾則以爲，人之攻不必設私意以爲之避，人之紛不必立巧論以爲之解，惟當返而自認吾性之理而已矣。吾性之理，有其要亦有其全，是必合兩家之説，而吾性之理始明；亦必合兩家之學，而吾盡性之功始備。故吾以爲，吾人之爲學，當以陽明之宗旨，用考亭之功夫，聖人復起，不易吾言矣。

讀易自考録序

薛敬軒先生有云：「讀書不體貼向自家身心，雖盡讀古今天下之書，無益也。」況易之爲書，廣大悉備，萬理萬象萬數皆括其中。自漢氏以來，談易者何啻數十百家，而其理終有闡發不盡，其象終有摹寫不盡，其數終有推測不盡者。惟返而體諸身心，乃覺六十四卦，卦卦皆吾身心之模範；三百八十四爻，爻爻皆吾身心之鍼砭，而日用行習閒，乃無時非體易之實學，無在非用易之實功矣。具慶賦姿愚闇，雖性頗嗜書，而苦無實得。至於易中廣大悉備之藴，尤未能窺見其萬一也。第於誦習之際，每讀一卦，輒以此卦自問其身心之合否；每讀一爻，輒以此爻自證其身心之是非。吉無咎者，則思以爲法；凶悔吝者，則思以爲戒。每有自奮自勵自惕自警之語，輒筆而記之，題之曰讀易自考録，以見余之讀易，於其萬理萬象萬數之無窮者，皆未能有所發明，惟用以自考吾身心云爾。

清儒學案卷二

南雷學案

南雷之學，最爲博大。師事蕺山，以誠意慎獨爲主。又病南宋以後，講學家空談性命，不究訓詁；教學者説經則宗漢儒，立身則宗宋學。平生以捍衛姚江自任，而於其末派則痛斥至嚴，懼其亂真，不少假借，蓋屹然爲王學之干城焉。述南雷學案。

黄先生宗羲

黄宗羲字太沖，餘姚人。父尊素，明御史。尊素與楊忠烈、左忠毅昕夕過從，先生得盡知朝局清濁之分。年十四補諸生。父死於獄，先生養其祖，以孝聞。夜讀書畢，嗚嗚然哭。明莊烈帝即位，先生年十九，草疏入京訟冤，至則逆奄已誅。與奄黨曹欽程等對簿，袖鐵椎椎許顯純流血。又與吴江周延祚等，椎牢子葉咨、顔文仲，應時立斃。復偕同難子弟，哭祭於詔獄中門。拔崔應元之鬚，歸祭其父。從蕺山游。姚江末派援儒入釋，先生力摧其説，時稱禦侮。陳氏貞慧等作南都防亂揭，天啟被難諸家子弟，推先生爲首。甲申，江南奄黨糾蕺山并及先生，大兵至，得免，蕺山死節。先生隨孫嘉績、熊汝霖諸軍於江上，授職方，尋以薦改監察御史。江上潰，入四明山。復入剡中。己丑，赴海上，明魯王以爲左僉都御史，從亡有年。及海氛漸滅，乃奉母返里，畢力於著述。既而請業者日至，復舉證人書院之會於越中，以申蕺山之緒。其後，東之鄞，西之海寧，皆請主講。守令亦或與會，然非其志也。康熙戊午，詔徵博學鴻儒，旋詔修明史，先生皆力辭以免。命取所著書關史事者，宣付史館。徐健菴尚書侍直，上訪及遺獻，徐以先生對，且言：「曾經臣弟元文疏薦，惜老不能來。」上曰：「可召至京，不授以事。即欲歸，當遣官送之。」徐對以篤老無來意，上歎息不置，以爲人材之難。先生雖不赴徵車，而史局大議必咨之。曆志出吴志伊之手，總裁千里遺書，乞審正而後定。嘗論宋史别立道學傳爲元儒之陋，明史不當仍其例。朱竹垞適有此議，得先生書示衆，遂去之。先生受業蕺山時，頗爲氣節一流人，所得尚淺。患難之餘，始多深造，於是胸中窒礙爲之盡釋，而追恨爲過時之學，蓋不以少年之功自足。恒謂「明人講學，襲語録之糟粕，不以六經爲根柢，束書而從事於游談，更滋流弊，故學者必先窮經。然拘執經術，不適於用，欲免迂儒之誚，必兼讀史」。又謂「讀書不多無以證理之變化，多而不求於心則爲俗學」。故上下古今，穿穴羣言，自天官地志九流百家之教，無不精研。所著易學象數論六卷，謂「聖人以象示人者七，有八卦之象，六爻之象，象形之象，爻位之象，反對之象，方位之象，互體之象。後儒之爲僞象者四，納甲也，動爻也，卦變也，先天也」。乃崇七象而斥四象。又謂「遁甲、太乙、六壬，世謂三式，皆主九宫以參人事」。乃以鄭康成太乙行九宫者證太乙，以吴越春秋占法、國語伶州鳩之對證六壬，以訂數學。

其持論皆有依據。授書隨筆一卷，則太原閻氏若璩問尚書而告之者。春秋日食曆一卷，辨衛樸所言之謬。律呂新義二卷，少時取餘杭竹管斷之爲十二律，與四清聲試之，因廣其説。孟子師説二卷，以蕺山四書諸解獨少孟子，乃疏其舊説爲之。其書闡發良知之旨，推究事理，不爲空疏無用之談，亦不盡主姚江之説。史學則欲輯宋史而未就，僅存叢目補遺三卷。又輯明史案二百四十卷。其明史有三例：一國史，取詳年月；二野史，取當是非；三家史，備官爵世系。明史稿出於萬氏斯同，斯同之學出於先生也。天文則有大統法辨四卷，時憲書法解新推交食法一卷，圜解一卷，割圜八線解一卷，授時法假如一卷，西洋法假如一卷，回回法假如一卷。其後梅氏文鼎本周髀言天文，世驚爲不傳之祕，而不知先生實開之。又著明儒學案六十二卷，敘述明代講學諸儒流派，分合得失甚詳。後又輯宋儒學案、元儒學案，以誌七百年儒學源流。又明文海四百八十二卷，彙集明人文集二千餘家，擷其菁華，典章人物，燦然具備，於十朝國史亦多彈駁參正。又明文案二百七卷。文集則有南雷文案、吾悔、撰杖、蜀山諸集及詩集，後又分爲南雷文定。晚年復定爲文約。文定十一卷，文約四卷，又明夷待訪録一卷，深衣考一卷，今水經一卷，四明山志九卷，歷代甲子考一卷，二程學案二卷。康熙三十四年卒，年八十六。光緒三十三年從祀文廟。參史傳、錢寶甫撰傳。

明儒學案序

盈天地皆心也，變化不測，不能不萬殊。心無本體，功力所至，即其本體，故窮理者，窮此心之萬殊，非窮萬物之萬殊也。窮心則物莫能遁，窮物則心滯一隅，是以古之君子寧鑿五丁之閒道，不假邯鄲之野馬，故其途亦不得不殊。奈何今之君子必欲出於一途，使美厥靈根者化爲焦芽絶港。夫先儒之語録人人不同，只是印我心體之變動不居，若執定成局，終是受用不得。此無他，修德而後可講學。今講學而不修德，又何怪其舉一而廢百乎？時風愈下，兔園稱儒，實老生之變相；坊人詭計，借名母以行書。誰立廟庭之中正？九品參差，大類釋氏之源流，五宗水火，遂使杏壇塊土爲一閧之市，可哀也夫！某幼遭家難，先師蕺山先生視某猶子，扶危定傾，日聞緒言。小子蹻蹻，夢奠之後，始從遺書得其宗旨，而同門之友多歸忠節。歲己酉，毘陵鄆仲昇來越，著劉子節要。仲昇，先師之高第弟子也。書成，某送之江干，仲昇執手丁寧曰：「今日知先師之學者，唯吾與子兩人，議論不容不歸一，唯於先師言意所在，宜稍爲通融。」某曰：「先師所以異於諸儒者，宗旨正在於意，寧可不爲發明？」仲昇欲某序其節要，某終不敢。是則仲昇於殊途百慮之學，尚有成局之未化也，況於他人乎？某爲明儒學案，上下諸先生，淺深各得，醇疵互見。要皆功力所至，竭其心之萬殊者，而後成家，未嘗以矇瞳精神冒人糟粕。於是爲之分源别派，使其宗旨歷然。由是而之焉，固聖人之耳目也。閒有發明，一本之先師，非敢有所增損其閒。此猶中衢之罇，後人但持瓦甌樿杓，隨意取之，無有不滿腹者矣。書成於丙辰之後，許酉山刻數卷而止。萬貞一又刻之而未畢。然鈔本流傳，陳介眉以謹守之學讀之而轉手，湯潛菴謂余曰：「學案宗旨雜越，苟善讀之，未始非一貫也。」壬申七月，某病幾革，文字因緣，一切屏除。仇滄柱都中寓書，言北地賈若水者，見學案而歎曰：「此明室數百歲之書也，可聽之埋没乎！」無何，賈君死，其子醇菴承遺命而刻之。嗟乎!温公通鑑成,歎覽者未終一紙,已欠伸思睡,能讀之終篇,惟王益柔爾。此書何幸,而累爲君子所不棄乎?暫徹呻吟,口授兒子百家書之。

明夷待訪録序

余嘗疑孟子一治一亂之言,何三代而下之有亂無治也?乃觀胡翰所謂十二運者,起周敬王甲子以至於今,皆在一亂之運。向後二十年,交入「大壯」,始得一治,則三代之盛,猶未絶望也。前年壬寅夏,條具爲治大法,未卒數章,遇火而止。今年自藍水返於故居,整理殘帙,此卷猶未失落於擔頭艙底。兒子某某請完之。冬十月,雨窗削筆,喟然而歎曰:「昔王冕倣周禮著書一卷,自謂:『吾未即死,持此以遇明主,伊、吕事業不難致也!』終不得少試以死。冕之書未得見,其可致治與否,固未可知。然亂運未終,亦何能爲『大壯』之交!吾雖老矣,如箕子之見訪,或庶幾焉!豈因夷之初旦,明而未融,遂祕其言也!」

文集

學禮質疑序

六經皆載道之書,而禮其節目也。當時舉一禮必有一儀,要皆官司所傳,歷世所行,人人得而知之,非聖人所獨行者。大而類禋巡狩皆爲實治,小而進退揖讓皆爲實行也。戰國、秦、漢以來,相尋於干戈智術之中，僉以爲不急而去之。數百年之耆舊既盡，後生耳目不接久矣。漢儒煨燼之餘，掇拾成編，錯陳午割，得此失彼，又何怪其然乎！鄭康成最號通博，而不知帝王大意，隨文附會，輒形箋傳。有宋儒者繼起，欲以精微之理，該其粗末，三代之彌文縟典，皆以爲有司之事矣。朱子亦常修儀禮經傳，不過章句是正，於其異同淆亂，固未彈駁，而使之歸於一也。其時唐說齋創爲經制之學，繭絲牛毛，舉三代已委之芻狗，以求文、武、周公、成、康之心，而欲推行之於當世。薛士隆、陳君舉和齊斟酌之，爲說不皆與唐氏合，其源流則同也，故雖以朱子之力，而不能使其學不傳，此尚論者所當究心者也。吾友萬充宗，爲履安先生叔子，鋭志經學，六經皆有排纂，於三禮則條其大節目，前人所聚訟者，甲乙證據，摧牙折角，軒豁呈露，昌黎所謂及其時而進退揖讓於其閒者也。此在當時，顧人人所知者，於今則爲絶學矣。不謂晚年見此奇特。其友魏方公爲之先刻數卷，充宗以爲質疑者，欲從余而質也。余老而失學，羣疑填膈，方欲求海內君子而質之，又何以待質充宗？亦姑以其所得，參攷諸儒，必求其精粗一貫，本末兼該，鑿然可舉而措之，無徒與衆説爭長於黄池，則所以救浙學之弊，其在此夫！

答董吴仲論學書

承示劉子質疑，弟衰遲失學，望先師之門牆而不得，又何足以知其微意之所在？則自疑之不暇，何能解老兄之疑！雖然，昔人云：「小疑則小悟，大疑則大悟，不疑則不悟。」老兄之疑，固將以求其深信也。彼汎然而輕信之者，非能信也，乃是不能疑也。異日者，接先師之傳，方於老兄是賴，弟亦焉敢不以所聞者相質乎！觀質疑中所言雖廣，然其大指則主張陽明先生「無善無惡心之體，有善有惡意之動，知善知惡是良知，爲善去惡是格物」四句，而疑先師「意爲心之所存」未爲得也。弟推尋其故，由老兄未達陽明始終宗旨所在，因而疑先師之言。若徒執此四句，則先當疑陽明之言自相出入，而後其疑可及於先師也。夫此四句，無論與大學本文不合，而先與致良知宗旨不合。其與大學本文不合者，知善知惡而後爲善去惡，是爲善去惡之工夫在知善知惡，則大學當云格物在致知矣。若大學非倒句，則是先爲善去惡，而後求知夫善惡也，豈可通乎？然此在文義之閒猶可無論也。陽明提致良知爲宗，一洗俗學之弊，可謂不遺餘力矣！若必守此四句爲教法，則是以知覺爲良知，推行爲致知，從其心之所發，驗其孰爲善，孰爲惡，而後善者從而達之，惡者從而塞之，則方寸之閒，已不勝其憧憧之往來矣。夫良知之體，剛健中正純粹精者也。今所發之意，不能有善而無惡，則此知尚未光明，不可謂良也，何所藉以爲爲善去惡之本乎？豈動者一心，知者又一心，不妨並行乎？考亭晚年自悔云：「向來講究思索，直以心爲已發，而止以察識端倪爲格物致知實下手處，以故闕卻平日涵養一段工夫。至於發言處事，輕揚飛躁，無復聖賢雍容深厚氣象。所見一差，其病一至於此，不可以不審也。」今以意之動處，從而加功，有以異於考亭之所云乎？吾不意陽明開千聖之絕學，而究竟蹈考亭之所已悔也。四句之弊，不言可知。故陽明曰「良知是未發之中」，則已明言意是未發。第習熟於意者，心之所發，舊詁未曾道破耳。不然，意既動而有善有惡，已發者也，則知亦是已發，如之何知獨未發？此一時也，意則已發，知則未發，無乃錯雜，將安所施功乎？龍溪亦知此四句非師門教人定本，故以四無之說救之。陽明不言四無之非，而堅主四句，蓋亦自知於致良知宗旨不能盡合也。然則先師「意爲心之所存」，與陽明「良知是未發之中」，其宗旨正相印合也。老兄所謂各標宗旨，究竟打迸一路在此處耳。若謂先師不言「意爲心之所存」，慎獨之旨端的無弊。不知一爲心之所發，則必於發處用功，有善有惡，便已不獨總做得十分完美，只屬枝葉一邊。原憲之不行克伐怨欲，告子之義襲，皆可謂之慎獨矣！故欲全陽明宗旨，非先師之言意不可。如以陽明之四句，定陽明之宗旨，則反失之矣。然先師此言，固不專爲陽明而發也。從來儒者之得失，此是一大節目，無人説到此處。老兄之疑，真善讀書者也。透此一關，則其餘儒者之言，真假不難立辨耳。中庸言致中和，考亭以存養爲致中，省察爲致和，雖中和兼致，而未免分動靜爲兩截，至工夫有二用。其後，王龍溪從日用倫物之感應以致其明察，歐陽南野以感應變化爲良知，則是致和而不致中。聶雙江、羅念菴之歸寂守靜，則是致中而不致和。諸儒之言，無不曰前後内外渾然一體，然或攝感以歸寂，或緣寂以起感，終是有所偏倚。則以「意者心之所發」一言爲祟，致中者，以意爲不足憑而越過乎意；致和者，以動爲意之本然而逐乎意；中和兼致者，有前乎意之工夫，有後乎意之工夫，而意攔截其間。使早知「意爲心之所存」，則操功只有一意破除攔截，方可言前後内外渾然一體也。願老兄於此用力，知先師此言，導濂、洛血路者也。其餘文義之異同，凍解霧散，尚俟弟爝火之喋喋哉！

與友人論學書

潘用微議論，某曾駁之於姜定菴書。或某執成見，惡其詆毁先賢，未畢其説，便逆而拒之。陳君采云：「譬猶明月之珠，失之二千年，上自王公，下至甿隸，無不倀倀，日索之，終不可致。牧竪乃獲於大澤之濱，豈可以人賤而并珠弗貴乎！」某之於用微焉知其不出於此也。平懷降志，反覆用微之指要，而後知前書之終不爲謬也。用微之言，不過數句而盡，而重見疊出，唯恐其不多。此是兔園老生，於文義不能甚解，固無足怪。試撮其要言。以爲「渾然天地萬物一體者，性也；觸物而渾然一體者，吾性之良知也。吾儒講明此學，必須知恥發憤，立必欲明明德於天下之志。故其功夫在致其觸物一體之知，以格通身家國天下之物，使渾然而爲一體，謂之復於性善。未有舍家國天下見在事，使交從之實地，而懸空致我一體之知者」。此數言亦從朱註中「本體之明，則有未嘗息者，故學者當因其所發而遂明之，以復其初」脱换出來，然而其謬有不可勝言者。夫性固渾然天地萬物一體，而言性者，必以善言性，決不以渾然天地萬物一體言性。一體可以見善，而善之非一體明矣。且如以惻隱言一體可也，以辭讓言〔一〕一體亦可也。使羞惡是非歷然，吾獨知之中未交人物，與渾然一體何與？則性於四端，有所槩，有所不槩矣！大學言知，是明有一知在，人不因觸不觸爲有無也，則所以致之者，亦不因觸不觸爲功夫也。今於知之上既贅以「渾然天地萬物一體」之名，而於致之時，又必待夫觸物而動之頃，是豈大學之指耶？其曰「未有舍家國天下見在事，使交從之實地，而懸空致我一體之知」者，則中庸所謂「喜怒哀樂未發之謂中」。中也者，天下之大本也，豈亦家國天下見在事使交從之地耶？孟子所謂「日夜之所息」，

〔一〕「言」，原無，據黄梨洲文集補。

「養心莫善於寡欲」者，豈亦家國天下見在事使交從之地耶？將無子思、孟子俱有懸空致知之失耶？信斯言也，舍家國天下無從爲致，則中庸何不言「位天地，育萬物，以致中和」？何不言「盡人之性，盡物之性，而後爲能盡其性」？子思無乃倒行而逆施乎！夫吾心之知，規矩也。以之齊家治國平天下，猶規矩以爲方圓也。必欲從家國天下以致知，是猶以方圓求規矩也。學者將從事於規矩乎？抑從事於方圓乎？可以不再計矣！古之「欲明明德於天下者」一句，所以興起下文，歸重格物，則欲字之無功夫，稍識文義者亦不難辨。用微乃以欲爲立志，而言齊家治國平天下，渾然吾身之事，自不得不汲汲皇皇，憂世憂民，堯、舜、禹、稷、湯、武、伊、周、孔、孟莫不皆然。至云「陽明之學，覺無擔當天下之力。其門人多喜山林，無栖皇爲世之心，即見其學之病處，亦思堯、舜、禹、稷、湯、武、伊、周所當之任何任」。孔、孟之周流歷説，欲以得君行道，亦是經生私意，以窺聖人，孟子之言可證也。顏子當亂世，居於陋巷，一簞食，一瓢飲，人不堪其憂，顏子不改其樂，孔子賢之。鄉鄰有鬭者，被髮纓冠而往救之，則惑也。雖閉户，可也。顏子未嘗汲汲皇皇，憂世憂民，將謂顏子未嘗立志乎？使舉一世之人，舍其時位，而皆汲汲皇皇，以治平爲事，又何異於中風狂走？既充其願力，亦是「摩頂放踵，利天下爲之」之事也。孟子曰：「中天下而立，定四海之民，君子樂之，所性不存焉。」則復性之功，其不在家國天下，亦明矣。凡用微之蔽於大原者有三：其一滅氣。夫大化之流行，只有一氣，充周無閒。時而爲和，謂之春；和升而温，謂之夏；温降而涼，謂之秋；涼升而寒，謂之冬。寒降而復爲和，循環無端，所謂生生之爲易也。聖人即從升降之不失其序者，名之爲理，其在人而爲惻隱、羞惡、恭敬、是非之心。同此一氣之流行也，聖人亦即從此秩然而不變者，名之爲性。故理是有形見之於事。之性，性是無形之理。先儒「性即理也」之言，真千聖之血脈也，而要皆以氣爲之。易傳曰：「一陰一陽之爲道。」蓋舍陰陽之氣，亦無從見道矣。用微言性自性，氣自氣，本非性，不足言也。用微既主張天地萬物一體矣，亦思天地萬物以何者爲一體乎？苟非是氣，則天地萬物之爲異體也決然矣。離氣言性，則四端者何物爲之？仍墮於佛氏之性空。四端非氣，而指剛柔善惡始可言氣。一人之心，有從氣而行者，有不從氣而行者，且歧爲兩，又何能體天地萬物而一之也？用微認金木水火土五行爲氣，以爲性豈有五，故必離氣以言性。不知自氣而至五行則質也，而非氣也。氣無始終，而質有始終；質不相通，而氣無不通。先儒何嘗以質言性！其言氣質之性者，指其性之偏者耳。此孟子「有命焉，君子不謂性」之性，又何嘗竟指此爲性乎！用微又言：「先儒云虛即是理，理生氣，豈非老、莊虛無生氣之説乎？故凡先儒之言氣者，必曰本乎老。」虛即是理，固未聞先儒有此言也。獨不觀張子曰：「知虛空即氣，則有無隱顯、神化性命通一無二。若謂虛能生氣，則入老氏有生於無自然之論，不識所謂有無混一之常。」則虛無生氣之説，正先儒之所呵者，顧牽連而矯誣之乎！用微又言：「性與天道有分。」夫在人爲性，在天爲天道，故曰天命之謂性，言其一也。若謂天道不可以言性，無論背於中庸，則又何以曰「渾然天地萬物一體」也？亦自背其説矣。其二滅心。先儒以靈明知覺爲心，蓋本之乾。知而有所謂南海北海，千載上下，無有不同者也。儒者未嘗有識神之論，佛氏始有之。即以是例之，儒者「心有所向之爲欲」，識神之謂也。苟無欲，則此靈明知覺者，即是真心矣。用微以靈明知覺歸於識神，無欲而靜，尤爲識神之盤據。引佛氏之繩，以批儒者之根，吾惡乎受之！其三滅體。心無分於内外，故無分於體用。大學之所謂先後本末，是合外於内也，歸用於體也，故儒者以主敬爲要，有治心之學，無應變之方。用微必欲合内於外，歸體於用，以爲敬在於事，始爲實地，若操持涵養，則盤桓於腔子而已。夫萬感紛紜，頭緒雜亂，易之所謂「憧憧往來」是也，豈復能敬！子思之戒慎不睹，恐懼不聞，不睹不聞亦指事而言乎？仲弓居敬而行簡，其所居者亦在事乎？且在中庸者，不一言而足。夫「微之顯」、「不動而敬，不言而信」、「溥博淵泉，而時出之」，君子之所不可及者，其惟人之所不見乎！其功夫皆在心體，不在事爲境地。用微每不喜稱引中庸，亦以此也。用微又言：「今之言體者，豈非性乎？今之言性者，豈不遺天地萬物乎？」舍天地萬物而言性，非性也。孟子云「萬物皆備於我」，而其要在反身。如用微之不得操持涵養，則反身便爲遺天地萬物矣！是我備於萬物，不是萬物備於我也，豈不成戲論乎！用微有此三蔽，故其放而爲淫詖之辭，有無故而自爲張皇者，有矯誣先儒之意而就己議論者。夫人性之善也，堯、舜之道孝弟也，當入小學之日，熟讀而習聞之矣，乃用微呫呫以爲獨得之心傳，此無故而自爲張皇者也。陽明先生「無善無惡心之體」，亦猶中庸言「上天之載，無聲無臭」，恐人於形象求之，非謂并其體而無之也。其曰老氏説虛，聖人豈能於虛上加得一毫實？佛氏説無，聖人豈能於無上加得一毫有？言良知無有精魂之可弄，非竟同老氏之虛，佛氏之無也。用微云：「陽明之知，當體本空者也，是佛氏真空之知慧，可謂癡人前説不得夢矣。」又云：「陽明之學，與程、朱主敬窮理之學不同。」夫致良知，非主敬窮理，何以致之？其言不同者，無乃妄分界限乎？白沙云：「心之萬感萬應，可睹可聞者，皆實也。其爲感應所從出，不可以睹聞及，則虛而已。」此兼費隱而爲言也。

用微以爲，有生於無，老氏之學，豈子思子亦老氏之學乎？又不明程、朱之言理氣，而以虚無生氣亂之，此皆矯誣先儒之意，而就己議論者也。用微言程、朱以心屬氣是本乎老，則何不言孟子之養氣亦本乎老？又言陸、王之虚靈知覺是本乎佛，則何不言舜之「道心惟微」亦本乎佛？又言爲程、朱之學者，據性理以詆陸、王，是以老攻佛；爲陸、王之學者，據靈知以詆程、朱，是以佛攻老。自周、程、朱、陸、楊、陳、王、羅之説漸染斯民之耳目，而後聖學失傳，可不爲病狂喪心之言與！蓋用微學佛氏之學，既借之以攻儒，久假而不歸，忘其所自來，遂即借之以攻佛。自有攻佛之名，而攻儒之説始益堅。佛氏之學，有如來禪、祖師禪之異，然皆以空有不二爲底藴。如來禪言心性，祖師禪惡言心性。如來禪言體，祖師禪言用。如來禪談空，祖師禪論實事。如來禪槁木死灰，祖師禪縱横權術。爲祖師禪者之言曰：「不怕甕中走卻鼈。」故只在事爲上立脚，心之存亡邪正，一切不足計也。兩禪之不同如此。而如來禪自真空而妙有，祖師禪自妙有而真空，其歸則〔一〕一也。凡程、朱諸儒之所闢者，皆如來禪，其於祖師禪，曾未之及也。故昔之爲其道者，不愛官，不爭能，樂山水而嗜安閒者爲多；今之爲其道者，力任奔競，一變而爲功利，雖老氏之流爲申、韓，亦其教有以使之然也。試觀用微所言，有一不與祖師禪相合者乎？用微自言，參禪從死了燒了，何處安身立命公案悟入。夫焚如、死如、棄如，則爲生氣之所不到，而靈明知覺亦無所寄。此其真區處也，故亦遂疑一陰一陽非道之所在，凡有靈明知覺，皆凝滯不能真空，屬之識神

〔一〕「則」上原衍一「則」字，據黄梨洲文集删。

用事。以此裁量先儒，程、朱則落於陰陽，陸、王則墮於識神，在諸儒則尚不敢望如來邊事，何況祖師！在用微則如來禪尚是所闢，何況諸儒！而井蛙之所藏身者，復鏟滅其跡，不示人以利器。嗚呼，亦巧矣！用微强坐先儒以性空，而以性善爲實事，然用微之説，真性空也。何以言之？繼之者善也，成之者性也，以一陰一陽之道爲之根柢，用微必欲去之，則性空矣。攻取百塗，豈能實之也？故用微之訾毁先儒，呵佛駡祖，是天上天下惟我獨尊之故智也。所遇之人，急出所説，求其信向，信向者便以聖賢許之，即釋氏以信心爲第一義之故智也。用微以人師自命，不難置先賢於堂下，供其叱咤。某於先賢不能爲役，用微乃退而自列於學人，欲借某以行其教，亦釋氏作用見性之故智也。是故用微而不諱禪宗，以一棒號令天下，無論兩廡諸賢，蹂躪而甘之，浸假而及於廟庭。道不同，不相爲謀，某又何説？唯是口口闢佛，口口自言聖學。世人耳目易欺，以爲釋氏言空，彼言實事；釋氏外人倫，彼言孝弟；釋氏言明心見性，彼掃除心性；釋氏獨善其身，彼言家國天下，決然謂非禪學，反以諸儒字脚閒有出入於二氏者不可分別，寧不增一重鶻突乎！且諸儒之書，繭絲牛毛，自六經以外，不比史傳之龘心易讀，學者窮年於此，便如鼠入牛角，横身苦趣。今曰皆邪説也，竟可撥置不道，省卻多少氣力，而又有不讀非聖之書之言可以自文，奈何不樂從之乎？雖然，用微亦何嘗不自認禪學！其言曰：「三代以後，聖人之道幾絶，佛雖異端，其爲神人欽仰有故也。親證真空，一切聲色名利，世情俗見，無不銷滅，豈不爲神人欽仰耶？世情俗見一空，性善種子發見，而慈悲度世，豈不暗合孔、孟，當爲神人欽仰耶？」用微既自認之，而世人反不認其認者，惡在其信用微也！宋人有學者，三年反而名其母。母曰：「子之於學者，將盡行之乎？願子之有以易名母也。子之於學也，將有所不行也？願子之且以名母爲後也。」夫用微之訾毁先儒，名母之學也。將盡行之乎？願勿訾毁先儒也。將有所不行也？願且以訾毁先儒爲後也。

與陳乾初論學書

自丙午奉教函丈以來，不相聞問蓋十有一年矣。老兄病如故時，而弟流離遷播，即有病亦不能安居也，況得專心於學問乎？唯先師之及門凋謝將盡，存者既少，知其學者尤少，弟所屬望者，惲仲昇與兄兩人而已，此真絕續之會也。今歲因緣得至貴地，竊謂得拜牀下，劇譚數日夜，以破索居之惑。而事與願違，尚在有待。幸從令子敬之得見性解諸篇，皆發其自得之言，絕無倚傍，絕無瞻顧，可謂理學中之別傳矣。弟尋繹再三，其心之所安者，不以其異於先儒，而隨聲爲一閧之辨；其心之所不安者，亦不敢苟爲附和也。老兄云：「人性無不善，於擴充盡才後見之。如五穀之性，不藝植，不耘耔，何以知其種之美？惻隱之心，仁之端也，雖然未可以爲善也，從而繼之有惻隱，隨有羞惡、有辭讓、有是非之心焉。且無念非惻隱，無念非羞惡、辭讓、是非，而時出靡窮焉，斯善矣。」夫性之爲善，合下如是，到底如是，擴充盡才而非有所增也，即不加擴充盡才而非有所減也，不爲堯存，不爲桀亡。到得牿亡之後，石火電光，未嘗不露，纔見其善，確不可移，故孟子以孺子入井呼爾蹴爾明之，正爲是也。若必擴充盡才始見其善，不擴充盡才未可爲善，焉知不是荀子之性惡，全憑矯揉之力，而後至於善乎？老兄雖言「惟其爲善而無不能，此以知其性之無不善也」，然亦可曰「惟其爲不善而無不能，此以知其性之有不善也」，是老兄之言性善，反得半而失半矣。老兄云：「周子無欲之教，不禪而禪。吾儒只言寡欲耳！人心本無所謂天理，天理正從人欲中見。人欲恰好處即天理也。向無人欲，則亦無天理之可言矣。」老兄此言，從先師「道心即人心之本心，義理之性即氣質之本性，離氣質無所謂性」而來。然以之言氣質、言人心則可，以之言人欲則不可。氣質、人心是渾然流行之體，公共之物也；人欲是落在方所，一人之私也。天理、人欲正是相反。此盈則彼絀，彼盈則此絀，故寡之又寡，至於無欲，而後純乎天理。若人心、氣質，惡可言寡耶？「棖也慾，焉得剛」，子言之謂何？無欲故靜，孔安國註論語「仁者靜」句，不自濂溪始也。以此而禪濂溪，濂溪不受也。必從人欲恰好處求天理，則終身擾擾，不出世情。所見爲天理者，恐是人欲之改頭換面耳。大抵老兄不喜言未發，故於宋儒所言近於未發者，一切抹去，以爲禪障。獨於居敬、存養不黜爲非。夫既離卻未發而爲居敬、存養，則所從事者當在發用處矣，於本源全體不加涵養之功也。老兄與伯繩書，引朱子「初由察識端倪入，久之無所得，終歸涵養一路」，以證察識端倪之非。弟細觀之，老兄之居敬、存養，正是朱子之察識端倪也，無乃自相矛盾乎？則知未發中和之體，不可謂之禪，而老兄之一切從事爲立脚者，反是佛家作用見性之旨也。老兄之學，可謂安且成矣！弟之所言，未必有當，然以同門之誼，稍呈管見，當不與隨聲者一例拒之也。

答劉伯繩問律呂

漢志曰：「黄鐘爲宫，則太簇、姑洗、林鐘、南吕皆以正聲應，無有忽微。不復與他律爲役者，同心一統之義也。非黃鐘而它律雖當其月自宮者，則其應和之律有空積忽微，不得其正，此黃鐘至尊無與並也。」問：「朱子著此條在變律下，蔡元定著此條在八十四聲圖下，有異同否？」

十二律旋相爲宮，其下所應之聲即謂之役。凡受役者，其律必短於主律。主律，即爲宮之律也。黃鐘長九寸，長之至也，故當其爲宮之時，所應六律皆短於黃鐘，故用正聲而不用半聲。及蕤賓、大呂、夷則、夾鐘、無射、仲呂六者爲宮之時，七聲不備，則黃鐘不得不受役，而黃鐘實長於諸律，故不得不有變律。變律又長，故不得不用變律之半，所謂不與他律爲役也。朱子著在變律者，以明律不得不變之故；蔡元定著在八十四聲者，以明十一月黃鐘宮下無他律之聲，其義一也。然班孟堅之意則不然，黃鐘正律雖長，其半律甚短，則蕤賓以下獨不可用乎？安見黃鐘之不爲他律役也？蓋十二律之實，其零分皆偶，獨黃鐘十七萬七千一百四十七爲奇，半之則八萬八千五百七十三餘一。餘一不可半也，是黃鐘有正聲而無半聲。既無半聲可用，此黃鐘之不役於他律也。若止以管長不受役爲言，於義有所未盡矣。

問「空積忽微」。

蔡元定謂：「黃鐘爲宮，所用七聲皆正律，無空積忽微。自林鐘而下，則有半聲，自蕤賓而下，則有變律，皆有空積忽微，不得其正。」蓋以半聲變律奇零不齊，便謂之忽微也。然亦非班氏之意。所謂空積者，空圍所容之積實也。管長一分，圍容九分，故每寸八十一分。班氏謂黃鐘爲宮，則太簇、姑洗、林鐘、南呂無有忽微，蓋班氏十二宮止五聲，而去變宮變徵。黃鐘長九寸，積七百二十九分；新書積八百一十分，蓋分九爲十，其實一也。太簇長八寸，積六百四十八分；姑洗長七寸一分，積五百七十六分；林鐘長六寸，積四百八十六分；南吕長五寸三分，積四百三十二分，故空積無忽微也。至應鐘長四寸六分六釐，其四寸六分之積三百七十八分，其六釐之積便奇零而爲忽微矣。以下皆然。故他律爲宫，皆有忽微也。若加二變爲七聲，則黄鐘之用及於應鐘、蕤賓，雖黄鐘爲宫，其空積亦未嘗無忽微也。蔡氏未之審，而妄引班氏以證己説，非也。

問：「史記生鐘術曰：『上九，商八，羽七，角六，宫五，徵九。置一而九三之以爲法。實如法，得一〔一〕。凡得九寸，命曰黄鐘之宫。故曰音始於宫，窮於角；數始於一，終於十，成於三；氣始於冬至，周而復生。』」

按：索隱以「商八，羽七，角六，宫五，徵九」爲「數錯」。邢雲路云：「即是上文聲律數。太簇八寸爲商，姑洗七寸爲羽，林鐘六寸爲角，南吕五寸爲徵，黄鐘九寸爲宫。其曰宫五徵九，誤字也。」愚意以爲，「羽一，徵二，角三，商四，宫五」者，其大小之序；而「商八，羽七，角六，宫五，徵九」者，其相生之序也。角宜生徵五，徵宜生宫九，雲路謂「誤字」者是也。「置一而九三之」者，置子一而三之爲丑，再三之爲卯二十七。如是者九，爲酉之一萬九千六百八十三，乃寸法也。實者，十二律之實，在新書第四。滿寸法得一寸。黄鐘之實十七萬七千一百四十七，凡爲一萬九千六百八十三者九，故得九寸。他律不滿寸

〔一〕「一」，史記作「長一寸」。

法之實，則以分法、釐法、毫法、絲法收之。

問：「上下相生，以仲呂謂變律耶？正律耶？」

通典相生爲十二變律，變律又爲十二半律，合之於正，凡四十八聲也。蔡氏以旋宮至仲呂而止，仲呂之七聲既備，則其下無所用，故變律止於應鐘，雖曰應鐘之實，以三分之，又不盡一算，數不可行。此就蔡氏自立之法言之，其實應鐘以下皆有變律也。

問「五聲二變與變律先後次序」。

蔡氏五聲二變次變律之後，朱子則先七聲而後變律。愚意以變即正之參差不齊者，正變一時俱有，非借變以通正之窮，若變律居七聲之後，非自然之法象矣。

問「新書曰：『律當變者有六，置一而六三之，得七百二十九。』」

置一而六三之者，置子一而三之爲丑，又三之爲寅九，如是以至於午，得七百二十九。其爲三之者凡六。此史遷置一而九三之之例。變聲章置一而兩三之，得九，亦同也。其言律當變者有六，故三之凡六，則未必然。蓋蔡氏之用變律雖止於六，其實變律有十二也。然置一六三之法亦所不必，仍照正律之法，四其實以生黃鐘變律，倍其實以生林鐘，乃爲當耳。

問：「應鐘變律之實九萬二千五十六，何以又云六千七百一十萬八千八百六十四也？」

未曾以七百二十九歸之則爲下數，置下數以七百二十九爲一算則得上數也，所餘四十爲小分。

問「變律」。

變聲之說見於國語，變律則京房以仲吕生執始演爲六十律，公孫崇則上役黄鐘，其説皆未甚協，惟杜佑爲當。然杜佑之變十二，蔡元定之變六，變律之中又有二説也。其實古之旋宫止於五聲，自夷則而下，爲宫者即用正律之半。禮運之疏，更無變律。

答范國雯問喻春山律曆

示楚郴喻春山書，其言誇大，自來儒者無不譏彈，而自以律曆爲絶學，謂帝王曆數真傳。夫律曆固儒者之能事，以司馬子長之學，尚曰「文史星曆近乎卜祝之閒」，春山而苟能發前人所未發，亦不必張皇如是！皇甫持正言「風教偷薄，詩未有劉長卿一句，已呼阮籍爲老兵矣；筆語未有駱賓王一字，已罵宋玉爲罪人矣。至於近日妄子以駡相高，廟庭諸子直叱姓名，等之僕隸，阮籍、宋玉何敢望駡！」春山不幸而類是。夫既而反覆其書，則不免爲東告東方朔，西告「西方朔」之談矣。按復、臨、泰、大壯、夬、乾、姤、遯、否、觀、剥、坤十二卦名爲辟卦，以配十二月，始於漢之京房，然未嘗以之言律吕也。明李文利主黄鐘三寸九分之説，其十二月律吕卦氣圖，始用辟卦配之，然未嘗用其陽九陰六之數以爲律管之長短。春山見十一月復卦，其陰陽之數偶與三寸九分相合，遂將各卦陰陽之數一例配去，以爲律管之長短出於是。姑無論其他，如十一月復卦與九月剥卦同是一陽五陰，則黄鐘、無射同是三寸九分；十二月臨卦與八月觀卦同是二陽四陰，則大吕、南吕同是四寸二分；正月泰卦與七月否卦同是三陰三陽，則太簇、夷則同是四寸五分；二月大壯與六月遯卦同是二陰四陽，則夾鐘、林鐘同是四寸八分；三月夬卦與五月姤卦同是一陰五陽，則姑洗、蕤賓同是五寸一分。合四月乾之仲呂五寸四分，十月坤之應鐘三寸六分，只有七律，更無十二律。且同是三寸九分，何以知其爲黃鐘，爲無射耶？同是四寸二分，何以知其爲大呂，爲南呂耶？同是四寸五分，何以知其爲太簇，爲夷則耶？同是四寸八分，何以知其爲夾鐘，爲林鐘耶？同是五寸一分，何以知其爲姑洗，爲蕤賓耶？豈律呂之長短，只佐紙上閒譚，無與於聲音之用耶？此等即村伶知其不可，而欲與蔡元定爭是非乎！春山又以十二辟卦分晝夜之長短，晝十二卦，夜十二卦。建子晝復夜姤，建丑晝臨夜遯，建寅晝泰夜否，建卯晝壯夜觀，建辰晝夬夜剥，建巳晝乾夜坤，建午晝姤夜復，建未晝遯夜臨，建申晝否夜泰，建酉晝觀夜壯，建戌晝剥夜夬，建亥晝坤夜乾。以一晝爲一時，晝夜綳定各六時。陽晝一時得九刻，陰晝一時得六刻。以爲刻有長短，時無遷移也。夫晝夜之分，分於日之出入。日行天上，在寅位爲寅時，在卯位爲卯時，在辰、在巳、在午、在未、在申、在酉皆然。信如春山之説，將日遇陽晝而行遲，遇陰晝而行疾乎？抑行無遲疾，陽晝則在未亦可謂之午，陰晝則在午亦可謂之未乎？午者，晝之中也；子者，夜之中也。春山以寅至未六時爲晝，申至丑六時爲夜，則晝之中在辰巳之交，夜之中在戌亥之交，而午當桑榆之影，子當雞鳴之候矣。晝之上半下半，夜之上半下半，必相等也。值泰卦則上半二十七刻，下半一十八刻；值否卦則上半一十八刻，下半二十七刻，相去三分之一。果天行而如此，孰不驚駭乎！且日之短，夜之長，極於子月。子月晝三十九刻，夜五十一刻；亥月晝三十六刻，夜五十四刻。日之永，夜之短，極於午月。午月晝五十一刻，夜三十九刻；巳月晝五十四刻，夜三十六刻。是日之長至、短至無不倒置也。以卦晝定晝夜長短，必不可通矣。堯之建寅，於堯典見之，經文彰明，不比他書可以附會。於仲春曰日中，其爲春分無疑也。於仲夏曰日永，其爲長至無疑也。於仲秋曰宵中，其爲秋分無疑也。於仲冬曰日短，其爲南至無疑也。春山假妄之談，謂「堯建丑，仲春是寅月，仲秋是申月。日中、宵中非晝夜分。寅之辟卦爲泰，申之辟卦爲否，其陰陽分於上下也。仲夏是巳月，日永非夏至日長，巳之辟卦爲乾，律管長也。仲冬是亥月，日短非冬至日短，亥之辟卦爲坤，律管短也」。舍明明可據之天象，附會漢儒所不敢附會者，亦心勞而術拙矣。鳥火虚昴四星之昏見南方者，此是曆家測天要術，後來歲差皆驗於此。春山未嘗學曆，遂言爲寅申巳亥月望所次之舍。彼妄言之，以爲數千年之上，無人可以對會，不知明曆者把算曆然。堯時春分日躔在昴，入於酉地，則星宿當午；夏至日躔在星，入於酉地，則房心當午；秋分日躔在房，入於酉地，則虚宿當午；冬至日躔在虚，入於酉地，則昴宿當午。堯典之分四仲，纖毫不爽，自堯至今，已退將五十度。分至之日躔既變，中星亦從而變。春分，日在壁，昏之當午者爲井矣；夏至，日在參，昏之當午者爲角矣；秋分，日在翼，昏之當午者爲斗矣；冬至，日在箕，昏之當午者爲室矣。是故有歲差而後見天地之變化，若萬古如斯，田僮街卒俱可談天矣！春山謂寅巳申亥之月望夜，觀月實次鳥火虚昴四星，故於堯典卯午酉子月之中星與之相符，不難改中星爲月度，四仲爲四孟，以譏歲差。不知堯時寅月望夜日在奎，月離於角，未嘗次鳥也；巳月望夜日在井，月離於斗，未嘗次火也；申月望夜日在軫，月離於壁，未嘗次虚也；亥月望夜日在箕，月離於參，未嘗次昴也。就如其言，改中星爲月度，四仲爲四孟，亦無一合也。月令者，呂氏春秋十二紀之首，後人删合爲之。鄭氏云「其中官名時事多不合周法」，故以爲秦曆也。以寅爲歲首，觀其下文自明，不容更生别解。而春山妄爲周公建子之書，其奈七十二候不可抹撥，則改置仲冬之候於孟春之下，季冬之候於仲春之下，次第改盡，遷就己意。以張公之帽，冒李公之首，至於春夏秋冬之月解作星月之月，日在某宿爲上弦，昏中爲望，旦中爲下弦。矯强不顧文理，未有甚於此者也。蓋中星以日躔爲主，日在酉地某宿，則中星隔三宫而東；日在卯位某宿，則中星隔三宫而西。漢三統曆與秦曆相近，三統建寅云：「正月中，日在室十四度；二月節，日在奎五度；三月節，日在胃七度；四月節，日在畢十二度；五月五，日在井十六度；六月節，日在柳九度；七月中，日在翼十五度；八月中，日在角十度；九月中，日在房五度；十月節，日在尾十度；大雪，日在斗十二度；小寒，日在婺女八度。」此與秦曆無毫髮之異，豈三統亦建子乎？漢冬至日在牛初度，今冬至日在箕三度。日躔已退三十餘度，則中星亦退三十餘度矣。姑就春山之言，以周桓王三年甲子丑月算之，上弦，日躔婺女二度，是時月距日九十度，應離於胃；望，日躔婺女九度，是時月距日一百八十度，應離於張；下弦，日躔虚五度，是時月距日二百七十度，應離於氐。則春山謂丑月上弦月在奎，望在井，下弦在斗者，無一合也。舉此一月，餘月可類推其謬矣。月每日平行十三度三十六分八十七秒半，弦策七日三十八刻二十六分四十八秒，以平行乘弦策，得九十八度六十九分六十八秒，故自上弦至望，自望至下弦，月之行度皆以九十八度零爲準，是三宫有餘也。姑以孟春首條言之，營室至參不及三宫，參至尾五宫有餘。同一弦策，其行度安得相懸如此！亦舉此月以類餘月，春山之妄，直不滿明者之一笑也。

答萬充宗質疑書

讀質疑二篇，吾兄經術，繭絲牛毛，用心如此，不僅當今無與絶塵，即在先儒，亦豈易得。誠不意款學寡聞之夫，得相抵掌，聊述所聞，以廣來意。兄疑今之二十四氣，以配周正，則相戾而不合。此二十四名者，古之所無，是也。蓋今之二十四氣，所以綳定七十二候，故每氣三候。然就而論之，自二至、二分、四立之外，十有六氣之名，義固無殊於七十二候，是以比肩者，而加乎其上也，不可明矣！左氏曰：「凡分、至、啟、閉，必書雲物。」使十六者與分、至、啟、閉同列，則必書十六者之雲物矣，不應左氏獨遺之也。此古者無二十四名之一證也。即古之啟、閉，亦只以朔日爲斷，不更於朔日之外，别有四立之名。何以明之？左氏外傳曰：「先時九日，太史告稷曰：『自今至於初吉，陽氣俱蒸，土膏其動，弗震弗渝，脈其滿眚，穀乃不殖。』」按「先時」註云：「先，立春日也。初吉，朔日也。自今至於初吉，自先時至於立春也。」則初吉之爲立春，明矣。以上文「農祥晨正，日月底於天廟」言之，則是寅月之朔日，皆謂之立春也。若另有立春之日，則當言自今至於立春矣，不應竟以初吉言也。舉春而夏秋冬一例也。是時各國皆有私曆，其法不一。管子三卯三暑三寒之令，齊曆也；吕氏春秋月令，未行之秦曆也；汲冢周書時訓解，魏曆也，雜然見於傳記，不知者遂以爲周時所通行耳。兄言周之分、至未嘗繫之以時，獨大司樂有冬日至、夏日至之名，而疑周官之爲僞書，是也。僞周官者，先儒多有之，林孝存以爲末世瀆亂不驗之書，何休以爲六國陰謀之事，然未有得其左證明顯如兄所言者。即如古文尚書，人多疑其僞，吴草廬、歸震川駁之不遺餘力，然終鶻突定案。向講尚書至湯誥「凡我造邦，無從匪彝，無即慆淫，各守爾典，以承天休」，而見於國語「文、武之教，凡我造國，無從匪彝，無即慆淫，各守爾典，以承天休」，始知其誤襲周制以爲湯誥也。今因推日食於昭十七年六月，祝史請幣，季平子曰：「唯正月朔，慝未作，日有食之，於是乎伐鼓用幣，禮也。其餘則否。」太史曰：「在此月也，日過分而未至，三辰有災。於是乎百官降物，君不舉辟移時，樂奏鼓，祝用幣，史用辭。故夏書曰：『辰不集於房。瞽奏鼓，嗇夫馳，庶人走。』此月朔之謂也。當夏四月，謂之孟夏。」杜註夏書爲「逸書」。古文尚書胤征有曰：「乃季秋月朔，辰弗集於房。瞽奏鼓，嗇夫馳，庶人走，羲和尸厥官，罔聞知。」夫季秋，夏之九月也，而太史以之證夏四月之日食，可見夏書本文不同孔書。左氏而非僞也，則不能不致疑於古文矣。此二證恨不使草廬、震川見之。兄之疑周禮者，亦恨不使林孝存、何休見之也。春秋失閏之論，弟有日食曆明之，俟晤時請正，此不更具也。

答萬季野喪禮雜問

衰裳之制，儀禮云：「衽二尺有五寸。」註、疏以衽爲掩裳，上際在腰兩旁，後人俱因之。惟王廷相始以衽爲衣襟，今將從之，夫子以爲何如？

鄭、賈之説，取布三尺五寸，上下各留一尺，一尺之外，上於左旁裁入六寸，下於右旁裁入六寸，便於盡處相望斜裁。如是則用布三尺五寸，得兩條衽，各長二尺五寸，廣頭向上，狹頭向下，綴於衣兩旁，狀如燕尾，以掩裳旁際。此與深衣之曲裾，制雖異而其義則同。蓋深衣之裳，一旁連，一旁不連，故曲裾兩條重沓而掩於一旁。喪服前後不連，故衽分綴於兩旁也。夫既同是一物，不應在彼爲鉤邊，在此爲衽。知彼曲裾之非，則知此衽之制未爲得矣。且衣既對衿，則前綴之衰不能居中，鄭所謂廣袤當心者，亦自牴牾矣。今用布二尺五寸，交斜裁之爲二，狹頭向上，廣頭向下，下辟領五寸，綴於衣身之旁，上以承領，下與衣齊，在左者爲外衽，在右者爲内衽，此定制也。喪服之制，唯黄潤玉爲得之，不始於王浚川耳。

宫室之制，先儒謂諸侯以上房分東西，卿士以下，但有東無西。唯陳用之謂東西俱有，朱子心以爲然，而未敢決言。今將從陳説，如何？

鄭康成謂天子諸侯有左右房，大夫士惟有東房西室。陳用之因鄉飲酒薦脯出自左房，鄉射籩豆出自東房，以爲「言左以有右，言東以有西，則大夫士之房室，與天子諸侯同，可知」。此不足以破鄭説。所謂左房者，安知其非對右室而言也？所謂東房者，安知其非對西室而言也？如士冠禮「冠者筵西拜受觶，賓東面答拜」，註：「筵西拜，南面拜也。賓還答拜於西序之位。」此時筵在室户西當扆之處，無西房，則西序與筵相近，故容答拜。有西房，則西序在西房之盡，其去筵也遠矣。此猶相距耳。若士昏禮，舅席在阼西面，姑席在房户外之西南面。姑席不設於房户東者，以阼當房户之東，若設於户東，則在舅之北，相背不便醴。婦之席在户牖閒當扆之處，婦東面拜受，贊西階上北面拜送。無西房，則西階與牖相當，不礙東面。有西房，則贊與婦背面，焉有背面不相見而可以爲禮者乎！以此推之，士未必有西房也。且「胤之舞衣、大貝、鼖鼓在西房，兑之戈、和之弓、垂之竹矢在東房」，是天子諸侯之兩房，經有明文。士既有西房，何以空設無一事及之耶？

士虞禮：「其他如饋食。」註、疏謂「如特牲饋食之禮」，今將從之。

註、疏「如饋食」，單以牲體言，尸俎用右胖，主人俎用左胖。敖繼公言：「『其他』，謂陳設之位，與事神、事尸之儀，及執事者也。」

「祔廟」，鄭註謂：「既祔主，復返於寢。」後人多因之，而朱子主之尤力。惟陳用之、吴幼清謂「無復返寢之理」，今將從之，何如？

左傳「凡君薨，卒哭而祔。祔而作主，特祀於主，烝嘗禘於廟」。後儒總緣解此而誤。夫言「特祀於主」，似乎主不在廟，故有祔已復寢之文。不知既已復寢，則「烝嘗禘於廟」者爲新主乎？爲祖廟乎？爲新主，新主在寢，不當言於廟；爲祖廟，則四時常祀，不當繫之於此。蓋祔者既虞之後，埋重於祖廟門外，即作新主，以昭穆之班，祔於皇祖廟中，各主不動如故時。此時之祭，只皇祖、新主，所謂兩告之也，更不及别祖。自此以後，小祥、大祥、禫祭之類皆於祖廟，特祭新死者，並皇祖亦不及也。「烝嘗禘於廟」者，烝嘗，四時吉祭，行於廟中，亦不及新死者。左氏言此者，嫌新主在廟，有礙於吉祭也。三年喪畢，親過高祖者當祧，於是易檐改塗羣主，合食於廟，以次而遷，而新主遷居禰廟矣。

曾子問：「宗子爲殤而死，庶子弗爲後也。」註謂：「族人以其倫序相當者後宗子之父。」愚謂庶子即宗子之弟，宗子死，庶子即爲父後，不必爲宗子後，嘗有論辨之。

喪服傳曰：「大宗者，收族者也。不可以絶，故族人以支子後大宗也。」此言「宗子爲殤而死」，大宗不可以絶，宜若當以族人支子後之。然殤死無爲人父之道，故族人支子即後宗子之父，而殤子不必後矣。庶子即支子也。若宗子自有弟，則代爲宗子，更不必言。

喪服記：「夫之所爲兄弟服，妻降一等。」鄭、賈皆不能解。昔人有以此爲嫂叔服之證者，亦頗有理。

此句費解，由夫之兄弟未明也。夫之兄弟服，自本宗外，有姊妹之大功，有姊妹之小功，有從祖姊妹之緦，有舅之子緦，從母之子緦。「妻降一等」，大功降爲小功，小功降爲緦，緦降爲無服。若據之以爲嫂叔之服，則是單有嫂之服叔，而叔之服嫂何不見歟？恐不然也。

春秋書「仲嬰齊卒」，公羊謂弟爲兄後，即爲之子，故不書「公孫」。其於先禰後祖之義亦然。此必當時原有其禮，故公羊爲此説。不然，弟不可爲兄之子，夫人知之，而公羊敢𢭏爲此説乎？

仲嬰齊，公子遂之子，公孫歸父之弟。歸父無後於魯，以嬰齊爲後，理之正也。經書公孫嬰齊不一，其不爲歸父之子，明矣。既爲父子，則不得並稱「公孫」也。卒而書「仲」者，孫以王父字爲氏，故公羊疑之。然臧孫問惠伯事，「諸大夫皆雜然曰：『仲氏也。』」此時嬰齊未嘗後歸父，已得名公子遂爲「仲氏」，可見公子之字，即宗之爲氏，不必至孫而後稱也，公羊無乃自相矛盾歟？

答萬充宗論格物書

承示格物二義，兄以大射儀「若丹若墨」所畫之物即格物之物，聖人不過乎物，即是盡其性；因物付物，即是盡人物之性。此是兄讀書自得，而先儒已有言之者。瞿汝稷云：「射有三耦，耦凡二人，上耦則止於上耦之物，中耦則止於中耦之物，下耦則止於下耦之物。畫地而定三耦應止之所，名之物也，故大學言物是應止之所也。格，至也。格物也者，至於所應止之所也。」在瞿元立雖創言之，然與羅近溪訓「格」爲「式」，事皆合式爲格物，字異而義則同也。葉靜遠與兄書，其言格物之物，當於本末之間得之。括以兩言，即本以達末，即末以透本。此雖靜遠自得，而先儒亦有言之者。管東溟云：「本末，物也。本者無失其爲本，末者無失其爲末，格也。」從本達末之謂致知，得本貫末之謂知至，非即靜遠所言乎？兄與靜遠二義各有攸當，若竟以爲大學了義，則不能無説以處此。夫自來儒者，未有不以理歸之天地萬物，以明覺歸之一己，歧而二之，由是不勝其支離之病。陽明謂良知即天理，則天性明覺只是一事，故爲有功於聖學。今以度尺而中畫物通於物，當物及物通於格，是以天地萬物公共之理爲畫物，以吾心之明覺爲當物及物，然後謂之格物，與「一草一木亦皆有理」之説有以異乎？大學言物有本末，蓋以本足以包末，末不足以立本，故曰「知所先後」，先本而後末也。聖賢工夫，一步步推入，結在慎獨，只於本上，本立而道生，末處更不必照管。若靜遠言即本以達末，即末以透本，則是中和兼致，工夫兩截，儒者之弊，正坐此耳。先師不欲言意爲心之所發，離卻意根一步便是末，末未有能透本者也。靜遠苟明夫意，則格物之工夫即在其中，更不必起爐作竈也。夫心以意爲體，意以知爲體，知以物爲體。意之爲心體，知之爲意體，易知也。至於物之爲知體，則難知矣。家國天下固物也，吾知亦有離於家國天下之時。知不可離物，有時離，如之何？物爲知體乎？人自形生神發之後，方有此知。此知寄於喜怒哀樂之流行，是即所謂物也。仁義禮智後起之名，故不曰理，而曰物。格有通之義，證得此體分明，則四氣之流行，誠通誠復，不失其序，依然造化，謂之格物。未格之物，四氣錯行，溢而爲七情之喜怒哀樂，此知之所以貿亂也。故致知之在格物，確乎不易。佛者之言曰：「有物先天地，無形本寂寥，能爲萬象主，不逐四時凋。」夫無形亦何物之有？不誠無物，而以之爲萬象主，此理能生氣之説也。以無爲理，理亦非其理矣！總緣解物字錯。後儒以紛紜應感所交之物纔爲之物，佛者離氣以言物，宜乎格物之義不明也。唯先師獨透其宗，此意散見語録中，門弟子知先師之學者甚少，故晦而未彰。兄試以語靜遠，不惜批示，共尋先師之學脈也。

答萬充宗問

問「鄉射侯制」。

按干侯之制，中方十尺，鵠方三尺三寸三分强，上躬崇二尺廣二丈，下躬亦崇二尺廣二丈，上舌崇二尺廣四丈，下舌崇二尺廣三丈。自上綱至下綱凡一丈八尺。參侯，鵠方四尺六寸六分强，中方一丈四尺，上下躬各廣二丈八尺，上舌廣五丈六尺，下舌廣四丈二尺，躬舌之崇皆各二尺，與干侯同也。自上綱至下綱凡二丈二尺。大侯，中方一丈八尺，鵠方六尺，上下躬各廣三丈六尺，上舌廣七丈二尺，下舌廣五丈四尺，躬舌之崇，三侯一也。自上綱至下綱凡二丈六尺。三侯之崇廣如此。干侯下綱去地尺二寸，高一丈九尺二寸。參侯下綱去地一丈五寸少半寸，高三丈二尺五寸少半寸。大侯下綱去地二丈二尺五寸少半寸，高四丈八尺五寸少半寸。張侯之高下如此。來書躬崇廣方三丈，據干侯而言。中棲於躬之正中，中掩躬十尺，則躬之左右合二十尺，上下亦然，非也。中與躬舌皆是單幅，但上下聯屬耳。若中掩躬，則夾幅矣。中之左右無躬，焉得有合二十尺。上下之躬各二尺，亦不得云合二十尺。所謂「倍中以爲躬」者，言其廣，不言其崇也。來書躬方三丈，上舌倍之，當六丈，而止五尋者，置中所棲之十尺不倍。夫躬廣二丈，上舌倍之，廣四丈，本是直截，不倍中棲，無乃曲説乎？吾兄認廣爲崇，由是於鄭説多所齟齬，故疑三侯躬舌各二尺，與倍中爲躬、倍躬爲舌之文不相合也。若如兄言，以崇計之，則十侯中一丈，上下躬各二丈，上下舌又各四丈，是一十三丈矣，寧可通乎？劉公是句股之法，人去干五十步，通步爲五尺，古法五尺爲步。得二百五十尺。干去參二十步，通爲一百尺。干高一十九尺二寸，目高七尺，自目至參三百五十尺。以干高目高相較，得一十二尺二寸。以干目較，乘目至參，得四千二百七十。以人去干除之，得一丈七尺五分寸之四，加目高七尺，共二丈四尺五分寸之四。必如此數，方能見之。今參侯之鵠，去地一丈九尺二寸，則鵠爲干高所掩，其説是也。但記言「射自楹閒，序則物當棟，堂則物當楣」，是射位在堂上。以堂高目高計之，爲一丈四尺，干侯高一丈九尺二寸，則干侯之高於目五尺二寸耳，且去之五十步，何患不見參鵠哉！始知公是説之非也。鄭氏解經，閒有穿鑿，然去三代不遠，制度猶有存者，無容輕議耳。

問「金奏肆夏之三」。

劉公是曰：「春秋傳稱『金奏肆夏之三，工歌文王之三』，夏云金奏，文王云工歌，則九夏乃有聲無辭者也。」按：樂有閒有合，閒者，堂上堂下，一歌一奏，更遞而作；合者，上下之樂並作。歌者人聲，奏者樂聲，歌奏皆有辭。此之金奏，亦如琴之有操，笙之有詩，焉可謂之無辭哉？但奏與歌不同，孔穎達於金奏、工歌渾而爲一，云「晉人作樂，先歌肆夏，次歌文王」，則非也。

問：「左傳文元年孔疏云：『古今曆法推閏月之術，皆以閏餘減章歲，餘以歲中乘之，章閏而一所得爲積月，命起天正算外閏所在也。』此數言，義有未解，求詳示。」

四分曆推閏月所在，以閏餘減章法十九，餘以歲中十二乘之，滿章閏七得一爲積月，天正起算，積月盡爲閏月。「滅」字誤「滅」，故難解也。

問：「從來言地勢者，謂北高南下。春秋桓三年日食，孔疏謂：『月在日南，從南入食，南下北高，則食起於下。月在日北，從北入食，則食發於高。其行有高下，故食不同。』按日月麗天，何以亦分北高南下？曆家言日高於月，謂月在日南日北則可；謂北高南下，似不可。豈以北極出地，南極入地，天形如倚蓋，日月亦因之高下乎？」

按：孔疏所云，此言緯度也。月在日南，謂之陽曆；月在日北，謂之陰曆。其所謂高下者，止據日而言，日以南爲下，以北爲高。月輪之下於日甚遠，豈能高於日哉！

問：「春秋日食三十六，而頻食者二。先儒咸謂日無頻食法。王伯厚云：『衛朴推驗春秋日食，合者三十五，獨莊十八年三月，古今算不入食限。』豈二頻食亦入限乎？抑史官怠慢，當時失記，從後追憶，疑莫能定，遂兩存之，春秋因而不削乎？」

沈存中云：「衛朴精於曆術。春秋日食三十六，密者不過得二十六七。一行得二十七，朴乃得三十五。唯莊公十八年一食，今古算皆不入食法，疑前史誤耳。」王伯厚之言本此。愚按，襄二十一年秋九月庚戌朔，日有食之。冬十月庚辰朔，日有食之。又二十四年七月、八月兩書日食。曆家如姜芨、一行，皆言無比月頻食之理。授時亦言，二十一年己酉，中積六十六萬九千一百二十七日五十五刻，步至九月定朔四十六日六十五刻，庚戌日申時合朔，交泛一十四日三十六刻，入食限，是也。步至十月庚辰朔，交泛一十六日六十七刻，已過交限。故姜芨、一行之説爲是。西曆則言，日食之後，越五月、越六月皆能再食。是一年兩食者有之，比月而食者更無是也。襄二十一年己酉九月朔，交周〇宮〇九度五一二八，入食限。十月朔，一宮一十度三一四二，不入食限矣。二十四年壬子七月朔，交周〇宮〇三度一九三五，入限。八月朔，交周一宮三度五九四九，不入食限矣。乃知衛朴得三十五者，欺人也。其言莊十八年一食，自來不入食法。按是年乙巳歲二月有閏，至三月實會四十九日一十三時合朔。癸丑未初初刻，交周一十一宮二十八度三四三七，正合食限。朴蓋不知有閏，故算不能合耳。朴於其不入食限者自謂得之，於其入食限者反謂不得，不知何説也！

再答萬季野喪禮雜問

諸家皆以卒哭爲祭名，唯敖繼公謂：「卒哭即三虞之祭。儀禮言三虞卒哭，蓋於三虞之日即卒無時之哭，故謂三虞爲卒哭，非別有祭。」某參考禮文，頗以其說爲是。

以三虞卒哭同是一事者，乃先儒之舊說，不始於繼公也。鄭氏始別明卒哭與虞不同。據雜記云：「士三月而葬，是月而卒哭。大夫三月而葬，五月而卒哭。諸侯五月而葬，九月而卒哭。」是三虞與卒哭不同一事之證也。又雜記云：「上大夫之虞也少牢，卒哭成事，附皆太牢。下大夫之虞也犆牲，卒哭成事，附皆少牢。」是卒哭之祭重於虞祭之證。檀弓云：「葬日虞，弗忍一日離也。是日也，以虞易奠。卒哭曰成事。是日也，以吉祭易喪祭。明日祔於祖父。」其言與雜記相合，觀此則鄭說爲長。

諸家皆以禫爲祭名，近見方履中古釋疑稱密之先生之說，謂「禫乃除服之名，非祭名。儀禮祝祠初虞曰祫事，再虞曰虞事，卒哭曰成事，小祥曰常事，大祥曰祥事，而禫獨無所言。又戴記言『三年而後葬者必再祭』，何以止有練祥而無禫？」其說如此。某則曰：「三年之喪，二十五月而畢，則禫在二十五月。喪事先遠日，此一月之中，既於下旬卜大祥之祭，不數日而又行禫祭，有是禮乎？」

按喪服小記：「期而祭，禮也；期而除服，道也。祭不爲除喪也。」則祭而除喪，在練已然，不別立名也，安得於祥祭復重一禫，以爲除服之名哉！且古禮從祥至吉，凡服有六：祥祭朝服縞冠一也，祥訖素縞麻衣二也，禫祭玄冠黄裳三也，禫訖朝服綅冠四也，踰月吉祭玄冠朝服五也，既祭玄端而居六也。

不比今人，從喪至吉，一服而已，除則竟除，無漸次也。密之以今事釋古禮，疏矣！其以祝詞無禫祭爲據，卒哭之後，尚有祔祭，亦無祝詞，豈可亦謂無祔祭乎？又言：「三年而後葬者再祭，止有練祥，而無禫祭。」夫再祭之中，且無虞祔，何獨於禫而疑之？即如兄言，禫在二十五月，亦未爲得。三年之喪，二十五月而畢，是矣。人之哀樂，原非截然，喪既畢，而餘哀未忘，有禫祭以表之，此居喪之餘也。若謂禫是除喪之名，則祥祭已除喪矣，何以復曰中月而禫哉？中月而禫，自是與祥間隔一月，此二十七月也。唯是檀弓「祥而縞，是月禫，徙月樂」，初讀而疑之，以爲是月者，祥之月也。繼而思之，「是月禫徙月樂」不連上爲文，蓋爲是月禫，須徙月而樂也。如是則可通矣。

儀禮言：「中月而禫，是月也，吉祭猶未配。」特牲饋食命筮之詞，言祖而不及配，正與此合。諸家因爲禫月，合祭祖考之時，但祭祖而不以妣配。某謂：「儀禮所言未配，蓋禫月而遇祖廟吉祭，不以新死者配食於祖，而非妣之不配祖也。且特牲乃士之常祭，非止禫月之吉祭，豈可因其不言配，而謂常祭亦不祀妣乎？」

按特牲饋食禮，鄭云「諸侯之士祭祖禰」，少牢饋食禮，鄭云「諸侯之卿大夫祭其祖禰」，皆屬吉禮，無所分別，於喪無與。今以特牲不言妃配，少牢言妃配，遂牽特牲於喪禮之下，豈特牲專爲禫月而設乎？豈特牲與少牢有所分別乎？鄭氏亦自相矛盾矣。蓋自卒哭而祔，新主不返於寢。其蒸嘗行於祖廟者，新主雖在，不以配食。三年之喪未畢皆然。今在禫月則喪畢，似可配矣，而曰猶未配者，承喪未畢而言也。按齊王儉云：「朝聘蒸嘗之典，卒哭而備行；婚禘蒐樂之事，三載而後舉。」

移史館論不宜立理學傳書

頃有傳修史條約理學四款，在局皆名公鉅卿，學貫天人，誠非草野荒陋所當與議，然有空隙一介之知，私以告於同學，幸勿出之廣座，徒滋紛紜也。夫聖學之難，不特造之者難，知之者亦難。其微言大義，苟非工夫積久，能見本體，則諸儒之言，有自得者，有傳授者，有剽竊者，有淺而實深者，有深而實淺者。今以場屋時文之學，處諸儒於堂下，據聚訟成言、門户意見而考其優劣，其能無失乎？姑以四款言之。其一以程、朱一派爲正統是矣。薛敬軒、曹月川、吴康齋、陳剩夫、胡敬齋、周小泉、章楓山、吕涇野、羅整菴、魏莊渠、顧涇陽、高景逸、馮少墟十餘人，諸公何以見其滴骨程、朱也？如整菴之論理氣，專攻朱子「理氣乃學之主腦」，則非其派下明矣。莊渠言「象山天資高，論學甚正。凡所指示，坦然如由大道而行。昔疑其近於禪學，此某之陋也。」若使朱、陸果有異同，則莊渠亦非朱派。唐仁卿以從祀議陽明，涇陽謂之曰：「夫學言致知，文成恐人認識爲知，走入支離，故就中閒點出一良字。孟子言良知，文成恐人將此知作光景玩弄，走入玄虚，故就上面點出一致字，其意最爲精密。」若使陽明之學可疑，則涇陽皆可疑矣。程、朱格物爲學之要，景逸謂：「纔知反求諸身，是真能格物者也。此即楊中立所説：『反身而誠，則天下之物無不在我。』朱子九條中甚辨其非，頗與陽明之格物相近，而差排程、朱之下乎？蓋諸公不從源頭上論，徒以補偏救弊之言，視爲操戈入室之事，必欲以水濟水，故往往不能盡合也。又言：「陳克菴、張東白、羅一峯、周翠渠、張甬川、楊止菴，其學亦宗程、朱，而論説不傳。」六君子之論説最多，其學術俱可考究。言不傳者，偶未之見耳。東白之學，其言「是心也，即天理也」，即陽明「心即理」也。其言「斯道在天地，不患踐之弗力，所患知之弗真」，即陽明「知行合一」也。已先發陽明之藴。若陽明果異程、朱，則東白亦異程、朱矣。章楓山稱：「一峯方可謂之正君善俗，如我輩只修政立事而已。」楓山自知不及一峯，後人反分其優劣，何也？其二言：「白沙、陽明、甘泉宗旨不合程、朱。」此非口舌可爭，姑置不論。其言「象山、慈湖例入儒林」，按宋史慈湖未嘗入儒林也。又言「莊定山爲白沙友人，學亦相似」，按白沙云「定山人品甚高，恨不曾與我問學」，遂不深講，其出處之際，白沙深責之，不可言其相似。又言：「羅念菴本非陽明弟子，其學術頗似白沙，與王甚別。」陽明年譜爲念菴所定。錢緒山曰：「子於師門，不稱門生，而稱後學者，以師存日，未得及門委贄也。子謂古今門人之稱，其義止於及門委贄乎？子年十四時，欲見師於贛，父母不聽，則及門者，其素志也。今學其學者，三紀於兹矣，非徒得其門，所謂升堂入室者，子且無歉焉，於門人乎何有？」念菴於是始稱門人。當日之定論如此，今言與王甚別，不知其別者安在也？且不知白沙、陽明學術之異，又在何等也？又言先師「蕺山益歸平正，殆與高、顧符合」；陽明、念臺功名既盛，宜入名卿列傳」。古來史法列儒林、文苑、忠義、循吏、卓行諸門，原以處一節之士，而道盛德備者，無所俟此。故儒如董仲舒而不入儒林，忠如文天祥而不入忠義。既於儒林之中，推其道盛德備者，而揭之爲道學，則與前例異矣！今於高、顧諸先生則入之，於陽明、蕺山則曰「功名既盛，宜入名卿列傳」，高、顧功名豈不盛乎？朱子之功名豈不及王、劉二先生乎？其三言：「浙東學派，最多流弊；有明學術，白沙開其端，至姚江而始大明。」蓋從前習熟先儒之成説，未嘗反身理會，推見至隱，此亦一述朱，彼亦一述朱。高景逸云「薛文清、吕涇野語録中，皆無甚透悟」，亦爲是也。逮及先師蕺山，學術流弊，救正殆盡。向無姚江，則學脈中絶；向無蕺山，則流弊充塞。凡海内之知學者，要皆東浙之所衣被也。今忘其衣被之功，徒訾其流弊之失，無迺刻乎？其四言：「學術流弊，宜歸一是，意不欲稍有異同也。」然據宋史所載道學即如邵堯夫，程子曰：「堯夫猶空中樓閣，曰堯夫豪傑之士，根本不帖帖地。」是則堯夫之學，未嘗盡同於程子也。又言：「陽明之後，流弊甚多，程、朱門人，必不至此。」按朱子云：「游、揚、謝三君子，初皆學禪，後來餘禪猶在，故學之者多流於禪。」游先生大是，禪學必是。程先生説得太高，故流弊至此。是程子高第弟子，已不能無流弊。劉安上、賈易，人品皆在下中，至於邢恕、陸棠，且爲奸臣盜賊矣，而云程、朱門人必不至此，豈其然也？如以弟子追疑其師，則田常作亂之宰予，殺妻求將之吴起，皆足爲孔、曾累矣。此據條約所及者言之，其閒如江右之王塘南、毘陵之孫淇澳，皆卓然聖學，豈可埋没！雖然，某之叨叨分疏，終屬末流，於史法無當也。夫十七史以來，止有「儒林」。以鄒、魯之盛，司馬遷但言孔子世家、孔子弟子列傳、孟子列傳而已，未嘗加以「道學」之名也。「儒林」亦爲傳經而設，以處夫不及爲弟子者，猶之傳孔子之弟子也。歷代因之，亦是此意。周、程諸子，道德雖盛，以視孔子，則猶然在弟子之列，入之「儒林」，正爲允當。今無故而出之爲「道學」，在周、程未必加重，而於大一統之義乖矣。統天地人曰「儒」，以魯國而止儒一人，儒之名目原自不輕。儒者成德之名，猶之曰賢曰聖也。道學者以道爲學，未成乎名也，猶之曰志於道。志道可以爲名乎？欲重而反輕，稱名而背義，此元人之陋也。且其立此一門，止爲周、程、張、朱而設，以門人附之。程氏門人，朱子最取呂與叔，以爲高於諸公；朱氏門人，以蔡西山爲第一，皆不與焉。其錯亂乖謬，無所折衷，可知聖朝秉筆諸公，不自居三代以上人物，而師法元人之陋，可乎？某竊謂「道學」一門，所當去也，一切總歸「儒林」，則學術之異同，皆可無論，以待後之學者擇而取之。若其必欲留此，則薛、胡、陳、王，有明業以其理學配享廟庭。諸公所修者，明史也。明史自合從明，而有所去取，其間猶如明朝閣部，其位一定。今以閣部不當從，而顛倒其位，可乎？不可乎？嗟乎！聖學不求人知，優之劣之，於諸儒無所損益，而諸儒之著譔，傳之天下後世，明眼深造，豈繄無人！竊恐有絲毫之議，上玷高明，深願諸公慎之也。

答萬貞一論明史曆志書

承寄曆志傳，監修總裁三先生之命，令某删定，某雖非耑門，而古松流水，布算簌簌，頗知其崖略。今觀曆志前卷，曆議皆本之列朝實録，崇禎朝則本之治曆緣起。其後則三曆成法，雖無所發明，而採取簡要，非志伊不能也。然崇禎曆書，大概本之回回曆。當時徐文定亦言「西洋之法，青出於藍，冰寒於水」，未嘗竟抹回回法也。顧緯法雖存，絶無論説，一時詞臣曆師，無能用彼之法，參入大統，會通歸一。及崇禎曆書既出，則又盡翻其説，收爲己用，將原書置之不道，作者譯者之苦心，能無泯屈？某故以説四篇，冠於其端。有明曆學，亡於曆官，顧士大夫有深明其説者，不特童軒、邢雲路爲然。有宋名臣，多不識曆法。朱子與蔡季通極喜數學，乃其所言者，影響之理，不可施之實用。康節作皇極書，死板排定，亦是緯書末流。祇有一沈括號爲博洽，而春秋日食三十六，又爲衛樸所欺。有明真度越之矣，某故於曆議之後，補此一段，似亦不可少也。來書謂「去其繁冗者，正其謬誤者」，某之所補，似更繁冗，顧關係一代之制作，不得以繁冗而避之也。以此方之前代，可以無愧，然前代顧亦有未盡善者。前代曆志，雖有推法，而立成不能盡載，推法將焉用之？如元之授時，當載其作法根本，令後人尋繹端緒，無所藉於立成，始爲完書。顧乃不然，讀其曆志，又須尋其耑門之書，而後能知曆，是則曆志無當於曆也。崇禎曆書所列恒年表、周歲平行表之類，猶之未來曆也。其推交食，有太陰距度表、黄道九十度表、太陽距赤度表、視半徑表、南北高弧表、視差表、時氣簡法表、太陰實行表、食分表。蓋作者之精神盡在於表，使推者易於爲力。今既不可盡載，而徒列推法，是則終於牆面而已。某意欲將作表之法，載於志中，使推者不必見表而自能成表，則尤爲盡善也。顧某衰病，舊學荒落，又加之以來期迫促，無以慰三先生下問之意，心竊愧焉。

先師蕺山先生文集序

先師之學在慎獨。從來以慎獨爲宗旨者多矣，或識認本體而墮於恍惚，或依傍獨知而力於動念，惟先師體當喜怒哀樂，一氣之通復，不假品節限制，而中和之德，自然流行於日用動静之間。獨體如是，猶天以一氣進退平分四時，温涼寒燠不爽其則。一歲如此，萬古如此，即有愆陽伏陰，釀爲災祥之數，而終不易造化之大常。慎者，慎此而已，故其爲説，不能不與先儒牴牾。先儒曰：「意者，心之所發。」師以爲心之所存。人心徑寸間，空中四達，有太虛之象，虛故生靈，靈生覺，覺有主，是曰意。不然，大學以所發先所存，中庸以致和爲致中，其病一也。然泰州王棟已言之矣。自身之主宰而言謂之心，自心之主宰而言謂之意。心則虛靈而善變，意有定向而中涵。意是心之主宰，以其寂然不動之處，單單有箇不慮而知之靈體，自做主張，自裁生化，故舉而名之曰獨。少間攙以見聞才識之能，情感利害之便，則有是商量倚靠，不得謂之獨矣。若云心之所發，教人審幾於動念之初，念既動矣，誠之奚及！師未嘗見泰州之書，至理所在，不謀而合也。先儒曰：「未發爲性，已發爲情。孟子之惻隱、羞惡、辭讓、是非，因所發之情而見所存之性，因所情之善而見所性之善。」師以爲指情言性，非因情見性也。即心言性，非離心言善也。形而上者謂之道，形而下者謂之器，器在斯道在，離器而道不可見。必若求之惻隱、羞惡、辭讓、是非之前，幾何而不心行路絶，言語道斷！所謂「有物先天地」者，不爲二氏之歸乎？又言：「性學不明，只爲將此理另作一物看，如鐘虛則鳴，妄意別有一物主所以鳴者。夫盈天地間止有氣質之性，更無義理之性，謂有義理之性不落於氣質者，臧三耳之説也。」師於千古不決之疑，一旦拈出，使人冰融霧釋而彌近理。而大亂真者，亦既如粉墨之不可掩矣。昔者，陽明之良知與晦翁之格物相參差，學者駭之。羅整菴、霍渭崖、顧東橋齗齗如也，然一時從游者皆振古人豪，卒能明其師説，而與晦翁並垂天壤。先師丁改革之際，其高第弟子如金伯玉、吴磊齋、祁世培、章格菴、葉潤山、彭期生、王元趾、祝開美一輩，既已身殉國難，皋比凝塵。曩日之旅進者，才識多下。當伯繩輯遺書之時，其言有與雒、閩齟齬者，相與移書請删削之，若惟恐先師失言，爲後來所指摘。嗟乎！多見其不知量也。此如成周王會「赤奕陰羽，菉幣獻書」，而使三家學究定其綿蕞耳。昔和靖得朱光庭所鈔程子語，以質程子，程子曰：「某在，何必讀此書！若不得某之心，所記者，徒彼意耳！」和靖自是不敢復讀。古之門人不敢以爝火之光雜於太陽，今之門人乃欲以天漢之水就其蹄涔，不亦異乎！王顓菴先生視學兩浙，以天下不得覩先師之大全爲恨，捐俸刻之。浙東門人之在者，羲與董瑒、姜希轍三人耳。於是依伯繩原本，取其家藏底草，逐一校勘。有數本不同者，必以手蹟爲據，不敢不慎也。高忠憲云「薛文清、呂涇野語録中皆無甚透悟」，有之無所增損也。讀先師之集，當有待之而興者矣。顓菴先生之惠後學，豈小哉！

附録

先生十七世祖始遷餘姚之竹橋。有南雷里，唐謝遺塵之故居在焉，距竹橋數里而近，先生因以名集。萬斯大述梨洲世譜。

康熙戊午，詔徵博學鴻儒。葉訒菴學士方藹先以詩寄先生，慫恿之。先生次韻答以不出之意。葉商於先生門人陳庶常錫嘏，對曰：「是將迫先生爲謝疊山矣！」其事遂寢。江藩國朝漢學師承記。

先生爲世家子弟，家有十三朝實録，復嫻於掌故。葉訒菴與同院徐立齋學士元文監修明史，又薦先生於朝。詔督撫以禮敦遣，先生以母耄及老病辭。葉知不可致，乃請詔下浙江巡撫，就家鈔所著書有關史事者付史館。徐又延先生子百家及鄞處士萬斯同參訂史事。斯同，先生之弟子。先生戲答徐書曰：「昔聞首陽山二老託孤於尚父，遂得三年食薇，顏色不壞。今吾遺子從公，可以置我矣。」同上。

先生性耿直，於友朋少許可。在南都時，見歸德侯朝宗每宴以妓侑酒，先生曰：「朝宗之尊人尚在獄中，而放誕如此乎？吾輩不言，是損友也。」或曰：「侯生性不耐寂寞。」曰：「夫人而不耐寂寞，則亦何所不至耶！」時人皆歎爲至論。及選明文，或謂當黜朝宗文，先生曰：「姚孝錫嘗仕金，元遺山終置之南冠之列，不以爲金人者，原其心也。夫朝宗亦若是矣！」乃知其論人嚴，亦未嘗不恕也。同上。

先生謂：「昔賢闢佛，不檢佛書，但肆謾罵。譬如用兵，不深入其險，不能勦絶鯨鯢也。」乃閲佛藏，深明其説，所以力排佛氏，皆能中竅要。國難時，遺老以衣鉢晦迹者，久之或嗣法上堂，先生曰：「是不甘爲異姓之臣，反爲異氏之子弟。」宗會晚年好佛，爲之反覆辨論，極言其不可。蓋於異端之説，雖有託而逃者，亦不少寬假焉。同上。

先生謂：「癸酉甲戌閒，余與江道闇、張秀初同學。道闇讀書，不求甚解，任懷得意，融然遠寄。秀初讀書，字櫛句比。嘗見其讀三禮、五傳，升降拜跪之細，肴烝籩豆之煩，時日錯互，地名異同，莫不辯析秋毫，立身制行，粹然儒者之矩度也。桑海之交，道闇、秀初俱爲法門有力者所網羅。道闇尋謝世，秀初白椎升座，聽講常數百人，諸方所稱仁菴禪師是也。余見之於靈隱，再見之於雲居，仁菴所言唯法門事，不復理經生前説矣，頗爲惜之。庚申季冬，其外孫鄭春薦出仁菴古本大學説云：『是晚年維揚所著，授子止菴，分章斷句，天衣無縫。』新建欲復古本，尚在離合之閒，此説出，紛紜聚訟，諸義盡墮。然以其出自仁菴，世儒妄横儒、釋之見，未有不疑之者也。夫儒、釋之淆亂久矣，儒而不醇者固多出入於佛，而學佛者亦未必醇乎於佛。顧視性分、學力二者，性分所至，佛法不能埋没，往往穿透而出；學力由來，亦非佛法之所能改。此如水中鹽味，濟入河流，夾雜之中，歷然分别，唯知道者能辯之，不爲墉垣膚爪之論所掩蓋耳。仁菴之説，本之生平學力，與釋氏無與也。」南雷文定張仁菴古本大學説序。

先生謂：「儒者之學，經緯天地，而後世乃以語録爲究竟，僅附答問一二條於伊、洛門下，便厠儒者之列，假其名以欺世，治財賦者則目爲聚斂，開閫扞邊者則目爲麤材，讀書作文者則目爲玩物喪志，留心政事者則目爲俗吏，以生民立極、天地立心、萬世開太平之闊論鈐束天下，一旦有大夫之憂，當報國之日，則蒙然張口，如坐雲霧。世道以是潦倒泥腐，遂使尚論者以爲立功建業别是法門，而非儒者之所與也。」南雷文定弁玉吴君墓誌銘。

先生謂：「學有宗旨，是其人之得力處，亦學者之入門處。天下之義理無窮，苟非定以一二字，如何約之使其在我。故講學而無宗旨，即有嘉言，是無頭緒之亂絲也。學者而不能得其人之宗旨，即讀其書，亦猶張騫初至大夏，不得月氏要領也。」明儒學案凡例。

先生謂：「有明文章事功皆不及前代，獨於理學，前代之所不及也，牛毛繭絲，無不辨晰，真能發先儒之所未發。程、朱之闢釋氏，其説雖繁，總是只在迹上，其彌近理而亂真者，終是指他不出。明儒於毫釐之際，使無遁影。陶石簣亦曰：『若以見解論，當代諸公儘有高過者。』與羲言不期而合。」同上。

先生謂：「每見鈔先儒語録者，薈撮數條，不知去取之意謂何。其人一生之精神未嘗透露，如何見其學術！」同上。

先生謂：「學問之道，以各人自用得著者爲真。凡倚門傍户、依樣葫蘆者，非流俗之士，則經生之業也。有一偏之見，有相反之論，學者於其不同處正宜著眼理會，所謂一本而萬殊也。以水濟水，豈是學問！」同上。

先生謂：「胡季隨從學晦翁，晦翁使讀孟子。他日問季隨：『至於心獨無所同然乎？』季隨以所見解。晦翁以爲非，且謂其讀書鹵莽不思。季隨思之既苦，因以致疾，晦翁始言之。古人之於學者，其不輕授如此，蓋欲其自得之也。」同上。

康熙戊辰冬，先生營生壙於忠端墓側，中置石牀，不用棺槨，子弟疑之。作葬制或問一篇，援趙邠卿之例，毋得違命。自以身遭家國之變，期於速朽，而不欲顯言其故也。卒之日，遺命一被一褥，即以所服角巾深衣斂，遂不棺而葬。全祖望鮚埼亭集、江藩國朝漢學師承記。

顧亭林曰：「頃過薊門，見陳、萬二君出明夷待訪録，讀之再三，於是知天下之未嘗無人，百王之敝可以復起，而三代之盛可以徐還也。天下之事，有其識者，未必遭其時，而當其時者，或無其識，古之君子所以著書待後，有王者起，得而師之。然而『易窮則變，變則通，通則久』，聖人復起而不易吾言，可預信於今日也。炎武以管見爲日知録一書，竊自幸其中所論同於先生者十之六七。惟奉春一策，必在關中，而秣陵僅足偏方之業，非身歷者不能知也。」南雷文定附録。

吴志伊曰：「竊謂古學至今幾成絶響，不惟調高白雪，抑且技擅屠龍，有志讀古，動多窮困，故時輩反有以此爲戒者。得虎座倡學東南，真不啻今日之廣陵散矣。」同上。

湯潛菴曰：「戊申，承先生賜證人會語，又得讀蕺山遺書，知吾道真傳，實在先生。戊午入都，於葉訒老案頭得讀待訪録，見先生經世實學。史局既開，四方藏書大至，獨先生著述宏富，一代理學之傳，如大禹導山導水，脈絡分明，事功文章，經緯燦然，真儒林之巨海，吾黨之斗杓也。承乏試事，擬撤棘後，方圖一登龍門，遂夙昔之願。乃蒙主一年兄惠然遠臨，恭接台函，眷愛殷殷，若以爲與聞斯道者，斌何幸得此於先生哉！竊以學者要在力行，今之講學者祇是説閒話耳。詆毁先儒，爭長競短，原未見先儒真面目。學者不從日用倫常躬行實踐，體驗天命流行，何由上達天德？何由與千古聖賢默相契會？如此，即推奉先儒，與詆毁先儒，皆無當也。蕺山先生曰：『天理何理？歸之日用。日用何用？歸之自然。』又曰：『心體本自圓滿，忽有物以攖之，便覺有虧欠處。自欺之病，如寸隙當隄，江河可決。』此切至之言也。先生曰：『蕺山從嚴毅清苦中發爲光風霽月，學問縝密而平實。』人譜一書，真有途轍可循，不患不至上達。』此善論蕺山者也。斌謂今日學者，當以蕺山爲宗，即所以救末學之流弊，而得大中至正之道，無他求也。」同上。

鄭禹梅曰：「吾師黄先生，非欲以文見者也。然梁竊引孔子之言曰：『文不在兹乎！』是文即道也。孟子既没，文與道裂而爲二。趙宋以來，閒有合之者，然或以道兼文，或以文兼道，求其卓卓皆可名世者，指亦不屢屈也。而先生起於文衰道喪之餘，能使二者焕然復歸於一，則雖謂先生竟以文見可也。昔者，子貢之於夫子，有文章可聞、言性與天道不可聞之説，先儒謂其悟後始有斯語，而愚獨以爲是終多識之見。夫三代而下，或有不言性道之文章矣，寧夫子之文章而有不言性與天道者乎？不知文即爲道，而謂道在文章之外，非鄙陋之儒欲自掩其短，則浮華之士未能一窺其奥也。善讀先生之文者，寧如是乎?」鄭梁撰南雷文案序。

李越縵曰:「閱明夷待訪録,據全氏鮚埼亭集外編跋是書,謂『中多嫌諱,故原本不盡出』。予於丙寅歲暮,得四明原刻本讀之,今十年矣。先生之學,卓絶古今,是録爲先生王佐大略所以自見,乃轉覺意過其通,千慮一失,末學後生妄加訾議,要何以當南雷輿隷乎!」越縵堂日記。

南雷家學

黄先生宗炎

黄宗炎字晦木,明貢生,與兄南雷,弟澤望,並負異才,有「三黄」之目。從蕺山游,其學術大略與南雷等,而兀奡過之。既經憂患,潛心學易,著有周易象辭三十一卷,尋門餘論二卷,圖書辨惑一卷,力闢陳摶之學,謂周易未經秦火,不應獨禁其圖,至爲道家藏匿二千年始出。又著六書會通,以正小學,謂揚雄但知識奇字,不知識常字,不知常字乃奇字所自出也。又有二晦、山栖諸集,以故居被火俱亡。康熙二十五年卒,年七十一。參全祖望撰神道表、史傳。

黄先生宗會

黄宗會字澤望，學者稱石田先生，明拔貢生，所學與兩兄同。讀書一再過不忘，日必盡百頁。有事，次日倍其常課。自經史四部外，旁及釋、道二藏。詩文古澹而有根柢。歿年四十有六，南雷爲作壙誌云：「澤望少無師，以余爲師。余初讀十三經，字比句櫛，三禮之升降拜跪，宫室器服之微細；三傳之同異義例，氏族時日之雜亂，鉤稽考索，亦謂不遺餘力，然終不及澤望之精。冥搜博覽，天官地誌，金石算數，卦影革軌，藝術雜學，蓋無勿與予同者。自濂、洛至今日，儒者百十家，余與澤望皆能知其宗旨離合、是非之故。」著有縮齋文集、縮齋日記、學御録。參南雷文定澤望壙誌、史傳。

黄先生百家

黄百家字主一，南雷子，國子監生。傳父學，又從梅文鼎問推步法，著句股矩測解原二卷。康熙中，明史館開，南雷以老病辭，許遣子入史館，成史志數種，天文志、曆志皆其稿本也。又著有失餘稿、希希集。參史傳。

文集

人譜補圖序 代。

今天下盡人講學矣，大約其派有二，而要未有不以詆毀先儒爲事者也。一則習口頭之機鋒，而改頭换面，以主敬爲疊牀，以作用爲見性，凡周、程以下，俱詆之爲禪爲教而不遺餘力。一則假餖飣之帖括，名爲翌註；以黄口之勦説陳言，奉爲蓍蔡，因以謾駡象山、陽明，直指爲告子之邪説。嗟乎！先儒宗旨所在，實從身心體勘，萬死醻難中得之，此豈不入其堂，不嚌其胾者，所得冒昧議之乎！吾原其意，亦非爲學之必當講也，先儒之當毁也。蓋其腹中空，然非此不足爲藏身之術。語詩文則曰「此詞章也」，而已可不學矣；語經濟則曰「此事功也」，而已之不材可掩矣；語忠孝則曰「此氣節也」，而凡綱維名教俱可不檢矣。於是肆口無忌，妄行批駁，必欲舉其空疏塊然之一身，高置爲岑樓之方寸。嗚呼！上之人方將以學術風勵天下，豈知流弊之一至此哉！宋子瑜公，博學宏文，涖事便敏，律己恂恂，而尤敦篤乎倫類之際，此固非不學無材與不檢夫綱維名教者可同年語也！設館授徒，倡學禾中，余與神交六年矣。今歲乙卯，遇之會城，傾蓋莫逆，各歎相見之晚。出其人譜圖示余曰：「今世學者，多用空言，蕺山人譜，最爲切實。若能循此而行，聖域真不難到。其紀過格，言過不言功，尤迴絶乎功利之學。余因推廣其意，將人生受過之由，爲原之於有生之初與有生之後，各爲圖以綴之。此發明蕺山之意，非敢有加也。子其爲我序之。」予維瑜公一何知所崇尚若此哉！吾師梨洲先生曰：「子劉子從嚴毅清苦之中發爲光風霽月，故其學問縝密而平實。人譜一書，真有途轍可循，不患不至上達。」故吾友陳子夔獻特重刻之。瑜公之意，何其默相契合耶？雖然，使今之士見之，又有其不便乎此者矣！蓋人譜中所諄諄者，讀書靜坐，以變化其氣質；敦倫考行，以致謹其細微，而要旨則歸之慎獨。夫慎者，敬謹之謂也；獨者，其體至尊，與物無對之謂也。彼作用之流，翌註之輩，既於先儒之主敬良知極力而詆之，則慎之與敬相似，獨之與良知相似，其能免乎！而且讀書則空疎不可以躲閃，考行則立身不得以恣睢，今瑜公鋭意講學，鼓勵後進，何難自出其宗旨，以撼動當世，乃斤斤於人譜之一書，不斥之排之，反從而遵守之！嗚呼，何意衆鳥中見此孤鳳皇，吾能不爲瑜公詠乎！

復陳言揚論句股書

自客冬大雪，偕世兄痛飲占鰲塔顛，醉語瀾翻，憑欄四顧，見海南夏蓋山模糊雲霧中，偶談及句股，以爲此得表矩測量，即可得其高下遠近，不爽累黍。此時，兄聽之甚爲創聞。今年春仲，來至貴邑，忽以所著句股述一本見寄。其言句股弦之和較相求，與夫容圓容方，測高測遠，前設假如以定法，中立論以闡理，後綴圖以明象，剖析毫芒，窮源極委。既又示以矩測一本，凡夫直景倒景變景，莫不直原其所以然之故，而得其一定之理。此真絶世之穎敏，絶世之細心，弟讀之駭歎無已。乃兄謬以弟曾發端，必能通曉，連賜三書，命其指正，且欲得荒蕪之文以序之，愧赧何極！蓋弟非能明此，家大人於三十年前，空山推步，百凡數學，俱有成書，弟不過因家大人書中竊演成法，知天地閒有此一種學問耳。今見兄書，因自歎昏愚惰頑，以家大人爲之父，不得萬分之一，而兄偶一聞家大人之緒論於弟之口，即能闡揚剔抉，通極微渺，君才過丕，奚啻十倍，其能爲兄贊一詞哉？顧思學問之事，必以相商而愈出。屢承兄命，亦欲刻意求瑕，以爲請教之地。乃再三伏讀，無閒可入，蓋兄於理數之源，既握肯綮，從横前後，皆迎刃也。獨是兄於矩測中有云「置矩度以代小股，置權綫以代小句」二語，弟終不能無疑。聊欲借此爲相質之端，惟兄明教之。夫句股云者，横直之謂也。雖周髀以表屬股，以景屬句，然其時止有直表，而無横表，故股修句廣，得判然以分屬焉。自後世復添設横表。立直表地上，日自東而上，景向西，自西而下，景向東，景皆在平地，是名直景，其表爲股，其景爲句。設横表東西牆上，日在東則測西表，在西則測東表，景皆自上而下，是名倒景，其景爲股，其表爲句。句股之名，不得以表景分也。其在矩度上方爲直表，右方爲直影，左方爲横表，下方爲倒景。其横直之方位悉易者，蓋地上之直表，牆上之横表，日景自爲弦，其句股易辨。矩度以兩耳承日，而以權綫之垂下代日以爲弦，則兩表兩景皆其反面也。故股長句短者，權綫必截直景而使之短，蓋直景句也。股短句長者，權綫必截倒景而使之短，蓋倒景股也。故其分度，直景自一而至十二，引而遠之，句漸長也；倒景自十二而至一，引而遠之，股漸短也。是何得以矩度之兩表，竟屬權綫之兩景，竟屬句乎？顧以兄之極深研慮，悟出人先，夫豈不明於此！於所以不直斷倒景爲股、横表爲句者，原兄之意，以因有變景也。蓋重矩測高，股短句長，權綫逾直景之句而至倒景，則此倒景當變直景，同屬句也。而弟則以爲，因有變景，益見倒景爲股，不可爲句。何則？蓋矩度止爲十二度之平方，十二之外，須相通易。今直影既窮權綫侵股而入，在倒景十一度，於直景則當爲十三度又一十分度之一；在倒景十度，於直景則當爲十四度又一十分度之四。倒景度漸少，直景度愈多，以至倒景一度，於直景則當爲一百四十四度。此正由倒景爲股，不可爲句，而直景既遠，無度可切，特借股以爲句之準，故必變之而始合也。如果可爲句，則所得本度即可入算，又奚庸必變乎？且重矩測遠，亦有當變直爲倒者，不得以直景亦可爲股也。又兄於前後倒景者其後一則有云：「前矩在倒景十度，變直景爲一百四十四度。後矩在倒景四度，變直景爲三十六度。景較得一百八度。」亦似有誤。兄前論云：「視差之理，後表之小句，必多於前表之小句，故重矩倒景必變直景，始合於小句之近少遠多。」又云：「矩愈遠則愈平，愈平則景愈多，此固不易之理也。」今以前矩爲一百四十四度，後矩爲三十六度，則是前景多而後景反少，不與前論相拂乎？且倒景一度既爲直景一百四十四度，而十度又復如是，是兩度相重十度，與一度無别也。蓋十度之變爲一四四，乃一十四度又一十分度之四。如欲細分，則後景之度，亦當照分分之，不得以分渾於度也。

南雷弟子

萬先生斯選

萬斯選字公擇，鄞縣人。學於南雷，嘗謂「學者須驗之躬行，方爲實學」。於是切實體認知意爲心之存主，非心所發；理即在氣中，非理先氣後。平日取朱子半日靜坐、半日讀書之説，謂「分别理欲，惟於靜中最爲親切，初學正須猛自提醒，使此心卓然，久之自然純熟」。嘗正襟危坐，不聞聲息。及事至，則怡然順應，了無隔礙。所著事心録，皆有得之言。年六十卒，南雷哭之慟，曰：「甬上從游，能續蕺山之傳者，惟斯選一人，而今已矣！」參萬氏宗譜、史傳。

萬先生斯大 別爲鄞縣二萬學案。

萬先生斯同 別爲鄞縣二萬學案。

陳先生赤衷

陳赤衷字夔獻，鄞縣人。歲貢生。幼力學，嘗入天井山與苦行僧參究儒釋異同，歸而求之六經。康熙初，集里中同志，執贄南雷，創爲講經會。搜故家經學書，討論得失，發先儒所未發。十年閒，次第畢講。其後萬氏斯同以史學，萬氏斯大、陳氏自舜以窮經，張氏汝翼以躬行，萬氏斯選、王氏之坪以名理，鄭梁、李鄴嗣、董道權、允瑫諸氏以文章，及萬言、仇兆鼇、陳紫芝、范光陽、陳錫嘏諸氏，皆有名於一時，由創始者開其溝澮也。十九年入都，徐健菴一見投契，稱爲碩學。由是公卿爭欲延致，遂作貞女篇謝之。二十六年卒於京邸，年七十一。參史傳。

李先生鄴嗣

李鄴嗣號杲堂，鄞縣人。自高祖循義，至父棡，四世貴顯。先生年十二三即能詩，有秀句。十六爲諸生，隨父宦嶺外。直兵革之際，睚眦觸死，父下省獄，先生亦驅至定海，縛馬厩中七十日。事得解，侍父病，嘔血數斗，自此絶意人世，穿竄草石。撰漢語、南朝語、續世説新語爲三語。四方勝流之至甬上者，必停車披帷，詩酒流連。先生愍郡中文獻零落，倣遺山中州集例，以詩爲經，以傳爲緯，集甬上耆舊詩，搜尋殘帙，心力俱枯。其布衣孤賤，尤所惋結，宛轉屬人，則頓首丁寧，使其感動。書成，立詩人之位，祀以少牢。張司馬死故國，葬其兩世；楊侍御文瓚亦以連染死，淺土十棺，語溪曹廣葬之，爲歌詩記其事。凡見聞所及美事，不肯讓人。南雷嘗謂：「道不中絶，何意數年來，甬上諸君子皆好古讀書，淵源經術，而杲堂横勵其閒，年纔五十。從此主盟，吾道數十年興起文章。」殁後，南雷爲志其墓。參南雷文定壽杲堂五十序、又墓志銘、舊浙江通志。

邵先生廷采

邵廷采字允斯，一字念魯，餘姚人。諸生。幼時，其祖子唯先生偶舉宋儒語教之，即請曰：「其人安往，願師事之。」子唯以爲有志，即送之姚江書院。是時沈求如年八十，爲諸生設講，先生立聽久之，執卷而前曰：「孩提不學不慮，堯、舜不思不勉，同乎？」求如歎曰：「孺子知良知矣！能敬以恕，吾何加焉！」復從韓仁父受業。仁父及弟子徐景范先後卒，諸生散去，先生獨守師説不變。又問學於梨洲。少時有觀心録之作，梨洲規之，乃自燬其稿。熊文端以闢王學爲己任，先生曰：「是不足辨，顧在力行耳。」常以陽明扶世翼教作王子傳，蕺山功主慎獨，忠節清義，作劉子傳；又作王門弟子傳、劉門弟子傳，別擇甚嚴。康熙四十年，知縣韋鍾藻復建姚江書院，延先生主講，儀容甚盛。尋出游山東，至京師，宋犖、萬經欲薦入一統志館，謝歸。五十年卒，年六十四。所著有東南紀事十二卷、西南紀事十二卷、姚江書院志略二卷、思復堂文集十卷。先生雖講學，而究心經世之務，著治平略十二篇，言皆有要，在文集中。參史傳、先正事略。

文集

姚江書院記

采少時侍王父魯公先生講學城南，始識所謂姚江書院者。先是，正德、嘉靖閒，新建伯文成王公倡明正學，高達之士，風趨景從，而邑中徐曰仁、錢緒山兩先生實羽翼先後。文成没，弟子所在爲立書院。按陽明書院之在宇内者七十二，而浙中踞其六。餘姚則龍泉有中天閣，故爲緒山講學之所，而書院未有聞者，豈傳之近且真，有其實固不必事其名與？崇禎中，沈聘君國模、管徵君宗聖、史隱君孝咸、文學孝復篤志聖學，捐其舉業，從事于此。因雙雁里半霖沈氏宅，肇營義學，烝邑中士有志節者寢食其中。月季小大會德行、言語、政事、文學，俊彦咸在，目擊心喻，直從文成溯洙、泗，逮濂、洛、朱、陸，異同竝收，期于躬行，有所得力而已。義學之制，前爲堂奉先師孔子洎四配，後爲樓奉文成洎同里親炙私淑諸賢。易像爲主，尊世宗之祀典也。不徧奉先賢先儒，宗其近黨塾，不敢並文廟也。其諸門廡講舍，一切草創，則時與力有不暇務，作人明道，而不汲汲于觀美粉飾，用俟後之人增長而光大之。始建歲在己卯，越二十年丁酉重修，乃額名姚江書院云。初，郡城蕺山劉子、石梁陶公會講證人社，姚江峙起，往復相和，天下學者稱越中證人祀和靖，姚江祀文成，皆其地講學之祖。推揚餘微，郡邑人士斐然各有成就。劉子既殉國，而四先生亦守肥遯隱。然金華處士之風，嗚呼運會有晦明，道之在其人，豈不偉與！四先生没，繼之者韓氏孔當、邵氏元長、俞氏長民、史氏標，韓氏弟子徐君景范。康熙己酉閒，韓氏講學城隅，士氣大振。自是少降矣。近年院屋多圮，舊人盡亡，後生希見當年教澤之盛，可歎也！歲庚午，安邑康侯來宰餘姚，既大新學宫，復募完葺書院。侯出其禄修先師堂，月吉親詣，縉紳大夫濟濟蒸蒸，小子髫髦歌趨以和，耆人聚觀，莫不愴泣。方迎新主，鳩工度後樓。秋，大潦，饑，工輟。會明年，侯去知晉州。院弟子請於新令，冀更修之，竟未有緒也。有撓其議者曰：「既作泮宫，書院宜後。」夫書院輔學校，宋以來有之。自帖括義興，學校之設，名隆實微。若夫求論幾深，徵覈日用，動静有養，德藝不遺，其人其學，多出書院。書院得人，皆學校光。夫成己成物，紹往哲，開來者，不在上則在下，不在父兄先生，在其子弟當仁不讓。此吾黨責也。況諸先生經始養士之意，其又何可没！因感慨歔欷，爲志其興替如是。聘君字叔則，徵君字霞標，隱君字子虛，文學字子復，合韓氏孔當、王氏朝式爲六子。會稽董氏瑒作六子傳。朝式，山陰人，書院之創有勞焉。出縉多者，蘇方伯萬傑及子元璞。董役者，鄭氏錫玄。輯志略者，韓氏弟子邵廷采。院田屋圖籍載俞氏徵略。康侯，庚戌進士，名如璉。

候毛西河先生書

伏惟先生耄期敬學，精神日益加進，凡所著述，皆從身歷中來。廷采濫厠門牆，恨色力早衰，以不適用之身，又迫家人艱食，進退狼狽，不能抉揚微奥，有負師門。前所責「劉傳依託陽明」句，竊自恕指言者末流之失，非及文成也。謂借此阿時干進，無此肺腸矣。「致良知」三字，實合致知、存心、一功所謂察識于此而擴充之，直是任重道遠、死而後已之事。俗儒認作石火電光，所以曲議横生；而脚踏兩頭船者，又用調停，以爲姑諱此三字。如吾師直標宗旨，即今無第二人。向見潛庵先生荅陸稼翁札，與吾師有同契也。蕺山不沿良知而揭慎獨，謂獨是未發處，不是已發處，功夫專在未發處用。獨體下不得个動字，未發下不得个静字。共睹共聞，自有不睹不聞。未發在而指其微過，一言蔽之曰妄。復則不妄矣。不妄，則七情、九容、五倫、百行少有纖過。正如紅爐點雪，隨著隨銷，故曰：「不遠復，無祇悔。」「苟志於仁，無惡。」蕺山之所謂獨，蓋即良知本體，道心之微，與朱子殊，不與文成殊，特變易旗幟，改换名目，以新號令，作士氣耳。少時入姚江書院，見淺學紛紛讀得「致良知」三字滑，遂成骨董，其賢者罔不高論禪宗。去先賢曾幾何時，流弊若此！文成恐學者支離於學問，蕺山恐學者荒忽於靈明，興衰起墜，同一苦心，其相羽翼於孔、孟之門，後先固一也。至于羽兩階，一語勸君，修德未嘗欲偃兵。蕺山論時務，皆切當世之用。己巳守禦京城，及屬卧子論南遷，非迂闊者。吾師集中有此，尚求酌定。又宋儒排抑漢、唐，推尊本朝過甚。陳同父謂：「天地常運，而人心常不息，赫日當空，處處光明，閉眼之人，開眼即是，不應二千年之間有目皆盲。二三儒者，因吾眼之偶開，便以爲得不傳之絶學，盡距一世之人於户外。夫子惟教人爲聖人，子夏分出一門而謂之儒。儒者，傳先民成説，守規矩繩墨，而後學有所持循。成人之道，宜未盡于此，故學者當學爲人，不當專學爲儒。天下大物，不是本領宏大，如何擔當開廓得去？漢、唐之賢君，果無一毫氣力，則所謂卓然不泯滅者，果何物哉！」同父持論甚平，非徒開拓萬古之心胸，推倒一世之豪傑而已。至謂宋儒講學者無一死節，亦適不會其時。若程、朱當厓山淪覆，度必爲陸秀夫所爲。而當時定大變濟實事者，若寇萊公、韓忠獻、李忠定、虞允文、文履善，皆不出于講學之人。然此數人者，程、朱之門多不稱道。以此疑諸儒將宇宙大事業私古自家門户，而其用處亦每受道理拘縛，鮮所變通，恐其行之或礙。三代而上，獨不用詐謀詭計，至于機權所以成天下之務，禹、湯、文、武、伊、周、太公皆有之。孔子見南子，欲赴佛肸之召；孟子對好色、好貨及三宿出晝之濡滯，果有道濟天下之心，似非可以孤立行意者。又元人修宋史，于儒林外别立道學傳，此後遂爲定名，專家似當去之。吾道一貫，孰非道學中事，而以此立儒家標幟乎？同父所以謂人「不當專學爲儒」，正爲此也。同父惜未見之行事，使其任事，定當有一番規模。外此若陳東、歐陽澈之以諸生布衣死諫，洪皓之流遞冷山，若斯之類，不可枚舉，豈非真道學？而吕好問涉張邦昌之嫌，顛趾出否，以救國事，其本原雖與狄梁公小大不同，均爲聖賢所取。後之論者，滿頌梁公，而微彈好問，此亦忽邇貴遠，與耳食無異之一徵矣。充其刻論，至謂陽明私結宦寺，又何怪乎？嘗讀逸書，吳興老生沈仲固有言：「道學之末流，至寶祐、開慶間幾不可問。見治財賦者則目爲聚斂，開閫者則目爲麤才，讀書作文者則目爲玩物喪志，留心政事者則目爲俗吏。所讀止四書、近思録、通書、太極圖、東西銘、語録數種，不爲其説。即立身如温國，文章氣節如坡仙，亦置之格外。其在朝惟以敝冠衣、端踖步爲事，求如正公之規折枝，文公之斥和議，則無之矣。賈似道利其結舌寒蟬，不致掣己之肘，故用之列布津要，禍不在典午清談下。」采始詫仲固言，今而不能無疑。蓋崇性命，薄事功，矯揉偏重，其弊乃至于是。由是言之，陽明數傳而後，士喜言覺悟，漸流禪定，使天下以良知爲諱，亦容有固然矣。天下有千萬人訾謷，不足輕重吾道者，如今世之議陽明，及東莞陳建之異幟是也。獨怪顧涇陽，東林君子之首，而攻排王學，仇王者至今依歸。然以陽明視涇陽，直支子耳。涇陽崇直節，而孔、孟之道不止于直節也。又其于朱子之學未之全見，止以墨守杆邊圉爲衛朱，見有一言之及簡易，則以爲涉于陸，一言之及經綸，則以爲涉于陳，故從而爲之説曰：「今有人兼象山、永康而具之，朱子復起，憂更何如？」於乎，象山豈異端乎！永康豈蘇、張、范、蔡乎！是何異游、夏、洛、蜀之門人相譏，而藉老、佛以卞莊刺虎之會也？故采嘗妄謂：「學陽明者毋反而議朱，朱之人固泰山喬嶽，而朱之學固曾子、子夏也。至綱目一書，則直繼春秋而懼亂賊，陽明子所未暇作也。」昔鄭端簡成吾學編而尊王，茅鹿門文士也知尊王，此兩人皆非專于講學。至涇陽始太興講學，天下之正人相遇類聚矣，而持説乃與陽明貳。然同時如鄒南皋、馮少墟、高景逸皆不左陽明。劉蕺山雖不言良知，然補偏救弊，陽明之學，實得蕺山益彰。本朝大儒如孫徵君、湯潛庵皆勤勤陽明，至先生而發陽明之學乃無餘蘊。而天下之人，或以微議朱學爲先生病，竊見先生立身處家細行大德無悖于朱子家法，特欲揭陽明一原無閒之學，以開示後覺。淺識之徒，拘于舊而未能入，又佐以時文，盛其焰而助之攻，遂以爲左朱右王者有矣。抑言蕺山之學近朱攻王者，轉而揚蕺山，此亦僅得其廉隅節義千百之大略。至所謂誠意慎獨之説，與朱小異，而純粹以精之至者，曾有所窺及乎？采受恩深隆，一日未死，尚於闡崇師説。竊念守先傳後，百世之公；無犯無隱，事師之誼。昔人稱心齋王氏不肯輕服陽明，心向往之，是以不避狂瞽。極思明辨，務于解去生平之惑，使天下後世曉然知聖道昭垂，殊途一致，則王門見知聞知之任，非吾師誰屬！伏惟吾師恤其荒迷而救其没溺，幸甚！

答蠡吾李恕谷書

姚江末學邵廷采頓首恕谷李兄足下：手教從西河先生所蒙用學問事虚心相質，亹亹七百言，並自道其得力，無一卮詞。伏讀數四，不敢空言抵復，遂五六年，於今未獲報命，罪甚罪甚！足下學問，得之趨庭，自幼即有必爲聖賢之志。後又從遊習齋，力驅佛老，講求兵農書數禮律諸務，綜古者小學大學之教以治其身，體全用具。凡所言行，直本孔、孟，舉後世之所爲程、朱，爲陸、王，紛紛角異，如衣敗絮行荆棘中者，概置勿顧，于聖人之道，真有廓清摧陷之功。用工之勇且實，未有過于足下者。若弟因循蹉跎，日復一日，行隳學裂，視足下真愧且畏也。第有一言從足下就正者。足下之所爲戒謹恐懼存養交進，自既明其善而加之存養乎？抑惟堅守其心，篤實其行，不受外物之摇侮，而遂以爲得聖人之精微渺忽乎？孔子曰：「知及之，仁能守之。」「擇乎中庸，得一善。」孟子曰：「其中非爾力。」則聖學固以致知爲終始。故易曰：「知至至之，可與幾也；知終終之，可與存義也。」以見始之終之時，中之詣一以知爲鵠而已矣。設聖學不統于知，則孝悌力田皆得與聞一貫，鄉黨謹愿躋於狂狷之上矣！胡爲聖門呼唯乃俟其人，抑與彼不與此，又何也？由是言之，陽明致知之教，誠不可議矣。顧猶有説焉。陽明之所云致知者，攝于約禮之内，始學即審端一貫。朱子之所云致知者，散于博文之中，銖銖而稱，兩兩而積，其後乃豁然貫通焉。此同歸中有殊途之别，世之學者，不究其同歸，而喜摘其殊途，所以從朱從陸，杳無定見，去聖愈遠，畢累世而不能相合也。至蕺山先生，專主誠意，以慎獨爲致知歸宿，擇執并至，而不補格致于誠意之前。合一貫之微言，審執中之極則，孔、孟以後，集諸儒大成，無粹于此。特全書未經刊布，世多傳其節義，至其爲承千聖絶學，尚罕有知之者。向讀孫徵君理學正傳一編，寫蕺山纔百餘字。弟是以不揣蒐輯公傳，于誠意慎獨之要，略爲梳櫛，合之黄梨洲、惲仲升兩先生節要、行狀可窺半豹。弟於明儒，心服陽明而外，獨有蕺山。雖使前輩向慕不同，且從所好。至於干羽平賊，不過爲修德來遠之徵，文以足言，似不當毛舉疵議前哲。觀其徒跣號慟，挺戈赴難，豈欲呼當日之舞師瞽工題干羽兩階者！房琯車戰，後世猶笑其迂，可以此加之蕺山乎！夫論學當提撕本原，使人知用功下手處。若博聞强記，講求剌剌，窮年勞攘，總歸喪失。昔孟子論井田封建，止述大略，此之謂善於師古，知時務之要。後此荀淑不爲章句，淵明不求甚解，外期經世，内養性情，兩賢雖未達聖功，要爲窺見體用。弟見今之儒者，討論太劇，徵實太多，未免如謝上蔡所云「玩物喪志」之戒。自顧精力既衰，不能搜羅詳核，惟有省心省事，期無悖乎先聖先師之意。早夜之閒，惟有存住如是而已。要之談何容易。程子見後生靜坐，便歎其善學，此意可思。又湯潛庵先生答陸稼翁有云：「從來講學，未有如今日之直以肆口嫚駡爲能事者。」蓋其人置身功過之外也久矣。言之不怍，則爲之難。有二三作俑，以爲逢世捷徑，後生渺無知識，奉其譏評，用當經傳。四十年來，遂成風氣，牢不可破。乳臭者能闢陽明，自詡沾沾，並爲聖人之徒也。是故攻王以衞朱，朱不受；斥朱以附王，王亦不受。足下南宫三試，策問有議及陽明從祀之語，不對而出，卓然傑者。如此舉動，古今之内，復有幾人！弟已增入此事于前序中，無論世之以我爲狂不以我爲狂也。夫學術各有沿流，固非作者之過。陽明之後，惟錢緒山、鄒東郭、歐陽南野能守師傳。再傳彌失，如李贄之狂僻，亦自附于王學。而斯時密雲湛然，宗教熾行，高明罔知裁正，輒混儒佛爲一，託於四無宗旨。以故蕺山先生承其後，不肯稱説良知，是實因衰激極，補偏起廢之道，正可謂之王門功臣，未嘗相左。故愚于蕺山傳端，有「嘉靖中葉以後，禪學毒天下，大旨依託陽明」三語，謂是當時實録。西河師頗不然其言。吾兄寬中精學，敢以爲商。取鄙述姚江書院傳記推崇陽明者，前後覆勘，意旨殊絶否？弟于師門，無所阿好，惟慮用心稍疎，出語有謬，開罪先正，實所不敢。他如西河五經諸解，尤服春秋傳「魯不僭郊禘」，以「一陽來復，十一月爲春」，皆先儒所未發。仲尼尊王，無臣子改本朝正朔之理，亦不當有此曲筆。而郊禘非禮，禮經多出傅會；禘爲吉禘，郊爲祈穀，此傳出，可正從前繆戾矣。太極先天，本於釋、老，則不敢臆爲之説。河圖、洛書，孔子明舉之，而歐陽公乃稱其妄。是皆未可據，故于原舛遺議，尚有疑焉。夫經學與心性之學本出一原，聖人作經，皆以發揮心性。易道陰陽易簡，書記政事，詩别勸懲好惡，禮順秩敍，樂滌邪穢而蕩渣滓，春秋辨是非。今于經學之外，别有心性，則道無統紀，而不得聖人之心。于是乎逐事物，溯源流，求同異，解愈繁而經愈晦。譏朱子末流之弊，其弊乃甚于朱子也。故先賢不可苟訾，必歸之心得。訾朱子與訾陽明，其失也均。豈惟不可苟訾，誠樂先賢之道，而體先賢之心，并不可過爲之護。訾先賢者固非，即過於護先賢者亦非。故習齋先生謂「學術至宋儒而歧」，誠闢論，非苛論也。何也？宋儒謂「靜觀未發氣象，人生而靜以上不容説」，是中體落于偏枯，混入佛老而不自知矣。而所云問學，又止于誦讀訓詁。凡禮樂兵屯，經世實用，一切蔑略，動而輒括，故終宋之世，競議論而罕成功。當南北横裂，未有出一技以相加遺者，其已見之行事。爲兆者，前韓、范、富、歐陽，後則李綱、宗澤，而皆不列之儒者之林。伊川有一蘇長公不能容，而晦菴亦力排陳永康爲功利之學。且多推本朝人物，而卑抑漢以下諸賢，謂「自孟子没，宋儒出而始接其統」。千年架漏，百世聖人復起，未知以斯語爲何如也！若孟子之論則不然，曰「伯夷聖之清者也，伊尹聖之任者也，柳下惠聖之和者也」，雖不得與集大成之聖同科，乃儼然相提並論。然則孟子而在今日，則諸葛忠武、嚴光、徐穉、郭汾陽、韓、范、李、宗、岳鵬舉必得與于夷、尹、惠之倫矣。夫設一格以名儒者，距千百世之英傑于理學心性之外，道之所以不行不明，蓋爲此也。若此類，豈敢爲宋儒諱！又何獨爲陽明護乎？夫諸葛忠武、嚴光諸人，處身經世，未始不合中庸之道，所以遜乎時中者，正以其知之未至耳。足下云：「中庸之道，不可能一語已。」盡千聖學脈，而又加以戒謹恐懼之功，知及之，仁必能守之。海宇雖乏人，得如兄，足以幸聖學之有承矣。弟非能承聖學者，今所述答，半騰塗説，語次不倫，自知狂惑，終無長進。又年齒衰落，白髮盈首，多爲家道薄俗所沈汩。程子所云：「不學則老而衰。」今親歷之。夙慕岱宗、闕里，鄒、魯遺躅，思一履躡其地。此願十年竟未之逮。無簞瓢之儲，而不能樂其所樂。我生長途，未知胡底，惟道兄篤切匡之救之，不宣。

陳先生錫嘏

陳錫嘏字介眉，號怡庭，鄞縣人。康熙丙辰進士，選庶吉士，授編修，與纂皇輿表、覽古輯覽二書。皇輿表實專任之。先生處身若冰雪，而與之處輒平易近人。爲諸生窮日講授，矻矻不休。官詞苑，公堂館課，私室横經，率至雞鳴而寢。里居膺末疾，猶隱囊危坐，不釋丹鉛。士人將卷帙來請，必銖兩其得失，終卷而後已。有集若干卷。歿年五十有四。南雷志其墓云：「君從事於格物致知之學，於人情、事勢、物理上工夫不敢放過。苟一事一物，精神之不到，則此心危殆，不能自安。凡君之所以病，病之所以不起者，雖其天性，亦其爲學有以致之也。夫格物者，格其皆備之物，則沓來之物不足以掩湛定之知，而百官萬物務行所無事。若待夫物來而後格之，一物有一物之理，未免於安排思索，物理吾心終判爲二。故陽明學之而致病，君學之而致死，皆爲格物之説所誤也。雖然，顏苦孔之卓，絶脈而傷生；博士弟子郭路，夜定五經章句，精思不任，死於燭下。真學問人，固不惜生死以殉之耳。」參南雷文定陳君墓志銘、寧波府志。

鄭先生梁

鄭梁字禹梅，慈谿人。康熙戊辰進士，選庶吉士，改户部主事，升郎中。出知高州府，有政聲。嘗學於南雷，聞蕺山緒論。工文藝。南雷序其稿云：「禹梅深於經術，而取材於諸子百家，仁義之言，質而不枯，博而不雜，如水之舒爲淪漣，折爲波濤，皆有自然之妙。」參南雷文定鄭禹梅刻稿序。

南雷交游

陳先生確

陳確，初名道永，字乾初，海寧人。父顥伯，以文學著聲隆、萬間。先生少補諸生，卓犖不尚理學家言。逾四十，乃與同縣祝淵詣山陰師劉念臺，聞誠意慎獨之説，始沈潛理學，克己内省。念臺卒，盡讀其遺書，發爲論説。有性解、禪障、大學辨諸篇，本念臺之説，推之以求其當。議禮尤精，從其心之所安，取古禮而變通之。於凶禮，尤憾地師惑人，斥爲異端，作葬論痛言其弊。葬父及祖，自擇乾燥地，仿古族葬法。其後張楊園舉葬親社，特延爲賓。治家有法度，天未明，機杼之聲達於外。男僕昧爽操事，無游惰之色，然待之有恩紀。耕田之僕死，哭之哀，食不重味。家貧，有田八十畝，割其三之一以與寡妹孤姪。子姪力行孝友，雍雍一室。居母喪，手寫孝經百餘册以志哀。其於友朋，一事偶乖，必正色相告。屠爌、陸圻徵文壽母，先生謂：「世俗之事，非所當行。」時方盛社集，謂：「衎衎醉飽，無益身心。」再會後，不復赴。晚而病廢，不出門者十五年。康熙十六年卒，年七十四。參史傳、先正事略。

性解

性善之説，本於孔子，得孟子而益明。孔、孟之心，迄諸儒而轉晦。「盡其心者，知其性也。」之一言，是孟子道性善本旨。蓋人性無不善，於擴充盡才後見之也。如五穀之性，不藝植，不耘耔，何以知其種之美耶？故諄諄教人存心，求放心，充無欲害人之心，無穿窬之心，有所不忍，達之於其所忍，有所不爲，達之於其所爲，不一言而足。學者果若此其盡心，則性善復何疑哉！易「繼善成性」，皆體道之全功，正對仁智之偏而言。道不離陰陽，智不能離仁，仁不能離智，中焉而已。故曰：「一陰一陽之謂道。」「繼之，即須臾不離戒懼慎獨之事。成之，即中和位育之能。在孟子，則「居仁由義」、「有事勿忘」者，繼之之功；「反身而誠」、「萬物咸備」者，成之之候。繼之者，繼此一陰一陽之道，則剛柔不偏，而粹然至善矣。成之者，成此繼之之功。向非成之則無以見天付之全，而所性或幾乎滅矣。故曰：「成之謂性。」從來解者昧此。至所謂「繼善成性」，則幾求之父母未生之前，幾何不胥天下而禪乎！故性一也，孟子實言之，而諸家皆虚言之。言其實，則本天而責人；言其虚，則離人而尊天。離人尊天，不惟誣人，並誣天矣。蓋非人而天亦無由見也。是故穮蔉勤而後嘉穀之性全，怠勤異獲，而曰麰麥之性有美惡，必不然矣。涵養熟而後君子之性全，敬肆殊功，而曰生民之性有善惡，必不然矣。

一性也，推本言之曰天命，推廣言之曰氣、情、才，豈有二哉！由性之流露而言謂之情，由性之運用而言謂之才，由性之充周而言謂之氣。性之善不可見，分見於氣、情、才。情、才與氣，皆性之良能也。天命有善而無惡，故人性亦有善而無惡。人性有善而無惡，故氣、情、才皆有善而無惡。中庸以喜怒哀樂明性之中和，孟子以惻隱、羞惡、辭讓、是非明性之善，皆就氣、情、才言之。後儒曰「既發謂之情」，曰「才出於氣」，故皆有善有不善，不知舍情、才之善，又何以明性之善耶？才、情、氣有不善，則性之不善不待言矣。是陰爲邪説者立幟也，而可乎！

禪障

本體二字，不見經傳，此宋儒從佛氏脱胎來者，故以爲商書「維皇降衷」、中庸「天命之性」皆指本體言。此誣之甚也。皇降天命，特推本言之，猶言人身則必本之親生云耳。其實孕育時此親生之身，而少而壯而老，亦莫非親生之身，何嘗指此爲本體？而過此以往，即屬氣質，非本體乎？宋儒惟誤以此爲言本體，故曰「人生而靜以上不容説，才説性便已不是性」，則所謂是性而容説者，恰好在何處耶？樂記「人生而靜，天之性也」二語本是禪宗，其書大半在荀子，不意遂爲性學淵源，可怪也！學者惟時時存養此心，即時時是本體用事，功夫始有著落。今不思切實反求，而欲懸空想箇人生而静之時，所謂天命皇降之體段，愈求而愈遠矣。佛氏喜言未生之前、既死之後的道理，儒者祇曉得有生之後、未死之前的功夫，將何去而何從乎？

周子無欲之教，不禪而禪。吾儒祇言寡欲，不言無欲。聖人之心，不異常人之心，常人之所欲，亦即聖人之所欲也。人心本無所謂天理，天理正從人欲中見，人欲恰好處即天理也。向無人欲，則亦並無天理之可言矣。

附録

福王時，令童試者納銀免府縣試。先生曰：「此輸銀就試之心，即異日迎賊獻降之本。父兄令子弟以是進取，必不以節氣相勉。人心如此，天下何幸乎！」及明亡，士大夫多强與國是，死者先後相望。先生曰：「非義之義，大人弗爲。人之賢不肖，生平具在，今人動稱末後一著，遂使奸盜優倡同登節義，濁亂無紀，真可痛也。」

先生著大學辨，略謂：「論語二十篇，於易、詩、書、禮、樂三致意焉，而不及大學。小戴置其篇於深衣、投壺之後，垂二千餘年，莫有以爲聖經者。而程子始目爲孔氏之遺書，又疑其錯簡而變易其文。朱子又變易程子之文，且爲之補傳，以絶無證據之言，强以爲聖經，尊之論語之上。即其篇中兩引夫子之言，則自聽訟兩節而外，皆非夫子之言可知。一引曾子之言，則自十目一節而外，非曾子之言可知。」又謂：「大學言知不言行，格致誠正之功，先後失其倫序。」又謂：「朱子補傳，一旦豁然貫通，近於禪學。」

案：張楊園與吴裒仲書云：「乾兄大學之辨，竊以爲疑非孔、曾親授之書則可，謂非聖人之學之所傳則不可。」又與劉伯純、沈甸華、吴仲木先後移書先生，爭之，先生終不顧。自序謂：「欲還學、庸於戴記，琢磨程、朱，光復孔、孟。」其持之力如此。要不可謂非一家之言，故録其概焉。

屠先生安世

屠安世字子威，秀水人。年二十一，聞蕺山講學，喜曰：「苟不聞道，虚生何爲！」遂執贄焉。蕺山既殁，從父兄偕隱於海鹽之鄉。病作，不粒食者十七年。得蕺山書，力疾鈔録，反躬責己，無時或怠。嘗曰：「朝聞夕死，何敢不勉。」卒年四十六。參史傳。

鄭先生宏

鄭宏字休明，海鹽人，明謚端簡曉曾孫。從蕺山受業。篤於友愛，子弟有失，互相懲責，不爲嫌。明亡，絶意進取，灌園養母，屢空晏如，不肯見富貴人。雖故人仕宦，勿與通。嘗徒跣行雨中，人不能識也。卒年五十六。參史傳。

葉先生敦艮

葉敦艮字靜遠，西安人。少游蕺山之門，教之曰：「學者立身，總不可自家輕易放了一些出路。」先生謹志其言。性端重，每讀一書，必盥手奉置几上，再拜而後開卷。若先聖先師，則四拜之。晚詒書陸桴亭討論學術，桴亭喜曰：「證人尚有緒言，吾得慰未見之憾矣。」又訪張楊園、何商隱於海濱。楊園謂先生能尊所聞，因述所親炙於蕺山者，與交勉焉。參史傳、先正事略。

劉先生汋

劉汋字伯繩，山陰人，蕺山子。蕺山家居講學，諸弟子聞教未達，輒私以詢，應機開譬，具有條理。蕺山殉國難，明唐、魯二王皆遣使祭。廕子官，力辭。既葬，居小樓二十年，杜門絶人事，考訂遺經，以竟父業。有司或請見，雖通家故舊，亦峻拒之。所與接者，惟史孝咸、惲日初數人。或勸之舉講會，不應。臨卒，戒其子曰：「若等安貧讀書，守人譜以終身，足矣！」所卧之榻，假之祁氏。疾極，彊起易之，曰：「吾豈可終於祁氏之榻！」蕺山生前欲著禮經考次一書，屬其撰成。以夏小正爲首篇而附月令，帝王所以治曆明時也。次丹書而附王制，正己以正朝廷百官萬民也。於是原禮之所由起而次禮運焉，推禮之行於事而次禮器焉，驗樂之所以成而次樂記焉。然後述孔子之言，次哀公問，次燕居、閒居、坊記、表記。設爲祀典，次以祭法、祭義、祭統、大傳。施於喪葬，次以喪大記、喪服小記、雜記，申以曾子問、檀弓、奔喪、問喪。終之以閒傳、三年問、喪服四制，而喪禮無遺矣。君子常服深衣，雅歌投壺，不可不講也，則次以深衣、投壺。男女冠笄，婚姻所有事，則次以冠義、昏義，而鄉飲酒義、射義、燕義、聘義，合三十篇謂之禮經。別分曲禮、少儀、內則、玉藻、文王世子、學記七篇謂之曲禮。垂老未卒業，其子茂林始克成之。參史傳、江藩國朝宋學淵源記。

陸先生符

陸符字文虎，鄞縣人。南雷志其墓曰：「先生世爲寧波望族。四歲時，大父引置膝上，口授以楊忠愍草疏傳奇。先生對客輒抗聲高唱，意若深慨慕之者。既長，受知於學使周斗垣，拔置第一。讀書南里，與許孟宏、王聞修兄弟交。時聞修選古文三編，先生與之，上下其議，多所裨益。孫子長督學浙中，以林憲濩自輔。憲濩得一卷，奇之。聞修時爲水利道，子長以此卷訊之。聞修曰：『此吾故人陸文虎，不意君摸索而得之也。』先生風貌甚偉，胸貯千卷，謦欬爲洪鐘響，一時士大夫聽其談論，皆以爲陳同甫、辛幼安復出。吳、楚名士方招羣植黨，互相題拂，急先生者愈甚。先生謂：『兵心見於文事，鬬氣長於同人，亂亡之兆也。』凡遇刻文結社求先生爲序者，循環此意，雷霆破柱，冀使人聞之而覺悟也。崇禎辛巳，復保舉之制，副使許平遠以先生應詔，詣京入國學。上幸學，先生充班首，進退從容，上過而目之。舉壬午順天鄉試。監國時，賜進士出身，授行人司行人，奉使閩中，不果行。清查衛所錢糧，千户馮如斗乾没獨多，恐發覺，刺先生於廳事。不殊，歸而養病，結雪瓢於白巖山。丙戌十月初十日卒，年五十。先生初爲舉子業，誦習先民，時取古文，緣飾章句。厭而棄去，旁涉語録釋典，爲沈深刻厲之文。又改而爲恢博奥賾。至於其所譚易者，則取近代理明義精之學，用漢儒博物攷古之功，加之湛思，直欲另爲傳註，不墮制舉方域也。其古文詞鵬騫海怒，意之所極，穿天心月脇而出之，苦於才多，使天假之年，自見涯涘耳。詩皆志意所寄，媢勢佞生、市交游而作聲色者，未嘗以片語污其筆端也。胸懷洞達，熱心世患，視天下事，以爲數著可了，斷頭穴胸，是吾分内事。丙寅，聞先忠端七人之禍，希風臯羽，作楚漁父二首，傳之吴中。余束髮出游，吴來之謂：『子鄉陸文虎，志行士也。』歸而納交於先生，從此左提右挈，發明大體，擊去疵雜云。」參南雷文定陸文虎墓誌銘。

萬先生泰

萬泰字履安，號悔菴，鄞縣人。崇禎丙子舉人。砥礪名節，爲物望所歸。鼎革後，不赴公車，謂人曰：「吾一入長安，則竹橋剡中之路豈可復過？」遁迹榆林山中。喪母失偶，諸子孤露，三旬九食常不支，顧魁然主吟於汐社、月泉。而有才子八人，比之荀氏八龍焉。殁後，南雷序其詩云：「先生之詩，不可不急行也。今之稱杜詩者，以爲詩史，亦信然矣。然注杜者但見以史證詩，未聞以詩補史之闕，雖曰詩史，史固無藉乎詩也。逮夫流極之運，東觀、蘭臺但記事功，而天地之所以不毁，名教之所以僅存者，多在亡國之人物，血心流注，朝露同晞，史於是而亡矣。猶幸野制遥傳，苦語難銷，此耿耿者明滅於爛紙昏墨之餘。九原可作，地起泥香，庸詎知史亡而後詩作乎？是故景炎、祥興，宋史且爲之不立本紀，非指南集杜，何由知閩、廣之興廢？非水雲之詩，何由知亡國之慘？非白石、晞髮，何由知竺國之雙經？陳宜中之契闊，心史亮其苦心；黄東發之野死，寶幢志其處所，可不謂之詩史乎！元之亡也，渡海乞援之事，見於九靈之詩，而鐵崖之樂府，鶴年、席帽之痛哭，猶然金版之出地也，皆非史之所能盡矣。明室之亡，分國鮫人，紀年鬼窟，較之前代，干戈久無，條序其從亡之士，章皇草澤之民，不無危苦之詞。以余所見者，石齋、次野、介子、霞舟、希聲、蒼水、密之十餘家，無關受命之筆，然故國之鏗爾，不可不謂之史也。先生固十餘家之一也，生平未嘗作詩，今續騷、堂寒、松齋、粤草，皆遭亂以來之作也。避地幽憂，訪死問生，驚離弔往，所至之地，必拾其遺事，表其逸民，而先生之詩，亦遂凄楚蘊結而不可解矣！夫蔓草零露，仍歸天壤，亦復何限！先生獨不能以餘力留之乎？故先生之詩，史也，孔子之所不删者也。」南雷謂東髮出游於浙河東，所兄事者兩人，曰陸文虎、萬履安。主一撰季野墓志謂：「昔吾先遺獻，少以籲冤出游，交滿天下士，而心言性命之友不過數人，於甬上則萬履安先生、陸文虎先生。」參南雷文定萬履安詩序、又墓志銘、黄百家撰萬季野墓志銘。

陳先生之問

陳之問字令升，號簡齋，海寧人。陳氏科名冠兩浙，而令升不慕華膴，獨好讀書，自六經、三史以下，八家之集，唐、宋之詩，丹鉛殆遍。高會廣座，有所徵引，長篇累牘，應口吟誦，以架上書覆之，不錯一字。當世文章家，指摘其臧否，咸中要害。聞吴志伊作十國春秋，曰：「古人著書以爲法戒，十國人物乘時盜竊，皆出下中，何容追拾其遺事乎？」錢牧齋有學集出，多所改竄。乃訪原本，細書旁註，顧不免於疑，論曰：「沈約、虞世南之集，後世又何嘗廢之。」有問綏寇紀略、流寇志優劣，曰：「兩書豈可並論。顧梅村之集不及紀略遠甚，疑不出於梅村。然舍梅村，又無可與梅村當者。」又言：「侯朝宗、王于一，其文之佳者，尚不能出小説家伎倆，豈足名家。」先生從學於蕺山、漳海之門，顧未嘗談學。與人言者，不出詩、書。嘗爲文壽南雷曰：「學在天地，有宗有翼。宗之者一人，翼之者數十人，所謂後先疏附也。堯、舜去人，其閒亦邇禹、皋；萊朱、望、散，亦復略舉成、文。以例其餘，顏、曾既往，董、韓未興，孟子以一身任仲尼之學之重，開繼茫茫，有宗無翼，所謂軻死而不得其傳者已。若於無有兩歎寓之，蓋孟子之憂患深矣。有宋絶學既明，以後集成考亭，門徒甚盛，史不勝書。迄於元、明胤續之際，何其彬彬者歟！許、姚、趙、竇，洛學行於北；金、吴、虞、許，閩學彰於南。以逮柳、黄、吴、宋之徒，莫不推究精微，張皇六藝，卒開三百年文明之治，可不謂有宗有翼之極盛者歟！前明學脈，莫盛姚江，翼之者爲江右，爲淮南，爲東越。雖復功咎叢興，末流將剥，然而敝之所生，捄之所始也，剥之寖微，復之寖昌也，吾學蓋未嘗一日而絶也。黄子於蕺山門爲晚出，獨能疏通其微言，證明其大義，推流溯源，以合於先聖不傳之旨，然後蕺山之學，如日中天。至其包舉藝文，淵綜律曆，百家稗乘之言，靡不究心擬之，開物成務，又何不謀而有合也！儒林、道學，宋始分途，耳食者如燕與郢之不可合。以孔、孟家法裁之，亦曰學而已矣。黄子之學，所謂魯國而儒者一人耳，固非宋史兩家之所得私。而隻輪孤翼，又豈無前望既往，後望來者，岌岌然懷兩無有之恐乎！」南雷與同學五年，霜天寒夜，漏已參半，於卧榻中聞放筆鏗然，率以爲常，其力學如此。臨殁前一日，猶作書招南雷。殁後，南雷爲作傳。參南雷文定陳令升先生傳。

李先生顒 別爲二曲學案。

李先生因篤 別見亭林學案。

湯先生斌 別爲潛庵學案。

毛先生奇齡 別爲西河學案。

閻先生若璩 別爲潛丘學案。

胡先生渭

別爲東樵學案。

南雷私淑

賈先生潤

賈潤字若水，故城人。明諸生。輕財好施，樂善不倦。入清代，屏棄帖括，專研性理之學。後命其子樸受業於鄞縣仇編修兆鼇，授以梨洲明儒學案。歸奉先生，讀之，歎爲千秋盛業，乃校勘付梓，而爲之序曰：「前明儒學多門，有河東之派，有新會之派，有餘姚之派。雖同談性命，而塗轍不同，其末流益歧以異。自有此書，而支分派別，條理粲然。其於諸儒也，先爲序傳以紀其行，後採語録以列其言。其他崛起而無師承者，亦皆廣爲網羅，靡所遺失。論不主於一家，要使人人盡見其生平之所學而後已。學者誠能究心此書，無難窺諸家之精蘊，而所由以入德之途，即不外乎是。縱其閒或有純駁，是在善學者精擇之而已。」又謂：「明初諸儒，如方正學、曹月川、薛敬軒、吴康齋，其學一本濂、洛、關、閩，未嘗獨闢門户。至白沙、陽明，專求心學，重内輕外，其説雖足以救朱學末流之弊，但隆、萬閒禪學盛行，亦二公有以濬啟其端也。斯編於姚江一脈載之獨詳，而是非得失亦辨析不混，蓋就其説以攻隙，庶不致貽誤後學。此梨洲苦心也。」又謂：「先輩之學，主於躬行，故語簡當而切實。後來學主心悟，故言微妙而虛空。讀龍溪、近溪之説，言性言心，幾於杳冥怳忽，茫乎不得其畔岸！故知夫子罕言性與天道，早已防其弊矣。蓋言之而滋人揣測疑似，不如俟人積學功深、默契性天之爲愈也。陽明疑朱子格物致知爲求之於外，因攝格致於誠意傳中，謂意之發動，有善有惡，其知善知惡者即是致知，爲善去惡者即是格物，並知行爲一。本意欲矯俗學之支離，豈知明善窮理確有成説，又烏得一概從而抹卻耶？虛齋據宋儒葉、董兩家，謂：『格致傳文錯在聖經，當提物有本末一條爲格物致知之功，提知止有定一條爲物格知致之效。刪去兩條，在聖經則八目直接三綱，中免間隔；在傳文則格致復見原本，可免補傳。』向使陽明留心虛齋之論，亦可不必獨闢蠶叢，甘心而作驚世駭俗語矣。」其持論平允類如此。康熙三十年卒，年七十七，入祀鄉賢祠。子樸，歲貢生，篤學，研究性理，官至蘇松常鎮道、布政使參政，清廉著聲，明儒學案實由其承父命刊成。參萬斯同撰傳、河間府志、南雷明儒學案自序。

清儒學案卷三

桴亭學案上

桴亭專宗程、朱，體道之純，衛道之正，等於三魚、楊園，而持論較平。學期於經世，與亭林相近，博綜雖不及，而體認深細或過之。於明儒得失，窮源究委，平心剖晰，以息門户之爭，卓爲清初大儒。述桴亭學案。

陸先生世儀

陸世儀字道威，號剛齋，又號桴亭，太倉人。明諸生。復社方盛，招之勿往。與同里陳確庵、盛寒溪、江藥園諸人相勵以道義，爲體用之學。初行袁了凡功過格，繼以爲未當，作格致編，以敬天爲入德之門。又讀薛文清語録云「敬天當自敬心始」，歎爲先得我心。創立考德、課業二格，日以所爲之事、所讀之書紀於録，自考驗其進退。抱康濟之志，於古今政治因革、兵農禮樂及鄉國利病靡不觀其通。見天下大亂，尤急兵事，戰守、形勢、陣法皆所究心，兼肄技擊。嘗上書南都，不能用。有招之出者，不赴。

南都亡，乃避世終隱。築桴亭居其中，罕接賓客。與同志講學，遠近歸之。既而應學者之請，講於東林。又再講於毗陵。當事者累欲薦之，力辭不出。其學恪守程、朱，以居敬窮理爲歸，身體力行。嘗謂學者曰：「世有大儒，決不别立宗旨。譬之大醫國手，無科不精，無方不備，無藥不用。豈有執一海上方，而沾沾語人曰：『舍此更無科、無方、無藥也！』近之談宗旨者，皆海上方也。」平生心得，備見於思辨録一書。始於二十七歲時，讀書有得隨録，以大學八條目爲則，天文、地理、河渠、兵法、封建、井田、學校無不論列，積成鉅帙。晚年，同學編爲輯要，分十四類，前集曰小學，曰大學，曰立志，曰居敬，曰格致，曰誠正，曰修齊，曰治平；後集曰天道，曰人道，曰諸儒，曰異學，曰經子，曰史籍。其他著述，當時刊行者，性善圖説一卷，庚子東林講義一卷，論學酬答四卷，宗祭禮四卷，制科議、治鄉三約、桑梓五防、支更説、古文各一卷，月道疏一卷，附九道圖分野説，附雲漢升沈、山河兩戒二圖；未刊者，易説初編四卷，春秋討論二卷，四書講義四卷，性理纂要四卷，道統上下論一卷，虚齋格致傳補註一卷，治通一卷，甲申臆議一卷，八陣發明六卷，城守輯略、常平、權法、婁江議二十法、婁江圖説、淘河建閘决排諸議、漕兑議、續漕兑議各一卷，浮糧考、漕賦説、漕議八款共一卷，喪中雜録、講學全規、講學紀事、節韻幼儀各一卷，續論學酬答四卷，剛齋日記五卷，詩、文稿各十卷，或存或佚。後同里葉裕仁編刊文鈔六卷，唐受祺彙刊遺書二十一種。先生自明亡，無心用世，託諸論述，皆有功於世道人心。尤關懷鄉邦利弊，救荒治水，長吏咨而後行。知州白登明，循吏也，濬劉河爲百年之利；巡撫馬祐，濬吴淞、婁江，皆用其規畫。康熙十一年卒，門人私謚文潛先生。同治十三年，從祀文廟。參史傳、年譜、行實、文鈔、思辨録。

思辨録輯要

小學之書，文公所集備矣。然予以爲，古人之意，小學之設，是教人由之，大學之教，乃使人知之。今文公所集，多窮理之事，則近於大學。又所集之語，多出四書、五經，讀者以爲重複。且類引多古禮，不諧今俗，開卷多難字，不便童子，此小學之所以多廢也。愚意竊欲仿明道之意，採擇禮經中之曲禮、幼儀，參以近禮，斟酌古今，擇其可通行者編成一書，或三字，或五字，節爲韻語，務令易曉，名曰節韻幼儀，俾之即讀即教，知行並進，似於造就人材之法，更爲容易。

陽明先生社學法最好，欲教童〔一〕子歌詩習禮，以發其志意，肅其威儀，蓋恐蒙師惟督句讀，則學者苦於簡束，而無鼓舞入道之樂也。然歌詩則近於鼓舞，習禮則便有簡束之意。在古人，十三學樂誦詩，二十而冠，始學禮。蓋人當少年時，雖有童心，然父兄在前，終有畏憚，故法不妨與之以寬。寬者，所以誘其入道也。年力既壯，則智計漸生矣。此時而純用誘掖，則將有放蕩不制之患，故法又當與之以嚴。嚴者，所以禁其或放也。二者因其年力，各有妙用，故古時成就人多。今之社學，止以句讀簡束童子，因失鼓舞之意矣。若誤認陽明之意，純用鼓舞，又豈古人之意乎！立教者，當知所以善其施矣。

古者八歲入小學。周官保氏掌養國子，教之六書。漢興，蕭何草律令，太史試學童，能諷書九千字

〔一〕「童」，原作「重」，據思辨輯要改。

以上乃得爲史。又以六體試之，課最者以爲尚書、御史、史書、令史。六體者，古文、奇字、篆書、隸書、繆篆、蟲書，皆所以通知古今文字，摹印章，書幡信也。則知古人皆以字學爲小學，故人皆識字。今崇尚制科，人務捷得，至貴爲公卿，而目不識古文奇字，且并音畫亦多訛謬者，少此一段工夫耳。以上小學類。

學而開章第一便説一「學」字。在上古説這一箇字不難，在今日便須要認清這一箇字。蓋三代以上，一道同風，學出於一；三代以下，百家爭鳴，學散爲百。自孔氏没而或爲楊，或爲墨，或爲申、韓，或爲黄、老，馴至後世而爲詞章，爲訓詁，爲功名，爲禪玄，種種不一，而「學」之一字，敗壞分歧極矣。且不特異學一途有以壞正學，即正學一途，又有無限分爭樹幟，陽順陰違，爲正學之蠹者。「學」之一字，至今日而遂不可復問。舉世讀聖賢書，不知聖賢之學爲何物矣！吾黨既讀聖賢書，欲知聖賢之爲人，豈可不先認清這一箇字！

天下無講學之人，此世道之衰；天下皆講學之人，亦世道之衰也。三代之世，君君臣臣，父父子子，各務躬行，各敦實行，庠序之中，誦詩書，習禮樂而已，未嘗以口舌相角勝也。嘉、隆之間，書院徧天下，以多爲貴。呼朋引類，動輒千人，附影逐聲，廢時失事。甚至有借以行其私者。此所謂處士横議也，天下何賴焉！

今人未嘗學道，便先要立一箇腔拍，凡一言一動，一巾一服，必先求異於人，惟恐人不知爲學道，此皆是名心。名心，德之賊也。道學畏人知，固不可；必求人知，亦不可。畏人知者，必至半途而廢；必求人知者，必至索隱行怪。天地間只有此箇道理，人人在内，人人要做，本無可分別。自宋以來，横爲蔡京、章惇、韓侂胄輩分出箇門户，目爲道學，甚至讀史者亦因而另立道學傳，不知自居何等！日用不知，吾末如之何也已矣！

學者要淡得功名，須是力學，待學得有些滋味，自然功名心漸漸淡卻。不然，無所事事而欲淡其功名，不惟不能，亦且未是。

有言天下方亂，恐無暇爲學者。予曰：「天下自亂，吾心自治。人當喪亂之餘，自謂無意於世，或悲憤無聊，無所事事，或佯在放誕，適意詩酒，俱非中行之道也。世界自是太平，只賢者無所事事，詩酒自適，便做就今日許多喪亂，是皆不學問之害。賢者處此，正當刻意自勵，窮極學問，或切磋朋友，或勸勉後學，或教誨子弟，使之人人知道理，人人知政治，一旦天心若回，撥亂反正，皆出諸胸中素學。此是爲天地立心，爲生民立命。若賢者人人自廢學問種子，斷絕將來，喪亂如何底止！」

古者六藝，學者皆當學之。今其法不傳，吾輩苟欲用心，不必泥古，須相今時宜，及參古遺法，酌而行之。且今人所當學者，正不止六藝，如天文、地理、河渠、兵法之類，皆切於用世，不可不講。俗儒不知内聖外王之學，徒高談性命，無補於世，此當世所以來迂拙之誚也。

數爲六藝之一，似緩而實急。凡天文、律曆、水利、兵法、農田之類，皆須用算，學者不知算，雖知算而不精，未可云用世也。宋崇、甯中曾立算學，假疑設數爲算問是亦一法，然至於另設庠序，以黄帝爲先師，則贅而近於戲矣！以上大學類。

只提一「敬」字，便覺此身舉止動作如在明鏡中。

主敬須從畏處做到樂處。畏者，禮之實也；樂者，樂之情也。立於禮，成於樂，不過始終教人成一「敬」字。

能讀西銘，方識得敬天分量；能踐西銘，方盡得敬天分量。人能有所畏，便是敬天根脚。小人只是不畏天命，不畏天命，便無忌憚，便終身無入道之望。

讀四書、五經，古人無時無事不言天。孔子言「知我其天」，「天生德於予」，「獲罪於天」；孟子言知天、事天，順天者存，逆天者亡；春秋言天命、天討；禮稱天則；至於易、詩、書三經，則言天甚多，又有不可枚舉者，皆說得鄭重嚴密，使人有震動恪恭之意。故古人之學，不期敬而自敬。今人多不識「天」字，只說「敬」字，學者許多昏憒偷惰之心，如何得震醒！

古人以居敬爲力行，窮理爲致知，畢竟「敬」字賅得「行」字，「行」字當不得「敬」字。須把居敬作主，下面卻致知力行，一齊並進，方有頭緒。文公本傳云：「文公之學，大抵窮理以致其知，反躬以踐其實，而以居敬爲本。」此方是千聖千賢入門正法。

「吾十有五而志於學」，是孔子入門工夫。「博文約禮」，是顏子入門工夫。「戒懼慎獨」，是子思入門工夫。「集義」，是孟子入門工夫。他如周子之主靜，張子之萬物一體，程、朱之居敬窮理，胡安定之經義治事，陸象山之立志辨義利；有明薛文清、胡餘千之主敬，湛甘泉之隨處體認天理，陳白沙之自然養氣，王陽明之致良知，皆所謂入門工夫，皆可以至於道。學者不向自心證取，而輒欲問之他人，豈所謂實下工夫乎！

或謂：「『居敬窮理』四字，是吾子宗旨否？」予曰：「儀亦不敢以此四字爲宗旨，但做來做去，覺得此四字爲貫串周帀，有根脚，有進步，千聖千賢道理總不出此，然亦是下手做工夫得力後始覺得，非著意以此四字爲入門也。入門之法，只真心學聖賢耳。」以上居敬類。

有一事一物之格致，有徹首徹尾之格致。即凡天下之物，莫不因其已知之理而益窮之，此一事一物之格致也；用力之久，而一旦豁通焉，此徹首徹尾之格致也。一事一物之格致，即隨事精察工夫；徹首徹尾之格致，即一貫工夫。

羅整庵曰：「格物之訓，如程子九條，往往互相發明。其言如千蹊萬徑，皆可適國，但得一道而入，則可以推類而通。且如論語『川上』之歎，中庸『鳶飛魚躍』之旨，孟子『犬牛之性』之辨，莫非物也，於此精思而有得，則凡備於我者，皆可得而盡通。」其言雖是，然愚以爲格物之法，必由近及遠，由麤及精，由身心以及家國天下，由日用飲食以至天地萬物，漸造漸進，乃至豁然，夫然後天人物我，内外本末，幽明死生，鬼神晝夜，皆可一以貫之而無疑，不然，未能切身理會，而遽欲求之鳶魚犬牛之際，吾恐學者不入學究一途，卻又入禪宗看話頭、參竹篦子一路。

許舜光問：「格致之説，朱注似屬支離，不若陽明直截。」曰：「朱注説格物只是『窮理』二字，陽明説格物便多端。今傳習録所載，有以格其非心爲説者，有仍朱子之舊者，至於致知，則增一『良』字，以爲一貫之道盡在是矣。緣陽明把『致知』二字竟作『明明德』三字看，不知『明明德』工夫合格致誠正修俱在裏面，致知只是明德一端，如何可混！且説箇致良知，雖是直截，終不賅括，不如窮理穩當。」問：

「何爲？」曰：「天下事有可以不慮而知者，心性道德是也；有必待學而知者，名物度數是也。假如只天文一事，亦儒者所當知，然星辰次舍，七政運行，必觀書考圖，然後明白純靠良知致得去否？故『窮理』二字賅得致良知，『致良知』三字賅不得窮理。」

純男問：「張華博物一種學問，亦可稱格物否？」曰：「格物是格其理，博物是識其物内外之别，截然不同。若夫觀河圖而畫卦，覩洛書而演疇，則直於一物之中，識天地之全理，斯真格物之極功矣，非聖人，孰能與於斯！」

武箴問：「象山不取伊川格物之説，以爲隨事討論，則精神易敝，不若但求之心，心明則無不照，如何？」曰：「隨事討論，亦是心去討論。至曰『心明則無不照』，所照者何物，亦即隨事精察也。先儒論道，雖各持一論，要之實相通貫。其彼此交譏者，未免有勝心也。」

問：「程子一草一木亦皆有理之説如何？」曰：「草木，陰陽五行之所生。陰陽五行不可見，而草木則可見，故察其色，嘗其味，究其開落死生之所由，則草木之理皆可得。本草所載，月令所記，皆聖人窮理之一端也。要之，此皆聖人心體潔淨，知識通明，觸處洞然，故能如此。今人爲情欲聲利所汩没，心體窒塞，即萬物當前，往往視而不見，聽而不聞，食而不知其味，何能格物！」

亦史問：「温公扞禦外物之説，朱子非之，以爲外物而可禦，則是絶父子而後可知孝慈，離君臣而後可知仁敬。又曰：『閉口枵腹，然後可得飲食之正；絶滅種類，然後可全夫婦之别。』是否？」曰：「温公扞禦外物之説固非，文公駮之亦過。温公之意，不過謂扞禦物欲，物欲既去，則知見自能通明耳。

此言於學者亦有益。但『格物』二字，是大學入門最初工夫，古者十五入大學，十五之時，尚屬幼小，於物欲未必深染，且知識尚未開，不教之以如何爲理，如何爲欲，安知所謂物欲者而去之？況物欲既去，則直可謂之修身矣，如何纔能致知？故扞禦之訓，與耽染物欲之人言，未必不爲無補，而實非大學格物之正訓，故不可據以爲説耳。若遽如文公之言，則温公不惟得罪聖門，且毫無義理矣，其言得無太過。」

問：「王心齋語録以格物爲格眼之格，如何？」曰：「凡人論理，切不可好奇，一好奇，則入於異端矣！」

翼微問：「知是天良，如何卻用人力去致？」曰：「知者天資，致者學問。天資，先天之事；學問，後天之事，總之皆天也。致以天，不致以人，看一『致』字，便有尋向上去的意思，所謂上達也。上達便是天道。」

東堂問：「人性皆善，則知亦皆善，此何用致？」曰：「人性皆善，其不善者，氣稟物欲也。人知皆善，其不善者，亦氣稟物欲也。致則矯其氣稟之偏，去其物欲之蔽。」

王新建於致知之中增一「良」字，極有功於後學，蓋恐人以世俗乖巧爲知也。然亦是要單提此語作話頭故耳。若連上文誠意讀下，豈有不良者乎！

問：「禪家最喜言悟，理學家多不喜言悟。間有喜言悟者，如宋時陸象山、楊慈湖，我明陳白沙、王陽明，儒者又詆爲禪學。畢竟『悟』字境界是有是無？」曰：「『悟』字境界，安可謂無？凡體驗有得處皆是悟，只是古人不喚作悟，喚作物格知至。古人把此箇境界看得平常，禪家卻於此換箇『悟』字。悟者，如醉方醒，如夢方覺，字義儘是警策。但儒者悟後只是平常，禪家便把悟作希奇道路。又儒之所悟者實，禪之所悟者虚，所以悟者不同，其實悟之境界則未嘗無也。象山諸公，學術近禪，只爲矜這一箇『悟』字。」

悟處皆出於思，不思無由得悟。思處皆緣於學，不學則無可思。學者，所以求悟也；悟者，思而得通也。故孔子曰：「學而不思則罔，思而不學則殆。」孟子亦曰：「心之官則思。」古來聖賢未有不重思者，思只是「窮理」二字。

問：「朱子有言：讀書須是『徧布周滿』四字，請下注脚。」曰：「徧布周滿，只是無滲漏。」曰：「如何便無滲漏？」曰：「學問思辨行步步著力，便無滲漏。」

謝上蔡見明道，舉史書成誦，明道以爲玩物喪志。及明道看史，又逐行看過，不差一字，謝甚不服。後來有悟，却將此事作話頭，接引博學之士。愚謂上蔡不服固非，即以此作話頭接引博學之士亦非也。凡人讀書，皆不可有忽易之心，亦不可徒存記誦之念。有忽易之心，則掩卷茫然，事理俱無所得；有記誦之念，則隨人可否，事雖察而理或遺。故上蔡記誦，而明道以爲玩物喪志者，懼其詳於事而略於理也。明道看史，却又逐行看過，不差一字者，求詳其事，以深察其理也。凡讀書之人，皆當以此爲法，奈何獨以接引博學之士哉！

自漢、唐以來，皆以五經爲聖人所定。尊經之士，率取五經而表章之，或添注疏，或增論解，無慮數千百家。五經以外，則以爲非聖人所定而忽之。其有擬經續經者，咸共非笑之，詆排之，以爲得罪聖人，莫此爲甚。此世儒尊經之過，而未知經之所以爲經也。惟易具天人之理，完完全全，無少欠缺，爲不可擬，亦不必擬。其若書與春秋，即後世之史也。春秋專記事實，書則兼載文章，亦即後世古文之類。詩即後世之詩也。禮則紀三代之典禮，後世帝王代起，有一代則有一代之制作，禮未嘗無也。故愚以爲，五經之中，惟易在所不必續，其餘詩、書、禮、春秋，皆在所必續。今惟綱目一書爲繼春秋而作，其餘三經則皆無敢繼者，一則怵於王通擬經之説，一則泥於邵子删後無詩之言也。世儒之言曰：「後世之詩文，豈能如三代之詩文！後世之禮，豈能如三代之禮！」此言誠然。然即三代之典禮文章，亦豈言言可爲法則者！如書之吕刑、文侯之命，詩之鄭、衛諸篇。禮則三代互有得失，此世運升降使然，三代自不如唐、虞，漢、唐、宋自不如三代。聖人删定筆削，亦但取其文字之有關繫者存之，以待後世讀者自辨其得失耳，豈以爲此五書者自經，吾删定筆削而外，遂無一言一字可復繼五書而起乎！王通續經之謬，在續之而不得其正傳，非經不當續也。余不自揣，有詩鑑、書鑑二集。書鑑取古今文字之有關於興衰治亂者，詩鑑取古今詩歌之有合於興觀羣怨者，後各爲論，以竊附於孔氏詩、書之義。雖識見淺陋，意義庸鄙，所不免於君子之譏，然其心其志則固願爲聖人之徒而無可罪也，未識後世其諒我否。

禮者，天理之節文，故有一代則有一代之制作，皆有意義，不必是古非今也。孔子曰：「殷因於夏禮，所損益可知也。周因於殷禮，所損益可知也。」則知生百代之後者，其禮必將損益百代。乃秦、漢以來，其制作禮樂者，多非明理之儒，則又多是古非今，動輒有碍，其原多由於誤認「非天子不議禮」之語。蓋中庸所謂不議禮者，謂不敢輕議而改時王之制也。若私居議論，考訂折衷，此正儒者之事，亦何罪之有焉！孔子答爲邦之問，是一證也。朱子儀禮經傳集解亦是此意，而此書成於門人，未及折衷，亦且多泥古禮，而不能揆之於今，使後世無所遵守。愚意欲一依朱子集解所分之目，如家禮、國禮、王朝禮之類，自三代以至近代，一一類載其禮，而後以己意爲文以折衷之，名曰典禮折衷，庶幾議禮之家有所攷據。

致知工夫莫備於六書，蓋天地間一物必有一字，而聖賢制字，一字必具一理，能即字以窮理，則格物之道存焉矣。許氏説文雖略存古人之意，而理有未備。吾友王子石隱作六書正論，每字必據理精思，直窮原本，其精確處竟可作爾雅讀，爲格致之學者不可不知也。

地理書宜詳險要，一統志所載多泛記山川人物名勝，而於險要獨略，或亦朝廷祕慎之意，然學者必不可不知也。予嘗讀二十一史戰爭之事，其有關於險要者，分省分郡，各以類注，頗有關學問。以未得其暇，屬虞九長、源聖傳，而兩兄未暇。聖傳竟續成，大有裨益。

水利、農田是一事，兩書可互相發明。能知水利，則農田思過半矣。

兵法，儒者不可不習。此雖毒天下之事，而實仁天下之事。儒者不習，而顧使强武之人習之，得以肆行其不義，此天下之所以常亂而不治也。

問：「孔子教人，先以博文約禮；朱子亦使人先博而後求之約；故程子爲學，泛濫於釋、老者數年，然後反而求之。今吾輩爲學，如釋、老之類，亦當博涉否？」曰：「若論泛濫釋、老，豈特程子，即朱子未見李延平亦嘗學禪，只是各人力量不同。有與之出入泛濫而不爲之惑者，大程子是也。有學焉而後知其非者，朱子與羅整庵是也。有始而學焉、而棄焉、而終未免稍涉其餘習者，陽明是也。吾輩欲爲大儒，欲任斯道之責，二氏之書，豈得閉而不窺？然須各人自審力量何如。若力量不足，不如且守先儒淫聲美色之訓。蓋先儒決不作欺人語，決不誤人，不可厭常喜新，貪多務博，遂至墮坑落塹也。

或有謂予不當著書者，予曰：「君子之所以不得不與俗同者，衣冠禁令也。君子之所以不得不與俗異者，讀書著述也。衣冠禁令而必欲爲苟異則無以容身，讀書著述而必欲爲苟同則無以立德。」

君子之於天下，功不必自己出，名不必自己成，苟吾書得行，吾言得用，使天下識一分道理，享一分太平，則君子之心畢矣。凡有功業於人，共之者也。著述無論矣，讀而傳之者居其半，表章而尊信之者居其半，舉而措之行事者居其半。苟於斯道有一分之力，則於斯道有一分之功，不任其功而反欲任過，吾末如之何也已矣！

亂〔一〕世書籍多燬於兵火，因念藏書之法。庶民無力，斷不能藏；即學士大夫，其力不足以博及，亦不足以垂久遠。能博及而垂之久遠，其惟天子乎！然天子至易代，而藏書之力亦窮矣。有一法焉，藉天子之力，而不煩天子之守，其法可以傳之百王而不能易，垂之千萬世而無弊，則惟藏之孔氏乎！孔子自有周以來，其間歷漢、唐、五代、宋、遼、金、元，世界無慮百變，然一王興則一王尊信，一代立則一代表章。即盗賊强暴，未有不過之而敬，去之而不敢犯。誠使王者於此申藏書之法，於鄒、魯間擇名山勝

〔一〕「亂」，原無，據思辨録輯要補。

地定於藏書之所，區别羣分爲數種，如經史子集、志攷圖籍、藝術百家之類，類建一樓，樓置一司，擇孔氏子孫之賢者爲之，又擇其最賢者爲之長，使之任出納收藏，曬暴補緝諸事，授之以禄。每歲則上其書之數於朝，三歲則遣行人視之，校其書之損益完敝而行其賞罰。如是，則書有日益，無日損，雖有水火、刀兵、盜賊、變革、易代之事，於藏書總無與。是誠至妙之法，惜乎無有行之者。

凡古來聖賢所造儀象法物，如金人欹器、沙漏銅壺之類，亦當仿式造爲其副，與書並藏，以備後世變革之際，或有亡失，則取式於彼，亦最要事。

自三代以來，凡經易代，則一代之典章文物，多致散亡，不可得而考究。文獻不足，自孔子之時，已有不勝其慨者矣。此宇内無人以爲斯文之主故也。今既有孔氏，便當世世奉之，以爲斯文之主也。文獻何憂不足！故愚以爲，王者苟能藏書於孔氏，則凡一代典章制作，與夫累朝實録，史館一成，即送入副本，後世斷無亡失，以至求之民間，採之閭巷，而有挂漏傳疑之事。

不特鄒、魯之間，凡天下郡邑名山，皆當仿此爲藏書之法，相擇勝地，廣置書籍，聘禮先代聖賢之後，優其廩餼，使典其事。相戒雖有鬬爭訟獄、兵火盜賊之害，不得入其處。久之則天下自然習以成風，詩書日盛，道義日尊矣。今吾儒不能，而顧使釋氏得其術，是以其徒日繁，而其書日多，其不胥天下而化爲釋氏者幾希！以上格致類。

誠意是「敬」字逐條工夫，正心是「敬」字一片工夫。正心時之敬，比誠意時之敬，非有增益，只是打成一片耳。所謂物物一太極，統體一太極也。

誠意是作聖根基，若此處立脚不定，到底須塌下來。

意本是誠，其不誠者，後來之私意也。讀孟子論四端章可見。

誠意須要誠箇「充」字，能充則火然泉達，極之可以與天地參。不然，只死守這意，終是不長進。

一心偶正，便是誠意；無意不誠，便是正心。

蛟峰方氏看「正心」一章分兩段看，上一節說心不可有所偏主，下一節說心不可無所存主，妙絶。若釋氏，便說心不可有，亦不可無矣。

人當心中無事之時，裁度義理鮮不中節。至於喜怒一臨，蔽於有我，便顛倒謬亂，莫知所措。人能使其心静虚，雖遇有事，常若無事之時，則應事接物，無有不當者矣。

孟子曰：「持其志，無暴其氣。」二者工夫最是要緊。

朱子註「不動心」云：「心有主則能不動矣。」竊自驗之，心無主固動，即心有主之時，亦未必遽能不動。譬如一家之中，卒有盗賊事，是主人雖在，未必皆鎮定舒徐，此主人弱也。要得主人强，須集義工夫透。

惡念易去，邪念難去。邪念易去，雜念難去。愈微則愈不覺，工夫尤當於微處著力。人雜念多，只是閒過；若時時勤正念，便無雜念。

戒慎恐懼與慎獨總是一「敬」字，不是未發用慎獨工夫，已發又用戒慎恐懼工夫，如此卻是兩截。

程伊川曰：「存養於未發之時則可，求中於未發之時則不可。」又曰：「既思則是已發。」二語俱精極。羅整庵以爲未是定語，又以爲語意傷重，皆未達叔子之意。蓋未發不可不體認，而又不容體〔一〕認，知不容體認之爲未發，則知中矣。

先儒以爲常人無未發者，非也。整庵以爲人人有之，而不知其多少者，亦非也。朱子以「思慮未萌，知覺不昧」釋未發。整庵以爲，「恐學者認從知覺上去」，亦是一見。不如説「思慮未萌，本體不昧。」

不説發與不發，只説已發未發，玩「已」、「未」二字，便有陰根陽，陽根陰，動而無動，靜而無靜之妙。

從存養起手，是於源頭上用功，順行下來；從省察起手，是從支流上用工，逆推上去。順行則近於性之事，逆推則近於反之之功。

周子主靜之説，非專於靜也，只是宜靜處便靜，是謂主靜。大抵人生失處，多在動處。易曰：「吉凶悔吝，生乎動者也。」故人有不宜動而動者，斷無不宜靜而靜者。周子特於靜字上下一箇「主」字，是教人於易放失處牢著把柄。

聖傳問：「先儒言『靜中須有物始得』，是箇甚物？」予曰：「只是敬。」又問：「靜中有敬，則不謂之靜。」予曰：「此際正有毫釐千里之辨，當細驗之。」

薛文清曰：「應事纔應得即休，不可須臾留滯爲心累。」愚謂：「發皆中節，自然無留滯。不然，未

〔一〕「體」，原無，據思辨録輯要補。

能中節而止求無滯，是不得於言，勿求於心矣。此處須要識得。」以上誠正類。

持身之法，曲禮中所載固甚詳盡，然細讀語、孟，如鄉黨一篇，及「燕居三變」、「子溫而厲」，與夫「持志養氣」、「睟面盎背」、「居移氣養移體」諸章，尤可想見聖賢氣象，持身者所當細細體認。

問：「子張學恭而安不成，莫是恭而安原不可學否？」曰：「如何不可學，『恭』字是箇禮，『安』字是箇樂。聖人德建中和，體備禮樂，故能恭而安。若不學禮樂，卻空空去學箇恭而安，便無箇入德之門，成德之方。人苟能立於禮，成於樂，自然有箇恭而安出來。」

人相生於天然。語有之：「有心無相，相逐心生；有相無心，相隨心滅。」知上視之非則去其傲，知下視之非則去其弱，知偷視之非則去其奸，知邪視之非則去其淫。心既平正，則視瞻不期平正而自無不平正矣。此之謂「欲修其身者先正其心」。

言動之失，較視聽之失更甚。蓋視聽之失在心，在心尚微，可以挽回。言動之失在事，在事則著，不可救療。故君子尤兢兢於言行。

「非禮勿動」，動字甚細，較前三句更難。論語「不莊以涖之」，註云：「氣稟小疵則知，知及仁守之後，氣稟小疵猶未能盡去也。」蓋氣稟由於天，魯者終魯，辟者終辟，愚者終愚，喭者終喭。學者至能變化氣質，纔是學問。

天地間只有一箇「義」字，更無甚利字。中庸曰：「義者，宜也。」朱子訓元亨利貞，亦曰：「利者，宜也。」乃知天地間惟義爲利，不義便不利。故大學曰：「不以利爲利，以義爲利。」子思曰：「仁義所以利之也。」

利與義合則與和同，文言曰：「利者，義之和也。」利與義反則與害同，論語曰：「放於利而行多怨。」

孝經言：「王者合萬國之歡心，以事其先王。」此語最妙。吾謂士庶人亦當合一家之歡心，以事其父母。凡婢妾僕隸之間，爲類甚微，然亦易生釁骨肉。爲孝子者，須是無往不敬。古人親在，叱咤之聲未嘗至於犬馬，正識得此意。

孟子「於我何哉」，註云：「自責不知己有何罪。」妙甚。人子不能得親順親，只是不知尋討自己過失。若識得「於我何哉」之意，將自己不得親心處，徹上徹下，反覆搜求，若有一毫未盡，必要將來盡情改換，如此久久，斷無不得親順親之理。舜年五十而慕，光景簇新，此時正底豫之時，孺慕之情，當分外加甚也。

古人重宗子，則知其教長子亦必有道，所以能合族衆，能治羣弟。今人不重宗子，不知教長子之法。又長子多是少年時所生，父母氣識尚未定，安能教子，只是姑息戲弄，所以人家長子尤多驕惰。以此知古人三十而娶，不特合於保身之宜，亦合於教子之道。

以身孝父母，不若以妻子孝父母。以身孝父母，庸有不盡之時；以妻子事父母，更無不到之處。子曰：「父母其順矣乎？」一句煞有意味。

閨門之内，最難是一「敬」字。古人動云「夫婦相待如賓」，又曰「閨門之内肅若朝廷」，皆言敬也。

此處能敬，便是真工夫，真學問，於齊家乎何有！朱子有言：「閨門衽席之間一息斷絕，則天命不行。」每念及此，令人神悚。

今士大夫家每好言家法，不言家禮。法使人遵，禮使人化；法使人畏，禮使人親，只此是一家中王霸之辨。

史記稱漢高祖「不事家人生産」，此一句，今人多錯讀。蓋史以此稱高祖，謂其志大而略於小，不事一家，而有事於天下也。今人多以「英雄無賴」四字看之，使無賴子弟亦每每以此藉口。試反思之，若不能有事於天下，又不能有事於一家，此爲何如人！

治家人生産，非必如今人封殖，只是條理得當，使一家衣食無缺，如許衡治生之謂。蓋衣食所以養廉，衣食足，自不至於輕易求人，輕爲非禮之事，然後可立定脚根，向上做去。若忽視治生，不問生産，每見豪傑之士，往往衣食不足，不矜細行，而喪其生平多矣，可不戒哉！

古人語學問工夫，必曰「勿忘勿助」。治生亦然。忘則失之不及，助則失之過。此間自有一大中至正之理，無過不及之道。以上修齊類。

理學須一貫，經濟亦須一貫。理學不知一貫，則鬻拳以爲忠，申生以爲孝，臨大杖而不能走，遇管、蔡而不能誅。經濟不知一貫，則勤於事上者不知恤民，專於恤民者不知事上，哀貧窮則抑富户，杜關節則絶搢紳，惠而費，勞而怨者多矣。故理學不知一貫則害及於身心，經濟不知一貫則害及於國家天下。

治一國與治一事不同，治天下與治一國又不同，須是把箇天下大勢完完全全在胸中，綱目井然，源委畢見，然後左之右之，無不宜之。

吏户禮兵刑工，講究時是六事，若行時止是一事，須是聯絡貫串始得。周禮六官皆設聯事，正謂此也。

撥亂不難，致治難。撥亂如十人之材足矣，致治非五人之德不可。三代下但有能撥亂者，未有能致治者。

漢、唐以下，治天下之法最密，然實處處滲漏，以其意欲一網收盡天下故也。古人有言，雖鞭之長，不及馬腹。天下之大，豈能一網收盡！古之欲明明德於天下者先治其國，看周禮一部書，止辨得王畿千里以内事，何等乾圓潔淨。

人一身之間，耳目口鼻手足腹心俱不可相無也，然必元首在上，股肱在下。順天下之大，大賢小賢大德小德俱不可相無也，然必小德役大德，小賢役大賢，而後天下治。不然，有人焉，首居下，足居上，腹心居外，四肢居内，則見者皆以爲怪物，而羣擊殺之矣。乃治天下者，賢奸顛倒，大小易位，有國者初不以爲怪，其不至於羣起而擊殺者幾希！

周禮是治國之書，蓋古人封建，王者所治，止於王畿以内，故書中所詳，止於一國之事。使諸侯各如是以治其國，則天下皆治。後世治郡縣之天下不然，緊要在擇守令，明黜陟。若守令得人，則青苗、保甲之法，自可徐舉而無弊。王荆公不識此意，纔執政柄，便立制置三司條例司，不問守令若何，概以青苗、保甲之事强諸天下，是治國之道治天下也，所以不終朝而壞。試觀荆公治臨川時，青苗、保甲原自有成績，則知治國之道貴密，治天下之道貴疏也。古今異宜，爲治者不可不審。

古之天下，禮樂盡之；今之天下，賦役盡之。能平賦役，治天下爲得半矣。

周禮有云：「禄以馭其富。」又曰：「奪以馭其貧。」蓋古者禄以公田，既予以爵，則隨予以田，故筮仕者無患貧之心，而不營心於財利。今則俸禄甚薄，而聽入仕者各以私計謀生，若守禮安分，徒資俸禄，則饔飧不給，失馭富之道矣。古者禄田之外，別無私田，既奪其爵，隨收其禄田，則無所藉以資生，故貪墨知畏。今則貪墨者無所限制，田連阡陌，即被削奪，而擁資甚厚，無從損其毫毛，失馭貧之道矣。然則廉吏何所藉而爲廉，貪吏何所戒而不爲貪乎！

吏部雖有用人之權，然須有職要之法。假如方面大吏，及州縣正官，此吏部所當選擇也，至於州縣之佐貳，與夫師儒之職，倅貳之官，則聽州縣自行辟召可矣。今則一命之微，必由銓部，總攬既廣，人之賢否，豈能盡知？所謂求其大治，必至於大亂者也。用人之法，古今不同。三代以上，開誠布公，主於用君子，雖或間容小人，然君子易於展布。三代以後，禁制束縛，主於防小人，小人終不能防，而君子之進退掣肘爲已極矣。問：「設有小人，如何？」曰：「小人惟有不用法，更無防法。」

語曰：「人主之職在論相。」堯以不得舜爲己憂，舜以不得禹、皋陶爲己憂。自古及今，未有宰相不得其人而天下治者。自國朝不許設丞相，心竊疑之。及歷考古今，周禮無宰相之官，自秦始制丞相。堯之於舜，舜之於禹，信之專，任之久，蓋將禪之也。家天下以後，此任未可專寄。漢承秦制，始設丞相，旋改三公。唐、宋以來，其名不一，或稱尚書令，或稱中書令，或稱平章，或稱同三品，或稱大學士，雖皆宰相之職，然大約皆二三並任，不獨任，且皆兼官，非專官。其專官而獨任者，在漢則曹操，在魏則司馬師、昭。又有黄鉞大將軍、大丞相、諸大將軍之類，皆爲專官獨任，未嘗授人。惟宋、齊、梁、陳、隋諸臣將受禪則居之，此外惟桓温、王敦、侯景，則知丞相之職，其不可專官獨任，亦較然矣。按周禮六官之外無官，則宰相舍六官又誰相乎？黄帝六相而天下治，六相即六官也。周禮天官謂之冢宰，則既以宰與天官矣，但專任恐權太重，故使之同於五官。後世誠能法周官之意，竟以六官爲六相，冢宰提其衡，五官襄其事，而天子親決萬幾於上，則既無專擅之嫌，亦無紛擾之患，天下受寘相之利，而不受寘相之害，或者其庶幾乎！

周禮不設諫官。先儒以爲人人可諫，故不設諫官。此亦一説。然亦可見三代信大臣之專，待大臣之厚。此由三代人主皆能正心誠意、以身取人故也。故愚以爲，朝廷設臺諫，不如設師傅，師傅教人主以正心誠意之學，學進則人主自能辨大臣之賢奸也。

朝廷設官甚多，惟州縣爲親民之官。昔漢宣帝謂：「與我共天下者，其惟二千石乎！」今則共天下者，惟良有司而已。蓋即古百里之諸侯也，其體貌不可不崇，其委任不可不專，一邑人才使得自行辟召，一邑兵食使得自行調度，若徒掣其肘，而又欲責其成功，難矣！或謂：「制馭之道，不可不講。」儀謂：「不然。蓋權勢太重，如一郡一省，誠不可不防。若州縣，則一彈丸地耳。賈誼所謂『衆建諸侯而少其力』者，過防則太弱，且不能自振，又何能爲王家宣力哉！」

天官惟占候家最多謬妄，此不可不知。

西學絶不言占驗，其説以爲，日月之食，五緯之行，皆有常道常度，豈可據以爲吉凶。此殊近理。但七政之行，雖有常道常度，然當其時而交食淩犯，亦屬氣運，國家與百姓皆在氣運中，固不能無關涉也。此如星命之家談五星之恩仇，五星之行與人無與，然值之者亦不無小有徵驗，況國命之大乎。

讀禹貢一篇，知建都之要，全在漕運便利。

人欲知地利，須是熟看通鑑，將古今來許多戰爭攻守去處，一一按圖細閲。天下雖大，其大形勢所在，亦不過數項。如秦、蜀爲首，中原爲脊，東南爲尾。又如守秦、蜀者，必以潼關、劍閣爲險；守東南者，必以長江上流荆、襄爲險。此等處俱有古人説過做過，只要用心理會，其或因事遠游，經過山川險易，又留心審視，默以證吾平日書傳中之所得，久之貫通，胸中自然有箇成局。其他瑣碎小利害去處，俟身到彼處，或按閲圖籍，或詢問士人，當自知之，無庸屑屑也。

李悝爲魏文侯作盡地力之教，以爲地方百里，提封九萬頃，除山澤邑居三分去一，爲田六百萬畝。治田勤謹，畝益三斗；不勤，則損亦如之。地方百里之增減，輒爲粟八十萬石。又曰：「糶甚貴傷民，甚賤傷農。民傷則流散，農傷則國貧。」其説皆名語，非鞅之開阡陌比也。但其意主於富國，故朱子以之與商鞅同稱耳。

亢倉子曰：「人舍本事末則其産約，其産約則輕流徙，國家有灾患，皆生遠志，無居心。農則其産複，其産複則重流散。」又曰：「人農則樸，樸則易用。」此皆知本之論，有天下者不可不知。

元時最重區田之法，詔書數下，令民間學種區田，民卒不應。豈區田不便，反不如縵田歟？抑小民難與慮始也？予嘗仿其意一爲之，未盡其妙，然大約亦可倍收，一畝六十六斛穀則未必也。

治水只是要識水平法。孟子曰：「禹之治水，水之道也。」又曰：「水無有不下。」此便是説水平法。治水者得其法，雖洪水尚可治，況江湖溪澗之水乎！

欲識水平，必須有法，蓋地形高卑，在咫尺猶易辨，若一里二里，以至數十百里，非有法，何由辨乎？武經總要載水平法，先爲水平池寘本處，更以一人持度竿照版向彼處照之，即可辨高下。遞移遞進，無遠不可識。詳載本書，但其圖未詳。予嘗與登善兄論正，然未若句股算法爲便也。

西學有幾何法，崇禎曆書中有之，詳論句股法，九章算中有之，然未若西學之精。

水利只是「蓄洩」二字，高田用蓄，水田用洩，旱年用蓄，水年用洩，其所以蓄洩之法，只在壩閘。知此數語，水利之道，思過半矣。

賈讓謂：「放河入海，則河定民安，千載無患。」此言非也。河流遷徙不常，是其本性，蓋河水一石，其泥五斗，日流日積，河身日高，身高則旁地卑，舍高就卑，忽然而決，自然之理也。久之，則彼處亦然。總是舍高就卑，故遷徙不常，所謂「河流已棄之地，千古難復」，正謂此也。豈有千載無患之理乎？今之治河者，亦惟有循河之舊，補苴罅漏，多爲遥隄以寬束之，使不大縱。其勢不可遏者，則權利害之輕重，而徙民以避之，如是而已。欲其一定而不復決，無是理也。

會通河全是人力做成，使水節節就制，而爲我用，功亦偉矣。然當時臣工，何不移此心力，共成西北水利，而顧爲此以困東南，大巧反爲大拙。

東南治水，其大要在震澤。導震澤入海，則東南之水患息矣，所謂「三江既入，震澤底定」也。凡諸水之汎溢，皆從山水來。山水之暴發，皆從霪雨來。蓋雨下諸山，水悉入太湖，倉卒不能歸海，則汎溢田間而爲大害。治之者不過欲其安流入海而已。安流入海，大是難事。郟亶之説，欲合江南七郡，同心并力，開河築圩，寘壩建閘，必使江高於海，浦高於江，水由地中，節節有制。此真治水良法，暗合井田溝洫之制。

開河之法，莫詳於耿常熟水利書。彼蓋撮古人之成法，又酌以今人之時宜，修水利者按册而稽，舉其成法，則思過半矣。然其要處，全在算土派工。算土莫善於徐玄扈先生送上海縣公條例，派工莫善於坐圩起夫，圩長督工，田主給米。此亦耿常熟之法，而吾友陳確庵試之於蔚村，顧殷重試之於朱涇也。

凡田賦之法，最要簡明，直截賦額，一定上下遵守，永世不易，故貪暴不敢挪移作弊。今之會計，或增或減，歲各不同，授之以作弊之柄，所謂教猱升木也，官吏安得不日貪，百姓安得不日困哉！

凡治財賦，只要才大，治天下更易於治一國，只一轉移間，便有無窮之妙，不必拘拘然增科加賦也。洪武設開中法，不須轉輸，邊備自足。自葉淇反之，而國計大絀。以此知國家掌財賦最須得人，不特聚斂小人不可用，即庸才亦壞事不淺。

劉晏治財賦，古今稱爲第一，只是轉移妙。轉移是商賈之術，然於國計有益，於國體無損。古人重農抑末，此亦抑末之遺意也。若陸贄所行，又純乎王道之微權，不可與劉晏同日語矣。

孫、吴、司馬法等七書，世謂之「五經」，蓋談兵之家，幾以之配四書、五經矣。此大謬不然。七書中惟司馬法近正。孫子雖權譎，然學兵者心術既正之後，亦不可不盡兵之變。至吴子則淺矣。其餘若尉繚甚麤略，六韜、三略、衛公問答皆僞書，皆無足觀。而後世功令率以之課武弁，宜乎武弁中無人也！武臣第一不可教壞他心術，若心術不正，愈有用愈不可用。課武臣而以武經七書，教壞他心術矣。

兵家所言出奇制勝者多，言旗鼓步伐者少。出奇制勝之法虚，旗鼓步伐之法實。虚處聰明人自可會得，實處非實習不可，猶之名物度數，即聖人亦不能生知也。孫、吴不必言，即通鑑一書，凡言戰攻處，孰非出奇制勝之法，旗鼓步伐所傳甚少。唐有李靖兵法，然不得見全書，今僅存杜氏通典所載。戚南塘紀效〔一〕新書，是從此書中脱胎，故於旗鼓步伐之法獨詳。讀者不知，以爲戚公必有異人傳授，亦可笑也。

予嘗欲輯兵書爲三卷，曰道，曰法，曰術。道只是道理，凡四書、五經中言兵處，如「教民七年」，「以不教民戰」，易之師卦，書之步伐，詩之車攻、吉日，以及聖賢古今論兵格言，必有合於王者之道者乃取。法則法制，如司馬法、李靖兵法及紀效新書、八陣發明之類。術則智術，如孫、吴兵法及古今史傳所紀攻戰之迹。今學兵者先知道，次學法，次論術，庶體用不殽，而人才有造。

〔一〕「效」，原作「要」，據思辨録輯要改。下同。

戚少保紀效新書所載，皆節制之法，其將領不必選絶力絶技之士，凡中材皆可能，所謂勇者不得獨進，而懼者不得獨退也。然絶力絶技之士，軍中正不可少。趙奢曰：「道遠險陘，猶兩鼠鬭於穴中，將勇者勝。」儻遇此地勢，奪隘爭險，非堂堂正正之陣所能克也，必於軍中另選突鬭敢死之將，聚爲一軍，以應卒然之用爲妙。

教陣先教隊，教隊先教器，雖一技之微，儒者亦不可不學，學而後知其用，知其用而後可以教士，可以制隊。即如鴛鴦陣，至今稱絶，然其妙處全在隊法，隊法妙處又全在制器得當。設使猶是鴛鴦陣，而以他器易其原器，則隊壞。即仍其原器，而或顛倒其次序，則隊亦壞。原器不〔一〕易，次序不失，而不知藝法，教習不精，則隊雖不壞，而無用。故隊者一陣之所由始，藝者一隊之所由始，儒者欲存心兵學，慎勿以一技爲可忽，雖不能行之，亦務爲知之。

古者兵刑皆出於學校。「明於五刑，以弼五教」；「伯夷降典，折民惟刑」，此刑出於學校也。「在泮〔二〕獻馘」，「在泮獻囚」，此兵出於學校也。惟知學然後可以刑人，惟知學然後可以殺人，此皆王道一貫之事。自後世分兵刑於學校，而兵陣遂屬之悍將武夫，法律遂屬之法家酷吏，可慨也！

〔一〕「不」，原作「亦」，據思辨録輯要改。

〔二〕「泮」，原作「陣」，據思辨録輯要改。

「五刑」字典謨中常見，如「象以典刑，流宥五刑」；「五刑有服，五服三就」；「明於五刑，以弼〔一〕五教」，俱未見「墨、劓、剕、宫、大辟」字，恐未可以肉刑訓五刑也。又舜誅四凶，流放竄殛，亦未見有肉刑意。

呂刑言：「刑罰世輕世重。」周禮曰：「刑新國用輕典，刑亂國用重典，刑平國用中典。」子産曰：「寬以濟猛，猛以濟寬。」此皆世輕世重之謂也。刑書一定不易，而用刑之意則可量時世爲輕重。宜輕而重固非，宜重而輕亦非也。「惠奸宄，賊良民」，此言可爲深戒。

封建、井田、學校三者，政治之大綱，後世若欲平治，道理總不出乎此。今人聞之輒駭，一則壞於迂儒不知通變，一則由於俗儒不知師古也。噫嘻！夫天未欲平治天下也，如有用我，執此以往矣。

古之爲治者，治心，治身，治家，治國，治天下，一而已矣。自秦以吏爲師，始有所謂吏治。漢復以蕭何繼之，於是「吏治」二字，至今習以爲固然，莫能破其局者，皆自變封建爲郡縣始。不行封建，吏治不可得而去也；不去吏治，三代不可得而復也。

郡縣掣肘者六：佐貳不得自選，一；不主兵權，二；上司太多，疲於應接，三；搢紳滿邑，謀議多左，四；子衿數百，動輒鬨堂，不可教諭，五；遷轉太數，六。不去六弊，而能致治者，未之有也。

封建得失之辯，柳子厚、胡五峯俱有論，其言皆有可採。然其意皆偏。封建、郡縣，大約皆有得失。

〔一〕「弼」，原無，據思辨録輯要補。

封建之得，在於分數明，事權一，曆年久，禮樂刑政易施，諸侯賢明，可以自立，無掣肘之患。封建之失，在於子孫世守，賞罰難行，公族蔓延，疏遠之賢不得進用。郡縣之得，在於力小易制，無尾大不掉之虞。官吏得人則易治，非其人亦易去。郡縣之失，在於防制太密，權位太輕，遷轉太數，小人得售其奸，君子不得行其志。故封建之弊，謂之太强其末也，每壞於强侯之分爭。郡縣之弊，謂之太弱其末也，優柔不支，每失天下於盜賊。善治天下者，當去其兩短，集其兩長，循今郡縣之制，復古諸侯之爵，重其事權，寬其防制，久其禄位，有封建之實，無封建之名，有封建之利，無封建之害，以此語治，其庶幾乎！

封建是傳子之法，古帝王之學問，皆推己以及人。堯、舜官天下，故其所舉用皆取之明揚，九官十二牧大抵皆薦舉，但久其禄位，不必世守也。三代家天下，故分封侯國亦俾之世守，示不敢獨私。然天下大物，惟天得而主之，非真能與天爲一如堯、舜者，不能行受禪之禮，傳子可也。郡縣小於天下，而又有天子爲主，若更傳子，反滋禍變。故吾謂郡邑之爵禄權位，當悉如古封建，但當易傳子爲傳賢耳。

治天下必自治一國始，治一國必自治一鄉始，治一鄉必自五家爲比、十家爲聯始。予嘗作治鄉之約，先按地勢分邑爲數鄉，然後什伍其民，條分縷析，皆歸於鄉約長。凡訟獄、師徒、户口、田數、繇役，一皆緣此而起，頗得治鄉邑貫通之道。

周禮比閭族黨之法，管子軌里連鄉之法，同一治鄉之道，管子尤極詳密。其言曰：「正月之朝，鄉長復事，公親問焉，曰：『於子之鄉，有居處爲義好學，慈孝於父母，長弟於鄉里者，有則以告。有而不以告，其罪五。』有司已於事而竣。公又問焉：『於子之鄉，有不慈孝於父母，不長弟於鄉里，驕躁淫暴，不奉上令者，有則以告。有而不以告，謂之下比，其罪五。』有司已於事而竣。」五屬大夫亦如之。是故四夫有善可得而舉，四夫有不善可得而誅，其法最善。今之行鄉約者宜祖之。鄭子產、齊管仲其所行皆周禮，讀左傳、國語可見。蓋當時去古未遠，猶有周公之遺也。子產，孔子數稱之。管仲，雖曰霸術，然其霸在心術，至於作用，則猶近正。

治天下須用得幾箇縣令，好縣令，古諸侯也。治州縣須用得幾箇鄉長，好鄉長，古鄉大夫也。得其人則治，不得其人則亂。

三代而上，天下非天子所得私也。秦廢封建，而始以天下奉一人。三代而上，田産非庶人所得私也。秦廢井田，而始以田産予百姓。此數語說得最確。

井田之法，行之春秋、戰國而尋其遺跡也易，行之後代而更新開拓也難；行之於㼆造而産無專主也易，行之於承平而奪民定産也難；行之於封建而諸侯各視爲己業也易，行之於郡縣而守令遷轉如傳舍也難；行之邊鄙而開荒集衆也易，行之内地而欲奪民之世産也難。欲行井田，必先封建。古之有國者，授其民以百畝之田，壯而畀，老而歸，不過如後世大富之家，以其祖父所世有之田，授之佃户，程其勤惰，以爲予奪，校其豐凶，以爲收貸，其阡陌之利病，皆其少壯之所習聞，無俟乎多覈，而奸弊自無所容也。今不行封建，而區區爭井田之可行，何哉！

凡井田溝洫形體之制，不可執一而論。古人治地，必因山林川澤高卑險夷自然之勢而施功，斷無有塹山堙谷、削圓就方之理。如書所稱「方里而井，井九百畝」，「四井爲邑，四邑爲丘」，以及「十夫有溝」，「百夫有洫」，「千夫有澮」，「萬夫有川」等語，皆是大概以成法言之，所謂「道其常，不道其變」也。至於形體，則何常哉！後儒拘拘然執一定之法，可謂坐井觀天，膠柱鼓瑟者矣。

古人治地，必因水利，而水性趨下，河形無常，如伊、洛、澗、瀍之類皆川也，然不可以方計也；即如我吴，「三江既入，震澤底定」，三江皆川類也，然不可以方計也。乃若遂人之法，則可因三江以明之。三江之水，自湖達海，長亘百餘里，深廣亦數十丈。而江之兩旁，或十里，或五里，則有縱浦。縱浦者，江之支流也，故其深廣則稍減於江。縱浦之兩旁，或三里，或二里，則有横塘。横塘者，又浦之支流也，故其深廣又稍減於浦。至於塘之兩旁，又有港汊；港汊之兩旁，又有溝渠，其深廣以次更減。而凡江浦涇塘之上，莫不有岸，是可以知遂人之法矣。「萬夫有川」，三江也，川上之路則江岸也。「千夫有澮」，縱浦也，澮上之道則浦岸也。「百夫有洫」，横塘也，洫上之塗則塘岸也。「十夫有溝」，港汊也，溝上有畛則港岸也。「夫間有遂」，溝渠也，遂上之經則塍圩也。此即遂人之法也。不徵之實境，而拘拘求紙上之圖，豈不悖哉！

經界是治地大法，三代以後，從無人識經界，泥於阡陌爲經界也。阡陌有實無虚，經界則有虚有實；阡陌有曲有直，經界則有直無曲。張横渠言「經界必須正南北」，此有直無曲之證也。又曰「經界不避山河之險」，此有實有虚之證也。

經界如今地圖之計里畫方。計里畫方，今人但於紙上約略畫就，古人則實實於地上經畫出來。

今天下地圖最難準一，有經界，畫地圖亦極妙。

今人欲定經界，不可太泥古人成法。古人治地，即阡陌即經界。蓋太古之世，地皆草萊，治地分田，絶無隔礙。凡地之當爲經界者，隨吾所欲。惟至大山大川不可阡陌處，則或立標竿，或設望墩，爲虚勢以通之。故可以方圓如意。今自開阡陌後，古法大壞，凡當爲經界處，非室廬即墳墓，必欲改變動摇，勢難卒正。且自堯、舜、禹、湯，以至文、武、周公，經數千百年，歷數十百聖人，所行所爲，皆出一轍，此蘇子瞻所謂「井田成而骨朽」之説也。愚謂當今欲復經界，且須如張子横渠之説，樹立標竿，或以石，或以木，各依方之大小，刻識其上。先爲遥勢，使地形有準，然後視地之可爲阡陌者即阡陌之，其未可爲阡陌者，姑徐徐以俟，庶不失推行次第。

朱子孟子註謂：「鄉遂用貢法，十夫有溝；都鄙用助法，八家同井。」此因周禮遂人有「十夫」字，匠人有「九夫」字，因以爲鄉遂都鄙貢助各異。溝洫何容不同也？凡爲溝洫，必相地形，度出水高下。田皆爲横，畎入於遂，遂入於溝，溝入於洫，洫入於澮，澮入於川，不論國中郊外皆然，非貢有一法，助又有一法。但郊外有公田，便於以八起數，故以八起數；國中無公田，便於以十起數，故以十起數，蓋郊外以方算，國中以直算也，豈得謂二法乎？

溝洫之制合一，不特貢助爲然，即三代皆然。蓋三代以來，自大禹盡力溝洫後，殷、周相繼，不過因利乘便，稍加整頓耳。若貢是一番溝洫，助、徹又是一番溝洫，雖率天下民，終身勤動，亦決做不就。聖賢必無此拙事。

朱註：「商人始爲井田之制，以六百三十畝之地畫爲九區，區七十畝。」此亦未是。果爾，則商畫方以六百三十畝，周畫方以九百畝，是溝洫三代有不同也。大約溝洫只是一般，五十畝、七十畝、百畝，只如今制屯田，將來分作分，數夫授田耳，溝洫之制，斷不容有二。

溝洫不論大小方圓形勢若何，只就當今水道，濬令深廣得法，使蓄洩有方，水旱無患，便是古人之意。

古者有大學之法，所以教人爲大學之道。後世但有大學之道，無所謂大學之法，故成就人才較難。何謂大學之法？詩、書、禮、樂是也。詩、書雖多殘缺，然經先儒補綴發明之功，猶十得五六。至於禮、樂，則竟泯焉已矣。非有大聖人起，徹天徹地大大制作一番，後世終無持循，學者終於無據。

聖人云「述而不作」，非不可作，不必作也。當孔子之時，去古未遠，唐、虞、三代之法皆存，但殘闕失次耳，故但用述足矣。若今日則古法盡亡，必須制作，若泥「述而不作」一語，則拘牽顧忌，終不能復古治。然非聰明睿知，極天理人心之正者，未易言也。

昔管仲論處四民，凡爲士者，必欲羣萃州處，暇則父與父言慈，子與子言孝，故其父兄之教不肅而成，其子弟之學不勞而能。又曰：「處世就燕閒，此即百工居肆以成其事，君子學以致其道之意也。」今庠序雖設，士皆散處四方，殊失古人教士之旨。愚謂凡建立學宫，必當擇一國中勝地，學宫之旁，廣設屋舍，令士人居之，似亦於教法有裨。

學校之制，其在鄉學，不過讀書識字，歌詩習禮而已。至於國學，決當倣安定湖學教法，而更損益之。如經義則當分爲易、詩、書、禮、春秋諸科，治事則宜分爲天文、地理、河渠、兵法諸科，各聘請專家名士以爲之長。爲學校之師者，則兼總而受其成。如此則爲師者不勞，而造就人才亦易。漢制，凡五經俱設博士，即書算之類亦設博士。是則專家名士之意也。故漢儒之學，雖未精純，然尊重師傳，淵源有本，是以其學尤多近實。今既不重師傳，而學校設官，如教授訓導之類，徒立虛名，何怪人才之絶少也。

伊川看詳學校中有云：「凡學校法，不宜以考校定高下，恐起人爭心。」此言大妙。凡學校中選人材，可即聽學校中公舉，學師因而察之，即後來不無偏黨之弊，然亦十得八九矣。

書院之設，非古亦非禮也。此即是學校，在下者豈宜私設？但在上者既不重學，則在下者不得已而私剏一格，以存其微意，其爲志亦苦矣。乃後王既不能留心學校，而又有并書院而禁之者，斯文一脈，危乎殆哉！

周子曰：「師道立而善人多。」學記曰：「師嚴然後道尊。」斯二言誠然。尚書云：「天降下民，作之君，作之師。」則師尊與君等。又云：「能自得師者王。」則師又尊於君。非師之尊，道尊也。道尊，故師尊。今天下之能爲師者寡矣，然師道之不立，實由舉世不知尊師。天子以師傅之官爲虛銜，而不知執經問道；郡縣以簿書爲能事，而不知尊賢敬老。學校之師，以庸鄙充數，而不知教養之法；黨塾之師，以時文章句爲教，而不知聖賢之道。儇捷者謂之能事，方正者謂之迂鄙，蓋師道至於今而賤極矣！即欲束修自勵，人誰與之？如此而欲望人才之多，爲天下之治，不可得矣！

祫禘之說，諸家甚雜。如公羊、鄭康成、王肅議論甚駁，且無意義。惟禮記大傳曰：「禮，不王不禘。」又曰：「王者禘其祖之所自出，以其祖配之。」喪服小記之言亦然。又禮緯稽命徵曰：「三年一祫，五年一禘。」紀聞云：「祫則太祖東嚮，毁廟及羣廟之主昭南穆北，合食於太祖。禘則祖之所自出者東嚮，惟以祖配之。」此數言爲明爽。大抵三代去今已遠，禮文殘闕，今所據大約皆漢儒之説，未能遽別其是非，只以義理斷之可耳。

南北郊分祀之説，非禮也。其説起於漢儒不知古禮，穿鑿附會，後世因之，遂多聚訟。史記，漢武帝郊於雍，問曰：「今上帝朕親郊，而后土無祀，則禮不合也。」由此觀之，漢去古未遠，當時亦止行祀天之禮。漢詞臣寬舒等不能舉配祀之禮以對，乃謂：「陛下親祠后土，宜於澤中爲壇。」分祀之南北郊之説始於此。後又因周禮大司樂之文附會其説，以爲古者天子冬至祀天於圜丘，夏至祀地於方澤。夫圜丘、方澤之言，此論合樂，非論大享也。大宗伯大享之禮，禋祀昊天上帝，血祀社稷，別無地祇之祀。又四書、五經，凡言天子大祭，只曰郊禘，並無南北之文。此可以知漢儒之謬。

祖廟，天子七，諸侯五。天子雖七廟，其實亦五廟也。天子諸侯之分雖不同，然親親之殺則同。高曾祖考四親，自天子以至於庶人一也，故天子七廟，其二爲祧，實止四親耳。武王末，受命周公，成文、武之德，追王太王、王季，上祀先公以天子之禮。夫周公制禮，在成王之世，成王而上，由武王而至太王，正四親也，故追王止於太王。由此見四親之於人，無貴賤，一也。

宗廟之祭，所以序昭穆，非特以別世次也。蓋羣昭羣穆，莫非祖宗之所遺。有天下者，能保此羣昭羣穆，勿翦勿伐，使之歲時共見於宗廟，所謂合宗族之歡心，以事其先王也。今後世祭宗廟，止天子主祭，而宗族無與者，所以待宗族者薄，而所以待祖宗者亦薄矣。積而至於削奪翦除，惟恐不盡，非一朝一夕，所由來者漸矣。

嘉靖議禮，時席書、黄綰之徒，先後以大禮問於陽明，陽明皆不答。當時大禮之議，惟璁、萼之論爲得其正，然使出自陽明，則當時後世，又不知生多少議論矣。此先生之亮識高節，所以爲不可及也。

禮者，理也。禮本乎理，理爲體，禮爲用，故禮雖未有，可以義起。後世儒者止識得一例字，聚訟之譏所由來也。陽明詩曰：「無端禮樂紛紛議，誰與青天埽宿塵。」其有見於用修諸臣之非乎？

聖人之教，無所不該者也，故就論語所稱，則有四科。由此而觀後世人才，果能於四科之中出類拔萃，是即聖人之徒也。後世不知此義，孔、孟之後，以伏生、申公、歐陽高、夏侯勝之徒當之。夫伏生之徒，不過文學中人耳，乃歷漢、唐以來，儼專兩廡之席，而功業彪炳，志行卓犖，爲古今人所信服者，固不得一與從祀之列，而槩擯之門牆之外。是止以吾夫子爲一經生，而裒集後世許多無用之老儒，共作一堂衣鉢也。無怪奇偉英雄之士掉臂而去，而作史之家必另爲道學傳以載其人，而爲道學者亦甘自處於一隅之陋。此其失，非細故也。

樂由天作，不特候天地之氣而作者謂之天樂，即非候氣，而凡出於無心者，皆謂之天樂。樂記曰：「凡音之起，由人心生也。人心之動，物使之然也。」物使之然，而實莫知其所以然而然，此其間有天焉，故審音可以知樂，審樂可以知政。季札觀樂，於列國之興亡一一不爽，蓋列國之樂皆成於無心，無心則合天，是以興亡之徵，皆先兆於聲而不可掩，所謂不容僞也。不然，誰不欲爲夏聲者，而獨讓秦之樂爲夏聲耶？

王莽初獻新樂於明堂、太廟，或聞其樂聲曰：「厲而哀，非興國之聲也。」陳後主作無愁曲，曲終樂闋，聞者莫不隕涕。隋開皇初，新樂既成，萬寶常聽之曰：「樂聲淫厲而哀，天下不久盡矣。」煬帝將幸江都，王令言聞琵琶新聲曰：「聲往而不返，帝必不令終。」此數主者，其製樂未嘗求亡國也，而卒至於亡國。其聲皆驗，此所謂莫知其然而然也，故曰樂由天作。

或問：「子云：『樂由天作。』凡樂之成，必象人主之德否，必兆一國之興亡。然則樂皆無心作之可矣，乃孔子論爲邦，又何必曰『樂則韶、舞』也？」曰：「前此之論，言帝王作樂之理也。孔子之論樂，言帝王用樂之道也。蓋樂之爲物，感於物而後作，故記曰：『凡音之起，由人心生也。人心之動，物使之然也。』其既作之後，則又足以感人，故記曰：『姦聲感人，而逆氣應之；正聲感人，而順氣應之。』帝王之治天下，功成作樂，一本乎德，與時固不可强。若夫前代帝王之樂，其聲音節奏備在樂官者，則固可以用之調情淑性，化民成俗。孔子之論韶、舞，蓋當時之韶樂，聲音節奏猶有存焉故也。今則古樂盡亡，而論樂者猶以韶、舞可復，是不識作樂之理，與夫用樂之道，安可與之論樂乎？」

樂可以知吉凶，以其得氣之先也。凡人與物，皆乘於氣，氣不可見，惟樂能宣之，故善察微者，審音以知吉凶，識天地之氣也。近世風角鳥占，總爲審音之樂，則知凡天地之聲皆樂，不必於五音六律而後謂之樂也。以上治平類。

清儒學案卷四

桴亭學案下

思辨録輯要後集

周子太極圖全從繫辭出，不曾造作一毫。不知者誣之謗之，或謂得之陳搏、种放、穆修，或謂師事鶴林寺僧壽涯。此二氏無稽之言，謬欲引爲己重，如孔子爲釋迦弟子也。至朱子序通書，亦謂莫知師傳之所自。夫繫辭即師傳也，何必舍是而更問哉！

朱子謂：「周子太極圖當在通書之首，先生既手授二程，因本附書後，傳者見其如此，遂誤以圖爲卒章，不復釐正。」愚謂：「周子通書本名易通，山陽度氏載傅伯成未第時，嘗得周子所寄姤説、同人説。今其書獨有乾、損、益、家人、睽、復、无妄、蒙、艮等説，而無所謂姤説、同人説，則知易通之爲書，六十四卦皆有説，特散逸不全耳。其間次第，當悉依周易，非自立體格，别爲一書也。太極圖之在後，實以繫辭在六十四卦後故耳。朱子取以冠通書，於義無不可，然太極圖所以爲通書之卒章，則實因此，故特記之。」

易曰：「形而上者謂之道，形而下者謂之器。」要之，形下不但是有形之物，即虚空無形，其中皆有氣，氣亦是形下。其中之所以然，則道也。故中庸曰：「洋洋乎，發育萬物，峻極於天。」張子誤認此意，以爲有形者爲器，無形者爲道，故有取乎莊子之野馬絪緼，而曰太和所謂道。此處一差，所以正蒙中言道往往多錯。

從來天地開闢之理，自繫辭「易有太極，是生兩儀」外，更無人説到。周子圖説，自「動而生陽」，至「萬物生生而變化無窮焉」，是説這箇道理。邵康節皇極經世，亦是説這道理。然康節是言數，此是言理，數終出不得這理在。

天地間只是陰陽五行，易明陰陽之理，洪範發五行之藴，周子太極圖説則合而闡之，以明五行一陰陽，陰陽一太極，故至今周子而後，言陰陽者必言五行，言五行者必言陰陽。不特談道者爲然，即醫師、日者、星相、技術之家，非此不驗。蓋至理之所範圍，莫能過矣。康節以四爲數，言水火土石，而遺金木，終欠自然。

凡虚處皆天，凡實處皆地；凡氣皆天，凡質皆地。假如人物鳥獸，其肢體血肉是地質，其知覺虚靈皆天氣也。假如草木，其枝幹花葉皆地質，其生機皆天氣也。

日爲至陽之精，陽氣能生萬物，故日所至之處，萬物皆隨之而生。南至而爲冬，北至而爲夏，夏則物生，冬則物死，在中原皆然。惟嶺南四時皆熱，而草木亦多不死，近日故也。北方則多沙漠不毛矣，遠日故也。

邵子曰：「星之至微如塵沙者，隕而爲阜堆。」此言非也。凡如星而隕者，皆空中之氣有光；如星隕爲石，亦氣所結，非星隕也。恒星之體，亘古不動，非知天文者未易與言。

天地閒，只有幽明、死生、鬼神六箇字最難理會，最易惑人。凡異端邪教，無不從此處立說，以其無可捉摸，無可對證，所謂乘人迷也。孔子繫辭曰：「仰以觀於天文，俯以察於地理，是故知幽明之故；原始反終，故知死生之說。精氣爲物，游魂爲變，是故知鬼神之情狀。」是與他箇實境界，實對證，人被異端惑，只是讀此節書未透。

問：「釋氏好言生死，吾儒獨不言生死，何也？」曰：「儒家如何不言生死，只是言生死與釋氏不同。朝聞夕死，全受全歸，此一身之生死也。使民養生喪死無憾，此天下之生死也。生事以禮，死葬以禮，此孝子事親之生死也。事君有犯無隱，服勤至死，此忠臣事君之生死也。無求生以害仁，有殺身以成仁，此志士仁人之生死也。危邦不入，亂邦不居，有道則見，無道則隱，此明哲保身之生死也。吾儒之言生死也大矣，豈必日日低眉合眼，飽食安坐，思所謂無常迅速者，而後謂之生死哉！」以上天道類。

虞九言：「孔子論性，曰『性相近也』，孟子論性，則曰『性善』，二說已自不同，至宋儒又言『性有義理之性，有氣質之性』，性豈有二乎？」曰：「不然，只看『易有太極，是生兩儀』句，則理氣之說明，而性之爲性昭然矣。蓋太極者理也，兩儀者氣也，理無不善，一入乎氣遂分陰陽，分陰陽遂分剛柔，分剛柔遂有清濁，有清濁遂有善惡，故孔子曰『性相近也』，又曰『上智下愚不移』，是兼義理氣質而言性，所謂合太極兩儀而統言者也。孟子則指其最初者而言，以爲陰陽之氣，雖雜揉偏駁之極，而太極則未嘗雜；人之氣質，雖下愚濁惡之極，而性則未嘗不善，故專以善爲言，是獨指太極以發明此理。要之，立言雖殊，旨意則一，太極兩儀未嘗二，性如何有二？」

孟子七篇，只言性善，未嘗言氣質之性，惟「口之於味」一章，以氣質之性與義理之性對說，則知孟子非不知氣質之性，但立教之法，決當以義理爲主，亦以當時性學大壞，非專主義理，無以障狂瀾於既倒也。

有性善有性不善是說氣質，惟可以爲善可以爲不善是說習，惟無善無不善之說最無頭腦。

周子論性，又曰：「性者，剛柔善惡中而已矣。」「而已矣」者，竭盡無餘之辭也。從來論性，無如此語之簡而盡。顧儒者罕稱之，蓋以此語爲論氣質耳。豈知氣質之外無性乎！故愚謂程、朱千言萬語，不如周子此一言。

論性，只有程、朱二處說得全備。程子曰：「論性不論氣不備，論氣不論性不明，二之則不是。」「二之則不是」者，謂性只在氣中也。朱子曰：「論萬物之一原，則理同而氣異；論萬物之異體，則氣猶相近，而理絕不同。」「理絕不同」者，謂人爲萬物之靈，獨能具衆理而稱性善也。

張子謂：「形而後有氣質之性，善反之，則天地之性存焉。」此語甚開闢有功。然又謂：「天性在人，猶水性之在冰。」如此則天命與氣質之分何在？謂之氣質者，謂其與天地之性不同故也。若水凝爲冰，冰釋爲水，有何不同！緣張子只是就散上起見，認理認氣，原不分明，故有此語。

舜光問：「告子、陽明論性，雖同一無善無惡，得無有異否？」曰：「不同。告子言其混沌，陽明言其虛無，然總是只説得氣。」曰：「告子以混沌爲性，固是認氣爲性。陽明無善無惡，正是言無聲無臭之妙，如何卻是説氣？」曰：「孟子道性善，是説人性中皆有理。若曰無善無惡，則是人性中無理，只虛虛無無，豈不是氣！」以上人道類。

荆豫章問：「先生道統論何以不稱顔、曾？」曰：「道統重聞知，不重見知，蓋見知有擔荷者在，聞知則擔荷無人，關係特重也。且其一段精神特地振起，不由師傳，遥接聖脈，亦與親承指授者不同，故重之。觀孟子一章之意可見。」

豫章問：「顔子何以無著述？」曰：「顔子非無著述，未須著述也。顔子年纔三十二，且有孔子在，何必著述。若使無孔子，又天假其年，則自然著述也。乃後世談心學者，遂以顔子爲心學之宗，而謂無用著述。然則孔子非心學乎？」

夫子之言性與天道不可得聞，卻聞之於子思中庸一書，真性與天道之極致也。然大旨俱自孔子易繫來，故曰易與中庸相表裏。

孟子之功，第一在闢楊、墨，蓋當時邪説誣民，充塞仁義，天地之間，幾不復知聖人之道矣。不惟不知有聖人之道，且以爲即此是聖人之道，故至唐韓愈時，尚以孔、墨並稱。使非孟子當時鳴鼓而攻，則後世誰復知有孔、墨之辨！「我亦欲正人心」一章，此孟子自敘一生功烈也。凡此俱是大頭腦處，須要識得。

問：「孔、孟而後，傳經之儒如公、穀、二戴、伏生、高堂之屬甚多，何以儒者不稱，而稱董子爲知道？」曰：「傳經之儒，但守章句，而不知意義，可謂經師也。經師易得，人師難求。如董仲舒者，天人三策，煌煌大篇，安得不首稱爲知道乎？『諸不在五經六藝之科者，勿使並進。』只此一句，當時諸儒言治道者皆不能及。」

東漢儒者最多，但不見本根，止見枝節，然較之晉代人士，一華一實，相去不啻天淵矣。蓋漢儒猶知孔子，晉人則惟尚老、莊也。於此見孔門枝節猶勝老、莊。

孔明心術器量俱是王佐，但學術稍未及，蓋未聞聖人之大道也，自比管、樂，有以夫！然而管、樂不及遠者，心術器量不同故也。

漢初猶有諸儒，唐初無一儒者，蓋漢去古未遠，高祖雖謾駡，猶近於朴；唐承五代之後，太宗雖崇文，彌進於華，僅有一王通在先，而杯水無救輿薪，此唐初所以無儒也。

韓文公只原道一篇，便爲有唐儒者所不及。蓋其説道德仁義四字，以前儒者俱未能見到此也。雖「博愛」二字未免説著皮膚，然亦近之。

李翺復性書所引用者，皆學、庸、語、孟及繫辭之文。當時宋儒未興，學、庸、語、孟與繫辭之文俱未顯，而翺能見及，此亦可謂善讀書矣。

韓、范行過於知，所未及聞者，性與天道耳。若儒行，則幾乎備矣。性與天道，則必俟周、程、張、朱。

王荆公卻是一文學科，他强要入政事科，連德行科都壞。實實欲舉行周官，不知關雎、麟趾之意。

先從富强起手，是欲行王政而翻修霸術也。荆公本非近霸之人，故霸術亦非其所能作，徒擾亂耳。宇文、蘇綽卻稍有可觀，所謂不熟不如荑稗也。

昔人謂孟子之功不在禹下，謂其能闢楊、墨也。若周子，則太極、人極説得最分明，使二氏不能窮人以暗，尤爲不動聲色，功豈在孟子下！

二程之學，本於周子。或謂「伊川作明道行狀，言明道得不傳之學於遺經，不言周子」，此不善讀書者也。明道自言，見周茂叔後，吟風弄月以歸，定性書即周子「定之以仁義中正而主静」之旨；至伊川，則顔子所好何學論「惟人得其秀而最靈」，皆周子太極圖之言也，豈得云不本於周子？所謂得不傳之學於遺經者，大抵聖賢之人，一經指點，自會去尋頭路讀書。不然，只守定這幾句師説，亦不善學者矣。

周子好稱顔子，横渠好稱孟子，亦其資禀相近處。

横渠學問，於諸子中最爲艱苦。其理窟中自道一篇，語語真切。學者苟能如此，不患不至聖賢地位。

張子純乎儒者也，邵子儒而術者也，然以正蒙、經世二書觀之，正蒙於源頭上尚欠清楚，經世則頗見大意。如云：「道爲天地之本，天地爲萬物之本。」又曰：「天地之道盡之於物矣，天地萬物之道盡之於人矣。」而聖人與昊天爲一道，而曰「昊天以時授民，聖人以經法天」，專歸重於仲尼，以爲能盡三才之道，此豈術數之士所可及！

朱子一生學問，守定「述而不作」一句，當時周有通書，張有西銘，二程亦有定性書、易傳，朱子則註釋。蓋三代以後，詩書禮樂散亡已極，孔子不得不以删定爲功。漢、唐以後，經書雖有箋疏，而蕪穢尤甚，朱子不得不以註釋爲功。此卓有定見，非漫學孔子述而不作也。

鵝湖之會，朱、陸異同之辨，古今聚訟，不必更揚其波。但讀兩家年譜所記，朱子則有謙謹求益之心，象山不無矜高揮斥之意，此則後人所未知耳。

朱子論天文勝於横渠、二程，然尚有未透曉處。蓋儒者之於天文，但當曉其大略，自不能及專家，然亦不必如專家也。

朱子於五經中，惟易爲研窮，詩次之，書又次之，禮與春秋未嘗屬筆。然儀禮經傳通解雖非全書，亦見一斑矣。又語類中論禮及春秋處最通達最正大，則知論禮而拘，論春秋而鑿者，皆朱子所不取也。

西山之學之言可謂純粹中正矣，然以較朱子便似欠精采透快處。蓋開闢與繼起，其力量自是不同也。

許衡，聖門子路、子夏之徒也，行過於言，質過於文。

薛文清贊劉靜修爲高，許魯齋爲大，二語皆當。

洪武初，多明理之儒，皆宋、元之遺也。宋景濂、劉文成、陶姑熟皆分儒之一脈者也，然而文成爲優矣。景濂多可少否，有體而無用，學問亦雜；姑熟則長者而已；文成有體有用，天資明徹，卓然不惑於二氏，天説二篇，直窺見理氣源頭，幾幾乎入宋人之室。然而文成未嘗講學也，未嘗自謂儒者也，天資而已矣。使文成得師友之傳，加以學問之功，其顔、孟之流歟！

劉文成天資更勝王文成。劉未嘗講學而不惑二氏，王終身講學而出入二氏之中，以是知其不及也。王用聰明，劉劈實。使爲相，劉則鞠躬盡瘁有孔明之風，王則張良、李鄴侯也。

方正學人品學術後世無不敬服，但削奪諸王一節，人頗以爲疑。以爲以董仲舒之才，而建鼂錯之策，不無類於申、韓也。及讀遜志齋全集，中有勉學詩，其間多言當時削奪諸王，傷殘骨肉，非天理人心之正。且曰："「安得申、韓氏，化爲古伊、周。」是當時削奪之謀，孝孺之所深不欲也。特以職爲講官，軍國之務，非其所得而主之。而啟沃之際，仁柔之主，亦未必能轉黄、齊之謀。此其所以不白於後世乎？予於詩鑑中亦特表明之。

明初儒者多從許魯齋一派來，故曹月川語録絶似魯齋，其躬行亦相似。以此知儒者寧可行過乎言，質過乎文。

薛文清云："「爲學只是學天理、人倫，外此便非學。」予作格致編，亦以從天理、人倫做起。蓋前此曾行了凡功過格，覺得都是分外故也。

文清得力靜處多，故其語録多論道體之言。

胡敬齋與陳白沙俱學於吴康齋，以程、朱爲宗，故敬齋、白沙俱以敬爲主。白沙和此日不再得詩「吾道有宗旨，千秋朱紫陽。説敬不離口，示我入德方」是也。至後來自成一家，始以自然爲宗。敬齋則始終一「敬」字做成。

白沙是曾點一家，只是天機動盪，非性與天道全體太極之天。

湛甘泉「隨處體認天理」之説，即所謂隨事精察也，亦無甚不是處，而陽明謂求之於外，此是陽明認錯。然甘泉卻未見體認之實，讀全集可見。

邵文莊喜道學，而未嘗標道學之名；不喜假道學，而未嘗辭道學之名，循循勉勉，爲所當爲而已。此薛文清一派也，後輩極當效法。

蔡虚齋篤信朱子，蒙引於朱註一字不苟，似乎太過。予觀宋、元以來，諸儒爲朱學者大抵如此，故制行亦卓然不苟，此朱學之所以爲無弊也。

陽明「致良知」三字尚不妨，獨「無善無惡謂之性，有善有惡謂之意，知善知惡是致知，爲善去惡是格物」四語宗旨未妥。不但「無善無惡」句未妥，即「爲善去惡」句，此是修身，如何謂之格物？

整庵困知記專爲陽明而作。是時陽明良知之説徧天下，又改大學古本，抑朱崇陸，天下靡然向風，故整庵起而論正之。其開卷數章，即首以心性儒釋爲辨，蓋爲此也。是時陽明之徒盛，故先生之學反爲所掩。然精意所存，不可磨滅，至今有識之士皆尊而信之，有以夫！

魏莊渠見地極高卓，極端正。氣象稍迫促，當時爲陽明所掩。

龍溪論性曰：「萬物無漏之真體，形生以後，假合爲身。」又曰：「父母未生前，本無防染，有何修證？天自信天，地自信地，有言皆是謗，六經亦葛藤，齒是一把骨，耳是兩片皮，更從何處著言與聽？」又曰：「㘞地一聲，不知此身在何處。」此類打合釋氏。論死生曰：「常無欲以觀其妙，未發之中也；常有欲以觀其竅，已發之和也。萬物芸芸，以觀其復，愼獨也。不睹不聞，本體萬物，戒懼愼獨，工夫火候。」又以日魂爲良知，月魄爲法象。此類是打合道家。一生伎倆不過如此，一部語録不過如此。欲奉三教者，竊此數語足矣，故世俗小聰明人最喜之。

心齋之學雖粗，然以一不識字竈丁，而能如此，卻是豪傑有氣魄，鼓動得人，故當時泰州一派亦盛。然接引者多是布衣，又多死非命。如顏山農、鄧豁渠、何心隱之屬，亦學問粗疏，一往不顧之所致也。

海剛峯，人多以氣節目之，讀其全集，知剛峯真能學聖賢者。其學一以不欺爲主，而力行之，勇尤不可及，已能透誠意關矣。昔儒稱誠意爲人鬼關，若過得此關，便是聖賢地位。人物非「氣節」二字所能名也，其過當處，是正心工夫尚有未盡，格物致知工夫尚有未到。

羅念庵雖講良知，而能深知王門之弊，特是時狂瀾方倒，不能力救耳。

講學之風，嘉、隆之末、萬曆之初而弊極。凡諸老相聚，專拈四無，掉弄機鋒，閒話過日，其失更不止如晉人之清談矣。海門周汝登，當時推爲宗主，著聖學宗傳，自以爲得心宗之正，講「無善無惡」於南都。許敬庵聞而疑之，作九諦相難。汝登作九解以解之。敬庵之學，於時獨爲純正，然所得亦淺，一杯水豈能救一車薪之火哉！

心是活物，須與他箇規矩，纔可入道，古人所謂心法也。只此一箇字，心宗家所最不樂聞。他動説無法，「無法」二字，不知陷害多少後生在。

顧涇陽先生，當三王之學之後，特起無師承，能以性善之旨破無善無惡之説，「小心」二字塞無忌憚之門，横砥頽流，可謂豪傑之士。

涇陽言：「無可無不可，是孔子小心處。」此開闢救世語。當時學術波靡，皆以鄉愿同流合污之實，託孔子無可無不可之名，要而言之，只是無忌憚，只是膽大，故涇陽點出「小心」二字，見得孔子此處全是時中，稱斤估兩，直是分毫差移不得，豈得以縱心任意爲無可無不可也？此語真是有功世道。

天下事是認真人做，當涇陽剏東林書院時，同志雖多，然徹始徹終，認真到底，惟以此事爲安身立命者，高忠憲一人而已。朱子有云：「此事不是拌生捨命而前，如何得成就！」

或以忠憲爲偏於氣節者，非也。聖賢立身行事，只是因時而起，豈有一定之成格。當商之末，微子豈欲去，箕子豈欲奴，比干豈欲諫而死？時爲之也。忠憲之氣節，亦因乎時而已，於學問何加損哉？

予嘗聞友人述前輩之言，以鄒南皋爲狂，高忠憲爲狷，馮少墟爲中行，而未見少墟著述。近得其集，見辨學録論儒釋之辨，極其精晰。其餘皆平正切實。立身進退，俱無可議。中行之言，不虛也。

念臺人譜編，是爲接引初學而設，俾得躬行實踐，極是妙法。以上諸儒類。

昨偶看老、莊，識破他學問根蒂。人多以爲：「老子性陰，莊子性傲，故其學如此；又不知大道，故流爲偏僻。」非也。兩人皆絶世聰明，且與孔、孟同時，文、武風流未遠，豈有不知大道之理。只是他脚跟未定，志氣不堅，爲世界所轉移，便要使乖。老子是周衰時人，正道已行不得，孔子所謂「道大莫容」也，他便收斂韜藏，以退爲進，所謂「知其雄，守其雌」，「知其白，守其黑」，「將欲取之，必先與之」也。其謙沖儉嗇處，全是一團機心，故曰「無爲而無不爲」，又曰「以無事取天下」，所以其流爲申、韓。老子是藏形匿影的申、韓，申、韓是出頭露面的老子。若莊子，則其時全不可爲矣。若要爲，便做申、韓，他又不屑做。儒又行不得，而又不甘自處於諸儒之下，故其言惝恍自恣，謂諸儒爲賤儒，而曰「聖人不死，大盜不止」，要絶類離羣，更出聖人諸儒之上，不曰「天下不可爲」，而曰「我不屑爲」。要之，俱是使乖，是爲世界所轉，另尋一頭路透出。孔、孟則決不如此。

莊、列本楊朱之學，故其書多引用其語。看來天地間只是愛爲我的人多，不但清談放廢之流，即偏於退隱之人亦是也；不但草衣木食之流，即權謀功利之人亦是也。總之，自私自利。

楊朱之學，亦是老子出來，蓋其愛占便宜也。老子是悄然占便宜，楊朱是明白地占便宜。申、韓之占便宜，則更自惡很了。

墨子願太大，行太苦。由其願大，故後世以孔、墨並稱；由其行苦，故當時之人亦少有傳其學者。所謂「逃墨必歸於楊」，亦行苦而難學之一證也。

墨子之學，似非隨時轉移，然於爲人工夫上太過一分，亦是趨世情之好，即論語或人所謂「以德報怨」之類也。若聖人，則止是平心而行，無過不及。

孔子生平未嘗輕易駡人，惟於鄉愿則曰「德之賊也」，又曰「過我門而不入我室，我不憾焉」，若深恨之者。蓋天下惟此等人最能亂德。

孟子「非之無舉」一章最説得痛快，學者須於此處辨得分明。

問：「老、莊之學無用，反不如管、韓、申、商，似有實際可以治國。」曰：「若論實際，老子更勝諸子，他更做得不露形迹。史記老子贊所謂「虛無，因應變化無窮〔一〕也」。其所以不及吾儒者，只是此心略有邪正之分。若諸子之實際，只是粗迹。

管、韓、申、商四家之中，管子近正，他猶有周官法度之遺意，其用意病處在「寄軍令」三字，不然竟是周官法度矣。申、韓、商三子之學，雖有實際，然茍行其術，必至殺身而後已。

蘇秦、張儀只是弄口角，更不成甚學術，比管、韓、申、商又低。當時六國之君，已不成其爲君，所以苟且就功名之流，窺破情實，只是揣摩事情，恫疑虛喝，以出其金玉錦繡。即秦用張儀，亦非全藉其力。治耕治戰，自有商鞅諸人，只用他在外走動，虛張聲勢。

問：「孫子兵法如何？」曰：「此非王道之正。王道兵法見於書之步伐止齊，及周禮伍兩卒旅。軍師之制，後世李靖兵法及戚繼光練兵紀要近之。若孫子只是兵家術數。然後世人心詭譎，若欲用兵，則雖儒者以王道爲本，亦不可不窮術數之變，蓋知彼知己而後能克敵也。要之，此只是一家之學，苟有人能乎此，亦可爲國家一將之用，非比老、莊、申、商以學術亂天下也。」

問：「荀子，或以爲儒，或以爲異端，何如？」曰：「荀子，純粹不及孟子，力量不及楊、墨，徒以性惡禮僞之言取譏於後世，雖其書略有可取之語，不足道也。」

問：「昔人荀、揚並稱，揚雄之學與荀子同否？」曰：「揚雄只是文人，更無實際。其太玄經只是摹

〔一〕「無窮」，史記作「無爲」。

擬易經，揀難的說，以驚世釣名。然描頭刻角，畫虎不成，不必美新而後知其不濟。」

凡古之專家伎術，如天文形勝、兵農水利、醫藥種樹、陰陽伎巧之類，皆儒者所不廢，但當以正用之耳。

凡學術之歧，盡出於周、秦之時，其變態已極矣。至後世則惟有祖述，更無特創者。雖釋、道二家起於周、秦之後，然二家不過是老、莊變換其作法耳。

佛氏之說，處處去得，只欠一「理」字。今整庵云：「楞伽四卷，並無一『理』字。」亦可證吾說之不謬。又朱子云：「禪家最怕人說理。」以上異學類。

古書最多斷簡錯簡，必以古本爲是者，非也。古書最多脱略，必以今本之經傳分明字字註釋爲是者，亦非也。章句之分，自二程及朱子已自不同，豈可執一爲據。吾輩讀書，只是得其大意，可以爲身心之資耳。若必拘拘分章分句，辨古辨今，反落第二義。只陰陽兩畫，天地萬物之理盡矣，全部易經已和盤托出矣，未審讀者能信得及否？

天地間只是陰陽，陰陽只是對待，原無偏重。伏羲畫卦，亦是如此。至文、周繫辭，孔子贊易，便有無限扶陽抑陰之心，此所謂參贊裁成也。試看乾、坤兩卦，文、周於乾之卦爻辭，何等乾圓潔淨，明白正大，至坤則便增許多周折，許多警戒。孔子於乾之彖、象、文言，何等張皇贊美，反覆詠歎，至坤則寥寥數言，惟勉之以從乾而已。蓋伏羲之易，先天之易也，先天之易未嘗不具後天之用，而畫卦以體爲主，則卦自當如此。文王之易，後天之易也，後天之易未嘗不本先天之體，而繫辭以用爲主，則辭自當如此。非但道理，即世變亦然，故曰：「易之興也，其於中古乎？作易者，其有憂患乎？」若使乾、坤兩卦語語皆作對待，一部易經，豈不死煞！

易稱卜筮之書，聖人所以前民用。至於君子，則無待於卜筮者。易之吉凶，不過決於理之是非，民不知理，故聖人教以卜筮。君子明理，理之所是則趨之，理之所非則避之，死生利害固有不計者。今人動謂易爲趨吉避凶之書，至以卜筮爲智巧規避之事。試玩易辭占，何嘗有一毫規避！

昔朱子稱周禮爲周公運用天理爛熟之書，予於易亦謂是四聖人天理爛熟之書，若目爲智巧趨避，則一團人欲矣。

皇極經世書、性理書所載，乃蔡西山經世指要，蓋因康節子伯溫所著一元消長圖而推衍之，非康節之全書也。若欲究康節之學，必須讀其全書。讀全書而更閱指要，則全書之意燦然矣。然此另是一種學問，學之即不通知亦不妨，蓋欲精究之，恐反有舉一廢百之慮。觀當時二程同時，朱子相去不遠，俱不肯汲汲於邵子之學，意可知矣。

通書、西銘，當列於四書、五經之亞，使學者熟讀。

五經、四書格人此心之理，靈樞、素問格人此身之理。一身之理尚不能格，何能格物？

正蒙書中雖有一二欠自然語，然卻多開闢處。凡天地、陰陽、鬼神、律曆，幻渺難知之理，皆精思刻論，發諸儒之所未發。其有功於吾道不淺，學者不可不讀。以上經子類。

史文失實最多，然褒貶失實，後世猶爲可辨，至於紀事失實，則不可考矣。甚矣！史官得人之難。

戰國之末，天下鬭爭，吞併習以成風，非大反其習，無以爲治。此時雖有聖人起，必將改封建爲郡縣，因時制宜，不得膠執古法也。秦之速亡，自由强暴，不由郡縣。

戰國末，處士横議已極，異端蜂起，非焚禁亦無以遏其勢。但不當併及三代詩、書耳。此李斯所以得罪萬世也。世云始皇坑儒，恐此時被坑者，亦無人可稱儒者。魯仲連，一狂生耳，而義不帝秦，而欲赴東海，況爲真儒而尚甘處咸陽耶？

商鞅徙木，冒頓射愛姬名馬，趙高指鹿爲馬，總之同一術數，此皆所謂申、韓也。

每讀史至漢高殺功臣，未嘗不深惡之，以爲漢高陰鷙忌刻，同於越句踐。由今觀之，亦誠是不得已。蓋漢高君臣本以智術合，非有道德仁義之素，又共逐秦鹿，高材捷足者先得之，非素定君臣之分，其氣各不相下，特屈於智耳。韓、彭既殺之後，猶有拔劍擊柱者，則其先可知也。故漢高之殺功臣，雖漢高之忍，然亦諸將有以致之。是以爲功臣者，貴早識天命。

鼂錯之術，純是管、商。且入粟拜爵，起後世賣官鬻爵之弊，不可爲訓。然其意在損貧民賦，并赦農民租，則甚可喜。

七國僭侈無制，不能以禮格，以德化，而區區以削臨之，技亦窮矣。而削之無漸，同時開釁，徒爲天下藉口耳。讀此，益令人致慨於遜國靖難之間。

矯制發粟，此非汲黯之能，實漢法寬大，及武帝好賢之所效也。試問後世能復爲此否？

兵不解，便當有兵患。唐藩鎮之禍，皆兵不解之故也。

周世宗者，不但聰明英武，而知人愛民，動得大體，又御世無幾，而所爲皆有經世之意，蓋仁智勇兼之者也。愚謂三代而下，人主中當以世宗爲第一。

宋最多君子，然君子多不和。安石在朝則攻安石，司馬光在朝則又與司馬爭論。至如哲宗時，羣賢濟濟，可謂盛矣，而又各立黨，安得不積漸以至於亡！

周子曰：「天下勢而已矣。」一部廿一史，只如此看去。

讀二程子書，親切莫如文集。文集皆二程手筆，煌煌著作，平生盡見，次則經解。經解猶當日手筆也。遺書次經解，外書又次遺書。蓋遺書雜出門弟子手筆，外書則并出外人也。

朱子語録中，冠昏喪祭皆淺近切實可行，所謂禮以時爲大也。伊川所論，便太泥古，如以尸爲必當立，影神爲必不可用，皆太拘。

吕覽審時、任地、辨土三篇，真精於農田之言，無一語非實用。

雅與鄭之分，只是正與淫之别，其要處只就志與辭觀之而已。有志辭俱雅者，有志雅辭鄭者，有志鄭辭雅者，有志辭俱鄭者。志辭俱雅，關雎、鹿鳴、清廟諸篇是也。志雅辭鄭，鄭、衛諸風是也。若志鄭辭雅，及志辭俱鄭，則三百篇之後，世比比皆是矣。然亦有辭鄭而志雅者，唐、宋諸人諷刺諸作是也，有志辭俱雅者，淵明田園諸什，子美北征諸篇是也，誰謂删後必無詩哉！

鄭樵論樂府曰：「得詩而得聲者，皆列之三百篇，謂之風、雅、頌。得詩而不得聲者，則置之，謂之逸詩。今之樂府，章句雖存，聲樂無用。」此欺人之論，不通之甚者也。夫聲詩原自相合，如今之詞曲皆然，未有曲淫而聲正，亦未有曲正而聲淫者。今以聲詞判而爲二，而歸重於聲，此欺人於不可知，而謬爲要眇精微之説也。昔宋時陳體仁亦有此論，朱子非之，有云：「詩之作，本以言志而已。方其詩也，未有歌也，及其歌也，未有樂也，以聲依永，以律和聲，則樂乃爲詩而作，非詩爲樂而作。」其言最爲原本。以上史籍類。

文鈔

與陳言夏論易書

易者所以明天道，正所以盡人事，學易者當盡人以合天。伏羲畫卦，示其體也；文、周繫辭，著其用也；孔子贊易，體用兼明，然而四聖人之意嘗在於用。蓋聖人作易，本爲教人，人之學易，非用莫由知其體，故孔子曰：「五十以學易，可以無大過矣。」則知易是寡過之書，窮理盡性，以至於命，全在於此。自秦、漢以來等爲卜筮，京房、焦氏流入數學，易乃大晦。自康節發明，而理與數始顯。至朱子周易本義成，分發數聖人之藴，而其用一歸於教人，然後前此言氣數者，迺折入於理而不敢爭。明興以來，莫有異議，然而以易明世者未之有。此無他，其賢智者以爲彌綸天地而不敢究，其愚不肖者以爲卜筮而無事於屑屑也。愚謂學易之道，當先從用始。繫辭傳曰：「君子所居而安者，易之序也；所樂而玩者，爻之辭也。」又曰：「君子居則觀其象而玩其辭，動則觀其變而玩其占。」則知學易工夫全在事爲。未感時沈潛玩索，每閲一卦，便當認其卦名，辨其卦體，相其陰陽，總其大略，前後左右，象變辭占，無不貫洽，而後一卦之義出。每讀一爻，便當定其剛柔，别其邪正，考其位序，審其偏中，上下四旁，乘承比應，靡有遺憾，而後一爻之義全。於是乃進參以己意，設身處地，上下古今，揆其時勢，度其情理，而臆斷之。何者是吉，何者是凶，觀其與古人合否，以驗吾心體。其合則天理之公也，其否則人欲之私也。公者存之，私者去之。用力既久，心體自純，出應萬變，沛然莫禦。不俟卜筮而知吉凶，中庸所謂「至誠如神」也。到得至誠，已是全體太極。大自天地陰陽，細至昆蟲草木，罔不具於吾心。擡頭舉目，無非易理，未嘗求體而體自具，故孔子繫辭二傳多言人事。至説卦、廣卦〔一〕、序卦、雜卦，縱横開闔，無不如意。此正以明用至則體立，人盡則天見，决無用未至而可與言體，人未盡而可與言天者也。故愚意欲學者學易，專用力於人事，而天道則俟其自合。用力人事，而天道未至，即中道而廢，不失爲謹行之儒；用力天道，而人事不修，即致極精微，未有不墮於術數空冥之學者。故特揭此，願與吾兄及二三同志共勖之，其以爲然否？

答郁儀臣論學校書

儒治之所以不同於吏治者，只爲一起手便不同，儒治從教化上做起，吏治從刑政上做起。秦以前，儒治也；秦以後，吏治也，其原本只在學校之興廢而已。今夫人有欲爲梓匠輪輿者，則其父兄必使之

〔一〕周易無「廣卦」，此處疑誤衍。

從游於梓匠輪輿之師，學爲方員平直，而梓匠輪輿之師亦必儼然執規矩準繩而告之，告之以孰爲方，孰爲員，孰爲平直。三年而學就，然後離師而游，執器而運，則梓匠輪輿沛如也。學校亦然，欲使之修己治人，則必使之學爲修己治人之道，若何而爲格致誠正，若何而爲修齊治平，然後使之居得爲之位，抒平昔之學。三代以上之天下所以久安而長治者，此道得也。自秦夷滅先王學校之制，有欲學法令者，以吏爲師。後世相沿，雖制度代有變更，究不出吏治二字，則亦行秦之法而已。至於三代之制，則未有能復之者，使天下何由而覩作人之盛哉！況於制度之變更，則尤有可慨者焉。秦制，學法令者以吏爲師，秦時法令不善耳，若法令而善，則學而後入政，猶孔子所謂「道之以政，齊之以刑」也。至漢則不然，雖有學校，而無學校之制，聽天下自爲學術，而上之人從而舉用之，故漢治最雜，有用儒治者，有用黄、老者，有用申、韓刑名者。然彼雖未嘗以學校教人，亦未嘗以教法壞天下之人才也。晉、唐以後，則又不然，治天下初未需文章詞賦，而教人學作文章詩賦，至於學成而售矣，則又使之委而棄之，而用吾所謂居官之法律。是學校之制，三代善教，秦不善教，漢不用教，而晉、唐則又教壞人才而後用之也。嗚呼！亦可慨矣。然則欲復三代之治，非致力學校，亦何以哉！所以弟向作治通，只推原孟子封建、井田、學校三大旨，而尤以學校爲政治之本，正與仁兄同意。而仁兄思治録則又準今酌古，使末世亦無不可行，尤爲近裏著己，拭目速成，以慰飢渴。

答王周臣天命心性志氣情才問

昨讀性理，見諸儒論心論性，紛紛不一，取譬繁多，指意廣遠，嘗竊歎之，以爲輯書者當未是知道之人也。夫性命之理，孔子罕言，聖門高弟所不得聞，至宋儒始明白而析言之，豈難於孔子，而易於宋儒哉！孔子不得已而不言，宋儒不得已而言，皆爲世道人心之防，不可不知也。夫人之心知未至而與之言則疑，知既至而不與之言則又疑，與之言而或出於雜則益疑。孔子之時，人罕有推究心性者，此知未至之時也。宋儒之時，人無賢愚，皆高談性命，此知已至之時也。知之而恐其或誤，則不得不言。然諸儒語録，多門人所臆記而書者，其言頗雜，雜則後學見之，非誤用其心，則致疑於前人，將有無所適從之懼。此皆主教者之責，而輯性理者殊貿貿，弟故疑爲未必知道之人。而吾兄來札，問及心性，亦言書本未可全靠，其與我同心哉！精微之理，弟未及知，然即目前所見，不敢不爲相知道也。夫性命心志，意氣才情，爲名雖殊，然知之非難。以諸儒之所詮釋，反而求之吾心，合者存之，疑者闕之，然後從源而數，如木之由榦而枝，水之從源而流，可次第曉也。夫天地之閒，蓋莫非氣，而其所以然之故，則莫非理。理與氣，在天則爲天之命，在人則爲人之性。性與命，兼理與氣而言之者也。夫性與命兼理與氣言，而宋儒專言理，何也？曰兼言理氣，道其全也；專言理，明其主也。欲知性知天，則不可不觀其全；欲率性事天，則不可不知其主，故宋儒言理而未嘗不言氣，在觀者自得之耳。若夫心，則又易言矣。張子曰：「心統性情。」邵子曰：「心者，性之郛郭。」二説皆得之，而吾以爲皆未全。張子偏於内，邵子偏於外。蓋心者，合神與形而爲名，且其所統，亦非特性情，并夫意與志與氣與才而皆統之。故即有是性，則感物而動，喜怒生焉，謂之情；情生思維圖度謂之意；意念專決謂之志；志定，而浩然盛大充於中，不撓不屈見於外，謂之氣；有是數者，而能擴充之謂才。莫非心之所全，則莫非性之所具也；莫非性之所具，則莫非天之所賦也，而難知乎哉！雖然，知之非難，用力爲難。吾兄之所問，雖未及於用力，然弟又將言用力之方矣。嘗攷之於書，孔子言知天命，言正心誠意；子思言率性；孟子言存心、養性、立命、持志、養氣，稱名甚繁，分途復衆，此孰急孰緩？何後何先？以愚觀之，蓋莫急於知性。夫性之微妙，初學安能知！然而不難也。人雖至愚，皆有四端之發見，學者反而觀焉，而能自見其四端之發見，則所得乎天之理在是矣。質雖至雜，不過剛柔之過不及，學者反而觀焉，而能自辨其剛柔之過不及，則所得乎天之氣在是矣。既得所謂理與氣者是性，而又求所以盡情，則又反而思之。理者，人之所同也；氣者，我之所獨也。從乎同，則理至而氣從焉，而日進以至於天；從乎獨，則氣勝而理亡焉，而日流以汩於人。是故君子權理氣之重輕，而獨致力於其重，於是有窮理之學。夫窮理之學，格致是也。理在吾心，而乃求之天下之物，何也？曰：此儒者之道，所謂體用合一，而孟子之所稱「萬物皆備於我」也。一物不備，不足以踐我之形；一理未窮，不足以盡性之量。故君子之學能立命者，以其能盡性也。夫性未可遽盡，而理可以漸窮，學者有志於窮理，則必事事而察之，日日而精之，時時而習之，漸造漸進，以至於極，爲神爲聖，莫非是也。然而又非馳騖於窮大之謂也。馳騖於窮大而莫爲之主，則事至而紛糾，事去而放逸，雖有所得，旋亦放失，是故君子又有居敬之學。夫居敬之學，則誠意是也。誠意之始，由於不欺，一善不敢飾，一惡不敢隱。至功夫再進，則真心發矣，將欲飾善而自知恥，將欲隱惡而自知愧。至功夫又進，則謹慎至矣，幾微之善亦無不存，幾微之惡亦無不絶。至功夫更進，則戒懼生矣，無善可憑而常惺惺，無惡可絶而常業業。誠之至也，敬之至也，故中庸以至誠爲聖人，朱子以「敬」字爲聖門第一箇字。蓋真見千聖相傳，止此一法。有是法，然後有以窮天下之理，而爲盡性，爲至命，可以即此而造極；無是法，則爲異端，爲曲學，爲俗儒，所爲入於邪僻委瑣而不可救也。故居敬窮理，在聖人爲一貫之學，在學者爲入德之門，即此下學，亦即此上達，初無有二。凡前此之所爲持志，爲養氣，功候既到，則自然兼之，不必棄吾之約，就彼之繁，而意緒紛亂，迄無成功也。故弟願與同志者約，未見心性，則汲汲於求知，不可諉爲疑義而不知；既見心性，則汲汲於求行，不可徒爲空言而不行。必以自心有得爲主，而性理諸書則輔之，庶幾取益於書而仍不爲書所惑也。弟之所見如此，幸有以正之。

答王石隱論一貫書

凡看書，不但要書義明白，是要身心明白；亦不但要身心明白，須是身心與書義融洽貫通，身心即書義，書義即身心，彼此無閒，纔是工夫，纔爲明白。某自庚辰、辛巳來，悟得理一分殊、當然所以然、統體太極、物物太極、小德大德，與夫常變經權、亢龍有悔諸義，便似於一貫微有所見。與同志言，輒好論一貫，以爲一貫之義必如此乃得。然閒以己意質之「一貫」章，偏觀註説，更博採大全議論，覺得身心與書義多未融洽。今年春，與及門諸子講「一貫」章，亦只是舉註説爲主，雖略伸己意，然未敢執以爲是。

覺此章書，終是程子、朱子之一貫，非我之一貫。閏四月念九日夜，偶念及此，因捨去集註，而專求之正文，心胸之間，恍然若有所得。乃知向來所見頗自不錯，即集註亦明明說出，但語未透快，故使讀者未能領略。愚意貫只是「通」字，通者，不礙之謂也。凡人未至一貫，雖竭力躬行，每有所礙。竭力躬行者，即所謂隨事精察也。隨事精察，如行忠必主於極忠，行孝必主於極孝，此未嘗非是。然未至一貫，則行忠或以礙孝，行孝或以礙忠。又或行忠而即礙忠，行孝而即礙孝。行忠礙孝，趙苞棄母全城是也。行孝礙忠，子胥鞭平王尸是也。行忠礙忠，行孝礙孝，則仲由、荀息、申生、伋壽之類。即如曾子，其事親之孝，可謂至矣，極矣，而芸瓜受杖，則亦昧於大杖則走之義。是即所謂礙也，是即未能知其體之一也。惟一貫者不然，行忠則極其忠而不礙忠，行孝則極其孝而不礙孝。又行孝即可以通忠，行忠即可以通孝。即或忠孝不能兩盡，而或主於忠，或主於孝，究竟忠孝俱得，而忠不礙孝，孝不礙忠。此即所謂通也，此即所謂泛應曲當，用各不同，而聖人之心，渾然一理也。繫辭有云：「聖人有以見天下之動，而觀其會通，以行其典禮。」朱子註云：「會謂理之所聚而不可遺處，通謂理之行而無所礙處。」何謂理之所聚而不可遺處？謂如一事而關係君臣，又關係父子，又關係夫婦，舉此則失彼，無可或遺也。何謂理之行而無所礙處？蓋既看得定，則權其重輕，君臣重則從君臣，父子重則從父子，夫婦重則從夫婦。只就一路行，而此不礙彼，彼不礙此，故謂之通。通者，權也。權而得中，故曰典禮。典者，常也，經也。程子所謂「權只是經也」，是即一貫之義也。故學者隨事精察而不知一貫，謂之知分殊不知理一，謂之知當然不知所以然，謂之知小德不知大德，謂之知物物太極不知統體太極，謂之知常不知變，謂之知可與立未可與權，謂之亢龍有悔。既知一貫，則理一分殊，當然所以然，小德大德，物物太極，統體太極，常變經權，知進知退，知存知亡，知得知喪，觸處洞然，一了百當，天地之間，無復餘事矣。至此者謂之聖，知此者謂之賢，過此以往者謂之神。蓋未有不知一貫而可與語聖人之道者也。然門人未達，而曾子告之以忠恕。何也？忠者，立心之本也；恕者，所以求通之方也。無立心之本，則凡事不可成；無求通之方，則雖能成事，而終無以入聖賢神化貫通之域。故門人所問者一貫，而曾子告之以忠恕。忠恕者，造一貫之階梯也。朱子註曰：「盡己之謂忠，推己之謂恕。」其於字義，固得之矣。然又曰：「曾子有見於此而難言，姑借學者盡己推己之目以發明。」則忠恕之於一貫，似猶取其依稀彷彿，而未能確有所謂也。程子天道人道之言，極爲精切，而學者猶病其深微，未能言下即了。故愚於一貫之義，前此雖已見及，而胸中未能釋然者，一則註說未融，一則「忠恕」二字未得一好註脚，確然與一貫相通而不可易，未敢執以爲是。前夜獨坐，猛思得大學「絜矩」二字，是「忠恕」二字註脚；「所惡於上」一節，又是「絜矩」二字註脚。就「忠恕」二字，以證貫通之義，猶未爲醒確；就「絜矩」二字，及「所惡於上」一節，以想貫通之義，則「忠恕」二字，分明有八面四方、玲瓏透徹之意。學者未識一貫，而欲求一漸造一貫之方，孰踰於此！既得此義，心胸之間，洞然如撤牆壁，乃知前此所見未嘗不是，註說未嘗不同。至今日而身心書義始渾融無閒，然後方可謂程、朱之一貫，即孔子之一貫；我之一貫，即程、朱之一貫，而無彼此之隔也。微有所窺，不敢自私，故以質之吾兄及介石先生。虞九、言夏彼此論辨之閒，大旨雖未嘗不同，而言各有異。此章書真義理淵海矣！至於悟境時闢，樂不可道，則誠有之。弟自丁丑迄今，未可計數，每至會心獨得，輒不知手之舞之，足之蹈之。然小小會心，亦未足言。惟於斯道中大頭腦處終年未悟，一旦豁然，或出之精思，或得之無意，此時快樂，殆未可與不知者道。吾兄亦頗能領略否？但此等境界，亦非一時一處，正如登泰山，至一峯則有一峯之勝，自謂妙境已盡於此，及更一峯，則又輒復惘然。因知此心此理之無窮盡。若夫身登絶頂，四顧豁然，日月河山，俱在眼底，此時此際，殆非人境。一貫諸義，庶幾近之矣！顧知之非難，至之爲難；至之非難，精熟渾化爲難。弟之於此，亦僅窺其彷彿耳，未敢云知，況於至之乎？然私心之樂，則有不敢誣者，故因問并及之。

治鄉三約序

天下不可不以三代之治治也。不特天下爲然，即郡邑且然矣。以三代之治治天下，其要在於封建；以三代之治治一邑，其要在於畫鄉。鄉者，王化之所由基也，有民人焉，有社稷焉，故孔子曰：「吾觀於鄉，而知王道之易易。」欲治一邑，亦治一鄉而已矣。夫治民猶治兵然，什什伍伍，分節而制之，總綱而挈之。以天下之大，而一人自治而有餘，分數明也。古者成周之治，體國經野，設官分職，既已盡天下而封建之矣，而畿内之制，則又詳於都鄙之法，所謂王化起於鄉也，是又率畿内之地而封建之也。今者三代之制雖不可復，然古有比閭族黨，今有廂坊里甲，其名異，其實同，而古今不相及者何也？自用用人之法殊，繁簡疎密之制異也。夫今之耆正、里排、地方保甲，即周之鄉大夫、州長、閭胥、黨正之類，然古者職以上士，或任大夫，皆爲官役民，而今之耆正、里排、地方保甲，則皆僉點富民及無賴之徒爲之，任其事者，不謂之職，而謂之役，又何怪乎長民者之政令繁多，日不暇給哉！故夫欲復三代之隆，非明於自用用人之術，繁簡疎密之制，不可以垂拱。而治則請得言。由今之道，而可以臻古之治者，其法有四，曰鄉約也，社學也，保甲也，社倉也。四者之名，人莫不知；四者之事，人莫不行，而卒無致三代之治者，用人無法，而四者之義不明也。夫何以謂之社學、保甲、社倉也？孔子之所謂足食、足兵、民信，孟子之所謂出入相友，守望相助，疾病相扶持也。夫何以謂之鄉約也？約一鄉之衆，而相與共趨於社學，共趨於保甲，共趨於社倉也。四者之中，鄉約爲綱而虛，社學、保甲、社倉爲目而實。今之行四法者，虛者實之，實者虛之，綱者目之，目者綱之，此其所以孳孳矻矻，而終不能坐底三代之治也。是居敬行簡之道未得也。居敬行簡之道得，則又當致精於用人。仲弓爲季氏宰，孔子教以舉賢才；子游爲武城宰，以得人爲問。得人之爲用不淺矣！得人之爲治不難矣！愚故仿周禮之意，爲治鄉三約，而又拳拳於爲上者之得其人而任之也。

附録

四明錢忠介公牧太倉，一見先生，奇之曰：「他日必以魁儒著。」張受先謂之曰：「講學諸公寥寥矣！蕺山其今日之碩果乎，曷與往叩之！」先生擔簦從之。受先不果而止。後西安葉靜遠，蕺山高弟也，貽書討論，先生喜曰：「證人尚有緒言，吾得慰未見之憾矣！」全祖望撰桴亭先生傳。

案：姚江史子虛，亦蕺山高弟，至太倉論學。先生辨陽明「性無善無惡」之非，與子虛不合。

見與張受先書中。是其與蕺山宗旨實有異同。謝山所言，不無標榜之見。國史儒林舊傳謂「少從劉宗周講學」，尤爲失實。

西山張公視學三吳，禮聘纂修周、程、張、朱五子書，以原書數百卷，學者窮年觀之，不得其指歸，請輯其要，頒示學宮。乃約門弟子編爲六十卷，語録類要皆有，序論發凡緒言或問共百有餘條。行實。

案：書成，名曰儒宗理要。凡例載始於丁酉之秋，刊於戊戌之夏，僅八閱月。陸清獻閱之，以爲疏淺。西山急於成書，雖屬桴亭相佐，多出門弟子之手，後人亦列之先生著述中。正如朱子綱目，非盡出手定也。

先生自述，於性學工夫不啻數轉。初隨時師説有義理之性，有氣質之性，亦同禪和方外談説不覩不聞、無聲無臭、父母未生前、無始以前真己。至丁丑下手研窮，始覺禪和方外固非，分性爲二者亦非。於是得力於「理先於氣」一言，於理氣之間，盡心體驗，始知太極爲理，兩儀爲氣，人之義理本於太極，人之氣質本於兩儀。理居先，氣居後；理爲主，氣爲輔。然終覺性分理氣，究未合一。既而悟理一分殊之旨，與羅整庵暗合，便覺理氣融洽，性原無二。然未察人與物性同異處也。既而知人與萬物之所以同，又知人與萬物之所以異，於朱子「論萬物之一原，則理同而氣異；論萬物之異體，則氣猶相近而理絕不同」二語大有契入，於是又識得天地萬物本同一體處。然終以先入之言爲主，以爲孟子論善，只就天命之初、繼之者善處論，未敢説到成之者性。直至己亥，始覺成之者性以前，著不得性字。既説成之者性，便屬氣質，既屬氣質，何云性善。於是曠覽天人之原，博觀萬物之際，見夫所爲異異而同同者，始知性爲萬物所同，善惟人性所獨，性善之旨，正不必離氣質而觀也。於是取孟子前後論性語反覆讀之，始知孟子當時，亦只就氣質中説善，而程、朱以後，尚未之能晰也。於是又取孟子以前孔子、子思之言按之，無不同條共貫。又取孟子以後周、程、張、朱之言觀之，周則無不脗合，程、朱間有一二未合，而合者常八九也，然未敢與世昌言。至庚子，講學東林，始微發其端。丙午，論性毘陵，始略書其概。然而性與天道，難言之矣，世之學者，尚未見第一二層，而遽與之言第七八層，安得不駭而欲絶哉！思辨録。

與及門論天體，聞者多不省。適有琉璃明燈，因令周生翼微以空處爲南北極，而畫黄赤道及二十八宿於上，手轉之，觀者俱豁然。因思燈圓雖似天體，而人在外觀，猶爲未盡。有大力者，當爲琉璃圓球如屋大，刻畫恒星赤道於上，而開其南極爲隙以入，人坐其中，設機轉之。日月道亦另爲機轉之。而設火於外，琉璃體明，諸星燦然，頫察仰觀，仍無一不與天合。中間大地，則刻木作地形，以水浮之，當天體轉旋時，水與木仍居中不動，似頗與天地之形相合。同上。

儀封張清恪公撫吴，得思辨録輯要，推爲正學干城，重訂刊行。乾隆中採入四庫，提要稱其「學主於敦守禮法，不虚設誠敬之旨。施行實政，不空爲心性之功，於近代講學諸家，最爲篤實。其言皆深切著明，足砭虚憍之弊」。四庫全書提要。

陸稼書曰：「其辨同異晰疑，似一準於程、朱。其於金谿、新會、姚江，雖未嘗力排深拒，而深知其流弊之禍。其教人先小學而後大學，以立志居敬爲本，而以聖經之八條爲程，然後漸進於大學，旁及於百家之言。其先後次序，悉洛、閩之遺法也」。思辨録序。

張孝先曰：「六經、四子，周、程、張、朱之書，譬則神農本草、黄帝内經，長沙、河間、東垣、丹溪諸大家之奥博精深也。得陸子爲之别其温涼升降之品，指其臟腑經絡之微，釋其處方用藥君臣佐使之宜，而又審運氣之不齊，酌方土之各異，務使用之者可以砭膏肓而起痿廢，則陸子之爲人心世道計者至深遠矣！」同上。

全謝山曰：「凡先生思辨録所述，疏證剖晰無不粹且醇。其最足以廢諸家紛爭之説，而百世俟之而不易者，在論明儒」。桴亭先生傳。

唐靜海曰：「先生之學，主於身體力行，不尚空知空論。其辨物理至精至實，非惟考覈之詳明，實乃體認之精審。是以窺見天人之微，發周子圖説所未宣，明程子、朱子所未盡。」學案小識。

桴亭弟子

許先生焜

許焜字舜光，太倉人。諸生。桴亭之甥也。幼從學，嘗記所疑問於桴亭及陳確庵、盛寒溪諸人者曰是正録。又效桴亭考德、課業二録，自録所得曰講學紀事。輯桴亭與友人書札曰論學酬答。桴亭思辨録中，答其所問頗多，蓋及門親炙最久者。參桴亭文集、年譜。

郁先生植

郁植字東堂，太倉人。諸生。幼擅文譽。父儀臣與桴亭友，遂從受業，研究理學，爲高弟。柏鄉魏相國招桴亭北游，辭不赴命，先生及周鼎新、沙一卿、曹禾往從學。會顧亭林至京師，以思辨録就正，亭林亦以日知録付之，使就正桴亭。蓋兩人在里，初曾往返未見，至是始通問也。先生尋被薦，徵博學鴻詞，未試，卒。參太倉州志、桴亭年譜。

毛先生師柱

毛師柱字亦史，太倉人。諸生。從桴亭學，初刊思辨録輯要前後集，先生任校訂。又增輯書文、歌詩、雜説三類爲續集，未見刊本，僅傳其手定凡例焉。先生以詩名江、淮間，與冒辟疆、王漁洋游。晚歸里，杜門不出，亦高士也。參太倉州志、思辨録輯要。

孔先生興綱

孔興綱字蓼園，江陰人。明諸生。讀書不事詞章，從文城宋時旌講濂、洛之學。桴亭至江陰，先生年逾五十，執弟子禮惟謹。桴亭語以「居敬爲體，躬行實踐爲用，治平存乎遇，修齊則儒者見在經綸也」。先生身體力行，見諸實事。著有四書講義、家廟禮則、求野齋集。參江陰縣志、桴亭文集。

邢先生衡

邢衡字孟平，號杏江，江陰人。積學躬行，年八十一，桴亭再過江陰，扶病謁之，稱弟子。桴亭力辭，先生舉昌黎「生乎吾後，聞道先乎吾」之語，堅請奉爲師。桴亭作邢長者序贈之，稱「所撰學庸説二篇，論格物『格』字有推勘裁成之意，論慎獨，爲絶情去識，孤明炯炯」。又云：「當喜怒不喜怒，當謀慮不謀慮，何以治天下。即此可以知杏江矣！」有陳功者，字凱侯，崑山人。明崇禎間，獻策從軍，授通判職，運糧遼海有功。鼎革後，隱於江陰定山，年亦七十餘，同列弟子籍。當時咸謂「杏江、凱侯，猶陽明之有董蘿石也」。參江陰縣志、桴亭文集。

沙先生張白

沙張白原名一卿，字介臣，號定峯，江陰人。諸生。負異才，熟於史事。著論自結繩至明代，次其是非得失。見桴亭思辨録，有志於理學，乞受業。桴亭愛其才氣，語之曰：「此事難言。學成而人知之，爲聖，爲賢，爲帝師，爲王佐，固分内事，而不足矜。抑學未成，或學成而人不知，非笑憎惡，困窮拂鬱，皆所不免，子其甘之乎？」先生終著籍門下。桴亭命門下四人至京從學於柏鄉魏相國，先生及同里曹禾與焉。魏公稱其「於道統甚有所見」。王尚書崇簡亦重之，館於家。後歸里，著書以終。所著讀史大略行世。工詩，有定峯樂府。參江陰縣志、桴亭文集、年譜。

曹先生禾

曹禾字頌嘉，號峨嵋，江陰人。康熙甲辰進士。初官中書舍人，從王漁洋游，以詩鳴。因養母歸。己未，召試博學鴻詞，授編修，修明史。累遷國子監祭酒。未第時，桴亭賞其文，勖以「先道後文，始爲至文」，遂著弟子籍。著有未庵集。同時受業桴亭者，尚有劉幽斯，行事無可考見。參江陰縣志、桴亭文集。

湯先生誥

湯誥字公綸，武進人。諸生。游淮、徐間，主講鎮山書院，從游甚衆。初爲詞章，後師事馬一庵，又事桴亭。於天文、地理、河渠、兵屯靡不研究。參武陽合志、桴亭文集。

龔先生士燕

龔士燕字武仕，武進人。著有象緯考，曆言大略，天體論，暗虚論，中星論，交食論，定朔考，五星，律吕新解。桴亭講學常州，贈詩云：「古今兩絶學，六律與七政。諸儒矜浩博，至此皆倀倀。武仕方弱冠，心手已如鏡。在宋蔡西山，在元郭守敬。」先生與同里徐子盛人鳳，無錫秦霖若、施公烈同受學。參桴亭文集、年譜、武陽合志。

桴亭交游

陳先生瑚

陳瑚字言夏，號確庵，太倉人。明崇禎壬午舉人。少通五經，求實學，與桴亭相切劘，有經世之志。明末，江南大饑，婁江湮塞，上書籌救荒之策。凡預備之政三，曰修水利，廣樹藝，便積儲。防患之政四，曰慎災眚，早奏報，懲游惰，勸節省。補苴之政四，曰通商，勸分，興役，弭亂。軫恤之政四，曰招流亡，緩征索，審刑獄，恤病困。又籌開三江，爲論五篇，一審勢，二經費，三役兵，四實法，五富國。並上之，當事不能行。福王監國，私議時事大計十條，又續議五條。南都諸公有具幣來聘者，卻之。避地於崑山之蔚村，躬耕自給。田沮洳，導鄉人築隄禦水，用兵家束伍法，尅期而成，後因其利。居之數年，創周急法、社倉法，約村人爲改過遷善之學。招桴亭諸友往集，講學不輟。後館常熟毛子晉家，講學隱湖，又講學於崑山、如皋，學者多歸之。康熙初，詔舉隱逸，知州白登明以其名上，固辭乃已。卒，年六十三。門人私謚曰安道先生，祀鄉賢。著聖學入門書，以格致、誠意、正心、修身、齊家、治平分六目爲日程，逐日分注，以善過、敬怠、自考爲下手工夫，推之小學爲養正之基，内訓爲齊家之本，並有條目，從學者皆遵之。睢州湯文正公撫吴，以其書頒示學者，即其故居立安道書院。又著有周易傳義合闡、四書講義、典禮會通治綱、蔚村講規、社學事宜、開江築圍書、荒政全書、求道録、菊窗隨筆、離憂集、詩文集。參史傳、先正事略、太倉州志、年譜。

聖學入門書

自序曰：人之所同者，心也；心之所同者，理也。同此心，同此理，而或不同者，拘於氣質之偏，而牿於物欲之累也。氣質物欲不同矣，而可以至於同者，學也。蓋嘗取而譬之木之生也，曲直巨細長短之不齊，然而有齊之者，規矩準繩而已矣。人之生也，智愚賢不肖之不齊，然而有齊之者，學而已矣。學也者，爲人之規矩準繩也。三代以上，其法大備，八歲而入小學，十五而入大學。蓋自王公卿士以及州閭族黨之俊秀，皆莫不出於學，而其所以學者，又莫不出於一，而無百家衆説雜揉於其間，此治化所以日隆，而人材所以獨盛也。吾夫子以匹夫而師天下，從其教者三千之徒，蓋已衆矣。而其所以訓成人而造小子者，不越乎入孝出弟之數言，與博文約禮之二事。入孝出弟，古者小學之法也。博文約禮，古者大學之法也。然則大學、小學豈非爲人之規矩準繩，而作君作師之所不能外者哉！秦、漢而後，下逮五季，其統中絶。宋程、朱大儒輩出，始尊信聖經而考訂之，兼輯内則、少儀諸篇，以補小學之闕，然後古人之教法粲然復見。明興紹百王之統緒，集諸儒之大成，於是大、小學諸書家誦户曉，而課士取人以此爲準。沿習既久，則又僅爲口耳餖飣之陋習，而毫無當於身心家國之際，殊有悖乎朝廷建立學校作養人材之盛意。噫，亦可歎矣！愚自崇禎丁丑，始與桴亭陸子、寒溪盛子、藥園江子相約遷善改過之學。時桴亭作格致編，首提「敬天」二字，窺見千聖心法。愚用力此道，頗得要領，因定爲日紀考德法，而揭敬勝、怠勝於每日之首，格致、誠正、修齊、治平於每月之終。自是以後，同志漸廣，旬有旬會，月有月會，講習切磋，多歷年所。方且以爲絶學可興，而古道可復也，不意巳午之交，歲且洊饑，蝗蝻疫癘，民不聊生，而轉盼之閒，更有不忍見聞者矣。嗟乎！國家之盛衰，視其人材之消長；人材之消長，視其教化之興廢。教化興廢之關，人心生死之會也。人心不死，則天命流行而乾坤立；人心死，則天命不行而乾坤亦幾乎毀矣！治亂之故，豈非人心爲之哉！邇愚遯迹蔚村，朝夕往來多瀾上數友，而吾妻諸同學往往過而問焉。閒從虞、𨞒長者游，大約所感歎者，世道人心之故；所砥礪者，道義名節之語，始益信人同此心，心同此理，而「人皆可以爲堯、舜」，非虚語也。乃敢有蓮社之約，其一章曰：「父子有親，君臣有義，夫婦有别，長幼有序，朋友有信。」竊附於吕氏藍田、文公白鹿之意，以期善相勸，過相規。然不過大略而已，尚未足以暢厥指也。不揣固陋，復取大學中格致、誠正、修齊、治平之目，條分縷析，畫爲義例，俾同人有所遵守，而小學則本夫子孝弟數言，約其大凡，以附於後，令遜、遨二子亦從事焉，合之曰聖學入門書。悲夫！天之生此民也，使先知覺後知，先覺覺後覺也。愚年方四十，茫乎未有知覺，而道不明，德不立，曉夜以思，爲之且懼且恥。猶幸得從諸君子之後，竊聞聖人之緒餘，而輯爲是書，願與吾黨兢兢奉行，如規矩準繩之不可廢。倘有聞吾黨之風振起而昌大之者，將人心可以死而復生，大道可以晦而復明，三代之人材可以絶而復續也，不亦千古之一快也哉！

大學日程，日格致之學，誠意之學，正心之學，修身之學，齊家之學，治平之學。

大學者，初入德之門；而此日程者，又入大學之門也。格致、誠正、修齊、治平，大學之條目；條之中又有條，目之中又有目，則此日程所載是也。學者於此能究其精微之藴，而又推類以盡其餘，則以至乎聖賢不難。

格致之學。格物者，窮理而已。近而身心性情之德，人倫日用之常；遠而天地鬼神之變，鳥獸草木之宜，皆理也。考之事爲之著，察之念慮之微，求之文字之中，審之講論之際，皆所以窮理而致其知也。厥凡有四，曰學，曰問，曰思，曰辨。

誠意之學。誠意者，人禽之關，君子小人之所由分也。其要只在謹獨。能謹獨，則自慊也，君子也，人也；不能謹獨，則自欺也，小人也，禽也。厥凡有二，曰好善，曰惡惡。

正心之學。心，統性情者也，操則存，舍則亡。厥凡有二，曰存養，曰省察。

修身之學。君子無不敬也。敬身爲大，言有物，行有恒，所以修身也。厥凡有四，曰威儀，曰言語，曰服食，曰起居。

齊家之學。家難而天下易，非以情勝理，即以義斷恩，過與不及皆非也。齊家之道，正倫理，篤恩義而已。厥凡有六，曰事父母，曰友兄弟，曰正妻妾，曰教子孫，曰睦宗族，曰御奴婢。

治平之學。一命之士，存心利物，必有所濟，故不必有天下國家者，然後有治平之責也。上下四旁，事事絜矩，物物得所，治平之學在其中矣。厥凡有四，曰事君，曰交友，曰仁民，曰愛物。

小學日程，曰入孝之學，出弟之學，謹行之學，信言之學，親愛之學，文藝之學。

古者小學教人以灑掃、應對、進退之節，事親、取友、隆師、敬長之道，詩、書、六藝之文，夫子入孝出弟數言足以盡之矣。今約其大凡，定爲日程，較之大學條例則簡而明。簡則可守，明則易從，所以便幼學也。使爲師者以此教，而爲弟子者以此學，亦可以養正而爲作聖之基矣。

論日省敬怠。君子莊敬日强，安肆日偷。小學不由乎敬，則無以涵養本原，而謹灑掃、應對之節，與詩、書、六藝之教。大學不由乎敬，則無以開發聰明，進德修業，而致明德新民之功。「敬」之一字，聖學之所以成始而成終者也。有內敬主一，無適是也。有外敬整齊，嚴肅是也。有靜時之敬，戒慎不覩，恐懼不聞是也。有動時之敬，喜怒哀樂，發皆中節是也。有一日之敬，終日乾乾，夕惕若是也。有一息之敬，終食之間不違仁是也。有統體之敬，欽明恭己，聖敬日躋，緝熙敬止是也。有物物之敬，足容重，手容恭，非禮勿視聽，非禮勿言動是也。先儒曰：「敬勝百邪。」入小學者，一日之中，時時若父母之訓誨，師保之提撕；入大學者，一日之中，時時若上帝之汝臨，鬼神之來格，豈非所謂「一敬立，而萬善從之」者乎！故寧有善而未必敬者矣，未有敬而不善者也。學者誠由是而用力焉，則庶乎近道矣。

論日省善過。君子敬以直內，義以方外，遷善改過，此君子集義之學也。顏子，得一善則拳拳服膺，有不善未嘗不知，知之未嘗復行，所以爲聖人之亞。子路，人告之以有過則喜，所以爲百世之師。古之聖賢，下學而上達，未有不從事於遷善改過者也。或曰：「儒者分卑而力微，無善可爲，無過可紀，奈何？」曰：「人之爲善，非必有所矯揉造作而爲之也。善過無他，是非而已。但於一動一靜之間，存心察之，何者爲是，是即爲善；何者爲非，非即爲過，則善過將有不可勝道者矣。況天下之理，無有介於善不善之間，一出乎善，即入於過，而又何善之無可爲，何過之無可紀哉！然善過一也，有似重而實輕，似輕而實重者。有本爲善，而有爲而爲，反可爲過；有本爲過，而觀過知仁，反可爲善者。即此便可窮理，便可精義。此存乎吾心之權衡，臨事之裁斷，能用力於此者當知之。」

附録

先生以天下多故，講求經濟。凡天文、地理、兵農、禮樂，旁及奇門六壬之書，無不研究。時時橫槊舞劍，精於技擊，以習爲有用之具。太倉州志。

以全史浩繁，編爲四大部，以政、事、人、文别之。政部分曹，事部分代，人部分類，文部分體。手書巨帙各數十，略能背誦。先正事略。

初與桴亭同行袁了凡功過格，既而知其與程、朱之道尚隔一層，乃别商定進德修業之法。自崇禎丁丑爲始行之後，撰聖學入門書，即本於是。年譜。

先生以經世自任，嘗論理財曰：「管子富國之法，大約籠山澤之利，採輕重之權，在上不在下，使富商大賈無所牟利。桑、孔之徒師其意，以爲均輸平準之法，而不知其合變，何也？管子，霸道也，可施之一國，不可施之天下。苟利吾國，鄰國雖害，不恤也。爲天下則不然，此有餘，彼不足，不足者，亦王土也；此享其利，彼受其弊，弊者，亦王民也。故桑、孔用之漢而耗，王、吕用之宋而亡。」其論申、韓曰：「申、韓刑名之學，刑者形也，其法在審合形名，故曰：『不知其名，復修其形，形名參同，用其所生。』又曰：『君採其名，臣效其形，形名參同，上下和調。』蓋循名責實之謂。今直以爲刑法之刑，過矣！」先正事略。

唐鏡海曰：「先生語語切近，處處鞭辟近裏，不襲明季講學家窠臼，故婁東之學，特爲篤實云。」學案小識。

盛先生敬

盛敬字聖傳，號寒溪，太倉人。明諸生。長桴亭一歲，年十五即與同學，凡三年。遭家難遠徙。後歸復與桴亭及陳確庵、江藥園同講學，經史百家，罔勿根究。矢志存誠主敬之學，退而各有日録，互相糾勉。桴亭思辨録皆出隨筆紀述，先生與藥園爲分類纂輯焉。厭薄聲華，不事舉子業。明亡後，教授寒溪上，以成就後學爲事。平生孝友，居喪三年，不飲酒食肉。有弟，遇之無禮，終始怡怡。所自著有讀史彙考、形勝要略、續高士傳、成仁譜、寒溪集。門人私謚貞介先生。參先正事略、太倉州志。

江先生士韶

江士韶字虞九，號藥園，太倉人。明諸生。學以桴亭爲歸。助輯思辨録，爲之序，略曰：「自朱子以後，羣言淆亂，莫知折衷。其溺於詞章，牽於訓詁者，無論已。自禪學盛，而二氏標榜，於是異學與正學爭。自心宗盛，而三教合一，於是儒者與儒者爭。浸淫至於末季，所推儒門巨擘，大約爲異端立赤幟耳。或樹敵門外，或操戈室中，其指似異，其害同也。桴亭之爲是書，爲衛道計耳。」同時理學諸儒多著述，先生以爲，三代聖賢之旨，盡於昔儒之論説，惟在躬行而已。晚年取平生所作，聚而焚之，故無所傳於後云。參史傳、太倉州志。

王先生育

王育字子春，號石隱，太倉人。家貧好學，少爲醫。與桴亭友，講肄有得。著有易説、尚書説、詩説、祫祀宗會禮、説文論正、斯友堂日記、詩文鈔。陸清獻見説文論正，稱其致力最深，能成一家言。參太倉州志、三魚堂筆記。

郁先生法

郁法字儀臣，太倉人。明諸生。聞桴亭、確庵諸人講程、朱之學，慨然慕之。家有樓曰靜觀，迎州學官文介石講論其中，會者常數十人。學期經世，著有商史及思治録二書。以治本在學校，人才風俗胥繫，於是貽書桴亭，欲準今酌古，使學宫之講習，即備朝廷六部之職業；師門之授受，即爲鄉國五教之儀型。桴亭深契之。同時相從講學者，有曹煒、曹鈖、錢墀、夏有光、王發祥之屬，皆同州人。煒字暉吉，鈖字尊素，墀字人衷，佐桴亭輯儒宗理要，著有四書講義、日省録、夜游集。有光字玉汝，武舉，從史可法軍，揚州破後歸。確庵稱其講論精切。發祥字登善，順治十二年進士，官至湖北提學，著有研園集。參太倉州志、桴亭遺書論學酬答。

文先生祖堯

文祖堯字心傳，號介石，呈貢人。崇禎中，以明經官太倉州學正。在任十餘年，能舉師儒之職，頒諸生爲學日程，以聖賢之道相勖勉。鼎革棄官，居僧舍，與桴亭、確庵諸人講學不輟，推爲祭酒。久之始歸滇，道卒，門人私謚曰貞道先生，建祠學宫。參太倉州志。

陸先生元輔

陸元輔字翼王，嘉定人。黄陶庵弟子。博文樸行，家多藏書。陸清獻官嘉定，每借閲罕見之本。與桴亭論道，桴亭稱其邃於理學。婁水之間，並稱二陸。參三魚堂筆記、桴亭文集。

吴先生素貴

吴素貴字白耳，如皋人。明諸生。與桴亭先後受經於趙樽鉋之門。初未識面，聞聲相慕，具書迎桴亭渡江講學。未往，録思辨録數十條貽之，先生具爲條對。尋攜二子來訪，桴亭贈序一篇，稱其「内以格致誠正之功治其心，外以五經、六藝之學教其子弟」。確庵亦時與書札，往復論學，勉以反躬實踐。蓋以先生有大志，喜交游，慮其涉明末結社標榜之習也。參桴亭年譜、文集論學酬答、安道年譜。

顧先生炎武

別爲亭林學案。

歸先生莊

別見亭林學案。

高先生世泰

別爲梁溪二高學案。

惲先生日初

別見梁溪二高學案。

蔡先生所性

蔡所性字仲全，武進人。通五經，不干進。讀二十一史，兩年而畢。天文、曆數、律吕、洪範、皇極、壬奇之學，不由師傳而悟。喜觀先儒語録，與同邑馬一庵、升書研理學。訪桴亭於婁東，婁東諸賢皆傾歎。歸以絶學自任，聚友講五經同異，一時人士樂與之游。桴亭謂「其性情作用似邵康節；其讀易書難，讀難書易，又似蔡西山」云。參桴亭文集。

馬先生負圖

馬負圖字伯河，號一庵，武進人。明諸生。鼎革棄舉業，奉母避居滆湖西，業醫以養。與族弟拔萃共砥學有成。學以朱子爲宗，兼通象數。著有傳道篇、知非録、戊申劄記、律吕解、候氣説、開方密率法、皇極經世説。參武陽合志。

楊先生世求

楊世求字爾京，武進人。著有象緯訂、象緯考、律吕解、詩經正始。又輯地理書。桴亭講學常州，主其家，共究天人體用之學。參武陽合志、桴亭文集。

徐先生世沐

徐世沐字爾瀚，號青牧，江陰人。諸生。少孤力學，篤信朱子，切己反求，務歸下學實踐。獲交桴亭及無錫高彙旃、武進馬一庵，往來論學。李二曲南來，與之深談。二曲曰：「子學篤而行未廣。」則答曰：「先生行高而學不醇。」其不苟同如是。所著四子諸經之説，統名曰惜陰録。其大旨以爲，聖賢之學，隨知隨行。若知而不行，雖讀盡十三經、二十一史，徒敝精神，其光陰可惜也。游京師，見知於安溪李文貞公、當湖陸清獻公。陸公録其四書中精要語爲之跋，後推挹甚至。卒年八十三，召其老友陳克艱與訣，遺命勿作佛事。克艱亦從桴亭游。參雷翠庭撰傳。

附録

陸稼書曰：「徐子深痛舉業之驅人入鄙，欲學者從事於聖賢之道而勿務空知。其旨與曾子之尊聞行知、董生之正誼明道相爲表裏，豈非喫緊爲人者歟？」學案小識。

雷翠庭曰：「儒者於學術異同，非模棱兩可，則有爭氣焉。先生無是也。斯其爲篤信好學者歟！」同上。

清儒學案卷五

楊園學案

楊園自言爲學次第，初自陽明入，後乃專宗程、朱。游蕺山之門，著籍爲弟子，而宗尚實不同，故有粹言之輯，然推崇靡間，言必稱先師。與語水交密，而闇然不與同聲氣；三魚近在鄉里，并未謀面。特立獨行，明粹誠篤，有序有物，其言殆兼之。述楊園學案。

張先生履祥

張履祥字考夫，號念芝，桐鄉人，居楊園，學者稱楊園先生。九歲而孤，甫冠又遭大父及母喪，刻苦勵學。崇禎間，復社方興，各立門户，先生慨然曰：「東南壇坫，西北干戈，其亂一也。」補諸生。以鄉試至杭州見黄石齋，石齋戒毋近名。先生與同里顔統、錢寅，海鹽吴蕃昌等，以文行相砥勗。甲申，與寅至山陰謁劉念臺，遂受業焉。旋聞京師變，縞素不食，攜書笈步歸，時先生年三十四矣。自後棄諸生，隱居教授。先生學初自陽明入，後讀小學、近思録有得，悟其失。及謁念臺歸，肆力於程、朱之書，覺念臺所爲人譜，於程、朱猶有出入，乃輯劉子粹言，於師門有補救之力。晚評陽明傳習録，條分縷析，詳揭陽儒陰釋之弊，絶不稍假借。懲講學標榜之習，來學之士，於授讀外，未嘗納拜，一以友道處之。嘗言：「貧士不免飢寒，宜以教學爲先務。凡人只有養德養身二事，教學則開卷有益，可以養德；通功易事，可以養身。」門人請業，必令讀小學、近思録及顔氏家訓。又令各書白鹿洞規揭於座右，並與講吕氏鄉約。所著願學記有云：「祖述孔、孟，憲章程、朱。」初學備忘有云：「志存西銘，行準中庸。」乃自道其爲學之宗旨也。亦重研求經濟，每令門人讀唐陸宣公、宋李忠定公奏議。耕田十餘畝，草履箬笠，提筐佐饁，播種收穫，在館必歸，躬親督課。嘗曰：「人須有恒業。無恒業者，始於喪心，終於喪身。」許魯齋謂：「儒者以治生爲急，治生尤以稼穡爲先，能勤稼穡則無求於人，無求於人則能立廉恥。知稼穡之艱難則不妄求於人，不妄求於人則能興禮讓。廉恥立，禮讓興，而人心可正，世道可隆矣。」先生踐履篤實，學術純正，大要以爲仁爲本，以修己爲務，而以中庸爲歸。康熙十三年卒，年六十四。著有願學記、讀易筆記、讀史偶記、言行見聞録、經正録、初學備忘、近古録、訓子語、補農書、喪葬雜録、訓門人語及文集。同治十年，從祀文廟。參史傳、楊園遺書。

備忘録

大學言心不言性，故序文言性，中庸言性不言心，故序文言心，朱子憂天下來世之心切矣。此意本之孟子，讀告子上篇，其義自見。釋氏離性而言心，故流於猖狂自恣；離心而言性，故至於空虛寂滅。

儒者起脚第一步，是仁以爲己任，然後精之以義，文之以禮樂，而德成行立矣。否則，雖能自好，不免爲硜硜小人也。

看築牆，深得夾持之義。聖賢教人無他，用力只是内外交養而已。夾持得不滲漏，方不走作。

三風十愆，俱以「敢有」二字發語，可知根本只一「肆」字，故程子曰：「敬勝百邪。」

讀朱子答何叔京書，言其「從容和易之意有餘，莊整齊肅之功不足。所存不主於敬，若存若亡，不自覺其舍而失之」。深有警於心。自思學之無成，正坐此患。書於座隅，常目在之，庶其有改。

人皆知作家計須苦喫苦挣，不知讀書學問與夫立身行己俱不可不苦喫苦挣。朱子謂：「孟子一生，忍飢受餓，破得『枉尺直尋』四字。」且思吾人於道理上能挣進得幾分否？動輒怨天，豈不得罪於天？尤人，豈不得罪於人？

吾人一日之間，能隨時隨事提撕警覺，便不到得汩没。當睡覺之初，則念雞鳴而起，爲善爲利之義；平旦，則念平旦之氣，好惡與人相近否？日間，則念旦晝之所爲，不至牿亡否？以至當衣則思不下帶而道存之義；臨食則念終身不違之義；及暮則思嚮晦晏息之義，以及夜以繼日，記過無憾之義。如此，則庶幾能勿忘矣乎！若其稍忘，即當自責自訟不已。

今人説到躬行，便有忽視之義，曾不思夫子猶以「躬行君子，未之有得」爲病，孟子稱堯、舜，然必曰「入則孝，出則弟」。君子能由是路，出入是門，如何輕易看得！

世儒功夫，只説求心，至於威儀容貌，言語行事，概以爲外，而不知檢點。此禪學阬阱人，皆習而不察也。有諸內，必形諸外，威儀容貌德之符，言者心之聲，行者心之跡，何往而非心者！外此而求心，空虛寂滅而已矣。一部論語，都從謹言慎行、動作威儀處言，故曰「博文約禮」，曰「無行不與」。顏子問爲仁之目，亦就視聽言動示之。聖人豈不欲人做向裏工夫者乎？何弗思之甚也？世方惑此，不鄙爲粗淺，則以爲假竊，可歎已夫！

除卻庸言庸行，更無性命之理。今見高明者既遺日用事物而別求一種學問，其稍務踐履，又不免闒茸鄙瑣，無超然之意。好朋友真不易得也！

平生高談性命，只就庸言之行、庸行之謹。有所不足，不敢不勉。有餘，不敢盡處做功夫。己不能庶幾萬一，何況其他！要之，性命之理，豈外乎此！

天地生物，於此有餘，必於彼不足，鮮得其全。生人亦然。學問之道，惟在取人之有餘，補己之不足，始無偏蔽之患。凡是矜己所長，傲人所短，由於不好學耳。

示學者：愛身，「父母惟其疾之憂。」「孰不爲守？守身，守之本也。」修身，「居處恭，執事敬，與人忠。」「仁義禮智非由外鑠我也。」力學，「發憤忘食，樂以忘憂。」「日知其所無，月無忘其所能。」親賢，「友直友諒友多聞。」「舍己從人，樂取於人以爲善。」四者事實相因。義祇存乎愛身而已，修德所以愛身也，力學所以修德也，親賢所以成學也。哀哀父母，生我劬勞，揭之座隅，常目在之。

示學者：一曰辨心術。邪正義利之類。一曰明義理。讀書窮理。一曰治性情。剛柔過不及。已上敬以直內事。一曰正容體。九容。一曰謹言語。一曰慎事爲。已上義以方外事。學者「辨心術」是始初第一事，然功夫緊要全在「明義理」、「治性情」。存養以是，省察克治亦以是。二者得，則大本已立，大本立，則動作威儀，應事接物，略加提撕檢點可已。

讀書大忌：一曰文弱。一曰懶惰。二者勤事則無之。一曰矜驕。一曰自是。二者謙讓則無之。一曰虛無。一曰飾詐。二者誠實則無之。

朱子精微，象山簡率，薛、胡謹嚴，陳、王放曠。今人多好象山，不樂朱子，於近代人物尊陳、王，而絀薛、胡，固因人情便簡率而苦精詳，樂放曠而畏謹嚴，亦緣百餘年來承陽明氣習，程、朱之書不行於世，而王、陸則家有其書，士人挾册，便已淪浹其耳目，師友之論，復錮其心思，遂以先入之言爲主，雖使閒讀程、朱，亦只本王、陸之意指，摘其長短而已，誰復能虛心篤志，求所謂窮理以致其知，踐履以敏其行者。此種習尚不能丕變，竊憂生心害事之禍未有艾也。

濂溪、明道之書，陽明也理會一過，卻只長得他一邊見識而已。伊川、考亭則有意與之爲難，故一切以己意排擊，而不必當其情實。所以深惡之者何？濂溪、明道之言寬大，儘可從他假借；伊川、考亭之言緊嚴，假借不得，所謂「罪我者，其唯春秋」也！

姚江良知二字，特其借用名目，其意只欲佐成直捷徑情之説耳。因孟子有「不學而能，不慮而知」之語，故借之作證，實未嘗服膺孟子也。

延陵同學語予曰：「先師於陽明雖瑕瑜不掩，然未嘗不深敬，而子何疾之深也？得毋同異？」予曰：「何傷乎！孔子大管仲之功，而孟子羞稱之，彼一時，此一時，道固並行而不悖也。」

人與人相依而立，所仗者忠信而已。若內不見信於家人，外不見信於邦國，雖天子不免一夫之目，故曰：「人而無信，不知其可也！」

爲學最喜是實，最忌是浮。記曰：「甘受和，白受采，忠信之人，可以學禮。」忠信只一實字，故敬曰篤敬，信曰篤信，行曰篤行，好曰篤好，無所往而不用其實也。其爲人也厚而重，君子之徒也，本於一實。其爲人也輕而薄，小人之徒也，祇有一浮。程子曰：「未有不誠而可以爲善者也。」

守本分三字，淺言之，鄉里恒人；優爲之，若推其極，雖聖人不過是也。蓋天生蒸民，莫不具性分之所固有，自天子至庶人，莫不有職分之所當爲，能盡其分，守而不失，聖人何以加「不悶」二字？其義亦深。安土樂天，不悶之謂也。遯世無悶，不知不愠，樂在其中，不悶之謂也。程子宜其亟稱之歟！

不妄爲一事，不妄交一人，不妄受一錢，其人便有身分。

一有所隨，則心知百體皆因所隨而變，正則吉，不正則凶。隨之初九曰：「官有渝，貞吉。」言始之不可不慎也。

論人不可不嚴，取人不可不恕。如夫子於臧武仲、孟公綽、冉求諸人，平日謂其要君不可爲滕、薛大夫，甚至欲爲鳴鼓之攻。至論成人，則曰知，曰不欲，曰藝，未嘗不各有所取也。想見夫子當局用人，無不如此。蓋惟論之嚴，故人得其實；取之恕，故用盡其才。聖明之主，陶鑄一代人物，只此機軸而已。

我平生特惡炫己長而彰人之短。炫己長近於無恥，彰人短近於小人不樂成人之美。

聞人之美而疑，聞人之惡而信，與人同處，見其過處，不見其是處，皆由於存心之薄，君子不如是也。

聖賢說「善」字多不下註脚，唯孟子「乃若其情，則可以爲善矣」；下文說「仁義禮智，非由外鑠我也」；「天爵」章說「仁義忠信，樂善不倦」兩處，然則所謂善者非他，仁義而已矣。今之所謂善者，吾不知之。

人言耕讀不能相兼，非也。人只坐無所事事閒蕩過日，及妄求非分營營朝夕，看得讀書是人事外事。又爲文字章句之家，窮年累歲而不得休息，故以耕爲俗末勞苦不可堪之事，患其分心。若專勤耕桑，以供賦役，給衣食，而絶妄爲，以其餘閒讀書修身，儘優游也。農功有時，多則半年，諺曰：「農夫半年閒。」况此半年之中，一月未嘗無幾日之暇，一日未嘗無幾刻之息，以是開卷誦習，講求義理，不已多乎！竊謂心逸日休，誠莫過此。

季心亟稱許魯齋「學者以治生爲急」之語，謂：「後世學者，不可不知此義。或者乃以謀道不謀食爲疑。貧士無田，不仕無禄，復欲諱言治生以爲謀道，是必蚓而充其操者也。」特爲録出，以告同志，以見古之人有言之者。

願學記

克己者，克其有物之己也。引於外者爲聲色貨利，據於中者爲意必固我，皆足害其心之本。然自非痛加懲艾，有以拔其本而窒其源，則日用之間，不能使之無緣，所居所習而長其爲心害，蓋有不可勝言者。然從末流而治之，則又有破屋禦寇之患。是唯主敬以直其内，徙義以方其外，「君子終日乾乾，夕惕若」，凡以此也。

存心者，存其固有之良心也。其端爲惻隱、羞惡、辭讓、是非，其事爲君臣、父子、昆弟、夫婦、朋友，自灑掃、應對、進退，以至位天地、育萬物，無非是也。放此之謂放其心而不知求，失此之謂失其本心，至於梏之反覆，不足以事父母，不足以保妻子，其違禽獸不遠矣！「君子終日乾乾，夕惕若」，惟此功夫最爲喫緊。

人之一身，百凡動止，皆有心爲之。惟呼吸無心爲之。無心而自然者，天地之功用；有心而後然者，聖人之德業。

德之盛者，才華必斂。草木花大則實不蕃。五穀花最細，「實穎實栗」，千斯倉，萬斯箱，人非此不養，俗非此不阜。百果草木，孰有尊於是否？物理亦自如此。

訓子語

凡做人須有寬和之氣，處家不論貧富，亦須有寬和之氣，此是陽春景象，百物由以生長，所謂天地之盛德氣也。若一向刻急煩細，雖所執未爲不是，不免秋殺氣象，百物隨以彫殞。感召之理有然，天道人事常相依也。刻急煩細與整齊嚴肅不同，整齊嚴肅是就紀綱名分而言，凡尊卑、大小、親疏、内外，截然不可假易是也。正如四時寒暑，節序各殊，而元氣未嘗不流行於其間也。

大凡人之心想多只向好底一邊，希望至於老死不已。貧想富，賤想貴，勞想逸，苦想樂，轉轉憧憧，無所紀極。且思天下豈有人人富貴逸樂之理？亦豈有在〔一〕我盡受富貴逸樂，在人盡受貧賤勞苦之理？妄想如此，是以分内不思省，宜其禍患猝來不意也。天地間，人各有分内當修之業。當修不修，缺失不知幾何。念及分内所缺所失，自不得不憂，自不得不懼。知憂知懼，尚何敢肆意恣行，以取禍敗！故曰：「君子安而不忘危，治而不忘亂，存而不忘亡。」此心自幼至老，何可一日不慄慄持之乎！

人心不仁之機日長一日，世上不仁之事代多一代，富不如貧，貴不如賤，非激論也。子孫苟能耕種讀書，識義理，免飢寒，使家風不替，可謂善述矣。仕禄非所當急。嗜進恣求，獨不念家族乎！

文　集

與何商隱書

承諭頭腦之説，弟陋，何足以知之。問及此，又不敢不粗舉眇聞，率爾以對。論語一書，謹言慎行爲多，不亟亟於頭腦也。顏子所述善誘之功，則曰博文約禮而已。他日所請爲仁之目，則曰非禮勿視聽言動而已。竊意此即所謂約禮之實也。博文約禮，三千之徒莫不從事於此，非獨爲顏子教也。曾子

〔一〕「有在」，原作「在有」，據訓子語乙正。

所示一貫之旨，則曰忠恕而已。子思，受曾子之學者也，中庸所述，與論語曾子言如合符節，故曰忠恕違道不遠。孟子，傳子思之學者也，其言曰「居仁由義」，曰「求放心」。其曰「持其志無暴其氣」者，即「求放心」之謂也。「求放心」，則中庸「戒慎恐懼」之謂，而論語「日省其身」，「如臨深淵，如履薄冰」之旨也。「仁義」二字，論語未嘗並舉。見於易傳則有曰：「立人之道，曰仁與義。」見於中庸則曰：「仁者人也，親親爲大；義者宜也，尊賢爲大。」則亦夫子之言也。至云「反身而誠，樂莫大焉；强恕而行，求仁莫近」，則與曾子、子思先後一轍矣。三代而下，在濂溪則曰「主靜立人極」，在關中則曰「知禮成性」，在程門則曰「敬義夾持」，曰「存心致知」，曰「理一而分殊」，在朱子則曰「居敬窮理」。要而論之，豈有異哉！居敬所以存心也，窮理所以致知也。惟居敬故能直其內，惟窮理故能方其外，惟内之直故能立天下之大本，惟外之方故能行天下之達道。然居敬窮理，又非截然有兩種功夫也。博學審問，慎思明辨，是爲窮理。其不敢苟且以從事，或勤始而怠終，及參以二三，即爲居敬，故又曰「學者用功當在分殊上」。其曰「知禮成性」，即約之以禮之謂。親親之殺，尊賢之等，皆天理也，故曰「禮所生也」。三百三千，皆所從出也，所謂分殊也。其曰「主靜立極」者，定之以中正仁義而已。仁義而不軌於中正，則仁之或流於兼愛，義之或流於爲我，而人極不立矣。禮以敬爲本，敬則自無非僻之干，人欲退而天理還矣。欲退理還，則終日言言其所當言，終日行行其所無事而靜矣，故又曰「無欲故靜」。然則茂叔、子厚雖不言主敬，而敬在其中矣。由是而上質之鄒、魯，豈不同條而共貫哉！象山教人以擴充四端，以孩提知愛，稍長知敬，爲人皆堯、舜。學者先立乎其大，則小者不能奪，未嘗非孟子之指。但孟子之言心，有等有殺之心也，故曰「老吾老，以及人之老，幼吾幼，以及人之幼」，恩及禽獸，功不至百姓，以爲失權度之甚。又曰「聖人，人倫之至」，「遵先王之法而過者，未之有也」。象山信其心知，而謂本四端以行，即堯、舜所行不過是。夫惻隱而無權度，則其弊恒至摩頂放踵而爲之；羞惡而無權度，則其弊恒至拔一毛而不爲，故窮理爲要也。苟理明而義精，則或出或處，或默或語，皆將合乎規矩方員之至，而時措之宜矣。象山黜窮理爲非是，欲舍規矩而自爲方員也，正使離婁、公輸子復生，有難任其目力者矣！知其理之一，而不知其分之殊，所由流入於二氏，而其勢不可以止也。若下此以佛老之真，剽吾儒之似，以文其奸言，遂其無忌憚者，又無論已。近世學者，祖尚其説，以爲捷徑。稍及格物窮理，則謂之支離煩碎。夫惡支離則好直捷，厭煩碎則樂徑省，是以禮教淩夷，邪淫日熾，而天下之禍不可勝言。記曰：「直情而徑行者，戎、翟之道也。」世儒動稱孟子，直捷簡易。夫動容周旋中禮者，盛德之至，義路也，禮門也，君子能由是路，出入是門，非孟子之言乎？抑何不思之甚也？然則吾人學問，舍「居仁由義」四字，更無所謂學問。吾人功夫，舍「居敬窮理」四字，更無所謂功夫。凡先儒之言，若志伊尹之所志，學顏淵之所學；若爲天地立心，爲生民立命；若以興起斯文爲己任，種種道術，舉不外是矣。夫居敬窮理之方，朱子以其躬行心得者，諄復言之至詳至備矣。吾人遵而守之，日夕從事於此，則亦可以有獲矣。入門而升堂，而入室，循之其有階，導之其有相也，或者信之不篤，不免徙倚於歧途；志之不勇，不免徘徊於方軌，以至日暮途遠，進退失據耳。今日朋儕中，攸好之深，矢志之果，如仁兄者，蓋已不多矣。生平所致力於六行之修者，豈非仁義之事！其事之克修，豈非本於仁義之心哉！本仁義之心，以力行仁義之事，所以立人之道者，豈有他哉！而更欲頭腦之是求，古人騎驢覓驢之喻，是之謂矣。特患居敬之不熟，則有或得或失之憂；窮理之未精，則有或然或不然之慮。要亦無他道也，有不熟，則勉進於熟而已；有未精，則勉求其精而已。易曰：「三人行則損一人，一人行則得其友，言致一也。」九州萬國而統於一王，千流萬派而歸於一海，千紅萬紫而合於一太極，故曰「禮儀三百，威儀三千」，無一而非仁也。仁，人心也；義，人路也。源深則流長，根凝則實茂，清明在躬，則志氣如神，平日功夫，惟在涵養其本原，以爲制事酧物之主。朋友講習，養也；獨居思索，亦養也。讀書考究，養也；飲食動作，亦養也。念茲在茲，釋茲在茲，如伏雌之抱卵；其事不舍，其進不鋭，如日月之貞恒；修其疆畔，時其耔耘，如農夫之力穡，而後可致其精也，而後可幾於熟也。必若先儒云「滿腔子皆惻隱之心，盎然若太和元氣之流行於天地間」，必若先儒云「惟我之權度精而不差，截然如萬物之各正其性命」，子思所云「擇善固執」，孟子所云「深造自得」，其或以此也歟？夫學問者，將以盡性命之理也。苟不本於天之所賦，物之所受，非學問之正也，安可使之有兩截乎！事物者，身心之準則也。苟事至物來，而處之不當其分，正身心之病也，安可視之爲兩途乎！自世儒以在物爲理、處物爲義之言爲不然，而體用内外始判而二之矣。自世儒不明於動静不失其時之義，而以墮黜聰明爲静；不明於心存斯是敬之義，而但以嚴威儼恪爲敬，而人倫庶物之外，若别有一種學問矣。夫事物之不能不日至者，勢也。迎之，非也；拒之，亦非也。以其皆不免於自私而用智也，非順應之道也。無事則讀書，讀書者，所以維持此心，而不使其或怠也，非以務博也。默坐則思索，思索者，所以檢點此身，而不使其有闕也，非以耽寂也。事至則泛應，泛應者，所以推行天理於事事物物，而不使其有過有不及也，非以外馳也。無衆寡，無大小，無敢慢則一矣。無有事無事，無有人無人，無敢慢則一矣。一則窮通一矣，夭壽亦一矣，死生亦一矣。然則仁兄所憂心之粗而氣之昏者，或恐不一之故，未必皆不能讀書之故也。上蔡誦史，不遺一字，程子責其玩物喪志，上蔡面赤。程子曰：「此即是惻隱之心。」由是思之，讀書只工夫之一種，非不能讀書便無工夫也。惟讀書爲得益之易，故以爲先務耳。然即讀書而論，亦不可不一矣。耳目一，則心志專，而義理純熟；雜則意分而氣散，即日力亦有所不給矣。夫數學至康節非小道也，程、朱已能得其概，然不以學而竟忘之，曰：「吾所知者，惠迪從逆而已。」吾人聰明不逮古人甚遠，約之使歸於一，猶懼不克遂其初志，況敢旁搜而遐覽乎！夫孟子之言暴其氣者，非獨應事酹物、言語動作之間，與夫喜怒哀樂之感也。書亦一物也，讀之亦一事也。物至而人化物，滅天理而窮人欲，惟讀書亦有之，故敬之道不可須臾舍也。顔子惟敬之純熟，故有不善未嘗不知，知之未嘗復行。孟子之睟面盎背，「四體不言而喻」，此物此志也。

答屠子高書

日承下問格物之義，竊詳來教，非由經文本有可疑，或者我兄平日於「物」之一字，未之體當親切，故有推而遠之之疑也。吾人自有生以來，本無一刻不與物接，大而君臣父子，小而事物微細，無非物也。則無非我性分之所固有，而不可辭者，故曰萬物皆備於我。有是物，即有是物當然之理。惟聖人爲能先知先覺，而於人倫庶物，莫不各副其當然之則。下此即不免仁者謂仁，知者謂知，百姓則日用而不知，而一身之喜怒哀樂，與夫視聽言動，無往而得當其可矣。是以學者始事在即物以窮其理，窮一物則知一物，窮物物則知物物，馴積漸致，以至於無所不知，而吾德之明者，始無不明矣。正如火之德本明，而非麗乎物，則亦何以見其光哉！近代釋氏之說，亂於吾儒之書，於凡人倫庶物，一切視之爲外，遂離物而求其所爲。惺惺者，昭昭者，雖其清淨寂滅之餘，胸中不無所見，然未有不陷於一偏，舉此遺彼，而於大中至正之矩，終以有乖也。今且以中庸之義通之。明善者，即致知之謂也；擇善者，即格物之謂也；博學、審問、慎思、明辨四者，即格之之事也。抑非特學者舍是無所用其力也，雖孔子好古敏求，孟子深造說約，亦若是也。來教隨處體認力行，力行自屬心正後事。陽明以「爲善去惡是格物」，非也。「隨處體認天理」，甘泉嘗有是言，然不免有病。要惟程、朱之言無病耳。仁兄但本程、朱之意，於日用之事，凡身之所接，無不審察，無不研求，勿厭煩瑣，不求近功，久久熟落，當有自得之効，不覺其若冰之釋而凍之解也。廿三日之會，不審弟可不出否？舉會亦一物也，見得思義久不忘，固爲是物之理。不特此也，凡與會之人，細及期約、地所、酒饌、平色、人舟之類，無不在所當格。推之物物皆然。若有一知之不明，即有一行之不篤。竊謂吾人自始學以往，至於義精仁熟，只是格之精熟，故能知之精熟，故能行之精熟。兄虛懷好問，率其妄測之見如此。

答沈尹同書

大學、中庸二書，所以開示後學者，至詳且切矣。大學之要，在於致知誠意；中庸之要，在於明善誠身。而其求端用力之處，一則曰格物，一則曰擇善而固執之。要之，非有二也。擇善即格物之謂，知至則明乎善矣，意誠則誠乎身矣，知至意誠而德明矣，明善誠身而性盡矣。始於擇善，終於止至善，而所以齊家、治國、平天下，與夫位天地、育萬物者，舉不越乎此矣。然則吾人日用功夫，止有庸德之行，庸言之謹，内省不疚，無惡於志而已。此誠意之事也。其致知格物之事，則博學審問，慎思明辨者是也。自後儒分尊德性、道問學爲二事，而格致之説，紛若聚訟。以愚測之，亦於朱子之説或未能詳考耳。其語格物者曰，或考之事爲之著，或察之念慮之微，或求之文字之中，或索之講論之際。噫，盡之矣！今之論者，舉其一而遺其一，相誹詆，相附和，率以己意之所嚮者，主之奴之，而不虚心平志，以求夫理之至當，宜其輾轉沿習，而學術遂爲天下裂也。夫所以致知而明善者，將以誰爲乎？誠爲人也，則急急乎暴揚標異，以冀天下後世之見而聞之也，無惑也。誠爲己也，則反求之身，遯世不見知焉，可也。此大學於誠意一篇，分別君子小人而言之，而中庸於次章、素位章、末章，對舉君子小人而言之也。蓋爲己，則必闇然，必慎其獨，必居易俟命，君子所以爲中庸也。爲人，則必的然，必揜其不善而著其善，必行險僥倖，小人之所以反中庸也。外此，則行不著，習不察之人而已矣。然而夫婦之愚，本其好惡之良，多有不違於道之事。若小人之無忌憚，必至於無所不至，雖有忠孝廉節之行，斯亦巧言令色、穿窬之盜之類而已。使其著書立説，斯亦率獸食人、人將相食之類而已。吾人今日讀古人之書，被儒者之服，其於夫婦之愚不肖既已有間，若夫本於的然，而極於無忌憚，則凡賢知之過，皆將不免於此，而所當切己自省者也，所謂戒慎恐懼者也。然則舍卻下學爲己，更無學問之可言者矣，更無功夫之可事者矣。

至於上達天德，則徐以俟之而已，非可以意計懸度也。先難後獲焉，可也。董子曰：「正其誼不謀其利，明其道不計其功。」學者始初一念，若從功利起見，早已走入小人門徑矣。

答姚林友書

辱問程子主一之説，誠不足以知此。或者不二之爲一，不遷之爲主。若一心之中，天理與人欲互勝而互負，則必至於一身之間，動静不相得，言行不相符，始終不相應，常變不相準，昭昭冥冥不相合，此皆不一之端也。孔子曰：「道二，仁與不仁而已矣。」孟子曰：「何必曰利，亦有仁義而已矣。」學者於此入門，功夫辨得界限分明，從而兢兢自持，必使日用之間，存心應物，要皆出於天理，而無一毫人欲之私得而間之，方爲得其主。而食息寢興恒於斯，顛沛流離恒於斯，獨寐寤歌恒於斯，朝廷軍旅恒於斯，然後無所往而不一矣。一則誠矣。乃其慎獨之功，則即此辨之不敢不早，與夫持之不敢不兢兢者，此也。假如吾人今日讀書，一心於學問，一心於仕禄，此心固已二矣。究竟心豈有二用？一長則一消，輕重進退，勢所必至。推其欲之至極，至於違禽獸而不遠。雖有不甚遠，而天理間發，亦不過小人，揜著之心，勃然一動，而其後卒歸於似忠信，似廉潔而已。所以此種學問，決須洗心滌慮，徹底澄清，從頭做起，方有向上頭路。如鼎之初爻，顛趾出否，而後可致烹飪之用。若一向和泥帶漿，不清不楚，雖加以五味之美，徒增穢惡耳，豈得而飲食之哉！先儒有言，舉業之事，不患妨功，只患奪志。今爲諸生所望惟一舉，及一舉之後，所望又將不止於此。人情豈有極哉！蓋有潛移默奪而不知者。孟子矢人函人之辨，而云術不可不慎。充類而言，實有然者。古人所以願從志養，不欲以禄食，原其心，豈忍以一身之故，儉其親哉！出乎此者入乎彼，誠有所慎懼耳！出處之際，古人立身大業所係。揚子雲不足論。許魯齋、吴草廬皆儒林之賢傑也，後世不能無以少之。況立身未如二子，而詭言隨世，就功名多見其鄙。夫患得失之心，而與於無父無君之甚者也。然耕田釣魚、賣藥卜筮之屬，古人於此，不過借以藏身。至於修身讀書、濟世行道之懷，未嘗須臾忘也。是以天下後世，不敢以農夫市井目之。不知者，以爲養拙就閒；其知者，以爲逸民處士；君子則以爲依乎中庸，遯世不見知而不悔者也。樂則行之，憂則違之，確乎其不可拔，蓋於此也。不然，百畝之畔，十室之邑，未嘗無人，安在少此農夫市井，而愛之重之哉！

答顔孝嘉論學十二則

爲學之道，始於立志，猶射者未發矢，而志已及之。志大而大，志小而小，他日所成，無不由是。吾人須思天地生我是如何賦畀，父母生我是如何屬望，爲智爲愚，爲賢爲不肖，去取斷然，自此分明矣。此志一定，便須實做工夫，以必求其如我所志而後已。日用之間，一切外誘，凡可以奪志者，力屏絶之。如耳之於聲，目之於色，口之於味，鼻之於臭，四肢之於安佚之類，固有不知其然而浸淫入之者。惟有猛提此志，一發深省曰：「吾志如何，而以是自喪乎？」則於學也，將有欲罷不能者矣。

學必以聖賢爲師。今人以爲迂，予以爲特未之思耳。使聖賢之道而在於此身之外，迂之可也。孰非人子，孰非人臣，孰非人弟與人友？思爲人子，則求所以事其親；思爲人臣，則求所以事其君；思爲人弟與人友，則思所以事其兄與施其友。不然，尚可謂人子、人臣、人弟、人友乎？尋此說也，不至於無父、無君而禽獸不已。孟子曰：「規矩，方員之至也；聖人，人倫之至也。」然則舍聖賢其何所師哉！吾人此際既看得定，便是要見賢思齊。見賢思齊，便是要見不賢而內自省。此身在天地之間，不是上達即下達，無有中立之理。纔欲善斯可矣，便已是自暴自棄。孝經曰：「天地之性人爲貴。」又曰：「父母生之，續莫大焉。」其何忍於陷溺也！

吾人生於天地之間，當爲可有不可無之人。以一家而論，一家不可無；一鄉而論，一鄉不可無；以至一國、天下皆然。所謂「其生也榮，其死也哀」，方不負父母生我之意。今人志卑氣弱，説及此際，則以爲必非人之所能爲。噫！人特不爲耳。孟子曰：「若夫豪傑之士，雖無文王猶興。」孔子、孟子生於衰周之際，何嘗有父兄師友之成就？乃孔子祖述堯、舜，憲章文、武；孟子則願學孔子，遂爲百世之師。所謂豪傑之士無文猶興者，此也。乃孔子所以爲孔子者，不過曰：「焉不學，而亦何嘗師之有！」孟子所以爲孟子者，亦不過曰：「私淑諸人。」人苟有興起之意，而不欲以凡民自處，前言往行，可以私淑者何限；並世之賢，可以師資者無窮。乘此年富力强，奮然有爲，何患不到聖賢地位！人過三十四十，去日苦多，不免日暮途遠之憂，習染既深，又有難以自新之慮。若少年未嘗入世，即能從事於此，譬之以璞玉爲圭璋，以素絲爲文繡，於成也何有！楊子曰「睎顔亦顔徒」，要在用心剛，願賢者勉之。

凡人不可以不知勞，孟子曰：「天將降大任於是人也，必先苦其心志，勞其筋骨，餓其體膚，空乏其身，行拂亂其所爲，所以動心忍性，增益其所不能。」蓋天之於人，猶父母於子。父母於子，欲其他日克家，必須使其苦慣。若是愛以姑息，美衣甘食，所求而無不得，所欲而無不遂，養成膏粱紈袴氣體，稼穡艱難有所不知，一與之大任，必有不克負荷者矣！所以勞苦種種，正以爲動忍地也；動心忍性，所以爲大任地也。吾人生此亂世，兼以孤苦憂患之心，如何不切直！須從百苦中打鍊出一副智力，然後此身不爲無用。外可以濟天下，内可以承先人。詩曰：「夙興夜寐，毋忝爾所生。」念此，何能不中夜傍徨也。昔陶士行日運百甓，曰：「吾方致力中原，過爾優逸，恐不堪事本朝。」劉忠宣公教子讀書兼力農，曰：「習勤忘勞，習逸忘惰，吾困之，正以益之也。」此意不可不知。

讀書所以明理，明理所以適用。今人將「適用」二字看得遠了，以爲致君澤民然後謂之適用。此不然也。即如今日在親長之前便有事親長之理，處宗族之間便有處宗族之理。以至親戚朋友，鄉黨州里，無一不然；以至左右僕妾之人，亦莫不然。此際不容一處缺陷，處之當與不當，正見人實際學問。孟子曰：「君子以仁存心，以禮存心。」又曰：「愛人者，人恒愛之；敬人者，人恒敬之。」又曰：「舜爲法於天下，可傳於後世，我未免爲鄉人也，是則可憂也。」舜之横逆，直從父子兄弟之間起來，較之宗族鄉黨，其難百倍。然自瞽瞍底豫，以至格及有苗，無非愛敬之盡處，故曰：「君子必自反也，我必不仁也，必無禮也。」我必不忠，中孚格及豚魚，誠愛誠敬，豈有終不可格之理。顔淵曰：「舜何人也，予何人也。」願吾黨從事於斯。

世衰道微，民彝泯亂，邪説暴行，比比而是。吾人學問之際，擇善不可不精，信道不可不篤。擇之不精，則惑於異説而不能自知；信之不篤，則遷於彼此而不能自定，究也不免於波流而已。見之明，守之固，非天下之大知，其孰能與於斯；非天下之大勇，其孰能與於斯！

古人云：「立身一敗，萬事瓦裂。」言行之不可不慎也！年少未嘗涉事，雖有差失，長者爲之任過。至於婚冠以往，則有成人之道，當此一舉一動，名教之地，分毫得罪不得。若不將修己功夫著實用力，安常處順，幸而保全過了一生，一遇事變，便破敗出來。到得破敗時節，便高才博學，一無所濟；顯名盛勢，亦一無所濟。誠有所謂「孝子慈孫，百世不能改」者，可哀也矣！若此，皆緣平時不能好修，故至於一敗而不可捄也。子夏曰：「大德不踰閑，小德出入可也。」可者，不得已而可之之意，非謂小者竟可不顧也。百行草草，大節未有能立者，故曰不可不敬也。

人不可以無友。非不可以無友也，不可以無賢友也。君子小人竝生於天地之間，存乎人之自取而已。吾所取君子也，其過日聞，其德日進，其勢不容於不君子。吾所取小人也，其過日多，其德日損，其勢亦不容於不小人。孔子曰：「益者三友。」又曰：「汎愛衆而親仁。」又曰：「無友不如己者。」示人之意，可謂深切矣。自家人骨肉而外，無在不爲朋友交接之際，先須辨別君子小人。大都温而厚者必君子，殘而薄者必小人；嚴正者必君子，柔媚者必小人；好學者必君子，暴棄者必小人；告我以過者必君子，導我以慝者必小人。辨之既審，與君子日親，與小人日遠，其於學也，殆庶幾矣！若清濁不欲太分，必也尊賢而容衆乎！記曰：「師無當於五倫〔一〕，五倫不得弗親。」唯友亦然。

〔一〕「五倫」，禮記作「五服」。

少年血氣未定，無事不可以引其心。博弈飲酒之類，智者固有不可。至若作詩寫字，耳目玩好，以及閒雜書等，此於學者日用最近，往往不免，然亦足以喪志，不可不遠。先儒論舉業曰：「不患妨功，惟患奪志。」夫舉業，朝廷以之取士，士以之進身，尚猶苦其奪志，他可知矣。楊子雲曰：「孝子愛日。」陶士行曰：「大禹尚惜寸陰，吾人當惜分陰。」龜山先生曰：「此日不再得。」由此思之，此等不獨有所不可，亦有所不暇矣。

子曰：「性相近也，習相遠也。」「人生而靜」以上不容説，言「感物而動」以後，無日而非習矣。一世有一世之習，一方有一方之習，一鄉有一鄉之習，一家有一家之習，一人有一人之習。習之既深，所性幾乎不可復見。所恃以可見者，時時發於惻隱、羞惡、辭讓、是非。從此充而長之，便是人皆可爲堯、舜處。而其所以充長之道，全在日用之間。操存此心而無使梏亡，則自能日生日櫱，以至於暢四肢，發事業，而不容已者。若其培養此心，則讀書之力，自不能少。吾人讀風、雅便覺興感，讀春秋便欲謹嚴，讀易便思寡過。推此以論，何書不然。古人云：「非聖之書不讀。」亦所以愼其習也。

爲學只一件事，非有歧也。今人不知，爲應舉者則曰科舉之學，爲治道者則曰經濟之學，爲道德者則曰道學，爲百家言者則曰古學，窮經者則曰經學，治史者則曰史學。噫！若是歧乎？夫學一而已矣，理義之謂也，聖人先得我心之所同然也。吾唯從事於我心之所同然，修之於身則爲道德，見之於行則爲事業，發之於言則爲文章。事親從兄，此理也，此義也；敷奏以言，明試以功，此理也，此義也。中庸所謂「溥博淵泉而時出之」，孟子所謂「學問之道無他」者，此之謂也。今人所見差異，是以終日讀聖賢書，而臣弑其君者有之，子弑其父者有之，宜哉！

孝經首章曰：「身體髮膚，受之父母，不敢毁傷。」中庸十九章曰：「夫孝者，善繼人之志，善述人之事者也。」孟子之四篇亦曰：「守身，守之本也。」由此思之，此身爲父母之身，即當心父母之心，行父母之行，方可謂之養志。即欲自暴自棄，而實有所不敢，亦有所不忍矣。是以古人一出言而不敢忘父母，一舉足而不敢忘父母，懼辱先也。既有辱先之懼，則不得不出於立身行道以顯父母之一路。況吾幼失父母，有力有勞，何從而用？舍志事而外，更無可爲人子之職者。今日足下之所爲繼志而述事者，學問而已。尊君中道而逝，百事不了。其外無論，一家之勢，可謂岌岌矣。堂上二大人，在足下爲長孫；懷中三幼弟，在足下爲長兄。長孫則有子之道，長兄則有父之道。承前啟後，重大之任，全責於足下之一身。直須待二十年以後，令弟俱婚冠成立，然後事勢可定。若二十年以內，風雨漂搖之懼，何日能忘！此僕每與胡先生私論及此，未嘗不爲之流涕也。若足下果能力學，則亦無難，老者可安，幼者可教，以至門内之不和者可以致其和，外侮之窺伺者可以寢其侮。家業不厚，何以爲撙節之方？世務未達，何以爲通顯之道？種種處置，總不可以無學。至於古人所云：「風雨不動安如山，方見負荷之力。」況自此而外，尚有無窮之志，無窮之事，僕前所云動心忍性，生於憂患，蓋以此也。孟子曰：「若曾子，可謂養志矣。」乃其言曰：「士不可以不宏毅。」又曰：「戰戰兢兢，如臨深淵，如履薄冰。」有冰淵之心，而後可爲宏毅之學；有宏毅之學，而後可以守身，可爲繼述，可謂不毁傷也矣！

附録

先生五齡，父九芝先生授以孝經，即能辨音切。九齡，九芝先生没，居喪哀毁如成人。大父晦庵先生，乃就鑪鎮設小肆謀薪水。母沈孺人佐以紡績，撫二孤，嘗教先生曰：「孔、孟兩家亦是無父兒，只因有志向上，便做到大聖大賢，汝其勉之！」先生事大父及母至孝。年二十，遭大父喪；年二十一，遭母喪，一遵朱子家禮。後遇父母忌日，輒素服居外寢，不飲酒食肉，終身如一日。以下並楊園遺書。

案：世傳先生生時，父夢金仁山來，故以命名。先生記先世遺事，舉九芝先生語，但云「異日欲其學金仁山」，不及夢兆，今從之。

先生初就傅，師餘姚孫台衡、同縣陸時雍、諸董威。年十五，補諸生，師傅光日。光日字明叔，深於易，主同縣顏統家，先生就其塾受業。既而光日謂統曰：「汝與張子相友足矣。」遂不復詣塾。台衡晚遘亂，道梗不得歸，居先生家，久之，病卒。先生招其子至，竭力助之，以其喪還葬。時雍工詩文，尚氣節，先生爲之傳。董威孝於親，嘗舉馬援教兄子書勖諸生，以立身醇謹爲本。光日嘗曰：「心愈用愈細，愈細愈明。」先生採入言行見聞録。

先生家貧，出客授，初館顏統家四年。自後館甑山錢飛雪家四年，從學者衆，每夜更三四番輪侍，先生往往達旦不寢。館菱湖丁友聲家二年。友聲家富，值歲飢，先生勸令賑卹。館苕溪吴子琦家一年。復館甑山錢氏二年。館鑪鎮族兄彬家一年。復館統家四年，教其子鼎受等。僦居鑪鎮，教授四年，令兄子嗣九從學。又館甑山錢氏一年。館澉浦吳氏一年，有澉湖塾約，遵大學條目以爲法程。館郡中徐氏一年。館半邏錢氏八年，作遺安堂日課，曰讀書、寫字、記小學，並令習定省、應對、進退之儀。館語水吕氏二年，作東莊約語。先生年逾六十，何汝霖、吕留良以先生老，不當勞其課讀，各具脩俸，請先生往來講論，住留任便。先生謂：「教學爲士之恒業。」鼎革後，棄諸生，不赴試，蓋終其身於此云。

先生取友至嚴，交顔統最早，亦最篤。東南文社方盛，各主門户，統語先生毋濫赴。先生與統、寅，及同縣丘瞻、錢本一，嘉興屠爌、王庭、李明嶅，海鹽吳蕃昌，海寧朱一是，以文行相砥。後又交海寧祝淵、同縣丘雲、烏程淩克貞、海鹽吳謙牧、何汝霖、秀水吕璜、嘉興屠安道、歸安沈磊、吳江王錫闡。後又得吳江張嘉玲。姚瑚、姚璉兄弟皆執弟子禮，而先生以友待之。延瑚教子。既復命子維恭學於錫闡，學於嘉玲。先生晚主吕留良家，書中屢稱道及之，蓋亦講學之友也。

先生少得龍谿集，聞陽明良知之説，又讀白沙、敬軒諸書，有志於聖賢。崇禎八年，先生年二十五，朝命以小學頒學宫，先生始得讀之。又求得近思録，乃覺陽明驕矜無實，改宗程、朱。年二十九，始録願學記。年三十，作喪祭雜説。年三十三，輯經正録。年三十四，始記言行見聞録。年三十六，有讀易筆記。年三十七，輯農書。年三十九，先生自言：「向雖知程、朱爲正，畢竟於司馬温公、劉元城集著力。」自是始一意讀程、朱書。年四十一，作初學備忘。年四十八，補農書。年四十九，作近鑑。年五十，始記備忘。年五十五，作訓子語。年五十七，輯近古録。年六十二，批傳習録。先生欲取朱子文集、語類，擇其最切要精粹者，編朱子近思録。又以有明理學如曹、薛、吳、胡四君子可繼濂、洛、關、閩，擬輯四子近思録。朱子文集、語類已卒業而未編定,薛、胡兩家書亦已卒業而未及曹、吴兩家,皆不獲成書。

先生初冠時,士大夫服飾詭異,巾低至數寸,袖廣或覆地,狹不盈尺。先生倣深衣遺意,袂尺有二寸,冠守舊製。或謂:「何必以衣冠自異?」先生曰:「我何嘗異,人自異耳!」生平雖盛暑必衣冠危坐,未嘗稍有怠肆之容。若有勞役,去上衣,著最麤麻布衫帽與襪,雖甚勞甚暑不去。居常几上止置書一册,不雜陳披覽。稍倦,則拱手默坐,或徐步。課農桑蔬果花藥,恒手自料理。舟過先人墓,必於舟中正立深揖,遠數十步始坐。喪禮尤詳慎卑幼。緦功必素衣冠,終其日數,赴几筵釋之。

先生晚年寫寒風佇立圖,自題云:「行己欲清,恒入於濁;求道欲勇,恒病於怯。噫!君之初志,豈不曰古之人,古之人!老斯至矣,仿佛乎何代之民?」

淩渝安曰:「先生於學絶道晦之日,獨明心性之故,而修身力行,以踐其實。其於是非真僞之際,辨之明而守之篤。」

何商隱曰:「先生懿德醇諳,一生授學,默默以忠信篤敬孚於人,絶不事口耳佔畢。言論旨趣之見於筆墨者,一一從身心日用間體驗。天理民彝,以爲立身應事、自淑淑人之準,非辭章訓詁家所能窺見其一二者。故不厭知希切切,懼鄰於表暴,真實學也。」

陳榕門曰:「楊園先生學術純正,踐履篤實,伏處衡茅,係懷民物,立論不尚過高,惟以近裏著己爲主。敦倫理,存心地,親師友,崇禮讓,一篇之中三致意焉。讀其遺集,不能不想慕其人,而歎其未見諸施行也。」

雷翠庭曰：「楊園先生接薛、胡之學脈，契濂、洛之心傳，實先陸清獻公而真知允蹈者。」

唐鏡海曰：「楊園窮理居敬，宗法考亭，知行並進，内外夾持，無一念非學問，無一事非學問。蓋所謂言有教，動有則，晝有爲，宵有得，瞬有存，息有養者是也。」國朝學案小識。

楊園弟子

張先生嘉玲

張嘉玲字佩葱，吴江人。諸生。少有才藻，與兄進士嘉琜齊名。執父喪一遵古禮。嘉琜卒，并先世八喪，力營葬。楊園過烏鎮，聞而謁之，介淩渝安來謁。以喪禮十六事相質，請爲弟子。楊園嘗稱其「進德剛而求志敏，後來所至未可量」，期以擔荷斯道。先生性剛，赴鄉試，見士子入闈搜檢之嚴，曰：「吾不能受此辱。」遂去，終身不應試。吕晚村負聲譽，頫視一切，先生贈詩有「莫教題識是，南陽及郤怪，羊、裘尚博名」之句，蓋砭之也。卒年僅三十有四，私謚安孝先生。弟嘉瑾，亦以孝友稱。以下並參楊園淵源録。

姚先生瑚

姚瑚字攻玉，號鼇庵，吴江人。布衣。介王錫闡問學於楊園，楊園稱其清苦嚴毅。又曰：「攻玉耽於静坐，病在厭動求静。白沙主静者，其詩曰：『廊廟山林俱有事，吾人隱居求志正。』爲時未見用，然守先待後，經綸素具，亦無一事可略。」著困學編。讀通書，參以元會運世之説，旨在使人知天命之大原，而約之以誠敬，由人合天，以復其性。晚益貧，栖老梅下，日昃不舉火，恬如也。弟璉字四夏，同事楊園。佐選朱子文集、語類，擬續近思録未成。楊園殁，纂輯遺書。

顔先生鼎受

顔鼎受字孝嘉，桐鄉人。諸生。父統，爲楊園執友，孝嘉及弟鼎孚、鼎爵同受業。少負異才，通諸經。游湖南，遇吴三桂兵至。聞其名，欲召爲五經博士。逃入衡山，易服爲道士。事定得歸。奉後母至孝。楊園集中有與論學十二則。姚夏字大也，石門人。幼受業於楊園。楊園少孤，讀書於甑山錢氏，大也之外家也。其外祖母待楊園有恩，復授大也學，不受脩贄，以報之。楊園卒，創輯年譜。俞周煒字恭藻，秀水人；吴曰夔字汝典，海鹽人，亦同受學。曰夔著有物表亭集。

案：楊園徵講學標榜之風，深自謙抑，請業奉教者不絶於門。受贄著籍，寥寥無幾，可載者，僅此數人而已。

楊園交游

顏先生統

顏統字士鳳，桐鄉人。讀書過目成誦，重然諾，見人過不相容。論古今得失，亹亹見本末。楊園兄事之，嘗曰：「交士鳳，方知流俗之卑污，不失足於周鍾、張溥之門者，皆其力也。」勸楊園謁劉蕺山，從之。及卒，楊園經其喪，藏其遺文。子鼎受等皆從受業。以下並參楊園淵源録。

錢先生寅

錢寅字字虎，桐鄉人。幼孤，自總角與楊園同學，雅自期負。及長，同造山陰，受業於蕺山之門。蕺山稱其質近自然，自是操履益謹，世亂而不廢學。楊園嘗持論謂：「吾不負人，人甯負吾。」先生曰：「不可。是處己以厚，而薄待天下之人也。我不負人，亦不欲天下人負我。」各以所言質於蕺山，蕺山曰：「張子之言近於責己，然不逆詐，不億，不信，而不能先覺，終於本體有受蔽處。成己，仁也；成物，智也，不至人、己兩所無負，未善也。錢子之言近於厚，然不欲天下人負我，而不求其何以不負，終成虛見，亦未有以得其不負之實也。在邦無怨，在家無怨，上面工夫煞是喫緊，煞是滿足，非可以議論承當也。」

祝先生淵

祝淵字開美，海寧人。明舉人。篤志於學，嘗病中痛氣質之偏，克治不力，列目自警，有犯輒長跪自責。聞蕺山以直言被譴，上書申論，被逮。楊園偕錢字虎送之吴門。尋解，請見蕺山，執弟子禮。蕺山責之曰：「爲名乎？爲利乎？」先生悚然。及乙酉，蕺山將就義，復往山陰見之。臨别，蕺山問曰：「今歸將何如？」對曰：「得正而斃，斯已矣。」蕺山殉國後，先生亦死之。楊園會其喪，輓以詩曰：「師門問學吾徒共，七尺全歸志獨深。猶意姑蘇終夜雪，相期不負季通心。」

劉先生汋

别見南雷學案。

淩先生克貞

淩克貞字渝安，烏程人。與楊園交最篤，嘗言：「父子兄弟安得人人大中、明道、伊川，夫婦安得人人伯鸞、德曜，大概中人之性爲多，要在處之得其道，則天倫厚矣。」見友不事課授即不樂，曰：「此貧士恒業，仰事俯畜，資於子弟，猶不失義。所授者聖賢之書，所講明者詩、書之理，可以修身，可以及人，奈何舍此不爲。」楊園子維恭從受業焉。

吴先生蕃昌

吴蕃昌字仲木，海鹽人。因父麟徵明季死難，遂絶意仕進。師事劉蕺山，作日月歲三儀以自範，又爲閫職三儀以範其家。事後母至孝，居喪以毁卒。楊園稱其勇於進德，而勸其寬以居之，深造自得。

王先生錫闡

别爲曉庵學案。

從弟謙牧字裒仲，事母亦至孝，以毁卒。謙牧子晞淵字元復，並服膺楊園之學。

何先生汝霖

何汝霖字商隱，又字雲耜，海鹽人。其先育於錢氏，從其姓，商隱始復何氏。隱居紫雲村，學者稱紫雲先生。績學篤行，楊園與論學，多深語。又稱其「歲荒邺鄉之厚，居家奉先之誠」。當時嘉、湖之間，稱楊園、商隱及淩渝安、沈石長爲四先生。

沈先生磊

沈磊字石長，歸安人。事母孝。母不御酒肉，先生客授於外，弟子具時食，必先以饋母，曰：「太君食矣乃食。」講學從游甚盛。

丘先生雲

丘雲字季心，桐鄉人。嘗與楊園論學曰：「誠意在先，致知非祇在書册上求道理，人情、事物如何不察。」楊園深然之，以爲畏友。

屠先生安道

屠安道字子高，嘉興人。嘗言：「君子異於小人，中國異於夷狄，人異於禽獸，有禮無禮而已，士何可不學禮。」又言：「東林諸公，大抵重名節，然祇數君子，餘皆有名而無節。」

吕先生璜

吕璜字康侯，秀水人。剛直好義，勢利不以動心。楊園稱何商隱、丘季心、屠子高及康侯皆「深造自得之君子」，令子作恭師焉。

吕先生留良

吕留良初名光輪，字用晦，號晚村，石門人。少負奇質，八歲能文。及長，讀四子書，輒心領神悟。時陸文霦修社事，邀與襄事，名流輻集，文霦嘗與語曰：「子是宋人文字，宋人議論繁，不如漢疏高也。」答曰：「憑君漢疏高也，須喫宋人議論。」乃與諸耆儒考訂考亭遺書，喟然曰：「吾道在是，奚事旁求。」嘗謂：「洛、閩淵源，至靖難時中絶，及萬曆末學益荒，雖名公鉅卿爲宗工人望，而於是非邪正之歸，含糊儱侗，真僞莫辨，遂至國是淆亂，神州陸沈。」故其所論著，一以朱子爲歸。陸清獻遺之書曰：「吾與君不同者，止出處耳，其趨一也。」楊園主其家數年，至晚歲，先生與何商隱猶致脩脯，而不煩以教授。楊園殁，又共經紀其喪。著有四書講義、語録、文集，皆門人編輯。先世嘗爲明室儀賓，明亡後，棄諸生，一意講學，斷斷於夷夏正閏之辨。殁後，雍正中，靖州曾靜讀其書而好之，自稱私淑弟子。遣其徒張熙勸岳鍾琪舉兵，事發，興大獄。先生當極刑，發冢斲棺。其子葆中，字無黨，亦先卒。諸子及弟子存者多牽連重比，遺孥遺戍。著述銷燬，流傳者甚罕。

附録

楊園撰言行聞見録曰：朱韞斯貧甚，父病歿，吕晚村同其友吴孟舉爲資送死之具，晚村復爲之舉葬事。

又曰：晚村兄子亮公被禍以死，家破，與其同母兄念恭各割田百畝養其兄。兄死，嘗立嗣，久不克葬，主亦不立，不得祀者十有九年。兄子之柩，在荆棘幾不可問。晚村閔焉，葬其兄嫂，求兄子及兄子之婦之棺祔焉。使一子嗣之，主其祭祀墳墓。

又曰：晚村之兄念恭没二十四年，及葬，哀泣不已，語予曰：「吾心志未定，所爲多不堪憶，人皆目爲棄物，先兄獨不謂然，戒諭至於再三。又慮傷同氣之好，必委婉反覆，聽從而後止。非獨吾師，實吾知己。先兄没後，吾所以待姪，愧不如兄之待弟，負兄實深。」念恭没時，遺孤一歲。比長，晚村教育同於己子，可謂盡心盡道。陸清獻松陽講義「聽訟吾猶人也」章曰：「晚村云：『此章只重本字，不重知字。此知字與經中知所先後知字相應，與致知知字無涉。人多誤看亂拈，因有纏入格物者，并有謂格物之物即物有本末之物者，一派謬説。其原亦起於新建毁朱子補格致傳，而即欲以衍文結語當之也。』晚村此一條，破明季講學家之謬，最有關係。」

又「顏淵喟然歎曰」章曰：「第一節，俗説謂顏子初間錯了工夫，與象山、陽明一流懸空解悟的相似。此未知『博文約禮』是聖門教人一定之法，顏子初入聖門，便奉此爲規矩也。呂晚村謂：『顏子從來不曾做差工夫，首節是讚詞，不是悔詞。』最説得好。」

又「子張問善人」章曰：「明季講家，謂『千古無踐迹之聖人，不踐迹是已知血脈，不拘著形迹，如異端之以去迹爲教，以無善爲宗矣』，最謬。晚村謂：『如此是入於至惡，何善之有！』快甚。」

又「予欲無言」章曰：「晚村謂：『此與「無隱」章，最易錯解入異端去。聖人因學者徒以言語求此理，而不實體之身，以故發此以儆之，非謂道本虛無，有不可説者在也。此一條是防援儒入墨之弊，看此章者所不可不知。』」

案：吴江沈日富撰楊園淵源録，所録執友顏士鳳以下十人，呂晚村不與，以當時有所避忌也。晚村爲學，大指與楊園、清獻同出一塗，茲於兩家遺書中採輯數條，略見其言行梗概。晚村生平承明季講學結習，騖於聲譽，弟子著籍甚多。又以工於時文，竿木集之刻，當日已爲淩渝安所譏。楊園初應其招，秀水徐善敬可遺書相規，謂茲非僻靜之地，恐非所宜。其語亦載在見聞録中。全謝山記其初師南雷，因爭購祁氏澹生堂書，遂削弟子籍。屏陸、王而專尊程、朱，亦由是起。可見名心未淨，終賈奇禍，且益見楊園之特立獨行，爲夐然不可及也。

楊園私淑

陳先生櫟

陳先生梓

陳櫟又名於上，字夔一，餘姚人。僑居秀水濮院，寄籍爲諸生。梓，其弟也，字俯恭，號古民。初，夔一讀楊園訓子語，躬行之，訪求親炙楊園者。兄弟偕謁姚攻玉，與語，大悦，遂同受業。夔一纂集先儒異同，求其會歸。不喜著述，曰：「所難者躬行，口耳何爲哉！」俯恭自弱冠志學，絶意進取。後舉博學鴻詞，又舉孝廉方正，皆辭不就。制行清嚴，以崇正黜邪爲己任。重輯楊園年譜、詩文集。自著有四書質疑、志仁困知紀疑。以下並參楊園淵源録。

范先生鯤

范鯤字北溟，海鹽人。諸生。讀易有得。從姚氏得楊園遺稿，服膺之。佐輯遺書刻行，學者稱蜀山先生。

邢先生志南

邢志南字復九，歸安人。諸生。初行功過格，姚攻玉以楊園書授之，遂棄舉業，深自刻厲。注小學爲四書章圖，考經史典制，括爲詩歌，以便初學。

祝先生洤

祝洤字貽孫，號人齋，海寧人。乾隆丙辰舉人。篤守楊園之學。録朱子粹語爲下學編，又纂淑艾録，晚集禮記説七十卷，未及訂正而卒。

蔣先生元

蔣元字大始，平湖人。幼業賈，補諸生。重輯楊園年譜，合諸本訂成一編。著有古文載道編、喪祭雜説、廣人譜、救荒書、補戰國策編年、毛西河集糾謬、叢桂堂詩文集。

案：楊園淵源録載私淑諸人，尚有張朝晉字莘臯，徐根字虞風，諸生，皆海鹽人；周暾字旦雯，諸生，沈堯咨字飭臣，諸生，沈德棻字樹馨，舉人，于文懋字半珊，諸生，皆桐鄉人；錢馥字廣伯，陳璋字奉峩，諸生，皆海寧人；李汝龍字海門，諸生，嘉興人；朱坤字中黄，舉人，官博平知縣，秀水人；賀光烈字經三，舉人，官内閣中書，嘉興人；光烈子〔一〕基鞏字裕垂，進士，官新鄭知縣；沈昌宇字升伯，進士，秀水人；昌宇弟昌寅字泰叔，進士，官廣東提學。

〔一〕「子」，原作「字」，今改。

清儒學案卷六

亭林學案上

亭林之學，實事求是，不分漢、宋門户，經世致用，規模閎峻，爲有清一代學術淵源所自出。後之承學者，因其端以引申之，各成專家，而兢兢以世道人心爲本，論學論治，莫能外焉。此其學之所以大也。述亭林學案。

顧先生炎武

顧炎武原名絳，字甯人，崑山人。明諸生。父同吉早卒，聘王氏，未婚守節，撫先生爲嗣。年十一，祖紹芾授以通鑑，三年而畢。熟究經世之學，諸經外，好宋人性理諸書。順治乙酉，南都亡，奉母避兵常熟。崑山令楊永言起義師，先生及歸元恭從之，魯王授爲兵部司務。事不克，幸脱。母不食卒，遺命誡勿事二姓。唐王以職方主事召，未赴。叛僕陸恩欲告通海，事且急，以計殺之，被繫。有救之者，遂去家不返。四謁孝陵，六謁思陵，往來於齊、燕、秦、晉之間。以萊州黄培詩獄牽連，自投濟南獄就鞫得白。先生自負用世之略不得一遂，所至輒小試之。墾田於雁門之北，五臺之東，累致千金，隨寓贍足。晚居陝之華陰，謂：「秦人慕經學，重處士，持清議，實他邦所少。華陰綰轂關、河，足不出户，能見天下之人，聞天下之事。一旦有事，入山守險；若有事四方，一出關門，亦有建瓴之勢。」乃定居焉。

自少至老，無一刻離書。所至以二嬴二馬載書，過邊塞亭障，呼老兵詢曲折，有與平日所聞不合，發書對勘；平原曠野，則於鞍上默誦諸經注疏。學主於斂華就實，晚益篤志經學，曰：「經學即理學也，舍經學，則所謂理學者，禪學也。」於陸、王之説，辨之最力。論治綜覈名實，於禮教尤兢兢，謂：「風俗衰，廉恥之防潰，由無禮以權之。」常欲以古制率天下。生平論學，標「博學於文，行己有恥」二語爲宗旨。以杜預左傳集解時有闕失，撰杜解補正三卷。精韻學，撰音論三卷，以明陳第言古韻雖闢榛蕪，猶未邃密，乃推尋經傳，探討本原。又詩本音十卷，主陳第詩無協韻之説，不與吴棫本音爭，亦不用棫之例，但即本經互考，證以他書，明古音原作是讀，故曰「本音」。又易音三卷，唐韻正二十卷，古音表二卷，韻補一卷，復三代以來之音，分部正帙而知其變。撰天下郡國利病書一百二十卷，採取諸史圖經文編説部，凡關於民生利病者，臚列之。别有肇域志一百卷，則考索之餘，合圖經而成。又撰金石文字記六卷，求古録一卷，與經史相證，歐、趙不及其精。其日知録三十二卷，補遺四卷，自少讀書，有得輒記，時復改定，古人先有者削之，積三十餘年而後成，自著諸書精要多括載其中。其他著述有文集、詩集、五經同異、二十一史年表、歷代帝王宅京記、營平二州地名記、營平二州史事、昌平山水記、山東考古録、京東考古録、下學指南、譎觚、菰中隨筆諸書。清初學有根柢者，以先生爲最。世稱亭林先生。會詔開博學鴻詞科，又修明史，大臣爭欲薦之，以死自誓，乃免。康熙二十年卒，年七十。宣統初，從祀文廟。參史傳、全祖望撰墓表、張穆輯年譜。

日知録

聖人設卦觀象而繫之辭，若文王、周公是已。夫子作傳，傳中更無別象。其所言卦之本象，若天地雷風水火山澤之外，惟頤中有物，本之卦名，有飛鳥之象，本之卦辭，而夫子未嘗增設一象也。荀爽、虞翻之徒，穿鑿附會，象外生象，以同聲相應爲震、巽，同氣相求爲艮、兑，水流濕、火就燥爲坎、離，雲從龍則曰乾爲龍，風從虎則曰坤爲虎，十翼之中，無語不求其象，而易之大旨荒矣。豈知聖人立言取譬，固與後之文人同其體例，何嘗屑屑於象哉！王弼之注，雖涉於玄虚，然已一掃易學之榛蕪，而開之大路矣！原注：「王輔嗣略例曰：『互體不足，遂及卦變。變又不足，推致五行。一失其原，巧喻彌甚。』」不有程子大義，何由而明乎！

易之互體卦變，詩之叶韻，春秋之例月日，經説之繚繞破碎於俗儒者多矣。文中子曰：「九師興而易道微，三傳作而春秋散。」

學者之患，莫甚乎執一而不化。及其施之於事，有扞格而不通，則忿懥生，而五情瞀亂，與衆人之滑性而焚和者，相去蓋無幾也。孔子惡果敢而窒者，非獨處事也，爲學亦然。告子不動心之學，至於「不得於言，勿求於心」，而孟子以爲，其弊必將如蹶趨者之反動其心。此「艮其限，列其夤」之説也。君子之學不然，廓然而大公，物來而順應，故聞一善言，見一善行，若決江河，沛然莫之能禦，而無熏心之厲矣。

羽翰之音，雖登于天，而非實際。其如莊周齊物之言，騶衍怪迂之辯，其高過於大學，而無實者乎！以視車服，傳於弟子，絃歌徧於魯中，若鶴鳴而子和者，孰誕孰信，夫人而識之矣。永嘉之亡，太清之亂，豈非談空空、覈元元者有以致之哉！「翰音登于天」，中孚之反也。

「形而上者謂之道，形而下者謂之器」，非器則道無所寓。說在乎孔子之學琴於師襄也，已習其數然後可以得其志，已習其志然後可以得其爲人。是雖孔子之天縱，未嘗不求之象數也，故其自言曰「下學而上達」。

數往者，順造化人事之迹，有常而可驗，順以攷之於前也；知來者，逆變化云爲之動，日新而無窮，逆以推之於後也。聖人神以知來，知以藏往，作爲易書，以前民用。所設者，未然之占；所期者，未至之事，是以謂之逆數。雖然，若不本於八卦，已成之迹，亦安所觀其會通而繫之爻象乎？是以天下之言性也，則故而已矣。

孔子論易，見於論語者二章而已，曰：「加我數年，五十以學易，可以無大過矣。」曰：「南人有言曰：『人而無恒，不可以作巫醫。』善夫！』『不恒其德，或承之羞。』子曰：『不占而已矣。』」是則聖人之所以學易者，不過庸言庸行之間，而不在乎圖書象數也。今之穿鑿圖象以自爲能者，畔也。

記者於夫子學易之言，而即繼之曰：「子所雅言，詩、書、執禮，皆雅言也。」是知夫子平日不言易，而其言詩、書、執禮者，皆言易也。人苟循乎詩、書、執禮之常，而不越焉，則自天祐之吉无不利矣。故其作繫辭傳，於悔吝无咎之旨，特諄諄焉。而大象所言，凡其體之於身，施之於政者，無非用易之事。然辭本乎象，故曰：「君子居則觀其象而玩其辭。」觀之者淺，玩之者深矣。其所以與民同患者，必於辭焉著之，故曰：「聖人之情見乎辭。」若「天一地二」、「易有太極」二章，皆言數之所起，亦贊易之所不可遺，而未嘗專以象數教人爲學也。是故「出入以度」，「无有師保，如臨父母」，文王、周公、孔子之意也。希夷之圖，康節之書，道家之易也。自二子之學興，而空疏之人、迂怪之士舉竄迹於其中以爲易，而其易爲方術之書，於聖人寡過反身之學，去之遠矣。

「詩三百，一言以蔽之曰，思無邪」。易六十四卦三百八十四爻，一言以蔽之曰，「不恒其德，或承之羞」。夫子所以思得見夫有恒也，有恒然後可以無大過。

傅說之告高宗，曰：「學于古訓，乃有獲。」武王之誥康叔，既「祗遹乃文考」，而又求之「殷先哲王」，又求之「商耇成人」，又別求之「古先哲王」。大保之戒成王，先之以「稽我古人之德」，而後進之以「稽謀自天。」及成王之作周官，亦曰：「學古入官。」曰：「不學牆面。」子曰：「述而不作，信而好古，敏以求之。」又曰：「君子以多識前言往行，以畜其德。」先聖後聖，其揆一也。不學古而欲稽天，豈非不耕而求穫乎！

「降衷于下民，若有恒性」，此性善之説所自出也。「節性惟日其邁」，此性相近之説所自出也。「豈弟君子，俾爾彌爾性，似先公酋矣」。「命也，有性焉，君子不謂命也。」

成王作周官之書，謂唐、虞稽古，建官惟百，而夏、商官倍者，時代不遠，其多寡何若此之懸絶哉！且天下之事，一職之微，至於委吏乘田，亦不可闕，而謂二帝之世，遂能以百官該内外之務，吾不敢信也。攷之傳注，亦第以爲因時制宜，而莫詳其實。吾以爲，唐、虞之官，不止於百，而其咨而命之者二十有二人，其餘九官之佐，殳斨、伯與、朱虎、熊羆之倫，暨侍御僕從，以至州十有二師，外薄四海，咸建五長，以名達於天子者，不過百人而已。其他則穆王之命，所謂「慎簡乃僚」，而天子不親其黜陟者也。故曰堯、舜之知，而不徧物，急先務也；堯、舜之仁，不徧愛人，急親賢也。夏、商之世，法日詳，而天子之職，日侵於下，其命於天子者多，故倍也。觀於立政之書，内至於亞旅，外至於表臣、百司，而夷、微、盧、烝、三亳、阪、尹之官，又虞、夏之所未有，則可知矣。杜氏通典言，漢初，王侯國百官皆如漢朝，惟丞相命於天子，其御史大夫以下皆自置。及景帝懲吴、楚之亂，殺其制度，罷御史大夫以下官。至武帝又詔：「凡王侯吏職，秩二千石者，不得擅補。其州郡佐吏，自别駕、長史以下，皆刺史、太守自補。」歷代因而不革。洎北齊武平中，後主失政，多有佞幸，乃賜其賣官，分占州郡，下及鄉官，多降中旨，故有敕用州主簿、郡功曹者。自是之後，州郡辟士之權，寖移於朝廷，以故外吏不得精覈，由此起也。故劉炫對牛宏，以爲大小之官，悉由吏部，此政之所以日繁，而沈既濟之議，欲令六品以下，及僚佐之屬，許州府辟用。原注：唐書百官志曰：「初太宗省内外官，定制爲七百三十員，曰：『吾以此待天下賢才，足矣。』」後之人見周禮一書設官之多，職事之密，以爲周之所以致治者如此，而不知「宅乃事、宅乃牧、宅乃準」之外，文王罔敢知也。然則周之制雖詳，而意猶不異於唐、虞矣。求治之君，其可以天子而預銓曹之事哉！

邶、鄘、衛、王列國之名，其始於成、康之世乎？惟周王撫萬邦，巡侯甸，而大師陳詩以觀民風。其采於商之故都者，則繫之邶、鄘、衛；其采於東都者，則繫之王；原注：亦周初大師之本名。馬永卿述元城劉先生之言，亦謂邶、鄘、衛本商之畿内，故序王之上。其采於列國者，則各繫之其國。至驪山之禍，先王之詩，率已闕軼，而孔子所録者，皆平王以後之詩，此變風之所由名也。詩雖變，而大師之本名則不敢變，此十二國之所以猶存其舊也。先儒謂王之名不當儕於列國，而爲之説曰：「列黍離於國風，齊王德於邦君，原注：晉范甯春秋穀梁傳序。誤矣！」

二南也，豳也，小、大雅也，皆西周之詩也，至於幽王而止。原注：惟「何彼穠矣」爲平王以後之詩。其餘十二國風，則東周之詩也。「王者之迹熄而詩亡」，西周之詩亡也。詩亡而列國之事迹不可得而見，於是晉之乘，楚之檮杌，魯之春秋出焉，是之謂「詩亡然後春秋作也」。周頌，西周之詩也。魯頌，東周之詩也。成、康之世，魯豈無詩？而今亦已亡矣。故曰：「詩亡，列國之詩亡也。其於天子之邦者，以雅，以南，以豳，以頌，則固未嘗亡也。」

自周南至豳，統謂之國風，此先儒之誤，程泰之辨之詳矣。豳詩不屬於國風，周世之國無豳。此非太師所采，周公追王業之始，作爲七月之詩，兼雅、頌之聲，而用之祈報之事。周禮籥章，「逆暑」「迎寒」則「龡豳詩」，「祈年於田祖」則「龡豳雅」，「祭蜡則龡豳頌」。雪山王氏曰：「此一詩而三用也。」原注：謂籥章之豳詩，以鼓鐘琴瑟四器之聲合籥也。笙師龡竽、笙、塤、籥、簫、篪、篴、管、舂、牘、應、雅凡十二器，以雅器之聲合籥也。眡瞭播鼓，擊頌磬笙磬凡四器，以頌器之聲合籥也。凡爲樂器，以十有二律爲之數度，以十有二聲爲之齊量。凡和樂亦如之。此用七月一詩，特其以器和聲有不同爾。鴟鴞以下，或周公之作，或爲周公而作，則皆附於豳焉，雖不以合樂，然與二南同爲有周盛時之詩，非東周以後列國之風也，故他無可附。

六月、采芑、車攻、吉日，宣王中興之作，何以爲變雅乎？采芑傳曰：「言周室之强，車服之美也。言其强美，斯劣矣。」原注：正義曰：「名生於不足。」觀夫鹿鳴以下諸篇，其於君臣兄弟朋友之間無不曲當，而未嘗有夸大之辭。大雅之稱文、武，皆本其敬天勤民之意。至其言伐商之功，盛矣大矣，不過曰「會朝清明」而止。然則宣王之詩，不有侈於前人者乎？原注：如韓奕之篇尤侈。一傳而周遂亡。嗚呼！此太子晉所以謂：「自我先王厲、宣、幽、平而貪天禍，固不待沔水之憂，祈父之刺，而後見之也。」

詩之次序，猶春秋之年月，夫子因其舊文，述而不作也。頌者，美盛德之形容，以告宗廟。魯之頌，頌其君而已，而列之周頌之後者，魯人謂之頌也。原注：鄭氏曰：「襄公時，季孫行父請命於周，而史克作之。」然春秋列國卿大夫賦詩，無及此四篇者。世儒謂夫子尊魯而進之爲頌，是不然。魯人謂之頌，夫子安得不謂之頌乎？爲下不倍也。春秋書公、書郊禘，亦同此義。孟子曰：「其文則史。」不獨春秋也，雖六經皆然。今人以爲，聖人作書，必有驚世絶俗之見，此是以私心待聖人。世人讀書，如王介甫，纔入貢院，而一院之事皆欲紛更，原注：宋史張方平傳。此最學者之大病也。

詩之世次，必不可信。今詩亦未必皆孔子所正。且如「褒姒滅之」，幽王之詩也，而次於前。「召伯營之」，宣王之詩也，而次於後。序者不得其説，遂并楚茨、信南山、甫田、大田、瞻彼洛矣、裳裳者華、桑扈、鴛鴦、魚藻、采菽十詩皆爲刺幽王之作，恐不然也。又如碩人，莊姜初歸事也，而次於後。緑衣、日月、終風，莊姜失位而作；燕燕，送歸妾作；擊鼓，國人怨州吁而作也，而次於前。原注：朱子日月傳曰：「此詩當在燕燕之前。下篇放此。」渭陽，秦康公爲太子時作也，而次於後。黄鳥，穆公薨後事也，而次於前。此皆經有明文可據，故鄭氏謂十月之交、雨無正、小旻、小宛皆刺厲王之詩，原注：十月之交有豔妻之云，自當是幽王。漢興之初，師移其第耳。而左氏傳楚莊王之言曰：「武王作武，其卒章曰：『耆定爾功。』其三曰：『敷時繹思，我徂維求定。』其六曰：『綏萬邦，屢豐年。』」今詩但以「耆定爾功」一章爲武，而其三爲賚，其六爲桓，章次復相隔越。儀禮歌召南三篇，越草蟲而取采蘋，正義以爲，采蘋舊在草蟲之前，知今日之詩，已失古人之次，非夫子所謂「雅、頌各得其所」者矣。

春秋不始於隱公。晉韓宣子聘魯，觀書於太史氏，見易象與魯春秋曰：「周禮盡在魯矣！吾乃今知周公之德，與周之所以王也。」原注：左傳昭公二年。未筆削之春秋也。蓋必起自伯禽之封，以洎於中世，當周之盛，朝覲會同征伐之事皆在焉，故曰「周禮」，而成之者，古之良史也。原注：孟子雖言詩亡然後春秋作，然不應伯禽至孝公二百五十年全無紀載。自隱公以下，世道衰微，史失其官，於是孔子懼而修之。自惠公以上之文，無所改焉，所謂「述而不作」者也。自隱公以下，則孔子以己意修之，所謂「作春秋」也。然則自惠公以上之春秋，固夫子所善而從之者也？惜乎其書之不存也！

孔子曰：「吾猶及史之闕文也。」史之闕文，聖人不敢益也。春秋桓公十七年：「冬，十月，朔，日有食之。」傳曰：「不書日，官失之也。」僖公十五年：「夏，五月，日有食之。」傳曰：「不書朔與日，官失之也。」以聖人之明，千歲之日至，可坐而致，豈難攷曆布算，以補其闕？而夫子不敢也。況於史文之誤，而無從取正者乎！況於列國之事，得之傳聞，不登於史策者乎！左氏之書，成之者非一人，録之者非一世，可謂富矣！而夫子當時未必見也。史之所不書，則雖聖人，有所不知焉者。且春秋，魯國之史也，即使歷聘之餘，必聞其政，遂可以百二十國之寶書增入本國之記注乎？原注：成公十三年，公會諸侯伐秦下，正義曰：「經文依史官策書，策書所無，故經文遂闕也。傳文采於簡牘，簡牘先有，故傳文獨存也。」若乃改葬惠公之類不書者，舊史之所無也。曹大夫、宋大夫司馬司城之不名者，闕也。原注：齊崔氏出奔衛，去名而書族；宋殺其大夫山，去族而書字，疑皆前史之闕。鄭伯髡頑、楚子麇、齊侯陽生之實弒而書卒者，傳聞不勝簡書，是以從舊史之文也。原注：邵氏曰：「赴以卒則卒，赴以弒則弒。弒而赴以卒，其弒也，傳聞云爾也。傳聞不勝簡書，是以書卒以待察也，比之疑獄。」左氏出於獲麟之後，網羅浩博，實夫子之所未見，乃後之儒者，似謂已有此書，夫子據而筆削之。即左氏之解經，於所不合者，亦多曲爲之説。而經生之論，遂以聖人所不知爲諱，是以新説愈多，而是非靡定。故今人學春秋之言，皆郢書燕説，而夫子之不能逆料者也。子不云乎，「多聞闕疑，慎言其餘」，豈特告子張乎！修春秋之法，亦不過此。

春秋，因魯史而修者也。左氏傳，采列國之史而作者也，故所書晉事，自文公主夏盟，政交於中國，則以列國之史參之，而一從周正，自惠公以前，則間用夏正，其不出於一人，明矣。其謂賵仲子爲「子氏未薨」，平王崩爲「赴以庚戌」，原注：先王戎十二日。陳侯鮑卒爲「再赴」，似皆揣摩而爲之説。三正之名，見於甘誓。蘇氏以爲，自舜以前，必有一建子、建丑爲正者，其來尚矣。微子之命曰：「統承先王，修其禮物。」則知杞用夏正，宋用殷正，若朝覲會同，則用周之正朔，其於本國，自用其先王之正朔也。獨是晉爲姬姓之國，而用夏正，則不可解。原注：三正之所以異者，疑古之分國各有所受。故公劉當夏后之世，而一之日、二之日已用建子爲紀。晉之用寅，其亦承唐人之舊與？舜典「協時月正日」，即協此不齊之時月。杜預春秋後序曰：「晉太康中，汲縣人發其界内舊得古書，皆簡編科斗文字，記晉國起自殤叔，次文侯、昭侯以至曲沃莊伯。莊伯之十一年十一月，魯隱公之元年正月也，皆用夏正建寅之月爲歲首，今攷春秋僖公五年，「晉侯殺其世子申生」，經書「春」，而傳在上年十一月。十一年，「晉殺其大夫丕鄭父」，經書「春」，而傳在上年之冬。十五年，晉侯及秦伯戰于韓，獲晉侯，經書「十有一月壬戌」，而傳則爲九月壬戌。經、傳之文，或從夏正，或從周正，所以錯互如此，原注：「羅泌以爲，傳據晉史，經則周曆。與史記漢元年冬十月，五星聚東井，乃秋七月之誤正同。僖公五年十二月丙子朔，「虢公醜奔京師」，而卜偃對獻公，以爲九月十月之交。襄公三十年，絳縣老人言「臣生之歲，正月甲子朔」，以長曆推之，爲魯文公十一年三月甲子朔，此又晉人用夏正之見於傳者也。

左氏傳文公元年，「於是閏三月，非禮也」；襄公二十七年，「十一月，乙亥，朔，日有食之，辰在申，司曆過也，再失閏矣」；哀公十二年，「冬，十二月，螽」，「仲尼曰：『今火猶西流，司曆過也。』」並是魯曆。春秋時，各國之曆，亦自有不同者，經特據魯曆書之耳。原注：史記秦宣公享國十二年，初志閏月。此各國曆法不同之一證。成公十八年，「春，王正月，晉殺其大夫胥童」，傳在上年閏月；原注：上有十二月。哀公十六年，「春，王正月，己卯，衛世子蒯聵自戚入于衛，衛侯輒來奔」，傳在上年閏月，原注：上有冬。皆魯失閏之證。杜以爲從告，非也。

史記周襄王二十六年閏三月，而春秋非之，則以魯曆爲周曆，非也。平王東遷以後，周朔之不頒久矣，故漢書律曆志六曆，有黄帝、顓頊、夏、殷、周及魯曆。其於左氏之言失閏，皆謂魯曆，蓋本劉歆之説。原注：五行志：「周衰，天子不班朔，魯曆不正，置閏不得其月，月大小不得其度。」

春秋時月並書，於古未之見。攷之尚書，如泰誓「十有三年，春，大會于孟津」；金縢「秋，大熟，未穫」，言時則不言月。伊訓「惟元祀，十有二月，乙丑」；大甲中「惟三祀十有二月朔」；武成「惟一〔二〕月壬辰」；康誥「惟三月哉生魄」；召誥「三月，惟丙午朏」；多士「惟三月」；多方「惟五月丁亥」；顧命「惟四月哉生魄」；畢命「惟十有二年，六月庚午朏」，言月則不言時。原注：朱文公答林擇之，亦有「古史例不書時」之説。其他鐘鼎古文多如此。春秋獨並舉時月者，以其爲編年之史，有時有月有日，多是義例所存，不容於闕一也。原注：或疑夫子特筆，是不然。舊史既以春秋爲名，自當書時。且如隱公二年，「春，公會戎於潛」，不容二年書春，元年乃不書春。是知謂以時冠月出於夫子者，非也。

昔人所言興亡禍福之故，不必盡驗。左氏但記其信而有徵者爾，而亦不盡信也。三良殉死，君子是知秦之不復東征。至於孝公，而天子致伯，諸侯畢賀。其後始皇遂并天下。季札聞齊風，以爲國未可量，乃不久而篡於陳氏。聞鄭風，以爲其先亡乎，而鄭至三家分晉之後始滅。於韓，渾罕言「姬在列者，蔡及曹、滕，其先亡乎」，而滕滅於宋王偃，在諸姬爲最後。僖三十一年，狄圍衛，衛遷於帝丘，卜曰

〔一〕「二」，原缺，據尚書武成補。

三百年，而衛至秦二世元年始廢，歷四百二十一年。是左氏所記之言，亦不盡信也。

孔子生於昭、定、哀之世，文、宣、成、襄則所聞也，隱、桓、莊、閔、僖則所傳聞也。國史所載，策書之文，或有不備，孔子得據其所見以補之。至於所聞，則遠矣。所傳聞則又遠矣。雖得之於聞，必將參互以求其信。信則書之，疑則闕之，此其所以爲異辭也。公子益師之卒，魯史不書其日，遠而無所攷矣。原注：無駭卒，俠卒，不書日，同此義。以此釋經，豈不甚易而實是乎！何休見桓公二年會稷之傳，以恩之淺深有諱與目言之異，而以書日不書日詳略之分爲同此例，則甚難而實非矣。竊疑「所見異辭，所聞異辭，所傳聞異辭」，此三語必有所本，而齊、魯諸儒述之，然其義有三，闕文一也，諱惡二也，言孫三也。原注：孔子曰：「邦無道，危行言孫。」從前之一說，則略於遠而詳於近；從後之二說，則晦於近而章於遠，讀春秋可以得之矣。漢書言，孔子作春秋，有所褒諱貶損，不可書見，口授弟子，弟子退而異言，及口說流行，故有公羊、穀梁、鄒、夾之學。原注：鄒氏、夾氏無傳。夫喪欲速貧，死欲速朽，曾子且聞而未達，非子游舉其事實之，亦烏得而明哉！故曰：「春秋之失亂。」

詩三百篇，皆可以被之音而爲樂。自漢以下，乃以其所賦五言之屬爲徒詩，而其協於音者則謂之樂府。宋以下，則其所謂樂府者，亦但擬其辭，而與徒詩無別，於是乎詩之與樂判然爲二，不特樂亡，而詩亦亡！

古人以樂從詩，今人以詩從樂。古人必先有詩，而後以樂和之。舜命夔「教胄子」，「詩言志，歌永言，聲依永，律和聲」，是以登歌在上，而堂上堂下之器應之，是之謂以樂從詩。原注：宋國子丞王普言：「古者既作詩，從而歌之，然後以聲律協和而成曲。自歷代至於本朝，雅樂皆先製樂章而後成譜。崇甯以後，乃先製譜，後命辭，於是辭律不相諧協，且與俗樂無異。」古之詩大抵出於中原諸國，其人有先王之風，諷誦之教，其心和，其辭不侈，而音節之間，往往合於自然之律。楚辭以下，即已不必盡諧。原注：文心雕龍言楚辭訛韻實繁。降及魏、晉，羌、戎雜擾，方音遞變，南北各殊，故文人之作，多不可以協之音，而名爲樂府，無以異於徒詩者矣。原注：元稹言：「樂府等題，除鐃吹、横吹、郊祀、清商等詞在樂志者，其餘木蘭、仲卿、四愁、七哀之類，亦未必盡播於管絃也。」人有不純，而五音十二律之傳於古者，至今不變，於是不得不以五音正人聲，而謂之以詩從樂。以詩從樂，非古也，後世之失，不得已而爲之也。

讀檀弓二篇及曾子問，乃知古人於禮服講之悉而辨之明如此。漢書言，夏侯勝善説禮服，蕭望之從夏侯勝問論語禮服。唐開元四部書目喪服傳義疏有二十三部，昔之大儒有專以喪服名家者，其去鄒、魯之風未遠也。故蕭望之爲太傅，以論語禮服授皇太子。宋元嘉末，徵隱士雷次宗詣京邑，築室於鍾山西巖下，爲皇太子諸王講喪服經。齊初，何佟之爲國子助教，爲諸王講喪服。陳後主在東宮，引王元規爲學士，親授禮記、左傳、喪服等義。魏孝文帝親爲羣臣講喪服於清徽堂。而梁書言，始興王憺薨，昭明太子命諸臣共議，從明山賓、朱异之言，以慕悼之辭，宜終服月。原注：梁、陳、北齊各有皇帝、皇后、太子、王侯以下喪禮之書，謂之凶儀。夫以至尊在御，不廢講求喪禮，異於李義府之言「不豫凶事而去國恤」一篇者矣。原注：舊唐書李義府傳：「初，五禮儀注自前代相沿，吉凶畢舉。大常博士蕭楚材、孔志約以皇室凶禮爲豫備凶事，非臣子所宜言，義府深然之，於是悉删而焚之。」

宋孝宗崩，光宗不能執喪，甯宗嗣服。已服期年喪，欲大祥畢，更服兩月。監察御史胡紘言：「孫爲祖服，已過期矣。議者欲更持禫兩月，不知用何典禮？若曰嫡孫承重，則太上聖躬亦已康復，於宮中自行二十七月之重服，而陛下又行之，是喪有二孤也。」詔侍從臺諫給舍集議。時朱熹原注：君前臣名。上議，以紘言爲非，而未有以折之。後讀禮記正義喪服小記爲祖後者條，因自識於本議之末，其略云：「準五服年月格斬衰三年，嫡孫爲祖原注：謂承重者。法意甚明，而禮經無文。傳云：『父没而爲祖後者服斬。』然而不見本經，未詳何據。但小記云：『祖父卒，而后爲祖母後者三年。』可以傍照。至爲祖後者條下，疏中所引鄭志，乃有『諸侯父有廢疾，不任國政，不任喪事』之問，而鄭答以『天子諸侯之服皆斬』之文，原注：儀禮喪服篇「不杖」章「爲君之祖父母」下，疏亦引此趙商問答。方見父在而承國於祖之服。向日上此奏時，無文字可檢，又無朋友可問，故大約且以禮律言之，亦有疑父在不當承重者，時無明白證驗，但以禮律人情，大意答之，心常不安。歸來稽攷，始見此說，方得無疑。乃知學之不講，其害如此。而禮經之文，誠有闕略，不無待於後人。向使無鄭康成，則此事終未有所斷決，不可直謂古經定制，一字不可增損也。原注：昔人謂，讀書未到康成，不敢輕議漢儒，以此。嗚呼！若曾子、子游之倫，親受學於聖人，其於節文之變，辨之如此其詳也。今之學者，生於草野之中，當禮壞樂崩之後，於古人之遺文，一切不爲之討究，而曰：「禮，吾知其敬而已；喪，吾知其哀而已。」以空學而議朝章，以清談而干王政，是尚不足以闚漢儒之里，而何以升孔子之堂哉！

人君之於天下，不能以獨治也，獨治之而刑繁矣，衆治之而刑措矣。古之王者，不忍以刑窮天下之民也，是故一家之中，父兄治之，一族之間，宗子治之。其有不善之萌，莫不自化於閨門之内，而猶有不帥教者，然後歸之士師。然則人君之所治者，約矣！然後原父子之親，立君臣之義，以權之意，論輕重之序，慎測淺深之量以别之，悉其聰明，致其忠愛以盡之。夫然刑罰焉得而不中乎！是故宗法立而刑清。天下之宗子，各治其族，以輔人君之治，罔攸兼于庶獄，而民自不犯於有司，風俗之醇，科條之簡，有自來矣。詩曰：「君之宗之。」吾是以知宗子之次於君道也。

民之所以不安，以其有貧有富。貧者至於不能自存，而富者常恐人之有求，而多爲吝嗇之計，於是乎有爭心矣。夫子有言：「不患貧而患不均。」夫惟收族之法行，而歲時有合食之恩，吉凶有通財之義。「本俗六，安萬民」，「三曰聯兄弟」，而鄉三物之所興者，六行之條曰「睦」、曰「恤」，不待王政之施，而矜寡孤獨廢疾者皆有所養矣。此所謂均無貧者，而財用有不足乎！至於葛藟之刺興，角弓之賦作，九族乃離，一方相怨，而缾罍交恥，泉池並竭，然後知先王宗法之立，其所以養人之欲，而給人之求，爲周且豫矣。原注：宋范文正公蘇州義田，至今裔孫猶守其法，范氏無窮人。

三代之世，凡民之俊秀皆入大學，而教之以治國平天下之事。孔子之於弟子也，四代之禮樂以告顔淵，五至三無以告子夏。而又曰：「雍也，可使南面。」然則内而聖，外而王，無異道矣。其繫易也，曰：「九二曰，見龍在田，利見大人。」何謂也？子曰：「龍德而正中者也。庸言之信，庸行之謹，閑邪存其誠，善世而不伐，德博而化。易曰：『見龍在田，利見大人，君德也。』」故曰：「師也者，所以學爲君也。」

致知者，知止也。原注：董文清槐以「知止」二節合「聽訟」章爲格物傳。知止者何？爲人君止於仁，爲人臣止於敬，爲人子止於孝，爲人父止於慈，與國人交止於信，是之謂止。知止然後謂之知至，君臣父子國人之交，以至於「禮儀三百，威儀三千」，是之謂物。

「維天之命，於穆不已。」其在於人，日用而不知，莫非命也，故詩、書之訓有曰：「顧諟天之明命。」又曰：「永言配命，自求多福。」又曰：「若生子，罔不在厥初生，自貽哲命。」又曰：「惟克天德，自作元命，配享在下。」而劉康公之言曰：「民受天地之中以生，所謂命也。」是以有動作禮義威儀之則以定命也。彼其之子，邦之司直，而以爲舍命不渝；乃如之人，懷昏姻也，而以爲不知命。然則子之孝，臣之忠，夫之貞，婦之信，此天之所命而人受之爲性者也，故曰：「天命之謂性。」求命於冥冥之表，則離而二之矣。

仲虺之誥篇曰：「簡賢附勢，實繁有徒。」多方篇曰：「叨懫日欽，劓割夏邑。」此桀民之從暴也。微子篇曰：「殷罔不小大，好草竊姦宄，卿士師師非度，凡有辜罪，乃罔恒獲，小民方興，相爲敵讎。」此紂民之從暴也。故曰：「幽、厲興則民好暴。」古之人所以胥訓告，胥保惠，胥教誨，而不使民之陷於邪僻者，何哉？上無禮，下無學，賊民興，喪無日矣！天保之詩，皆祝其君以受福之辭，而要其指歸，不過曰：「民之質矣，日用飲食。羣黎百姓，徧爲爾德。」然則人君爲國之存亡計者，其可不致審於民俗哉！

治化之隆，則遺秉滯穗之利及於寡婦；恩情之薄，則耰鉏箕帚之色加於父母，故欲使民興孝興弟，莫急於生財。以好仁之君，用不畜聚斂之臣，則財足而化行，人人親其親，長其長，而天下平矣。

記曰：「聖人南面而治天下，必自人道始矣。立權度量，考文章，改正朔，易服色，殊徽號，異器械，別衣服，此其所得與民變革者也。其不可得變革者則有矣，親親也，尊尊也，長長也，男女有別，此其不可得與民變革者也。」自春秋之并爲七國，七國之并爲秦，而大變先王之禮，然其所以辨上下，別親疏，決嫌疑，定是非，則固未嘗有異乎三王也。故曰：「其或繼周者，雖百世可知也。」

夫子之教人，文行忠信，而性與天道在其中矣，故曰：「不可得而聞。」

子曰：「二三子以我爲隱乎？吾無隱乎爾！吾無行而不與二三子者，是丘也。」謂夫子之言性與天道，不可得而聞，是疑其有隱者也。不知夫子之文章，無非夫子之言性與天道，所爲「吾無行而不與二三子者，是丘也」。

子貢之意，猶以文章與性與天道爲二，故曰：「子如不言，則小子何述焉？」子曰：「天何言哉，四時行焉，百物生焉，天何言哉！」是故可仕可止，可久可速，無一而非天也；恂恂便便，侃侃誾誾，無一而非天也。

動容周旋中禮者，盛德之至也。孟子以爲堯、舜性之之事。夫子之文章，莫大乎春秋，春秋之義，尊天王，攘戎翟，誅亂臣賊子，皆性也，皆天道也。故胡氏以春秋爲聖人性命之文，而子如不言，則小子其何述乎！

今人但以繫辭爲夫子言性與天道之書，愚嘗三復其文，如「鳴鶴在陰」七爻，「自天佑之」一爻，「憧憧往來」十一爻，履德之基也。九卦所以教人學易者，無不在於言行之間矣。故曰：「初率其辭而揆其方，既有典常，苟非其人，道不虚行。」

君子博學於文，自身而至於家國天下，制之爲度數，發之爲音容，莫非文也。「品節斯，斯之謂禮。」孔子曰：「伯母叔母疏衰，踊不絶地，姑姊妹之大功，踊絶於地。知此者，由文矣哉！由文矣哉！」記曰：「三代之喪，人道之至文者也。」又曰：「禮減而進，以進爲文；樂盈而反，以反爲文。」傳曰：「文明以止，人文也。觀乎人文，以化成天下。」故曰：「文王既没，文不在兹乎？」而謚法「經緯天地曰文」，與弟子之學詩、書、六藝之文，有深淺之不同矣。

君臣之分，所關者在一身；華夷之防，所繫者在天下，故夫子之於管仲，略其不死子糾之罪，而取其一匡九合之功，蓋權衡於大小之間，而以天下爲心也。夫以君臣之分，猶不敵華夷之防，而春秋之志可知矣。

性之一字，始見於商書曰：「惟皇上帝，降衷於下民，若有恒性。」恒即相近之義。相近，近於善也；相遠，遠於善也，故夫子曰：「人之生也直，罔之生也幸而免。」原注：人之生也直，即孟子所謂性善。人亦有生而不善者，如楚子良生子越椒，子文知其必滅若敖氏是也。然此千萬中之一耳。故公都子所述之三説，孟子不斥其非，而但曰：「乃若其情，則可以爲善矣，乃所謂善也。」蓋凡人之所大同，而不論其變也。若紂爲炮烙之刑，盗跖日殺不辜，肝人之肉，此則生而性與人殊。亦如五官百骸，人之所同，然亦有生而不具者，豈可以一而槩萬乎！故終謂之性善也。

孟子論性，專以其發見乎情者言之。且如見孺子入井，亦有不憐者；嘑蹴之食，有笑而受之者，此人情之變也。若反從而喜之，吾知其無是人也。

不遺親，不後君，仁之效也。其言義何？義者，禮之所從生也。昔者，齊景公有感於晏子之言，而懼其國之爲陳氏也，曰：「是可若何？」對曰：「惟禮可以已之。在禮，家施不及，國民不遷，農不移，工賈不變，士不濫，官不滔，大夫不收公利。」又曰：「君令臣共，父慈子孝，兄愛弟敬，夫和妻柔，姑慈婦聽，禮也。君令而不違，臣共而不貳，父慈而教，子孝而箴，兄愛而友，弟敬而順，夫和而義，妻柔而正，姑慈而從，婦聽而婉，禮之善物也。晉侯謂女叔齊曰：「魯侯不亦善於禮乎？」對曰：「禮，所以守其國，行其政令，無失其民者也。今政令在家，不能取也；有子家羈，弗能用也。公室四分，民食於他。思莫在公，不圖其終。爲國君，難將及身，不恤其所。禮之本末將於此乎在，而屑屑焉習儀以亟。言善於禮，不亦遠乎！」子曰：「君子之道，辟則坊與，坊民之所不足者也。大爲之坊，民猶踰之，故君子禮以坊德，刑以坊淫，命以坊欲。」古之明王，所以禁邪於未形，使民日遷善遠罪而不自知者，是必有其道矣。

凡人之動心與否，固在其加卿相行道之時也。枉道事人，曲學阿世，皆從此而始矣。我四十不動心者，不動其「行一不義，殺一不辜而得天下，有不爲也」之心。

古來田賦之制，實始於禹，水土既平，咸則三壤。後之王者，不過因其成蹟而已。故詩曰：「信彼南山，維禹甸之。畇畇原隰，曾孫田之。我疆我理，南東其畝。」然則周之疆理，猶禹之遺法也。原注：周禮小司徒注：「昔夏少康在虞，思有田一成，有衆一旅。一旅之衆而田一成，則井牧之法，先古然矣。」孔氏信南山正義引此，則曰：

「王甸之法，禹之所爲。」孟子乃曰：「夏后氏五十而貢，殷人七十而助，周人百畝而徹。」夫井田之制，一井之地，畫爲九區，故蘇洵謂萬夫之地，蓋三十二里有半，而其間爲川爲路者一，爲澮爲道者九，爲洫爲涂者百，爲溝爲畛者千，爲遂爲徑者萬。使夏必五十，殷必七十，周必百，則是一王之興，必將改畛涂，變溝洫，移道路以就之，爲此煩擾而無益於民之事也，豈其然乎！原注：周官遂人：「凡治野，夫間有遂，遂上有徑，十夫有溝，溝上有畛，百夫有洫，洫上有涂，千夫有澮，澮上有道，萬夫有川，川上有路，以達於畿。」夫子言禹盡力乎溝洫，而禹之自言，亦曰：「濬畎澮，距川。」知其制不始於周矣。蓋三代取民之異，在乎貢、助、徹，而不在乎五十、七十、百畝。其五十、七十、百畝，特丈尺之不同，而田未嘗易也。故曰：「其實皆什一也。」古之王者，必改正朔，易服色，異度數，故史記秦始皇本紀於「改年，十月朔，上黑」之下，即曰：「數以六爲紀，符、法冠皆六寸，而輿六尺，六尺爲步，乘六馬。」三代之王，其更制改物，亦大抵如此。故王制曰：「古者以周尺八尺爲步，今以周尺六尺四寸爲步。」而當日因時制宜之法，亦有可言。夏時土曠人稀，故其畝特大。殷、周土易人多，故其畝漸小，以夏之一畝爲二畝，其名殊而實一也。國佐之對晉人曰：「先王疆理天下，物土〔一〕之宜，而布其利。」豈有三代之王，而爲是紛紛無益於民之事哉！

爲民而立之君，故班爵之意，天子與公侯伯子男一也，而非絶世之貴。代耕而賦之禄，故班禄之意，君卿大夫士與庶人在官一也，而非無事之食。原注：黄氏日鈔讀王制曰：「必本於上農夫者，示禄出於農，等而上

〔一〕「土」，原作「上」，據左傳成公二年改。

之，皆以代耕者也。」是故知天子一位之義，則不敢肆於民上以自尊；知禄以代耕之義，則不敢厚取於民以自奉。不明乎此，而侮奪人之君，常多於三代之下矣。

「學問之道無他，求其放心而已矣。」然則但求放心，可不必於學問乎？與孔子之言「吾嘗終日不食，終夜不寢，以思，無益，不如學也」者，何其不同邪？他日又曰：「君子以仁存心，以禮存心。」是所存者非空虚之心也。夫仁與禮，未有不學問而能明者也。孟子之意，蓋曰能求放心，然後可以學問。使弈秋誨二人弈，其一人專心致志，惟弈秋之爲聽；一人雖聽之，一心以爲有鴻鵠將至，思援弓繳而射之，雖與之俱學，弗若之矣。此放心而不知求者也。然但知求放心，而未嘗「窮中罫之方，悉雁行之勢」，原注：馬融圍棊賦。亦必不能從事於弈。

享天下之大福者，必先天下之大勞；宅天下之至貴者，必執天下之至賤。是以殷王小乙使其子武丁舊勞于外，知小人之依，而周之后妃，亦必服澣濯之衣，修煩縟之事，及周公遭變，陳后稷先公王業之所由者，則皆農夫女工衣食之務也。原注：干〔一〕寶晉紀。

古先王之教，能事人而後能使人，其心不敢失於一物之細，而後可以勝天下之大。舜之聖也，而飯糗茹草；禹之聖也，而手足胼胝，面目黧黑，此其所以道濟天下，而爲萬世帝王之祖也，況乎其不如舜、

〔一〕「干」，原作「于」，今改。

禹者乎！原注：朱子語類言舜之耕稼陶漁，夫子之釣弋，子路之負米，子貢之埋馬，皆賤者之事，而古人不辟也。有若三踊於魯大夫之庭，冉有用矛以入齊軍，而樊須雖少能用命，此執干戈以衛社稷；而古人所不辭也。後世驕侈日甚，反以臣子之職爲恥。

天子之所恃以平治天下者，百官也，故曰「臣作朕股肱耳目」，又曰「天工人其代之」。今奪百官之權，而一切歸之吏胥，是所謂百官者虛名，而柄國者吏胥而已。郭隗之告燕昭王曰：「亡國與役處，吁，其可懼乎！」秦以任刀筆之吏而亡天下，此固已事之明驗也。

法制禁令，王者之所不廢，而非所以爲治也。其本在正人心，厚風俗而已，故曰：「居敬而行簡，以臨其民。」周公作立政之書曰：「文王罔攸兼于庶言庶獄庶慎。」又曰：「庶獄庶慎，文王罔敢知于茲。」其丁甯後人之意，可謂至矣。秦始皇之治，「天下之事，無大小皆決於上，上至於衡石量書，日夜有呈，不中呈不得休息」，而秦遂以亡。太史公曰：「昔天下之網嘗密矣，然姦僞萌起。其極也，上下相遁，至於不振。然則法禁之多，乃所以爲趣亡之具，而愚闇之君，猶以爲未至也。」杜子美詩曰：「舜舉十六相，身尊道何高。秦時任商鞅，法令如牛毛。」又曰：「君看燈燭張，轉使飛蛾密。」其切中近朝之事乎！漢文帝詔置三老孝弟力田常員，令各率其意以道民焉。夫三老之卑，而使之得率其意，此文、景之治所以至於移風易俗，黎民醇厚，而上擬於成、康之盛也。

所謂天子者，執天下之大權者也。其執大權奈何？以天下之權，寄之天下之人，而權乃歸之天子。自公卿大夫，至於百里之宰，一命之官，莫不分天子之權，以各治其事，而天子之權乃益尊。後世有不善治者出焉，盡天下一切之權而收之在上，而萬幾之廣，固非一人之所能操也，原注：沈約宋書論曰：「孝建、泰始，主威獨運，空置百司，權不外假，而刑政糾雜，理難徧通。」而權乃移於法。於是多爲之法以禁防之，雖大姦有所不能踰，而賢智之臣，亦無能效尺寸於法之外，相與兢兢奉法以求無過而已。於是天子之權不寄之人臣而寄之吏胥，是故天下之尤急者，守令親民之官。而今日之尤無權者，莫過於守令。守令無權，而民之疾苦不聞於上，安望其致太平而延國命乎！書曰：「元首叢脞哉！股肱惰哉！萬事墮哉！」蓋至於守令日輕，而胥吏日重，則天子之權已奪，而國非其國矣，尚何政令之可言耶！削考功之繁科，循久任之成效，必得其人而與之以權，庶乎守令賢，而民事理，此今日之急務也！

古先王之治地也，無棄地，而亦不盡地，田間之涂九軌，有餘道矣。遺山澤之分，秋水多得有所休息，有餘水矣。是以功易立而難壞，年計不足而世計有餘。後之人一以急迫之心爲之，商鞅決裂阡陌，而中原之疆理蕩然。宋政和以後，圍湖占江，而東南之水利亦塞，原注：宋史劉韐傳：「鑑湖爲民侵耕，官田收其租，歲二萬斛。政和間，涸以爲田，衍至六倍。」文獻通考：「圩田湖田多起於政和以來。其在浙間者，隸應奉局；其在江東者，蔡京、秦檜相繼得之。大概今之田，昔之湖，徒知湖中之水可涸以墾田，而不知湖外之田將胥而爲水也。」於是十年之中，荒恒六七，而較其所得，反不及於前人。子曰：「無欲速，無見小利。」夫欲行井地之法，則必自此二言始矣。

唐自行兩税法以後，天下百姓輸賦於州府，一曰上供，二曰送使，三曰留州。原注：舊唐書裴垍傳。新唐書食貨志同。元稹狀言：「臣伏準前後制敕，及每歲旨條，兩税留州留使錢外，加率一錢一物，州府長吏竝同。枉法計贓，仍令出使御史訪察聞奏。」及宋太祖乾德三年，詔諸州支度經費外，凡金帛悉送闕下，無得占留。原注：宋史食貨志。自此一錢以上，皆歸之朝廷，而簿領纖悉，特甚於唐時矣。然宋之所以愈弱而不可振者，實在此。原

注：宋史言宋聚兵京師，外州無留財，天下支用，悉出三司，故其費寖多。昔人謂古者藏富於民，自漢以後，財已不在民矣，而猶在郡國，不至盡輦京師，是亦漢人之良法也。後之人君，知此意者鮮矣！

禹貢之言治水也，曰播曰瀦。水之性，合則衝，驟則溢，故别而疏之，所以殺其衝也。「又北播爲九河是也」。旁而蓄之，所以節其溢也，「大野既瀦是也」。必使之有所容而不爲暴，然後鍾美可以豐物，流惡可以阜民，而百姓之利繇是而興矣。

河政之壞也，起於竝水之民，貪水退之利，而古佃河旁汙澤之地，不才之吏，因而籍之於官，然後水無所容，而横決爲害。賈讓言：「古者立國，居民疆理土地，必遺川澤之分，度水勢所不及，大川無防，小水得入，陂障卑下以爲汙澤，使秋水多得有所休息，左右遊波寬緩而不迫，故曰：『善爲川者，決之使道。』」又曰：「内黄界中有澤，方數十里，環之有隄。往十餘歲，太守以賦民，民今起廬舍其中。此臣親見者也。」元史河渠志謂：「黄河退涸之時，舊水泊汙池多爲勢家所據，忽遇泛溢，水無所歸，遂致爲害。」繇此觀之，非河犯人，人自犯之。予行山東鉅野、壽張諸邑，古時瀦水之地，無尺寸不耕，而忘其昔日之爲川浸矣。近有一壽張令修志，乃云：「梁山濼僅可十里，其虚言八百里，乃小説之惑人耳。」此并五代、宋、金、史而未之見也。原注：五代史：「晉開運元年六月丙辰，滑州河決，浸汴、曹、濮、單、鄆五州之境，環梁山，合於汶水，與南旺、蜀山湖連，瀰漫數百里。」宋史宦者傳：「梁山濼，古鉅野澤，綿亘數百里，濟、鄆數州賴其蒲魚之利。」金史食貨志：「黄河已移故道，梁山濼水退，地甚廣，遣使安置屯田」。沙灣未築已前，徐有貞疏亦言：「外有八百里梁山濼可以爲泄。」書生之論，豈不可笑也哉！

因河以爲漕者，禹也；壅河以爲漕者，明人也，故古曰「河渠」，今曰「河防」。聞之先達言，天啟以前，無人不利於河決者。侵尅金錢，則自總河以至於閘官，無所不利；支領工食，則自執事以至於游閒無食之人無所不利。其不利者，獨業主耳。而今年決口，明年退灘，填淤之中，常得倍蓰，而溺死者特百之一二而已。於是頻年修治，頻年衝決，以馴至今日之害，非一朝一夕之故矣。國家之法使然，彼斗筲之人焉足責哉！不獨此也，彼都人士，爲人說一事，置一物，未有不索其酬者。百官有司，受朝廷一職事，一差遣，未有不計其獲者。自府史胥徒，上而至於公卿大夫，真可謂之同心同德者矣。苟非返普天率土之人心，使之先義而後利，終不可以致太平。故愚以爲，今日之務，正人心急於抑洪水也。

春秋終於敬王三十九年庚申之歲西狩獲麟。又十四年爲貞定王元年癸酉之歲，魯哀公出奔二年卒於有山氏，左傳以是終焉。又六十五年，威烈王二十三年戊寅之歲，初命晉大夫魏斯、趙籍、韓虔爲諸侯。又一十七年，安王十六年乙未之歲，初命齊大夫田和爲諸侯。又五十二年，顯王三十五年丁亥之歲，六國以次稱王，蘇秦爲從長。自此之後，事乃可得而紀。自左傳之終以至此，凡一百三十三年，史文闕軼，攷古者爲之茫昧。如春秋時猶尊禮重信，而七國則絶不言禮與信矣。春秋時猶宗周王，而七國則絶不言王矣。原注：史記秦本紀：「孝公使公子少官率師會諸侯于〔一〕逢澤，以朝王。」蓋顯王時。春秋時猶嚴祭

〔一〕「于」，原作「千」，據史記改。

祀，重聘享，而七國則無其事矣。春秋時猶論宗姓氏族，而七國則無一言及之矣。春秋時猶宴會賦詩，而七國則不聞矣。春秋時猶有赴告策書，而七國則無有矣。邦無定交，士無定主，此皆變於一百三十三年之間，史之闕文，而後人可以意推者也。不待始皇之并天下，而文、武之道盡矣。原注：李康運命論云：「文薄之弊，漸於靈、景，辨詐之僞，成於七國。」馴至西漢，此風未改，故劉向謂其「承千歲之衰周，繼暴秦之餘弊，貪饕險詖，不閑義理」。觀夫史之所録，無非功名勢利之人，筆札喉舌之輩，而如董生之言正誼明道者，不一二見也。蓋自春秋以後至東京，而其風俗稍復乎古，吾是以知光武、明、章果有變齊至魯之功，而惜其未純乎道也。自斯以降，則宋慶曆、元祐之間爲優矣。嗟乎！論世而不攷其風俗，無以明人主之功。余之所以斥周末而進東京，亦春秋之意也。漢自孝武表章六經之後，師儒雖盛，而大義未明，故新莽居攝，頌德獻符者偏於天下。光武有鑒於此，故尊崇節義，敦厲名實，所舉用者，莫非經明行修之人，而風俗爲之一變。至其末造，朝政昏濁，國事日非，而黨錮之流，獨行之輩，依仁蹈義，舍命不渝。風雨如晦，雞鳴不已，三代之下，風俗之美，無尚於東京者。故范曄之論以爲：「桓、靈之間，君道粃僻，朝綱日陵，國隙屢啟，自中智以下，靡不審其崩離；而權强之臣，息其闚盜之謀，豪俊之夫，屈於鄙生之議」，原注：儒林傳論。所以「傾而未頹，決而未潰，皆仁人君子心力之爲」。原注：左雄傳論。可謂知言者矣。使後代之主，循而弗革，即流風至今，亦何不可。而孟德既有冀州，崇獎跅弛之士，觀其下令再三，至於求負汙辱之名、見笑之行、不仁不孝而有治國用兵之術者，原注：建安二十二年八月令，十五年春令，十九年十二月令，意皆同。於是權詐迭進，姦逆萌生。故董昭太和之疏，已謂「當今年少不復以學問爲本，專更以交遊爲業；國士不以孝悌清修爲首，乃以趨勢求利爲先」。至正始之際，而一二浮誕之徒，騁其智識，蔑周、孔之書，習老、莊之教，風俗又爲之一變。夫以經術之治，節義之防，光武、明、章數世爲之而未足；毁方敗常之俗，孟德一人變之而有餘。後之人君，將樹之風聲，納之軌物，以善俗而作人，不可不察乎此矣。

有亡國，有亡天下，亡國與亡天下奚辨？曰：「易姓改號，謂之亡國。仁義充塞而至於率獸食人，人將相食，謂之亡天下。」魏、晉人之清談，何以亡天下？是孟子所謂，楊、墨之言，至於使天下無父無君，而入於禽獸者也。昔者，嵇紹之父康，被殺於晉文王。至武帝革命之時，而山濤薦之入仕。紹時屏居私門，欲辭不就。濤謂之曰：「爲君思之久矣。天地四時，猶有消息，而況於人乎！」一時傳誦以爲名言，而不知其敗義傷教，至於率天下而無父者也。夫紹之於晉，非其君也，忘其父而事其非君，當其未死三十餘年之間，爲無父之人亦已久矣，而蕩陰之死，何足以贖其罪乎！且其入仕之初，豈知必有乘輿敗績之事，而可樹其忠名，以蓋於晚也？自正始以來，而大義之不明，徧於天下，如山濤者，既爲邪説之魁，遂使嵇紹之賢，且犯天下之不韙而不顧。夫邪正之説，不容兩立，使謂紹爲忠，則必謂王裒爲不忠而後可也，何怪其相率臣於劉聰、石勒，觀其故主青衣行酒，而不以動其心者乎！是故知保天下然後知保其國。保國者，其君其臣，肉食者謀之。保天下者，匹夫之賤，與有責焉耳矣！

宋史言，士大夫忠義之氣，至於五季，變化殆盡。宋之初興，范質、王溥有餘憾，藝祖首褒韓通，次表衛融，以示意嚮。真、仁之世，田錫、王禹偁、范仲淹、歐陽修、唐介諸賢以直言讜論倡於朝，於是中外薦紳知以名節爲高，廉恥相尚，盡去五季之陋。故靖康之變，志士投袂，起而勤王，臨難不屈，所在有之。及宋之亡，忠節相望。嗚呼！觀哀、平之可以變而爲東京，五代之可以變而爲宋，則知天下無不可變之風俗也。剥上九之言碩果也，陽窮於上，則復生於下矣。

人君御物之方，莫大乎抑浮止競。宋自仁宗在位四十餘年，雖所用或非其人，而風俗醇厚，好尚端方，論世之士謂之君子道長。及神宗朝，荆公秉政，驟奬趨媚之徒，深鉏異己之輩，鄧綰、李定、舒亶、蹇序辰、王子韶諸奸一時擢用，而士大夫有十鑽之目。原注：鑽者，取必入之義。班固答賓戲商鞅挾三術以鑽孝公。鄧綰傳以頌王安石得官，謂其鄉人曰："笑罵從汝好，官須我爲之。"干進之流，乘機抵隙。馴至紹聖、崇甯，而黨禍大起，國事日非，膏肓之疾，遂不可治。後之人但言其農田、水利、青苗、保甲諸法爲百姓害，而不知其移人心、變士習爲朝廷之害。其害於百姓者，可以一旦而更；其害於朝廷者，歷數十百年，滔滔之勢，一往而不可反矣！李應中謂："自王安石用事，陷溺人心，至今不自知覺。人趨利而不知義，則主勢日孤。"此可謂知言者也。詩曰："毋教猱升木，如塗塗附。"夫使慶曆之士風，一變而爲崇甯者，豈非荆公教猱之效哉！

古之哲王所以正百辟者，既已制官刑儆于有位矣，而又爲之立閭師，設鄉校，存清議於州里，以佐刑罰之窮。移之郊遂，載在禮經，"殊厥井疆"，稱於畢命。兩漢以來，猶循此制，鄉舉里選，必先考其生平，一玷清議，終身不齒。君子有懷刑之懼，小人存恥格之風，教成於下而上不嚴，論定於鄉而民不犯。降及魏、晉，而九品中正之設，雖多失實，遺意未亡。凡被糾彈，付清議者，即廢棄，終身同之禁錮。原

注：晉書卞壺傳。至宋武帝篡位，乃詔有犯鄉論清議，贓汙淫盜，一皆蕩滌洗除，與之更始。自後，凡遇非常之恩，赦文並有此語。原注：齊、梁、陳詔並云「洗除先注」。當日鄉論清議，必有記注之目。小雅廢而中國微，風俗衰而叛亂作耳。然鄉論之汙，至煩詔書爲之洗刷，豈非三代之直道尚在於斯民，而畏人之多言，猶見於變風之日乎？予聞在下有鰥，所以登庸，以比三凶不才，所以投畀，雖二帝之舉錯，亦未嘗不詢于芻蕘。然則崇月旦以佐秋官，進鄉評以扶國是，儻亦四聰之所先，而王治之不可闕也。

陳壽居父喪，有疾，使婢丸藥，客往見之，鄉黨以爲貶議，如是沈滯者累年。阮簡父喪，行遇大雪寒凍，遂詣浚儀令，令爲他賓設黍臛，簡食之，以致清議廢頓幾三十年。温嶠爲劉司空使勸進，母崔氏固留之，嶠絶裾而去。迄於崇貴，鄉品猶不過也，每爵皆發詔。謝惠連先愛會稽郡吏杜德靈，及居父憂，贈以五言詩十餘首，文行於時，坐廢不豫榮伍。張率以父憂去職。其父侍伎數十人，善謳者有色貌，邑子儀曹郎顧玩之求聘焉。謳者不願，遂出家爲尼。嘗因齋會率宅，玩之爲飛書言與率姦。南司以事奏聞，高祖惜其才，寢其奏，然猶致世論。服闋後，久之不仕。官職之升沈，本於鄉評之與奪，其猶近古之風乎！

天下風俗最壞之地，清議尚存，猶足以維持一二。至於清議亡，而干戈至矣。

司馬遷作史記貨殖傳謂，自廊廟朝廷，巖穴之士，無不歸於富厚。等而下之，至於「吏士舞文弄法，刻章僞書，不避刀鋸之誅者，没於賂遺」。而仲長敖覈性賦謂：「倮蟲三百，人最爲劣，爪牙皮毛，不足自衛，唯賴詐僞，迭相嚼齧。」等而下之，至於「臺隸僮豎，唯盜唯竊」。乃以今觀之，則無官不賂遺，而人人皆吏士之爲矣；無守不盜竊，而人人皆僮豎之爲矣。自其束髮讀書之時，所以勸之者，不過所謂千鍾粟，黄金屋。而一旦服官，即求其所大欲。君臣上下，懷利以相接，遂成風流，不可復制。後之爲治者，宜何術之操？曰：「唯名可以勝之。」名之所在，上之所庸，而忠信廉潔者顯榮於世；名之所去，上之所擯，而怙侈貪得者廢錮於家。即不無一二矯僞之徒猶愈於肆然而爲利者。南史有云：「漢世士務修身，故忠孝成俗，至於乘軒服冕，非此莫由。晉、宋以來，風衰義缺，故昔人之言，曰名教，曰名節，曰功名，不能使天下之人以義爲利，而猶使之以名爲利，雖非純王之風，亦可以救積洿之俗矣。」

漢人以名爲治，故人材盛；今人以法爲治，故人材衰。

世道之衰，人材不振，王伾之吴語，鄭綮之歇後，薛昭緯之浣溪沙，李邦彦之俚語辭曲，莫不登諸巖廊，用爲輔弼，至使在下之人，慕其風流，以爲通脱，而棟折榱崩，天下將無所芘矣。及乎板蕩之後，而念老成；原注：大雅蕩。播遷之餘，而思耆俊，原注：文侯之命。庸有及乎！有國者，登崇重厚之臣，抑退輕浮之士，此移風易俗之大要也。

老氏之學所以異乎孔子者，和其光，同其塵，此所謂似是而非也。卜居、漁父二篇盡之矣。非不知其言之可從也，而義有所不當爲也。子雲而知此義也，反離騷其可不作矣！尋其大指，生斯世也，爲斯世也，善斯可矣。此其所以爲莽大夫與？

記曰：「大臣法，小臣廉，官職相序，君臣相正，國之肥也。」故欲正君而序百官，必自大臣始。然而王陽黄金之論，時人既怪其奢，公孫布被之名，直士復譏其詐，則所以考其生平，而定其實行者，惟觀之於終，斯得之矣。「季文子卒，大夫入斂，公在位，宰庀家器爲葬備，無衣帛之妾，無食粟之馬，無藏金玉，無重器備，君子是以知季文子之忠於公室也。相三君矣，而無私積，可不謂忠乎？」諸葛亮自表後主曰：「成都有桑八百株，薄田十五頃，子孫衣食，悉仰於家，自有餘饒。至於臣在外任，無別調度，隨身衣食，悉仰於官，不別治生，以長尺寸。若臣死之日，不使内有餘帛，外有贏財，以負陛下。」及卒如其所言。夫廉不過人臣之一節，而左氏稱之爲忠，孔明以爲無負者，誠以人臣之欺君誤國，必自其貪於貨賂也。夫居尊席腆，潤屋華身，亦人之常分爾，豈知高后降之弗祥，民人生其怨詛，其究也，乃與國而同敗邪？誠知夫大臣家事之豐約，關於政化之隆汚，則可以審擇相之方，而亦得富民之道矣。

孔子曰：「居家理，故治可移於官。」子木問范武子之德於趙孟，對曰：「夫子之家事治，言於晉國無隱情。其祝史陳信於鬼神，無媿辭。」子木歸以語王，王曰：「宜其光輔五君，以爲盟主也。」夫以一人家事之理，而致晉國之霸，士大夫之居家，豈細行乎！

江南之士，輕薄奢淫，梁、陳諸帝之遺風也。河北之人，鬬很劫殺，安、史諸凶之餘化也。

「飽食終日，無所用心，難矣哉！」今日北方之學者是也。「羣居終日，言不及義，好行小慧，難矣哉！」今日南方之學者是也。

古之聖人所以教人之説，其行在孝弟忠信，其職在灑掃應對進退，其文在詩、書、禮、易、春秋，其用之身，在出處去就交際，其施之天下，在政令教化刑罰。雖其和順積中，而英華發外，原注：樂記。亦有體用之分，然竝無用心於内之説。自老、莊之學行於戰國之時，而外義者，告子也；外天下、外物、外生者，莊子也。於是高明之士厭薄詩、書，以爲此先王所以治天下之糟粕。而佛氏晚入中國，其所言清淨慈悲之説，適有以動乎世人之慕嚮者。六朝諸君子從而衍之，由清淨自在之説，而極之以至于不生不死，入于涅槃，則楊氏之爲我也；由慈悲利物之説，而極之以至于普度衆生，超拔苦海，則墨氏之兼愛也。天下之言，不歸楊則歸墨，而佛氏乃兼之矣。其傳寖盛，後之學者，遂謂其書爲内典。原注「内典」字見册府元龜引唐會要：「開成二年二月，王彦進準宣索内典目録十二卷。」推其立言之旨，不將内釋而外吾儒乎？夫内釋而外吾儒，此自緇流之語，豈得士人亦云爾乎？

黄氏日鈔云：「論語曾子『三省』章，集注載尹氏曰：『曾子守約，故動必求諸身，語意已足矣。』又載謝氏曰：『諸子之學，皆出於聖人，其後愈遠而愈失其真。獨曾子之學，專用心於内，故傳之無弊。』」夫心所以具衆理而應萬事，正其心者，正欲施之治國平天下，孔門未有專用心於内之説也。用心於内，近世禪學之説耳。象山陸氏因謂：「曾子之學是裏面出來，其學不傳。諸子是外面入去，今傳於世者，皆外入之學，非孔子之真。」遂於論語之外，自謂得不傳之學，凡皆源於謝氏之説也。後有朱子，當於集注中去此一條。

論語一書，言心者三，曰「七十而從心所欲不踰矩」，曰「回也其心三月不違仁」，曰「飽食終日無所用心」。乃「操則存，舍則亡」之訓，門人未之記，而獨見於孟子。夫未學聖人之操心，而驟語夫從心，此即所謂「飽食終日無所用心」，而旦晝之所爲，有牿亡之者矣。

王文成原注：守仁。所輯朱子晚年定論，今之學者多信之，不知當時羅文莊原注：欽順。已嘗與之書而辯之矣。其書曰：「詳朱子定論之編，蓋以其中歲以前，所見未真，及晚年，始克有悟，乃於其論學書牘三數十卷之内，摘此三十餘條，其意皆主於向裏者，以爲得於既悟之餘，而斷其爲『定論』。斯其所擇，宜亦精矣！第不知所謂晚年者，斷以何年爲定？偶攷得何叔京氏卒於淳熙乙未，時朱子年方四十有六。後二年丁酉，而論、孟集注、或問始成。今有取於答何書者四通，以爲晚年定論，至於集注、或問，則以爲中年未定之説，竊恐攷之欠詳，而立論之太果也。又所取答黄直卿一書，監本止云：『此是向來差誤。』别無『定本』二字。今所編增此二字，而序中又變『定』字爲『舊』字，却未詳本字所指。朱子有答吕東萊一書，嘗及定本之説，然非指集注、或問也。凡此，愚皆不能無疑，顧猶未足深論。竊以執事天資絶世，而日新不已，向來恍若有悟之後，自以爲『證諸五經』四字，沛然若決江河而放諸海，又以爲精明的確，洞然無復可疑。某固信其非虚語也。然又以爲獨於朱子之説有相牴牾，揆之於理，容有是邪？他説固未敢請。嘗讀朱子文集，其第三十二卷，皆與張南軒答問書，内第四書，亦自以爲其於實體似益精明，因復取凡聖賢之書，以及近世諸老先生之遺語，讀而驗之，則又無一不合。蓋平日所疑而未白者，今皆不待安排，往往自見灑落處，與執事之所自序者，無一語不相似也。書中發其所見，不爲不明，而卷末一書，提綱振領，尤爲詳盡。竊以爲千聖相傳之心學，殆無以出此矣。不知何故，獨不爲執事所取，無亦偶然也邪？若以此二書爲然，則論、孟集注，學、庸章句、或問，不容别有一般道理。如其以爲未合，則是執事精明之見，決與朱子異矣！凡此三十餘條者，不過姑取之以證成高論，而所謂先得我心之所同然者，安知不有毫釐之不同者爲祟於其間，以成牴牾之大隙哉！又執事於朱子之後，特推草廬吴氏，以爲見之尤真，而取其一説，以附三十餘條之後。竊以草廬晚年所見端的與否，良未易知。蓋吾儒昭昭之云，釋氏亦每言之，毫釐之差，正在於此。即草廬所見，果有合於吾之所謂昭昭者，安知非其四十年間鑽研文義之效？殆所謂真積力久，而豁然貫通者也。蓋雖以明道先生之高明純粹，又蚤獲親炙於濂溪，以發其吟風弄月之趣，亦必反求諸六經而後得之。但其所禀，鄰於生知，聞一以知十，與他人極力於鑽研者不同耳，又安得以前日之鑽研文義爲非，而以墮此科臼爲悔？夫得魚忘筌，得兔忘蹄，原注：出莊子。「蹄」，古「罤」字通，兔罝也。可也。矜魚兔之獲，而反追咎筌蹄以爲多事，其可乎哉！

東莞陳建作學蔀通辯，取朱子年譜、行狀、文集、語類及與陸氏兄弟往來書札，逐年編輯，而爲之辯曰：朱、陸早同晚異之實，二家譜、集具載甚明。原注：黄氏日鈔曰：「朱子答陸子壽書，反復論喪祭之禮；答陸子美書，辯詰太極、西銘至再而止；答陸子静書，辯詰尤切，條其理有未明，而不能盡人言者凡七。終又隨條注釋，斥其空疎杜譔，且云：『如曰未然，各尊所聞，各行所知，可矣！』書亦於此而止。」近世東山趙汸對江右六君子策乃云：「朱子答項平父書，有去短集長之言，原注：此特朱子謙己誨人之辭，未嘗教人爲陸氏之學也。豈鵝湖之論，至是而有合邪？使其合并於晚歲，則其微言精義，必有契焉。」而子静則既往矣，此朱、陸早異晚同之説所萌芽也。程篁墩原注：敏政。因之，乃著道一編，分朱、陸異同爲三節，始焉如冰炭之相反，中焉則疑信之相半，終焉若輔車之相依。朱、陸早異晚同之説，於是乎成矣。王陽明因之，遂有朱子晚年定論之録，專取朱子議論與象山合者，與道一編輔車之説正相唱和矣。凡此，皆顛倒早晚，以彌縫陸學，而不顧矯誣朱子、誑誤後學之深。故今編年以辯，而二家早晚之實，近儒顛倒之弊，舉昭然矣。又曰：「朱子有朱子之定論，象山有象山之定論，不可强同。專務虛静，完養精神，此象山之定論也。主敬涵養，以立其本；讀書窮理，以致其知；身體力行，以踐其實，三者交修竝盡，此朱子之定論也。乃或專言涵養，或專言窮理，或止言力行，則朱子因人之教，因病之藥也。今乃指專言涵養者爲定論，以附合於象山，其誣朱子甚矣！」又曰：「趙東山所云蓋求朱、陸生前無可同之實，而没後乃臆料其後會之必同。本欲安排早異晚同，乃至説成生異死同，可笑！可笑！原注：按子静卒後，朱子與詹元善書，謂其説頗行於江、湖間，損賢者之志，而益愚者之過，不知此禍何時而已。蓋已不攷此書，强欲附會之以爲同，何耶？如此，豈不適所以彰朱、陸平生之未嘗同，適自彰其牽合欺人之弊，奈何近世咸信之而莫能察也？昔裴延齡掩有爲無、指無爲有以欺人主，陸宣公謂其愚弄朝廷，甚於趙高指鹿爲馬。今篁墩輩分明掩有爲無、指無爲有以欺弄後學，豈非吾道中之延齡哉！」又曰：「昔韓絳、吕惠卿代王安石執政時，號絳爲傳法沙門，惠卿爲護法善神。愚謂近日繼陸學而興者，王陽明是傳法沙門，程篁墩則護法善神也。」原注：此書於朱、陸二家同異，攷之極爲精詳，而世人不知，但知其有皇明通紀。又不知通紀乃梁文康儲之弟億所作，而託名於清瀾也。宛平孫承澤謂：「陽明所編，其意欲借朱子以攻朱子。且吾夫子以天縱之聖，不以生知自居，而曰好古敏求，曰多聞多見，曰博文約禮，至老删述不休，猶欲假年學易。朱子一生效法孔子，進學必在致知，涵養必在主敬，德性在是，問學在是。如謬以朱子爲支離，爲晚悔，則是吾夫子所謂好古敏求、多聞多見、博文約禮，皆早年之支離，必如無言無知無能爲晚年自悔之定論也。」以此觀之，則晚年定論之刻，真爲陽明舞文之書矣。蓋自弘治、正德之際，天下之士，厭常喜新，風氣之變，已有所自來，而文成以絶世之資，倡其新説，鼓動海内。原注：文成與胡端敏世甯鄉試同年。一日，謂端敏公曰：「公，人傑也，第少講學。」端敏答曰：「某何敢望公，但恨公多講學耳！」嘉靖以後，從王氏而詆朱子者，始接踵於人間。而王尚書原注：世貞。發策謂：「今之學者，偶有所窺，則欲盡廢先儒之説而出其上；不學，則借一貫之言以文其陋；無行，則逃之性命之鄉，以使人不可詰。」此三言者，盡當日之情事矣！故王門高弟爲泰州、原注：王艮。龍溪原注：王畿。二人。泰州之學，一傳而爲顔山農，原注：均。再傳而爲羅近溪、原注：汝芳。趙大洲。原注：貞吉。龍溪之學，一傳而爲何心隱，原注：本名梁汝元。再傳而爲李卓吾、原注：贄。陶石簣。原注：望齡。昔范武子論王弼、何晏二人之罪深於桀、紂，以爲一世之患輕，歷代之害重，自喪之惡小，迷衆之罪大。而蘇子瞻謂李斯亂天下，至於焚書坑儒，皆出於其師荀卿高談異論而不顧者也。困知之記、學蔀之編，固今日中流之砥柱也。

漢人好以自作之書而託爲古人，張霸百二尚書、衛宏詩序之類是也。晉以下人，則有以他人之書而竊爲己作，郭象莊子注、何法盛晉中興書之類是也。若有明一代之人，其所著書無非竊盜而已。

漢書藝文志曰：「古者書必同文，不知則闕，問諸故老。至於衰世，是非無正，人用其私。故孔子曰『吾猶及史之闕文』也。今亡矣夫！」蓋傷其寖不正。是知穿鑿之弊，自漢已然，故有行賂改蘭臺漆書以合其私者矣。

文之不可絶於天地間者，曰明道也，紀政事也，察民隱也，樂道人之善也，若此者，有益於天下，有益於將來，多一篇多一篇之益矣。若夫怪力亂神之事，無稽之言，勦襲之説，諛佞之文，若此者，有損於己，無益於人，多一篇多一篇之損矣。

子書自孟、荀之外，若老、莊、管、商、申、韓，皆自成一家言。至呂氏春秋、淮南子，則不能自成，故取諸子之言，彙而爲書，此子書之一變也。今人書集，一一盡出其手，必不能多，大抵如呂覽、淮南之類耳。其必古人之所未及，就後世之所不可無而後爲之，庶乎其傳也與！

宋人書，如司馬溫公資治通鑑、馬貴與文獻通考，皆以一生精力成之，遂爲後世不可無之書，而其中小有舛漏，尚亦不免。若後人之書，愈多而愈舛漏，愈速而愈不傳，所以然者，其視成書太易，而急於求名故也。

伊川先生晚年作易傳成，門人請授，先生曰：「更俟學有所進。」子不云乎：「忘身之老也，不知年數之不足也。俛焉日有孳孳，斃而後已。」

清儒學案卷七下

亭林學案下

音學五書序

記曰：「聲成文，謂之音。」夫有文斯有音，比音而爲詩，詩成然後被之樂，此皆出於天，而非人之所能爲也。三代之時，其文皆本於六書，其人皆出於族黨庠序，其性皆馴化於中和，而發之爲音，無不協於正。然而周禮大行人之職，「九歲，屬瞽史，諭書名，聽聲音」，所以一道德而同風俗者，又不敢略也。是以詩三百五篇，上自商頌，下逮陳靈，以十五國之遠，千數百年之久，而其音未嘗有異。帝舜之歌，皐陶之賡，箕子之陳，文王、周公之繫，無弗同者。故三百五篇，古人之音書也。魏、晉以下，去古日遠，詞賦日繁，而後名之曰韻。至宋周顒、梁沈約，而四聲之譜作。然自秦、漢之文，其音已漸戾於古。至東京益甚。而休文作譜，乃不能上據雅、南，旁摭騷子，以成不刊之典，而僅按班、張以下諸人之賦、曹、劉以下諸人之詩所用之音，撰爲定本，於是今音行而古音亡，爲音學之一變。下及唐代，以詩賦取士，其韻一以陸法言切韻爲準，雖有獨用同用之注，而其分部未嘗改也。至宋景祐之際，微有更易。理宗末年，平水劉淵始併二百六韻爲一百七。元黄公紹作韻會因之，以迄於今。於是宋韻行而唐韻亡，爲音學之再變。世日遠而傳日訛，此道之亡，蓋二千有餘歲矣。炎武潛心有年，既得廣韻之書，乃始發悟於中，而旁通其説，於是據唐人以正宋人之失，據古經以正沈氏、唐人之失，而三代以上之音，部分秩如，至賾而不可亂。乃列古今音之變，而究其所以不同，爲音論三卷；考正三代以上之音，注三百五篇爲詩本音十卷；注易爲易音三卷；辨沈氏部分之誤，而一一以古音定之，爲唐韻正二十卷；綜古音爲十部，爲古音表二卷。自是，而六經之文乃可讀，他諸子之書，離合有之，而不甚遠也。天之未喪斯文，必有聖人復起，舉今日之音，而還之淳古者。子曰：「吾自衛反魯，然後樂正，雅、頌各得其所。」實有望於後之作者焉！

後序

余纂輯此書三十餘年，所過山川亭鄣，無日不以自隨，凡五易稿，而手書者三矣。然久客荒壤，於古人之書，多所未見。日西方莫，遂以付之梓人，故已登版而刊改者，猶至數四。又得張君弨爲之考説文，采玉篇，倣字様，酌時宜，而手書之。二子叶增、叶箕分書小字，鳩工淮上，不遠數千里，累書往復，必歸於是。而其工費，則又取諸鬻産之直而秋毫不借於人。其著書之難，而成之之不易如此。然此書爲三百篇而作也，先之以音論，何也？曰：「審音學之原流也。」易文不具，何也？曰：「不皆音也。」唐韻正之考音詳矣，而不附於經，何也？曰：「文繁也。」已正其音，而猶遵元第，何也？曰：「述也。」古音表之别爲書，何也？曰：「自作也。」蓋嘗四顧躊躇，幾欲分之，幾欲合之，久之然後臚而爲五矣。嗚呼！許叔重説文，始一終亥，而更之以韻，使古人條貫不可復見；陸德明經典釋文，割裂删削，附注於九經之下，而其元本遂亡。成之難，而毁之甚易，又今日之通患也。孟子曰：「流水之爲物也，不盈科不行。」記曰：「不陵節而施之謂孫。」若乃觀其會通，究其條理，而無輕變改其書，則在乎後之君子。李君因篤每與余言詩，有獨得者，今頗取之，而以答書附之於末。上章涒灘病月之望，炎武又書。

左傳杜解補正序

北史言：「周樂遜著春秋序義，通賈、服説，發杜氏違。」今杜氏單行，而賈、服之書不傳矣。吴之先達邵氏寶，有左觿百五十餘條，又陸氏粲有左傳附注，傅氏遜本之，爲辨誤一書，今多取之，參以鄙見，名曰補正，凡三卷。若經文大義，左氏不能盡得，而公、穀得之；公、穀不能盡得，而啖、趙及宋儒得之者，則别記之於書，而此不具也。

金石文字記序

余自少時，即好訪求古人金石之文，而猶不甚解。及讀歐陽公集古録，乃知其事多與史書相証明，可以闡幽表微，補闕正誤，不但詞翰之工而已。比二十年閒，周遊天下，所至名山巨鎮，祠廟伽藍之跡，無不尋求。登危峰，探窈壑，捫落石，履荒榛，伐頹垣，畚朽壤，其可讀者，必手自鈔録。得一文爲前人所未見者，輒喜而不寐。一二先達之士，知余好古，出其所蓄，以至蘭臺之墜文，天録之逸字，旁搜博討，夜以繼日，遂乃抉剔史傳，發揮經典，頗有歐陽、趙氏二録之所未具者，積爲一帙，序之以貽後人。夫祈招之詩，誦於右尹；孔悝之鼎，傳之戴記，皆尼父所未收，六經之闕事，莫不增高五嶽，助廣百川。今此區區，亦同斯指。恨生晚不逢，名門舊家，大半凋落。又以布衣之賤，出無僕馬，往往懷毫舐墨，躑躅於山林猿鳥之間，而田父倉丁，鮮能識字，其或褊於聞見，窘於日力，而山高水深，爲登涉之所不及者。即所至之地，亦豈無挂漏！又望後人之同此好者，繼我而録之也。

肇域志序

此書自崇禎己卯起，先取一統志，後取各省府州縣志，後取二十一史參互書之，凡閲志書一千餘部。本行不盡，則注之旁；旁又不盡，則别爲一集曰備録。年來餬口四方，未遑删訂，以成一家之書，歎精力之已衰，懼韋編之莫就，庶後之人有同志者爲續而傳之，俾區區二十餘年之苦心，不終泯没爾。

天下郡國利病書序

崇禎己卯，秋闈被擯，退而讀書，感四國之多虞，恥經生之寡術，於是歷覽二十一史，以及天下郡縣志書，一代名公文集及章奏文册之類，有得即録，共成四十餘帙，一爲輿地之記，一爲利病之書。亂後多有散佚，亦或增補。而其書本不曾先定義例，又多往代之言，地勢民風，與今不盡合，年老善忘，不能一一刊正，姑以初稿存之篋中，以待後之君子斟酌去取云爾。

下學指南序

今之言學者，必求諸語録。語録之書，始于二程，前此未有也。今之語録，幾于充棟矣，而淫于禪學者實多，然其説蓋出于程門，故取慈谿黄氏日鈔所摘謝氏、張氏、陸氏之言以别其源流，而衷諸朱子之説。夫學程子而涉于禪者，上蔡也。横浦則以禪而入于儒。象山則自立一説，以排千五百年之學者，而其所謂「收拾精神，掃去階級」，亦無非禪之宗旨矣。後之説者，遞相演述，大抵不出乎此。而其術愈深，其言愈巧，無復象山崖異之迹，而示人以易信。苟讀此編，則知其説固源于宋之三家也。嗚呼！在宋之時，一陰之姤也，其在於今，五陰之剥也，有能繇朱子之言，以達夫聖人下學之旨，則此一編者，其碩果之猶存也。孟子曰：「能言距楊、墨者，聖人之徒也。」得不有望于後之人也夫！

文　集

鈔書自序

炎武之先，家海上，世爲儒。自先高祖爲給事中，當正德之末。其時天下惟王府官司及建寧書坊乃有刻板，其流布於人間者，不過四書、五經、通鑑、性理諸書，他書即有刻者，非好古之家不蓄，而寒家已有書六七千卷。嘉靖閒，家道中落，而其書尚無恙。先曾祖繼起爲行人，使嶺表，而倭闌入江東，郡邑所藏之書，與其室廬俱焚無孑遺焉。洎萬曆初，而先曾祖歷官至兵部侍郎，中間菑方鎮三四，清介之操，雖一錢不以取諸官，而性獨嗜書，往往出俸購之。及晚年，而所得之書，過於其舊，然絕無國初以前之板。而先曾祖每言：「余所蓄書，求有其字而已，牙籤錦軸之工，非所好也。」其書後析而爲四。炎武嗣祖太學公，爲侍郎公仲子，又益好讀書，增而多之，以至炎武，復有五六千卷。自罹變故，轉徙無常，而散亡者什之六七，其失多出於意外。二十年來，贏幐擔囊，以遊四方，又多別有所得，合諸先世所傳，尚不下二三千卷。其書以選擇之善，較之舊日雖少其半，猶爲過之。而漢、唐碑亦得八九十通。又鈔寫之本，別貯二簏，稱爲多且博矣。自少爲帖括之學者二十年，已而學爲詩、古文，以其間纂記故事。年至四十，斐然欲有所作。又十餘年，讀書日以益多，而後悔其嚮者立言之非也。自炎武之先人，皆通經學古，亦往往爲詩文。本生祖贊善公，文集至數百篇，而未有著書以傳於世者。昔時嘗以問諸先祖，先祖曰：「著書不如鈔書。凡今人之學，必不及古人也。今人所見之書之博，必不及古人也。小子勉之，惟讀書而已！」先祖書法，蓋逼唐人，性豪邁不羣，然自言少時日課鈔古書數紙，今散亡之餘，猶數十帙，他學士家所未有也。自炎武十一歲，即授之以温公資治通鑑，曰：「世人多習綱目，余所不取。凡作書者，莫病乎其以前人之書改竄而爲自作也。班孟堅之改史記，必不如史記也。宋景文之改舊唐書，必不如舊唐書也。朱子之改通鑑，必不如通鑑也。至於今代，而著書之人，幾滿天下，則有盜前人之書而爲自作者矣。故得明人書百卷，不若得宋人書一卷也。」炎武之遊四方，十有八年，未嘗干人。有賢主人以書相示者，則留。或手鈔，或募人鈔之。子不云乎：「多見而識之，知之次也。」今年至都下，從孫思仁先生得春秋纂例、春秋權衡、漢上易傳等書。清苑陳祺公資以薪米紙筆，寫之以歸。愚嘗有所議於左氏，及讀權衡，則已先言之矣。念先祖之見背，已二十有七年，而言猶在耳，乃泫然書之，以貽諸同學李天生。天生，今通經之士，其學蓋自爲人而進乎爲己者也。

與友人論學書

比往來南北，頗承友朋推一日之長，問道於盲。竊歎夫百餘年以來之爲學者，往往言心言性，而茫乎不得其解也。命與仁，夫子之所罕言也；性與天道，子貢之所未得聞也。性命之理，著之易傳，未嘗數以語人。其答問士也，則曰「行己有恥」。其爲學，則曰「好古敏求」。其與門弟子言，舉堯、舜相傳所謂「危微精一」之說，一切不道，而但曰「允執其中」，「四海困窮，天祿永終」。嗚呼！聖人之所以爲學者，何其平易而可循也，故曰「下學而上達」。顏子之幾乎聖也，猶曰「博我以文」。其告哀公也，明善之功，先之以博學。自曾子而下，篤實無若子夏，而其言仁也，則曰「博學而篤志，切問而近思」。今之君子則不然，聚賓客門人之學者數十百人，譬諸草木，區以別矣，而一皆與之言心言性。舍多學而識，以求一貫之方，置四海之困窮不言，而終日講危微精一之說，是必其道之高於夫子，而其門弟子之賢於子貢，祧東魯而直接二帝之心傳者也！我弗敢知也。孟子一書，言心言性，亦諄諄矣。乃至萬章、公孫丑、陳代、臻、周霄、彭更之所問，與孟子之所答者，常在乎出處、去就、辭受、取與之閒。以伊尹之元聖，堯、舜其君其民之盛德大功，而其本乃在乎千駟一介之不視不取，伯夷、伊尹之不同於孔子也。而其同者，則以「行一不義，殺一不辜，而得天下，不爲」。是故性也，命也，天也，夫子之所罕言，而今之君子之所恒言也。出處、去就、辭受、取與之辨，孔子、孟子之所恒言，而今之君子所罕言也。謂忠與清之未至於仁，而不知不忠與清而可以言仁者，未之有也。謂不忮不求之不足以盡道，而不知終身於忮且求而可以言道者，未之有也。我弗敢知也。愚所謂聖人之道者，如之何？曰博學於文，行己有恥，自一身以至於天下國家，皆學之事也；自子臣弟友，以至出入、往來、辭受、取與之閒，皆有恥之事也。恥之於人，大矣！不恥惡衣惡食，而恥其匹夫匹婦之不被其澤，故曰：「萬物皆備於我矣，反身而誠。」嗚呼！士而不先言恥，則爲無本之人；非好古而多聞，則爲空虛之學。以無本之人，而講空虛之學，吾見其日從事於聖人而去之彌遠也！

與友人論易書

承示圖書、象數、卜筮、卦變四考，爲之歎服。僕嘗讀劉歆移太常博士書，所謂輔弱扶微，兼包大小之義，而譏時人之保殘守缺，雷同相從，以爲師説，未嘗不三復於其言也。昔者，漢之五經博士，各以家法教授，易有施、孟、梁丘、京氏，尚書歐陽、大小夏侯，詩齊、魯、韓、毛，禮大小戴，春秋嚴、顔，不專於一家之學。晉、宋已下，乃有博學之士，會稡貫通。至唐時，立九經於學官，孔穎達、賈公彦爲之正義，即今所云「疏」者是也，排斥衆説，以申一家之論，而通經之路狹矣。及有明洪武三年、十七年之科舉條格，易主程、朱傳、義，書主蔡氏傳，詩主朱子集傳，俱兼用古注疏，春秋主左氏、公羊、穀梁胡氏、張洽傳，禮記主古注疏，猶不限於一家。至永樂中，纂輯大全，并本義於程傳，云：「春秋之張傳，及四經之古注疏，前人小注之文稍異於大注者不録，欲道術之歸於一，使博士弟子無不以大全爲業。」而通經之路愈狹矣。注疏刻於萬曆中年，但頒行天下，藏之學官，未嘗立法以勸人之誦習也。試問：「百年以來，其能通十三經注疏者幾人哉？」以一家之學，有限之書，人間之所共有者，而猶苦其難讀也，況進而求之儒者之林，羣書之府乎！然聖人之道，不以是而中絶也，故曰：「仁者見之謂之仁，知者見之謂之知。」昔之説易者，無慮數千百家，如僕之孤陋，而所見及寫録唐、宋人之書亦有十數家，有明之人之書不與焉，然未見有過於程傳者。且夫易之爲書，廣大悉備，一爻之中，具有天下古今之大，而注解之文，豈能該盡？若大著所謂此爻爲天子，此爻爲諸侯，此爻爲相，此爻爲師，蓋本之崔憬解繫辭二與四、三與五同功異位之説。然此特識其大者而已，其實人人可用，故曰君子所居而安者易之序也，所樂而玩者爻之辭也。故夫子之傳易也，於「見龍在田」而本之以學問寬仁之功，於「鳴鶴在陰」而擬之以言行樞機之發，此爻辭之所未及，而夫子言之。然天下之理，實未有外於此者。「素以爲絢」，禮後之意也；「高山景行」，好仁之情也；「諸姑伯姊」，尊親之序也。夫子之説詩，猶夫子之傳易也。後人之説易也，必以一人一事當之，此自傳注之例宜然，學者舉一隅而以三隅反可爾。且以九四「或躍」之爻論之，舜、禹之登庸，伊尹之五就，周公之居攝，孔子之歷聘，皆可以當之。而湯、武特其一義，又不可連比。

九〔一〕五之爻爲一時之事，而謂有「飛龍在天」之君，必無湯、武革命之臣也。將欲廣之，適以狹之，此舉業以來之通弊也。是故盡天下之書，皆可以注易，而盡天下注易之書，不能以盡易。此聖人所以立象以盡意，而夫子作大象，多於卦爻之辭之外，別起一義，以示學者，使之觸類而通，此即舉隅之說也。天下之變無窮，舉而措之天下之民者亦無窮。若但解其文義而已，韋編何待於三絶哉！「子所雅言，詩、書、執禮」。詩、書、執禮之文，無一而非易也。下而至於春秋二百四十二年之行事，秦、漢以下史書百代存亡之迹，有一不該於易者乎？故曰：「易有聖人之道四焉，以言者尚其辭，以動者尚其變，以制器者尚其象，以卜筮者尚其占。」愚嘗勸人學易之方，必先之以詩、書、執禮，而易之爲用，存乎其中，然後觀其象而玩其辭，則道不虚行，而聖人之意可識矣。

答汪苕文書

憫禮教之廢壞，而望之斟酌今古以成一書，返百王之季俗而躋之三代，此仁人君子之用心也。然斯事之難，朱子嘗欲爲之而未就矣，況又在四五百年之後乎！弟少習舉業，多用力於四經，而三禮未之考究。年過五十，乃知「不學禮，無以立」之旨，方欲討論，而多歷憂患，又迫衰晚，兼以北方難購書籍，遂於此經未有所得。而所見有濟陽張君稷若名爾岐者，作儀禮鄭注句讀一書，根本先儒，立言簡當，以

〔一〕「九」，原作「四」，據周易改。

其人不求聞達，故無當世之名，而其書實似可傳，使朱子見之，必不僅謝監嶽之稱許也。向見五服異同之書，已相歎服。竊意出處升沉，自有定見，如得殫數年之精力，以三禮爲經，而取古今之變，附於其下，爲之論斷，以待後王，以惠來學，豈非今日之大幸乎！弟方纂録易解，程、朱各自爲書，以正大全之謬。而桑榆之年，未卜能成與否，不敢虚期許之，意而仍以望之君子也。

答俞右吉書

所諭春秋諸家，及胡文定作傳之旨，極爲正當。在漢之時，三家之學，各自爲師，而范甯注穀梁，獨不株守一家之説。至唐，啖、趙出，而會通三傳，獨究遺經。至宋，孫、劉出，而掊擊古人，幾無餘藴。文定因之，以痛哭流涕之懷，發標新領異之論，其去游、夏之傳，益以遠矣。今陸氏之纂例，劉氏之權衡，意林並有其意，惟尊王發微未見。而後儒之辨春秋，其散見於志書文集者，亦多鈔録，未得會稡成帙。若鄙著日知録春秋一卷，且有一二百條，如「君氏卒」，「禘於太廟，用致夫人」，當從左氏；「夫人子氏薨」，當從穀梁；「仲嬰齊卒」，當從公羊，而「三國來媵」，則愚自爲之説，蓋見碩人詩云「東宫之妹」，正義以爲明所生之貴，而非敢創前人所未有也。

答李子德書

三代六經之音，失其傳也久矣，其文之存於世者，多後人所不能通，以其不能通，而輒以今世之音改之，於是乎有改經之病。始自唐明皇改尚書，而後人往往效之，然猶曰「舊爲某，今改爲某」，則其本文猶在也。至於近日鋟本盛行，而凡先秦以下之書，率臆徑改，不復言其舊爲某，則古人之音亡，而文亦亡，此尤可歎者也。下略。學者讀聖人之經，與古人之作，而不能通其音，不知今人之音不同乎古也，而改古人之文以就之，可不謂之大惑乎？昔者漢熹〔一〕平四年，議郎蔡邕奏求正定五經文字，乃自書丹於碑，使工鐫刻，立於太學門外，後儒晚學，咸取正焉。魏正始中，又立古文篆隸三字石經。自是以來，古文之經不絶於代，傳寫之不同於古者，猶有所疑而考焉。天寶初，詔集賢學士衛包，改爲今文，而古文之傳遂泯。此經之一變也。漢人之於經，如先、後鄭之釋三禮，或改其音而未嘗變其字。「子貢問樂」一章，錯簡明白，而仍其本文不敢移也，注之於下而已。所以然者，述古而不自專，古人之師傳固若是也。及朱子之正大學、繫辭，徑以其所自定者爲本文，而以錯簡之説注於其下，已大破拘攣之習。後人效之，周禮五官互相更易，彼此紛紜；召南、小雅，且欲移其篇第。此經之又一變也。聞之先人，自嘉靖以前，書之鋟本雖不精工，而其所不能通之處，注之曰疑。今之鋟本加精，而疑者不復注，且徑改之矣。以甚精之刻，而行其徑改之文，無怪乎舊本之日微，而新説之愈鑿也。故余以爲，讀九經自考文始，考文自知音始。以至諸子百家之書，亦莫不然。不揣寡昧，僭爲唐韻正一書。而於詩、易二經，各爲之音，曰詩本音，曰易音，以其徑也，故列於唐韻正之前，而學者讀之，則必先唐韻正，而次及詩、易二

〔一〕「熹」，原作「西」，今改。

書，明乎其所以變，而後三百五篇與卦爻彖象之文可讀也。其書之條理，最爲精密。竊計後之人必有患其不便於尋討，而更竄併入之者，不得不豫爲之説以告也。夫子有言：「齊一變至於魯，魯一變至於道。」今之廣韻，固宋時人所謂菟園之册，家傳而户習者也。自劉淵韻行，而此書幾於不存。今使學者睹是書，而曰自齊、梁以來，周顒、沈約諸人相傳之韻固如是也，則俗韻不攻而自絀，所謂一變而至魯也。又從是而進之五經、三代之書，而知秦、漢以下至於齊、梁，歷代遷流之失，而三百五篇之詩可弦而歌之矣，所謂一變而至道也。故吾之書，一循廣韻之次第，而不敢輒更，亦猶古人之意，且使下學者易得其門而入，非託之足下，其誰傳之！今鈔一帙附往，而考古之後，日知所無，不能無所增益，則此之書猶未得爲完本也。

與人書三

孔子之删述六經，即伊尹、太公救民於水火之心，而今之注蟲魚命草木者，皆不足以語此也，故曰：「載之空言，不如見諸行事。」夫春秋之作，言焉而已，而謂之行事者，天下後世用以治人之書，將欲謂之空言而不可也。愚不揣有見於此，故凡文之不關於六經之指、當世之務者，一切不爲。而既以明道救人，則於當今之所通患，而未嘗專指其人者，亦遂不敢以辟也。

與人書八

引古籌今，亦吾儒經世之用。然此等故事，不欲令在位之人知之。今日之事，興一利便是添一害，如欲行沁水之轉般，則河南必擾；開膠、萊之運道，則山東必亂矣。

與人書十

嘗謂今人纂輯之書，正如今人之鑄錢。古人采銅於山，今人則買舊錢，名之曰廢銅，以充鑄而已。所鑄之錢，既已麤惡，而又將古人傳世之寶，舂剉碎散，不存於後，豈不兩失之乎！承問日知録又成幾卷，蓋期之以廢銅，而某自别來一載，早夜誦讀，反復尋究，僅得十餘條，然庶幾采山之銅也。

答友人論學書

大學言心不言性，中庸言性不言心。來教單提「心」字，而未竟其説，未敢漫爲許可，以墮于上蔡、横浦、象山三家之學。竊以爲，聖人之道，下學上達之方，其行在孝弟忠信，其職在灑掃應對進退，其文在詩、書、三禮、周易、春秋，其用之身在出處辭受取與，其施之天下在政令教化刑法。其所著之書，皆以爲撥亂反正，移風易俗，以馴致乎治平之用，而無益者不談。一切詩賦銘頌贊誄序記之文，皆謂之巧言，而不以措筆。其于世儒盡性至命之説，必歸之有物。有則五行五事之常，而不入于空虚之論。僕之所以爲學者如此，以質諸大方之家，未免以爲淺近而不足觀。雖然，亦可以弗畔矣。夫揚子有云：「多聞則守之以約，多見則守之以卓。少聞則無約也，少見則無卓也。」此其語有所自來，不可以其出于子雲而廢之也。世之君子，苦博學明善之難，而樂夫一超頓悟之易，滔滔者天下皆是也。無人而不論學矣，能弗畔于道者，誰乎？

附録

先生因殺叛僕獄急，有爲求救於某公者。某公欲先生自稱門下而後許之，其人知先生必不可，懼失某公之援，私自書一刺與之。先生聞之，索刺還，不得，列揭通衢以自白。某公笑曰：「寧人之卞也。」全祖望撰墓表。　按：某公者，錢謙益。求救者，爲歸莊。

先生雖世籍江南，顧其姿禀不類吴會人，以是不爲鄉里所喜。先生亦甚厭帬屐浮華之習，嘗言：「古之疑衆者，行僞而堅；今之疑衆者，行僞而脆。」墓表。

徐尚書乾學兄弟，先生甥也。當其未遇，先生振其乏。及貴，累書迎先生南歸，欲以别業居之，且爲買田以養，皆不至。或叩之，答曰：「昔歲孤生，飄摇風雨。今兹親串，崛起雲霄。思歸尼父之轅，恐近伯鸞之竈。且天猶夢夢，世尚滔滔，猶吾大夫，未見君子。徘徊渭川，以畢餘年，足矣。」墓表。

晚居華陰，有請講學者，謝曰：「近日二曲以講學得名，遂招逼迫，幾致凶死。雖曰威武不屈，然而名之爲累，則已甚矣。況東林覆轍，有進於此者乎！」江藩漢學師承記。

先生每以春夏温經，請文學中聲音宏敞者四人，設左右坐，置注疏本於前，先生居中，其前亦置經本，使人誦而己聽之。遇其中字句不同者，或偶忘者，詳問而辨之。凡讀二十紙而易一人，計一日温書二百紙。十三經畢，接温三史，或南、北史。故先生之學，如是習熟而纖悉不遺也。王紀與汪容甫書。

先生自奉極儉，辭受取與之際，頗有權衡。四方之游，必以圖書自隨。手所鈔録，皆作蠅頭行楷，萬字如一。每見人或宴飲終日，輒爲攢眉。客退，戒曰：「可惜一日虚度矣！」王宏撰山志。

王不菴曰：「寧人身負沈痛，思大揭其親之志於天下，奔走流離，老而無子，其幽隱莫發，而使後起少年，推以多聞博學，安得不掉首故鄉，甘於客死。噫，可痛也！」墓表。

潘次耕曰：「當代文人才士甚多，然語學問，必斂衽推顧先生。有不知者，必徵諸先生，先生手畫口誦，探源竟委，人人各得其意去。天下無賢不肖，皆知先生爲通儒也。」日知録序。

全謝山曰：「先生本朱子之説，參之以慈谿黄東發日鈔，所以歸咎於上蔡、横浦、象山者，甚峻於同時諸公。雖以苦節推百泉二曲，以經世之學推梨洲，而論學則皆不合。或疑其言太過，是固非吾輩所敢遽定，然其謂經學即理學，則名言也。而日知録尤爲先生終身精詣之書，凡經史之粹言具在焉。」墓表。

江鄭堂曰：「亭林乃文清之裔，辨陸、王之非，以朱子爲宗，與梨洲皆深入宋儒之室，但以漢學爲不可廢耳。」漢學師承記。

李申耆曰：「日知録中言時務八卷，此爲有用，乃全書之精華，先生所云『爲王者取法』者也。」

李申耆年譜。

唐鏡海曰：「先生之爲通儒，人人能言之，而不知先生之所以通，不在外，而在内，不在制度典禮，而在學問思辨也。是以平心察理，事事求實，凡所論述，權度惟精，往往折衷於朱子。」學案小識。

亭林弟子

潘先生耒

潘耒字次耕，吴江人。兄檉章爲亭林執友，死湖州莊氏史案，家破。次耕年甫冠，亭林爲之議婚淮陰王氏，贅於其家。從亭林受學，羣經諸史，旁及算數宗乘，無不通貫。康熙己未，以布衣召試博學鴻詞，授翰林院檢討。被徵時，以母老辭，不獲。除官後，又以獨子請終養，格於議，始就職。纂修明史，條議多被採用。洪武以下五朝紀傳稿，皆所訂定。撰食貨志，前無所因，鉤稽實録，博採奏議，積長編六十餘册，然後考覈纂成。充日講起居注官，應詔陳言，請除越職言事之禁，許言官風聞言事。尋爲忌者所中，坐浮躁降調，遂歸。久之，聖祖南巡，復原官，終不出。所著遂初堂集行於世。學以亭林爲依歸，尤長於史。其於經，有易論十四篇，不信圖書，於卦位、卦氣、納甲、納音諸説皆有折衷。因亭林音學五書，爲類音八卷。亭林欲復古，此書則窮後世之變，因等韻之法，推求以己意，於古不必合，於今不必可用，然審辨通微，自成一家言。參史傳、亭林年譜、遂初堂文集。

文集

聲音元論上

聲音者，先文字而有也。人生而有聲，既長，乃能識字。聲止於一字，則多寡不論，或一音而數字，或有音而無字，字造乎人，而音出乎天者也。中古以降，字日繁，音日變，昔人思有以綜理之，而字書、韻書出焉，然不得其天然之條貫，則如散錢亂卒，錯雜而不可整齊。自字母之秘啓，反切之法傳，而後衆音衆字，一以貫之，如錢之有繩，如卒之有伍，且使天下無字之音可以有字者，因之而出，字母之功偉矣！然而等韻之書，立法未善，使人不能無議焉。夫立母以貫天下之音，則其所列爲三十六母者，必無複、無漏而後可也。乃「知徹澄孃」同於「照穿牀」，「泥非」之與「敷」，異呼而同母，皆複出也。「影喻曉匣」既分陰陽，而「羣疑並明」等不分陰陽。可添之母，尚有十餘，非缺漏乎？既同爲母，自當並列一班，乃以「知徹澄孃」列於「端透定泥」之下，「非敷奉微」列於「邦滂並明」之下，「照穿牀審禪」列於「精清〔一〕從心邪」之下，爰有類隔交互振救，諸門法紛然淆亂，而困人以披尋。所貴乎字母者，以切字也，類隔交互，則出切不得其真，誤人實甚，是不可以不正也！正之如何？亦審其天然之音而已矣。天然之音可

〔一〕「清」，原作「滴」，今改。

立爲母者五十，播之爲四呼，轉之爲四聲，區之爲二十四類，而天下之音盡矣！天下之字該矣！何謂五十母？喉音十，曰「影喻曉匣見溪舅羣語疑」；舌音十，曰「老來耳而端透杜定乃泥」；腭音十，曰「審禪繞日照穿朕牀□□」；齒音十，曰「心些巳邪精清在從□□」；脣音十，曰「非奉武微邦滂莑並美明」。舊譜之複者芟之，缺者補之，未安者改之，務使陰陽清濁各具其音，相耦相從而不違其序，故寧密毋疎，寧更毋襲也。何謂四呼？曰「開口也，齊齒也，合口也，撮口也」。凡有一字，即具此四呼，如「見」母之在「真文」韻則爲「根巾昆君」，在「元先」韻則爲「干堅官涓」。各母各韻，無不皆然。或有字，或無字，而其音具在。作等韻者不明乎此，乃於横列四排中，以此母之開口，當彼母之齊齒，如通攝内「封逢」等字與「胸邕」同排。以此韻之合口，作彼韻之撮口，如蟹攝内「圭睽」等字與「傀恢」同排。而其二十四攝中，取四呼之字，或括而爲一，如江攝。或開而爲五六，如止攝、蟹攝。以音就字，茫無定準。今則各母各韻，並列四呼，以音排字，以字標音，有字者補其次，無字者存其位，部分秩如，至賾而不可亂也。四聲，則平上去入是矣。何謂二十四類？曰切字必憑乎韻類者，所以括韻也。以四呼讀之，一曰□戹紇切。衣□搵平聲。於，支微韻也；二曰□戹威切。□一追切。威□，鬱追切。規鬮韻也；三曰□遏平聲。□謁平聲。□斡平聲。肥，遮車韻也；四曰□閼平聲。□軏平聲。□穵平聲。□，噦軏切。遮車之分音也；五曰□遏限切。□謁限切。限□，噦限切。灰回韻也；六曰哀挨娃□，噦挨切。皆咍韻也；七曰□沃平聲。□颰欲切。烏紆，敷模韻也；八曰□戹平聲。□益平聲。□擭平聲。□，鬱役切。敷模之分音也；九曰漚憂□屋漚切。□，郁憂切。尤侯韻也；十曰□戹慘切。幽□擭慘切。□，郁憂切。尤侯之分音也；十一曰阿□握平聲。倭□，郁握切。歌戈韻也；十二曰阿北音。鴉窪□，噦鴉切。家麻韻也；十三曰坳幺□臒坳切。□，郁幺切。肴蕭韻也；十四曰鏖要□窔鏖切。□，噦要切。豪宵韻也；十五曰恩因温氲，真文韻也；十六曰安煙蜿鴛，元先韻也；十七曰□闞蘭切。殷彎□，噦殷切。删山韻也；十八曰□沃洚切。邕翁硧，東冬韻也；十九曰甖英泓縈，庚青韻也；二十曰佒胦汪□，郁胦切。江唐韻也；二十一曰□闞央切。央□窔央切。□，噦央切。陽姜韻也；二十二曰□饐森切。音□穩森切。□，惲音切。侵尋韻也；二十三曰諳淹□椀諳切。□，花淹切。覃鹽韻也；二十四曰淊□押銜切。□綰淊切。□，噦銜切。咸凡韻也。平上去皆二十四類，而入聲僅十類。有正轉，有旁轉，有別轉，各類之先後，以入聲按之，而次序井然，無容紊也。部分既定，然後以同音之字，彙次於一音之下。而其出切，則必取於「影」「喻」二母，以爲其下之一字，陰者用「影」，陽者用「喻」，喉者用喉，舌者用舌，開者用開，齊者用齊。二字疾言之即成一字，一字長言之即成二字。其爲切也，至親至確，一定而不可移易，視他譜之旁羅雜出者不侔矣。若夫彙次同音之字，則取廣韻、玉篇、韻會、正韻諸書，參酌而編綴之，以成一書。訓詁字義，或詳或略，無不可者。詞賦用之，字多者獨用一呼爲一韻，字少者通用三四呼爲一韻，廣偒由人，惟毋越乎其類，豈不簡易而謹嚴也哉！天地間，一事一物，莫不有天然之矩矱，學者患不能深探而究得之。今所釐正，皆出乎天然，而非私智之所能穿鑿。天然者，人所本有之音也。本有之音而不能盡出，則以習誦有字之音，罕道無字之音也。然而謳吟嘯呼，時發天籟，方言土音，兼多偶合，誠有導之者，而汩汩然來，琅琅然吐，然後知向之蘊而未發者，尚有如許之音，一旦出之於喉，宣之於口，如啞鍾之忽鳴，如貧兒之驟富，不亦快乎！然而無字之音傳諸楮墨，似而不真，自非神解，必口傳而耳受，庶幾其無訛濫也。

聲音元論下

類音之書未出，先以圖目示人。有素諳反切、熟習舊譜者，雜然送難曰：「三十六母，本於梵音，其來尚矣。昔人持論，閒有異同，子乃毅然删改，頓增之爲五十，且創立字母，何其勇於自信乎？」曰：「非敢師心自用也，以聲之陰陽辨之也。物莫不有陰陽，其在音也，重則爲陰，輕則爲陽，一陰一陽，常相對偶，人知清濁之爲陰陽，而不知清聲濁聲又各自有陰陽。『影喻曉匣』清也，『羣疑』濁也，『見溪』清濁半者也。『影曉』爲清之陰，『喻匣』爲清之陽，等韻既分四母矣。『見溪』半清半濁，再剖之不成聲，不分可也。『羣疑』則確有陰陽，何可不分？故增『舅語』爲陰，以『羣疑』爲陽，而後濁音四母具焉。始者爲圖，亦嘗虛此二母，而作二□矣。然立母而無字，使人何從啟口？不得已，而以『舅語』二字標之，欲其便於讀也。舌齶齒唇清濁之序與喉音同，而舊母尤少，故所增尤多。北音偏重，作等韻者，北人也，濁音陰陽，一概不分，故濁母無不增者。增『杜』於『定』，增『乃』於『泥』，增『朕』於『牀』，增『在』於『從』，增『菶』於『並』，增『美』於『明』，皆用上聲之字。上聲必重，重者屬陰，宜於配陽。其清母之陰陽不全者，亦增『老耳而繞已些武』七字，誠知陰陽之必相對待，則知諸母之不得不增。知我可也，罪我可也！」曰：「定母、從母之下，何以各作二□？」曰：「無其字也。」「無字何以知有其音？」曰：「喉舌唇皆有最濁之音，牙齒何獨無之？爲其鄰於『疑泥』也，故隱而不出，必細審然後得之。試以『基溪奇疑』、

『低梯題泥』、『知鴟遲□』、『虀妻齊□』相聯並讀，久而必有一音出焉。既得其音，必得其陽，故有無字之二母。字者，子也，無字而必列之，如家有兄弟十人，其八有子，其二無子，作譜者必盡載其名。若以無子而删二人，不成譜矣！」曰：「舊以『見溪羣疑』爲牙音，今何以列諸喉音？舊以『照穿牀審禪』爲齒音，今何以列諸牙音？舊以『來日』别綴於末，今何以列『來』於舌，列『日』於牙，而字止有四聲，更無他呼，别類何以標爲一母？舊以牙舌唇齒喉爲序，今何以喉舌齶齒唇爲序？」曰：「喉音者，舌居喉下，未著乎齒牙也。試問『衣希基溪奇疑』六音者，類乎，不類乎？齒音者，以舌抵齒而後成聲。牙音者，僅抵齶耳。試問『詩時知鴟遲』抵齶乎？抵齒乎？『來』之爲舌，『日』之爲牙，類也，有本位在也，而雖獨音，然不入他母，則自爲母矣，安可廢乎？凡聲之出口，必自内而漸及乎外，始喉，次舌，次齶，次齒，而終之以唇，無餘聲矣，豈非天然之序乎？」曰：「切字何以必用『影喻』母？」曰：「此元音也。生而墮地，則有哇哇之聲；欲言未言，則有噫嗚阿呀之聲；既長，而唯諾呻吟，驚訝嗟歎。凡音在言前者，皆『影喻』母之聲也。至於度曲，則有字頭、字腹、字尾。字尾者，引伸其音而收之者也，非『影喻』母不能長也，故謂之元音。用以切字，最爲端的。此即二合之法，較音和而更親者也。」曰：「四呼，細審誠有之，然各類參錯，或全或缺，何可比而同之？」曰：「四呼非他，一音之變也。音之由中達外，在牙腭間則爲開口，歷舌端則爲齊齒，畜於頤中則爲合口，聚於唇端則爲撮口。開與合相應，齊與撮相應，有則俱有，無則俱無。一几四隅，一馬四蹄，不可增減者也。世人止就有字之音求之，故或二或三，不得其全。等韻但分開合。邵子書雖有開發收閉之名，徐披其目，唯『黑花香血』爲具四呼，其他『古甲九癸』等，或二或三，亦未嘗相對也。惟梅氏字彙末卷，四呼皆全，而不均之各類。陳氏統韻之圖，但縱橫三十六，至以『根』之開口，附於『昆』之合口；『家』之齊齒，附『瓜』之合口。又別立『混』之一呼，以『姜陽』之齊齒、『肱扃』之合口撮口當之，謬誤滋甚。今則一母必具四呼，四呼始成一類。少一呼，則知此母之音未竟；多一呼，則知彼類之音當分。以此審音，而潛伏之音畢出；以此攝類，而凌雜之類皆齊。因著以知微，執簡以御煩，莫善乎此矣！」曰：「廣韻平聲五十七韻，今括爲二十四類，所併多矣，然尚有可併者。『支微』爲開口齊齒，『敷模』爲撮口合口，一類也，而何以必分爲二？『東冬』爲合口撮口，『庚青』爲開口齊齒，一類也，而何以必分爲二？又分『删』於『寒』，分『唐』與『陽』，何其細碎乎？」曰：「驟而讀之，則似『□沃平聲。衣烏於』爲四呼，『嬰英翁硧』爲四呼。細審之，則『衣於』之外，別有開合；『□烏』之外，別有撮齊，『育』之平聲，不同於『魚』，此其顯然者也。『嬰英』之下，別有合撮；『翁硧』之上，別有開齊，『肱』之不同於『公』，『扃』之不同於『龔』，此其顯然者也。『官』之與『關』，『桓』之與『還』，『江』之與『姜』，『腔』之與『羌』，北音固可混而爲一，南人讀之，類乎？不類乎？合其所不得不合，分其所不得不分，非可意爲出入者也。」曰：「平上去韻多，而入韻少，自昔然矣。願聞正轉、旁轉、別轉之說。」曰：「『都堵妒篤』、『知止制質』，此正轉也。『東董凍篤』、『真軫震質』，此旁轉也。『篤』字長言之即『都』，『質』字長言之即『知』，不待變聲也，故曰正也。『篤』長言之非『東』，『質』長言之非『真』，必變聲而得也，故曰旁也。『遮』與『氈』之轉爲『哲』，『挨』與『殷』之轉爲『軋』，『幽』與『英』之轉爲『益』，『歌』與『岡』之轉爲『各』，『家』與『姜』之轉爲『脚』，一正一旁，亦猶是也。『灰』之轉『忽』，『高』之轉『各』，變聲爲近，亦正也。若夫『侵』之轉『緝』，『覃』之轉『合』，『咸』之轉『洽』，是謂閉口之音別爲一類，故曰別轉也。若其序，則先正而後旁，先微而後著。『支微規闕』，音之始發也；『遮車皆咍』，漸展也；『敷模尤侯』，稍縱矣；『歌戈肴交』，舒而未滿也；『家麻豪宵』，則□□□□之序也。旁轉七類之序亦視此。是故平上去類之先後，以入聲按之而定，其理甚微，前人未之發也。」客曰：「子之言詳矣，明矣！余既昭然若發蒙矣！雖然，學以致用也，現在之聲音文字足給於用，而子必盡發無字之音，釐定各音之次，亦有用乎？其無用乎？」曰：「奚爲其無用也？樂之五音六律，以入聲爲主，笙鏞絲管皆取協焉，未有音而不中於律呂者。世有萬寶常、李嗣真其人，必能審其宮商，諧諸樂律。皇極經世之書，以聲起數，以數發占，一切風雷水樹鳥獸昆蟲之音，皆可測驗，而況於人聲！世有李之才、邵康節者出焉，必能察其陰陽，通諸象數，綜一編而天地萬物之音具焉。奚爲其無用也！」

修明史議

自唐而上，史成於一人；自唐而下，史成於衆人。成於一人者，爲之愈難，其書愈善；成於衆人者，就之愈易，其書愈不能精。劉知幾之論五不可，吴縝之糾繆八條，其言利弊詳矣。明有天下幾三百年，而未有成史。今欲創爲一書，前無所因，視昔之本東觀以作後漢，改舊書以修新唐者，其難百倍。然國不可以無史，史不可以難而弗爲，誠得邃於史學、識著作之體者經理其事，縱不敢遠希遷、固，若陳壽、歐陽修之史，尚可企而及也。請言其概曰：搜采欲博，考證欲精，職任欲分，義例欲一，秉筆欲直，持論欲平，歲月欲寬，卷帙欲簡，此其大要也。前代有起居注、日曆、會要諸書，明代獨有實録。建文、景泰兩朝之事既略，熹宗以後遂缺焉。鄭氏今言、王氏史料、朱氏史概、何氏名山藏諸書，皆詳於隆、萬以前。若璫禍之終始，金陵、閩、粤破亡之本末，皆茫無所攷。非下求書之令，除忌諱之條，悉訪民閒記載，與夫奏議誌狀之流，上之史館，不可也。實録既多舛錯，錢氏辨證略見一班。家乘爵里年月可憑而多虛美，野史記事言人人殊，影響傅會十居七八。必也分割排纂，以類相從，覈其虛實，參伍衆説，歸於一是。若温公之修通鑑，先作叢目、長編、考異諸書，乃可下筆。是故搜采欲博，而考證欲精也。史文備各體，作者無兼才。唐修隋書，魏徵等撰紀傳，長孫無忌等撰志表，而天文、律曆、五行三志，則李淳風獨作。宋修新唐書，本紀歐陽修主之，列傳宋祁主之，而劉羲叟志天文、五行，王景彝志兵志禮樂，梅堯臣表百官方鎮。温公通鑑分任官屬，前、後漢則劉貢父，三國至隋則劉道原，唐訖五代則范淳夫，皆妙極天下之選，各因其長而任之。今亦宜博求才彦，因能器使。表志宜仿隋、唐書以事類爲斷，紀傳宜仿通鑑以年代爲差。職有專司，則人之心思萃於一途，而易爲精密。所慮者，畛域既分，彼此不相通貫。昔人譏唐書，傳有失而紀不知，表有訛而志不覺。而元史遂有一人立兩傳者。大凡作書，最重義例。唐修諸史，令狐德棻先爲定例，敬播等又考正類例。今爲史，亦宜先定規模，發凡起例，去取筆削，略見大旨，何志當增，何志當裁，何傳當分，何傳當合，先有定式，載筆者奉以從事。及其成也，互相讐勘。總其事者復通爲鉤考，俾無疏漏舛複之失，乃可無憾。是故職事欲分，而義例欲一也。史家大端，在善善惡惡，所謂誅姦諛於既死，發潛德之幽光者，其權至重，少有曲筆，便名穢史。孫盛書桓温枋頭之敗，吴兢載張説證魏元忠之事，當朝將相，尚直書無隱，况隔代乎。明之亡，亡於門户，不特真小人不容借貸，而僞君子亦不當包容。若忠臣烈士抗節致命者，宜如文天祥、謝枋得之例，大書特書，以勸忠義。無或如五代史，不爲韓通傳，見譏通人也。至於議禮之得失，奪門之功罪，從亡之疑信，康齋、白沙、陽明之學術，茶陵、江陵、太倉之相業，論者互有同異，或激揚過當，或刻覈失中，惟虚心斟酌，勿主一説，而後是非可定。是故秉筆欲直，而持論欲平也。司馬遷、班固、李百藥、姚思廉皆父子世於其職，然後成書，其餘亦竭一生之力爲之。晉、隋、唐書設官開局，久者二三十年，少者亦數年。遼、金、宋、元諸史，爲期太速，故不稱良史。明三百年，事蹟繁多，功緒棼錯，其勢不可以速就，若勒限太促，必至鹵莽。至於史文，貴有體要，以斷制爲重，不以繁富爲工。班固敍二百年之事，爲書百篇，論者尚嫌其繁。而宋史乃至五百卷，蕪冗甚矣！今宜酌詳略之中。明歷年與唐相準，新唐書二百二十五卷，今史約略相當，過此則非體。是故歲月欲寬，而卷帙欲簡也。博則無疏漏之譏，精則無牴牾之病，分則衆目之有條，一則大綱之不紊，直則萬世之公道伸，平則天下之人心服，寬則察之而無疵，簡則傳之而可久，於以備一代之制作，成不刊之大典，斯無媿矣！謹議。

日知録序

有通儒之學，有俗儒之學。學者，所以明體適用也。綜貫百家，上下千載，詳考其得失之故，而斷之於心，筆之於書，朝章國典，民風土俗，元元本本，無不洞悉。其術足以匡時，其言足以救世，是謂通儒之學。若夫雕琢辭章，綴輯故實，或高談而不根，或勦説而無當，淺深不同，同爲俗學而已矣。自宋迄元，人尚實學，若鄭漁仲、王伯厚、魏鶴山、馬貴與之流，著述具在，皆博極古今，通達治體，曷嘗有空疎無本之學哉！明代人才輩出，而學問遠不如古。自其少時，鼓篋讀書，規模次第，已大失古人之意。名成年長，雖欲學而無及。間有豪儁之士，不安於固陋，而思嶄然自見者，又或採其華而棄其實，識其小而遺其大。若唐荆川、楊用修、王弇州、鄭端簡，號稱博通者，可屈指數，然其去古人有間矣。崑山顧寧人先生，生長世族，少負絶異之資，潛心古學，九經諸史，略能背誦。尤留心當世之故，實録奏報，手自鈔節，經世要務，一一講求。當明末年，奮欲有所自樹，而迄不得試。窮約以老，然憂天閔人之志，未嘗少衰。事關民生國命者，必窮源溯本，討論其所以然。足跡半天下，所至交其賢豪長者，考其山川風俗，疾苦利病，如指諸掌。精力絶人，無他嗜好。自少至老，未嘗一日廢書。出必載數書簏自隨，旅店少休，披尋搜討，曾無倦色。有一疑義，反覆參考，必歸於至當。有一獨見，援古證今，必暢其説而後止。當代文人才士甚多，然語學問，必斂衽推顧先生。凡制度典禮，有不能明者，必質諸先生；墜文軼事，有不知者，必徵諸先生。先生手畫口誦，探源竟委，人人各得其意去。天下無賢不肖，皆知先生爲通儒也。先生著書不一種，此日知録，則其稽古有得，隨時劄記，久而類次成書者。凡經義史學，官方吏治，財賦典禮，輿地藝文之屬，一一疏通其源流，考正其謬誤。至於歎禮教之衰遲，傷風俗之頽敗，則古稱先，規切時弊，尤爲深切著明。學博而識精，理到而辭達。是書也，意惟宋、元名儒能爲之。明三百年來，殆未有也。耒少從先生游，嘗手授是書。先生没，復從其家求得手稿，較勘再三，繕寫成帙，與先生之甥刑部尚書徐公健庵、大學士徐公立齋謀刻之而未果。二公繼没，末念是書不可以無傳，攜至閩中。年友汪悔齋贈以買山之資，舉畀建陽丞葛受箕鳩工刻之，以行世。嗚呼！先生非一世之人，此書非一世之書也。魏司馬朗復井田之議，至易代而後行。元虞集京東水利之策，至異世而見用。立言不爲一時，録中固已言之矣。異日有整頓民物之責者，讀是書而憬然覺悟，採用其説，見諸施行，於世道人心，實非小補。如第以考据之精詳，文辭之博辨，歎服而稱述焉，則非先生所以著此書之意也。

案：亭林深惡明季招門徒、立名譽之習，集中有與人書論之，故門牆甚峻，著籍者罕。次耕以執友孤弟，教誨獨摯，傳學僅此一人。見於年譜者，尚有毛今鳳、朱列、王太和三人。今鳳字錦銜，長洲人。集中有與書及贈詩。列後改姓楊，明宗室，存杠子。存杠父誼泦，篤學，有詩文集，亭林曾爲作序。太和乃存杠甥也。亭林在陝，同來受業，張石舟所編年譜，附載太倉王昊，字維夏，弇州之裔，娶亭林姪女，少曾受業，學有根柢，薦博學鴻詞。諸人著述未聞。今專列次耕一人，餘附著其名焉。漢學師承記謂張力臣受業於亭林，清史稿因之。年譜不載其事。文集廣師篇舉力臣與王寅旭諸人，並稱同學。唐氏學案小識列之交游中，較爲允當。江鄭堂又謂，聞顧千里言，曾見初印亭林所刊廣韻前有校刊姓氏，列受業閻若璩名，遂疑初嘗執贄，後背其師。近於耳食附會，今並不取。

亭林交游

歸先生莊

歸莊，後更名祚明，字元恭，崑山人。震川曾孫。明諸生。入復社，豪邁尚氣節，縱覽六藝百家。流寓常熟，錢牧齋稱其古文爲東南之秀。兄德昭，曾參史可法幕，揚州破，從死。先生偕推官顧咸正謀舉師不克，棄儒冠，浪迹江湖，佯狂玩世，窮困以老。寄食僧舍，非素交，餽之勿納。與亭林齊名，時有「歸奇顧怪」之目。亭林遭叛僕之難，力營救之。其殁也，亭林客章丘，設位祭之，哭以詩，有云：「峻節冠吾儕，危言驚世俗。」又云：「惟存孤竹心，庶比黔婁躅。」其志節可見。文集板燬，罕傳。續文鈔七卷行世。參張應麟撰小傳、常熟縣志、全祖望鮚埼亭集、練川名人畫像。

吴先生炎

吴炎字赤溟，後改字赤民，吴江人。明諸生。國變後，遯迹湖州山中，久之始出。與同縣潘力田交莫逆，同撰明史記，定目紀十八，書十二，表十，世家四十，列傳二百。又疏遺軼足感後人者，得百事，作今樂府，先成。錢牧齋見之，擊節，因助以藏書。亭林故與二子善，聞其作史，亦出先朝藏藉佐之。先生長於敍事，力田則精考覈。其書成幾及半，而南潯莊氏史獄起，以先生及力田名重，竄名列參閲中。或勸之避，不可。逮鞫，抗辯不屈，遂及於難。參陳去病撰傳。

潘先生檉章

潘檉章字聖木，一字力田，吴江人。明諸生，遭亂棄去，隱居韭溪。學綜百家，專精史事，與吴赤溟同撰明史記，自撰本紀及諸志，赤溟撰世家、列傳，其年表、曆法則屬諸王寅旭錫闡，流寇志則戴耘野笠任之。最難得者實録，先生鬻産購之。亭林及江陰李遜之、長洲陳濟生皆出藏書相佐。以其稿質之錢牧齋，大稱善。牧齋有實録辨證，先生作國史考異，頗加駁正，貽書往復，牧齋不能奪也。及罹莊氏史獄之難，世咸惜之。國史考異以實録爲本，凡志乘、文集、墓銘、家傳有關史事者，以類相從，稽其同異，核其虚實。原三十六卷，遭難後僅存六卷。洪武、建文、永樂三朝之事略具焉。又有松陵文獻若干卷，星名考、韭溪集、今樂府等書。參戴笠撰傳、潘耒國史考異序、亭林文集、疇人傳、吴江縣志。

辛丑曆辨

昔堯命羲、和曰：「以閏月定四時成歲。」蓋曆法首重閏。而春秋傳曰：「先王之正時也，履端於始，舉正於中，歸餘於終。」所謂始者，取氣朔分齊爲曆元也。所謂中者，月以中氣爲定，無中氣者則爲閏也。所謂終者，積氣盈朔虛之數而閏生焉。自漢以降，曆術雖屢變，未有能易此者。惟西域諸曆則不然，其法有閏年，有閏日，而無閏月。蓋中曆主日，而西曆主度，不可强同也。今之爲西曆者，乃以日躔求定氣，以定氣求閏月，不惟盡廢中國之成憲，而亦自悖西域之本法矣。故十餘年來，宮度既紊，氣序亦訛。如戊子之閏三月也，而置在四月；庚寅之閏十一月也，而置在明年之二月；癸巳之閏七月也，而置在六月；己亥之閏正月也，而置在三月，其爲舛誤，何可勝言！然非深於曆者，未易指摘。至於辛丑之閏月，則其失顯然，無以自解矣。何也？閏法當論平氣，而不當論定氣。若以平氣，則是年小雪在十月晦，冬至在十一月朔，而閏在兩月之間，所謂閏前之月中氣在晦，閏後之月中氣在朔者也。今以定氣，則秋分居九月朔，故彼預於七月置閏，然後秋分仍在八月，而霜降、小雪各歸其月，無如大寒定氣乃在十一月晦，而十二月又無中氣，既不可再置一閏，則是同一無中氣之月，而或閏或否。彼所云「太陽不及交宮即置爲閏」者，何獨於此而自背其法乎？蓋孟秋非歸餘之終，故天正不能履端於始，地正不能舉正於中也。如此，則四時不定，歲功不成，而閏法又安用之？且壬寅正月定朔，舊法在丙子丑初，即彼法亦在丙子子正，則辛丑之季冬當爲大盡，而明年正月中氣，復移於今歲之杪。彼亦自覺其未安，故進歲朔於乙亥，而季冬爲小盡之月，皆所謂欲蓋彌彰者也。即辛丑歲朔，以彼法推，當會於亥正，而今在戌正，差至六刻。其他牴牾，更難枚舉。噫！作法如是，而猶自以爲盡善，可乎！蓋其說以日行盈縮爲節氣短長，每遇日行最盈，則一月可置三氣，是古有氣盈朔虛，而今則氣虛朔盈矣。然或晦朔兩節氣而中氣介其閒，如丙戌仲冬，去閏稍遠，猶可不論。獨辛丑仲冬，冬至、大寒俱在晦朔，去閏最近，進退無據，苟且遷就，有不勝其弊者。夫閏法之主平氣，行之已數千年矣。今一變其術，未久而輒窮，至於無可如何，則又安取紛更爲也！

朱先生鶴齡

朱鶴齡字長孺，吴江人。明諸生。穎敏嗜學，嘗箋註杜甫、李商隱詩集，盛行於世。鼎革後，屏居著述，晨夕一編，行不知途路，坐不知寒暑，人或謂之愚，遂自號愚庵。嘗自謂「疾惡若仇，嗜古若渴，不妄受人一錢，不虚誑人一語」云。初爲文章之學，及與亭林友，亭林以本原相勖，乃湛思覃力於諸經注疏，及儒先理學。以易理至宋儒已明，然左傳、國語所載占法皆言象，本義精矣而未備，撰易廣義畧四卷。以蔡氏釋書未精，斟酌於漢學宋學之間，撰尚書埤傳十七卷。以朱子掊擊詩小序太過，與同縣陳啟源參考諸家説，兼用啟源説，疏通序義，撰詩經通義二十卷。以胡氏傳春秋多偏見鑿説，乃合唐、宋以來諸儒之解，撰春秋集説二十二卷。又以杜氏注左傳未盡合，俗儒又以林氏注紊之，詳證參考，撰讀左日鈔十四卷。又有禹貢長箋十二卷，作於胡渭禹貢錐指之前，雖不及渭書，而備論古今利害，旁引曲證，亦多創獲。又有愚庵詩文集。年七十餘卒。參史傳。

周易廣義略序

余嘗讀左氏傳曰：「物生而後有象，象而後有滋，滋而後有數。」知象居理數之先。又讀繫辭，知六十四卦中，凡近取諸身，遠取諸物者，無不於此乎探賾索隱，乃益歎今人讀易，盡廢象不講，何異擿埴索冥，自以爲昭昭揭日月而行也。然余之爲廣義，則仍主輔嗣、仲達之注疏，與伊川之傳，以推衍考亭所未備，然後博引李鼎祚集解諸書。蓋意在即象以顯理，而非欲離理而專求之象也。如離理求象，必將流入於穿鑿附會，而不可爲典要。漢、魏以下，如鄭玄、荀爽、王肅、干寶、陸績、虞翻、崔憬、侯果諸家，都從卦變互卦取義，非不時契易旨，而穿鑿傅會迂僻不可解者，亦往往有之。所以自宋迄今世，不復尊信其書也。近讀來梁山、唐凝庵、錢啟新三公論著，實獲我心，而亦時見其穿穴旁解，撥遺程、朱正義，則又疑其矯枉之失。何元子總統羣言，善矣，而別裁之功，尚有未至。此學者所當徧觀博識，精求而約取之者也。伊川傳易，每略于卦變，故自言止説得七分。考亭本義中，絶不及互體。然大壯六五云：「卦體似兑，有羊象焉。」此非互乎？蓋二子之書，專明義理，則象學自有所未遑，實非舉漢、魏、吴、晉諸人所得，欲盡埽而芟薙之也。誠能兼通象學，而又不膠執乎其説，豈非程、朱二子之所樂予者哉！余友吴子宏人，研窮易象，夙有同心，與余同輯此書，始自己未，不意宏人奄忽捐館，余復抱滯下之疾，遂爲輟管。陳子長發一日過余曰：「古人一隅反三，經何必全解？如黄東發、王伯厚以略解而傳者多矣。子何不撮舉其要，自爲一書，以示來者？」余感其言，乃剌取其中攝合理象、參論古今諸儒得失者，得一百餘條，復增益十餘條，詮次爲四卷，名曰廣義略云。昔王晦叔著易解未竟而病篤，晦叔每夜分祝天曰：「願假一二年毋死，以成此書。」果遂其志。今余一病而憊，憊而遂至于廢業，微獨學不逮古人，精誠亦遜之遠矣！然則余之拳拳蕞殘而不忍盡付之于凋零磨滅者，烏敢自謂于易學有裨乎，亦欲使後之人知余之于易蓋有力不從心之憾如此也。

尚書埤傳序

六經之學，非訓詁不明。然有訓詁不能無異同，有異同不能無踳駁，他經皆然，尚書爲甚。蓋尚書者，帝王之心法、治法所總而萃也，後世大典章、大政事，儒者朝堂集議，多引尚書之文爲斷，據義解一訛，貽害非尠。如誤解「用牲于郊，牛二」，而世遂有主合祭天地及南郊北郊之説者矣。誤解「九族」與「罪人以族」，遂有旁及母族妻族而坐之者矣。誤解「桐宮居憂，復子明辟」，而世遂以放君負扆真爲伊、周之事矣。誤解「金作贖刑」，始以黄金易黄鐵矣。誤解「臣妾逋逃」，始以婦女從軍矣。誤以洪範五行牽合庶徵、福、極，而介甫反之，遂謂「天變不足畏」矣。誤以「弗辟」爲「致辟」，「居東」爲「東征」，而「公孫碩膚」之美不白矣。誤解弱水在條支，崑崙即河源，及書序成王伐東夷，而漢武之窮兵西北，隋、唐之越海征遼東，皆不足戒矣。嗟乎，傳書豈易言哉！百篇之文，火于秦，殘于漢，馬融、鄭玄、王肅之徒，開闢草昧，甚爲簡略。古文孔傳晚出，書義稍顯。孔穎達爲之疏，雖正二劉之失，未愜學者之心。求其條貫羣言，闡明奥指，信無逾于仲默集傳者。但其意主于撥弃注疏，故名物制度之屬，不能無訛，筆力視紫陽易、詩二傳亦多不逮，識者不能無憾焉。考明初令甲本宗注疏，蔡傳附之。後又以蔡傳未精，命儒臣劉三吾等，博采諸說，參互考訂，名書傳會選，頒諸學宫。其後大全行，而此書遂廢。又其後，制科專取蔡氏，而大全亦庋高閣。白首窮經，仍訛踵陋讀。禹貢者，河渠遷改，眩若追風，陳洪範者，九數相乘，迷如辨霧，此以攻經生章句，猶隔重山，況望其酌古準今，坐而論，作而行，卓然稱有用之儒哉？余竊用憫歎，此埤傳之所由作也。記曰：「疏通知遠而不誣，書教也。」夫推之時務而有宜有不宜，不可謂通；試之異代而或驗或不驗，不可謂遠。列朝經筵進講，必首及尚書，誠以三五以來，崇功廣業，咸出其中，非徒古史記言記事之體。余之輯是書也，主詁義而兼及史家，臚羣疑而斷以臆說，務求爲通今適用之學，庶幾孔堂之金石絲竹，不盡至于銷沈磨滅云爾。若以仲默之書，羣然尸祝，不應輒有異辭，則余且撟舌而退。夫仲默作傳，已不盡同紫陽之説，何獨疑于生仲默之後者哉！

禹貢長箋序

神禹功高百王，維夫子之稱之者曰「盡力乎溝洫」，而子輿氏則云「莫不善于貢」。夫所云不善者，必其後世子孫奉行之失。所云盡力溝洫，則任土作貢是也。考禹制貢之法，兼行井牧，實可治千萬世而無弊。今夫天下之大患，孰有過于漕渠咀咽，閭殫爲河流濬塞，但成空談者乎？又孰有過于中原土曠，彌望蒿萊，竭東南一隅，以養西北者乎？又孰有過于小民骨折髓枯，梯航萬里，而司農輒告匱者乎？又孰有過于賦役無準，吏緣爲奸，額日廣而蠹日叢者乎？凡此皆禹經畫所及，一一深憂熟計于千載之上者也！今觀禹貢一書，甸服有粟米之輸，則貢篚不及也。八州之賦，止以供五服諸侯之租税，而天子不煩挽漕也。土貢雖及八州，五服諸侯即以所賦易之，民不滋擾也。甸法通于天下，軍政藏焉，養兵無絲粒費也。灌溉廣而樹藝勤，高者雍、梁，卑者揚、兗，不聞土滿人滿之患也。舉後世之曰積貯，曰屯營，曰進奉，曰和買，曰勸借，曰封樁，曰瓊林、大盈之類，聖人無不以身爲之救，而以法爲之維。嗚呼！此禹之所以功高百王者乎？或者謂洚洞既平，九州繁阜，即賓貢玉食，惟王不會，亦何害焉？是不然。禹蓋以一人勞天下，非以天下奉一人者也。荆、揚財賦，擅天下大半，夫豈不逆知？而其著之書曰：「土，塗泥也；田，下下也。」土貢必謹誌所産，遷其地而弗爲良也。九等之賦，有錯出以寬之，不罄地之毛也。使後之人讀之，而喟然曰：「以彼其躬平洚洞如此，利盡九州如此，猶且恐恐然，嗛嗛然，甘監門臣虜之養而不恤者，何爲也？庶幾『賓貢玉食』不至爲徵山賦海者之所藉口乎？」此吾所謂「後世末流之敝，無不以身救之，而以法維之」者也。或者又謂：「堯之爲君也，茅茨、土簋、敝履、鹿裘，樸略焉而已。及至禹而海錯橘柚有貢，金銀有貢，珠璣玉石有貢，不幾爲漢、唐之誅酎金、遞荔支者觴濫乎？」是又不然。夫風會日趨于奢，而過損必激爲汰。宋孝武見高祖牀頭土障，壁上葛燈籠、麻繩拂，笑曰：「田舍翁得此亦過矣。」後世人主，安知不笑茅茨、土簋、敝履、鹿裘爲陶唐一田舍翁哉！是故雕幾玩好，吾不禁人主之所欲，而但著爲則焉，使之不責有于所無，不悉索以爲富，如是已爾。若夫世變日新，無藝之征疊加而未已，斯固聖人之所深憂熟計，而無可如何者也。非其法之止可治一時，不可以治千萬世也。古今諸儒，注此篇者不下二十家，互有異同，舛錯不少。余甲申歲讀書金陵瓦官寺，竊網羅諸說，會稡一編，謂「厥賦貞」當是下下之轉，「東迆〔一〕北會于匯」當是「爲匯」之訛。閒以質之閩漳何元子先生，先生躍然印可。時先生方著春秋，比事屬詞，未及尚書，遂命余卒成之。藏庋敝篋，已踰二紀，頃乘暇日，重加釐訂。賦税河渠，自神禹至今，三千餘年之利害得失，約略如指掌。以至山川、都會、地理、水利之屬，凡經文所有者，無不博考而詳辨焉。斯固經國之先資，救時之良砭也。百世而下，苟能師神禹之意而用之，斯民其有瘳乎！

毛詩通義序

詩之爲道，以依永而宣苑結，以微辭而託諷諭，此非可以章句訓詁求也。章句訓詁之不足以言詩，爲性情不存焉。然而古人專家之學，代有師承，又非可鑿空而爲之說。漢、唐以來，詩家悉宗小序。鄭夾漈始著辨妄，朱紫陽從之，掊擊不遺餘力。集傳行，而詩序幾與趙賓之易、張霸之書同廢。雖然，烏可廢也！古人之書，卷末多繫以序。孔安國遷古文書序于各篇之首，王弼遷易彖、象、爻辭于各卦之中，毛公取詩序移置詩首，亦猶是也。序之出于孔子、子夏，出于國史，與出于毛公、衛宏，雖無可考，然自成周至春秋數百年閒，陳之太師，肄之樂工，教之國子，其必有所自來。大約首句爲詩根柢，以下則推而衍之。推衍者，閒出于漢儒。首句則最古，不易觀。于六亡詩之序，止系以一言，則後序多漢儒所

〔一〕「迆」，原作「迄」，據尚書禹貢改。

益，明矣。觀于毛公之傳宛丘，不同于序說，則首句非毛公所爲，亦明矣。序之文既最古，毛傳復稱簡略無所發明。鄭康成以三禮之學箋詩，或牽經以配序，或泥序以傳經，或贅詞曲説，以增乎經與序所未有，支離膠固，舉詩人言前之指，言外之意，而盡汩亂之。孔穎達疏義，又依回兩家，無以辨其得失。則夫紫陽集傳之出，大埽蒙翳，而與以廓清，此亦勢有必至也。雖然，毛、鄭可黜，而序不可黜，黜序則無以爲説，詩之根柢不得不循文揣義以臆解，較之漢、唐諸儒雖明簡近情，而詩人之微文奥旨，已不可復識。此何異寫生者取雲孫之謦咳形容，而追貌其祖先之面目；又何異聽訟者去當時之契券證驗，而冥決以後代之爰書，求其不爽，必無幸矣！吾所謂「鑿空之説，不可以言詩」者，此也。雖然，序果一一可信乎？曰：「國風、三頌，舍序其無詩矣！惟是楚茨、信南山至采菽、隰桑諸詩，皆正雅也，而序以爲刺幽；衛武之抑，幽王世詩也，而序以爲刺厲。凡若此類，實難免于學者之疑。吾以謂有不足疑者。孔子時，去周公將五百年，太史掌記未亡，矇瞍律吕未失，賢人君子弦誦未絶也，雅、頌猶殘闕失次，反魯始克正之。況經戰國之雲擾，秦政之燔滅，楚、漢之龍戰虎鬭，能保無簡編之淆亂者哉！書藏魯壁猶亡佚居半，三百篇特存于小儒曲學佔畢諷誦之流傳，何獨能一無訛舛，孔删如故哉！吾則以楚茨諸篇定屬錯簡，序已非當時之舊，此又深有賴于紫陽之是正者也。語云：「冢尺雖斷，可定鍾律。」序爲詩之冢尺也，尚矣！一汩于康成之膠滯，再汩于紫陽之斥排，將聖人所謂主文譎諫，厚人倫，美教化，以至于動天地，感鬼神者，其終晦昧湮没而不可求已乎！余不敏，竊主古義，而參諸家于序之不可易而可信者爲疏明之，其牴牾不可信者則詳辨之，要以審定可否，綜覈異同，使積蔽羣疑，涣若冰釋，庶通經之一助云爾。抑觀東萊詩記所載朱氏云云，皆奉古序爲金科，黄東發引晦庵新説，亦多從序。然則廢序言詩，特過信夾漈之故，初非紫陽本指乎？吾不敢以紫陽之詩有殊于孔氏之詩，又不敢以孔氏之詩而格夫紫陽之詩也，故參伍羣説，以折其衷焉。世之學者，其毋以余爲輸攻紫陽，斯可矣！

左氏春秋集説序

記曰：「屬辭比事而不亂，深於春秋者也。」今之説春秋，何其亂與！則凡例之説爲之也。自左氏立例，公、穀二氏又有例，啖、趙以下亦皆有例。言人人殊，學者將安所適從！如稱爵者，褒也，而會盂何以書楚子？則非盡褒也。稱人者，貶也，或將卑師少也，而僖公之前，何以君大夫將皆稱人？則非盡貶與將卑師少也。稱字者，貴之也，而邾儀父、許叔、蕭叔有何可貴乎？殺大夫稱名者，罪之也，而陳洩冶、蔡公子燮有何可罪乎？諸侯失國，名，而夔子、萊子不名；滅同姓，名，而楚滅夔、齊滅萊不名，則其説窮矣。不書公子，爲削其屬也，而弑君如楚商臣、齊商人反稱公子，則其説又窮矣。卿卒必記日月，公至必告于廟，益師不日，薄之也，而成公以後皆書日，「桓會不致，安之也」，而公行大半不書至，則其説又窮矣。不得已，有變例之説。夫所貴乎例者，正取其一成而不可易，若前後游移，彼此乖午，何以示萬世之繩準！嗚呼！夫子作春秋，上明天道，下正人事，變化從心，安得有例！例特史家之説耳。自隱、桓至定、哀二百四十二年間，載筆者既非一人，則或詳或略，不免異辭，所見所聞，難于一概，就史法言之，尚無一成之例，而乃欲執後人之例以按經，又欲屈聖人之經以從例，其可乎哉！然則如之何？

亦曰：「求之春秋之所以作而已矣。」夫子曰：「吾志在春秋。」又曰：「其義則某竊取之。」何謂志？尊天子，内中國，討亂臣賊子，尊王賤霸是也。何謂義？善者吾進之予之，惡者吾退之奪之。彼善此者猶進之予之，純乎惡者吾亟退之奪之是也。志以義明，義以時立。春秋之始，諸侯驟强，則絀諸侯以扶天子；春秋之中，大夫專政，則絀大夫以扶諸侯；春秋之季，陪臣亂國，則又絀陪臣以扶大夫。而前之治楚，後之治吴、越，往往示其意于獎桓、文，愛宗國，爵齊、晉、宋、衛諸君之中若此者，凡以尊天子也，明王道也，一筆一削，蓋皆隨世變而爲之。權世變異，則書法亦異，而豈有變例正例之可求哉！後之説者，乃曰：「聖人有貶無褒。」或又曰：「聖人初無褒貶。」夫有貶無褒，則春秋爲司空城旦之書，聖人宅心，不應如是刻覈。若無褒無貶，則全録舊史，是非不明，何以有知我罪我之言，而能使亂臣賊子懼耶？吾故專以聖人之志與義爲斷。不能得乎聖人之志與義，則隨事生説，辨愈繁而不可立教。能得乎聖人之志與義，則凡例諸説，何嘗不可與聖經之微文奥旨相爲發明？而近世儒者，著論乃欲盡舉諸例而廢之，其亦固而不可通也已。余爲此書，主以左氏傳，取杜注、孔疏，及公、穀、啖、趙數十家之論，聚而觀之，參互權衡，雖未知于聖人之志與義若何，而古今諸儒支離膠固之説，刊剟無餘，少以資學者經術經世之助，庶幾于屬辭比事而不亂之旨有或當云。

王先生錫闡 別爲曉庵學案。

李先生顒 別爲二曲學案。

張先生爾岐 別爲蒿庵學案。

朱先生彝尊 別爲竹垞學案。

閻先生若璩 別爲潛丘學案。

楊先生瑀

楊瑀字雪臣，武進人。少日好立奇節，既而厚自刻責，率諸子鍵户讀書，自經史而外，分授天官、地理、曆律、兵農之書。與惲遜庵講學南田及東林書院。年七十餘卒。著有飛樓集。亭林稱爲高士云。

參徐乾學憺園集。

傅先生山

傅山字青主，陽曲人。明諸生。少尚氣節，詣闕訟提學袁繼咸冤，得白，名聞天下。明亡，變服黄冠，居土室。以牽連被逮，絶粒幾死。有救之者，得免。海内大定，乃稍出與客接。有問學者，曰：「吾學老、莊者也。仁義禮樂，强言之亦不工。」或與論宋諸儒，則曰：「不得已，吾取陳同甫。」雅不喜歐陽公以後之文，曰：「是江南之文也。」康熙中，薦博學鴻詞，稱疾。有司强舁至京師，拒不入城。魏公象樞以其老病上聞，詔免試放還，賜秩中書舍人，遂稱疾篤。羣公强之入謝，舁至午門，淚涔涔下，掖之仆於地。次日遽歸，曰：「後世以劉因輩賢我，且死不瞑目矣。」亭林游晉，與之訂交，稱其高致。後人輯其遺文筆記，喜談小學及周、秦諸子。蓋隱居後，絶世事，於經史大義，轉罕言之。參全祖望撰事略及文集。

路先生澤農

張穆撰亭林年譜注誤作「澤溥」，今據車持謙所撰顧氏原譜及諸誌傳改正。

路澤農字吾徵，一字安卿，曲周人。父振飛，明崇禎末，官右僉都御史，巡撫鳳陽，開府淮上禦寇。先生方幼，會擒賊將，發三矢，中之。唐王立閩中，以舊恩招之，先生從父往，中道相失。有强帥擁兵，欲字以女，不從，按劍仰天太息曰：「父方奔播，自有室家不遑恤，乃爲此乎！」遂留爲記室。乘閒去，遇父於廣州，人以爲孝感。時閩、廣已内附，父憂憤成疾，焚香禱北辰，蘄以身代。及父卒，一慟嘔血數升。時甫十七，扶櫬行，且行且哭，瀕於毀。途遇伯兄奔喪。至吴中洞庭山厝焉。伯兄留滯洞庭，貧不能歸，先生歲一南行省視。後迎歸，爲置田宅以養。仲兄早没，遺孤教之成立。常言：「人生無論出處，當有惠澤及物。」故居雖約，親族賴以舉火者數十家。與外家中梟盟兄弟，以詩古文相切劘。晚年，殫心易理，著有宜軒詩一卷，草堂雜著數卷，琴譜一卷。亭林因叛僕之獄，賴其伯兄爲之營救。晚年北游，數過其家，曾留嗣子衍生讀書於曲周。蓋與交誼最篤，故作廣師篇曰：「險阻備嘗，與時屈伸，吾不如路安卿。」集中又有贈路光禄太平詩。唐王在閩時，召其父子，賜職光禄少卿，並賜名太平也。參金德嘉撰墓誌、繆荃孫撰别傳、歸莊撰其弟路澤淳家傳、亭林集。

吴先生任臣

吴任臣字志伊，莆田人，寄籍仁和，爲諸生。志行端慤，博學深思，兼通天官奇壬之術。又精樂律，嘗於市上見編鐘一枚，曰：「大吕鐘也。」滌視欵識，果然。康熙己未，召試博學鴻詞，授翰林院檢討，入明史館，承修曆志。著十國春秋一百十四卷，廣搜博引，世推其淹貫。又著山海經廣注及周禮大義、禮通、春秋正朔考辨〔一〕、託園詩文集。參史傳、亭林年譜。

附録

十國春秋，以歐陽修作五代史，於十國倣晉書例爲載記，每畧而不詳，乃採諸霸史、雜史以及小説家言，並證以正史，彙成是書。凡吴十四卷，南唐二十卷，前蜀十三卷，後蜀十卷，南漢九卷，楚十卷，吴越十三卷，閩十卷，荆南四卷，北漢五卷，十國紀元、世系表合一卷，地理志二卷，藩鎮表一卷，百官表一卷。其諸傳本文之下，自爲之註，載別史之可存者，蓋用蕭大圜淮海亂離志、楊衒之洛陽伽藍記、宋孝王關東風俗傳、王邵齊紀之例。劉知幾史通補註篇所謂「躬爲史臣，手自刊削，除繁則意有所恡，畢載則言有所妨，遂乃定彼榛楛，列爲子註」者也。其閒於舊説虚誣，多所辨證。如田頵擒孫儒年月，則從吴録，而不從薛史；吕師周奔湖南年月，則從通鑑，而不從九國志；南唐烈祖世家，則從劉恕十國紀年及歐史，而不從江南野史、吴越備史，皆確有所見。其他類是者甚多。五表考訂尤精，可稱淹貫。四庫全書提要。

〔一〕「春秋正朔考辨」，原作「春秋正考朔辨訛」，據清史稿改。

張先生弨

張弨字力臣，山陽人。諸生。精六書，謹守許慎之說。家貧，隱於賈。博雅嗜古，尤究心金石，考定精密。亭林音學五書成，屬任校寫，本說文正字體，酌古今之閒，與其二子叶增、叶箕手書之。參史傳、亭林文集。

王先生宏撰

王宏撰字無異，號山史，華陰人。明諸生。康熙己未，以鴻博徵，不赴。嗜學好古，富藏金石。廣交游，爲關中聲氣領袖。居華山下，著易象圖、述山志、砥齋集。亭林入關，始與訂交。其後每至輒主其家。以朱子曾寄禄華州雲臺觀，議建朱子祠堂，兼立書院，亭林不欲。自營菟裘，謹割地建祠於家。搆齋曰易廬，亭林借居之，後改名顧廬。參亭林年譜。

李先生因篤

李因篤字子德，一字天生，富平人。明諸生。值寇亂，走塞上，訪求勇士，招集亡命，思以殲賊。見無可爲，歸而閉户讀經史，爲有用之學。以文學負重名，與二曲、雪木並稱爲「關中三李」。亭林游關中，訂交，論學至契。及亭林爲萊州黄培詩獄牽連，先生聞之，特走京師，告急諸友人，復至濟南省視，時稱其高義。康熙己未，召試博學鴻詞，授翰林院檢討。被徵時，以母老多病，力辭，有司强迫就道。既授職，呈請歸養。格於吏議，乃自上疏陳情，詞旨切摯。其疏爲時傳誦。得請歸侍母，晨夕不離。母喪後，遂稱病不出。平生學以朱子爲宗。二曲提唱良知，關中學者皆服膺。及居富平，先生與過從無間，各尊所聞，不爲異同之説。深於經學，著詩説，亭林稱爲毛、鄭嗣音。又著春秋説，汪苕文亦折服焉。又有受祺堂詩文集。參史傳、宋學淵源記、亭林年譜。

馬先生驌

馬驌字驄御，又字宛斯，鄒平人。順治己亥進士，官淮安推官，改靈壁知縣，蠲荒除弊，流亡復業，有惠政。殁，祀名宦。著左傳事緯十二卷，附録八卷。又繹史一百六十卷，纂録開闢至秦之事，博引古籍，疏通辨證，時人稱爲「馬三代」。聖祖後，命大學士張玉書購取其書板入内庫。亭林謁孟廟，過鄒平，與之訂交，同訪碑郊外，稱所著書爲必傳之作。參漢學師承記、亭林年譜。

附録

左傳事緯，分爲百有八篇，篇加論斷。首載晉杜預、唐孔穎達序論，及自作丘明小傳一卷，辨例三卷，圖表一卷，覽左隨筆一卷，名氏譜一卷，左傳字奇一卷，合事緯爲二十卷。内地輿有説無圖，蓋未成也。於左氏融會貫通。其圖表考證精詳。專門之學，與涉獵者相去遠矣。四庫全書提要。

繹史，首爲世系圖年表，凡太古十卷，三代二十卷，春秋七十卷，戰國五十卷，别録十卷。仿袁樞紀事本末之例，每一事各立標題，詳其始末。惟樞書排纂年月，鎔鑄成篇，此書則惟篇末論斷，出於自作。其事蹟皆博引古籍，排比先後，各冠本書之名。其相類之事，則隨文〔一〕附註。或有異同譌舛，以及依託附會者並於條下疏通辨證。其别録一爲天官，二爲律吕通考，三爲月令，四爲洪範五行傳，五爲地理志，六爲詩譜，七爲食貨志，八爲考工記，九爲名物訓詁，十爲古今人表。蓋以當諸史之表志，亦薈萃諸書之文。惟古今人表則全仍漢書之舊，以所括時代與漢書不相應，而與此書相應也。雖其疏漏牴牾閒

〔一〕「文」，原無，據四庫全書提要補。

亦不免，而蒐羅繁富，詞必有〔一〕徵，實非羅泌路史、胡宏皇王大記所可及。史例六家，古無此式，與袁樞所撰著，均可謂卓然特創，自爲一家之體者矣。四庫全書提要。

汪先生琬

汪琬字苕文，長洲人。順治乙未進士，授户部主事，累遷刑部郎中。以奏銷案，降北城兵馬司指揮，復遷户部主事，歷官皆有政績。兵馬司秩卑職冗，懲姦除暴，能得民心。再入户曹，改漕糧官，收官兑，議裁吴三桂兵餉，爲時所稱。以病歸，召試博學鴻詞，授翰林院編修，纂修明史。在館六十日，撰列傳百七十餘篇，復乞病去。居堯峰山下。聖祖嘗問當世能爲古文者，大學士陳公廷敬舉以對。後南巡，諭曰：「汪琬久在翰林，文名甚著，聞其居鄉不與聞外事，可嘉賜御書一軸。」所爲文原本六經，頗近南宋諸家，於易、詩、書、春秋、三禮、喪服咸有發明。自訂類稿六十二卷，續稿三十卷，别集二十六卷。嘗論當世可師者，以經學修明推亭林及李天生二人。亭林亦推其古今五服考異，而以「殫精三禮，論斷古今」相勗焉。參史傳、亭林文集。

〔一〕「有」，原無，據四庫全書提要補。

文集

古今五服考異序一

昔者，魯哀公使孺悲學士喪禮於孔子，而兩漢猶有專名禮服之學者。至於馬融、鄭玄、王肅、譙周之屬，皆號通儒，莫不條析異同，反覆拳拳於此。勉齋黄先生亦嘗欲撰次喪服圖式，而附古今沿革於其後，惜乎未及成書而遽殁也。自晚近以來，諱爲凶事，往往弃而不講。於是士大夫持服之時，率皆私行其胸臆，而王者制禮之意微矣。予竊慨然，故作此考，以儀禮爲案，而以今之律文斷之，中閒發明辨正，雜采諸家之書，而稍述鄙見於其末。孔子曰：「丘，小人也，何足以知禮。」孔子且云爾，而況陋劣如琬者乎！然用以羽翼律文，殆不無小補云。

古今五服考異序二

有問予者曰：「禮與律文不同，今吾子之爲此考也，率皆取裁於律，是毋乃徇今而不古之好與？」予告之曰：「非也。蓋嘗三復喪服傳而不能以無疑。夫高祖在九屬之内，大夫得立高祖廟，士亦得祀高祖，而顧不爲之服，可疑一也。曾祖距祖一世，顧爲祖齊衰期，而爲曾祖三月，其降殺不太甚乎？可疑二也。丈夫三十而娶，而爲之妻者，乃有夫之姊之長殤之服，可疑三也。支子不祭則不得立廟，尚何有於孤幼而繼父乃得爲前妻之子築宫廟，可疑四也。舅與從母皆母之黨也，顧爲從母小功，而爲舅止於緦，抑何輕舅而重從母也？可疑五也。大夫絶緦於其旁親皆然，而獨服貴臣貴妾，可疑六也。漢、魏諸儒，守其師説，牢固而不之變，中閒雖有舛譌，往往從而曲爲之解。自唐以來，賢君察相，知服制之當隨時損益也，於是鳩集衆議而稱制以決之，縣諸令甲以齊一之，至於今日，其文益詳且密。吾聞之也，禮有與民變革者矣。其不可變革者，則親親也，尊尊也，長長也，男女有别也。夫賢君察相，因乎其所不可變革，而損益其可變革者，不亦善乎！而又何周制之兢兢焉？彼徇今而不通於古，與好古而不協於今，是皆謂之俗儒，君子弗與也。」客既退，遂録之以爲序。

五服圖後序

按勉齋黄氏儀禮經傳續及信齋楊氏儀禮圖一書，其「喪服」門諸圖雖本儀禮，而實參之以小戴記。予所作，則悉取喪服傳本文，而又各以律文圖次之。蓋前賢所重在攷經，而序所重在遵律，宜其彼此不同也。禮，時爲大。昔者，殷人既封而弔，周反哭而弔，孔子從周；殷練而祔，周卒哭而祔，孔子蓋善殷也。夫於周則從之，於殷則善之而不從者，此無佗，非時王之制故也。朱子曰：「古今異，宜禮文之變有不可考者。」又曰：「居周之世，而欲行夏、商之禮，所謂反古之道。」由此言之，學者之論禮服也，當知所取法矣。

答李舉人論以史證經書

昨足下見琬春秋諸論，遽蒙手教之辱，謂：「古人以經證史，不以史證經，解經諸作，不當參以後世事。」其説甚辨，然非琬所敢安也。琬不能探援祕籍，以相讎答，試舉里塾諸童蒙所恒誦者爲足下言之，幸足下少降心平氣而聽焉。昔子程子之傳易也，於屯之九五，則引魏高貴鄉公、唐僖、昭二宗以證之；於師卦，則引淮陰侯，於六五，則引郭子儀相州之敗以證之；於否之九五，則引王允、李德裕以證之；於遯之象，於未濟之九二，則又引王允、謝安、子儀、李晟以證之；於坎之六四「納約自牖」，則引漢四老人之定太子爲之反覆其故，而痛切申明之，此即解經者以史證經之明驗也。如其不可以爲證，則淮陰侯以下諸人之事，豈皆不出於史乎？至於楊廷秀易傳，引史尤多。其佗若胡康侯之傳春秋，鄭伯謙之論周禮，舉莫不然。彼歐陽永叔、蘇明允諸作，偶不及史耳，非其果不可以證經也。如果不可以爲證，則易、春秋傳與太平經國書決不妄引漢、唐也，明矣。抑琬又聞春秋經中之史，不當用易、詩、禮三經爲比。今之士大夫，果能上下數千百年，悉取春秋與漢、唐、宋之所以安危治亂，以訖君子小人之用舍進退，或同而異，或異而同者，無不哆口抵掌，馳騁往復其閒，而又能著諸文章，成一家言，以爲後世有國有家者之龜鑑，此亦曠代之軼才也。雖使借經立説，而參之以後世之事，謂之以史證經可也，謂之以漢、唐、宋之史證春秋之史亦無不可者。其殆子朱子所云：「解經而通世務者也。」惜乎！今猶未見其人。而琬又學識惷陋，不足以任之耳。足下宜蚤自奮勉，用此倡導後生，而顧爲之詞曰：「史不可以證經。」然則，琬尚奚望哉！

亭林從游

徐先生乾學

別爲健庵學案。

徐先生元文

徐元文字公肅，號立齋，崑山人。順治己亥一甲一名進士，授翰林院修撰，歷官文華殿大學士，户部尚書，掌翰林院事。先生爲亭林之甥，與兄健庵家庭研學，汎濫百家，根柢六經，務於致用。監修明史，久於其事，多所主持。亭林曾有答書，論修史之難。敕修政治訓典、平定三藩方略、一統志，並爲總裁。聖祖右文，於鴻章鉅典編纂之事輒曰：「須徐家兄弟爲之。」所著有奏疏及明史稿雜文若干卷。參韓菼撰行狀、亭林集。

陳先生芳績

陳芳績字亮工，常熟人。父鼎和居語濂涇，亭林避難至，比鄰訂交，時先生年猶少。其後屢有詩篇酬答。所著有歷代地理沿革表四十七卷。參亭林集、年譜。

愚庵交游

陳先生啟源

陳啟源字長發，吴江人。與同里朱愚庵同治經學，愚庵作毛詩通義，先生實與之參正。自著毛詩稽古篇三十卷，訓詁一準諸爾雅，篇義一準諸小序，詮釋經旨一準諸毛傳，而鄭箋佐之，其名物則多以陸璣疏爲主。題曰毛詩，明所宗也；曰稽古篇，明爲唐以前專門之學也。依次解經，不載經文，但標節目。前人論説已明者，則置之。又爲總詁，分六目，末爲附録，則統論風、雅、頌之旨。大旨堅持漢學，不容出入，引據賅博，疏證詳明，一一皆有本之談。蓋矯明代説經喜騁虚辨，而爲徵實之學。惠氏定宇亟稱之。所著又有尚書辨略二卷、讀書偶筆二卷、存耕堂稿四卷。參四庫全書提要、漢學師承記、文獻徵存録。

毛詩稽古篇敘例

先儒釋經，惟求合古；後儒釋經，多取更新。漢詩有魯故、韓故、齊后氏孫氏故、毛故訓傳，書有大、小夏侯解故。故者，古也。合於古，所以合於經也。後儒厭故喜新，作聰明以亂之，棄雅訓而登俗詮，援叔世以證先古，爲説彌巧，與經益離源也，惑之。竊不自揆，欲參伍衆説，尋流泝源，推求古經本旨，以挽其弊。而諸經注疏，惟毛詩敘傳最古，擬首從事焉。適長孺朱子以所著毛詩通義示余，共商搉其疑，因鋭意搜討，加以辨證，得一義輒札記之，積久得如干條，彙輯成帙，名曰毛詩稽古編云爾。原古人釋經，多由師授，不專據經本。況詩得於諷誦，非竹帛所書，確有畫一，諸儒傳寫，師讀各分，經文亦互異，故字與義有不必相符者，非得師授，豈能辨其孰是哉！今師授雖絶，而傳義尚存，尋繹傳義以考經文，其異同猶可正也。此當稽古者一也。又古今文義差殊，若胡、越之不同聲矣。毛、鄭字訓，率宗爾雅，於今似爲驚俗，在古實屬恒詮，不可易也。用古義以入文，文固難説時人之目；彊古經以就今義，亦豈合古人之心乎？夫積字而有句，積字句而有篇章，字訓既謁，篇旨或因以舛，非小失也。此當稽古者二也。又三代迄今，垂二千餘載，雕樸刓方，匪一日之積，時世屢更，風俗迥異。古聖賢行事，因乎時耳，宜於古者，未必宜於今。然據今人習俗，併謂古人無其事，亦非通論也。惟立身於古世，以論斷古人，斯詩之性情得矣。此當稽古者三也。又若弁冕車旗之制，鼒鼎俎豆之儀，朝會燕饗之規，禘祫郊丘之議，焚書而後，典禮無憑，聚訟以還，是非莫定，此皆難臆決者。至於山川陵谷屢易其形，草木禽魚不恒厥性，祇可即古以言古，不可移古以就今。其地名物類，間有相同，非俚俗之流傳，即文人之附致。縱或偶符於古，豈必可證於雅，存其信？而闕其疑，勿以今之似，亂古之真，竊謂有一得焉。

古今爲詩學者，無慮數十家，其説燦乎備矣。今日論詩，不必師心以逞，惟當擇善而從，故斯編止參酌舊詁，不創立新解。集傳大全，今日經生尚之，而注疏亦立於國學，故所辨證，此二書爲多。其魏、晉、六朝諸家之說，則正義所引用也。其宋、元諸家之說，則集傳所未取，大全所編輯也，故辨證亦及焉。若近儒所著，亦互有得失，但世鮮尊信，無庸置喙焉爾。

折衷衆說，必引據古書，擇其義優者，以決所從，不敢憑臆爲斷。其引據之書，必明著於編，俾可展卷取驗，示傳信也。其限於見聞，局於心知，疑而未定者，謹闕，所不知不敢妄論。引據之書，以經傳爲主，而兩漢諸儒文語次之，以漢世近古也。魏、晉、六朝及唐又次之，以去古稍遠也。宋、元迄今，去古益遠，又多鑿空之論，譌託之書，非所取信，然其援據詳明，議論典確，鄙見賴以觸發者，亦百有一二焉。

前人謬誤，已經他書指摘者，槩不贅及。其指摘有未盡，則曲暢之，必先云某說如此，不敢攘人之美也。若指摘未當，則加駁難。

長孺通義，駁正羣言，最爲允當，頗亦采録鄙說，余之述是編，以補通義之未備也。但讀書論古，不必立異，亦不可苟同，故持說閒有與通義殊者，各從所信也。其同者，不復覼縷。若所見雖同，而說有更進，亦不憚詞費，正欲兩書相輔而行耳。

凡有辯難，必述原說，以引其端。習見者，略述之；希見者，詳述之。其所援據亦然。至引述諸儒，或以名，或以字，或以氏，或以書，偶因文便，非義例所存。

此編之例，有誤則辯，無則置之。或一語而頻及，或連章而闕如，非同訓釋家句櫛字比也，故止題篇什，不載經文。

辯證諸條，各隨本詩爲次，釐爲二十四卷。其有義統全經，訓連數什，則别爲五卷，寘諸後，名曰總詁，復類分之，爲舉要，爲攷異，爲正字，爲辯物，爲數典，爲稽疑，凡六門焉。

總詁之後，又斷以附録一卷。凡經注譌脱，已列稽疑，而辯析未詳者；傳箋釋文，字義故實須加攷證者；辯證詩義，因而旁及他典者；論斷已明，尚有餘意未盡者；後儒之説，未甚著聞，而其誤須辨者；竪義稍越常聞，恐人河漢其言者；三家詩説，可爲博聞之助者，皆彙入焉。其前後仍以經爲次。

字體譌陋，於今極矣。有俗體之譌，如鼇、澄、挼、拯、飲、嚶、肖、匝等。有借用之譌，如叩、俟、専、移、沽、篤等。有妄減之譌，如韓、雪、雷、衛、薛、戟等。有妄增之譌；如菽、燼、寂、熟、栖、烹等。有分一字爲二字而譌者，如瀾與漣，黼與鎡，臚與膚等。有合數字爲一字而譌者；如渻窅省皆作省，佮詥匌皆作合，复復𠣾皆作復，匃𠦒昒皆作忽，𢿘秩戜皆作秩等。有因形近而譌者，如憂夒，叚叚，孚孝等。有因音近而譌者，如鋌錠，飫飶，但袒等，與借用似同，而實異。此類不勝屈指，取彼俗書，準諸古義，大半皆譌。繕寫斯編，本欲悉加釐定，一遵説文，又恐大驚俗目，俾覽者芒然，必至廢書而歎。今止於點畫閒斟酌雅俗，略正其一二，務令時目一覽便識。其稍晦者，注於本字下。每卷止注首一字，再見者不復注。至經文字體，則別詳總詁正字門。

亭林私淑

黄先生汝成

黄汝成字庸玉，號潛夫，嘉定人。廪貢生。選安徽泗州直隸州訓導，以憂未赴。先生才識敏達，博涉能文，學不泥章句，而留心經濟。於田賦、職官、選舉、河漕、鹽筴、錢幣有關治亂得失之故，一一攷正源流，務得真是。亭林日知録一書，服膺最深。綜顧氏同時暨後賢著譔，廣爲搜擇，融貫條繫，成集釋三十二卷，刊誤四卷。又通麻算之學，爲休寧戴氏歲實攷、同邑錢氏朔實攷校補各一卷，袖海樓文集六卷。道光十七年卒，年三十九。參李兆洛撰家傳、葛其仁撰傳。

日知録集釋叙

自明體達用之學不修，儒生鉅材日事纂述，而鴻通瓌異之資，遂率隳敗於詞章訓詁、襞績破碎之中。漢時經術修明，賢哲著書，大都采擇傳記百家，論説時政與己志而已。魏、晉以降，著録始廣。唐以後，遂歧分爲數家。其善者，自典章經制，文物度數，以及佛老之書，徼裔之迹，莫不明其因革損益，巨細本末，號稱繁博。然求其坐而言，可起而行，修諸身心，達於政事者，不數覯焉。崑山顧亭林先生，質敏而學勤，誼醇而節峻，出處貞亮，固已合於大賢。雖遭明末喪亂，遷徙流離，而譔述不廢。先後成書二百餘卷，閎廓奧賾，咸職體要，而智力尤瘁者，此也。其言經史之微文大義，良法善政，務推禮樂德刑之本，以達質文否泰之遷嬗，錯綜其理，會通其旨。至於賦税、田畝、職官、選舉、錢幣、權量、水利、河渠、漕運、鹽鐵、人材、軍旅，凡關家國之制，皆洞悉其所由盛衰利弊，而慨然著其化裁通變之道，詞尤切至明白。其餘考辨，亦極晐洽。易曰：「言天下之至賾而不可惡也，言天下之至動而不可亂也。」又曰：「困者，德之辨也。」傳曰：「仁人之言，其利溥〔一〕哉！」豈非善成其鴻通瓌異之資，而畢出於體用焉哉！元、明諸儒，其流失喜空言心性，凡講説經世之事者，則又迂執寡要。先生因時立言，頗綜覈名實，意雖救偏，而議極峻正直，俟諸百世不惑，而使天下曉然於儒術之果可尊信者也。汝成鑽孴是書，屢易寒暑。又得潘檢討删飾元本，閻徵君、沈鴻博、錢宫詹、楊大令四家校本。先生討論既夥，不能無少少滲漏，四家引申辯證，亦得失互見，然實爲是書羽翼也。用博采諸家疏説傳注名物、古制、時務者，條比其下。伏處海濱，見聞孤陋，又耆碩著書富邃，而義無可附，則亦闕諸，竊慮踳駮有踰簡略。嗚呼！學識遠不逮先生毛髮，而欲以微埃涓流，上益海岱之崇深，抑愚且妄矣。然先生之體用具在，學者循其唐塗，以窺賢聖制作之精，則區區私淑之心，識小之愔，或不重爲世所詬病者矣。書凡三十二卷，篇帙次第，略不改易。集釋條目，諸賢名氏、里爵，具列於後，而輒著其大指於篇。

〔一〕「溥」，左傳作「博」。

先生著述閎通，是書理道尤博，學術政治，皆綜隆替，視彼窾言，奚啻瓶智。自康熙三十四年，吴江潘檢討刻於閩中。流行既久，刊刪多譌，潛丘諸君，皆有斠正。今茲集釋，即緣爲權輿，復廣加鉤析，脱字既增，誤文亦削。諸君別著，論纂雖殊，指意可并，則亦附諸。至先生所纂金石文字記、山東考古録、石經考、五經同異、音學五書、郡國利病書、亭林詩文集、菰中隨筆等書，凡藉參稽，亟爲決擇，若異徑庭，不引詮訓。至漢、唐及明，經史傳紀，諸子雜家，皆先生博綜穿穴，茲更無事駢枝，凡所稱引，率斷自先生同時及後賢所述。先生問學浩博，論説深遠，專綜大綱，或忘識小。諸家辨駁，其無關閎旨者勿論。閒有異同，轉滋歧舛，用援鄭詁禮經、顔注漢史之例，拾遺元文，參以私測，更列衆言加之融釋。諸經訓纂，衆史傳志，其文可互通者，悉隨先生所録疏明。至義類所觸，或摭實略虚，或舍新徵舊。又逸書別史，諸子百家，分見少殊，援引斯異，亦隨所列之文，所據之本，略事鉤甄，以祛牴滯。

先生負經世之志，著資治之書，舉措更張，言尤慨切。第世異盛衰，則論貴參伍；求棟買轂，何殊區霿。爰竭顓愚，略疏偏激，不爲掉磬，閒陳一孔，雖會幾深，終慚和繆。又先生留心時務，奏議文書，事關利害，皆入簡編。今有發明，廣爲采厠，著書誠尚雅馴，立説亦爭要領，或節録其篇，或咸登其論，理勢恐失其真，辭氣多仍其筆，亦準全書，惟求實事。至於詞原曲喻，隱多未正，既輒舛馳，闕疑云爾。

世嬗歲遷，學者輩出，參考古今，蔚成宏傑。其論治體要道，經術文章，器識雖殊，穿并則一。閒著名理，有出先生論述外者，既綜疏列。至於考證諸家，意主搜羅，凡所引稱，時至繳繞，今入注文，但取證明，奚事炫博，輒加删節，歸諸簡覈。若語有繁略，理無醇疵，既列其凡，不廣附麗。

疏説既繁，主名難一，氏族不署，淆舛易滋。然或同籍系罔辨，纂言既異，存亡須分。著録始輯注文，但稱某氏，惟氏同則殊以官，謚同則加以地。其他區異，恉亦準斯。至同時材哲，則概著其名。事取標題，義無軒輊，第上相位崇，守土分别，兼獲師承，宜謹書策，少變其文，復同前例。叔重解字，引賈逵之説，書官以尊；康成治詩，重毛公之賢，稱箋自下。爰式先儒，用慎操翰。

方侍郎苞字靈皋，桐城人。進士。

惠侍讀士奇字天牧，吴縣人。進士。

任氏原祥字王谷，宜興人。

王給事命岳字伯咨，晉江人。

陳氏啟源字長發，吴江人。

梅氏文鼎字定九，宣城人。

臧氏琳字玉林，武進人。

丘氏嘉穗字秀瑞，浙江人。舉人。

陳庶子遷鶴字介石，安溪人。

楊編修繩武字文叔，吴縣人。

顧司業棟高字復初，無錫人。

陳文恭宏謀字汝咨，臨桂人。官大學士。

陳總兵倫炯字資齋，同安人。

曹給事一士字諤庭，上海人。進士。

汪氏師韓字抒懷，錢塘人，官編修。

柴氏紹炳字虎臣，仁和人。

謝中丞敏字肅齋，武進人。

陳通政兆崙字句山，錢塘人。乾隆初，舉博學鴻詞，庶吉士。

全氏祖望字紹衣，鄞縣人。乾隆初，舉博學鴻詞。

陳鴻博黄中字和叔，吴縣人。乾隆初舉。

徐鴻博文靖字位山，當塗人。乾隆初舉。

喬氏光烈字敬亭，上海人。進士，官巡撫。

裘文達日修字叔度，新建人。進士，官尚書。

官氏獻瑶字瑜卿，安溪人。官洗馬。

王方伯太岳字芥子，定興人。進士。

姚氏範字南青，桐城人。官編修。

江氏永字慎修，婺源人。

盧氏文弨字紹弓，餘姚人。侍講學士。

陸中丞燿字青來，吴江人。舉人。

莊侍郎存與字方耕，武進人。進士及第。

王氏鳴盛字鳳喈，嘉定人。光禄寺卿，進士及第。

黄氏中堅字震生，吴縣人。

戴氏震字東原，休寧人。庶吉士。

趙氏翼字雲崧，陽湖人。貴西兵備道，進士及第。

姚刑部鼐字姬傳，桐城人。進士。

柴御史潮生。

胡御史蛟齡。

楊侍郎永斌。

王上舍應奎字柳南，常熟人。

孫氏志祖字頤谷，仁和人。進士，官御史。

惠氏棟字定宇，侍讀子。

鳳氏韶字德隆，江陰人。歲貢生。

朱氏澤澐字止泉，寶應人。

錢徵士大昭字晦之，嘉定人。嘉慶初，舉孝廉方正。

梁氏玉繩字曜北，錢塘人。
汪明經中字容甫，江都人。
劉學博台拱字端臨，寶應人。
莊大令述祖字葆琛，陽湖人。進士。
莊氏綬甲字卿珊，大令子。
錢學博塘字岳源，嘉定人。進士。
洪氏亮吉字稚存，陽湖人。官編修。
桂氏馥字未谷，曲阜人。進士，官知縣。
孫兵備星衍字淵如，陽湖人。進士及第。
淩氏廷堪字次仲，歙人。進士，官教授。
雷氏學淇字介庵，直隸通州人。進士。
張大令雲璈字仲雅，錢塘人。舉人。
陳同知斌字白雲，德清人。進士。
程方伯含章字月川，景南人。舉人，巡撫，左遷布政使。
劉氏逢禄字申受，武進人。進士，官禮部主事。
陸學博珣字子劭，嘉定人。

管氏同字異之，上元人。舉人。

沈明經宇字啟大，嘉定人。

劉明經字孟塗，桐城人。

嚴氏如熤字樂園，漵浦人。孝廉方正，官按察使。

沈學博欽韓字文起，吴縣人。舉人。

阮閣部元字伯元，儀徵人。今官協辦大學士，雲、貴總督。

陶宫保澍字雲汀，安化人。進士。今官兵部尚書，兩江總督。

東方樹字植之，桐城人。

姚大令瑩字石甫，桐城人。進士。今官江蘇知縣。

周濟字保緒，荆溪人。進士。今官教授。

魏源字默深，邵陽人。舉人。今官内閣中書。

張生洲字淵甫，吴江人。舉人。今官教諭。

謝占壬字□□，寧波人。

施彦士字樸齋，崇明人。舉人。今官知縣。

徐璈字六襄，桐城人。進士。今官知縣。

左暄字春谷，涇縣人。

清儒學案卷八

船山學案

船山生當鼎革，隱居求志四十餘年，是以成書最富。平生爲學，神契橫渠，羽翼朱子，力闢陸、王。於易根柢最深。凡説經必徵諸實，寧鑿毋陋。囊括百家，立言胥關於人心世道。在清初諸大儒中，與亭林、梨洲號爲鼎足。至晚季，始得同祀廟廡，昭定論焉。述船山學案。

王先生夫之

王夫之字而農，號薑齋，更名壺，晚歲仍用舊名，衡陽人。父朝聘，明副榜貢生，以真知實踐爲學，謂武夷爲朱子會心之地，自顔書室，學者稱武夷先生。兄介之，舉人，國變後，隱居不出，著有周易本義質、詩經尊序、春秋四傳質諸書。先生少負儁才，讀書十行俱下。年二十四，與兄同舉崇禎壬午鄉試，以道梗不赴會試。癸未，流賊張獻忠陷衡州，先生避匿南嶽。賊執其父以招之，乃自剺面刺腕，舁往易父。賊見其偏創也，免之，父子俱得脱。明亡，唐王聿鍵建號隆武，使何騰蛟、堵允錫屯湖南、北，各不相能。先生走湘陰，上書於司馬章曠，請調和，以防潰變。不聽。及清兵下湖南，先生方居父憂。次年，與管嗣裘舉兵衡山，戰敗，赴肇慶。堵允錫、瞿式耜交章論薦，先生疏請終制，桂王嘉許之。庚寅，服闋，至梧州，授行人司行人。三上疏劾内閣王化澄，化澄將藉端構陷，乃移疾乞假，往依式耜於桂林。聞母病，間道歸，至則已殁。知事勢終不可爲，遂決計巖穴。其後漫游浯溪、郴州、耒陽、晉寧、漣、邵之間，所至，人士慕從者衆，輒辭去。最後歸衡陽，得湘西蒸左之石船山，築土室，名曰觀生居，杜門著書，蕭然自得。康熙三十一年卒，年七十有四。

先生之學，以漢儒爲門户，以宋五子爲堂奥。所作大學衍、中庸衍，皆力闢致良知之説，以羽翼朱子，而淵源尤在正蒙一書。其所爲注，究觀天人之故，推本陰陽法象之原，就正蒙精繹而暢衍之，與自著思問録，皆本隱之顯，原始要終。至其扶樹道教，辨上蔡、象山、姚江之誤者甚峻。治經於易致力最深，不信陳摶之學，亦不信京房之術。於先天諸圖緯書雜説，皆排之甚力。亦不空談玄妙，附合老、莊之旨。言必徵實，義必切理。其説諸經，於考据求義理，後來經學專家矜爲創獲者，或爲先生所已言。其論史，每有特識，開拓學者心胸。至黄書、噩夢諸編，經世之略，可見一斑。身既終隱，不爲世知。乾隆中，始採訪及之，得以著録四庫，國史入儒林傳。道光間，始有刊本，旋燬於兵燹。同治初年，始重刊行，其學乃大顯。所著周易内傳六卷，發例一卷，周易大象解一卷，周易稗疏四卷，周易考異一卷，周易外傳七卷，書經稗疏四卷，尚書引義六卷，詩經稗疏四卷，詩經考異一卷，叶韻辨一卷，詩廣傳五卷，禮記章句四十九卷，春秋稗疏二卷，春秋家説三卷，春秋世論五卷，續春秋左氏傳博議二卷，四書稗疏一卷，四書考異一卷，讀四書大全説十卷，説文廣義三卷，讀通鑑論三十卷，宋論十五卷，永曆實録二十六卷，蓮峯志五卷，張子正蒙注九卷，思問録内外篇二卷，俟解一卷，噩夢一卷，黄書一卷，識小録一卷，老子衍一卷，莊子解三十三卷，莊子通一卷，楚辭通釋十四卷，薑齋文集十卷，詩集十一卷，詞三卷，詩繹一卷，夕堂永日緒論二卷，南窗漫記一卷，並其他雜著，都二百八十八卷，總曰船山遺書。又有尚書考異、四書訓義、四書詳解、近思録釋、吕覽釋、淮南子注、搔首問、龍源夜話等書。光緒三十三年，從祀文廟。參王敔撰行述、潘宗洛撰傳、余廷燦撰傳、唐鑑學案小識、劉毓崧撰年譜、四庫全書提要、先正事略。

大學衍

案：大學衍、中庸衍全載朱子註而爲説衍之，先生自言，二篇本屬專書，後撰禮記章句，乃歸入其中，與全編體例不一。今專採之，仍題原名。

大學一書，有鄭氏禮記傳本，其序次倒亂，朱子因程子所定而更爲此篇。蓋諸經之傳，皆有錯闕，而禮記爲尤甚。讀者以意逆志，而察夫義理之安，以求通聖人之旨，非爲鑿也。是篇按聖經之文，以審爲學之次第，令學者曉然於窮理盡性、守約施博之道，可謂至矣。愚謂十傳之文，鱗次櫛比，意得而理順。即令古之爲傳者，參差互發，不必壹皆如此，而其命意，則實有然者。得朱子爲之疏通而連貫之，作者之意，實有待以益明。是前此未然，而昉於朱子，固無不可之有。況禮記之流傳舛誤，鄭氏亦屢有釐正，而不僅此乎！是篇之序，萬世爲學不易之道也。自姚江王氏者出，而大學復亂，蓋其所從入，以釋氏不立文字之宗爲虚妄悟入之本，故以章句八條目歸重格物爲非，而不知以格物爲本始者，經也，非獨傳也，尤非獨朱子之意也。既不揣而以此與章句爲難，乃挾鄭氏舊本以爲口實，顧其立説又未嘗與鄭氏之言合，鹵莽滅裂，首尾不恤，而百年以來，天下翕然宗之，道幾而不喪，世亦惡得而不亂乎！其以「親民」之「親」爲如字者，則亦釋氏悲愍之餘瀋，而墨子二本之委波。至於訓「格」爲「式」，則又張九成與僧宗杲之邪説而已。其徒效之，猖狂益甚，乃有如羅汝芳之以自謙爲遜讓者，文義不通，見笑塾師，而恬不知恥，斯其道聽塗説，而允爲德之棄，固人心之所公非，不可誣已。大道之必有序，學之必有漸，古今之不能違也。特所謂先後者，初非終一事而後及其次，則經傳章句本末相生之旨，亦無往而不著，王氏之徒特未之察耳。若廢實學，崇空疏，蔑規矩，恣狂蕩，以無善無惡，盡心、意、知之用，而趨入於無忌憚之域，則釋氏之誕者固優爲之，奚必假聖賢之經傳以爲盜竽乎！今因章句之旨，而衍之如左，以救什一於千百。能言距楊、墨者，則以俟之來哲。

格物致知補傳

經云：「事有終始，知所先後，則近道矣。」遞推其先，則曰在格物。物格而后知至，而意誠以及於天下平皆因焉，是事之始而爲先所當知者明矣。故以格物爲始教而爲至善之全體，非朱子之言也，經之意也。蓋嘗論之，何以謂之德行焉？而得之謂也。何以謂之善處焉？而宜之謂也。何以謂之至善？皆得咸宜之謂也。不行胡得？不處胡宜？則君子之所謂知者，吾心喜怒哀樂之節，萬物是非得失之幾，誠明於心而不昧之謂爾。非君子之有異教也，人之所以爲人，不能離乎君民親友以爲道，則亦不能舍夫人官物曲以盡道，其固然也。今使絶物而始靜焉，舍天下之惡而不取天下之善，墮其志，息其意，外其身，於是而洞洞焉，晃晃焉，若有一澄澈之境，置吾心而偷以安。又使解析萬物，求物之始而不可得；窮測意念，求吾心之所可據而不可得。於是棄其本有，疑其本無，則有如去重而輕，去拘而曠，將與無形之虚同體，而可以自矜其大。斯二者，乍若有所覩，而可謂之覺，則莊周、瞿曇氏之所謂知者，盡此矣。然而求之於身，身無當也；求之於天下，天下無當也。行焉而不得，處焉而不宜，則固然矣。於是曰：「吾將不行，奚不得？不處，奚不宜？」乃勢不容已，而抑必與物接，則又洸洋自恣，未有不蹶以狂者也。不然，則棄君親，殘支體，而猶不足以充其操也。雖然，彼自爲説，而爲君子之徒者，未有以爲可與於聖人之教也。有儒之駁者起焉，有志於聖人之道而憚至善之難止也，且知天下之憚其難者之衆，吾與之先難而不能從，則無以遂其好爲人師之私欲，以收顯名與厚實也。於是取大學之教，疾趨以附於二氏之塗，以其恍惚空冥之見，名之曰此明德也，此知也，此致良知而明明德也。體用一，知行合，善惡泯，介然有覺，頽然任之，而德明於天下矣。乃羅織朱子之過，而以窮理格物爲其大罪。天下之畏難苟安，無所忌憚，以希冀不勞而坐致聖賢者，翕起而從之。嗚呼！彼之爲師者，與其繁有之徒，其所用心，吾既知之矣。若其始爲是説者，修身制行之閒，猶不遠於君子，而試之事功者亦成。亦其蚤歲未惑之先，嘗用力於講習討論之學，故雖叛即異端，而所畜猶存，可以給其終身之用。乃昧其所得力之本，而疾攻之，則爲諼亦甚矣！將問之曰：「今子之所用以立言而制事者，爲離物求覺以後而乃知之乎？抑故然已有所知而陰用之也？」其口雖辯而愧怍，亦無以自釋矣。況乎爲之徒者，無其學問之積，而早叛其規矩，天理無存，介然之覺不可恃，奚怪其疾趨於淫邪而莫之救與？補傳之旨，與夫子博文約禮之教，千古合符，精者以盡天德之深，微而淺者亦不亟叛於道，聖人復起，不易朱子之言矣。

正心修身章

但知誠意而不能密察此心之存否，則其弊也爲克伐怨欲之不行而不足以仁，其流且爲異端之狂心乍歇而即爲菩提。欲正其心而不能誠其意，其弊也爲非不悦道而力不足。大本既正，雖有過而不流於邪。故自正心而益求之意知，爲善之至；而自誠意以進於正心修身，爲大學之本。抑嘗推而論之，經、傳曰正，章句曰敬，蓋亦稍殊矣，而非殊也。敬者正之功也，正者敬之事也。敬者敬所正也，正者敬以正也。敬以正，而後正無怠忘勉强之病；敬所正，而後敬非惺惺亡實之迷。聖學異端之大界在正不正，而學者醇疵之别在敬不敬。要諸至善則敬而正之，其實一也。乃淳熙以後之學者，於存養之功未有得焉，而不能篤信正心之有實，爲之説，曰「心之體如太虛」，曰「湛然虛靜如鑑之明」，曰「四者不能無而亦不可有」，曰「如鏡未有象，方始照見事物」，則疾叛師説，墮於釋氏之支説甚矣。夫其所謂太虛者，吾不知其何指也。兩閒未有器耳，一實之理，洋溢充滿，吾未見其虛也。故張子曰：「繇太虛實有天之名。天者，理也，氣之都也。固非空而無實之謂也。」既與其言太虛者不侔，則彼所謂太虛者，得之佛老，而非君子之言，審矣。其曰「如鏡未有象」，不有四者，故四者有而不失其正，則正傳之所謂不得者爾。得之爲言，豈僅不失之謂哉！惟鏡本無象，故妍當前而妍，媸當前而媸，無有正而隨物以移。然則逆吾者當前而忿懥憂懼，順吾者當前而好樂交焉，則盡人而無不然者，而奚以爲君子之正乎！惟鏡本無象，妍當前而失天下之媸，媸當前而失天下之妍，一影蔽之，更無自體，相映非實，兩無所喻，則亦見如不見，聞如不聞，甘苦皆茹，而固不知味，是正所謂心不在而無所施其修者也。莊周謂之止水，佛氏謂之大圓鏡智，乃以是言大學正心之功，不已謬乎！至其云「不能無而亦不可有」，則確爲了無實義之戲論，釋氏以此立啐同時一見不再之轉語，玩天下於光景之中，學於聖人之門者，如之何拾以自誤而惑人也？嗚呼！正心之學，不講久矣。朱子明言知誠意而不知存心之弊，以防學者之舍本而圖末，重外而輕内，以陷於異端，乃一再傳，而其徒已明叛之而不知，又奚況陸子靜、王伯安之徒，不亟背聖教以入於邪哉！然正心之實功，何若孔子曰「復禮」，中庸曰「致中」，孟子曰「存心」，程子曰「執持其志」，張子曰「瞬有存，息有養」，朱子曰「敬以直之」，學者亦求之此而已矣。

中庸衍

中庸、大學，自程子擇之禮記之中，以爲聖學傳心入德之要典，迄於今，學宫之教，取士之科，與言道者之所宗，雖有曲學邪説，莫能違也。則其爲萬世不易之常道，允矣。乃中庸之義，自朱子之時已病。夫程門諸子之背其師説，而淫於佛老，蓋此書之旨，言性、言天、言隱，皆上達之藴奥，學者非躬行而心得之，則固不知其指歸之所在。而佛老之誣性命以惑人者，亦易託焉。朱子章句之作，一出於心得，而深切著明，俾異端之徒，無可假借，爲至嚴矣。然終不能取未涉其域者之蓬心，而一一喻之也。當時及門之士，得體其實於言意之表者亦寡矣。數傳之後，愈徇迹而忘其真。於是朱門之餘裔，或以鉤考文句、分支配擬爲窮經之能事，僅資場屋射覆之用，而無與於躬行心得之毫末。其偏者，則抑以臆測度，趨入荒杳，墮二氏之郛郭而不自知，其爲此書之累，不但如游、謝、侯、吕之小有所疵而已也。明興，河東、江右諸大儒，既汲汲於躬行，而立言之未暇爲，干禄之學者，紛然雜起而亂之。降及正、嘉之際，姚江王氏始出焉，則以其所得於佛老者，强攀是篇，以爲證據。其爲妄也既莫之窮詰，而其失之皎然易見者，則但取經中片句隻字與彼相似者，以爲文過之媒。至於全書之義，詳略相因，巨細畢舉，一以貫之，而爲天德王道之全者，則茫然置之而不恤。迨其徒二王、錢、羅之流，恬不知恥，而竊佛老之土苴，以相附會，則害愈烈，而人心之壞，世道之否，莫不繇之矣。夫之不敏，深悼其所爲，而不屑一與之辨也，故僭承朱子之正宗而爲之衍，以附諸章句之下，庶讀者知聖經之作，朱子之述，皆聖功深造體驗之實，俾學者反求自得，而不屑從事於文詞之末，則亦不待深爲之辨，而駁儒淫邪之説亦尚息乎。凡此二篇，今既專行，爲學者之通習，而必歸之記中者，蓋欲使五經之各爲全書，以見聖道之大，抑以知凡戴氏所纂四十九篇，皆大學、中庸大用之所流行，而不可以精粗異視也。凡三十三章。

第一章

所不睹者，所不睹耳，非無所睹也。所不聞者，所不聞耳，非無所聞也。遇物而感，觸意而興，則睹之聞之，獨知之幾也。萬事萬物之理，持於心而不忘，不待睹聞而後顯見，此則所謂所不睹、所不聞也。戒慎恐懼者，持其正而弗失之謂，此即大學之所謂正心也。敬畏以言其功爾，無所睹聞，而有所敬畏，蓋赫然天理之森著矣。蓋嘗論之，遏人欲者，物誘欲動，而後能施其遏。物之未搆，欲之未動，不睹姦色，而豫擬一姦色以絶之；不聞淫聲，而豫擬一淫聲以遠之，徒勞而無可致其功，未有能濟者也。且盡古今之爲學者，純疵利鈍之不一，未有如是之迂謬以爲功者也。惟夫天理之本然，渾淪一理，而萬殊皆備，仁者見仁，知者見知，君子見其參前而倚衡，聖人見其川流而敦化，至大而不易舉也，至密而不易盡也，至變而不可執也，非豫存諸心而敬畏以持之，則物至事起，雖欲襲取以爲義，而動乖其則。此則無物不有，無時不然，而不待既睹其形，既聞其聲，乃以揀是非，而施戒懼者也。君子之道，至此而至矣。爲異端者，未有能與焉者也。不知有此，乃始求之於感應，求之於緣起，陷溺終身而不拔，不亦宜乎。

第二章

此章之義，中爲體，和爲用，存養爲主，省察爲輔。體、用、主、輔合一以爲道，而内外本末歷然自分，聖學所以爲萬善之統宗，而非異端之所可冒也，章句之開示切矣。世教衰，邪説逞，於是而有併戒懼於慎獨以蔑存養之説者出焉。「道之不行，我知之矣，知者過之，愚者不及也。」夫見爲過者，豈能過哉，不及而已矣！一念之起，介然有覺，是非粗辨，梏亡者亦有之也。未之感應，天理森然，萬物皆備，非君子莫之能得也。念之始萌，是非甚細，權衡之審，即念而明，非君子莫之能著也。未嘗實致其力於靜存之學，則茫然無得，因其未得，不信君子之有，乃據一念介然之覺，以爲極致，是其不及者遠矣，而自謂能過於君子之道，不已誣乎！且惟然，而其所謂介然之覺，是非之果辨與否焉，吾不能保也。抑其乘天機之未泯，以爲介然之覺者，自謂獨知，而天下之人，則已如見其肺肝也。故人欲之不可肆，鄉黨自好者而知之矣，佛老而先知之矣，即夫縱欲敗度而思返者亦知之矣。非特知之，且遏之矣。乃佛老之知之，無殊於縱欲而疲者之知之也，則惟其無大本存焉，而聽志氣之息以斂者也。迨志氣之疲，而乃知人欲之非所當逐焉，故曰人已見其肺肝。而始有介然之覺也，則專言慎獨者，蓋終身而未嘗有其獨也。於是爲邪説者益叛，而爲遁辭曰：「獨者，無對之體。是不與非對，善不與惡對，己不與物對，事不與理對，即吾性也。」則其竊佛氏真空不二之説，以洸瀁浮游於人心之危，而本心盡失。是其終身之久，以至於終身之閒，求其痛癢之自知，乃至一念而不可得信乎！終日言獨，而不知何者之爲獨，而況可得而慎乎！斯所以昏然長迷，爲鮮能之民，而終之以無忌憚，故曰：「其不及者遠矣，奚過之有哉！」

第二十七章

存心之屬，正心誠意也；致知之屬，致知格物也，此大學、中庸合符之教也。去私意之蔽，而涵泳其所已知正心也；去私欲之累，而敦篤其所已能誠意也。蓋心未感發，欲固未萌，所正者，正其私意之偏耳。已知而涵泳之，程子所謂「持其志」也。去私欲者，意動欲興，於獨加慎也。所已能者，存養之。所不昧者，於意之發，必允蹈之一於善也。析理曰知，未有事之辭，而理則可知也。事即物也，格物者，非記誦詞章，區區於名物象數之迹，窮年不殫，亦身所有事之物必格之也。日知其所未知，析理益精，知之至也。節文日謹，慮事益察，物之格也。故下云「入德之方」，即程子所云「初學入德之門」。

第三十三章

無聲無臭之中有載焉，天之所以爲天也。川流之小德，敦化之大德，澈於無聲無臭之中而無閒也。無聲無臭而載存焉，斯以爲至矣，非以無聲無臭爲載，而可謂之至也。嗚呼！世教衰，邪説興，而無聲無臭爲載之害烈矣。嘗試嗒然而居，頹然而休，息之微殆至於無息，念之生乃幾於無生，於斯時也，吾之與天地萬物相酬酢者，不得其端，而皆爲瓦合矣。則天地萬物之森然者，不得其端，而幾疑爲吾之妄見矣。則吾之視聽言動，欻然而興，嚣然而止者，亦莫得其端，而幾疑爲氣機之驅使矣。至於此，而蔑以加矣，至矣！故爲佛老之説者，自謂其至，而無可復尚也。於是儒之駁者，竊其説而文之，以爲無善無惡之體，偏乎心、意、知；而恒一者，亦謂其至，而無可復尚也。此以爲至，則頑石至也，浮雲至也，疲牛之休於蔭，奔馬之息於櫪，至也。道殣之委於塗，殪獸之靡於丘，至也。紂酣於酒池之旁，跖寢於既旦之後，至也。於是知其窮，而又爲之説曰：「吾將以是應天下，感而應，如而施，而無不各得，則無不至矣。」然而不得其理者，不可勝計也。蓋其欲不以成心爲師，而師其所自感，則亦師耳之聽、目之視而已矣。耳目者，小體也，嗜欲之役，而聲色之黨也。繇是而狂蕩滅裂之行倡天下，乃疾叛其君親，而偷以自便。此邪説詖行，生心害政之本原，惟無之一言，以爲其藏，可勿懼哉！

周易内傳發例

伏羲氏始畫卦，而天人之理盡在其中矣。上古簡樸，未遑明著其所以然者以詔天下後世，幸筮氏猶傳其所畫之象而未之亂。文王起於數千年之後，以不顯亦臨、無射亦保之心，得即卦象而體之，乃繫之彖辭，以發明卦象得失吉凶之所繇。周公又即文王之彖，達其變於爻，以研時位之幾而精其義。孔子又即文、周彖爻之辭，贊其所以然之理，而爲文言與彖、象之傳，又以其義例之貫通與其變動者爲繫傳、說卦、雜卦，使占者學者得其指歸，以通其殊致。蓋孔子所贊之說，即以明彖傳、象傳之綱領，而彖、象二傳，即文、周之彖、爻，文、周之彖、爻，即伏羲氏之畫象，四聖同揆，後聖以達先聖之意，而未嘗有損益也，明矣。使有損益焉，則文、周當舍伏羲之畫，而別爲一書，如揚雄太玄、司馬君實潛虛、蔡仲默洪範數之類，臆見之作，豈文、周之才，出數子之下，而必假於羲畫，使有損益焉？則孔子當舍文、周之辭，而別爲一書，如焦贛、京房、邵堯夫之異說，豈孔子之知，出數子之下，乃暗相判，而明相沿，以惑天下哉！繇此思之，則謂文王有文王之易，周公有周公之易，孔子有孔子之易，而又從曠世不知年代之餘，忽從畸人得一圖一說，而謂爲伏羲之易，其大謬不然，審矣！世之言易者曰：「易者，意也。惟人之意而易在。」嗚呼！安得此大亂之言而稱之哉！此蓋卜筮之家，迎合小人貪名幸利、畏禍徼福之邪心，詭遇之於錙銖之得喪，窺伺其情，乃侮聖人之言，違天地之經，以矜其前知。而學者因襲其妄，以之言微言大義之旨，如元亨利貞，孔子之言四德，非文王之本旨之類，竟以先聖通志成務、窮理盡性之制作，爲火珠林鬻技之陋術，易之所以繇明而復晦也。篇中如此類者，不得已廣爲之辨，即象見彖，即彖明爻，即彖爻明傳，合四聖於一軌，庶幾正人心、息邪說之意云。

傳曰：「河出圖，洛出書，聖人則之。」洛書別於洪範篇中詳之。而河圖者，聖人作易畫之所取，則孔子明言之矣。八卦之奇偶配合，必即河圖之象，聖人會其通，盡其變，以紀天地之化，理也明甚。乃說河圖者，但以配五行，而不以配八卦，不知曠數千年而無有思及此者，何也？故取則於河圖，以分八卦之象，使聖人則圖以畫卦之旨得著明焉。說詳繫傳第九章。其以五行配河圖者，蓋即劉牧易洛書爲河圖之説所自出。易中並無五行之象與辭，五行特洪範九疇中之一疇，且不足以盡洛書，而況於河圖篇中廣論之？其云「天一生水，地六成之」云云，尤不知其何見而云然。先儒但沿陳説，無有能暢言其多少生成之實者，不知何一人言之，而數千年遂不敢違邪？易則文王、周公、孔子也，洪範則禹、箕子也，四聖一仁，曾不知〔一〕何一人之分析五行多寡之數，弗究其所以然，横空立論，而遂不敢違邪？本義於大衍章推大衍之數出自河圖，大衍筮法之本也。筮所以求卦，卦立而後筮生，筮且本於河圖五十有五之數，而況於卦！筮則圖，而卦之必先則於圖也，愈明河圖之數五十有五，大衍之數五十。不全用者，筮以筮人事之得失吉凶，天之理數，非人事所克備也，天地之廣大，風雷之變動，日月之運行，山澤之流峙，固有人所不可知，而所不與謀者。五位之體，天體也，人無事焉，則筮不及焉，故筮惟大衍以五十，而虚其體之五。雖曰聖人法天，而德與天配，而豈能盡有其神化哉！必欲盡之，則惟道士之吐納風雷，浮屠之起滅四大，而後可充其説。非理之所可有，道之所可誣也。故筮虚五位之一，而但用五十也。至於因圖以畫卦，則以肖天地風雷水火山澤之全體，大用該而存焉。圖之象皆可摩盪以成象，圖之數皆可分合以爲數，而五位五十有五參伍錯綜，而後八卦以成。故圖者，卦之全體；而蓍策者，圖之偏用，卦與筮理數具足於圖中。若但於筮言圖，而圖則别象五行，無與於卦，是得末而忘其本矣。聖人則圖以畫卦，八卦在，而六十四卦亦在焉。因而重之，五位十象交相錯焉，六十四象無不可按圖而得

〔一〕「知」，原作「如」，形近而誤，今改。

矣。或曰：「因五位十象而成六十二卦可也，若乾六陽，坤六陰，圖則陽之象一三五七九，象止五陽；陰之象二四六八十，象止五陰，何從得六陽六陰而取則哉？」曰：「天之垂象也不一其理，聖人之則天也不一其道，故曰其爲道也屢遷。河圖中外之象凡三重焉，七八九六天也，五十地也，一二三四人也。七九陽也，八六陰也。立天之道，陰與陽俱焉者也。至於天，而陰陽之數備矣。天包地外，地半於天者也，故其象二，而得數十五，猶未歉也。人成位於天地之中，合受天地之理數，故均於天而有四象，然而得數僅十，視地爲歉矣。卦重三而爲六，在天而七八九六皆剛，而又下用地之五，人之或一或三，而六陽成；地五十皆陰，五，剛也，剛亦陰之剛。又用天之八六，人之二四，而六陰成，此則乾、坤六爻之象也。一二皆陽也，乾虚其一而不用者，天道大備，乾且不得而盡焉，非如地道之盡於坤也。是知聖人則河圖以畫卦，非徒八卦然也，六十四卦皆河圖所有之成象摩盪而成者，故曰聖人則之。」

秦焚書，而易以卜筮之書不罹其災，故六經惟易有全書，後學之幸也。然而易之亂也，自此始。孔子之前，文、周有作，而夏、商連山、歸藏二家雜占之説猶相淆雜。如春秋傳之繇辭，多因事附會，而不足以垂大義，而使人懼以終始。孔子贊而定之，以明吉凶之一因於得失，事物之一本於性命，則就揲策占象之中，而冒天下之道。乃秦既夷之於卜筮之家，儒者不敢講習，技術之士，又各以其意擬議，而詭於情僞之利害。漢人所傳者，非純乎三聖之教，而秦以來，雜占之説，紛紜而相亂，故襄楷、郎顗、京房、鄭玄、虞翻之流，一以象旁搜曲引，而不要諸理。王弼氏知其陋也，盡棄其説，一以道爲斷，蓋庶幾於三聖之意。而弼學本老、莊虚無之旨，既詭於道，且其言曰「得意忘言，得言忘象」，則不知象中之言，言中之意，爲天人之藴所昭示於天下者，而何可忘邪？然自是以後，易乃免於鬻技者猥陋之誣，而爲學者身心事理之典要。唐、宋之言易者，雖與弼異，而所尚略同。蘇氏軾出入於佛老，敝與弼均，而間引之以言治理，則有合焉。程子之傳，純乎理事，固易大用之所以行，然有通志成務之理，而無不疾而速、不行而至之神。張子略言之，象言不忘，而神化不遺，其體潔靜，精微之妙以益廣。周子通書之藴，允矣！至矣！惜乎其言約，而未嘗貫全易於一揆也。朱子學宗程氏，獨於易焉，盡廢王弼以來引伸之理，而專言象占。謂孔子之言天、言人、言性、言德、言研幾、言精義、言崇德廣業者，皆非羲、文之本旨，僅以爲卜筮之用，而謂非學者之所宜講習。其激而爲論，乃至擬之於火珠林卦影之陋術，則又與漢人之説同，而與孔子繫傳窮理盡性之言顯相牴牾而不恤。繇王弼以至程子，矯枉而過正者也。朱子則矯正而不嫌於枉矣。若夫易之爲道，即象以見理，即理之得失以定占之吉凶，即占以示學切民用，合天性，統四聖人於一貫，會以言、以動、以占、以制器於一原，則不揣愚昧，竊所有事者也。

昔者，夫子既釋彖爻之辭，而慮天下之未審其歸趣，故繫傳作焉。求彖爻之義者，必遵繫傳之旨，舍此無以見易，明矣。傳曰：「觀其彖辭，則思過半矣。」明乎爻之必依於彖也，故曰：「彖者，材也。爻者，效也。」材成而斲之，在車爲車，輪輿皆車也；在器爲器，中邊皆器也，各效其材，而要用其材，故曰：「同歸而殊塗，一致而百慮。」舍其同歸一致，叛而之他，則塗歧而慮詭於理，雖有卮言之不窮，猶以條枚而爲棟梁，析豫章而爲薪蒸，材非其材，烏效哉！説易者，於爻言爻，而不恤其彖；於彖言彖，而不顧其爻，謂之曰未達也，奚辭！易之辭簡而理微，舍其同歸一致，而叛離以各成其説，簡者莫能辨也，微者可移易而差焉者也，則亦可詭遇以伸其說，而爲之言曰：「文自文也，周自周也，孔自孔也。」則亦終莫之悟也。今以略言之。乾惟具四德，故雖在潛，而德已爲龍，他陽之在下者，莫能擬也。勿用者，以養其元亨利貞之德也。坤惟喪朋，而後有慶，故上六處西南極高之位，以得朋而疑戰。屯惟利建侯，而勿用攸往，故九五之膏屯，而委其利於初九。蒙惟瀆則不告，以貞爲吉，故六三以近昵而爲不貞之女。推此而求之，彖爲爻材，爻爲彖效，以彖之經，求爻之權，未有不鍼芥相即者也。至如履彖不咥人，而六三咥者，舍其說以應乾之純德，而躁以進也，而彖已先示以履虎之危機。同人亨於野，而六二於宗而吝，亨者在陽，而吝在陰，兩相同而得失固殊也。豫建侯行師之利，九四當之，非餘爻之所能逮。咸備三德，而爻多咎吝，以利在取女以順，而妄感皆非。繇其所以異，觀其所以同，豈特思過半哉！爻之義，無不盡於彖中，而何讀易者弗之恤邪？篇中以爻不悖彖爲第一義，故破先儒之説，而不敢辭其罪。釋經者，得句而忘其章，得章而忘其篇，古今之通病也。近世姚江之徒，拈單辭片語以伸其妄，皆此術爾，亦釋氏離鉤得魚之淫辭，而君子奚取焉！卦變者，因彖傳往來上下進行内外之旨，推而見其所自變也。夫子作彖傳，於畫卦已定，卦象已備，卦德已見，於彖辭之後，而得其理焉。明此卦之所以異於彼卦者，以其爻與位之有變易也。蓋自天化而言之，則萬象不同之形體，大化不齊之氣應，各自爲道，而非由此而變彼。而以人事之同異得失言之，則陰陽各自爲類，而其相雜以互異者，惟繇情之動，而往來進退於其間，數有參差，則性情功效之臧否應違以殊，非忽至無因，乃其推移之際，毫釐之差，千里之謬也。彖傳之以卦變言者十五。隨曰「剛來而下柔」，蠱曰「剛上而柔下」，噬嗑曰「柔得中而上行」，賁曰「柔來而文剛，分剛上而文柔」，咸曰「柔上而剛下」，恒曰「剛上而柔下」，損曰「其道上行」，益曰「自上下下」，漸曰「柔得位」，涣曰「剛來而不窮」。皆三陰三陽之卦，故古注以爲，自否、泰而變。而先儒非之，謂：「乾、坤合而爲否、泰，豈有否、泰復爲他卦之理？」程子因謂：「皆自乾、坤而變。」然此二説相競以名之異，而非實之有異也。若汎言自乾、坤而變，則六十二卦皆乾、坤所摩盪而成。若以隨、蠱之屬剛柔之上下言之，則所謂自乾、坤變者，亦下乾上坤、下坤上乾之謂。從三畫而言，則謂之乾、坤；從六畫而言，則爲否、泰，其實一也。三畫之乾、坤，或成象於内，或成象於外。各從其類而不雜者，則爲否、泰；離其類而相雜，則爲隨、蠱以下十八卦。純者其常，雜者其變，故否、泰非變，而餘卦爲變。故彖傳之理，多以否之變爲得，泰之變爲失，玩傳自見其義，不當疑否、泰之不足於變也。變者，象變也。象不成乎否、泰，即其變，非謂既否既泰而又變爲他也。以揲蓍求之，其理自見。乃若无妄曰「剛自外來，而爲主於内」，大畜曰「剛上」，晉、睽、鼎皆曰「柔進而上行」，則又非乾、坤也，非否、泰也。无妄者，遯之剛自外來也；大畜者，大壯之剛上也；晉者，觀之柔進五也；睽者，大畜之柔上進也；鼎者，巽之柔上行也，此又一義。爲遯、爲大壯、爲觀，則陰陽雖畸勝，而猶從其類，亦純象也。爲无妄、爲大畜、爲晉，則雜也。惟睽爲大畜之變，其義稍遠。而鼎、革爲巽、離之變，又别爲一義。要此諸卦皆相雜，而難乎取象。變易之極，非固然之體撰，則有彼卦稍有移易，而又别爲一道之理。從其變而觀之，以審進退升降於幾微，窮人情物理之致，易之所爲屢遷而憂其介也。若上下秩然而成章，陰陽相比而定位，則道之常也，象之有定也，不復論其變矣。乃朱子謂：「一卦而六十三卦皆可變。」其説本自焦贛。贛之爲術，博衍蓍策，九六變動，而爲四千九十六之占辭，繁冗重複，而究不足以盡天道人事無窮之理數。以爲憂悔吝而補過之明鑒，姑不具論，即其所云：「變者，以筮法動爻言之，非謂卦之固有此也。且如賁之象曰：『柔來而文剛，分剛上而文柔。』言賁也非賁，泰也。」周易啟蒙謂：「六爻不變，則占本卦彖辭。」是賁之彖非以占泰二上兩爻之變也明甚，惡得謂一卦之變六十四卦乎？此焦氏之説與啟蒙固相矛盾，柰之何曲徇而兩存之也？一卦而六十三變，春秋傳有其文，蓋夏、商之季，易道衰，而筮氏以其小智，爲游移不定之占，以求億中。文王演周易，盡廢日者之術，歸之易簡。孔子所傳者，文王之易；焦贛所演者，夏、商日者之易。論文、周、孔子之易，而以日者之術亂之，奚可哉！篇中於隨、蠱卦言泰、否之變，无妄、大畜、晉、睽、鼎、革各殊其説，玩爻象而宗二聖之指，不知其餘也。

大象之與彖爻自別爲一義，取大象以釋彖爻，必齟齬不合，而强欲合之，此易學之所繇晦也。易以筮而學存焉，惟大象則純乎學易之理，而不與於筮。蓋筮者，知天之事也；知天者，以俟命而立命也。樂天知命而不憂以俟命，安土敦仁而能愛以立命，則卦有小有大，有險有易，有順有逆，知其吉凶，而明於憂患之故，吉還其吉，凶還其凶，利害交著於情僞之感，以窮天化物情之變，學之道雖寓其中，而固有所從違，以研幾而趣時，所謂動則玩其占也。夫學易者，盡人之事也。盡人而求合乎天德，則在天者即爲理。天下無窮之變，陰陽雜用之幾，察乎至小、至險、至逆，而皆天道之所必察。苟精其義，窮其理，但爲一陰一陽所繼而成象者，君子無不可用之以爲静存動察、修己治人、撥亂反正之道，故否而可以儉德辟難，剥而可以厚下安宅，歸妹而可以永終知敝，姤而可以施命誥四方。略其德之凶危，而反諸誠之通復，則就天、地、雷、風、電、木、水、火、日、月、山、澤已成之法象，而體其各得之常，故乾大矣，而但法其行；坤至矣，而但效其勢，分審於六十四象之性情，以求其功效，乃以精義入神，而隨時處中。天無不可學，物無不可用，事無不可爲，繇是以上達，則聖人耳順、從心之德也，故子曰：「五十以學易，可以無大過矣。」大象，聖人之所以學易也。無大過者，謙辭也。聖人之集大成，以時中而參天地無過之盡者也，聖學之無所擇，而皆固執者也，非但爲筮者言也。君子學聖人之學，未能至焉，而欲罷不能，竭才以從，遺其一象而即爲過，豈待筮哉！所謂居則觀其象也。嗚呼！此孔子之師文王而益精其義者，豈求異於文王乎！神而明之，存乎其人，非聖人而孰能與於斯！讀易者分别玩之，勿强相牽附，以亂彖爻之說，庶幾得之。

序卦非聖人之書，愚於外傳辨之詳矣。易之爲道，自以錯綜相易爲變化之經，而以陰陽之消長、屈伸、變動不居者爲不測之神。間嘗分經緯二道，以爲三十二象六十四卦之次序，亦未敢信爲必然，故不次之此篇。然需、訟可以繼屯、蒙，而訟之繼蒙，以象以數無一可者，於理尤爲不順，故確信序卦一傳非聖人之書，而此篇置之不論。且上下經之目，非必孔子之所立也。六經之書，在孔子但謂之藝。其稱經者，始見於戴氏經解之文，後人之所稱也。其分上下也有二。古之簡策，以韋編之，猶今之卷帙也，簡多而不可編爲一，故分上下爲二，其簡之多少必相稱也。上經乾、坤二卦獨有文言，則損其二卦以爲下篇，而文與簡相均。下經之始咸、恒，不過如此而已。又以錯綜之象言之，上經錯卦六，爲象六，綜卦二十四，爲象十二，共十八；下經錯卦二，綜卦三十二，爲象亦十八，偶相合也，亦可分爲二而均焉者也。乃曲爲之說，曰「有夫婦然後有父子，有父子然後有君臣」，安所得無道之言而稱之哉！父子君臣者，自有人道以來，與禽獸之大别者此也。有男女則有夫婦，天化之自然，鳥之雌雄，獸之牝牡，與人同焉者也。即曰夫婦者，非配合之謂爾，以禮相合之謂也。而抑不然，父子之仁，君臣之義，聖人因人心之固有，順導之，而愛敬之，真不待聖人之裁成。若夫婦之以禮相接，則聖人於既有配合之後，裁成之，以正人紀者也。故黄帝以前，昏媾未正，而父子君臣之倫早已大定，何得以爲父子君臣俱待此以成，而推爲人倫之本邪？況所云有男女然後有夫婦者，又僅自其配合而言乎？乾者，萬物之資始也。父，吾乾也。坤者，萬物之資生也。母，吾坤也。乾、坤二十八變而後有咸、恒，則詎可曰有夫婦然後有父子哉！故曰：「非聖人之書也。」且欲取卦以象夫婦，則泰、否爲陰陽内外之象，損、益、既濟、未濟皆男女相諧匹之象，而奚獨咸、恒。若曰乾道至艮而成男，坤道至兑而成女，則損何殊於咸？若以男下女爲昏禮之象，則恒抑不如益矣。咸者，感也。天下之感，豈徒夫婦，故爻辭不及焉，大象不及焉。象言取女，亦舉一事以通其餘。如屯之建侯，益之涉川，非必定此爲夫婦也。恒與咸，綜義實相反。如云夫婦必久，則父子、君臣、兄弟、朋友徒可暫合而終離乎？以咸、恒擬乾、坤，分上下經之首，無一而可者也。上下經之分文，與簡之多少相稱爾，十有八象之偶均耳，聖人何容心焉！故曰：「序卦非聖人之書也。」若夫十翼之説既未足據，即云十翼，文言一，上、下彖傳二，大象一，上、下象傳二，繫辭上、下傳二，説卦傳一，雜卦傳一，序卦固贅餘矣。

周易稗疏

「黄裳」。

本義云：「黄，中色，裳下飾。」然則象傳所云「美在其中」者，黄爲中，豈裳爲美乎？衣裳之制，衣下揜裳際，復有韍佩帶紳加其上，是衣著於外，裳藏於内，故曰在中。黄裳者，玄端服之裳，自人君至命士皆服之，若下士，則雜裳不成章美，故以黄爲美飾。五位中而純陰，不雜以居之，斯以爲在中之美也。

「乘馬班如」。

班，列也。馬相別而鳴曰班。春秋傳有「班馬之聲相別」，則非一馬，且非竝駕而行之馬，故「乘」當音剩，四馬也。一乘之馬，相別而行，則稅駕之象也，故又曰「邅如」。卦有四陰，爲四馬，或從初，或從五，上下異鄉，故二四上皆言班馬。

「左次」。

兵法「前左下，後右高」。高者在後，據險以結屯；下者在前，馳野而趨利。前左不行，則後右皆止。不言前而言左者，軍雖不進，前軍猶必遠哨以防敵，惟左則屯聚以止耳。

「帝乙歸妹」。

舊説謂帝乙爲紂父，而本義云：「帝乙歸妹之時，亦筮得此爻而後獲祉。」文王作周易，周公繫爻辭與商筮之用歸藏者，象占各異，安得沿襲商筮以占吉凶？況歸妹爻辭亦云「帝乙歸妹」，又何説邪？元亨利貞，穆姜筮之即凶。帝乙之吉，非其位、非其時者，安能吉也？抑按史稱，帝乙元妃無子早没，故微子之母爲媵妾，元妃没，乃攝内主而生紂，爲適子。帝乙之妃既夭而無出，帝乙又一傳而殷以喪亡，何凶如之，安得以祉元吉邪？殷之天子皆以十幹爲號，其號乙者，湯稱天乙，又有祖乙、小乙，不但紂父之爲乙，則必有得淑女廣繼嗣以受天祐者，非紂父明矣！其云「歸妹」者，乃陽下于陰之辭。二爲帝，五爲妹，陽反居中於内，陰反正位乎外，男來就女之象。婚姻之禮，至周始定。自周以前，男來就女，如今之贅壻，雖天子之貴，亦或用此制，故曰「歸妹」，言往歸于妹，與漸之言「女歸」者異。泰有此象，王氏曰：「女處尊位，降身下二。」是帝乙之女歸夫家，非歸妹也。

「王用亨于西山」。

文王之稱王，周公制禮而追王之。文王固受殷鈇鉞之賜，爲西伯以事殷，終身安于侯服。其謂文王受命稱王者，乃爲公羊之學，董仲舒、何休、蔡邕之徒曲相附會之邪説，宋儒辯之詳矣。何本義至此而又以爲文王邪？且周人之稱文王，必連謚稱之，蓋連謚以稱，則明其爲追王，若舍謚而直言王，若書所言「王若曰」之類，則必其王天下者，未嘗徑以王稱文王也。本義又云：「文王郊祀于岐山，筮得此爻。」尤爲曲説。當殷命未訖之日而郊祀，曹操、劉裕之所不敢爲，而文王爲之乎？且升之六四辭亦云然，豈文王之亨「西山」，既筮得隨，又筮得升乎？況王者之大祀，卜而不筮，少牢以下乃筮，禮有明文，何容犍亂！筮之設也，人皆可就決疑，故曰「以前民用」。即令文王亨祀，偶筮得此，亦不可執一事之吉凶，以槩天下後世尊卑常變之通用，則其爲象，非以已占之驗言之，明矣。謂「西山」爲岐山者，亦非也。

文王治岐，岐山正在其封内，不得云西。言西者，中國之山，唯西爲高。王有天下者之通稱，謂九五；西山居至高之地，謂上六也。卦以陽隨陰爲義，上處天位之上，人無足以當之者，其惟鬼神乎？而上六體陰，山本地類；五以陽剛，履中位，而曲意盡誠，以隨上六，故其象如此。此以贊九五之德，而在上六則爲窮，無可隨下，聽人隨之象，不純乎吉。使祀而筮得此爻，亦鬼神不康不歆之兆，故象傳曰「上窮」，義逾著矣。

「至于八月有凶」。

舊說或以八月爲遯卦值位者，以康節所傳陳摶之圓圖遯居正西也。或以八月爲值觀卦者，以魏伯陽參同契之卦氣觀居酉位也。二說皆出自緯書。京房學宗讖緯，始以卦配月，而黄冠假之爲丹術，爲君子儒者所不屑道。且以遯爲臨之錯卦，觀爲臨之綜卦，皆以相反之義言之。若以錯綜相反言吉凶，則泰當云至于否而凶，屯當至于鼎而定，至于蒙而亨，何獨臨之至于遯、觀而凶乎？臨六爻皆變而始成遯，初、二、五、上四爻變而始成觀，相去懸遠，不大變不至于彼。彖爲静而不變之占，何得豫憂其至于遯、觀之月邪？卦之有錯綜，猶人之有生死也，豈于方生之時，而曰至于死之日有吉凶乎？足知二説之皆謬矣。八月兑位，正西。八月秋中，兑道之成也。臨之内卦爲兑，自初至三，皆爲兑體，而成乎兑者，六三之陰也，初二以陽臨陰，雖體兑，而以感應爲道，則皆吉者，未成乎兑，故免乎凶也。至于三而兑成，則爲「甘臨」，於是乎凶。言有者憂之，則可不凶；不憂而甘，則凶，其所必有矣。即爻論彖，即卦體以論占，明白簡易。崇經絀緯，則易道大明。經之亂，讖緯亂之。京房、陳摶之流，相襲而成詖辭，如此類者，不可不亟爲辨正。

「七日來復」。

舊説謂「自姤而來，歷遯、否、觀、剥、坤至復爲七日」。此以卦變徇卦氣而言之也。乃卦氣之見於參同契者，一卦一月，而非一日一卦。若卦變，則因已成之卦，一爻變動，如噬嗑之於頤是也。一爻移易，如損、益之於泰、否是也。未有相反之甚，如姤與復，而可云自彼而來。復卦自二以上，本純坤之體，唯初爻得陽，則來復者，自坤而言也。坤一變而即得復，故曰「不遠復」。不遠，則非歷七卦，明矣。蓋七者，少陽之數。坤爲老陰，乾爲老陽，故乾曰用九，坤曰用六，不用七八。數至於純坤而無可消矣，於是其復速疾而七起焉。言日者，一晝一夜，數極則反之謂。積陰至於六日則必復，寒暑陰晴之常也，而不正之氣化，抑不盡然，故唯速反於七，爲天行之正，而唯顔子能見之。彼留連於遯、否、觀、剥者，蓋迷而不復，至於十年而不克者耳。卦氣之説，沙隨程氏斥其出自緯書是也，則又惡足信哉！

「天一地二」至**「所以成變化而行鬼神也」**。

五十有五，河圖之畫也。天地，謂陰陽也。成變化，言乾、坤六子所繇成也，乾之化爲巽、離、兑，坤〔一〕之變爲震、坎、艮。鬼神者，吉凶所繇兆也。吉凶之生，有理而不測，鬼神之神也，故曰「與鬼神合其吉凶」。天之一三五七九，地之二四六八十，從其用而言也。合則中實而奇，分則中虚而偶。奇者

〔一〕「兑坤」，原作「坤兑」，今乙。

大而見少，偶者小而見多。地之三十以分見多，其實則少於天三之一也。相得一六、二七、三八、四九、五十，相與以得位，各有合者。越其位而合三爲一卦也，一五七合而爲乾，二十六合而爲坤，三十八合而爲坎，四五九合而爲離，一三二合而爲兑，二四一合而爲艮，九六八合而爲震，八七九合而爲巽。因其合之象而定其位，通其氣，相薄不相射，以成變化，而天地所以吉凶生死乎萬物者行焉。此聖人所以因河圖而畫八卦，八卦既成，又從而兩之，以極其所合之變化，則六十四卦成，而吉凶之幾，無不備於其中。經文之義盡於此，而釋經者未能合圖與卦以求其至當之解，乃以意爲推測，謂「一與二相得，三與四相得，五與六相得，七與八相得，九與十相得」，既罔所取義，苟簡以求通。若夫以五行配合，而云「天一生水，地六成之」云云者，不知其出於何人，亦不知其何所取義。易列八卦，八爲八象，天、地、雷、風、水、火、山、澤。三聖立教昭然，從未有五行之説。五行始於洪範，乃言天之所以協民居而爲民用之所需者，人君當修治之，以厚民生而利其用，與變化鬼神之道，全無干涉。自京房始承緯書之邪説，而以五行混入八卦之中，以坎、離、震、兑分配水火木金，差可成説。而易於震不言木，於巽言之，則亦顯與易背。且無以處土，而以坤、艮當之，又非河圖中宫之象。據周易方位言之，則艮居東北，坤居西南，不可强合。即以陳摶所謡作伏羲卦位言之，則坤北而艮西北，亦非土位。至乾、巽無可安頓之處，則合乾於兑以爲金，合巽於震以爲木。卦之與行，或八或五，其數不齊，則水火獨止一卦，餘皆一卦欹零，支補乖謬無倫，尤爲可哂。至云「地二生火，地四生金」，則使地司生而天司成，爚亂天地之大經，顛倒莫甚焉！此説從無解釋，芒然不可分曉，唯沙隨程氏周易古占略爲分疏其説。以陽起子中，陰起午中起數，陽從子數一，至申爲九；陰從午數一、至未而二，至辰而十。天一，子也；地六，亥也，亥子水也。地二，未也；天七，午也，未午火也。天三，寅也；地八，丑也，寅丑木也。地四，酉也；天九，申也，酉申金也。其説止此，殊爲淺陋。其於成變化、行鬼神之妙用，全無所當。至以天五爲辰，地十爲卯，爲土生成之數，尤無説以文其妄陋。且十二支而徒缺巳戌，尤爲可笑。且河圖本畫陽無二四六八十，陰無一三五七九，而此説以子一、丑二、寅三、午一、未二、申三夾雜，天地互數之，愈不成説。凡此類皆兒戲，徒亂聖經。京房背焦贛之師説以崇讖緯，邵康節陰用陳摶之小道而倣丹經，遂使「天一生水」云云之遁辭横行天下，人皆蒙心掩目奉之爲理數，且引以證此章之旨，是釋經之蠹言，道之荆棘也，不容不詳辯之。

「乾之策二百一十有六」。一段。

策數以二老起算，實則二少亦同。本義云：「少陽未極乎盈，少陰未極乎虛。」非也。即如其説，亦當云：「少陽未極乎虛，少陰未極乎盈。」少陰之過揲三十二，六之爲一百九十二，少陽之過揲二十八，六之爲一百六十八，合之亦三百六十。二篇之策，萬一千五百二十。二老之數既然，少陰之積得六千二百四十四，少陽之積得五千三百七十六，亦萬一千五百二十，蓋起於九六七八。九六合爲十五，七八亦合爲十五，則從此乘之，積之無不合也，本義疏矣。三百六十，當期之日，損其氣盈，益其朔虛，而定以十二月，三十日，亦論其梗槩而已。康節執此以起無窮之數，徒爲玩具，於大化固無當也。故筮法可取象於曆，而不可以筮法限曆之算，一行所以雖巧而未盡乎變也。王太史肯堂曰：「河圖之數，天終乎九，地終乎十，相因爲九十，虛中而遊四時，爲四九三百六十。洛書之數四十五，實中而建八節，四八三百二十，中五八五爲四十，亦三百六十。太極句三、股四、弦五、積六，三四相引得十二爲月數，五六相因得三十爲日數，十二乘三百亦三百六十。」其説亦似可通，然皆遷就整齊，與天行之神妙不合。且如「萬一千五百二十，當萬物之數」。物之數，雖聖人不能知。約而言之，動植而已。就動而言之，羽毛鱗介嬴而已。就植而言之，草木金石而已。細而别之，耳所聞，目所見者，且不可悉數，況耳所未聞，目所未見，其能以數紀之，以萬盡之乎！易言其象，象者，彷彿之詞。春秋傳曰：「萬，盈數也。」「當萬物之數」，象其盈天地之間也。邵子據加一倍之算法，限色聲香味以有定之數，豈有當哉！

「數往者順，知來者逆，是故易逆數也」。

本義以乾、兑、離、震爲已生之卦，巽、坎、艮、坤爲未生之卦，兩端相迎爲次序，謂之曰逆，云：「此伏羲之易也。」勿論遥指一無從授受之伏羲，與莊周之言泰氏、許行之言神農以壓倒文、周、孔子者同其夸誕。孔子所贊者，周易也。連山、歸藏當時尚存，而無所雜引，即使伏羲之易果存，亦置而弗論，故序卦明以周易之序爲序，雜卦亦以錯綜相比竝論，一皆周易之次，何但於此言先天，又不明言，而但云順逆，以啟後人之疑？康節所傳者陳摶，以授穆修，修以授李挺之者也。摶又傳自呂巖。乾南左旋，坤北右轉，乃陰陽交媾之説。其坤起正北，歷艮、坎、巽、乾、兑、離、震左旋之方位，則六壬家正月亥將之次第，蓋合黄冠日者之小術，爲還丹火候之定局。爲君子儒者，用以釋先聖之正教，不亦過乎！誠以經文合筮法之實理言之，則「數往者順」，相譬之詞；「知來者逆」，正言周易，故曰「易逆數也」。逆如周禮

「復逆」之逆，謂自下達上也。自上而下謂之順，自下而上謂之逆。數已然於既往，則自上而下，如序五帝，則伏羲爲一，神農爲二，至舜爲五；又如累十二碁子，則以居上者爲一，至最下者爲十二，所謂順也。欲知將來之吉凶，則善惡有基，得失有本，必從下而上，故易卦以下一爻爲初。筮法先得初，次得二，次三，次四，次五，以終於上，而數乃合十八變之積，以成吉凶之象，所謂逆也。如乾之策二百一十六，從下一爻三十六起數。卦畫之生因乎數，數繇下積卦既成，而後成乎象，則象自上垂，故但云逆數，不云逆象。如康節之言，則象亦逆矣。且其以兌次乾者，陰自上生，而其自巽而坎而艮，又自下生，兩端交湊於中，震、巽交媾於內，則又半逆半順，而非但云逆數矣。康節之說，求之一部全易，無可證據，不獲已，而曲引此段經文，以文其詖辭，當時二程子已知其不足學。蔡神與熹習葬經，習術數，乃從而表章之。朱子與神與父子交，因爲所惑，使周易之大義白日晝晦，良可惜也。

書經稗疏

「九族」。

漢孔氏以高祖洎玄孫之親爲九族，蔡氏用之。林少穎以爲，如此止是一族。其說良然。且夫人即壽考，尠有下見玄孫者。且以同出高祖三從之兄弟爲高祖之族，則必以出於玄孫者爲玄孫之族，愈亦遠矣。若以與高祖玄孫爲等輩者謂之九族，則當云世，而不當言族。乃一家九輩，一時並存，亦世所少有。所傳張公藝之事，亦謂九代不析產，非一時同在之謂。況史臣所紀，在堯未耄期之時，其不得有玄孫之裔，亦明矣。故少穎以父四母三妻二言之，而朱子亦以爲然。其説本於白虎通與杜預左傳集解。今考諸爾雅有姑、王姑、曾祖王姑、高祖王姑、從祖姑、族祖姑，則是父族六也；母之考、妣與從母，母族三也；妻則父母二族而已。其異於林説者，本族不與，至親不可與他族齒也。無姊妹之夫，女子之夫，姊妹年與己近，女小於己，尚未有族也。外王母之母族與妻母之母族不與者，族愈疏也。較之白虎通所説，於理爲長。

「日月星辰」。

經言日月星辰，繫辰於星之後，則辰者，日月五星次舍之統詞。其以治曆，則今七政曆所推日月及木火土金水所入之度是已。國語記武王伐紂之歲，歲在鶉火，月在天駟，日在析木之津，辰在斗柄，星在天黿。歲、木。月、日、辰、水。星土。者，言三辰也；鶉火、張、星、柳。天駟、房。析木、箕、尾。斗柄、建。天黿，皆辰也。而唐孔氏乃曰：「舉其人之所見謂之星，論其日月所會謂之辰。」則是以二十八宿爲星，而非五星；合朔之舍爲辰，而非日躔、月離、五星出入伏留之次，其疏可知。乃蔡氏因其説，而曰「辰以日月所會，分周天之度爲十二次」，則尤爲不審。夫日躔與合朔之不齊，明矣。十二次者，孔穎達所謂「正月會亥，辰爲娵訾；二月戌，降婁；三月酉，大梁；四月申，實沈；五月未，鶉首；六月午，鶉火；七月巳，鶉尾；八月辰，壽星；九月卯，大火；十月寅，析木；十一月丑，星紀；十二月子，玄枵」也。今按，此十二辰者，日躔之次，而非與月會之次也。蓋日日行一度，則一月之日行三十度一千五百三十九分度之六百七十三分二秒，秒母六。則所躔之次，沿一歲十二中兼氣盈而後可分爲十二也。若月行度數，曆家自有推月離之術，與日躔舛異。月日行十三度有奇，其周天以二十七日有奇，而合朔以二十九日有奇。如堯時冬至日在女虚之交，非十一月之合朔亦在女末虚初也。以冬至日躔與十一月合朔勘之，如唐開元十二年十一月二十七日癸未冬至，日在斗九度半，上推本月合朔，已相去二十七度，月之會日，當在尾十二度。又如隋開皇十一年十一月二十八日丙午冬至，其時日在斗十二度，上溯本月合朔，已相去二十八度，則月之會日，當日躔尾十四度之時，而會於析木矣。儻以冬至後十二月合朔言之，如劉宋元嘉十九年十一月初三日乙巳冬至，下去合朔二十七日；陳太建十年十一月五日戊戌冬至，下去合朔二十五日。元嘉冬至，日在斗十四度末；太建冬至，日在斗十二度。太建十年十二月朔，日月會於女五度；元嘉十九年十二月朔，日月會於女初度。雖同在星紀，而相去已遠。又如至元十七年庚辰歲十一月二十日己未冬至，日躔箕十度，爲析木之次，而十一月合朔之日己亥，日尚在斗十五度，爲星紀之次，則日躔與日月會次原不相侔。而己未冬至之日，去己亥合朔二十日，其日夜半後六刻冬至。月去斗十五度，二百六十七度有奇，日在析木，月已在大梁矣。此固不可以十二次爲日月相會之度審矣。若云日躔者在此十二次，而日月會者亦不離此十二次，是十二次爲虚設之詞，何不竟言天，而必曰辰耶？況夫五星次舍，亦可以十二次求之，豈必日月然！曆家終不以十二次步月與星者，則以十二次之設，原因一歲十二中而設，分周天爲十二以紀，一中三十日六百七十三分有奇，日行之度而閏積成月，則一年而日月之會有十三次者，不可以十二限之，況五星之疾遲不恒者乎？蓋日有日之辰，月有月之辰，五星有五星之辰，而其相與爲會者，又各有辰。十二次者，日躔之辰也，而非月與五星及其會合之辰也。抑孔氏所云「正月會亥，辰爲娵訾」，則又據漢太初訖唐開元冬至日在斗而言爾。若堯時冬至日在虚，則十一月在玄枵，十二月在娵訾，正月在降婁。迨至元丁丑，郭守敬推得日在箕十度。以六十七年歲差卻一度求之，訖萬曆辛亥歲已差五度，計今冬至，太陽所躔已在箕四度，則十一月析木寅，十二月星紀丑，正月玄枵子，與堯時相去已二舍，而較孔穎達之時，相去已一舍矣。然則穎達以李唐之日躔爲陶唐之日躔，且以限將來之日躔，其亦未通矣。乃今之爲六壬之説者，不知雨水日在子，猶以正月亥將推之，求其億中也，不亦難乎！

「類上帝」。**「徧羣神」**。

類之爲祭，在周爲祈。太祝掌六祈，一曰類。詩曰「是類是禡」，爾雅曰「師祭者」是已。又小宗伯「兆五帝於郊，四望四類」亦如之。鄭司農衆以四類爲三皇五帝九皇六十四代，鄭康成以爲日月星辰，蓋以事類祈告，而非歲事之經祀也。周之郊祀一曰禋祀，以祀昊天上帝。蔡邕獨斷云：「昊天有成命，郊祀之所歌也。桓講武，類禡之所歌也。時邁巡狩，告祭柴望之所歌也。」此周禋類告祭之别也。今考之經傳，陶唐無郊祀之文。其曰「有虞氏禘黄帝而郊嚳」者，舜即位以後之事。攝政之初，自當一循堯制。故此於上帝言類，六宗言禋。然則周之禋，非唐之禋；周之類，亦非唐之類矣。類於上帝者，即陶唐郊祀之名，文質異制，名實異稱，五禮之沿革，蓋多有之，不但禋類爲然也。虞之祭六宗者，周以祀上帝；則唐之祭上帝者，周以爲師祭，亦不足疑，固不得泥類帝爲巡狩之告祭也。類，似也，又聚也。古以類似爲義，天神遠而求之髣髴；周以類聚爲義，萃羣神而合祈也。緣經文言肆者，承上言「七政既齊」之後，歲時有恒，因以定一歲之祀典，則上帝、六宗、山川、羣神次第舉行，實非謂舜以攝政，故告而祭之。下紀輯瑞、巡狩、封山、濬川、明五刑、放四罪，統此二十八載之政，而非一時之事。非一時之事，則類豈非歲事之常乎！天曰神，地曰示，人曰鬼，三者之異名，古今無異詞也。「徧於羣神」而言神，其爲天神可知。孔氏乃云「丘陵墳衍」，古之聖賢則亂示鬼於神矣。羣神者，風伯、雨師、司中、司命、司民、司禄、靈星、龍星之屬，從乎天之類者也。示與鬼之不可言神，非但其名而已，燎瘞沈埋腥熟之物各異焉，周大祝之所爲辨六號也。今亂地示人鬼於一壇，反絀天神不使與，孔氏之謬，而蔡氏從之，亦未顧名而思義矣。蘇氏古史，乃以類禋望徧合爲一祭，神祇雜亂，地天交通，爲風雨見怪物之精靈，亦儼然與上帝同壇合享，亂而不經，莫此爲甚。後世圜丘有列星從祀之壇，固不以地示人鬼黷配上帝，識者猶譏其非禮，況於古之祀典，惟宗廟爲有合食，而三辰四方羣祀百物，各以其利見之時壇於相稱之位，物昭其德，禮殺其文，自非水旱兵戎急遽疾告，斷無越禮逾時之祭，而雖在六祈之造次者，猶必從其方位，各爲營兆，安有如蘇氏之亂而無別者乎！飲客者不以其類，則既醉而爭，況聖人之以接天地鬼神者乎！類於上帝，周之禋祀也。禋於六宗，周之實柴也。望於山川，周之血祭沈埋也。徧於羣神，周之槱燎也。壇異地，祭異時，一歲一徧，舜攝堯而定其典也。

「五服五章」。

蔡元度以公九章、侯伯七、子男五、孤三、卿大夫一爲五服，蔡氏用之。今按，公之服自衮冕以下，至卿大夫服玄冕而下者，周制也。王之服則有大裘而冕，益稷篇有十二章，蓋日月星辰，自周以上登於衣裳，至周始畫於旂爲大常，殊天子以大裘，而不殊之以十章也。若唐、虞，則三辰在衣，其登降之數必有不同者。孔氏謂：「天子服日月而下，諸侯自龍衮而下至黼黻，士服藻、火，大夫加粉、米。」自周以上，諸侯之爵三，大夫士爲二，故有十二牧、胤侯、崇伯之稱。周官亦云：「外有州牧侯伯。」是無公與子男而有牧也。卿之號始見於商書，則九官者，亦大夫而已。百僚百工，則士也。以降殺以兩之義度之，蓋牧九章、侯七、伯五、大夫三、士二，而天子之升以三者，取其益隆也。若以牧於天子降殺以三準之，則牧九、侯六、伯三、大夫二、士一，卑者數而尊者疏也。二說既無可定，要必居一於此。兩蔡以周例虞，不足爲徵。而孔氏以天子入五章之數，則命德討罪，皆言天子制下之事，經有明文，固不得屈帝服以與其列。

「三江」。

經於此言三江，後導漢云北江，導江云中江，傳註家合二爲一，故徒滋繁訟。以實求之，彼云「東爲北江」，「東爲中江」，自上游而言潯陽以西之江也。此云三江者，自下游而言蕪湖以下之水也。知然者，以經云「三江既入，震澤底定」，猶徐州所云「大野既豬，東原底平」。大野豬而東原平，大野者，東原之浸，三江入而震澤定；三江者，震澤之源與支流也。蘇子瞻惟不知此，乃欲以味辨之，其亦細矣。江水自蕪湖而東，其下采石，過應天、儀真、鎮江至通州入海者，所謂揚子江。大江之經流也，乃海潮之上，直至小孤山，則小孤東北水勢已平漫，特江南有雁山、九華諸山麓以東之，江北有石鏡、巢山諸山麓以東之，則岸高而不能旁瀉，至牛渚之南，敬亭一帶，山勢已盡，采石北阻，不能盡納大江之流，而蕪湖東南，地勢汙下，可容旁溢，故分水別注。自高淳、溧陽抵於宜興之南，所在瀦積，爲丹陽、固城、長蕩諸湖，而注於太湖。其一則分自貴池，逕寧國縣，繇廣德、長興而注於太湖，水經所謂「東至石城縣南，分爲二南江，又東南逕宣城之臨城縣，今青陽。又東與桐水合，廣德之桐池。又東逕寧國縣南，又東北爲長瀆，東則松江出焉」者是已。是震澤、三江之首也。今其水之逕溧陽者，中江之名固存也。而既入太湖以後，其經流上承中江逕直之勢，自鮎魚口經蘇州、太倉入海者，一江也。今婁江。其自吳縣長橋東北，合龐山湖過松江、上海之北入海者，一江也。今松江。自大姚分支，過青浦之溆山湖，東至嘉定縣界，合上海之黃浦，經嘉定、江灣，自上海之南入海者，一江也。今東江。凡此三江，皆太湖之委也。委流順，則從出之，澤亦平，故三江入海，而震澤以定也。史記正義及吳地記之說皆確有可據，要其上流則皆自蕪湖東南分大江之支流者也。朱子以薛士龍之言爲信，與蔡氏所引唐仲初之說要爲不誣，故水經亦云：「江水奇分，謂之三江口。」其與後所紀之北江、中江，相去千餘里，强而合之，則愈迷亂，而不知所從矣。若大江自采石東下之經流，經不紀者，自然之瀆，未之加治也。

「九江孔殷」。

殷之爲言，中也，盛也。物中則盛，故殷亦爲盛也。「九江孔殷」者，言九江之流甚盛也。所以然者，以「江、漢朝宗」，「九江孔盛」，文義相連。漢合於江，江行以緩，故九江爲之盛也。漢九江郡治在壽州，其地則今鳳陽、和州是已。至隋始以尋陽爲九江。而漢地理志云：「尋陽南有九江，東合爲大江者，則尋陽之小水也。」漢尋陽縣在江北，今之望江、宿松也。若今九江府之德化縣，在漢爲柴桑縣，然則漢志之九江，蓋皖水之源，其出有九。云「尋陽南」者，縣在懷寧之南，望江之北，皖自其南而入江也。若尋陽記所稱烏、蜯諸江，則洲渚之分，誠有如蔡氏所駁者。而晁公武乃云：「一江而稱九江，猶太湖一湖而稱五湖，昭餘祁一澤而稱九澤。」殊不知昭餘祁者，九澤之一，或不審而名之曰九。湖之有五，則長蕩湖、射貴湖、上湖、滆湖與太湖，而五本非一也。湖本有五，澤別有八，而九江安得一也？乃朱、蔡以洞庭爲九江，尤有疑者。經云：「過九江至於東陵。」東陵者，巴陵也。九江在巴陵之西，而爲江水之所經過，若洞庭則在巴陵之南，江水未嘗過之也。水經九江在長沙下雋縣西北，下雋亦巴陵也。洞庭在巴陵之南，固不在其西北，亦明矣。楚地記曰：「巴陵、瀟、湘之淵，在九江之間。」初不言九江在巴陵、瀟、湘之間。又經云：「岷山之陽至於衡山，過九江至於敷淺原。」經文雖簡，而衡山之於九江，九江之於敷淺原，雖限以大江，其山勢必有相因者。洞庭之浦，東西相去四百餘里，山形闊絕，不相連接。經蓋言衡山自長沙嶽麓而下，順洞庭西岸，沿石門、慈利、澧江，東北行至荆江口，逾江而爲蒲圻、興國諸山，過德化以訖於廬、阜，則過九江者，非過洞庭，亦明矣。唐詩「落日九江秋」，註云：「江自荆南而合於漢、沔閒者有九，一曰川江，即大江；二曰清江，源出施州衛之西，至長陽入於江；三曰魯洑江；四曰潛江，出自漢水，而會於江；五曰沱江，夏水也；六曰漳江，出南漳，合於江；七曰沮江，出房縣；八曰直江，公安之油水也；九曰漢江。」蓋此九水，自長陽而東，漸合於江。至漢口而後，江、漢水合，則漢陽以南，城陵磯以西，皆爲九江合流之地，江勢大盛，故曰孔殷也。而此上下三百里閒，正在巴陵之西北，故水經云在下雋西北，乃九江之首，起於長陽，故經云：「過九江至於東陵。」而湖北諸山，隨江西下，放於江、漢之閒，然後逾江而過武昌之南，岳州之北，於導山之文，亦無不合契者，斯以爲禹貢九江之定論也。皖口、柴桑、洞庭之釋，要於經文無取。

「泰誓惟十有三年」。

武王克商之歲月日時，先儒紛訟不一。其以爲己卯歲者，劉歆三統曆與邵子皇極經世也。其以爲辛卯歲者，竹書與唐一行也。以爲武王即位之三年者，孔安國也。以爲十二年起兵，而十二年克商者，竹書也。以爲十二年起兵，而十三年克商者，泰誓經文與家語、管子也。孔氏通文王受命之歲而計之，其誣妄不經，宋儒辨之詳矣。天子受天命，侯伯受王命，蓋曰受命。中庸曰「武王末受命」，受於天也。文王受命專征伐，受於紂也。詞同而事異，昧者因惑焉。其以爲十二年伐商，而十三年克之者，一行以爲通成君之歲是也。文王薨於己卯，而克商以辛卯，歷年十三。嗣子定位於初喪，逾年改元，或爲周制，而武王初立，猶用殷質也。至於以甲子紀之，則爲辛卯，而非己卯。一行據國語「歲在鶉火，月在天駟，日在析木之津，辰在斗柄，星在天黿」，上推千歲，合而不爽。建亥之月戊子，日在箕十度，晨初月在房四度。建子月朔日庚寅，日月會南斗一度，辰星夕見斗二十度，惟辛卯歲爲然。則一行之精密，非劉、邵之所能與矣！三統曆以文王薨之己卯爲克商之年，差十二年。而邵子以克商之辛卯，爲昭王之三年，乃以商武丁三年，當王季即位之十七年，己卯歲爲克商之年，其差七十二年，月不在房，辰不在斗，星不在天黿，以歲差六七十年一度準之，日尚在斗杪，爲星紀之初，而非析木之津也。則折衷歸一，其爲武王逾年改元之十二年辛卯歲定矣。朱子以四月有丁未推之，謂諸家曆以此年二月有閏，不知所謂此年者，己卯乎？抑辛卯乎？如必辛卯而有閏，則非己卯亦審。閏之積差，未有相去七十三年，而同於建卯之後月無中氣者也。文王薨以己卯，生以癸卯；武王崩以丙申，生以甲子。文王二十二而生武王，世傳十三而舉武王者妄也。陳氏謂二十四而生武王者，亦誤也。文王以己巳歲得太公以爲師，其先囚於羑里，太公未嘗歸周也。以武王生於甲子計之，年已六十有六，而後邑姜歸焉；既無莫年方娶之理，若以爲繼室，則禮無二嫡，諸侯固不再娶，斯禮記夢齡之説，固不足信。武王實不以甲子生，而亦無九十三年之壽也。至於克商月日之差，汲冢書云：「惟一月丙辰，旁生魄，若翼日丁巳，王步自於周伐商。越若來二月，既死魄，越五日甲子，朝至接於商。四月，既旁生魄，越六日庚戌，武王朝至燎於周。」又曰：「維四月乙未日，武王成辟四方。」以武王發周之日，較之武成亦異。今按，武成所云一月者，建子之月也。以前建亥之月晦前一日戊子，月晨在房四度，周師初起。又五日，而武王始出，知其爲建子之月也。建子之月朔日庚寅，四日癸巳，王乃躬莅六師。其月二十九日戊午，渡河而北。建丑之月朔日庚申，五日甲子，昧爽克商。建卯之月丁未，祀於周廟。庚戌，大告武成。甲子去丁未一百四日，建丑月五日去建卯月十九日止六十四日，而多四十日，則是年之閏，蓋在周正三月之後，而不在夏正二月之後也，與朱子所引曆家之言爲殊。若如汲冢書之以丙辰爲一月望後之一日，則云甲子八日，二月五日不得爲甲子，而與其曰「既死魄，越五日甲子」者，自相背戾矣。其曰「既旁〔一〕生魄，越六日

〔一〕「旁」，原作「有」，據汲冢書改。

庚戌」，以一行所推，建卯之月十六日甲辰望，十七日爲旁生魄，六日而得庚戌，爲二十二日，則與武成合而不爽。今以一行之法，推泰誓、武成之月日，則周師起於庚寅歲夏正十月之二十九日，或二十八日。武王即戎於夏正十一月之四日，滅商於夏正十二月之五日，武王反豐以夏正二月之三日，祀廟於十九日，柴望於二十二日。而蔡氏以戊午爲一月二十八日，甲子爲二月四日，既用三統曆所推辛卯爲建寅月朔，後一行曆一日，而謂建子之月爲二月，則以商正紀事，而不知史成於有周，受命之後稱年，而不稱祀，則其爲周正無疑也。以周正紀事，四月爲夏正之二月，則十有三年春大會於孟津，亦以夏時冠周月，如春秋之所謂春王正月者，其實冬也。蓋癸巳爲建子月之四日，則甲子必爲建丑月之五日。而林氏謂：「日行三十里，豐去孟津九百里，孟津縣至西安府八百四十里。凡三十日而自豐至孟津，程期吻合。」使以夏正十一月四日自周于征，而次年二月五日乃至孟津，則在塗凡九十一日，師老糧匱於未見敵之地，太公不如是之拙。而況註已明言一月二十八日，非夏正建卯之二月爲已明，徒於春會孟津之下辨其爲夏正之春，借註之矛，攻註之盾而已足矣。春秋以夏時冠周月，朱子力辨胡氏之非，因疑春於孟津之誤，不知孔子憲章文、武，作春秋以尊王，固必以周之所謂春而爲春，則朱子之未達，而胡氏刱制之説亦非矣。詩曰：「四月維夏，六月徂暑。」言維夏，則本非夏，而維時謂之夏也。徂暑者，往而向暑也。使爲夏正之四月，則固然其夏，而不待曰維夏。六月暑已極，而不當言徂暑也。是周之紀四序，固一以建子爲春矣。若豳風七月之詩，以夏正紀時物，則以公劉遷豳，在夏之世，承公劉而用夏爾。周師之起，以武王成君之十二年建亥月，武王于征，在其明年一月之四日，故謂之十有三年。若以夏正紀月，而用逾年改元之法紀歲，則孟津之會，在武王十一年之十一月，而牧野之役，在十二月。序用漢人已故夏正之時月，從周制逾年改元之典禮，謂之十一年，亦可。此經文與序，竹書與唐曆志，異說同揆，原不相悖也，而漢儒通算文王九年爲武王之年，經世上涉武丁之己卯，汲冢書丙辰、丁巳之訛，則皆參差齟齬，其誤易見，不勞辨而自破矣。上推往古之日月，是非固爲難辨，誠有如朱子之疑，乃幸而有七政行度之可推，見於國語，則十三年春大會於孟津，實辛卯歲夏正十一月二十九日戊午，攷於曆而合，攷於經而合，攷於國語而合，斯可信已！

「玉食」。

諸家註疏，於「玉」字俱未攷覈，但云美食，則孔子之食精膾細，豈非僭惟辟之食乎？食無恒味，適口爲美。古重八珍，然亦士大夫之所公食也。天子之食，特多太牢，酒醴、醯醬、脯脩、稻粱，則亦與下等。按周禮玉府：「王齊則供食玉。」鄭司農衆云：「王齊當食玉屑。」鄭康成云：「玉是陽精之純者，食之以禦水氣。」唯天子之齊則有之。然則玉食者，碾玉爲屑，以供王之齊。食取其貴，而非取其美。或疑玉剛堅刺齒，則亦如服藥然，非必飽餐之也。唯王爲有，公侯而下，不得與焉，惟辟玉食之謂已。今世俗呼白粲爲玉食，既鄙陋可笑，而操觚家有玉食萬方之云，真不知其何等語也！

春秋稗疏

「子糾」。

杜氏謂子糾爲桓公庶兄，程子則曰桓公兄而子糾弟，史記謂二子皆僖公子，程子則謂皆襄公子。程子所據者，薄昭與淮南王書「桓公殺其弟」之文也。杜氏所云，則荀卿言「桓公殺兄爭國」，已先薄昭言之矣。乃以經傳攷之，則二説皆未得其實。胡氏於「納糾」從公、穀不稱子，於「取糾殺之」又從左氏稱子，胡氏雜用三傳，惟其意以爲去取，則是屈古文以徇己意，往往有此淆亂之病。聖人立法，必無一人而頃刻變易之文，既稱糾爲子，則納與殺皆稱子矣。必如左氏而後經有定論，稱子者，從乎襄公而言，猶之乎子般爲莊公之子，以未即位而稱名，實則在喪之孤也。叔向對韓宣子，謂「齊桓，衛姬之子，有寵於僖」，確有明證。而傳云「襄公立，無常」，鮑叔知亂將作，「奉公子小白出奔莒」。當襄公初立之日，使小白爲其子，則尚在幼沖，且未嘗有申生之釁，鮑叔何爲遽奉其子背父而逃？其爲襄公之弟，明甚。若管、召奉糾奔魯，傳云「亂作」乃奔，則畏無知而出，糾固襄公之子也。糾爲襄公之子，有繼襄之義，故在喪而稱子。小白，襄公弟也，於分不當立，故但以名書。蓋襄公既弑，無知又誅，糾以父死子繼之義，因魯求入，而襄公使民慢虐，爲國人所不與，故大夫雖受盟於魯，而不願戴暴君之裔，故桓公入而衆助之，以敗魯而殺糾，是糾非小白之兄，抑非其弟，乃其從子也，於分當立，而桓公奪之耳。若夫子稱管仲之仁，則自以其功在天下後世，初不以糾之不當有齊，而以徙義予之，一能徙義，而遂曰「微管仲，吾其被髮左衽」乎！

「定姒」。

「定」非謚也，蓋季孫薄於君母，哀公或非定姒所出，傳謂「不赴不祔」，則亦不謚，從定公而稱定姒，若曰定公之姒氏耳。若以爲謚，則襄公之母姒氏已謚「定」矣，兹復謚「定姒」，與皇祖姑同宗廟之中，何以別乎？

張子正蒙注序論

謂之正蒙者，養蒙以聖功之正也。聖功久矣，大矣，而正之惟其始。蒙者，知之始也。孟子曰：「始條理者，智之事也。」其始不正，未有能成章而達者也。或疑之曰：「古之大學，造之以詩、書、禮、樂，迪之以三德六行，皆日用易知簡能之理。而正蒙推極夫窮神、知化、達天德之藴，則疑與大學異。子夏曰：『有始有卒者，其惟聖人乎！』今以是養蒙，恐未能猝喻而益其疑。」則請釋之曰：大學之教，先王所以廣教天下，而納之軌物，使賢者即以之上達，而中人以之寡過。先王不能望天下以皆聖，故堯、舜之僅有禹，皋陶，湯之僅有伊尹、萊朱，文王之僅有太公望、散宜生，其他則德其成人，造其小子，不强之以聖功，而俟其自得，非有吝也。正蒙者，以奬大心者，而使之希聖，所繇不得不異也。抑古之爲士者，秀而未離乎其樸，下之無記誦詞章，以取爵禄之科，次之無權謀功利，苟且以就功名之術，其尤正者，無狂思陋測，蕩天理，蔑彝倫，而自矜獨悟，如老聃、浮屠之邪説，以誘聰明果毅之士，而生其逸獲神聖之心，則但習於人倫物理之當然，而性命之正，自不言而喻。至於東周，而邪慝作矣。故夫子贊易，而闡形而上之道，以顯諸仁而藏諸用，而孟子推生物一本之理，以極惻隱、羞惡、辭讓、是非之所繇生。大學之道，明德以修己，新民以治人，人道備矣，而必申之曰「止於至善」。不知止至善，則不定、不靜、不安，而慮非所慮，未有能得者也。故夫子曰：「吾十有五而志于學。」所志者，知命、耳順、不踰之矩也，知其然者，志不及之，則雖聖人，未有得之於志外者也。故孟子曰：「大匠不爲拙工改廢繩墨，羿不爲拙射變其彀率。」宜若登天，而不可使逸獲於企及也。特在孟子之世，楊、墨雖盈天下，而儒者猶不屑曲吾道以證其邪，故可引而不發，以需其自得。而自漢、魏以降，儒者無所不淫，苟不抉其躍如之藏，則志之摇摇者，差之黍米，而已背之霄壤矣，此正蒙之所繇不得不異也。宋自周子出，而始發明聖道之所繇，一出於太極陰陽人道生化之終始，二程子引而伸之，而實之以靜一誠敬之功，然游、謝之徒，且歧出以趨於浮屠之蹊徑。故朱子以格物窮理爲始教，而檠括學者於顯道之中，乃其一再傳而後，流爲雙峯、勿軒諸儒，逐跡攝影，沈溺於訓詁。故白沙起而厭棄之，然而遂啟姚江王氏陽儒陰釋、誣聖之邪說。其究也，爲刑戮之民，爲閹賊之黨，皆爭附焉，而以充其無善無惡、圓融理事之狂妄，流害以相激而相成，則中道不立、矯枉過正有以啟之也。人之生也，君子而極乎聖，小人而極乎禽獸，然而吉凶窮達之數，於此於彼，未有定焉。不知所以生，不知所以死，則爲善爲惡，皆非性分之所固有，職分之所當爲，下焉者何弗蕩棄彝倫，以遂其苟且私利之欲！其稍有恥之心而厭焉者，則見爲寄生兩閒，去來無準，惡爲贅疣，善亦弁髦，生無所從，而名義皆屬漚瀑，兩滅無餘，以求異於逐而不返之頑鄙。乃其究也，不可以終日，則又必佚出猖狂，爲無縛無礙之邪說，終歸於無忌憚。自非究吾之所始與其所終，神之所化，鬼之所歸，效天地之正，而不容不懼以終始，惡能釋其惑，而使信於學。故正蒙特揭陰陽之固有，屈伸之必然，以立中道，而至當百順之大經，皆率此以成，故曰「率性之謂道」。天之外無道，氣之外無神，神之外無化，死不足憂，而生不可罔，一瞬一息，一宵一晝，一言一動，赫然在出王游衍之中，善吾伸者，以善吾屈，然後知聖人之存神盡性，反經精義，皆性所必有之良能，而爲職分之所當修，非可以見聞所及而限爲有，不見不聞而疑其無，偷用其蕞然之聰明，或窮大而失居，或卑近而自蔽，之可以希覬聖功也。嗚呼！張子之學，上承〔一〕孔、孟之志，下救來兹之失，如皎日麗天，無幽不燭，聖人復起，未有能易焉者也。學之興於宋也，周子得二程子而道著。程子之道廣，而一時之英才輻輳於其門；張子斅學於關中，其門人未有殆庶者。而當時鉅公耆儒，如富、文、司馬諸公，張子皆以素位隱居，而末繇相爲羽翼，是以其道之行，曾不得與邵康節之數學相與頡頏，而世之信從者寡，故道之誠然者不著。貞邪相競，而互爲畸勝，是以不百年而陸子靜之異説興，又二百年而王伯安之邪説熺，其以朱子格物、道問學之教爭貞勝者，猶水之勝火，一盈一虛，而莫適有定。使張子之學曉然大明，以正童蒙之志於始，則浮屠生死之狂惑，不折而自摧，陸子靜、王伯安之蕞然者，亦惡能傲君子以所獨知，而爲浮屠作率獸食人之倀乎！周易者，天道之顯也，性之藏也，聖功之牖也，陰陽、動靜、幽明、屈伸，誠有之而神行焉，禮樂之精微存焉，鬼神之化裁出焉，仁義之大用興焉，治亂、吉凶、生死之數準焉，故夫子曰「彌綸天下之道，以崇德而廣業」者也。張子之學，無非易也，即無非詩之志，書之事，禮之節，樂之和，春秋之大法也，論、孟之要歸也。自朱子慮學者之騖遠而忘邇，測微而遺顯，其教門人也，以易爲占筮之書，而不使之學，蓋

〔一〕「承」，原作「志」，據張子正蒙注改。

亦矯枉之過，幾令伏羲、文王、周公、孔子繼天立極、扶正人心之大法，下同京房、管輅、郭璞、賈耽壬遁奇禽之小技。而張子言無非易，立天，立地，立人，反經研幾，精義存神，以綱維三才，貞生而安死，則往聖之傳，非張子其孰與歸！嗚呼！孟子之功，不在禹下，張子之功，又豈非疏滰水之歧流，引萬派而歸墟，使斯人去昏墊而履平康之坦道哉！是匠者之繩墨也，射者之彀率也，雖力之未逮，養之未熟，見爲登天之難，不可企及，而志於是，則可至焉，不志於是，未有能至者也，蒙養以是，爲聖功之所自定，而邪說之淫蠱不足以亂之矣，故曰正蒙也。

思問録

内　篇

目所不見，非無色也；耳所不聞，非無聲也；言所不通，非無義也，故曰：「知之爲知之，不知爲不知。」知有其不知者存，則既知有之矣，是知也。因此而求之者，盡其所見，則不見之色章；盡其所聞，則不聞之聲著；盡其所言，則不言之義立。雖知有其不知，而必因此以致之，不迫于其所不知而索之，此聖學、異端之大辨。

「天下何思何慮」，言天下不可得而逆億也，故曰「無思，本也」，周子。物本然也。義者心之制，思則得之，故曰「思，通用也」，周子。通吾心之用也。死生者，亦外也，無所庸其思慮者也。順事没寧，内也，思則得之者也。不于外而用其逆億，則患其思之不至耳，豈禁思哉！

言無者激于言有者而破除之也，就言有者之所謂有而謂無其有也，天下果何者而可謂之無哉？言龜無毛，言犬也，非言龜也。言兔無角，言麇〔一〕也，非言兔〔二〕也。言者必有所立，而後其説成。今使言者立一無于前，博求之上下、四維、古今、存亡而不可得，窮矣。

尋求而不得，則將應之曰無，姚江之徒以之。天下之尋求而不得者衆矣，宜其樂從之也。

節者，中之顯者也。喜怒哀樂之未發而未有節者存，則發而中者誰之節乎？豈天下之有節乎？是從其白于外之説矣。故周子曰："中也者，和也。"張子曰："大和所謂道。"卓矣！雖喜怒哀樂之未發，而參前倚衡莫非節也。充氣以從志，凝志以居德，庶幾遇之，闃寂空窅者失之遠矣。迫發而始慎之，必有不審不及之憂。

恃一端之意知，以天下嘗試之，强通其所不通，則私，故聖人毋意。即天下而盡其意知，以確然于一，則公，故君子誠意。誠意者，實其意也，實體之之謂也。

意虚則受邪，忽然與物感通，物投于未始有之中，斯受之矣。誠其意者，意實則邪無所容也。意受誠于心知，意皆心知之素，而無孤行之意，故曰無意。慎獨者，君子加謹之功，善後以保其誠爾。後之學者，于心知無功，以無善無惡爲心知，不加正致之功。始專恃慎獨爲至要，遏之而不勝遏，危矣！即遏之已

〔一〕"麇"，原作"兔"，據思問録内篇改。
〔二〕"兔"，原作"麇"，據思問録内篇改。

密，但還其虚，虚又受邪之壑，前者撲而後者熺矣。泰州之徒無能期月守者，不亦宜乎！

「欲修其身者先正其心」，聖學提綱之要也。「勿求于心」，告子迷惑之本也。不求之心，但求之意，後世學者之通病。蓋釋氏之説暗中之，以七識爲生〔一〕死妄本。七識者，心也。此本一廢，則無君無父，皆所不忌。嗚呼！舍心不講，以誠意而爲玉鑰匙，危矣哉！

水之爲漚爲冰，激之而成，變之失其正也。漚冰之還爲水，和而釋也。人之生也，孰爲固有之質，激于氣化之變而成形。其死也，豈遇其和而得釋乎！君子之知生者，知良能之妙也；知死，知人道之化也，奚漚冰之足云！張子亦有漚冰之喻，朱子謂其近釋氏。

佛、老之初，皆立體而廢用。用既廢，則體亦無實。故其既也，體不立而一因乎用，莊生所謂「寓諸庸」，釋氏所謂「行起解滅」是也。君子不廢用以立體，則致曲有誠，誠立而用自行。逮其用也，左右逢原，而皆其真體。故知先行後之説，非所敢信也。説命曰：「非知之艱，惟行之難。」次第井然矣！

極深而研幾，有爲己、爲人之辨焉。深者，不聞不見之實也；幾者，隱微之獨也。極之而無閒，研之而審，則道盡於己，而忠信立。忠信立，則志通而務成，爲己之效也。求天下之深而極之，迎天下之幾而研之，敝敝以爲人而喪己，逮其下流，欲無爲權謀術數之淵藪，不可得也。

「道遠人則不仁」。張子。夫孰能遠人以爲道哉！楊、墨、佛、老皆言人也，誕而之于言天，亦言人

〔一〕「生」，原作「主」，據思問録内篇改。

也，特不仁而已矣。人者，生也；生者，有也；有者，誠也。禮明而樂備，教修而性顯，徹乎費隱而無不貫洽之謂仁。竊其未有之幾，舍會通之典禮，以邀變合往來之幾，斯之謂遠人已耳！

吉凶成敗皆有自然之數，而非可以人力安排。濟于利欲者，廓其心于俯仰倚伏之閒而幾矣。乃見僅及此，而以億天理之皆然，遂以謂莫匪自然，而學問、思辨、篤行皆爲增益，而與天理不相應，是以利之心而測義也，陋矣！故人心不可以測天道，道心乃能知人道。言自然者，雖極觀物知化之能，亦盡人心之用而已。盡其心者，盡道心也。

氣質之偏，則善隱而不易發，微而不克昌者有之矣，未有雜惡于其中者也。何也？天下固無惡也，志于仁則知之。

所欲與聚，所惡勿施，然匹夫匹婦，欲速見小，習氣之所流，類于公好公惡而非其實，正于君子而裁成之。非王者起，必世而仁，習氣所扇，天下貿貿然胥欲而胥惡之，如暴潦之横集，不待其歸壑而與俱氾濫，迷復之凶，其可長乎！是故有公理，無公欲。公欲者，習氣之妄也。不擇于此，則胡廣、譙周、馮道亦順一時之人情，將有謂其因時順民如李贄者矣，酷矣哉！

外篇

黄鐘之律九九八十一，自古傳之，未有易也。閩中李文利者，竊呂覽不經之説爲三寸九分之言，而近人亟稱之，惑矣！夫所謂吹律者，非取律筩而吹之也，以律爲長短、厚薄、大小之則凖，以作簫管笙竽而吹之也。且非徒吹之也，金、石、土、革、木搏拊戛擊之音，形模之厚薄、長短、輕重、大小，絲之多寡，一準乎律。言吹者，統詞耳。文利之愚，以謂箾長則聲清，箾短則聲濁，黄鐘以宏大爲諸律君，故其箾必短。乃長者大稱之，短者小稱之，長大濁，短小清，較然易知，彼惛而不察耳。今俗有所謂管子、刺八、瑣拿、畫角，長短清濁具在，文利雖喙長三尺，其能辨此哉！若洞簫之長而清，則狹故也。使黄鐘之長三寸九分，則圍亦三寸九分，徑一寸三分，狹于諸律，清細必甚。況乎律箾者，無有旁竅，頑重不舒，固不成響，亦何從而測其清濁哉！且使黄鐘之竹三寸九分，則黄鐘之絲亦三十九絲，金石之製俱必極乎短小輕薄，革屬腔棬必小，音之幺細，不問而知矣。乃黄鐘者，統衆聲以爲君者。小不可以統大，薄不可以統厚，短不可以統長，一定之理也。今欲以極乎小薄短輕者，入衆樂而君長之，其爲餘律所奪，且不可以自宣，而奚以統之邪？故應鐘之律，極乎短者也，以之爲宫，則必用黄鐘變宫之半，而不敢還用黄鐘，畏其偪也。使其爲三寸九分，則諸律可以役之，而不憂其偪，何云諸律之不敢役乎！且天下之數，減也有涯，而增也無涯。減而不已，則視不成形，聽不成聲，人未有用之者矣。故立乎長大重厚，以制不踰之節，漸減之則可，至于不可減而止。如使立于短小輕薄，以爲之制，而漸增之，則愈增無已，而形愈著，聲愈宣，復奚從而限之乎！故古之聖人，極乎長大厚重之數，至黄鐘而止，爲之不可增，以止其淫也。由是而遞減之，至應鐘之變宫四寸六分七毫四絲三忽一初四秒而止。又或用其半，至無射之二寸四分四釐二毫四絲而止。下此則金薄而裂，竹短而瘖，絲弱而脆，革小而不受桴，雖有欲更減者，無得而減也。藉令由三寸九分以漸而增之，雖至于無窮之長大厚重，而不可復止矣。樂記曰：「樂主乎盈，盈而反。」黃鐘，盈也。其損而爲十一律，反也。舍聖經而徇呂覽一曲之言，亦惡足與論是非哉！

易言「先天而天弗違，後天而奉天時」，以聖人之德業而言，非謂天之有先後也。天純一而無閒，不因物之已生、未生而有殊，何先後之有哉！先天後天之說，始于玄家，以天地生物之氣爲先天，以水火土穀之滋所生之氣爲後天，故有後天氣接先天氣之說。此區區養生之瑣論爾，其說亦時竊易之卦象附會之。而邵子于易亦循之，而有先後天之辨，雖與魏、徐、呂、張諸黃冠之言氣者不同，而以天地之自然爲先天，事物之流行爲後天，則抑暗用其說矣。夫伏羲畫卦，即爲筮用，吉凶大業，皆由此出。文王亦循而用之爾，豈伏羲無所與於人謀，而文王略天道而不之體乎！邵子之學，詳于言自然之運數，而略人事之調燮，其末流之弊，遂爲術士射覆之資，要其源，則先天二字啟之也。胡文定曰：「伏羲氏，後天者也。」一語可以破千秋之妄矣。

未濟，男之終也；歸妹，女之窮也。緣此二卦中，四用爻皆失其位，而未濟初陰而上陽，歸妹初陽而上陰。上者，終窮之位也，離乎初則不能生，至乎上則無所往矣。周易以未濟終，京房所傳卦變，以歸妹終，蓋取諸此。乃以循環之理言之，陽終而復之以陽，化之所以不息；陰窮而復之以陽，則陰之絕已曠矣。故未濟可以再起乾，而歸妹不能。此周易之所以非京房之得與也。

京房八宮六十四卦，整齊對待，一倍分明。邵子所傳先天方圖、蔡九峯九九數圖皆然。要之，天地閒無有如此整齊者，唯人爲所作則有然耳。圜而可規，方而可矩，皆人爲之巧，自然生物未有如此者也。易曰：「周流六虛，不可爲典要。」可典可要，則形窮于視，聲窮于聽，即不能體物而不遺矣。唯聖人而後能窮神以知化。

唯易兼十數，而參差用之。太極，一也。奇偶，二也。三畫而小成，三也。揲以四，四也。大衍之數五十，五也。六位，六也。其用四十有九，七也。八卦，八也。乾、坤之策三百六十，九也。十雖不用，而一即十也。不倚于一數而無不用，斯以範圍天地而不過。太玄用三，皇極經世用四，潛虚用五，洪範皇極用九，固不可謂三四五九非天地之數。然用其一，廢其餘，致之也固而太過，廢之也曠而不及，宜其乍合而多爽也。

「郊以事天，社以事地」，禮有明文，古無伉地于天而郊之之禮。天之德德，地之德養。德以立性，養以適情，故人皆養于地，而不敢伉之以同于天，貴德而賤養，崇性而替情也。人同性也，物各養也，故無可分之天，而有可分之地。天主氣，渾淪一氣而無疆埒。地主形，居其壤，食其毛，其地之人即其人之地矣。是以惟天子統天下而後祀天。若夫地，則天子社之，諸侯社之，大夫以至庶人各有置社，無不可祀也。無不可祀，而天子又奚郊邪！天子、諸侯自立社，又爲民立社。自立社者，無異於民之自社也。爲民立社，天子止社其畿内，而不及侯國；諸侯社其國中，而不及境外，分土之義也，性統萬物而養各有方也。地主形，形有廣狹，而祀因之；形有崇卑大小，而秩因之，故五嶽四瀆，秩隆于社。今乃創立皇地祇至尊之秩，而嶽瀆從祀，則不知所謂地祇者何也，豈概九州而統此一祇乎！山澤異形，燥濕異形，墳埴異形，壚黎異形，草穀異産，人物異質，則其神亦異矣，而强括之以一，是爲皇地之名者，誣亦甚矣。周禮夏至合樂方澤之説，肆習社稷山川祀事之樂耳，非謂祀也。後世不察于性情德養之差，形氣分合之理，陰陽崇卑之别，伉北郊以擬天，下伐上，臣干君，亂自此而生。乃紛紛議分議合，不愈傎也乎！

從服因所從者爲之服，不以己之暱而服之，則亦不以己之嫌而已之。兄弟一體之親，從乎兄弟而爲兄弟之妻服，庸不可乎！若以嫂叔不通問爲疑，乃嫌疑之際。君臣男女，一也。未仕者從父而爲父之君服，不以不爲臣不見之義爲疑而已之。蓋所從者，義之重者也；嫌疑，義之輕者也。其生也，不爲臣不見，嫂叔不通問，厚君臣男女之别。其没也，從乎父與兄弟而服之，以篤尊親之誼，亦並行而不悖矣。男子從乎兄弟而服兄弟之妻，婦人從乎夫而服夫之兄弟，今禮有善于古者，此類是已。

月令位土于季夏，惟不達于相克者相成之義，疑火金之不相見而介紹之以土，且以四時無置土之位，弗獲已而以季夏當之爾。其云律中黄鐘之宫，既不可使有十三律，則雖立宫之名，猶是黄鐘也。將令林鐘不能全應一月，于義尤爲鹵莽。其説既不足以立，曆家又從而易之，割每季之十八日以爲土王，尤虚立疆畛而無實。五行之運，不息于兩間，豈有分時乘權之理！必欲以其温涼晴雨之大較而言之，則素問六氣之序以六十日當一氣，爲風寒燥濕陽火陰火之别，攷之氣應，實有可徵，賢于每行七十二日之説遠矣。且天地之化，以不齊而妙，亦以不齊而均。時自四也，行自五也，惡用截鶴補鳧以必出于一轍哉！易稱元亨利貞，配木火金土而水不與，貞，土德，非水德，詳周易外傳。則四序之應，雖遺一土，亦何嫌乎！天地非一印板，萬化從此刷出，拘墟者自不知耳。

年與日之以甲子紀者，皆以曆元次第推而得之。月之因乎斗柄，時之因乎太陽，但取徵於十二次，則亦但可以十二枝紀之而已。若同一建寅之月，孰爲丙寅？孰爲戊寅？同一加子之時，孰爲甲子？孰爲丙子？既無象數之可徵，特依倚曆元初始月時始於甲幹而推爾。乃以曆元言之，則冬至月建甲子，已爲歲首，而今用夏正，甲子之歲始於丙寅，抑甲子之建自冬至始，而大雪以後即建甲子，義亦相違。故古人於月，但言建某枝之月；於時，但言時加某枝，而不繫以天干，立義精慎。後世瑣瑣壬遁星命之流，輒爲增加以飾其邪説，非治曆之大經也。

讀通鑑論敘論

天下有大公至正之是非焉，匹夫匹婦之與知，聖人莫能違也。然而君子之是非，終不與匹夫匹婦爭鳴，以口説爲名教，故其是非一出，而天下莫敢不服。流俗之相沿也，習非爲是，雖覆載不容之惡，而視之若常，非秉明赫之威以正之，則惡不知懲。善亦猶是也，流俗之所非，而大美存焉，事迹之所閡，而天良在焉，非秉日月之明以顯之，則善不加勸。故春秋之作，游、夏不能贊一辭，而豈灌灌諄諄，取匹夫匹婦已有定論之褒貶，曼衍長言，以求快俗流之心目哉！莊生曰：「春秋經世之書，聖人議而不辯。」若華督、宋萬、楚商臣、蔡般，當春秋之世，習爲故常而不討，乃大書曰「弑其君」。然止此而已，弗俟辯也。以此義推之，若王莽、曹操、朱温輩之爲大惡也，昭然見於史策，匹夫匹婦得以詬厲之於千載之下，而又何俟論史者之喋喋哉！今有人於此，殺人而既服刑於司寇矣，而旁觀者又大聲疾呼，以號於人曰：「此宜殺者。」非匹夫匹婦之褊躁，孰暇而爲此！孟子曰：「春秋成，而亂臣賊子懼。」惟其片言而折，不待繁言，而彼詐遁之游辭不能復逞。使聖人取中肩之逆、稱王之僭，申明不已，而自謂窮亂賊之姦，彼姦逆者且笑曰：「是匹夫匹婦之巷議也，而又奚畏焉！」蕭、曹、房、杜之治也，劉向、朱雲、李固、杜喬、張九齡、陸贄之貞也，孔融、王經、段秀實之烈也，反此而爲權姦，爲宦寺，爲外戚，爲佞倖，爲掊克之惡以敗亡人國家也；漢文、景、光武、唐太宗之安定天下也，其後世之驕奢淫泆自貽敗亡也；漢高之興，項羽之亡；八王之亂，李、郭之功，史已〔一〕詳紀之，匹夫匹婦聞而與知之。極詞以贊而不爲加益，聞者不足以興；極詞以貶而不爲加損，聞者不足以戒。唯匹夫匹婦悻悻之怒、沾沾之喜，繁詞累說，自鳴其達於古者，樂得而稱述之。曾君子誘掖人之善，而示以從入之津，弭止人之惡，而窮其陷溺之實，屑侈一時之快論，與道聽塗說者同其紛呶乎？故編中於大美大惡、昭然耳目、前有定論者，皆略而不贅。推其所以然之繇，辨其不盡然之實，均於善而醇疵分，均於惡而輕重別，因其時，度其勢，察其心，窮其效，所繇與胡致堂諸子之有以異也。

論史者有二弊焉：放於道而非道之中，依於法而非法之審，褒其所不待褒，而君子不以爲榮，貶其所不勝貶，而姦邪顧以爲笑，此既淺中無當之失矣，乃其爲弊，尚無傷於教，無賊於民也；抑有纖曲嵬瑣之說出焉，謀尚其詐，諫尚其譎，徼功而行險，干譽而違道，奬詭隨爲中庸，誇偷生爲明哲，以挑達搖人之精爽而使浮，以機巧裂人之名義而使枉，此其於世教與民生也，災愈於洪水，惡烈於猛獸矣。蓋嘗

〔一〕「已」，原作「記」，據讀通鑑論叙論改。

論之，史之爲書，見諸行事之徵也，則必推之而可行，戰而克，守而固，行法而民以爲便，進諫而君聽以從，無取於似仁似義之浮談，祇以致悔吝而無成者也，則智有所尚，謀有所詳，人情有所必近，時勢有所必因，以成與得爲期，而敗與失爲戒，所固然矣。然因是而卑汙之説進焉，以其纖曲之小慧，樂與跳盪游移、陰匿鉤距之術而相取；以其躁動之客氣，迫與輕挑忮忿、武健馳突之能而相依；以其婦姑之小慈，易與狐媚猫馴、淟涊柔巽之情而相昵。聞其説者，震其奇詭，歆其纖利，驚其決裂，利其呴嘔，而人心以蠱，風俗以淫，彝倫以斁，廉恥以墮。若近世李贄、鍾惺之流，導天下於邪淫，以釀中夏衣冠之禍，豈非逾於洪水，烈於猛獸者乎！溯其所繇，則司馬遷、班固喜爲恢奇震耀之言，實有以導之矣。讀項羽之破王離，則鬚眉皆奮而殺機動；覽田延年之責霍光，則膽魄皆張而戾氣生。與市儈里魁同慕汲黯、包拯之絞急，則和平之道喪；與詞人游客共歎蘇軾、蘇轍之浮夸，則惇篤之心離。諫而尚譎，則俳優且賢於伊訓；謀而尚詐，則甘誓不齒於孫、吳。高允、翟黑子之言，祇以獎老姦之小信；李克用三垂岡之歎，抑以侈盜賊之雄心。甚至推胡廣之貪庸以抑忠直，而愜鄙夫之志；伸馮道之逆竊以進夷盜，而順無賴之欲。輕薄之夫，妄以爲慷慨悲歌之助；雕蟲之子，喜以爲放言飾説之資。若此之流，允爲殘賊，此編所述，不敢姑容。刻志兢兢，求安於心，求順於理，求適於用，顧惟不逮，用自慙恧，而志則已嚴，竊有異於彼也。

治道之極致，上稽尚書，折以孔子之言，而蔑以尚矣。其樞，則君心之敬肆也；其戒，則怠荒刻覈，不及者倦，過者欲速也；其大用，用賢而興教也；其施及於民，仁愛而錫以極也。以治唐、虞，以治三代，以治秦、漢而下，迄至於今，無不可以此理推而行也。以理銓選，以均賦役，以詰戎兵，以飭刑罰，以定典式，無不待此以得其宜也。至於設爲規畫，措之科條，尚書不言，孔子不言，豈遺其實而弗求詳哉〔一〕！以古之制，治古之天下，而未可概之今日者，君子不以立事。以今之宜，治今之天下，而非可必之後日者，君子不以垂法。故封建、井田、朝會、征伐、建官、頒禄之制，尚書不言，孔子不言。豈德不如舜、禹、孔子者，而敢以記誦所得者，斷萬世之大經乎？夏書之有禹貢，實也，而系之以禹，則夏后一代之法，固不行於商、周。周書之有周官，實也，而系之以周，則成周一代之規，初不上因於商、夏。孔子曰：「足食，足兵，民信之矣。」何以足，何以信，豈靳言哉？言所以足，而即啟不足之階；言所以信，而且致不信之咎也。孟子之言異是，何也？戰國者，古今一大變革之會也。侯王分土，各自爲政，而皆以放恣漁獵之情，聽耕戰刑名殃民之說，與尚書、孔子之言背道而馳。勿暇論其存主之敬怠仁暴，而所行者，一令出而生民即趨入於死亡。三王之遺澤，存十一於千百，而可以稍蘇，則抑不能預謀漢、唐以後之天下，勢異局變，而通變以使民不倦者奚若。蓋救焚拯溺，一時之所迫，於是有徒善不足爲政之說，而未成乎郡縣之天下，猶有可遵先王之理勢，所繇與尚書、孔子之言異也。要非以參萬世而咸可率繇也。編中所論，推本得失之原，勉自竭以求合於聖治之本。而就事論法，因其時而酌其宜，即一代而各有弛張，均一事而互有伸詘，寧爲無定之言，不敢執一以賊道。有自相蹠盭者矣，無强天下以必從其獨

〔一〕「哉」，原作「或」，據讀通鑑論叙論改。

見者也。若井田、封建、鄉舉、里選、寓兵於農、舍笞杖而行肉刑諸法，先儒有欲必行之者矣。襲周官之名迹，而適以成乎狄道者，宇文氏也；據禹貢以導河，而適以益其潰決者，李仲昌也。盡破天下之成規，駭萬物而從其記誦之所得，浸使爲之，吾惡知其所終哉！

文集

知性論

言性者，皆曰：「吾知性也。」折之曰：「性，弗然也。」猶將曰：「性，胡不然也？」故必正告之曰：「爾所言性者，非性也。」今吾勿問其性，且問其知。知實而不知名，知名而不知實，皆不知也。言性者於此，而必窮目擊而遇之，有其成象，而不能爲之名，如是者，於體非茫然也，而不給於用。無以名之，斯無以用之也。習聞而識之，謂有名之必有實，而究不能得其實，如是者，執名以起用，而茫然於其體，雖有用，固異體之用，非其用也。夫二者則有辨矣。知實而不知名，弗求名焉，則用將終絀。問以審之，學以證之，思以反求之，則實在而終得乎名，體定而終伸其用，此夫婦之知能所以可成乎忠孝也。知名而不知實，以爲既知之矣，則終始於名，而惝怳以測其影，斯問而益疑，學而益僻，思而益甚其狂惑，以其名加諸迴異之體，枝辭日興，愈離其本，此異同之辨説所以成乎淫邪也。夫言性者，則皆有名之可執，有用之可見，而終不知何者之爲性。蓋不知何如之爲知，而以知名當之，名則奚不可施哉！謂山雞爲鳳，山雞不能辭，鳳不能競也。謂死鼠爲璞，死鼠不知卻，玉不能爭也。故浮屠、老子、莊周、列禦寇、告不害、荀卿、揚雄、荀悦、韓愈、王守仁各取一物以爲性，而自詫曰知，彼亦有所挾者存也。苟懸其名，惟人之置之矣；名之所加，亦必有實矣。山雞非鳳，而非無山雞；死鼠非璞，而非無死鼠。以作用爲性，夫人之因應非無作用也；以杳冥之精爲性，人之於杳冥，非無精也；以未始有有無爲性，無有無無之始，非無化機也；以惡爲性，人固非無惡，惡固非無自生也；以善惡混爲性，欻然而動，非無混者也；以三品爲性，要其終而言之，三品者，非無所自成也；以無善無惡爲性，人之昭昭靈靈者，非無此不屬善、不屬惡者也，情有之，才有之，氣有之，質有之，心有之，孰得謂其皆誣？然而皆非性也。故其不知性也，非見有性而不知何以名之也。惟與性形影絶，夢想不至，但聞其名，隨取一物而當之也，於是浮屠之遁詞曰有三性。苟隨取一物以當性之名，豈徒三哉！世萬其人，人萬其心，皆可指射以當性之名。不同之極致，算數之所窮，而皆性矣，故可直折之曰：「其所云性者非性，其所自謂知者非知，猶之乎謂雲爲天，聞筍葅而煮簀以食也。」

附　録

孫可望分李定國入粤，遂入衡招先生，先生不往，作章靈賦。潘宗洛撰傳。

吴逆僭號於衡，僞僚有以勸進表相屬者，先生曰：「某本亡國遺臣，所欠一死耳，今汝亦安用此不祥之人哉！」遂逃入深山，作祓禊賦。吴逆既平，湖南中丞鄭公端聞而嘉之，屬郡守某餽粟帛。請見，先生以病辭，受其粟，反其帛。余廷燦撰傳。

先生讀十三經、廿一史、及張、朱遺書，玩索研究，雖饑寒交迫，生死當前而不變。迄於暮年，體羸多病，猶時置楮墨於卧榻之旁，力疾而纂註。王敔撰行述。

自少喜從人閒問四方事，至於江山險要，士馬食貨，典制沿革，皆極意研究。讀史，讀註疏，於書志年表，考駁同異，人之所忽，必詳慎搜閱之，而更以聞見證之。同上。

末年作讀通鑑論、宋論，以上下古今興亡得失之故，制作輕重之原。諸種卷帙繁重，一一皆楷書手録。貧無書籍紙筆，多假之故人門生，書成，因以授之。其藏於家，與子孫言者，無幾焉。同上。

先生淵源家學，外閒無問業之師。從王嶺外，永曆實録所傳之人甚衆。行遯而後，湖外遺民相聞問者必多，而顧亭林諸君聞聲相思，見于紀述。羅正鈞船山師友記。

鄧湘皋曰：「先生刻苦似二曲，貞晦過夏峯，多聞博學，皎然不愧顧、黄兩先生。顧諸君子肥遯自甘，聲名益炳，羔幣充庭，干旌在野，雖隱逸之薦，鴻博之徵，皆以死拒，而公卿交口，天子動容，其志易白，其書易行。先生竄身猺峒，絶迹人間，席棘貽茶，聲影不出林莽，門人故舊，又無一有氣力者爲之推挽，殁後遺書散佚，其子敔始爲之收輯推闡，上之督學，得上史館，立傳儒林，而其書仍湮滅不傳，後生小子至不能舉其名姓，可哀也！」船山著述目録題識。

唐鏡海曰：「先生通訓詁、名物、象數，辨覈精詳。又涉獵釋、老、莊、列，知其所以亂道者，抉其伏而抵其瑕，於易外傳中往往見之。先生之著書也，大抵爲人心之衰，世道之遞，學術之不明也，激而不盡其所欲言，婉而不失其所宜諮，斯其爲有道之君子乎！」學案小識。

曾滌生曰：「先生殁後，巨儒迭興，或攻良知捷獲之説，或辨易圖之鑿，或詳考名物訓詁音韻正詩集傳之疏，或修補三禮時享之儀，號爲卓絶，先生皆已發之於前，與後賢若合符契，雖其著述太繁，醇駁互見，然固可謂博文約禮，命世獨立之君子已。」船山遺書序。

劉伯山曰：「船山謂頑民既迎周而復叛周者，以匪忱不典，自速其辜，不得附託於忠孝，援春秋之例，貶反覆爲凶德狂愚，義正詞嚴，森如斧鉞。蓋借是斥吴三桂之進退無據，始爲貳臣，終爲逆臣。此船山所以避僞使之招，自全其貞士逸民之德。其卓識定力，具見於斯，所當表微闡幽，以彰其志節者矣。」尚書引義跋。

船山家學

王先生敔

王敔字虎止，船山次子。歲貢生。禀承庭訓，學問淵博，操履高潔。潘宗洛視學楚南，延之入幕，與宜興儲大文友善。船山遺書得入史館，立傳儒林，潘、儲之力也。晚築湘西草堂，學者多從之游。著有蕉畦字朔、蕉畦存稿、笈雲草。學者稱蕉畦先生。雍正庚戌，聘修邑志，力疾成數帙而卒。參沅湘耆舊集小傳、衡陽縣志本傳。

船山弟子

羅先生瑄

羅瑄字仲宣，邵陽人。船山主其家最久。先生弱冠饜於學，再試不售，即絶意進取。以文史自娱，經書多手寫。性篤孝，父病，噎不粒食。畜牝羊，五更起，取其乳以進，父病以瘳。事繼母，尤以孝稱。年六十五卒，鄉人私謚曰孝懿。參寶慶府志、國朝儒宿傳。

唐先生端笏

唐端笏字須竹，一字躬園，衡陽人。明季諸生。性至孝，父母有疾，侍醫藥終夜不解帶。親終，附身附棺，纖毫不苟。以此見賞於船山。嘗得白沙集、定山集、傳習録，讀而嗜之。迎船山住駁閣，巖爲剖析源流，示以思問録内外編、周易内外傳，知後來心學之謬。所著有慚説、悔説。蓋船山受業弟子中，所倚爲奔走後先者也。參沅湘耆舊集小傳、小腆紀傳。

章先生有謨

章有謨字載謀，華亭人。生平力學探古，不應有司試。寓衡山，從船山游，訓以學禮。歸名其齋曰景船。著禮記説約三十卷，今佚，景船齋雜記二卷。參章德棨景船齋雜記序。

船山交游

周先生士儀

周士儀字令公，號藿園，酃縣人。寓居衡陽。明崇禎中拔貢，遭世亂不仕。父被虜掠，泣求身代，卒義而釋之。自是閉户著書，作史貫十卷，野獲編若干卷。船山曾亟稱之。晚歲築藿園，語人曰：「藜藿吾所甘，暮年當益篤耳。」卒年七十二。參沅湘耆舊集小傳、衡陽縣志。

錢先生澄之

錢澄之，原名秉鐙，字飲光，晚號田間，桐城人。少以名節自勵，巡按某舊爲閹黨，至郡謁文廟，諸生迎迓，先生扳其輿，數其穢行，巡按懼，不敢較，由是名聞於時。與吴次尾、方密之諸人主復社。又與陳臥子、夏彝仲輩聯雲龍社，接武東林。喜談經世之略，思冒危難，以立功名。會南都捕治黨人，亡命走浙、閩，入粤。黄石齋重之，薦諸唐王，授吉安府推官。桂王時，擢禮部主事，特試改授翰林院庶吉士兼撰誥敕。指陳時弊，爲衆所忌，乃歸里，與船山出處略同。晚廬墓躬耕，著書不出。卒年八十有二。著有田間易學十二卷。嘗問易於黄石齋，究極象數，後乃研求義理，大旨以朱子爲宗。又有田間詩學十二卷，謂詩與尚書、春秋相表裏，必考之三禮，以詳其制作；徵諸三傳，以審其本末；稽之爾雅，以核其名物；博之竹書紀年、皇王大紀，以辨時代之異同，與情事之疑信；即今輿記，以考古之圖經，而參以平生所親歷。其書以小序爲主，所採諸儒論説，自注疏、集傳外，凡二十家。持論精核，於名物、訓詁、山川、地理，言之尤詳。自謂：「易學、詩學成，思所以翊二經者。」而得莊周、屈原，復著莊屈合注八卷。又有藏山閣詩集十卷，文集三十卷。參四庫全書提要、先正事略、馬其昶撰桐城耆舊傳。

劉先生獻廷

別見鄞縣二萬學案。

船山私淑

王先生文清

王文清號九溪，寧鄉人。雍正甲辰進士，官至宗人府主事。卒年九十餘。著有儀禮分節句讀若干卷，以句讀爲主，略有箋注；周禮會要六卷，亦約括注疏諸説，疏通字義，以便學者；又有考古源流一書，逾百卷，稿初散佚，復得之，猶藏於家。參學案小識、四庫全書提要。

清儒學案卷九

潛庵學案

潛庵爲夏峯弟子。夏峯之學以陸、王爲宗，潛庵承師法而兼宗程、朱。出而爲政，膏澤及民，清節冠世，獨立不撓，儒術之效，於斯爲大。述潛庵學案。

湯先生斌

湯斌字孔伯，號荆峴，又號潛庵，睢州人。順治辛卯進士，改庶吉士，授國史院檢討。議修明史，應詔陳言，引宋史、元史成例，於順治初年，明臣抗節致命者，不可概以叛書，廷議謂爲獎逆，世祖特慰諭之。出爲陝西潼關道，年饑，發倉儲貸民，征兵過境，不使逗留，驛站困敝，安置得宜，流民漸歸。調江西嶺北道，清滯獄八百餘事。明將李玉廷據雩都山，先生馳扼南安，遣兵追擊，禽之，亂乃定。乞病養親。從孫夏峯於蘇門山講學，著弟子籍，同訂理學宗傳。歸與同志立志學會，建繪川書院。父殁，終喪不出，閉户潛修凡十餘年。康熙十八年，舉博學鴻詞，召試一等，授翰林院侍講，與修明史，尋爲明史總裁。累擢内閣學士。二十三年，江寧巡撫缺，方廷推，聖祖曰：「今以道學名者，言行或相悖。朕聞湯斌從孫奇逢學，有操守，特用之。」諭以「正風俗爲先」。時淮、揚二府被水，前撫余國柱疏言：「水退可耕，明年當徵賦。」先生覆勘，水未退，奏寢前議。蘇、松漕欠帶徵量減一二成，歸併科則。蠲淮、揚、徐三府被水逋賦，發帑糴湖南米以濟之。令諸州縣立社學，講孝經、小學。修泰伯祠及宋范仲淹祠、明周順昌祠。禁婦女游觀。胥吏倡優，毋得衣裘帛。燬淫詞小説，革火葬。蘇州上方山五通祠，歷數百年，惑民爲害，燬其偶像，申爲厲禁。飭諸州縣，有類此者，悉毁其祠。教化大行，民皆悦服，奬廉懲貪，吏治清肅，上下苞苴淨絶，權貴不便其所爲。會上爲皇太子擇師傅，廷臣有舉先生者。詔曰：「湯斌在講筵時，素行謹慎，朕所稔知。及簡任巡撫，潔己率屬，實心任事，允宜拔擢，以風有位。」授禮部尚書，管詹事府事，將行，吴民罷市三日，遮道焚香送之。初總河靳輔與按察使于成龍爭論下河事，廷臣阿明珠意多右輔，命尚書薩穆哈、穆成額會先生議，先生主濬下河如成龍言。薩穆哈等還奏，不以聞。先生至京，以實對，薩穆哈等坐罷。二十六年五月不雨，靈臺郎董漢臣上書指斥時事，語侵執政，下廷議。大學士王熙議置漢臣重辟，先生後至，余國柱以告，先生曰：「漢臣應詔言事，無死法。大臣不言，小臣言之，吾輩當自省。」漢臣卒免罪。明珠、國柱愈恚，摘其語上聞，並摭言先生在江蘇文告有「愛民有心，救民無術」之語，指爲訕謗。傳旨詰問，先生自陳愚昧，乞加嚴處。會所薦耿介爲少詹事，同輔太子，介以老疾乞休，詹事尹泰劾介僥倖求去，且及先生妄薦，議奪官。詔獨留先生，調工部尚書。未幾疾作，遣太醫診視，少間。赴通州勘貢木歸，一夕卒，年六十一。

先生篤守程、朱，亦不薄陸、王，身體力行，不尚講論。嘗言：「滯事物以窮理，沈溺迹象，既支離而無本。離事物而致知，墮聰黜明，亦虛空而鮮實。」其教人必先明義利之辨，謹誠僞之關，爲真經學，真道學，否則講論、踐履析爲二事，世道何賴！後人編文集、語録爲湯子遺書十卷，又有洛學編一卷，補睢州志五卷。雍正中追謚文正。道光三年，從祀文廟。參史傳、年譜、行略。

語録

人皆可以爲堯、舜，要體察我之可爲堯、舜者何在，識得工夫自不容已。

問「喜怒哀樂未發」。曰：「當於人欲淨盡時驗之。」既而曰：「先儒教人看未發前氣象，正是教人下手做工夫最親切處。」

學者讀書，不務身體力行，專爲先儒辨同異，亦是玩物喪志。先儒之言，都是自己用工夫體認過來，無一句不是實話。總之，源頭澄澈，隨時立教，不妨互異，正當反求諸身，識其所以同者，勿向話頭討分曉始得。

先儒嘗有言頓悟之非，不知悟未有不頓者。但必學問真積力久，方有一旦豁然大悟者，是頓因於漸也。古人由悟而悔，由悔而悟，真實用功，一日憬然醒悟，渾身汗下，透出本來面目，從前誤亦有益。若不痛不癢，剽竊聖賢言語糟粕，縱步趨無失，究竟成一鄉愿，到對天質人處，心中多少愧怍。

小人衹是不認得「獨」字。

心中有趣，纔得樂此。趣從不愧不怍而生，不愧不怍從戒慎恐懼而出，學者先有用力處，後有得力處。

或問：「孟子言『性善』，陽明言『無善無惡心之體』，何也？」曰：「此是對『有善有惡意之動』而言。心之體，不但惡非所有，即善亦不得已而名也。善亦不得而名，乃爲至善！孟子言性善，究竟是於情上看出，性之善如何可説！下言知善知惡是良知，這良知便是性之虚靈不昧處，惻隱、羞惡、辭讓、是非皆從此出，是即孟子所謂性善。宋儒言主敬，陽明恐學者過於執著，反於心體上多一『敬』字，故教人祇提醒良知便是。其言無善無惡，祇是教人涵養未發，勿過執著而已。」

事不論大小，祇論是非。學者須令事之合理，一事不可忽略，故曰：「浩然之氣，是集義所生者。」理流行於天地閒，不有此身，虚而無著。此身關係最重，不可不敬其身。

今人爲學，須持心堅牢，如鐵壁銅牆，一切毁譽是非，略不爲其所動，乃可漸入。若有一毫爲人的意思，未有不入於流俗者。

破除流俗，是學者第一關鍵，透出便是豪傑。

大凡學人具剛勇之志量者，其造恒深。中庸説知説仁，終必説勇，是收拾上面處，若無這箇，便不濟事。

顔淵問仁，夫子祇教以克復數語，説得規模既極宏遠，功夫又極切實。顔子聞言，便直下承當，其大勇者乎！

學問之道，全在收拾此心。此心不曾收拾，毋論聲色貨利，皆戕害我身之具，即讀書誦詩，亦爲玩物喪志。

教子弟衹是令他讀書，他有聖賢幾句話在胸中，有時借聖賢言語，照他行事開導之，他便易有省悟處。

節用最關治道，若經制不定，財用靡侈，未有能幾於治者。

儒者不患不信理，患在信之過。而用法過嚴者，亦是一病。天地間，「法、情、理」三字原並行不悖。如官司有弗稱職者，若優容貽害，固不可。必嫉之過，而加以重罪，使隕身折産，亦不忍。有仁術焉，輕其罪，使之蚤去，則我亦不流於殘，而民已除其害矣。

君子小人在天地間，如陰陽之相乘。試看從古以來，雖極治時，舉朝皆君子，其閒亦有小人；就是極亂時，舉朝皆小人，其閒也有獨爲君子的。有志者，正須自立。

文集

志學會約

學者莫先於立志，孔子十五志學，便志到從心所欲不踰矩。我輩四十五十，尚未知志學，何以爲人！程子曰：「言學便以道爲志，言人便以聖爲志。」今與諸君子立會，以志學名，欲先定其志，要識聖人之所志者何志，所學者何學。如適京師者，必先識京師之路，雖相去千萬里，畢竟路徑不差，漸次可近京師。否則，適北而南轅，用力愈勤，相去愈遠矣！復列會約數則，大約本之馮少墟先生舊約，而稍稍增損，附以己見，亦藉以就正先生長者焉。

一、會以每月初一、十一、廿一中午爲期，不用柬邀。一揖就坐，世情寒温不必多，各言十日内言行之得失，務要直述無隱。善則同人奬之，過則規正。所講以身心、性命、綱常、倫理爲主，其書以四書、五經、孝經、小學、濂、洛、關、閩、金谿、河東、姚江諸大儒語録及通鑑綱目、大學衍義等書爲主，不許浮泛空談，褻狎戲謔。凡涉時政得失，官長賢否，及親友家門私事，與所作過失，并詞訟請託等事，一概不許道及。違者註册記過。

一、會中崇真尚樸，備饌多不過八器，圍坐，葷不許過素。若人少，則四器亦可。飯罷酒即止，慎勿杯盤狼藉，飲酒笑謔，以傷風雅。違者註册記過。

一、會中置一册子，凡是日講論，有能發明義理，或近日有所心得，即録册中，以便商訂。或有疑難，一時不能明白者，亦記册中，漸次考正。亦「日知其所亡，月無忘其所能」之意。仍將所問答參悟有合於道者，略爲綴記成編，以存其説。

一、彼此講論，務要平心易氣。即有不合，亦當再加詳思，虚己商量，不可自以爲是，過於激辨。舍己從人，取人爲善，聖賢心傳，正在於此。否則，雖所論極是，亦見涵養功疏，況未必盡是乎！尤西川先生云：「讓古人是無志，不讓眼前是好勝。」

一、學之不講，孔子且憂，況學者乎！人心易放，學問難窮，故親師取友，一則夾輔切磋，使不至放逸其心，一則問津指路，使不至錯用其功，總是自己求益，非務外徇人也。鄒東廓先生云：「講學者，非以資口耳，所以講修德之方法也。聞義而徙，不善而改，便是講學以修德實下手處。」呂涇野先生云：「學不講不明，非是自矜，將驗己之是非。」又云：「學道之名，亦不消畏避人知，方是真做。纔有避人知的心，與好名之心相近。」我輩浮沈世味，悠悠歲月，衰老將至，漫無心得，碌碌一生，豈不負父母生成之恩，爲宇宙間一大罪人！往者不可諫，來者猶可追，我輩大家猛省，非求名譽，非結聲氣，總要各完自己性分，各成自己人品，不致喪盡，幾希淪於異類。富貴功名，轉眼即空，如不可求，從我所好，願同志者相與精進，勇猛共證此事焉。

一、人非聖賢，孰能無過。吾輩發憤爲學，必要實心改過，默默檢點自己心事，默默克治自己病痛。若昧此心，支吾外面，即嚴師勝友，朝夕從遊，何益乎！每見朋友中，自己吝於改過，偏要議論人過。甚至數十年前偶誤，常記在心，以爲話柄。獨不思士別三日，當刮目相待。舜、蹠之分，祇在一念轉移。若向來所爲是君子，一旦改行即爲小人矣。向來所爲是小人，一旦改圖即爲君子矣。豈可一眚便棄，阻人自新之路？更有背後議人過失，當面反不肯盡言，此非獨朋友之過，亦自己心地不忠厚，不光明，此過更爲非細。以後會中朋友偶有過失，即於靜處盡言相告，令其改圖。即所聞未真，亦不妨當面一問，以釋胸中之疑。不惟不可背後講説，即在公會中，亦不可對衆言之，令彼難堪，反決然自棄。交砥互礪，日邁月征，庶幾共爲君子。改過遷善，爲聖學第一義，我輩勉之。

一、聖賢義理，載於五經、四書，而其要在於吾身。若舍目前各人進修之實，不以改過遷善爲務，縱將注疏、大全辨析毫釐，與己終無干涉。聖學首重誠意，自欺自慊，皆在隱微獨知處勘證。若徒彌縫形迹，不實在心地打點，即外面毫無破綻，總是瞻前顧後，義襲而取，苦力一生，究竟成一鄉愿，對天質人處，心中多少愧怍。我輩著實用力，必期躬行心得，義利誠僞關頭，不可一毫將就混過。此日勉强，久之必有純熟境界。陽明先生「致良知」爲聖學真脈，各求所以致之之道，勿忽也。

一、近日風俗衰薄，巧詐滋起。凡我會中，各宜敦本尚實，力崇古道，不得概從流俗，苟且避謗。至於四禮儀節，亦當斟酌復古，有斷當改正者，亦不必因循隨衆。

一、善是大家公共的，不是一人自私的。爲善卻是自己擔當的，不是他人强攀的。既入會，必須實實照約行，否則彼此無益。孟雲浦先生曰：「學者躧兩家船不得。」

新吾呂先生曰：「吾學工夫，衹有事心一著最爲喫緊，若把一心被耳目口鼻四肢驅策如犬馬，役使如奴婢，男兒七尺之軀，不能爲他做一主張，發之言動，措之事業，縱有一二可觀，都是氣質作用，安得盡合道理，協於天則！必須大勇猛，振委靡之氣，堅果確之心，勿以戒慎恐懼爲桎梏，勿以怠荒淫肆爲膾炙，於發憤忘食之中，嘗樂以忘憂之味，久則和順於道德，優游於矩度，馴焉，安焉，纔是得力處。嗚呼！呼吸一過，萬古無輪迴之時；形神一離，千載無再生之我。悠悠一世，可爲痛哭！」又曰：「聖學入門，先要克己，歸宿只是無我。蓋自私自利之心，是立人達人之障。此便是舜、蹠關頭，死生歧路。」又曰：「敬者，不苟之謂也。敬無他，攻擊此心之苟而已。故苟則不敬，敬則不苟。戒慎恐懼，心體不苟也。中規中矩，步履不苟也。無淫視，無側聽，耳目不苟也。安定辭守如瓶，聲音不苟也。無衆寡，無小大，無敢慢，與人不苟也。一息尚存，此志不容少懈，終身不苟也。敬外無聖人，居敬外無聖人之道。其始也，毋不敬；終也，恭而盡之矣。」又曰：「防欲如挽逆水之舟，纔歇手便下流。力善如緣無枝之樹，纔住脚便下墜。是以君子之心，無時而不敬畏也。」又曰：「學者要養心氣，心氣一衰，萬事分毫做不得。」又曰：「胸中只擺脱一戀字，便十分爽淨，十分自在。人生最苦處，只是此心沾泥帶水，明是知得，不能割斷耳。」又曰：「才能技藝，讓他占箇高名，莫與爭勝。至於綱常大節，定要自家努力，不可退居人後。」夏峯孫先生曰：「靜坐讀書，須先澹其安飽之念，方稱好學。自世人以富貴爲性命，以窮賤爲讐敵，而壞心術，喪名節，祇此欲惡兩念爲之祟耳。程子曰：『大凡學者，學處患難貧賤。』今觀孔、顏樂處，不出乎世情所謂澹泊憂愁中。即伊川氣貌容色逾勝平生，亦自涪川貶後見之。益信聖賢所謂『樂不於富貴得志時』，學者正要於此處見得分明。」又曰：「世人不知學者勿論。即素有志於學，動輒曰目前爲貧所苦，爲病所苦，爲門户所苦，爲憂愁拂逆所苦，不知學之實際，正在此貧病、拂逆種種難堪處，不可輕易錯過。若待富貴安樂時始向學，終身無學之日。學之晦於天下久矣！」又曰：「大凡向學之人，獨立之意多近於方，方之弊也，爲單板；隨人之意多近於圓，圓之弊也，爲輭熟。初學宜以方，入學力深，單板自化，斷不可失之輭熟耳。」新吾先生爲同郡先哲，夏峯先生爲今日先覺，故各摘語録數則，與同志共勖焉。

學言

周子得孔、孟之傳，其説太極圖也，曰：「聖人定之以仁義中正，而主靜立人極。」此中庸「戒慎不睹，恐懼不聞」之旨也，而論者以爲易流於禪。竊謂不然。記曰：「人生而靜，天之性也。感於物而動，性之欲也。」「不能反躬，天理滅矣。」人者，天之心也；性者，天之理也。天理非可以動靜言，而主靜亦不可以時位論。泥主靜之説，不得其義，固易流於禪。若昧主靜之意，而徒事於標末補綴，則隱微多疚，人品僞而事功無本，此鄉愿之爲學，孔、孟之所深拒也。程子曰：「天理二字，吾體驗而得之。」又曰：「學者『敬以直内』爲本。」朱子曰：「靜者，性之真也，涵養中體出端倪，則一一皆爲己物。」豫章、延平師友相傳，皆是此意。其曰窮理者，亦窮天所與我之理也，故可以盡性而至命，博學、審問、慎思、明辨皆其功也。後人失其精意，遂至沈溺訓詁，泛濫名物，幾於支離而無本。王守仁致良知之教，返本歸原，正以救末學之流弊。然或語上而遺下，偏重而失中，門人以虛見承襲，不知所以致之之方。至王畿四無之説出，益洸洋恣肆，失其宗旨，其流弊有甚焉者。故羅洪先有世間無現成良知之説，而顧憲成、高攀龍亦主性善之論。夫儒者於極重難返之際，深憂大懼，不得已補偏救弊，固吾道之所賴以存。學者先識孔、孟之真，身體而力行之，久之，徐有見焉，未嘗不殊途同歸。如顏、曾爲大宗，而由、賜、師、商各得聖人之一體。若學力不實，此心無主，徒從語言文字之末，妄分畛域，根柢未立，枝葉皆僞，其所爲不越功利詞章之習，而欲收廓清寧一之功，恐言愈多而道愈晦，聖賢心傳不見於天下後世也。願學者捐成心，去故智，法古人爲學之誠，而得其用心之所在，由濂、洛、關、閩以達於孔、孟，則姚江、梁溪皆可融會貫通而無疑矣。

理學宗傳序

天之所以賦人者無二理，聖人之所以承天者無二學。蓋天命流行，化育萬物，秀而靈者爲人，本性之命，五常具備。其見於外也，見親則知孝，見長則知弟，見可矜之事則惻隱，見可恥之事則羞惡，不學不慮之良，人固無異於聖人也。惟聖人爲能體察天理之本然，而朝乾夕惕，自强不息，極之盡性至命，而操持不越日用飲食之閒；顯之事親從兄，而精微遂至窮神知化之際。蓋其知明處當，乃吾性中自有之才能；參天贊化，亦吾性中自有之功用，止如其本性之分量，而非有加於毫末也。堯、舜、禹之相授受曰：「人心惟危，道心惟微，惟精惟一，允執厥中。」其爲教之目曰：「父子有親，君臣有義，夫婦有别，長幼有序，朋友有信。」此聖學之淵源，王道之根柢也。由湯、文、武、周公、孔子，以至顔、曾、思、孟，成己成物，止有此道，在上在下，止有此學。秦、漢而後，道喪文敝，賴江都、文中、昌黎衍其端緒，至濂溪周子崛起舂陵，直接鄒、魯。程、張、邵、朱以至陽明，雖所至或有淺深，氣象不無少異，而中所自得，心心相印，針芥不爽。蓋「道之大原出於天，天不變，道亦不變」。苟得其本心之同然，則千百世之上，千百世之下，固無異親授受於一堂者矣。如高曾祖禰與嫡子嫡孫精氣貫通，譜牒昭然，而旁流支派，雖貴盛於一時，而不敢與大宗相抗，蓋誠有不可紊者在也。近世學者，或專記誦而遺德性，或重超悟而略躬行。又有爲儒佛合一之説者，不知佛氏之言心言性似與吾儒相近，而外人倫，遺事物，其心起於自私自利，而其道不可以治天下國家。吾儒之道，本格致誠正以爲修，而合家國天下以爲學，自復其性謂之聖學，使天下共復其性謂之王道，體用一原，顯微無閒，豈佛氏所可比而同之乎！容城孫先生集理學宗傳一書，自濂溪以下十一子爲正宗，後列漢隋唐儒考、宋元儒考、明儒考。端緒稍異者爲補遺。其大意在明天人之歸，嚴儒釋之辨，蓋吾儒傳心之要典也。八十年中，躬行心得，悉見於此。斌謝病歸田，從學先生之門，受而讀之。其折衷去取精義微言，幸承面誨而得有聞焉。時内黄令張君仲誠力任斯道，迎先生至署中，以此書鐲俸付梓。先生命斌爲序，斌何言哉！惟願天下同志讀是書者，無徒作書觀也，止由此以復天之所與我者耳。吾之身，天實生之，無一體之不備；吾之性，天實命之，無一理之不全。吾性實與萬物爲一體，而民胞物與不能渾合無閒焉，吾性未盡也。吾性實與堯、舜同量，而明物察倫不能細大克全焉，吾性未盡也。吾性實與天地合德，而戒慎恐懼不能如乾健不息焉，吾性未盡也。試由濂、洛、關、閩以上達孔、顏、曾、孟，由孔、顏、曾、孟而證諸堯、舜、湯、文，得其所以同者，返而求之人倫日用之間，實實省察克治，實實體驗擴充，使此心渾然天理，而返諸純粹至善之初焉，則寂然不動，感而遂通，中和可以位育，而大本達道在我矣。不然，徒取先儒因時補救之言，較短量長，横分畛域，妄起戈矛，不幾負先生論定之苦心乎！且亦非仲誠公諸同好之意矣。陸子曰：「六經注我，我注六經，學苟知本，六經皆我注脚。」斌惟與天下學者共勉之而已。

蘇州府儒學碑記

國家興治化在正人心，而正人心在崇經術。漢儒專門名家，師説相承，當詩、書煨燼之餘，儀文器數之目，删定傳授之旨，猶存什一於千百。且其時選舉不以詞章，通經學古之士皆得上聞，朝廷定大議，斷大疑，博士據經以對，故其時士大夫勇於自立，無苟簡之心，孝弟廉讓之行，更衰亂而不變，此重經之效也。其後虚無寂滅之説盛，聲律駢儷之習工，而經學荒矣。宋濂、洛、關、閩諸大儒出闡天人性道之源流，故天下知性不外乎仁義禮智，而虚無寂滅非性也；道不外乎人倫日用，而功利詞章非道也。所謂六經之精微，而繼孔、孟之絶學，又豈漢以後諸儒所可及歟？宋史道學、儒林釐爲二傳，蓋以周、程、張、朱繼往開來，其師友淵源不可與諸儒等耳，而道學、經學自此分矣。夫所謂道學者，六經、四書之旨體驗於心，躬行而有得之謂也，非經書之外更有不傳之道學也。故離經書而言道，此異端之所謂道也；外身心而言經，此俗儒之所謂經也。宗洙、泗而禰洛、閩，人心之所以正也。家柱史而户天竺，世道之所以衰也。聖朝尊禮先聖，表章正學，士子宜知所趨向矣。吾恐朝廷以實求，而士子終以名應也。苟無騖乎其名，而致力於其實，則亦曰躬行而已矣。故學者必先明義利之界，謹誠僞之關，則貧富貴賤之非道不處不去必劃然也，造次顛沛死生禍福之間不可移易者必確然也。毋爲枉尺直尋之事，毋作捷徑苟得之謀，寧拙毋巧，寧樸毋華，寧方毋圓，戒懼慎獨之功無時可閒，子臣弟友之職不敢不勉，不愧於大廷，亦不愧於屋漏。如此，則發爲議論，自能息邪距詖，而鄉愿、楊、墨之教不得騁也；出爲政事，自能尊王黜霸，而管、商、申、韓之政不得施也。其斯爲真經學，其斯爲真道學也已！否則，剽竊浮華，苟爲譁世取寵之具，講論、踐履析爲二事，即誦説先儒，世道亦何賴乎？

答陸稼書書

先生正學清德，僕私心嚮慕久矣。承手教及大作，仰見崇正道，闢邪説，至意嘉惠良深，敬謝敬謝！來諭云：「孔子之道，至朱子而大明。學者但患其不行，不患其不明。但當求入其堂奥，不當又自闢門户。」此不易之定論也。再讀學術辨云：「天下有立教之弊，有末學之弊。」又云：「涇陽、景逸未能盡脱姚江之籓籬。」皆極精當。非先生體認功深，何能言之鑿鑿如此！獨謂僕不欲學者詆毁先儒，是誠有之，然有説焉。僕少無師承，長而荒廢，茫無所知，竊嘗汎濫諸家，妄有論説。其後學稍進，心稍細，甚悔之。反復審擇，知程、朱爲吾儒之正宗，欲求孔、孟之道，而不由程、朱，猶航斷港絶潢，而望至於海也，必不可得矣。故所學雖未能望程、朱之門牆，而不敢有他途之歸。若夫姚江之學，嘉、隆以來，幾徧天下。近年有一二巨公，倡言排之，不遺餘力。姚江之學遂衰，可謂有功於程、朱矣。然海内學術，澆漓日甚，其故何歟？蓋天下相尚以僞久矣！巨公倡之於上，隨聲附和者多，更有沈溺利欲之場，毁棄坊隅，節行虧喪者，亦皆著書鏤板，肆口譏彈曰：「吾以趨時局也。」亦有心未究程、朱之理，目不見姚江之書，連篇累牘，無一字發明學術，但抉摘其居鄉居家隱微之私，以自居衛道閑邪之功。夫訐以爲直，聖賢惡之，惟學術所關，不容不辨。如孟子所謂「不得已」者，可也。今舍其學術，而毁其功業，更舍其功業，而訐其隱私，豈非以學術精微未嘗探討，功業昭著未易詆誣，而發隱微無據之私，可以自快其筆舌？此其用心，亦欠光明矣！在當年，桂文襄之流不過同時忌其功名。今何爲也？責人者，貴服人之心。自古講學，未有如今之專以謾罵爲能者也！或曰：「孟子嘗闢楊、墨矣。楊、墨何至無父無君，孟子必究其流弊而極言之，此聖賢衛道之苦心也，何怪今之君子歟？」夫陽明之果爲楊、墨否，姑未暇論。竊以爲孟子得孔子之心傳者，以其知言、養氣、性善、盡心之學爲能發明聖人之蘊也。蓋有所以爲孟子，而後能闢楊、墨，熄邪説，閑先王之道。若學術不足繼孔子，而徒日告於人曰，楊、墨無父無君也，率獸食人也，恐無以服楊、墨之心，而熄其方張之焰矣。孟子曰：「今之與楊、墨辨者，如追放豚，既入其苙，又從而招之。」則知當日之與楊、墨辨者，亦不乏人矣。今無片言隻字之存，則其不足爲輕重可知也。然則楊、墨之道不傳於今者，獨賴有孟子耳。今不務爲孟子之知言、養氣、崇仁義、賤功利，而但與如追放豚之流相頡頏焉，其亦不自重也已！來諭云：「陽明嘗比朱子於洪水猛獸，是詆毁先儒莫陽明若也。今亦黜夫毁先儒者耳，庸何傷？」竊謂陽明之詆朱子也，陽明之大罪過也，於朱子何損？今人功業文章未能望陽明之萬一，而止效法其罪過，如兩口角罵，何益之有！恐朱子亦不樂有此報復矣。故僕之不敢詆斥陽明者，非篤信陽明之學也，非博長厚之譽也。以爲欲明程、朱之道者，當心程、朱之心，學程、朱之學，窮理必極其精，居敬必極其至，喜怒哀樂必求中節，視聽言動必求合禮，子臣弟友必求盡分。久之，人心咸孚，聲應自衆，即篤信陽明者，亦曉然知聖學之自有真也，而翻然從之。若曰能謾罵者即程、朱之徒，則毁棄坊隅、節行虧喪者，但能鼓其狂舌，皆將俎豆洙、泗之堂矣，非僕之所敢信也。

僕年已衰暮，學不加進，實深自愧，惟願默自體勘，求不愧先賢，或天稍假以年，果有所見，然後徐出數言，以就正海内君子未晚。此時正未敢漫然附和也。今天下真爲程、朱之學者，舍先生其誰歸，故僕將奉大教爲指南焉。道本無窮，學貴心得，胸中欲請教者甚多，容圖專晤，求先生盡教之。

附録

先生辭官乞養後，侍父及繼母軒恭人，居里色養盡孝。讀書恒至夕。父令就寢，輒至夜分不輟，嘗曰：「學者須要天理人欲之閒見得分明，方始有益。一毫相雜，則非學也。」行略。

先生父喪服闋，詣蘇門謁孫夏峯，受業門下。每質疑，夏峯亟稱之，歸而所得益邃，所行亦益力。夏峯與書曰：「僕以骨脆膽薄，孤立肩承三十餘年，今得道丈付之。天挺弘毅之資，天之有意於斯文，豈偶然哉！」及再過夏峯，問答甚多，嘗謂：「人能自省察警覺，則高明廣大常自若，非有增損也。」同上。

先生再入詞館，居京師，繩牀破被，數椽不蔽風雨。直講筵，聖祖令録詩文進覽。所進詩文各十篇。聖祖閲至學言一篇，命陳大意。對曰：「周子至朱子，學皆純正精微。後學溺於訓詁，殊失其本意。王守仁致良知之説，救正末學流弊，但語多失中，門人又失其宗旨。竊謂補偏救弊，各有深心，願學者識聖人之真，身體力行，久之，當自有益。徒競口語，無益也。」上頷之。又次閲院中宿直詩曰：「『憂多道轉親』，何謂也？」對曰：「臣幼遭亂離，平生在憂患中，隨事體認，於道理轉覺親近。詩詞樸拙，不勝惶恐。」上賜以紗緞，遣使歸奉繼母軒恭人。同上。

工科給事中任辰旦疏議巡狩封禪之非，大學士擬旨切責，先生言：「封禪固不可巡狩。若行，車駕將漸徧五嶽，上德威遠播自無所慮，要不可爲子孫法。公等宜審思之。」又有議變法者，先生言：「使天下官皆不以貨得，則法疏而弊自絶。今不澄其源，其究也，上下相蒙而已。」同上。

先生性甘淡泊，居官不以絲毫擾民。夏從質肆中易苧帳自蔽，春野薺生，日採取啖之。脱粟羹豆，與幕客對飯。一日，公子市隻雞，召而數之曰：「汝謂蘇州雞賤如河南乎？汝思啖雞，便歸去！惡有士不嚼菜根而能作百事乎？」生日，薦紳知絶餽遺，惟製屏爲壽。命録汪琬文以入，而返其屏。吴士徐枋，文節公汧子也，隱居靈巖山四十年，未嘗入城市。屏騶從訪之，枋不出。久立其門，終不肯見。時人兩高之。同上。

先生前政余國柱與大學士明珠比。先生奏請蠲漕，國柱方爲户部尚書，遣人語曰：「此皆北門力也，宜酬以金四十萬。」先生拒，勿與。國柱日與明珠謀中先生者。同上。

先生入見，聖祖褒其清謹。皇太子出閣，命行坐講禮。遇廷議，上必問湯斌云何。先生感知遇，是非可否必侃侃正言。明珠及國柱愈忌之。請復夏秋兩税法，罷蘆課辦銅，國柱執不可。及議董漢臣上書，明珠等益憾。或勸委曲詣諸公，必有居間解之者。先生笑曰：「吾生平義命自安，今年逾六十，尚何求！」或勸發二人陰事以紓禍，先生曰：「老母在，未敢以此試也。」同上。

尹元孚曰：「先生忠孝性成，篤志聖學，反躬實踐，不慕高遠。或勸之著書，曰：『學貴日新，今日之所是，異日未必不以爲非，何敢妄作有味哉！』先生之言也，士不剛健篤實，而先耀其采，可乎？所著書，皆不得已而後言。若其居官奏議，乃經國訏謨以布優優之政者。忠肝古誼，余嘗莊誦而如見之。」洛學編。

彭南畇曰：「先生邃資夙禀，與同志切劘正學，復從孫夏峯於百泉之上，講習亹亹，灼見性天，一以躬行，心得爲歸，不拘牽文義。每曰：『姚江之學，反本窮原，以救末流之弊而特嚴。其門人虛見承襲，流爲洸洋恣肆，致疑於以儒入禪者。』此其善學姚江，正所以善學程、朱也歟！」潛庵文集節要序。

潛庵家學

湯先生溥

湯溥字元博，潛庵長子。諸生。與弟濬、沆、準，並能承志力學，潛庵嘗親課之曰：「吾非望汝早貴，少年兒宜使苦，苦則志定，將來不失足也。」又嘗訓曰：「天理當時時體察，用力既久，愈見親切。從此行將去，自然仰不愧，俯不怍。」參湯子遺書。

湯先生準

湯準字稺平，潛庵第四子。年十三，即有志聖賢之學。潛庵喜，授以理學宗傳。於濂、洛授受，朱、陸異同，及宋、明諸儒講論，靡不悉心研究，而對人則口不言學。嘗曰：「學而徒尚口説，何與身心性命？」居喪哀毁。諸兄或有疾，終夜徬徨，若疚在躬。雍正元年，舉孝廉方正，辭不就。晚年，闢臨漪園，讀書其中，學者稱爲臨漪先生。著有臨漪園集。參中州文徵。

湯先生恒泰

湯恒泰字庸山，潛庵曾孫。乾隆戊午舉人。祖沆訓以諸儒微旨，融會貫通。夏邑彭冠稱之曰：「中州理學，至文正集其成。庸山於數傳後，聞即信，信即學，身體力行，至死不倦。雖曰家學，豈非篤志哉？」參中州文徵。

潛庵弟子

王先生廷燦

王廷燦字似齋，錢塘人。康熙辛酉舉人，官江南崇明縣知縣。家世習理學，鄉舉出潛庵之門，遂從講授。潛庵嘗語之曰：「年少登科，切勿自喜。見識未到，學問未足，一生喫虧在此，即使登高第，陟高位，庸庸碌碌，徒與草木同朽耳！」又曰：「諸生能喫苦否？喫得苦，無事做不來，死於安樂，生於憂患，刻刻當存此念。學問之道，全在收拾此心，此心不曾收拾，毋論聲色貨利，皆是戕害我身之具，即讀書誦詩，亦爲玩物喪志。」潛庵卒後，其遺稿或刻於中州，或節要刻於吳門。先生搜輯遺文，益所未備，編爲十卷，曰湯子遺書，附輯年譜刊行。繼知吳縣，從士民之請，爲潛庵建坊胥門之滸，以誌去思。參遺書語録、毛奇齡撰序。

彭先生定求　別爲南畇學案。

案：湯子遺書語録一卷，載筆述諸人稱門人者凡三，王廷燦及錢塘沈佳、秀水范景，皆潛庵典試浙江所得士，後從受業者。佳，康熙戊辰進士，官安化知縣。景，康熙庚辰進士，官輝縣知縣。他如柘城竇克勤、鞏縣姚爾申，皆無門人之稱，是未在弟子籍，今列入「從游」。

潛庵交游

耿先生介

耿介，原名沖壁，字介石，號逸庵，登封人。順治壬辰進士，改庶吉士，授檢討。出爲福建巡海道，築石城以捍海，除積弊，革宂費，戒貪墨，恩威大著。康熙初，調江西湖東道，官省，改直隸大名道。直隸多逃人，株連牽引一案至三四十人。在任期年，三百餘案，不蔓及無辜，民咸感之。母憂歸。執贄於孫夏峯之門，篤志躬行。復嵩陽書院，士風蒸起。以潛庵薦，特授侍講學士，轉少詹事，輔導皇太子。未幾，以疾疏辭，被諭休致。歸，復主書院，日孜孜以講學爲事。潛庵稱其「賦質剛方，踐履篤實，服官冰蘗。自矢家居，淡泊自甘。潛心經傳，學有淵源」。著有理學要旨、先正事畧作理學正經。孝經易知、中州道學編、敬恕堂存稿。參尹會一撰傳。

孝經易知自序

吾讀孝經，至於「民用和睦，上下無怨」，「災害不生，禍亂不作」，「通於神明，光於四海」，未嘗不撫卷流連，作而歎曰：「嗚呼！孝之道大矣。」觀一聖一賢一堂問答之際，唐、虞雍穆，三代熙皞之象，宛然在目，蓋亟欲其行之也。故夫子曰：「吾行在孝經。」而卒以不得行。及讀論語，見孔門言仁言孝，又未嘗不撫卷流連，作而歎曰：「嗚呼！孝道之大，大於此矣。」蓋孝之理，一仁之理；仁之理，一天之理也。是理在天爲元，賦於人爲仁。天地生物之心，元氣流行，萬物無不發生長育。人得天地生物之心，發而爲孝，由孩提愛敬之良，充其量直至於胞民與物，參天地，參化育，則可謂分殊而理一，用大而體約矣。吾夫子删定參修他書，皆不自名經，而獨於孝經則自名之。又曰：「夫孝，天之經也，地之義也，民之行也。」豈不以無人不得天地之理以爲性，即無人不以生物爲心；無人不以生物爲心，即無人不以愛親爲念，經常不易之道，未嘗一日泯於人心乎！有世道之責者，亦何不念此也！今天下車書一統，海寓乂安，聖天子躬行仁孝，以禮樂彝倫化導天下，將見太和之氣在宇宙閒，然則欲求德之本而教所由，舍孝經何以哉！誠使爲子者人手一編，朝夕講貫，心得躬行，由一家而一國而天下，和順吉祥之氣洋溢充周，以之爲臣則忠，以之爲弟則弟，以之交友則信。禮者，履此者也。義者，宜此者也。智者，知此者也。信者，信此者也。樂者，樂此者也。孝之融液者深，則仁之所訖暨溥，唐、虞雍穆，三代熙皞之象，無難再見今日矣。介山居無事，沈潛是經，蓋亦有年。不揣妄謬，折衷前儒之旨，務歸簡要，編次成帙，刊行以廣其傳。其於風俗人心有所裨益與否，非愚之所敢知也。

太極圖義

太極之義曷昉乎！昔孔子繫易曰：「易有太極。」宋濂溪周子始爲圖，以授程子。至朱子表章而發明之，由是太極一圖，遂爲天命源頭，聖教統宗，理學真傳，學者先須識此。蓋其所謂太極者，極至之理也。以此理至中至正，至平至庸，至純至粹，至微至妙，無以復加，故曰太極。當其未有天地之前，便先有此理。然使懸一箇理，不著在陰陽上，則不能化生萬物，所以動而生陽，靜而生陰，遂成兩儀。兩儀既立，則太極在於其中，一動一靜，一消一息，一闔一闢，做出古今無限事。以四德言之，則元亨利貞。以五行言之，則水火金木土。以四時言之，則春夏秋冬。以功用言之，則生長收藏。天之理雖有四，只是一箇元氣流行。這元氣一到萬物，觸著便生，是爲春生。由是夏長，長此者也；秋收，收此者也；冬藏，藏此者也。惟其藏得深厚，所以明年又春，又夏，又秋，又冬。亘古此天理，亘古此元氣流行，無時不然，無處不在，無物不有。是理之在天地者如此。我輩今日看太極圖，若只説如何是無極，如何是太極，如何是陰陽、五行，縱使探討精深，終與我無干涉。此處須要體認。所謂太極者，人心之理也。陰陽者，人心之一動一靜也。五行者，人心之仁義禮智信也。萬物者，人心之醻酢萬變也。天地未生人之前，便先有此理，然使懸空一箇理，不在人身上，則亦不能參贊位育。朱子云：「天以陰陽五行化生萬物，氣以成行而理亦賦焉。」是理也，在天爲元亨利貞，在人爲仁義禮智，故謂之天理。然吾心之天理雖有四，只是一箇仁心貫徹，而義，宜此者也；禮，履此者也；智，知此者也。人若能完全得這箇天理，則爲子便孝，爲臣便忠，交朋友便信，以之視聽言動合禮，喜怒哀樂中節，即一出入動作，食息起居，莫不各有天然恰好底道理。分而言之，一物各具一太極；合而言之，萬物統體一太極也。是理之在吾心者如此，然人之不能完全此理者，何也？己私參之也。細觀此圖，上面純白底，是天地本然之性，純粹至善，即孟子所謂性善是也。下面黑白相閒底，便有夾雜，便是氣質之性。纔落氣質，便有己私，此處須著工夫。如何著工夫？曰克己復禮。克去一分人欲，便復得一分天理。到得人欲淨盡，天理流行，此心明明瑩瑩，渾然性善本體，便是聖賢地位。所以周子雖從無極太極陰陽五行說起，只是指出性命源頭，使人知吾性爲至善，而聖人爲必可學也。喫緊處則在定之以中正仁義，而主靜立人極焉。」又曰：「無欲故靜，無欲便是克己。程子又於其中補出『敬』字來，學者以此求之，庶幾有下手工夫處矣！」

讀通書

吾讀論語，見孔門用功只在求仁。夫子罕言仁，非罕言仁也，不向深微處言仁耳，往往說箇入門方法，教人下手去做，故聖人同天時行物生都在耳目閒，不予人以難知之事。周子通書發明無極太極之理，二氣五行之妙，可謂深微矣。今考其言，不離乎明善誠身之要，修己治人之方，親師取友之道，簡易明白，使人有所持循而達於天道，周子其去聖人一閒乎！

案：先生文集未見上二篇，據唐氏學案小識採入。

附録

潛庵答逸庵書曰：「承教『道本中庸，作不得一些聰明，執不得一些意見，逞不得一些精采』，三語最爲精當。某謂人生一落軀殼，便有氣質，自有知識以來，各就氣質偏重處，積染成習，未易脱離，必須消磨，不使乘機潛發，本性得以用事，方可言學。然習氣根株已深，力量最大，發不及覺，覺不及持，夾雜隱伏，消磨實非容易。方自以爲剛毅，而中藏客氣；自以爲密察，而實多黏纏。與人似恭敬，而陪奉世情之意常多；論事似持平，而依阿不斷之意時有。利心則不動矣，而名心未必潛消；邀福之念不生矣，而夭壽未能不貳。凡此皆非真金，經不得烈火一煆。誠使日用動靜，盡是天命流行，則本性自有明覺，而非作聰明也；本性自有正見，而非執意見也；本性自有光輝，而非逞精采也。」湯子遺書。

又曰：「我輩衹是懲忿窒慾，遷善改過，是切實用功處。時時見有善可遷，有過可改，便是學問進益處。此心不可令昏散，亦不可躁迫，如養鷹，如馴雉，衹要耐心，久之，上臂歸庭，自有日也。承教『未去窮理，便説涵養，卻涵養甚的』？具見體認之精。某思窮理工夫，亦未易盡，必待窮理盡後，方用涵養，何時是涵養時？今人把『涵養』二字看得空了，故易流於虚寂。窮理是零碎積累的工夫，涵養是本原的工夫，固是無容等待，無容分析也。」同上。

田先生蘭芳

田蘭芳字梁紫，號簣山，睢州人。諸生。事繼母以孝聞。少豪邁不羈，嚴峻嫉惡。潛庵里居，立志學會，相與講貫，遂篤志聖學。久之，表裏洞徹，同異貫通。潛庵嘗與論爲學，畢竟以何者爲要，先生舉主敬以對，潛庵稱善，乞作。潛庵記貽書論學前後數十通，身後遺文亦經評輯。晚年所造益邃，圭角俱化。主睢州道存書院，里中英彦咸北面稱弟子。潛庵子準，受業其門。卒年七十四，私諡誠確先生。著有逸德軒文集。參湯準撰傳。

附録

潛庵與簣山書曰：「知行並進，敬義夾持，千聖心傳，不外此八字，必須百情刊落，方能證取。此非實歷過者，不能知聖賢妙諦，不可作語言文字觀，正以此耳。」湯子遺書。

張先生沐　別爲起庵學案。

李先生來章　別見起庵學案。

施先生閏章 別爲愚山學案。

汪先生琬 別見亭林學案。

潛庵從游

竇先生克勤

竇克勤字敏修，一字艮齋，號靜庵，又號遯庵，柘城人。自先世以理學相傳，身體力行，立日録以自省。耿逸庵倡道嵩陽，以所學印可，爲忘年交。鄉舉後，至京師，謁潛庵講學。潛庵謂「師道不立，由於教官失職」，勸就教職。除泌陽教諭。泌陽地小而僻，人鮮知學，立五社學，擇學行足式者爲之長，善則勸，過則懲。輯理學正宗，自濂、洛、關、閩以及懷、孟、河、津諸儒之原孔、孟者，示以崇正黜邪之義。康熙戊辰，成進士，改庶吉士。遭母喪，讀禮居廬，建朱陽書院於柘城東郊，與諸生講學。服闋散館，授檢討，分校會試，焚香誓天，所得士多名宿。聖祖命諸翰林作書，先生書「學宗孔、孟，法在堯、舜，而其要在慎獨」十四字以進。上覽而善之。以父老乞歸，增擴朱陽書院，倡導正學。中州自夏峯嵩陽外，朱陽學者稱盛。所著書，理學正宗外，有孝經闡義、事親庸言、泌陽學條規、尋樂堂家書、尋樂堂文集。參湯右曾撰墓誌、伊會一撰傳、國朝學案小識、中州文徵。

理學正宗自序

自孟子而後，歷漢、唐之世，率不聞有登聖人之堂奧者。此後世溯道統正傳，必以宋儒爲斷，而宋儒稱孔、孟嫡派，必以周、程、朱爲歸。周子太極圖、通書，發明易蘊，舉古今萬事萬物之理，包括無遺，與中庸、語、孟相表裏。程子表章六經，學者始一其耳目，定其趨向，而知所宗。開闢啟鑰，功維鉅焉。至朱子集諸儒之大成，復取六經、四書，詳加考訂闡繹，且會衆説而爲之折衷，删其繁亂，補其缺略，登其精義，要其指歸，遂使堯、舜以來，至孔、孟相傳之道，燦然昭明於世。是聖道盡在六經、四書，而周、程、張、朱之功亦盡在六經、四書，此道統之正傳，百世不易者也。其閒有同時共肩斯道者，程子而外，又有張子，雖關中之學興感於伊、洛，然亦號云極盛，故濂、洛、關、閩從來並稱，罔敢易焉。其與朱子爲友者，若南軒、東萊，俱力肩斯道，論者多未及之。不知友善既久，講貫益精，大道昌明，有倡予和汝之功，即不容略，安得不並及之也！若夫淵源所自，有親炙一堂，而數傳益光大之者，如龜山載道，而南歷豫章、延平，而朱子出焉，大有功於程門矣。勉齋授以深衣，遞傳王、何、金、許，雖四子之所造，不無讓於前人，然當時論之者，以爲基似和靖，柏似上蔡，履祥親得之二氏，而並充於己，則夫陶成而啟佑之者，居何等也？勉齋之有功於朱門也，不待言矣。此得之所傳者，爲大道所寄託，斷斷缺一不可者也。

昔孔子删詩、書，定禮、樂，贊周易，修春秋，道貫古今，與天地相終始。而易與詩，嗣得程、朱傳其義以著其精藴，邪説自不敢亂。獨是春秋詆爲斷爛朝報，若非康侯作傳，以明聖人之志，誰復知爲天理權衡之書？而書傳亦爲朱子未竟之業，若非九峯無負父師之託，以成此書，誰復知二帝三王之心法治法備具於此？此羽翼聖經，胡、蔡斷推爲先聖功臣也。夫宋儒之有功於斯道者，録之從其詳，而獨略於元、明者，取其最也。魯齋遭亂世，學無師授，得程、朱書讀之，始知進學有序。於小學、四書，深信篤好，即以其學爲教，脈絡甚正，學統賴以不墜。敬軒踐履篤實，告人以居敬窮理爲要，發揮六經、四書，周、程、張、朱之奥，備載於讀書録中，至純粹中正。明儒雖盛，求其可繼其程、朱之統者，無踰於此。此元、明兩代必以許、薛爲正宗也。噫！道在天下，命於天，率於性，盡於聖，載於經，學不至希聖、希天，非學也。然不考乎經傳之所傳，以求證乎吾性之本體，則性不可得而復，亦無由而造於極至之域。故求道者，必先讀六經、四書，而周、程、張、朱之書，以及遞衍周、程、張、朱者，皆分任乎堯、舜以來，至孔、孟相傳之道也，安可不徧觀盡識，以求得其指要哉！余於諸儒之書，悉心讀之，蓋不敢忽。潛玩既久，始知精要之所在，雖聖聖相承，莫有外焉者。因取篇章之最切者，彙而輯之，閒亦妄附己意爲發明。雖於全書不能盡録，然知者觀此，思過半矣。

姚先生爾申

姚爾申字岳生，號希庵，鞏縣人。諸生。從耿逸庵學。以文謁潛庵，潛庵稱之曰：「河、洛之間，復有如月川、雲浦者出焉。」遂從問學，討論切摯，能傳潛庵、逸庵之學。著有日知録、芸窗手草、潛陽問答、嵩談録、太極圖辨、理學要旨、文集。參湯子遺書、中州文徵。

附録

潛庵與岳生書曰：「昔王心齋一念愛親，出於真誠，久之純熟，忽心量洞明，悟性無礙，遂覺天地萬物爲一體。自此，行住語默皆在覺體中。足下今高堂眉壽，兄弟怡怡，此人生最難得事。於事親從兄之際，時時要見真性發露。推之應事接物，處處著痛癢。久之，自見全體渾然，物我無閒。特不可徒向古人窠臼，作一場好話説過也。」湯子遺書。

又曰：「此道不在多言，惟時時刻刻將先聖先賢言語反覆尋繹，一一體會上身來，久久得一貫通處，是真主腦。先聖先賢無閒，言語句句是要義，祇被千百年來皮膚訓詁埋没，所以學者靠不得書册，卻離不得書册；離不得師友，卻靠不得師友。惟得之難，斯爲真有。」同上。

冉先生覲祖

別見敬庵學案。

清儒學案卷十

三魚學案

明季講學家多宗陽明，清初尚承其緒。夏峯、梨洲壇坫門牆，極一時之盛，清獻端居獨學，以濂、洛、關、閩爲聖學正軌，身體力行，排斥陽明，尤不遺餘力。李文貞、張清恪達而在上，闡揚擴大。康、雍間，講學必奉程、朱爲準，清獻其尤粹者也。述三魚學案。

陸先生隴其

陸隴其，初名龍其，字稼書，平湖人。少即講學，專宗朱子，以居敬窮理爲要。嘗謂：「窮理而不居敬，則玩物喪志，而失於支離，居敬而不窮理，則將掃見聞，空善惡，其不墮於佛老，以至於師心自用，而爲猖狂恣睢者，鮮矣。」家貧授徒，非義不取。年逾四十，成康熙庚戌進士，授江南嘉定知縣。賦多俗侈，先生守約持儉，務以德化民。政教兼施，民以大和。十五年，福建按察使缺，聖祖命選賢能愛民之官，不拘常例擢用。魏公象樞方以先生應詔，而江寧巡撫慕天顔言：「嘉定政繁，多逋賦，先生操守清絶一塵，才幹乃非肆應，宜調簡縣。」疏下部議，以才力不及，降調，會縣民爲盜所殺而訟其讐，先生既獲盜定讞，部議以初報不言盜，遂坐諱盜奪官。十七年，舉博學鴻儒，未及試，丁父憂歸。聖祖諭廷臣舉清廉官，魏公復以先生應詔，命以知縣用。服闋，補直隸靈壽知縣。土瘠民貧，役繁而俗薄，先生乃爲減役勸墾。歲饑治賑，全活甚衆。直隸巡撫格爾古德奏薦先生有清操，愛民如子。尋詔九卿舉學問優長、品行可用者，陳公廷敬以先生應詔，行取授四川道監察御史。偏沅巡撫于養志有父喪，總督請在任守制，先生劾，罷之。時師征噶爾丹，行捐納事例。御史陳菁請罷捐免保舉，而增應升先用，部議未行。先生疏言：「捐免保舉，與捐納先用，皆不可行。」更請「捐納之員，三年無保舉，即予休致」。户部以捐生觀望，遲誤軍需，請奪先生官。詔原之。會順天府尹衛既齊巡畿輔，還奏「民心皇皇，恐先生遠謫」，遂得免。尋命巡視北城，試俸滿，部議調外，因假歸。三十一年卒，年六十三。逾年，江南學政缺，聖祖欲用先生，大學士王熙奏隴其已前卒，聖祖嗟歎良久，曰：「本朝如此人不可多得矣！」雍正二年，世宗臨雍，議增文廟從祀諸儒，先生與焉。乾隆元年，追謚清獻，贈内閣學士兼禮部侍郎。

先生充養完粹，踐履篤實，事無巨細，處之必以誠，發之於言，書之於册者，無非仁義中正之旨。而於辨正學術，分别是非，尤侃侃不少假借。力排陽明良知之弊，兼及涇陽、景逸，謂「雖不主陽明，而偏重静坐，猶未出陽明範圍」。嘗跋張武承王學質疑，以闢姚江之學，比於孟子闢楊、墨。又爲松陽講義，自序謂：「今之爲世道計者，必自羞乞墦、賤壟斷、闢佛老、黜陽儒陰釋之學始。」其衛道之嚴且切如是。所著書有讀禮志疑六卷、古文尚書攷一卷、禮經會元疏釋四卷、三魚堂四書大全四十卷、四書講義困勉録三十七卷、續困勉録六卷、戰國策去毒二卷、靈壽縣志十卷、問學録四卷、松陽講義十二卷、松陽鈔存二卷、讀朱隨筆四卷、三魚堂賸言十二卷、三魚堂文集十二卷、外集六卷。參史傳、陳廷敬撰墓誌銘、柯崇樸撰行狀、李鉉等撰稼書先生年譜、四庫提要、學案小識。

文集

太極論

論太極者，不在乎明天地之太極，而在乎明人身之太極，明人身之太極，則天地之太極在是矣。先儒之論太極，所以必從陰陽五行天地生物之初言之者，惟恐人不知此理之原，故遡其始而言之。使知此理之無物不有，無時不然，雖欲頃刻離之而不可得也。學者徒見先儒之言陰陽、言五行、言天地萬物廣大精微，而不從吾身切實求之，則豈前賢示人之意哉！夫太極者，萬理之總名也。在天則爲命，在人則爲性，在天則爲元亨利貞，在人則爲仁義禮智。以其有條而不紊則謂之理，以其爲人所共由則謂之道，以其不偏不倚、無過不及則謂之中，以其真實無妄則謂之誠，以其純粹而精則謂之至善，以其至極而無以加則謂之太極，名異而實同也。學者誠有志乎太極，惟于日用之閒，時時存養，時時省察，不使一念之越乎理，不使一事之悖乎理，不使一言一動之踰乎理，斯太極存焉矣。其寂然不動，是即太極之陰靜也；感而遂通，是即太極之陽動也。感而復寂，寂而復感，是即太極之動靜無端，陰陽無始也。寂然之中而感通之理已具，感通之際而寂然之體常在，是即太極之體用一原，顯微無閒也。分而爲五常，發而爲五事，布而爲五倫，是即太極之陽變陰合，而生水火木金土也。以之處家則家齊，以之處國則國治，以之處天下則天下平，是即太極之成男成女，而萬物化生也。合吾身之萬念萬事而無一非理，是萬物統體一太極也。即吾身之一念一事而無之非理，是一物各具一太極也。不越乎日用常行之中，而卓然超絶乎流俗，是太極之不離乎陰陽，而亦不雜乎陰陽也。若是者，豈必遠而求之天地萬物，而太極之全體已備于吾身矣。由是以觀天地，則太極之在天地，亦若是而已。由是以觀萬物，則太極之在萬物，亦若是而已。天地萬物，浩浩茫茫，測之不見其端，窮之莫究其量，而莫非是理之發見也，莫非是理之流行也，莫非是理之循環而不窮也。高明博厚不同，而是理無不同也。飛潛動植有異，而是理無異也。是理散於萬物，而萃於吾身；原於天地，而賦於吾身。是故善言太極者，求之遠不若求之近；求之虚而難據，不若求之實而可循。故周子太極圖說，雖從陰陽五行言之，而終之曰：「聖人定之以中正仁義，而主靜立人極焉。」其示人之意亦深切矣！又恐聖人之立極，非學者可驟及也，而繼之曰：「君子修之，吉。修之爲言，擇善固執之謂也。」而朱子解之，又推本於敬，以爲能敬然後能靜虚動直，而太極在我。嗚呼，至矣！先儒之言，雖窮高極深，而推其旨，不過欲人修其身，以治天下國家焉耳。學者愼無驚太極之名，而不知近求之身也。

學術辨上

漢、唐之儒，崇正學者，尊孔、孟而已。孔、孟之道尊，則百家之言熄。自唐以後，異端曲學知儒者之尊孔、孟也，於是皆託於孔、孟以自行其説，我曰孔、孟，彼亦曰孔、孟，而學者遂莫從而辨其是非。程、朱出，而崇正闢邪，然後孔、孟之道復明，而天下尊之。自宋以來，異端曲學知儒者之尊程、朱也，於是又託於程、朱以自行其説，我曰程、朱，彼亦曰程、朱，學者又莫從而辨其是非。程、朱言天理則亦言天理，天理之名同，而其所指則霄壤矣。程、朱言至善，則亦言至善，至善之名同，而其所指則冰炭矣。程、朱言静、言敬，則亦言静、亦言敬，静敬之名同，至所以爲静敬則適越而北轅矣。程、朱之言有可假借者，則曰程、朱固若是也；有不可假借者，則曰此其中年未定之論也。黑白淆而雅、鄭混，雖有好古篤志之君子力扶正學，亦止知其顯叛程、朱之非。至其陽尊而陰篡之者，則固不得而盡絶矣。蓋其弊在宋、元之際即有之，而莫甚於明之中葉。自陽明王氏倡爲良知之説，以禪之實而託儒之名，且輯朱子晚年定論一書，以明己之學與朱子未嘗異。龍溪、心齋、近溪、海門之徒從而衍之，王氏之學徧天下。幾以爲聖人復起，而古先聖賢下學上達之遺法滅裂無餘，學術壞而風俗隨之。其弊也，至於蕩軼禮法，蔑視倫常。天下之人，恣睢横肆，不復自安於規矩繩墨之内，而百病交作。於是涇陽、景逸起而救之，痛言王氏之弊，使天下學者，復尋程、朱之遺規，向之邪説詖行，爲之稍變。然至於本源之際，所謂陽尊而陰篡之者，猶未能盡絶之也。治病而不能盡絶其根，則其病有時而復作，故至於啟、禎之際，風俗愈壞，禮義掃地，以至於不可收拾。其所從來，非一日矣。故愚以爲，明之天下不亡於寇盗，不亡於朋黨，而亡於學術！學術之壞，所以釀成寇盗、朋黨之禍也。今之説者，猶曰：「陽明與程、朱同師孔、孟，同言仁義，雖意見稍異，然皆聖人之徒也，何必力排而深拒之乎？」夫使其自外於孔、孟，自外於仁義，則天下之人皆知其非，又奚待吾之辨！惟其似孔、孟而非孔、孟，似仁義而非仁義，所謂失之毫釐，差以千里，此其所以不容不辨耳！或又曰：「陽明之流弊，非陽明之過也，學陽明之過耳。程、朱之學，豈獨無流弊乎？今之學程、朱者，未必皆如敬軒、敬齋、月川之絲毫無疚也。其流入於偏執固滯，以至僨事者，亦有矣，則亦將歸罪程、朱乎？」是又不然。夫天下有立教之弊，有末學之弊。末學之弊，如源清而流濁也；立教之弊，如源濁而流亦濁也。學程、朱而偏執固滯，是末學之弊也。若夫陽明之所以爲教，則其源先已病矣，是豈可徒咎末學哉！

學術辨中

陽明以禪之實而託於儒，其流害固不可勝言矣。然其所以爲禪者如之何？曰：明乎心性之辨則知禪矣，知禪則知陽明矣。今夫人之生也，氣聚而成形，而氣之精英又聚而爲心。是心也，神明不測，變化無方，要之亦氣也。其中所具之理，則性也。故程子曰：「性即理也。」邵子曰：「心者，性之郛郭。」朱子曰：「靈處是心，不是性。是心也者，性之所寓，而非即性也。性也者，寓於心，而非即心也。」先儒辨之亦至明矣。若夫禪者，則以知覺爲性，而以知覺之發動者爲心。故彼之所謂性，則吾之所謂心也；彼之所謂心，則吾之所謂意也。其所以滅彝倫，離仁義，張皇詭怪，而自放於準繩之外者，皆由不知有性，而以知覺當之耳。何則？既以知覺爲性，則其所欲保養而勿失者，惟是而已。一切人倫庶物之理，皆足以爲吾之障，而惟恐其或累，宜其盡舉而棄之也。陽明言性無善無惡，蓋亦指知覺爲性也。其所謂良知，所謂天理，所謂至善，莫非指此而已。故其言曰：「佛氏本來面目，即我們所謂良知。」又曰：「即天理。」又曰：「無善無惡，乃所謂至善。」雖其縱横變幻不可究詰，而其大旨亦可睹矣。充其説，則人倫庶物，固於我何有？而特以束縛于聖人之教，未敢肆然決裂也，則又爲之説曰：「良知苟存，自能酬酢萬變，非若禪家之遺棄事物也。」其爲説則然，然學者苟無格物窮理之功，而欲持此心之知覺，以自試於萬變，其所見爲是者果是？而見爲非者果非乎？又況其心本以爲，人倫庶物，初無與於我，不得已而應之。以不得已而應之之心，而處夫未嘗窮究之事，其不至於顛倒錯謬者，幾希！其倡之者，雖不敢自居於禪，陰合而陽離。其繼起者，則直以禪自任，不復有所忌憚。此陽明之學所以爲禍於天下也。涇陽、景逸深懲其弊，知夫知覺之非性，而無善無惡不可以言性，其所以排擊陽明者，亦可謂得其本矣。然其學也，專以静坐爲主，則其所重，仍在知覺。雖云「事物之理，乃吾性所固有，而亦當窮究」，然既偏重於静，則窮之未必能盡其精微，而不免於過不及。是故以理爲外，而欲以心籠罩之者，陽明之學也。以理爲内，而欲以心籠罩之者，高、顧之學也。陽明之病在認心爲性，高、顧之病在惡動求静。我觀高子之論學也，言一貫則以爲是入門之學，言盡心則以爲盡心然後知性，言格物則曰知本之謂物格，與程、朱之論往往齟齬而不合者，無他，蓋欲以静坐爲主，則凡先儒致知、窮理、存心、養性之法，不得不爲變易。夫静坐之説，雖程、朱亦有之，不過欲使學者動静交養，無頃刻之離耳，非如高子困學記中所言，「必欲澄神默坐，使呈露面目，然後有以爲下手之地」也。由是觀之，則高、顧之學，雖箴砭陽明多切中其病，至於本源地，仍不能出其範圍。豈非陽明之説，浸淫於人心，雖有大賢，不免猶蹈其弊乎？吾嘗推求其故，天下學者，所以樂趨於陽明而不可遏者有二：一則爲其學可以縱肆自適，非若程、朱之履繩蹈矩不可假借也；一則其學專以知覺爲主，謂人身有生死，而知覺無生死，故其視天下一切皆幻，而惟此爲真。故不賢者既樂其縱肆，而賢者又思求其無生死者，此所以羣趨而不能舍。嗚呼！縱肆之不可，易明也。至於無生死之説，則真禪家之妄耳。學者取程、朱陰陽屈伸往來之論，潛心熟玩焉，其理亦彰彰矣，奈何不此之學，而彼之是惑乎！

學術辨下

自陽明之學興，從其學者，流蕩放佚固有之矣。亦往往有大賢君子出於其閒，其功業足以潤澤生民，其名節足以維持風俗。今曰：「陽明之學，非正學也。然則彼皆非歟？若夫明之末季，潰敗不振，蓋氣運使然，豈盡學術之故也？明之衰可以咎陽明，則宋之衰亦將咎程、朱，周之衰亦將咎孔、孟乎？」是又不然，周、宋之衰，孔、孟、程、朱之道不行也。明之衰，陽明之道行也。自嘉、隆以來，秉國鈞，作民牧者，孰非浸淫於其教者乎？始也倡之於下，繼也遂持之於上；始也爲議論、爲聲氣，繼也遂爲政事、爲風俗，禮法於是而弛，名教於是而輕，政刑於是而紊，僻邪詭異之行於是而生，縱肆輕狂之習於是而成。雖曰：「喪亂之故，不由於此。」吾不信也。若其閒大賢君子學問雖偏，而人品卓然者，則又有故。蓋天下有天資之病，有學術之病。有天資僻而學術正者，有學術僻而天資美者，恒視其勝負之數，以爲其人之高下。如柴之愚，參之魯，師之辟，由之喭，而卒爲聖門高弟，此以學勝其天資者也。如唐之顔魯公，宋之富鄭公，趙清獻，皆溺於神仙浮屠之說而志行端方，功業顯赫，爲唐、宋名臣，此以天資勝其學術者也。人見顔、富諸公之志行功業，則以爲神仙浮屠之無損於人如此，且以爲諸公之得力於神仙浮屠如此。是何異見氣盛之人，冒風寒而不病，而謂不病之得力於風寒；善飲之人多飲而惺然，而謂惺然之得力於多飲，豈其然乎？今自陽明之教盛行天下，靡然從之，其天資純粹不勝其學術之僻，流蕩忘返者，不知凡幾矣。閒有卓越之士，雖從其學，而修身勵行，不愧古人，是非其學之無弊也，蓋其天資之美，而學術不能盡蔽之。亦如顔、富諸公，學於神仙浮屠，而其人其行則非神仙浮屠之可及也。是故不得因其學而棄其人，亦豈可因其人而遂不敢議其學哉！且人但見顔、富之品行卓犖，而不知向使其不溺於異學，則其所成就，豈特如此而已！但見明季諸儒爲王氏之學者，亦有大賢君子出其閒，而不知向使其悉遵程、朱遺法，不談良知，不言無善無惡，不指心爲性，不偏於靜坐，不以一貫盡心爲入門，不以物格爲知本，則其造詣，亦豈僅如是而已耶！譬諸日月之蝕，然不知其所虧之已多，而但指其僅存之光，以爲蝕之無傷於光，豈不誤乎！嗚呼！正學不明，人才陷溺，中人以下既汩没而不出，而大賢者亦不能自盡其才，可勝歎哉！

性學説

五性合三達德，乃是聖學之性。異學之性，中國則有告子「生之謂性」之性，西土則有佛家「作用是性」之性，兩性專以知覺運動者言，人與物同，蠢然之性也。斷絶五性，而三達靡所用，全向氣上發露。

而佛家之明心見性，乃無吾性之智仁勇。

讀東萊博議

東萊論管仲云：「王道之外無坦途，舉皆荆棘。仁義之外無功利，舉皆禍殃。」此與董江都正誼明道之言正相爲表裏。合二公之言，方盡得孟子首章之意。

讀呻吟語

呂新吾先生呻吟語謂：「性只有一箇，纔説五，便著情種矣。」愚謂：「若如佛氏以知覺爲性，則性只有一箇。若如程、朱言性即理也，則理有分有合，合之爲一，分之則爲五，安得謂性只有一箇？」又謂：「先天，理而已；後天，氣而已。」愚謂：「先天後天似不可以理氣分。」又謂：「多學而識，是中人以下學問，教有頓、漸二門。」愚謂：「博文約禮，聖門教人只有此一法。謂有頓、漸二門者，嘉、隆以來諸儒陰入於禪者之言也。」

跋程氏讀書分年日程後

古注疏固漢、唐千餘年間學者之所講求，程、朱之學，亦從此出而益精焉耳。雖曰得不傳之學於遺經，然非鄭康成、孔穎達之流闡發於前，程、朱亦豈能鑿空創造耶？故程、朱之於古注疏，猶孔子之於老、彭也，幸而其書尚存，不至如夏、殷之無徵，是亦不可以不考也。

答李子喬書

有明諸儒，不特龍谿、緒山、心齋、東廓、念菴、近溪顯樹姚江之幟，以與紫陽相角，即涇陽、景逸，亦未能脱姚江之籓籬，謂其尊朱子則可，謂其爲朱子之正脈則未也。整菴之學，最爲近之，然其論理氣，必欲舍朱子而自爲一説，竊所不解。少墟啟新，尚未見其全書，恐亦與高、顧之學不大相遠。凡此諸家，非不好學深思，以羽翼聖道爲己任，然窺其微旨，皆不免有自闢門户、自起鑪竈之意，而不肯純以朱子爲師，何怪乎講學者衆，而學益晦乎？夫朱子之學，孔、孟之門户也，學孔、孟而不由朱子，是入室而不由户也。

松陽鈔存

仁義禮智，各有體用，而以其流行之序言之，仁初發出，只是一點萌芽，及其盛則爲義，及其成則爲禮，既成而藏則爲智。孟子所以指仁爲人心，義爲人路，其實仁義禮智皆在心發出來皆是路。

楊惕齋曰：「朱子云：『仁固爲體，義固爲用，然仁義各有體用，各有動靜。』又曰：『以仁存於心，義形於外言，則以仁義相爲體用。若以仁對惻隱，義對羞惡言，則就一理之中，又以未發、已發相爲體用。』先生此條闡朱子意極明。」

唐以前儒者，皆以愛言仁。自程子曰「偏言則一事，專言則包四者」，而人知愛不足以言仁。自程子之後，儒者又多離愛言仁。自朱子曰「仁者，心之德，愛之理」，而人又知仁非即愛，亦不離愛，仁是未發之愛，愛是已發之仁。言仁之説，於是始精。然不讀朱子仁説及語類所記論仁各條，亦不知程、朱用心之苦。

周子太極圖，全是知天命之學。

禮樂二者，相爲表裏。論語曰：「禮之用，和爲貴。」是禮中之樂。周禮「以樂德教國子中、和、祗、庸、孝、友」。曰「中」，以無相奪倫言，曰「祗」，以肅然起敬言，是樂中之禮。

孝亭淵源録載郭友仁德元告行，朱子曰：「人若於日間閒言語省得一兩句，閒人客省得一兩人，也濟事。若渾身都在鬧場中，如何用工？人若逐日無事，有見成飯喫，用半日靜坐，半日讀書，如此一二年，何患不進？」愚按，德元曾學禪，此語係德元所記，恐失其真。觀朱子答劉淳叟曰：「某舊見李先生，嘗教令靜坐。後來看得不然，只是一箇『敬』字好。方無事時，敬於自持；及應事時，敬於應事；讀書時，敬於讀書，便自然該貫動靜，心無時不存。」又答潘子善云：「所論爲學之意，善矣。然欲專務靜坐，又恐墮落那一邊去。只是虛著此心，隨動隨靜，無時無處不致其戒慎恐懼之力，則自然主宰分明，義理昭著矣。然著箇『戒慎恐懼』四字，已是壓得重了。要之，只是略綽提撕，令自省覺，便是工夫也。」可見朱子未嘗教人靜坐，況限定半日哉！愚故謂德元所記，恐失其真。幾亭陳氏，以此二語爲朱子教人之法，誤矣！或疑伊川見人靜坐，便歎其善學，載於近思録第四卷中。朱子於復卦象注曰：「安靜以養微陽也。」是言初動之時宜靜也。於咸卦初爻注曰：「此卦雖主於感，然六爻皆宜靜，而不宜動也。」是言方動之際宜靜也。於太極圖注曰：「聖人全動靜之德，而常本之於靜。」是言未動之先宜靜也。程、朱何嘗不言靜！不知程、朱固未嘗不言靜，而未嘗限定半日。且其所謂靜者，皆是指敬，非如學禪者之靜。又恐敬之混入於禪也，而申言之曰：「略綽提撕。」夫敬猶恐其有病也，而況專言靜乎！

楊惕齋曰：「此條極有關係。但謂朱子語類一條爲德元所記，想先生祇據淵源録，未及細考耳。查語類，乃沈莊仲僩所記。然看朱子訓沈僩諸條，則莊仲初曾爲永嘉之學者。又一條云：『今公雖曰知爲學，然卻放得遠，少間會失心，去玩「失心」二字。』則莊仲又似爲金谿之學者。又一條訓以善讀書之法，與友仁同。則『此語誠恐失其真也』，先生此條定爲學術稍偏者所不樂聞。基懼或借誤莊仲爲德元以藉口，故附辨於此。」

大學言八條目，而戒慎恐懼貫乎其中。中庸言戒慎恐懼，而八條目貫乎其中。

朱子白鹿洞學規無誠意正心之目，而以處事接物易之，其發明大學之意，可謂深切著明矣。蓋所謂誠意正心者，非外事物而爲事誠正，亦就接物處事之際而誠之正之焉耳。故傳釋至善，而以仁敬孝慈信爲目。仁敬孝慈信，皆因處事接物而見者也。聖賢千言萬語，欲人之心意範圍於義理之中而已。而義理不離事物，明乎白鹿洞學規之意，而凡陽儒陰釋之學，可不待辨而明。朱子答陳膚仲書云：「所謂涵養工夫，非是閉眉合眼如土偶人，然後謂之涵養也。只要應事接物，處之不失此心，各得其理而已。」亦即學規之意。

大程云：「極高明而道中庸，非一事中庸乃高明之極。此與居敬行簡，克己復禮，閑邪存誠一例。朱子皆分爲兩截，程子皆合爲一事，其意便不同。譬諸修屋，程子止言修屋，則修牆在其中，蓋牆即屋之牆，恐人認爲二物也。朱子則言修屋，又言修牆，恐人只知屋，忘卻牆也。言雖不同，其實一也。若象山、陽明則只要修屋，不要修牆也。克己，一己字最可怕。這箇己，生於氣質，成於習染，爲意必固我，爲克伐怨欲，入於視聽言動則爲非禮，入於喜怒哀樂則爲乖戾，入於子臣弟友、仕止久速、禮樂刑政，到處成病痛。大綱不正，萬目不舉，皆是這箇作怪。能急能緩，能剛能柔，能顯能隱，千態萬狀，雖各有輕重淺深之分數不同，然有了一分，便障了一分義理，書之所謂『人心惟危』。聖人江、漢以濯，秋陽以暴，只是能將這箇去得淨盡，無處容留。自聖人以下，皆是以這箇去留之分數，爲人品之高下。

必窮十三經，必閱注疏、大全，必究性理，必覽朱子文集、語類，必觀通鑑綱目、文獻通考，必讀文章正宗，得無詩人所謂『田甫田』乎？曰：「此學者之本務也，非甫田也，但亦當循序而漸進。易曰『寬以居之』，程氏分年讀書日程一編，真可謂學者準繩。」

朱子謂：「易之取象，固必有所自來，顧今不可復考，且從象以下說。」此與不敢輕言春秋之例，同一闕疑之法。蓋朱子解經，有極放膽處，有極小心處，然放膽處亦從小心處來。

朱子於易，則取先天圖，取河圖、洛書，於詩則黜小序，於大學則不用古本，於孝經則作刊誤，此皆有旋乾轉坤之力，與湯、武撥亂反正同功。然有朱子之學則可，無朱子之學則妄也。明儒往往欲舍朱子而自立門户，其高者則管夷吾之内政軍令，其卑者則商鞅之決裂阡陌而已。

楊惕齋曰：「先生雅不喜學者輕易經傳，謂：『南巢、牧野止可讓湯、武一行，不宜於程、朱後再議更張。』故於草廬諸書，俱有所不滿，爲此也。仁山先生定洪範經傳，可謂停當，而先生於詹某洪範河洛諸解質疑猶曰：『仁山議論，不可不存於天地間，但應將不宜輕改之意著於篇末，庶有以擴學者之胸襟，而不開其弊。』蓋先生之防微杜漸，謹守朱子家法如此。」

人生處處要樹立一界限，事事要斟酌一分寸。

楊惕齋曰：「朱子每好言『恰好』二字，先生此二語，亦只是要恰好。又此二語，省察、克治都在裏。」

李見羅曰：「仕止久速外，別無秋陽江、漢。」此言甚好，然卻未盡。如喜怒哀樂，子臣弟友，皆是秋陽江、漢。又以一貫言之，則一箇秋陽江、漢，貫萬箇秋陽江、漢。

閱「聖人百世」章，想「親炙」二字，見成周風俗之厚，伯夷有功焉。春秋之末，至於戰國，柳下惠有功焉。

孔子集羣聖之大成，朱子集諸儒之大成，猶文、武、周公損益二代之制，以成一王之法也。孔子傷夏、殷之禮不足徵，蓋惜文、武、周公損益之妙，不得見於後世耳。今孔子之道雖垂於六經，而其所以損益羣聖者，後世亦不能知其詳。獨朱子去今未遠，遺文具在，其所述諸經之傳注，既足以明道於天下，而其損益之妙。又往往見於文集、語類之中，學者其可不寶而傳焉！章楓山謂：「朱子語類一書，雖出門人所記，不敢謂其字字句句皆無差誤，而其中所載，大而天地鬼神之奥，小而一事一物之宜，凡所以窮理、修身、應事、接物，與夫治國平天下之道，靡所不備，大有功於後學。」信哉！薛文清謂：「讀朱子語録雜書，斷不若讀其手筆之書，然手筆之書亦有得語録而益明者。」文清特恐人不知採擇，而爲此言耳。

人無遠慮，不但是溺於宴安，耽於嗜欲，如虚無寂滅、記誦詞章之徒，皆是不知遠慮。遠慮不是從利害起見，只是步步循天理。

史傳成湯解網一事，此非特言湯之恩及禽獸，乃商家一代用法之權衡也。大抵先王立法，止存其大綱，而不能必天下之毫釐不差，故商道號尚嚴，然未嘗不時開其一面，此所以法行而天下安之。若夫立法而必天下之毫釐不差，此商鞅、韓非之所謂法，而豈先王之法哉！宋史仁宗贊曰：「四十二年之間，吏治若媮惰，而任事蔑殘刻之人；刑法似縱弛，而決獄多平允之士；國未嘗無嬖倖，而不足以累治世之體；朝未嘗無小人，而不足以勝善類之氣，仁宗可謂得商湯解網遺意。」漢卓茂謂：「律設大法，禮順人情。」其意亦猶是。

孔子之時，虚無寂滅，自託於上達之説尚少，故孔子教人，只從下學説起，使其循序漸進。朱子之時，異端之説方且共託於上達，而浸灌於學者之耳，不先去其疾，則孰肯從事於吾所謂下學哉！故凡朱子之言性、天道，言上達者，皆所以先去其疾。薛文清曰：「孔子教人，説下學處極多，上達處極少。至宋諸老先生，多將本原發以示人，亦時不得不然耳。」蓋此之謂也。

象山對朱濟道言：「收拾精神，自立主宰，當惻隱時自然惻隱，當羞惡時自然羞惡。」愚按，收拾精神而不讀書窮理，發出來不能無差。且其所謂收拾精神者，不免如觀心説所譏，非如程子之主一無適，朱子之略綽提撕也，安得無病！至其所以收拾精神，主於自私自利，而非主於存天理，又無論矣！大抵象山、陽明、景逸、念臺，皆是收拾精神一路功夫，但象山主靜，陽明則不分動靜，景逸主靜，念臺則不分動靜。象山、陽明都不要讀書窮理，景逸、念臺則略及於讀書窮理；象山、陽明則指理在心外，景逸、念臺則指理在心内，究竟則一轍。

以六經爲聖人糟粕者，猶以虚無之見置在六經外；以六經爲我注脚者，直以虚無之見置在六經内，故象山之解經，其害更甚於王、何也。

問學録

論語「富與貴」章，言爲仁工夫最有次第，蓋曰「君子無終食之閒違仁」，則居敬、窮理、力行工夫皆在其中。然其初必先打破貧富貴賤二關，此二關不破，雖欲爲仁，不可得也。其終必要打破忙閒生死二關，此二關不破，則雖爲仁，不能至也。反覆此章，爲仁之序可見矣。然孟子教人必曰「性善」，必曰「人皆可爲堯、舜」，此又是最初二關。蓋知性善，則知人之所以異於禽獸者幾希，而放心不可不求，此是人禽之關。知堯、舜可爲，則不肯將第一等事讓與别人，此是聖凡之關。於此勘破，然後能審擇於富貴貧賤之際而進於仁。然人或有因甑已破而甘自棄者，故夫子每教人改過。易曰「復其見天地之心」，書曰「惟狂克念作聖」，此是剥復之關，又是由邪反正者最初下手處。

中庸辨誠僞，而春秋止論是非，齊桓、晉文有功亦褒，何嘗必推原其心術。蓋律己而不辨誠僞，則無由進道；治人而必辨誠僞，則無一人之不可疑，小人且得借此以中傷君子，前代僞學之禁可鑒已。故不逆詐，不億，不信，此春秋治天下之法也。無爲其所不爲，無欲其所不欲，亦不要看得容易，須要在事勢牽制中放出力量來方能如此。

子夏云：「出見紛華靡麗而悅，入聞夫子之道而樂，二者心戰未能自決。」能戰即是好機括。今人俱望風而靡，何嘗能戰？但與紛華靡麗戰猶易，與貧窮困阨戰卻難，故須要在此處爭箇勝負，方是真能無爲所不爲，無欲所不欲。

東莊謂：「遵傳、註，莫患乎知其當然而不知其所以然，終於可遵可畔無一定不易之理。如論語『仲尼焉學』章，『道』字注作『謨』，訓『功烈禮樂文章』，人皆知之矣。然試問堯、舜以來相傳之道，夫子獨不學乎？豈堯、舜列聖之道，皆止於謨烈禮文乎？論道體，不分大小賢不賢矣！然道兼精粗上下，獨不可以之分大小賢不賢乎？此陋儒定以爲疑者也。然則道之註爲謨烈禮文，亦朱子之見如此，而非不可易也。以此爲遵畔乎？不畔乎？蓋此章叔孫問仲尼何師，子貢謂仲尼無須師，無可師，列聖大道，天縱之所固有也。若仲尼要由師而得者，則典故名物之類。如文、武之道，亦須問人，然人人可爲仲尼之師，究竟何常師之有！文、武之道，猶云國朝典故名物。如此觀之方見朱註之不可易。愚按，東莊之論最精。蓋使泛論道統，則當就生知、天縱言，不當復就師言矣。此朱子所以斷爲「謨訓功烈禮樂文章」也。遵註而不知其所以然，其畔也，將不旋踵矣。以此推之，豈特讀書爲然，子孫守祖父之法，臣民奉朝廷之制，誠能知其所以然，則雖或誘之使不遵，而不能不然。雖一時行之，未幾而思變焉矣。況又有邪説詖行從而惑之乎？即使幸而未變，亦將拘牽附會，不勝其弊。至於積重難返，而不得不變，原其始，皆由知其當然，不能知其所以然，故至此也。或曰：「世俗之難與深言，久矣！孔子曰：『民可使由之，不可使知之。』言能知其當然，不能知其所以然也。聖人不能使之知，而況於後世乎？」曰：「不然。孔子之言，非聽其不知之謂，正欲治民者多方開導，以使之知也。蓋民不知其所以然，則可由可不由。能由於一時，而不能不畔於異日。法治雖定，而天下之治亂未可知。此聖人所深憂也。是故庠序學校之設，月吉讀法之舉，皆使之知其所以然也。夫能知其所以然，然後其所當然者可以常由而不變。即天下之民，愚智不同，不能盡知，而浸灌之久，務令知者常多，不知者常少，則亦相與維持夾輔，以共由於大道。雖有蠢然無知之民，亦安於其所當然而不變。昔周之盛時，無日不教導其民，開其知覺，而去其壅蔽。至於成、康之際，則民亦多能知其所以然，是以風俗淳美。迄幽、平之亂，而先王之遺風尚在。使當時教導之不切，浸灌之不深，徒責之以當然，而不使之知其所以然，則豈能根深蒂固若是之久而不變哉！後世不知此旨，非愚民而不使之知，則聽其不知，學校雖設，而徒爲具文，是以風靡俗頹，法出而奸生，令下而詐起。其始也，民不得已而由之，或陽由而陰違之；其繼也，終歸於廢弛扞格而上亦無如之何。嗚呼！是豈民之果不可使知耶？抑聽其不知者之過耶？夫治民者束縛之，馳驟之，欲其一日而曉然於道德之旨，則誠有所不可。若夫漸以引之，寬以導之，多方以化之，使其知覺日開日明，因其所當然，而徐悟其所以然，其所以然者日益明，則其所當然者益鼓舞而不容已，此三代之所同也，何不可之有！朱子集中，吴伯豐問：「孟子序説引史記列傳，以爲孟子之書，孟子自作。韓子曰：『軻之書非自著。』先生謂：『二説不同，史記近是。』而於『滕文公』首章『道性善』注則曰：『門人不能盡記其辭。』又於第四章『決汝、漢』處注曰：『記者之誤。』不知如何？」朱子答云：「前説是，後兩處失之。熟讀七篇，觀其筆勢，如鎔鑄而成，非綴緝所就也。」按今孟子注仍是伯豐所引，則知朱子於集注未及改者亦有矣。然其大本則必無差，非姚江之徒所可藉口也。

三魚堂賸言

思輯四書困勉録例，注疏、大全、或問俱不必編入，不欲廢成書也。陸、王之學不必多辨，有學蔀通辨在也。内當分學、問、思、辨、行五項。採宋、元諸儒之言，是謂「學」；採明興以來及近年諸儒之言，是謂「問」；發先儒之未發，以愚按冠之，是謂「思」；辨諸説之同異，以愚又按冠之，是謂「辨」；策勵學者，勿徒爲空言，以「學者讀此章」五字冠之，是謂「行」。近思録以伊川顔子論列明道定性書前，此有深意，蓋朱子嘗言：「定性書一篇之中，都不見一箇下手處。」又云：「定性書不是正心誠意工夫，是正心誠意以後事。」故將伊川之論列於前，是即定性下手工夫也。

近思録載通書第三章，而不載第一章、二章，以其不出太極圖説之意也。第三章一「幾」字，乃補圖説之未詳，即邵子所云「一陽初動處，萬物未生時」也。

圖説言太極，通書便言誠；圖説言陽動陰静，通書便言誠通誠復；圖説言五行，通書便言元亨利貞；圖説言中正仁義，通書便言五常百行；圖説言修吉悖凶，通書便言邪暗塞果確。

杜氏駁去素王素臣、黜周王魯之説，最有功於春秋。「葛藟猶能庇其本根」。疏云：「比之隱者謂之興，興之顯者謂之比。」説比興甚好。孔疏解「三墳、五典」不偏主一説，及解裨竈所論陳災、婺女，則皆云：「非吾徒所能測。」絶不穿鑿，最是得體。

孔疏言：「仲尼感麟而作春秋，所以感者，以聖人之生非其時，道無所施，與麟相類，故爲感也。」杜以『獲麟之義，惟此而已』，深譏公羊『反袂拭面，稱吾道窮』之説。若謂麟應孔子而至，則丘明、子思、孟軻、荀卿皆尊崇孔德，何以不言？」此説最大雅！

附録

先生七世祖溥，官豐城縣丞，嘗督運，夜渡采石，舟漏，跪祝曰：「舟中有一錢非法，願葬魚腹。」漏忽止。旦視之，則水荇裹三魚塞漏處。後世居泖上，築堂名三魚，以此。行狀。

先生以嘉、隆以後講章雜出，如翼注、合注、見聖編不下數十家，取其可發明章句、集注者，悉采之爲四書講義。既又采吕東莊、仇滄柱之説，而以己意折衷之，並及大全辨、四書繹諸書，爲續編。晚年欲輯四書困勉録，標學、問、思、辨、行五目，書未及成，及門諸子即以講義當困勉録，一書題二名云。年譜。

先生宰嘉定，以鋤豪强，抑胥吏，禁侈靡，變風俗爲主。或父訟子，泣而諭之，子掖父歸而善事焉。弟訟兄，察導訟者杖之，兄弟皆感悔。俗多惡少，聚黨爲暴，責其尤者，校於衢，視其悔而釋之，其黨悉解散去。豪家僕奪負薪者妻，發吏捕治之，豪折節改悔，卒爲善人。訟不以吏胥逮民，有宗族爭者以族長，有鄉里爭者以里老。又或使兩造相要俱至，謂之自追。徵糧用挂比法，書其名以俟比，及數者自歸。又立甘限法，令民以今限所不足，倍輸於後。值軍興徵餉，自度必以不辦免，乃下令謂：「不戀一官，顧無益於爾民，而有害於急公。」於是户給一名刺，勸以大義，民爭先輸，不匝月，而十萬之數具足。墓誌銘及行狀。

先生至靈壽，旱澇頻仍，務與民休息，自陳八款，始終力行。縣歲以灰車五供役京師，先生請於上官，與鄰縣更迭應役，俾蘇民困，卒減去二輛。俗悍而輕生，不忍睚眦之忿，輒至殺人。先生爲之曲通其固蔽，聞者感悟。申明鄉約保甲之制，以遏盜源。功令禁隱地匿賦，州縣畏吏議，稍有首報，由是倚山瀕河之曠地閒可耕穫者，亦相戒不敢墾。先生揭示徧曉，謂「朝廷決不與民爭些須之利，爾民但耕種勿慮」，於是漸有闢者。在任七年，竟無一畝首報。靈邑丁額萬四千有奇，五年編審，必增數十丁，蓋前令以溢額爲功，遇逃亡死絶，不敢删除，而攤派包賠之累日甚。先生謂：「如是是驅之使逃也。」因以實額報，值歲饑，詔發帑治賑，縣得銀三千兩，又發倉穀僅二百石，而飢民多至二萬三千八百有奇。先生每日裹糧馳驅山谷閒，審其衆寡而酌給焉。而府檄以限單至，不許逾額，先生不爲動，卒盡散之。行狀及年譜。

先生入臺，疏陳「畿輔邊山一帶，荒多熟少，上年荒旱，奉諭將二十八年及二十九年上半年錢糧蠲免。後因部議分别，不准概蠲，撫臣不得已，題請帶徵。既徵其新，又徵其舊，恐非積貧之民所能堪。」

詣乾清宫面奏，上稱善。再三疏下部格不行，特旨盡行蠲免。年譜。

先生任臺職一年，知無不言，然與衆齟齬。試俸期滿，例有甄别，院長擬以「不稱職，對品調用」，遂歸。同上。

先生在靈壽時，奉部檄調簾入京，尋以到遲不果。大學士明珠欲一見先生，屬崑山徐尚書乾學爲達意。先生以「縣務倥偬，不敢久留」爲辭，越日即出都矣。同上。

四庫總目曰：「三魚堂賸言十二卷，皆平時劄記之文，未分門目。推求其例，則一卷至四卷皆説五經；六卷皆説四書，而附太極圖説、近思録、小學數條；七卷八卷皆説諸儒得失；九卷至十二卷皆説子史，而亦閒論雜事。昔朱子博極羣書，於古今之事，一一窮究原委，而别白其是非，凡所考論，率有根據。隴其傳朱子之學，爲國朝醇儒第一。是書乃其緒餘，而於名物訓詁，典章度數，一一精核乃如此。凡漢註唐疏，爲講學諸家所不道者，亦皆研思探索，多所取裁。可知一代通儒，其持論具有本末，必不空言誠敬，屏棄詩、書，自謂得聖賢之心法。觀於是編，可以見其造詣矣。」三魚堂賸言提要。

侯大年曰：「先生束髮受書，即有志於聖賢事業。居敬以立其本，窮理以致其知，精思樂玩，擇善固執，蓋積有年所，而學始大成。處而飭躬砥行，出而致君澤民，發於言而見於行者，無非道也。一生造詣，務在躬行實踐，守下學上達之旨，爲慎獨存誠之學。作爲文章，炳炳烺烺，不屑規橅形肖，而意到筆隨，直抒所見，務在敦倫彰教，引人優入聖域。有德者必有言，直可追配濂、洛、關、閩，以上纘洙、泗之緒，無疑矣。」三魚堂文集序。

唐鏡海曰：「讀先生學術辨，可謂拔其本而窮其源矣。觀先生積誠勵行，孳孳不已，自修身正家，以及莅官立朝，動準古人，罔有缺失，儼然程、朱之氣象，卓然程、朱之事爲，學程、朱如先生，則亦程、朱也矣。夫以程、朱之道成己，即以程、朱之道成人，見有叛於程、朱，爲世道人心害者，竟隱忍不置一辭乎？是必不能也。孔子絶異端，斥隱怪；孟子距楊、墨，放淫辭，皆此意也，豈好辯哉！」學案小識。

三魚弟子

周先生纕

周纕字我園，婁縣人。清獻爲諸生時，館於其家，凡三載。後以歲貢生官崇明縣訓導，著有遥集齋集。參稼書年譜、許仁沐撰景陸粹編。

趙先生鳳翔

趙鳳翔字魚裳，婁縣人。諸生。少有文譽，從清獻學，斂華就實，體主敬窮理之旨，所造益醇。清獻卒，門人編訂遺書，先生之功爲多。弟慎徽字旗公，同受學，時稱二趙。參稼書年譜、景陸粹編。

程先生儀千

程儀千字言遠，婁縣人。諸生。來受學時，以朱子文集爲贄，清獻稱其文皆先儒正脈。後以舉人官河南泌陽知縣，擢刑部主事，改國子監助教。嘗曰：「生平無過人處，惟『恭』字差可自信。」參三魚堂日記、稼書年譜。

張先生慧

張慧字迪吉，金山人。歲貢生。官繁昌訓導，以孝友稱著。有四書質疑、毛詩會意、周易探微。參三魚堂日記、景陸粹編。

王先生原

王原字仲深，號令貽，青浦人。從清獻受業，又問學於湯文正。精研理道，一以濂、洛爲宗。康熙戊辰進士，歷知廣東茂名、貴州銅仁諸縣，有治蹟。行取工科給事中，以事降調，卒年八十有四。著有學庸正譌、論孟釋義、春秋咫聞、歷代宗廟圖考、明食貨志補録、深廬劄記、深廬集、訓終志雜説、詩文集。參三魚堂日記、王昶撰傳。

瞿先生天潢

瞿天潢字爰楫，婁縣人。與王仲深同來受學，清獻稱「其人與文皆有古風」。參三魚堂日記、景陸粹編。

倪先生淑則

倪淑則字貽孫，平湖人。歲貢生。清獻嘗主其家七年，授小學、近思録諸書。篤信謹守，好學不倦，爲及門之冠。子喆字幼貞，嘗校訂四書大全諸書。參稼書年譜、平湖縣志。

李先生實

李實字玉如，嘉定人。嘗刲臂療父疾。清獻試童子，閲其文曰：「是潛心理學者。」拔第一，補諸生，遂從學，由河津上窺伊、洛。著有學庸順文附當湖答問、辨經史疑義。參三魚堂日記、景陸粹編。

金先生潮

金潮字來書，號艮庵，嘉定人。諸生。事父至孝，偕李玉如同執贄。後張清恪延入紫陽書院，又招商訂困學録。著有學庸大全集説、論語炳燭編。參三魚堂日記、景陸粹編。

吴先生台碩

吴台碩字位三，嘉定人。著有心印正説三十四卷，以學術治功之要分立篇目，而各爲論以發明之，凡三十四類，每類又各有子目，於洛、閩緒言及歷代史論多所徵引，清獻嘗爲之序。參史傳、四庫提要。

席先生永恂

席永恂字漢翼，常熟人。父啟寓，官工部主事，嘗刻唐詩百名家集。清獻自嘉定罷歸，延教其諸子。及膺薦同入都，仍主其家。先生深思好學，力求實踐。後以歲貢生官國子監助教。著有陸學質疑、性理鈔、陶廬集。弟前席字漢庭，官内閣中書，同爲校刊清獻遺書。參稼書年譜、常熟縣志、景陸粹編。

侯先生開國

侯開國字大年，嘉定人。諸生。初受業於陸翼王之門，假館席氏，親炙清獻。學務博覽，工文，尤以詩鳴，爲「疁城八子」之一。著有春秋注疏、大全集要、經世道源録、南樓日劄、鳳阿山房詩集、樂山文集。子銓字秉衡，亦從清獻受業。三魚堂文集爲先生父子編定行世。參三魚堂日記、景陸粹編。

張先生昺

張昺字長史，華亭人。康熙辛未進士，官編修。久欲執經門下，會清獻在諫垣，疏論捐例，將干嚴議，遂亟請執贄。嘗發明西銘要義，安溪李文貞稱其精切。參稼書年譜、景陸粹編。

徐先生善建

徐善建字孝標，嘉善人。諸生。究心周易及宋五子書。教人以朱子小學、北溪字義，謂「先識體段，方可入精微處」。清獻著讀禮志疑，先生與爲參訂。母殁，哀慟，嘔血數升，時稱其孝。參史傳、嘉善縣志。

曹先生宗柱

曹宗柱字星佑，平湖人。諸生。清獻女夫。力行孝弟，精研理學。嘗論曹月川夜行燭及陳清瀾學蔀通辨，清獻採其説入問學録。輯清獻年譜，一以朱子年譜爲式。參平湖縣志、景陸粹編。

陸先生奎勳

陸奎勳字聚侯，號星坡。清獻族弟，師事焉。康熙辛丑進士，官檢討。通籍時，年垂六十矣。歸里講學，潛心著述，學者稱陸堂先生。嘗主廣西秀峯書院，創立學規，仿朱子白鹿洞遺意，成就甚衆。生平誦法朱子，不遺餘力。儀封張清恪命作正學論，先生以爲，「有孟子斯可以闢楊、墨，有朱子斯可與象山、同甫往復辨論。且誦法朱子，不徒誦其遺書，必當效法其持身之嚴，教家之肅，正心誠意，以格君非，建書院，刊六經，以教育士子；舉行社倉，興復水利，蠲減木炭税銀，以利濟民生，然後足稱朱門嫡嗣也」。清恪深以爲然。著有陸堂易學十卷，詩學十二卷，今文尚書説三卷，戴禮緒言四卷，春秋義存録十二卷，文集二十卷，詩集二十四卷。又嘗輯八代詩揆、唐詩安字音舉要等書。參史傳。

三魚交游

應先生撝謙 别爲潛齋學案。

湯先生斌 别爲潛庵學案。

張先生烈 别爲孜堂學案。

吕先生留良 别見楊園學案。

徐先生世沐 别見桴亭學案。

范先生鄗鼎 别爲婁山學案。

周先生梁

周梁字好生，金山人。諸生。家朱涇。父心屺字永瞻，爲清獻父執。先生與清獻游，清獻授以魏莊渠書及丘文莊所撰朱子學的，又假程氏分年日程及學範以歸，屢通書問，以道義相切劘，清獻爲作困學齋記。著有困學録。寧化雷鋐稱「其言簡而義該，意慤而理切，皆近裏著己之實功，闢邪砭俗之要務」。比之明時曹月川，而以清獻擬薛文清云。參三魚堂文集、學案小識、松江府志。

三魚從游

張先生雲章

張雲章字漢瞻，號倬庵，嘉定人。國子生。少治陽明之學，入都客徐尚書乾學家，爲校刻宋元經解。既從清獻游，乃盡讀朱子書，所造益邃。清獻宰靈壽時，爲當路所排，不與行取，先生上書大學士徐元文，謂「陸公被抑，道學喪氣，宜極言揚榷存公道」。及蘇撫張清恪與總督噶禮互劾，又上書安溪李文貞，請爲激揚别白。會有詔求巖穴隱逸之士，以侍郎湯右曾薦，入都與修尚書彙纂。書成，議敍知縣，不謁選，清恪延主潞河書院。踰年辭歸。雍正四年卒，年七十九，學者稱端文先生。著有南北史摘要、樸村集。參史傳、方苞撰墓誌銘。

馬先生爾恂

馬爾恂字訥宜，靈壽人。歲貢生。清獻宰靈壽，講學，聞而服膺。嘗爲松陽講義跋曰：「程、朱者，孔、孟之傳人，先生又程、朱之傳人。舍程、朱而求孔、孟，非孔、孟；舍先生而求程、朱，豈真程、朱哉！」每勖生徒曰：「敦品當自不恥惡衣惡食始。」清獻卒，首倡建祠。著有見山文集、客園蟬響集。參景陸粹編。

馬先生子驚

馬子驚字鄧如，靈壽人。拔貢生。官密雲縣教諭。從清獻游，在師友閒。清獻嘗賦滹沱篇贈之。輯四書大全，曾與校訂。參景陸粹編。

王先生素行

王素行字繪先，平湖人。孝友樸實，不欺然諾。學宗朱子，嘗勸從游者讀小學，就正於清獻。清獻卒，爲草創年譜。年六十始補諸生。家甚窶，日惟啜粥，冬衣布袴，仍孳孳力學不倦云。參平湖縣志。

陳先生嘉綬

陳嘉綬字彭年，號耐庵，金山人。清獻妹壻。好學不倦，藏書甚富。嘗云：「窮達，天也。若不讀書，便不識義理，不識義理，何以爲人！」清獻深韙其言。子濟字簡庭，服膺舅氏遺訓，嘗奉清獻所撰劄記，分類編次爲三魚堂賸言十二卷，序而刻之。參三魚堂日記及賸言。

三魚私淑

焦先生袁熹

焦袁熹字廣期，金山人。康熙丙子舉人。性至孝，事親著書，不求聞達。鄉薦後，自以非用世材，遂不會試，勵志聖賢之學。嘗慕清獻而心師之，顧未一游其門。五十二年，大學士王頊齡、李光地俱以實學通經薦，以親老固辭。後選授山陽教諭，仍乞終養不赴。雍正十三年卒，年七十六。所著有春秋闕如編八卷、此木軒四書說九卷、經說彙編六卷、讀四書注疏八卷、此木軒紀年略五卷、儒林譜一卷、小國春秋一卷、太極圖説就正編一卷、太玄解一卷、潛虚解一卷、九歌解二卷、經世輯論五卷、雜著八卷、談佛乘贅語五卷、尚志録一卷、詩文集二十餘卷。參史傳、四庫提要、學案小識。

沈先生近思

沈近思字位山，號闇齋，又號俟軒，錢塘人。少而夙慧，六歲請於父曰：「仁爲何物？」父大奇之。九歲喪父，家貧，入靈隱寺爲僧。少長，返爲儒，與沈士則、淩嘉印游，得應撝謙遺書，乃知正學有在。既補諸生，益厲志爲學。嘗曰：「人欲窮理，學孔、孟，自朱子四書集註章句始。欲修行敦倫，自力行朱子小學始。」以程子語書坐右，曰：「涵養須用敬，進學在致知。」復自言其得力曰：「吾由周、程、張、朱之書，上溯孔、顔、曾、孟之心，怡然涣然，若合符節，不自知其手舞足蹈也。」康熙庚辰，成進士，久之乃謁選。授河南臨潁知縣，單車就官，謝請託，卻魄遺，謹號令，禁科派。立紫陽書院，教士以立心誠敬，於治經則務專一精熟。縣西葛岡村，其俗惡，爲置塾課村童，立書程簿，躬教督之，化行俗易。在官七年，舉卓異，擢廣西南寧府同知。執法不避權貴，與知府忤，乞病歸。朱文端軾撫浙時，以賢能薦，聖祖命調取引見，令監督本裕倉。會臺灣用兵，閩督滿保請以知府發福建，檄署臺灣知府，先生作遠慮論四篇，當時多採其議行之。雍正元年，召授吏部文選司郎中，力清銓法，吏不敢欺。晉太僕寺卿，仍領文選司事二年，超授吏部右侍郎。四年，充江南鄉試考官。世宗以先生命題正大，策問發揮性理，特明諭嘉獎。五年，擢左都御史。是年冬卒，年五十七，贈禮部尚書、太子少傅，謚端恪。先生立心坦易，純於踐履，非道義一介不取，窮達夷險不以二其心。所編夙興録，誦法清獻。出而臨民，動以嘉定、靈壽之政爲師。晚年蒐輯當湖遺書爲十四卷。其他所著，有學易隅見録、學詩隅見録、讀論語註隅見録、小學詠、勵志雜録、真味詩録、天鑒堂詩文集。參史傳、彭啟豐撰墓誌銘、杭世駿撰神道碑、全祖望題神道碑後、錢儀吉書神道碑後、學案小識。

勵志雜録

居易以俟命，行法以俟命，夭壽不貳，修身以俟之，所以立命也。聖賢亦無他巧妙，只如此用工夫，更不用別計較。凡人之歎老嗟卑者，終是不曾用功也。

小心翼翼，昭事上帝，君子當終日對越上天也。人頭上虛空處即是天，日間無事便存此心，夜間夢寐亦存此心，則敬心常存，邪念不起，久久純熟，便時時以己心合天心。

潛庵先生曰：「今天下大病，總坐一『僞』字。有來相問者，惟欲先去此字，然後有商量處。」此程、朱之真脉也。誠僞之分，人鬼之關也。今所謂才智者，盡是些鬼家活計，講得趨避法，豈所謂才！才須從一片至誠做出。

學者用功，全在變化氣質，方有進益。若不能變化氣質，雖終歲讀書講學，於自己身上全無交涉，到得老年，日暮途窮，依然故我。諸葛武侯所謂「悲歎窮廬」，將復何及也！

世閒難處的境，漸能處得；難忍的事，漸能忍得；難耐的人，漸能耐得，便見學問進處。文王開口教人是一「貞」字，貞者，正也。周公開口教人是一「潛」字，潛者，藏也。大約人須守正潛藏，不收斂堅固，便不能發散暢達。

人惟是洗卻私欲之心，與天相對，便廣大清明，所謂君子終日對越在天也。一部詩經，吾取其「小心翼翼，昭事上帝」。又曰：「永言配命，自求多福。」是確實用功處也。君子畏天命，則私意自無所容。

爲學而好名，則所得皆虛。爲政而好名，則所行皆僞。程子曰：「爲名與爲利，清濁雖不一，其利心則一也。」既思利於己，必有害於人，如何得有實惠及於百姓！

讀書切忌貪多，草率讀完，便是不曾讀。四書集注須是時時温習，而日有新得，一番讀後，便增一番識見，多一番意味。

附録

先生成進士，出孝感熊文端賜履門下。赴選時，孝感將致政歸，先生上書論孔廟從祀於道統正傳有未當者，其略云：「孔子之道，至朱子而大明。朱子爲繼述孔子之大宗，同乎朱子者，即同乎孔子也；異乎朱子者，即異乎孔子也。及明嘉靖以後，與朱子歧途異軌者，亦並從祀，其時因功業之高，聲名之盛，又以門人徧滿附和者多，遂至謬誤相沿，習焉不察，使千聖相傳心法，如精一之旨，博約之訓，知行之序，誠敬之功，若有不由其途而可入聖者，此大惑也！」因極論陸稼書侍御學術純正，宜膺祀典。

孝感深韙其言。後侍御竟列從祀，其論自先生發之。神道碑。

先生爲選君，尚書隆科多密勿重臣，最專斷，曹郎莫敢仰視，先生獨侃侃持正議。一日畫諾，尚書曰可，先生曰不可；尚書怒，先生持之益力。良久，尚書忽曰：「沈選君，諍友也。」改而從之。入告世宗，遂不次加太僕卿，仍領選司，自此得大用。全祖望題神道碑後。

晉撫田文鏡請以耗羨歸公，世宗已許行，而猶召九卿議之，先生獨力言：「今日正項之外更添正項，他日必至耗羨之外更添耗羨。他人或不知，臣起家縣令，故知其必不可行。」世宗曰：「汝爲令，亦私耗羨乎？」先生曰：「非私也，非是且無以養妻子。」世宗曰：「汝學道，乃私妻子乎？」先生曰：「臣不敢私妻子，但不能不養妻子。若廢之，則人倫絶矣。」世宗笑曰：「朕今日乃爲沈近思所難。」雖不用先生言，而亦不怒也。同上。

先生少時，嘗在靈隱寺爲僧，爲吏部侍郎，嘗獨對世宗，問之曰：「汝固嘗爲僧，其於宗門必多精詣之言，試陳之。」先生曰：「臣少年潦倒時逃于此，幸得通籍，方留心經世事以報國家，日懼不給，不復更念及此。亦知皇上聖明天縱，早悟大乘，然萬幾爲重，臣願皇上爲堯、舜，不願皇上爲釋迦。臣即有記，安敢妄言，以分睿聽。」世宗改容頷之曰：「良是。」臨川李紱聞而歎曰：「君子哉！闇齋也。」同上。

本朝真儒輩出，平正切實，一以朱子爲宗，推平湖陸先生爲最著。錢塘沈端恪公則篤信平湖，以上宗朱子者也。公少習禪，既乃沈潛反覆乎六經先儒之旨，以體驗於躬行踐履之實。其令臨潁也，修城築隄，積穀勸學，務爲百年利賴之計，與陸先生之宰嘉定、靈壽同。其立朝也，端方耿介，表率百僚，遇事多所表白，與陸先生爲御史之直言讜論同。公喜靜默，不妄言笑，至其辨學術陽儒陰釋之歧途，世道人心、義利公私、忠奸賢佞之分界，則如決百川而東注，洋洋纚纚，而不能自止。天鑒堂文集雷鋐序。

楊先生開基

楊開基字履德，號惕齋，金山人。乾隆丙子優貢。從陸聚侯游，學宗清獻。以松陽鈔存爲清獻晚年手定之書，世所刻本頗多删節，因重爲編訂，分道禮、爲學、處事、教學、辨學術、觀聖賢六門，而别以己意附識於後，頗有發明。又作年譜定本辨誤。其自著有春秋四傳存疑、三禮臆説、觀理編、律吕指掌圖、鐵齋偶筆、詩文集。四十年卒，年六十三。參史傳、四庫提要。

吴先生光酉

吴光酉字豐在，秀水人。諸生。祖源起，官禮科給事中，爲清獻大科舉主。先生娶倪貽孫女，移居平湖，誦法清獻，訂刊年譜。參嘉興府志、景陸粹編。

清儒學案卷十一

習齋學案

自宋以後，皆以宋儒之學術治天下。程、朱、陸、王門户雖分，本原非二。習齋崛起，直揭其於周、孔之道體用猶未大備，此二千年學術之轉關。當時漢學諸家，亦思力矯宋儒，而仍囿於章句。顏、李之説，引而未申，使推闡其説而昌大之，禮樂兵農，工虞水火，胥顯其用，即歐西之科學哲學，亦不出其範圍，治術學術，庶獲一貫之效歟！述習齋學案。

顏先生元

顏元字易直，改字渾然，號習齋，博野人。父昶，幼養於蠡縣朱氏以爲子。先生生四歲，父被掠至遼東，母改適他氏。年十九，補蠡縣學生，名朱邦良，事朱氏翁媪甚謹。既而翁有妾生子，先生爲所間別居。媪殁，持承重服。有舊鄰老父告以父非朱氏子，走問嫁母而信。朱翁殁，以義服大功。營葬畢，乃歸宗。出關尋父，歷遼東諸縣，徧布招帖。瀋陽銀工金姓婦聞而召至家詳問，則其妹也。父在東凡再娶生女，殁葬已十四年矣。招魂奉主歸，如初喪禮。先生少有異禀，讀書輒出己見。初好道家言，尋棄去，好讀史學兵法。及偏讀性理書，奉周、程、張、朱之旨，立日記，刻苦勵行，期於主敬存誠。躬耕胼胝，必乘閒靜坐，居家制行，造次必於禮。三十後居喪，一依朱子家禮。有心未安者，尋討古經，以朱子所制不盡合，乃疑宋儒。因悟堯、舜之道在六府三事，周公教萬民以三物，孔子以四教，弟子身通六藝，所謂道學訓詁注疏皆空言也。又悟宋儒言性，分義理、氣質爲二，不合於孔、孟之説，於是著存學、存性、存治、存人四編，以之立教堂上，設禮樂諸器，率門弟子進退揖讓於其閒，歌謳舞蹈，文行並進，分日考究兵農水火工虞，弟子各授以所長。嘗曰：「必有事焉，學之要也。心有事則存，身有事則修。家之齊，國之治，皆有事也。無事，則道與治俱廢，故正德、利用、厚生曰事。不見諸事，非德、非用、非生也。德行藝曰物，不徵諸物，非德、非行、非藝也。宋以後，諸儒著述皆空言，無實用。陸、王固禪，程、朱亦近禪。」評騭性理書，條辨之。身不出里閈，與並世諸鉅儒多未相見。貽書友人，諍李二曲之失。孫夏峯爲同郡先輩，上書以所得者相質，請爲提倡。惟陸桴亭學旨相近，稱爲同調焉。自終父喪，棄諸生，而用世之志甚殷。嘗曰：「將以七字富天下：墾荒，均田，興水利。以六字强天下：人皆兵，官皆將。以九字安天下：舉人材，正大經，興禮樂。」其自負如此。南游中州，設醫卜肆於開封，借以閲人。夏峯已殁，訪其執友張仲誠於上蔡。論學謂：「孔門是爲學而講，後人便以講爲學。」仲誠學旨不同，亦是其言。肥鄉郝文燦興漳南書院，聘先生主講。未幾歸，遂不復出。康熙四十三年卒，年七十。所著書行世者，存學編四卷，存性編二卷，存治編一卷，存人編三卷，四書正誤六卷，朱子語類評一卷，禮文手鈔五卷。門人所編者，言行録二卷，闢異録二卷，習齋記餘五卷，年譜二卷。弟子李塨傳其學而益昌之，信從者衆，世以顏、李並稱云。民國七年，從祀孔廟。參史傳、習齋年譜。

存學編

聖人學、教、治皆一致也。「民可使由之，不可使知之」，是孔子明言千聖百王持世成法，守之則易簡而有功，失之徒繁難而寡效。故罕言命，自處也；性道不可得聞，教人也；立法魯民歌怨，爲治也。他如「予欲無言」、「無行不與」、「莫我知」諸章，何莫非此意哉！當時及門，皆望孔子以言，孔子惟率之以下學而上達，非吝也，學教之成法固如是也。道不可以言傳也，言傳者，有先於言者也，顏、曾守此不失。子思時，異端將盛，或亦逆知天地氣薄，自此將不生孔子其人，勢必失性、學、治本旨，不得已而作中庸。直指性天，已近太瀉，故孟子承之，教人必以規矩，引而不發，斷不爲拙工改廢繩墨。離婁「方員」、「深造」諸章，尤於先王成法致意焉。至宋，而程、朱出，乃動談性命，相推發先儒所未發。以僕觀之，何曾出中庸分毫！但見支離分裂，參雜於釋、老，徒令異端輕視吾道耳。若是者何也？以程、朱失堯、舜以來學、教之成法也。何不觀精一之旨，惟堯、禹得聞，天下所可見者，命九官、十二牧所爲而已；陰陽祕旨，文、周寄之於易，天下所可見者，王政制禮作樂而已；一貫之道，惟曾、賜得聞，及門與天下所可見者，詩、書、六藝而已，烏得以天道性命嘗舉諸口，而人人語之哉！是以當日談天論性，聰明者如打諢猜拳，愚濁者如捉風聽夢，但彷彿口角，各自以爲孔、顏復出矣。至於靖康之際，户比肩摩，皆主敬習靜之人，而朝陛疆場，無片籌寸績之士。朱子乃獨具隻眼，指其一二碩德，程子所許爲後身者，曰，此皆禪也。而未知二程之所以教之者實近禪，故徒見其弊，無能易其轍，以致朱學之末流矣；以致後世之程、朱，皆如程學、朱學之末流矣。長此不返，乾坤尚安賴哉！或曰：「佛氏託於明心見性，程、朱欲救人而擯之，不得不抉精奥以示人。」余曰：「噫！程子所見，已稍浸入釋氏分界，故稱其彌近理而大亂真。若以不肖論之，只以『君子之道四』一節指示，雖釋迦惡魁，亦當垂頭下淚，並不必及性命以上也。然則如之何？曰：『彼以其虚，我以其實。』程、朱當遠宗孔子，近師安定，以六德、六行、六藝及兵農、錢穀、水火、工虞之類教其門人，成就數十百通儒。朝廷大政，天下所不能辦，吾門人皆辦之；險重繁難，天下所不敢任，吾門人皆任之，吾道自尊顯，釋、老自消亡矣。今彼以空言亂天下，吾亦以空言與之角，又不斬其根，而反授之柄，我無以深服天下之心，而鼓吾黨之氣，是以當日一出，徒以口舌致黨禍，流而後世全以章句誤乾坤。上者，只學先儒講著，稍涉文義，即欲承先啟後；下者，但問朝廷科甲，才能揣摩，皆騖富貴利達，浮言之禍，甚於焚坑，吾道何日再見其行哉！友人刁蒙吉翻孟子之言曰：『著之而不行焉，察矣而不習焉，終身知之而不由其道者，衆也。』其所慨深矣。吾意上天仁愛，必將篤生聖哲，剗荆棘而興堯、舜以來中庸之道，斷不忍終此元會直如此而已也。」

僕妄謂性命之理不可講也，雖講，人亦不能聽也；雖聽，人亦不能醒也；雖醒，人亦不能行也。所可得而共講之，共醒之，共行之者，性命之作用，如詩、書、六藝而已。即詩、書、六藝，亦非徒列坐講聽，要惟一講即教習，習至難處來問，方再與講。講之功有限，習之功無已。孔子惟與其弟子今日習禮，明日習射。閒有可與言性命者，亦因其自悟已深，方與言，蓋性命非可言傳也。不特不講而已也，雖有問，如子路問鬼神生死，南宫适問禹、稷、羿、奡者，皆不與答。蓋能理會者，渠自理會，不能者，雖講亦無益。自漢、唐諸儒傳經講誦，宋之周、程、張、朱、陸遂羣起角立，亟亟焉以講學爲事，至明而薛、陳、王、馮因之，其一時發明吾道之功，可謂盛矣。其效使見知聞知者，知尊慕孔、孟，善談名理，不作惡，不奉釋、老名號，即不肖如僕，亦沐澤中之一人矣。然世道之爲叔季自若也，生民之不治自若也，禮樂之不興自若也，異端之日昌而日熾自若也，以視夫孔子明道而亂臣賊子果懼，孟子明道而楊朱、墨翟果熄，何啻天淵之相懸也！僕氣魄小，志氣卑，自揣在中人以下，不足與於斯道。惟願主盟儒壇者，遠遡孔、孟之功如彼，近察諸儒之效如此，而垂意於「習」之一字，使爲學爲教，用力於講讀者一二，加功於習行者八九，則生民幸甚，吾道幸甚！僕受諸儒生成覆載之恩，非敢入室操戈也。但以人之歲月精神有限，誦說中度一日，便習行中錯一日，紙墨上多一分，便身世上少一分。試觀朱子晚年悔枝葉之繁累，則禮樂未明，是在天者千古無窮之憾也。

大學首四句，吾奉爲古聖真傳。所學無二理，亦無二事，祇此仁、義、禮、智之德，子、臣、弟、友之行，詩、書、禮、樂之文，以之修身，則爲明德；以之齊治，則爲親民。明矣而未親，親矣而未止至善，吾不敢謂之道也。親矣而未明，明矣而未止至善，吾亦不敢謂之道也。親而未明者，即謂之親，非大學之親也；然既用其功於民，皆可曰親。其親而未明者，漢高帝與唐太宗之類也；其親且明而未止至善者，漢之孝文、光武之流也。凡如此者，皆宋、明以來儒者所共見，皆謂之非道者也。其明而未親，明且親而未止至善者，則儒者未之言也。非不肯言也，非不敢言也，堯、舜不作，孔、孟不生，人無從證其爲道者。一二聰明特傑者出，於道略有所見，粗有所行，遽自謂真孔、孟矣，一時共尊爲孔、孟焉，嗣起者以爲我苟得如先儒足矣。是以或學訓解纂集，或學静坐讀書，或學直捷頓悟，至所見所爲，彷彿於前人而不大殊，則將就冒認，人已皆以爲大儒矣，可以承先啟後矣。或獨見歧異，恍惚道體，則輒稱發先儒所未發，得孔、顔樂處矣。又孰知其非大學之道乎！此所以皆未之言也。天下人未之言，數百年以來之人未之言，吾獨於程、朱、陸、王之外别有大學之道焉，豈不犯天下之惡，而受天下僇乎！然吾之所懼，有甚於此者，以爲真學不明，則生民將永被毒禍，而終此天地不得被吾道之澤；異端永爲鼎峙，而終此天地不能還三代之舊。是以冒死言之，望有志繼開者之一轉也。夫明而未親，即謂之明，非大學之明；然既用其功於德，皆可曰明。其明而未親者，莊周、陳摶之類也；其明且親而未止至善者，周、程、朱、陸、薛、王之儔也。何也？吾道有三盛：君臣於堯、舜，父子於文、周，師弟於孔、孟。堯、舜之治，即其學也，教也，其精一執中，一二人祕受而已。百官所奉行，天下所被澤者，如其命九官、十二牧所爲耳。禹之治水，非禹一身盡治天下之水，必天下士長於水學者分治之，而禹總其成；伯夷之司禮，非伯夷一身盡治天下之禮，必天下士長於禮學者分司之，而伯夷掌其成。推於九官，羣牧咸若是，是以能平地成天也。文、周之治，亦即其學也，教也，其陰陽天人之旨，寄之於易而已。百官所奉行，天下所被澤者，如其治岐之政，制禮作樂耳。其進秀民而教之者，六德、六行、六藝，仍本唐、虞敷教典樂之法，未之有改，是以太和宇宙也。孔、孟之學、教，即其治也。孔子一貫性道之微，傳之顔、曾、端木而已。

其當身之學與教及門士以待後人私淑者，庸言、庸德、兵、農、禮、樂耳，仍本諸唐、虞、成周之法，未有改。故不惟朞月、三年、五年、七年胸藏其具，而且小試於魯，三月大治，暫師於滕，四方歸之，單父、武城亦見分體，是以萬世永遵也。秦、漢以降，則著述講論之功多，而實學實教之力少。宋儒惟胡子立經義、治事齋，雖分析已差，而其事頗實矣。張子教人以禮，而期行井田，雖未舉用，而其志可尚矣。至於周子，得二程而教之，二程得楊、謝、游、尹諸人而教之，朱子得蔡、黄、陳、徐諸人而教之，以主敬致知爲宗旨，以靜坐讀書爲工夫，以講論性命天〔一〕人爲授受，以釋經註傳纂集書史爲事業。嗣之者若真西山、許魯齋、薛敬軒、高梁溪，性地各有靜功，皆能著書立言，爲一世宗。信乎，爲儒者煌煌大觀，三代後所難得者矣！而問其學其教，如命九官、十二牧之所爲者乎？如周禮教民之禮明樂備者乎？如身教三千，今日習禮，明日習射，教人必以規矩，引而不發，不爲拙工改廢繩墨者乎？此所以自謂孔子真傳，天下後世亦皆以真傳歸之，而卒不能服陸、王之心者，原以表裏精粗，全體大用，誠不能無歉也。陸子分析義利，聽者垂泣，先立其大，通體宇宙，見者無不竦動。王子以致良知爲宗旨，以爲善去惡爲格物，無事則閉目靜坐，遇事則知行合一。嗣之者若王心齋、羅念庵、鹿太常，皆自以爲接孟子之傳，而稱直捷頓悟，當時後世亦皆以孟子目之。信乎，其爲儒中豪傑，三代後所罕見者矣！而問其學其教，如命九官、十二牧之所爲者乎？如周禮教民之禮明樂備者乎？如身教三千，今日習禮，明日習射，教人必以規

〔一〕「天」，原無，據存學編補。

矩，引而不發，不爲拙工改廢繩墨者乎？此所以自謂得孟子之傳，與程、朱之學並行中國，而卒不能服朱、許、薛、高之心者，原以表裏精粗，全體大用，誠不能無歉也。他不具論，即如朱、陸兩先生，倘有一人守孔子下學之成法，而身習夫禮、樂、射、御、書、數，以及兵農、錢穀、水火、工虞之屬而精之。凡弟子遊從者，則令某也學禮，某也學樂，某也兵農，某也水火，某也兼數藝，某也尤精幾藝，則及門皆通儒，進退周旋無非性命也，聲音度數無非涵養也，政事文學同歸也，人己事物一致也，所謂下學而上達也，合内外之道也。如此，不惟必有一人虛心以相下，而且君相必實得其用，天下必實被其澤，人才既興，王道次舉，異端可靖，太平可期。正書所謂府修事和，爲吾儒致中和之實地，位育之功，出處皆得致者也。是謂明、親一理，大學之道也。以此言學，則與異端判若天淵而不可混，曲學望洋浩歎而不敢擬，清談之士不得假魚目之珠，文字之流不得逞春華之豔。惟其不出於此，故既卑漢、唐之訓詁而復事訓詁，斥佛、老之虛無而終蹈虛無。以致紙上之性天愈透，而學陸者進支離之譏，非譏也，誠支離也；心頭之覺悟愈捷，而宗朱者供近禪之誚，非誚也，誠近禪也。或曰：「諸儒勿論，陽明破賊建功，可謂體用兼全，又何弊乎？」余曰：「不但陽明，朱門不有蔡氏言樂乎？朱子常平倉制，與在朝風度，不皆有可觀乎？但是天資高，隨事就功，非全副力量，如周公、孔子專以是學，專以是教，專以是治也。」或曰：「新建當日韜略，何以知其不以爲學教者？」余曰：「孔子嘗言：『二三子有志於禮者，其於赤乎學之。』如某可治賦，某可爲宰，某達某藝，弟子身通六藝者七十二人，王門無此。且其擒宸濠，破桶岡，所共事者皆當時官吏、偏將、參謀，弟子皆不與焉。其全書所載，皆其門人旁觀贊服之筆，則可知其非素以是立學教也。」是以感孫徵君知統録說有「陸、王效諍論於紫陽」之語，而敢出狂愚，少抑後二千年周、程、朱、陸、薛、王諸先生之學，而伸前二千年堯、舜、禹、湯、文、武、周、孔、孟諸先聖〔一〕之道，亦竊附效諍論之義。而願持道統者，其深思熟計，而決復孔、孟以前之成法，勿執平生已成之見解而不肯舍，勿拘平日已高之門面而不肯降，以誤天下後世可也。

以讀書爲窮理功力，以恍惚道體爲窮理精妙，以講解著述爲窮理事業，儼然靜坐爲居敬容貌，主一無適爲居敬工夫，舒徐安重爲居敬作用。視世人之醉生夢死、奔忙放蕩者，誠可爲大儒氣象矣！但觀之孔門，則以讀書爲致知中之一事。且書亦非徒佔畢之爲也，曰「爲周南、召南」，曰「學詩」、「學禮」，曰「學易」、「執禮」，是讀之即行之也。曰「博學於文」，蓋詩、書、六藝以及兵農水火在天地間燦著者，皆文也，皆所當學之也。曰「約之以禮」，蓋冠昏、喪祭、宗廟、會同以及升降、周旋、衣服、飲食，莫不有禮也，莫非約我者也。凡理必求精熟之至，是謂窮理。凡事必求謹慎之周，是謂居敬。上蔡雖賢，恐其未得此綱領也。不然，豈有居敬窮理之人，而流入於禪者哉！

孔子但遇可憫可敬，便勃然變色，忽而久，忽而速，似爲事物所勝，乃是聖人。釋氏父子兄弟亦不動心，可謂不爲事物所勝，卻是異端。

朱子言：「李延平居處有常，不作費力事。」只「不作費力事」五字，不惟贊延平，將有宋一代大儒皆

〔一〕「聖」，原作「生」，據存學編改。

狀出矣。「子路問政，子曰：『先之，勞之。』」天下事皆吾儒分内事，儒者不費力，誰費力乎？試觀夫子生知安行之聖，自兒童嬉戲時，即習俎豆、升降；稍長，即多能鄙事；既成師望，與諸弟子揖讓進退，鼓瑟、習歌，羽籥、干戚、弓矢、會計，一切涵養心性、經濟生民者，蓋無所不爲也；及其周游列國，席不暇煖而輒遷，其作費力事如此！周公亦多材多藝，吐哺握髮以接士，制禮作樂以教民，其一生作費力事又如此！故曰，儒者天地之元氣，以其在上在下，皆能造就人材，以輔世澤民，參贊化育故也。若夫講讀著述以明理，靜坐主敬以養性，雖曰口談仁義，稱述孔、孟，其與釋、老之相去也者幾何！

延平謂朱子曰：「渠所論處，皆是操戈入室，須從源頭體認來。」所以好説話，從源頭體認，宋儒之誤也。故講説多而踐履少，經濟事業則更少，若宗孔子下學而上達，則反是矣。

天命陰陽鬼神等，僕之愚未足與議，但以大半屬聖人所罕言不語者，而必毫分縷析如示諸掌，何爲也哉？至於推明古人之經書，論著先正之前言往行，此自吾儒學成後餘事。學成矣則用於世以行之，如不用於世，亦可完吾性分以還天地，不著述可也。觀其時有大理未明，大害未除，不得已而有所著述，以望後世之明之、除之亦可也。若文人之文，書生之書，解之論之，則不必矣。乃今以此等推演論著之既明，遂爲帝王經世之規，聖賢明新之學，燦然中興，不其誣歟！無實功於道統，既不免堯、舜、孔、孟在天者之歎息，又無實徵於身世，豈能服當日之人心乎？徒以空言相推，駕一世之上，而動擬帝王聖賢，此僞學之名所從來也。僕嘗妄議宋代諸先儒、明末諸君子，使生唐、虞、三代之世，其學問氣節必更別，若只如此，恐亦不免僞學之禁，門黨之誅也。但宋、明朝廷無真將相，草野無真學術，則正宜用稱説詩、書，標榜清流者，撐持其衰運，不宜禁之誅之，以自速其敗亡也。要之似龍骨馬，司政柄者不可廢崇儒重道之典，而悲天憫人；儒者宜存返己自罪之心。故天下有殺君之臣，殺父之子，無與於孔子也，而孔子懼；天下有無父之墨，無君之楊，非孟子爲之也，而孟子懼。蓋儒者之憫天下而厚自責如此，況真失學宗以誤斯人，則近代之禍，吾儒焉得辭其責哉！

陸子說良知良能，人便能如此不假修爲存養。非是言不用修爲存養，乃認孟子「先立乎其大者，則其小者不能奪」二句稍呆，又不足朱子之誦讀訓詁，故立言過激，卒致朱子輕之。蓋先立其大，原是根本，而維持壅培之無具，大亦豈易言立也！朱子「旅寓人」、「傷脾胃人」二喻，誠中陸子之病。但又是手持路程本當資送，口說健脾和胃方當開胃進食，即是終年持說，依然旅寓者不能回鄉，傷脾胃者不能下咽也。此所以亦爲陸子所笑，而學宗遂不歸一矣。豈若周公、孔子三物之學，真旅寓者之糇糧車馬，傷脾胃之參术縮砂也。

存性編

程子云：「論性論氣，二之則不是。」又曰：「有自幼而善，有自幼而惡，是氣禀有然也。」朱子曰：「纔有天命，便有氣質，不能相離。」而又曰：「既有此理，如何惡？所謂惡者，氣也。」可惜二先生之高明，隱爲佛氏六賊之說浸亂，一口兩舌而不自覺。若謂氣惡，則理亦惡；若謂理善，則氣亦善。蓋氣即理之氣，理即氣之理，烏得謂理純一善，而氣質偏有惡哉！譬之目矣，眶、皰、睛，氣質也；其中光明能見物者，性也。將謂光明之理專視正色，眶〔一〕、皰、睛乃視邪色乎？余謂光明之理固是天命，眶、皰、睛皆是天命，更不必分何者是天命之性，何者是氣質之性。只宜言天命人以目之性，光明能視即目之性善，其視之也則情之善，其視之詳略遠近則才之强弱，皆不可以惡言。蓋詳且遠者固善，即略且近亦第善不精耳，惡於何加？惟因有邪色引動，障蔽其明，然後有淫視，而惡始名焉。然其爲之引動者，性之咎乎？氣質之咎乎？若歸咎於氣質，是必無此目，而後可全目之性矣，非釋氏六賊之説而何！孔、孟性質湮没至此，是以妄爲七圖以明之，非好辯也，不得已也。

朱子原亦識性，但爲佛氏所染，爲世人惡習所混。若無程、張氣質之論，當必求「性、情、才」及「引蔽、習染」七字之分界，而性、情、才之皆善，與後日惡之所從來判然矣。惟先儒既開此論，遂以惡歸之氣質而求變化之，豈不思氣質即二氣四德所結聚者，烏得謂之惡？其惡者，引蔽、習染也。惟如孔門求仁，孟子存心養性，則明吾性之善，而耳目口鼻皆奉令而盡職。故大學之道，曰「明明德」，尚書贊堯，首曰「欽明」，舜曰「濬哲」，文曰「克明」，中庸曰「尊德性」。既尊且明，則無所不照。譬之居高肆望，指揮大衆，當惻隱者即惻隱，當羞惡者即羞惡，仁不足以恃者即以義濟之，義不足以恃者即以仁濟之。或用三德並濟一德，或行一德兼成四德，當視即視，當聽即聽，不當即否。使氣質皆如其天則之正，一切邪色淫聲，自不得引蔽，又何習於惡、染於惡之足患乎！是吾性以尊明而得其中正也。六行乃吾性設施，

〔一〕「眶」，原無，據存性編補。

六藝乃吾性材具，九容乃吾性發現，九德乃吾性成就。制禮作樂，燮理陰陽，裁成天地，乃吾性舒張；萬物咸若，地平天成，太和宇宙，乃吾性結果。故謂變化氣質爲養性之效則可，如德潤身，睟面盎背，施於四體之類是也；謂變化氣質之惡以復性則不可，以其問罪於兵，而責染於絲也。知此，則宋儒之言性氣皆不親切。惟吾友張石卿曰：「性即是氣質之性，堯、舜氣質即有堯、舜之性，呆獃氣質即有呆獃之性，而究不可謂性有惡。」其言甚是。但又云「傻人絶不能爲堯、舜」則誣矣。吾未得與之辨明，而石卿物故，深可惜也！

諸儒多以水喻性，以土喻氣，以濁喻惡，將天地予人至尊至貴至有用之氣質，反似爲性之累者。然不知若無氣質，理將安附？且去此氣質，則性反爲兩閒無作用之虚理矣。孟子一生苦心，見人即言性善，言性善則必取才情故迹一一指示，而直指曰：「形色，天性也。惟聖人然後可以踐形。」明乎人不能作聖，皆負此形也。人至聖人，乃充滿此形也，此形非他氣質之謂也。以作聖之具而謂有惡，人必將賤惡吾氣質，程、朱敬身之訓，又誰肯信而行之乎？因思一喻曰，天道渾淪，譬之棉桃。殼包棉，陰陽也；四瓣，元亨利貞也；軋彈紡織，二氣四德流行以化生萬物也；成布而裁之爲衣，生人也；領袖襟裾，四肢五官百骸也，性之氣質也。領可護項，袖可藏手，襟裾可蔽前後，即目能視，耳能聽，子能孝，臣能忠之屬也。其情其才，皆此物此事，豈有他哉！不得謂棉桃中四瓣是棉，軋彈紡織是棉，而至製成衣服即非棉也。又不得謂正幅直縫是棉，斜幅旁殺即非棉也。如是，則氣質與性是一是二，而可謂性本善，氣質偏有惡乎？然則惡何以生也？則如衣之著塵觸汙，人見其失本色，其厭觀也，命之曰汙衣，其實乃外染所成。有成衣即被汙者，有久而後汙者，有染一二分汙者，有三四分以至什百全汙，不可知其本色者。然只須煩搗澣滌以去其染著之塵汙已耳，而乃謂洗去其襟裾也，豈理也哉！是不特成衣不可謂之汙，雖極垢敝亦不可謂衣本有汙。但外染有淺深，則搗澣有難易，若百倍其功，縱積穢可以復潔。如莫爲之力，即蠅點不能復素，則大學明德之道，日新之功，可不急講歟！

程、朱因孟子嘗借水喻性，故亦借水喻者甚多，但主意不同，所以將孟子語皆費牽合來就己說。今即就水明之，則有目者可共見，有心者可共解矣。程子云：「清濁雖不同，然不可以濁者不爲水。」此非正以善惡雖不同，然不可以惡者不爲性乎？非正以惡爲氣質之性乎？請問濁是水之氣質否？吾恐澄澈淵湛者水之氣質，其濁之者乃雜入水性本無之土。正猶吾言性之有引蔽習染也，其濁之有遠近多少，正猶引蔽習染之有輕重淺深也。若謂濁是氣質，則濁水有氣質，清水無氣質矣！如之何其可也？

楚越椒始生而知其必滅若敖氏，晉楊食我始生而知其必滅羊舌氏，是後世言性惡者以爲明證者也，亦言氣質之惡者以爲定案者。試問二子方生，其心欲弒父與君乎？欲亂倫敗類乎？吾知其不然也。子文、向母不過察聲容之不平，而知其氣稟之甚偏，他日易於爲惡耳。今即氣稟之偏，而即命之曰惡，是指刀而坐以殺人也，庸知刀之能殺賊乎！程子云：「使其能學以勝其氣，復其性，可無此患。」可謂善論，而惜其不知氣無惡也。

愚謂，識得孔、孟言性原不異，方可與言性。孟子明言：「爲不善，非才之罪。」「非天之降才爾殊」，「乃若其情，則可以爲善」。又曰：「形色，天性也。」何嘗專言理？況曰性善，謂聖凡之性同是善耳，亦未嘗謂全無差等。觀言「人皆可以爲堯、舜」，將生安學利困勉無不在內，非言當前皆與堯、舜同也。宋儒强命之曰：「孟子專以理言。」冤矣！孔子曰：「性相近也，習相遠也。」此二語，乃自罕言中偶一言之，遂爲千古言性之準。性之相近如真金，輕重多寡雖不同，其爲金俱相若也。惟其有差等，故不曰同；惟其同一善，故曰近。將天下聖賢豪傑常人不一之姿性，皆於「性相近」一言包括，故曰「人皆可以爲堯、舜」。將世人引蔽習染、好色好貨以至弑君弑父無窮之罪惡，皆於「習相遠」一句定案，故曰「非才之罪也」，「非天之降才爾殊也」。孔、孟之旨一也。昔太甲顛覆典刑，如程、朱作阿衡，必將曰：「此氣質之惡。」而伊尹則曰：「兹乃不義，習與性成。」大約孔、孟而前，責之習，使人去其所本無；程、朱以後，責之氣，使人憎其所本有。是以人多以氣質自諉，竟有「山河易改，本性難移」之諺矣。其誤世豈淺哉！

觀告子或人三説，是孟子時已有荀、揚、韓、程、朱諸説矣，但未明言「氣質」二字耳。其未明言者，非其心思不及，乃去聖人之世未遠，見習禮、習樂、習射御、習書數，非禮勿視聽言動，皆以氣質用力，即此爲存心，即此爲養性，故曰「志至焉，氣次焉」，故曰「持其志，無暴其氣」，故曰「養吾浩然之氣」，故曰「惟聖人然後可以踐形」。當時儒者視氣質甚重，故雖異説紛紛，已有隱壞吾氣質以誣吾性之意，然終不敢直誣氣質以有惡也。魏、晉以來，佛老肆行，乃於形體之外，别狀一空虚幻覺之性靈；禮樂之外，别作一閉目静坐之存養。佛者曰入定，儒者曰吾道亦有入定也；老者曰内丹，儒者曰吾道亦有内丹也。借四子、五經之文，行楞嚴、參同之事。以躬習其事爲粗迹，則自以氣骨血肉爲分外，於是始以性命爲精，形體爲累，乃敢以有惡加之氣質，相衍而莫覺其非矣。賢如朱子，而有「氣質爲吾性害」之語，他何説乎！噫，孟子於百説紛紛之中，明性善及才情之善，有功萬世，今乃以大賢諄諄然罷口𠻳舌從諸妄説辨出者，復以一言誣之曰：「孟子之説，原不明不備，原不曾折倒告子。」噫，孟子果不明乎！果未備乎！何其自見所是，妄議聖賢，而不知其非也？

存治編

慨自兵農分而中國弱，雖唐有府兵，明有衛制，固欲一之，迨於其衰，頂名應雙，皆乞丐滑棍，或一人而買數糧，支點食銀，人人皆兵，臨陳遇敵，萬人皆散。嗚呼！可謂無兵矣。豈止分之云乎，即其盛時，明君賢將，理之有法，亦用之一時，非久道也，況兵將不相習，威令所攝，其爲忠勇，幾何哉！閒論王道，見古聖人之精意良法，萬善皆備。一學校也，教文即以教武；一井田也，治農即以治兵，故井取乎八，而陳亦取乎八。考之他書類，謂其法創自黄帝，備於成周，而以孔明之八陳實祖之。但帝王之成法既不可見，武侯之遺意又不得其傳，後世亦焉得享其用哉！竊不自揣，覺於井田法略有一得，敢詳其治。賦之要有九，治賦之便有九，一曰預養。饑驥而責千里則愚。上宜菲供膳，薄税斂，汰冗費，以足民食。一曰預服。嬰兒而役賁育則怒。井之賢者爲什，什之賢者爲長，長之賢者爲將，以平民情。一曰預教。簡師儒，申孝弟，崇忠義，以保民情。一曰預練。農隙之時，聚之於場，時宰士一較射藝，月千長一較，十日百長一較，同井習之不時。一曰利兵。甲胄弓刃精利者，官賞其半直。較藝賢者，慶以器。一曰養馬。每井馬二，公養之，彷北塞餧法。操則習射，閒則便老行，或十百長有役乘之。一曰治衛。每十長一牌刀率之於前，九人翼之於後，器戰之法，具紀效新書。一曰備羨。八家之中，四騎四步，供役不過各二人。餘則爲羨卒，以備病傷或居守。一曰體民心。親老無靠不卒，老弱不卒，出戍給耕不税，死者官葬。九者治賦之要也。一曰素練。隴畝皆陳法，民恒習之，不待教而知矣。一曰親卒。同鄉之人，童友日處，聲氣相喻，情義相結，可共生死。一曰忠上。邑宰千百長，無事則教農、教禮、教藝，爲之父母；有事則執旗、執鼓、執劍，爲之將帥，其孰不親上死長。一曰無兵耗。有事則兵，無事則民，月糧不之費矣。一曰應卒難。突然有事，隨地即兵，無徵救求援之待。一曰安業。無逃亡反散之虞。一曰齊勇。無老弱頂替之弊。一曰靖奸。無招募異域無憑之疑。一曰輯侯。無專擁重兵要上之患。九者治賦之便也。至於陳法八，千長率之於前，四邑將督之於後。左戰而右翼之，則左正而右奇；右戰而左翼之，則右正而左奇。前後之相應，内外之相接，無非前，無非後，無非左，無非右，無非正，無非奇，如循環，如鬼神，如天地，分張之可圍敵之弱，合衝之可破敵之堅。敵攻之不可入，入之不可出。居則爲營，戰則爲陳，亦烏可測其端，烏可窮其用也哉！

或問於思古人曰：「自漢高致牢闕里，歷代優意黌宫，建教訓之官，有卧碑之設，何嘗不存心學校也？似不待子計矣。」思古人曰：「嗟乎！學校之廢久矣。考夏學曰校，教民之義也，今猶有教民者乎？商學曰序，習射之義也，今猶有習射者乎？周學曰庠，養老之義也，今猶有養老者乎？且學所以明倫耳，故古之小學，教以灑掃應對進退之節，大學教以格致誠正之功，修齊治平之務，民舍是無以學，師舍是無以教，君相舍是無以治也。迨於魏、晉，學政不修，唐、宋詩文是尚，其毒流至今日。國家之取士者，文字而已；賢宰師之勸課者，文字而已；父兄之提示，朋友之切磋，亦文字而已。不則曰：『詩已爲餘事矣，求天下之治，又烏可得哉？』有國者誠痛洗數代之陋，用奮帝王之猷，俾家有塾，黨有庠，州有序，國有學，浮文是戒，實行是崇，使天下羣知所向，則人材輩出，而大法行，而天下平矣。故人才、王道爲相生。儻仍舊習，將朴鈍者終歸無用，精力困於紙筆；聰明者逞其才華，詩、書反資寇糧，無惑乎！家讀堯、舜、孔、孟之書，而風俗愈壞；代有崇儒重道之名，而真才不出也，可勝嘆哉！」

周禮大司徒「以鄉三物教萬民，而賓興之。一曰六德：知、仁、聖、義、忠、和。二曰六行：孝、友、睦、婣、任、恤。三曰六藝：禮、樂、射、御、書、數」。「鄉大夫三年則大比，考其德行道藝，而興賢者能者。鄉老及鄉大夫帥其吏，與其衆寡，以禮禮賓之。厥明，鄉老及鄉大夫羣吏，獻賢能之書於王。王拜受之，登於天府，内史貳之」。

或曰：「若子之言，非王政必不足治天下。顧漢末非行王道時也，孔明何以出？唐葉無行王道事也，鄴侯何以相？是必有濟時之策矣。況王政非十年經理，十年聚養，十年浹洽，不能舉也。儻遇明王賢相，不忍斯民之水火，欲急起拯之，而人材未集，時勢未可，將舍此無道，則所謂大用之而大效，小用之而小效者，又何説也？」思古人曰：「王道無小大，用之者小大之耳。爲今計，莫要於九典五德矣。除制藝，重徵舉，均田畝，重農事，徵本色，輕賦税，時工役，靜異端，選師儒，是謂九典也。躬勤儉，遠聲色，禮相臣，慎選司，逐佞人，是謂五德也。爲之君者，充五德之行，爲九典之施，庶亦駕文、景而上之矣。然不體聖學，舉聖法，究非所以致位育、追唐、虞也，是在爲君者。」

存人編

佛道説真空，仙道説真静。不惟空也，並空其空，故心經之旨，無無明亦無無明盡。不徒静也，且静之又静，故道德經之旨，牝矣又玄，玄矣又屯屯。吾今以實藥濟其空，以動濟其静，爲僧道者不我服也。入之深，惑之固，方且望其空静而前進之不暇，又焉能聽吾所謂實與動乎！今姑即佛之所謂空，道之所謂静者，窮之而後與之言實與動，佛殊不能空也，即能空之益無取；道殊不能静也，即能静之益無取。三才既立，有日月則不能無照臨，有山川則不能無流峙，有耳目則不能無視聽。佛不能使天無日月，不能使地無山川，不能使人無耳目，安在其能空乎！道不能使日月不照臨，不能使山川不流峙，不能使耳目不視聽，安在其能静乎！佛道之空、静，正如陳仲子之廉，不能充其操者也。即使取其願而各遂之，佛者之心而果入定矣，空之真而覺之大矣，洞照萬象矣，此正如空室懸一明鏡，並不施之粉黛妝梳，鏡雖明，亦奚以爲！曰大覺，曰智慧，曰慈悲，而不施之於子臣弟友，方且照不及君父而以爲累，照不及自身之耳目心意而以爲賊，天地閒亦何用此洞照也？且人人而得此空寂之洞照也，人道滅矣！天地其空設乎？道者之心而果死灰矣，嗜慾不作、心腎袐交、丹候九轉矣，正如深山中精怪，並不可以服乘致用，雖長壽，亦兩閒一蠹！曰真人，曰至人，曰太上，而不可推之天下國家，方且盜天地之氣以長存，煉五行之精以自保，乾坤中亦何賴有此太上也？且人人而得此静極之仙果也，人道又絶矣！天地其能容乎？世傳五百年雷震一次，此必然之理，蓋人中妖也，天地之盜也！

佛輕視了此身，說被此身累礙，耳受許多聲，目受許多色，口鼻受許多味，心意受許多事物，不得爽利空的去，所以將自己耳目口鼻都看作賊；充其意，直是死滅了，方不受這形體累礙，所以言圓寂，言涅槃，有九定三解，脱諸妄説。總之，是要不生這賊也；總之，是要全其一點幻覺之性也。嗟乎！有生方有性，若如佛教，則天下並性亦無矣，又何覺？無所謂昭昭，何所謂暗暗，如佛教，並幻亦不可言矣，又何佛？怪哉！西域異類，不幸而不生天朝，未聞我天朝聖人之言性也，未見我天朝聖人之盡性也。堯、舜、周、孔之言性也，合身言之，故曰「有物有則」，「堯、舜性之，湯、武身之」。堯、舜率性而出，身之所行皆性也。湯、武修身以復性，據性之形以治性也。孔門後，惟孟子見及此，故曰：「形色天性，惟聖人然後可以踐形。」形，性之形也；性，形之性也。舍形則無性矣，舍性亦無形矣。失性者據形求之，盡性者於形盡之，賊其形則賊其性矣。即以耳目論，吾堯、舜明四目，達四聰。使吾目明徹四方，天下之形無蔽焉。使吾耳聽達四境，天下之聲無壅焉。此其所以光被四表也。吾孔子視思明，聽思聰，非禮勿視，非禮勿聽。明者目之性也，聽者耳之性也。視非禮，則蔽其明，亂吾性矣。聽非禮，則壅吾聰，而亂吾性矣。絶天下非禮之色以養吾目，賊在色，不在目也。賊更在非禮之色，不在色也。去非禮之色，則目徹四方之色，適以大吾目性之用。絶天下非禮之聲，不在聲也，去非禮之聲，則耳達四境之聲，正以宣吾耳性之用。推之口、鼻、手、足、心、意咸若是。推之父子、君臣、夫婦、兄弟、朋友咸若是。故禮樂繽紛，極耳目之娱，而非欲也。位育平成，合三才成一性，而非侈也。彼佛大之空天地君親而不恤，小之視耳目手足爲賊，不接天下之人事，而方寸率思無所不妙，可謂妄矣！安在其洞照萬象哉！且把自身爲賊，絶六親而不愛，可謂殘忍矣！及其大言慈悲，則又苦行雪山，割肉餧鷹，舍身餧虎，何其顛倒錯亂也哉！

洞照萬象，昔人形容其妙，曰「鏡花水月」。宋、明儒者所謂悟道，亦大率類此。吾非謂佛學中無此意也，亦非謂學佛者不能致此也，正謂其洞照者，無用之水鏡，其萬象皆無用之花月也。不至於此，徒苦半生爲腐朽之枯禪。不幸而至此，自欺更深。何也？人心如水，但一澄定，不濁以泥沙，不激以風石，不必名川巨海之水能照百態，雖渠溝盆盂之水，皆能照也。今使竦起靜坐，不擾以事爲，不雜以旁念，敏者數十日，鈍者三五年，皆能洞照萬象如鏡花水月。做此功至此，快然自喜，以爲得之矣。或預燭未來，或邪妄相感，人物小有徵應，愈隱怪驚人，轉相推服，以爲有道矣。予戊申前，亦嘗從宋儒用靜坐功，頗嘗此味，故身歷而知其爲妄，不足據也。天地閒，豈有不流動之水？天地閒，豈有不著地，不見沙泥，不見風石之水？一動一著，仍是一物不照矣！故管道、楊傻，予存學編所引，出山便與常人同也。今玩鏡裏花、水裏月，信足以娱人心目。若去鏡水，則花月無有矣。即對鏡水一生，徒自欺一生而已矣。若指水月以照臨，取鏡花以折佩，此必不可得之數也。故空靜之理，愈談愈惑；空靜之功，愈妙愈妄，吾願求道者盡性而已矣。盡性者，實徵之吾身而已矣。徵身者，動與萬物共見而已矣。吾身之百體，吾性之作用也，一體不靈，則一用不具。天下之萬物，吾性之措施也，一物不稱其情，則措施有累。身世打成一片，一滾做功，近自几席，遠達民物，下自鄰比，上暨廟廊，粗自灑掃，精通燮理，至於盡倫定制，陰陽和，位育徹，吾性之真全矣。以視佛氏空中之洞照，仙家五氣之朝元，腐草之螢耳，何足道哉！

儒之佞佛者，大約是小智慧人，看道未貫上下。或初爲儒者，而功力不加，畏聖道之費力，半途欲廢，又恥於不如人，遂妄談空虛，以誇精微者。或貪名利，工文字，名爲儒，而實不解聖道爲何物，亦如愚民見異端而驚喜者。至惑地獄禍福之説而從之者，民斯爲下矣！何謂小智慧，見道未貫上下者？彼多謂佛之上截與吾儒同，或竟謂佛得其精，吾儒得其粗。此其人學識未大，未能洞見性命之本，及吾道體用之全，見宋、明儒者之所謂性，無能出乎佛氏之上，一聞禪僧之談心性，遂傾心服之，謂上截儒、釋原不異也。嗟乎！不幾如吾性編中所云「根麻而苗麥」乎？天地間豈有此理！有上截本仁，而下截不愛父母者乎？有上截本義，而下截不敬君上者乎？抑其上截之原非仁義也？吾儒以仁義禮智信爲性，而佛以空虛不著一物爲性。以仁義爲性，故忠孝者仁義之發也，仁義者忠孝之原也，後截之忠孝，與上截之仁義，如樹之根與枝一體也。佛之上截總一空，故爲不忠不孝之教，斷絶倫物，下截亦總一空也，又焉得上截同，而下截始異哉！此輩猶能見宋、明儒者之性者也。至謂佛得其精，吾儒得其粗者，又並宋、明儒之性未之聞，平日徒以章句目儒業，即粗聞仁民愛物作用，亦第視爲後起事。不知堯、舜之精一、執中，三事、六府之體也；三事、六府，精一、執中之用也。周、孔之一以貫之，三物、四教之體也；三物、四教，一貫之用也。如樹之根本枝幹通爲一體，未可以精粗分也。故無根本則無枝葉矣；無枝葉則非根本矣。梧檟之根，藏土千年，與穢腐同譏。彼佛氏固未可以精言也，又何者是其精乎？以腐穢爲精，愚之愚者矣。何爲以初爲儒功，半途而廢，妄談虛空，以誇精微者？人性皆善，雖甚惡人，必有善念一動之時，雖甚濁也，必有特起作聖之士。但吾儒之道，六歲教名數，七歲教別，八歲教讓，九歲教數目，十歲學書計、幼儀，十三歲學樂舞，十五歲入大學，凡六德、六行、六藝，一切明親止至善者，俱步步踏實地去做，二十歲尚不許教人。到三四十發揮其幼學者，進見之君民，退式乎風俗。今世全錯了路徑，少小無根本，粗者求之章句，精者求之靜敬，到數年或數十年後，全不見古人充實大化之我睨，全體大用之我疇，再進無工程之可據，回顧無基本之可借，又恥於奔寶山半生作空手回之漢，遂放達者爲莊周、李贄之流，謹飭者作龜山、定夫之輩，非以欺世也，略以自塗抹，其作聖初心而不染於禪者，鮮矣。不知世降學晦，孔徑久荒，即虛花無果，前路弗憑，正宜返求之實地，雖六德之一德，六行之一行，六藝之一藝，不自失爲儒也。即精力已竭，尺寸莫贖，惟當痛自悔恨，如漢武輪臺之詔，亦自千古共諒，何必益爲虛大，而叛背於聖道之外哉！君子思之。何以謂名爲儒，而實不解聖道，亦如愚民之見異而喜者？自幼惟從事做破題，捭八股。父兄師友之期許者，入學中舉，會試做官而已。自心之悦，父兄師友以矢志成人者，亦惟入學中舉，會試做官而已。萬卷詩書，只作名利引子，誰曾知道爲何物！故以官長、進士、舉人，而聽講於村俗、僧人，驚道妙而師事者有之；以秀才，而信旁門邪說，入焚香會者有之。豈儒者而喪心至此乎？抑原未嘗於儒道參一解、行一步也？況做秀才而貪利肆行，爲官長而染指負上，中氣必餒，中心必懼，明懼朝廷之法，幽懼鬼神之禍，一聞佛者顢頇之說，烏得不悦！一聞空名利之談，烏得不服！一聞懺悔消災之技，又烏得不甘心也！雖然，天理自在，人心猛一覺照，愚蒙之夫，無不可去邪而歸正。況我輩士夫，聰明傑秀高出尋常萬萬者乎！

習齋語要

惡人之心無過，常人之心知過，賢人之心改過，聖人之心寡過。寡過故無過，改過故不貳過，僅知過故終有其過，常無過故怙終而不改其過。

陽剛陰柔而天下定，陽下陰上而天下和，今夫心，天理，陽念也，常令剛；人欲，陰念也，常令柔，吾心有不定乎！天理雖爲主，而常合乎人情，陽下也；人欲雖無能絶，而常循乎天理，陰上也，吾心有不和乎！

心不虛則不樂，所謂心體上不可加一物也。雖然，玩物而樂，離物則不樂，固非能樂者也。無物而樂，有物則不樂，亦非能樂者也。顔子簞瓢陋巷樂，不簞瓢陋巷亦樂，是何如樂！

人持身以禮，則能得人之性。如吾莊肅，則人皆去狎戲而相敬。是與天下相遇以性也，此可悟一日克復「天下歸仁」之義。

學求實得，要性情自慊，則心逸而日休；學求美名，便打點他人，則心勞而日拙。

志氣如刀，集義如磨刀，常磨則鋒芒常鋭，不磨則鈍，一不義傷之，則刀摧折矣。

人心，動物也，習於事則有所寄，而不妄動。

吾輩若復孔門之學，習禮則周旋跪拜，習樂則文舞武舞，習御則挽强抱轡，活血脈，壯筋骨，利用也，正德也，而實所以厚生矣。豈至舉天下事胥爲弱女、胥爲病夫哉！

持其志，敬心之學也。無暴其氣，敬身之學也。然每神清時，行步安重，自中規矩，則持志即所以養氣。每整衣端坐，雜念不來，神自守舍，則無暴即所以持志。蓋身也，心也，一也。持也，無暴也，致一之功也。

忘之病每生於無志，助之病每迫於好名。

爲善克果，其善乃爲我有，否則千思萬想，善終不獲。改過必真，其過乃不爲我有，否則千悔萬恨，過終不去。

日夜以此心照顧一身，所以養性也，九思、九容是也。日夜以此心貫通民物，所以事天也，三事、三物是也。精之無閒，聖矣；勉之不忘，賢哉。

謹守之士，患其拘執，進以勇爲，不可及矣。豪傑之士，患其粗率，濟以慎密，莫與敵矣。

孔門六藝，進可以獲祿，退可以力食。如委吏之會計，簡兮之伶官，可以見。故耕者猶有餒，學也必無飢。

聖人以一心一身爲天地之樞紐，化其戾，生其和，所謂造命回天者也。其次知命樂天。其次安命順天。其次奉命畏天。造命回天者，主宰氣運者也。知命樂天者，與天爲友者也。安命順天者，以天爲宅者也。奉命畏天者，懍天爲君者也。然奉而畏之，斯可以安而順之矣；安而順之，斯可以知而樂之矣；知而樂之，斯可以造而回之矣。若夫昧天、逆天，其天之賊乎！

感格之難也，非純心聚精不能萃神之渙。致饗之難也，非明德蠲潔不足邀神之歆。故事莫大於祭，道莫精於齊。

當憂不憂，當怒不怒，佛氏之空寂也。儒者而無所憂也，何以别於異端乎？憂則過憂，怒則過怒，常人之無養也。學者而爲憂怒役也，何以别於常人乎！惟平易以度艱辛，謙和以化凶暴，自不爲憂怒累。

陳同甫謂：「人才以用而見其能否，安坐而能者不足恃。兵食以用而見其盈虚，安坐而盈者不足恃。」吾謂：「德性以用而見其醇駁，口筆之醇者不足恃。學問以用而見其得失，口筆之得者不足恃。」

精神竦起，使天君作主，諸念自然退聽。

内篤敬而外肅容，人之本體也，静時踐其形也。六藝習而百事當，性之良能也，動時踐其形也。絜矩行而上下通，心之萬物皆備也，同天下踐其形也。

庖羲大聖，一畫洩天地之祕，第大聖自喻，而以一畫之散見，如八八六十四卦，與天地共見之而已。唐、虞之一中，第堯、舜、禹三聖人面授，而以一中之作用，如三事、六府，與天下共見之而已。孔門之一貫，第孔子與顔、曾面授，而以一貫之散殊，如四教、六藝，與三千人共見之而已。

荒則不覺，不覺則益荒；怠則不斷，不斷則益怠。覺則不荒矣，斷則不怠矣。常覺則斷有力，常斷則覺亦有力。四者之功過，環相生而互相成者。然則欲求不怠，先貴斷。欲求斷，先求覺。欲求覺，先貴去其荒心、荒身、荒耳、目、口、舌者。去其荒身、心、耳、目、口、舌者，而求之道，則孔子之道出。

寧爲一端一節之實，無爲全體大用之虚。如六藝不能兼，終身止精一藝，可也。

歌得其調，撫嫻其指，絃求中音，徽求中節，聲求協律，是之謂學琴矣，未爲習琴也。手隨心，音隨手，清濁疾徐有常規，鼓有常功，奏有常樂，是之謂習琴矣，未爲能琴也。絃器可手製也，音律可耳審也，詩歌惟其所欲也。心與手忘，手與絃忘，私欲不作於心，太和常在於室，感應陰陽，化物達天，於是乎命之曰能琴。

文盛之極則必衰，文衰之返則有二：文衰而返於實，則天下厭文之心，必轉而爲喜實之心，乾坤蒙其福；文衰而返於野，則天下厭文之心，必激而爲滅文之念，吾儒與斯民淪胥以亡矣！

一身智仁勇，足以整理一家，是謂修齊；一家智仁勇，足以型式一國，是謂齊治；一國智仁勇，足以鎮撫四海，是謂明明德於天下。

治世之官詳於下，亂世之官疊於上。詳於下則教養舉，疊於上則掣肘成。下多一官則民多一親，上多一憲則官多一畏，多親而政事成，多畏而賄賂通。

天無曠澤，地無曠土，人無曠力，治生之道也。家無三曠則家富，國無三曠則國富。

改過遷善所以自治也，移風易俗與天下同改過遷善也。然改過遷善，而不體乎三物，終流於空虛；移風易俗，而不本乎三重，終失之具文。

朱立一言：「用習禮等功，人以爲拏腔做勢，如何？」先生曰：「何必避！甲胄有不可犯之色，衰麻有不可笑之容，拏得一段禮義腔，而敬在乎是矣；做得一番韶、武勢，而和在乎是矣。後儒一掃腔勢，而禮樂之儀亡。」

遷心之善，改心之過，謂之正心；改身之過，遷身之善，謂之修身；改家之過，遷家之善，謂之齊家；改國與天下之過，遷國與天下之善，謂之平治。

附録

先生二十四歲時，名其齋曰思古，自號思古人，謂「治不法三代，終苟道也」，作王道論。後更名存治編。至三十五歲，著存性編，覺思不如學，學必以習，更思古齋曰習齋，學書射及歌舞，演拳法，曰：「靜坐讀書，乃程、朱、陸、王爲禪學俗學所浸淫，非正務也。」年譜。

每日有常儀，清晨必躬掃祠堂宅院，神、親前各一揖。出告、反面同。經宿再拜。旬日以後四拜。朔望節令四拜。昏定晨省，爲親取送溺器。捧盥、授巾、進膳，必親必敬。應對承使，必柔聲下氣。此在蠡事恩祖父母儀也。歸博後無親，去此儀矣。寫字、看書，隨時閒忙，不使一刻暇逸。操存、省察、涵養、克治，務相濟如環。改過遷善，欲剛而速，不片刻躊躇。處處箴銘，見之即拱手起敬，如承師訓。非衣冠端坐不看書，非農事不去禮。出外過墓則式，惡墓不式；過祠則下，淫祠不下。不知者式之。見所惻、所敬皆式。非正勿言，非正勿行，非正勿思。有過，即於聖位前自罰跪伏罪。言行録。

日記纖過不遺。雖闇室有疚，不可記者，亦必書隱過二字。喜怒哀樂驗吾心者，尤所不遺。年譜。

自定士相見禮、冠禮、祭禮。家立五祀，分四時行之。居喪，初遵朱子家禮，後悉改依古禮。同上。

郝文燦興漳南書院，聘先生主教，爲定規制，分六齋：曰文事，課禮、樂、書、數、天文、地理等科；

曰武備，課黄帝、太公、孫、吴諸子兵機、攻守、營陣、水陸諸戰法、射御、技擊等科；曰經史，課十三經、歷代史、制誥、章奏、詩文等科；曰藝能，課水學、火學、工學、象數等科；曰理學，課程、朱、陸、王諸書；曰帖括，課制舉文。分别部居，且學且習。未幾，以久雨水潦，罷歸。歎曰：「天意不欲吾道行也！」同上。

先生著宋史評，爲王安石、韓侂胄辨冤。略謂：「安石新法不行，天下後世遂以建功立業、持拄乾坤者爲小人，苟且偷安者爲君子，而是非莫辨也。」「南宋之金，北宋之遼，不可同年而語，乃累世知岳飛之忠，累世學秦檜之智。韓平原毅然下詔伐金，可謂爲祖宗雪恥者矣，乃宋人必欲殺之以畀金。金主見其首，曰：『此人忠於謀國，繆於謀身。』宋史徒以其貶道學曰僞，而入之姦臣傳，七百年來，直視爲宵小，無一察焉，不其冤哉！」言行録。

張仲誠語録有「夷、惠非聖，逸民不足學」之語。先生曰：「我輩今日正要箇可不可。夫子之無可無不可，如何學得！士希賢，賢希聖，聖希天，是一定程頭。若只説完美好聽，如執路程本説南京，説一年還，只在此。若實走一步，也隔越不得。夷、惠，夫子皆稱賢，孟子稱聖，知孔子看得細，説賢便是聖；又要知孟子眼高志大，不輕伏人下，若夷、惠非聖，不肯説『皆古聖人』，亦不肯服他得。君皆有天下，我輩不可以見不到處輕古人也。」同上。

與傅惕若言：「氣質正吾性附麗處，正吾性作用處，正吾性功著手處。如敬之功，非手何以做出恭；孝之功，非面何以做出愉色婉容。」同上。

曹萬初問：「人輒言禮樂百年而後興，何如？」曰：「古人百年後興禮樂，謂教化浹洽也。如唐、虞之時，雍風動也。予則謂一日行習禮樂，一日之唐、虞；一月行習，一月唐、虞也。一人行習禮樂，一人之堯、舜；人人行習，人人堯、舜也。」同上。

杜益齋問：「習恭即靜坐乎？」曰：「非也。靜坐是身心俱不動之謂，空之别名也。習恭是吾儒整修九容工夫，媿不能如堯之允、舜之温、孔子之安，故習恭與靜坐，天淵之分也。」同上。

李恕谷曰：「二帝三王之道，至孔子而集其成。然秦火以後，畫然一分，漢、唐之士，抱殘守缺，宋、明之士，僞襲僭篡，而聖道幾於委地矣。先生崛起而尋墜緒，全體大用焕然重明，世道所關非尠。」又曰：「孔子生知安行，如魯論鄉黨所載，人或尚疑高遠，非中材可以步趨。先生日日改過，時時省躬，雖愚柔觀之，亦不可託言自諉也。誠爲後人作聖規模，且講道理透快，剖陳世故剴切，修己治人之方，皆具於是。」年譜凡例。

戴子高曰：「其言憂患來世，正而不迂，質而不俗，以聖爲軌，而不屑詭隨於流説，其行則爲孝子仁人，如顔氏者，可謂百世之師。」顔氏學記序。

習齋弟子

李先生塨 別爲恕谷學案。

王先生源

王源字崑繩，大興人。父世德，明錦衣衛指揮僉事，國亡，變服爲僧。兄潔，少從梁以樟游。以樟談宋儒學，先生方髫齡，聞之不首肯。稍長，隨父轉徙江淮，所交游多瑰奇逸民，習知前代典章，及關塞險要，攻守方略。年四十，游京師，大學士徐元文賓禮之，文史必就質。明史兵志，其所作也。或病其不爲時文，笑曰：「是尚需學而能乎？」就試中式。康熙癸酉舉人，不應禮部試，曰：「吾寄焉，使無詬厲已耳。」徐尚書乾學開書局於洞庭山，招致名士，先生與焉。於儕輩中，獨與劉繼莊善，討論天地陰陽之變，伯王大略，兵法文章典制，古今興亡之故，方域要害，近代人材邪正，意見多同。後遇李恕谷，大悦之，曰：「自繼莊殁，豈意復見君！」所著大學辨業，先生是之。聞恕谷言習齋明親之道，曰：「吾知所歸矣。」遂介往博野執贄，一斂其淩轢之氣。效習齋日記，立省身録以糾身心得失。習禮，終日正衣冠，對僕隸必肅恭，然自負經世之略益堅。每曰：「吾所學，乃今見之行事，非虚言也。」晚著平書。平書者，平天下之書也。自謂「各事相維，牽一動百，一字不可易」。惜其書不傳。恕谷所爲平書訂略，覩其梗概而已。後客死淮上，時康熙四十九年，年六十三。所著平書十卷，居業堂文集二十卷，讀易通言五卷，或庵評春秋三傳三卷，輿圖指掌一卷。子兆符，亦以文學知名，别見望溪學案後。其兄潔。潔所著有三經際考，學易經濟編，淯盤子詩文集。參崑繩家傳。

文集

太極説

王弼以大衍之數置一不用爲太極，唐崔憬因之。近李恕谷主此説，謂「申明大衍之義」，予因爲太極説。「太極者，有耶？無耶？」曰：「有。有生於無，老氏之説矣。儒者以爲，陰陽動静之理，則形而上者也。」「可以有言乎？」曰：「不觀孔子之言哉！『易有太極』，實有矣。然太極爲易有，不爲陰陽有。天地也，陰陽也，乾坤也，孔子言之數數也。曰易，曰變，曰化，曰通，曰神，孔子言之數數也。如所言，是陰陽之本矣，所以易與變與化與通與神之故矣。孔子豈其吝而不詳説之以示人，乃一舉而不復哉！」「然則太極何所指？」曰：「五十之用，四十有九，其一不用者，太極耳。故曰太極實有，不可以言無。太極爲易有，不爲陰陽有。苟爲陰陽有，是不能見其有者矣。不能見其有，而謂之有，是無而之有之説也，無極而太極之説也，孔子豈爲之哉！噫！形而上者謂之道，過此以往，聖人所不言也。言之者，皆妄也。儒之所謂太極者既非，則其以初畫奇偶爲兩儀，兩儀各加奇偶爲四象，四象各加奇偶爲八卦，由是遞加，以成六十四卦者，非方士異端誣易之説乎？且夫太極，非象也，以其爲大衍之主，特尊其稱，比於皇極之義耳。下此，皆象也。」「分而爲二，以象兩象兩儀乎？」曰：「非也。兩者，陰陽也。儀也者，容也，亦象也。兩儀即兩象。卦一以象三，三才矣。」「揲之以四，以象四時，四時即四象乎？」曰：「有説焉。陰陽有老少，以九六七八象之。四時固不可爲四象，然天地之陰陽老少於何見之？見之在四時耳。蓋陽初生漸長，少陽也；極盛而消，老陽也。陰初生漸長，少陰也；極盛而消，老陰也。陽之長即陰之消，陽之消即陰之長，迭爲消長，即各爲老少，故一言四時，而陰陽之老少具，象四時即象陰陽老少也。」「然而太極何以生兩儀？假令不虛其一，即不可分爲二乎？兩儀何以生四象？假令不分爲兩，即不可揲之以四乎？」曰：「五十無不可分爲二，但不可以象兩。兩者，陰陽也；象之者，奇偶也。以五十分爲二，非兩奇則兩偶，必不能一奇一偶，以象兩也。是兩儀必有太極而後生也。合四十九無不可揲以四，但不可以成四象。四象者，以四營之，奇偶相雜，而後得也。合四十九而揲以四，其奇但一奇而已，必不能奇偶相雜以成四象也。是四象必以兩儀而後生也。有四象而後成爻，十有八變而後成卦，是八卦必以四象而後生也。聖人揲蓍求卦之法蓋如此。噫！揲蓍者求已成之卦，觀其象辭占變以卜吉凶，非畫卦之謂也。畫奇偶以象陰陽，各三之以爲乾坤，乾坤交索而成六子，八卦相重而爲六十四，乃畫卦之法也。孔子之言也，烏有一生二，二生四，四生八，八生十六，十六生三十二，三十二生六十四之説哉！又烏有乾一、兑二、離三、震四、巽五、坎六、艮七、坤八之説哉！四畫五畫之卦，鑿空而爲之；乾坤離震巽坎艮兑之序，武斷而定之。叛聖亂經，荒誕謬戾，在方士竊吾易而別爲說以售其欺，不足責也。儒者既惑其說，遂以誣聖經而誤後世，罪可勝言哉！噫！彼謂太極者，理而已。理可圖耶？圖太極，愚矣。圖而說之，愚而夢矣。嗟乎！蚩蚩者，天下皆是也，可言夢乎！覺之覺之，歸於孔子而已矣。」

平書序

周以前所遵者，黄帝之制，損且益莫能外也。秦以後所遵者，秦之制，迄今莫能外也。孟子曰：「徒善不足以爲政。」治天下之法，可苟焉已哉！有巨室於此，棟撓焉弗隊，桶摧焉弗覆，揞焉，拄焉，藩垣圮壘焉，易其瓴甓户牖之闕，塗丹臒焉，衎衎然安矣。易主以十數，莫不然。吁！覆壓屢爾矣，而莫之卹，不亦悲乎！秦壞先王之法，禍中於一時；後世因之，禍流於萬世。且夫草昧初造，利天下已耳。苟因前制，立國已耳。位天地，育萬物，爲心者誰乎？勢已定，功已成，欲變法，難矣！於戲！法至明而弊已極，尚可塗飾朽敝以爲安哉！非盡毁其故，而別爲構，不可以爲居；非盡棄其舊，而別爲規，不可以爲治。予不揣固陋，妄爲平書十篇。平書者，平天下之書也。一曰分民，二曰分土，三曰建官，四曰取士，五曰制田，六曰武備，七曰財用，八曰河淮，九曰刑罰，十曰禮樂。爲文十有五首，分上中下三卷，大抵本三代之法而不泥其迹。準今酌古，變而通之，以適其宜。參取後制，一洗歷代相因之弊，而反乎古。要使民生遂，人才出，官方理，國日富，兵日强，禮教行而異端熄。即使世有變遷，苟遵行之毋失，亦可爲一二千年太平之業。嗟乎！此愚志也，而識未必逮也。世之君子，有與予同志，而補其不逮者乎？動而以順行，復斯民於三代，予日夜望之矣。

兵法要略序

余自幼喜談兵，讀蘇老泉權書、陳同甫酌古論，心慕其爲人。稍長，學孫武兵法，略知奇正虛實之術，而束伍營陣、操練之方、形名器甲之用、車騎水陸、接刃合戰、攻城守壘之法，概不得其詳焉。每遇老於行陣者，問之，其言皆野戰之事，而與古節制之師不合。嗟乎！野戰可以制勝，而無事於兵法久矣。節制之説，究無從以得其詳。及讀戚南塘練兵諸書，與趙本學續武經總要，而後恍然有得也。蓋用兵有自治之道，有制敵之道。自治之道，不外乎節制；制敵之道，不外乎奇正。必有節制，而後可以立身於不敗；必知奇正，而後可以決勝。古之伯王之主，謀臣良將，所以開基定亂而成大功者，莫不由此。余故即其所見，彙爲兵法要略二十二卷，分上中下三篇。上篇則孫子諸家之説，刈其繁而存其要，用兵之方略也。中篇則束伍、營陣、操練之方，形名器甲之用，車騎水陸、接刃合戰、攻城守壘之法也。下篇則自春秋以迄於元，古人用兵之往事也。辟之醫，上篇所載，其陰陽氣血之理，臟腑之性，與凡百病之原，而察脈觀色之術乎；中篇所載，其諸藥之性之用，並所以炮熘炙割調劑之事乎；下篇所載，其歷代名醫成案而已試之良方乎。使爲將通於此三者，於以追古名將而覆野戰之師，曷難哉！余初聞兵法，莫詳於武備志，貧不能購，思之十年不得見。及余書既成，始得觀其大略，而與余三篇之意殊不相遠，竊自喜暗合乎前人。特病其雜而不精浩，繁而寡要，於是擇其簡要適用、爲余所不及載者，録爲二卷，附於中篇、下篇之後，曰「補遺」，庶幾自治、制敵之道，俱備於此，而學古兵法者，有所考鏡，而得其要焉。

大學辨業序

大學原文，精義縝密無閒，而篇法渾全，章句完備，故謂爲脱誤，而紛紜割裂補緝，雖用心良苦，然而誤矣。嗟乎！豈特經之誤已哉！聖人無無用之學，格物者，大學之首也，乃或勞心於其所不急，躐等以求夫高遠，則聖人之功用何由見乎？李子恕谷，弱冠受業於顔習齋先生，知先儒之解未確，沈潛諸經，博覽古今之説，參稽明辨，徧訪於時賢，久之，恍然於顔先生之説，乃擴充互證爲大學辨業，以傳於世。辨而不爭，不鑿不附。程、朱、陸、王直傳孔、孟，異哉！非豪傑之士，孰能爲之！予嘗以謂德行、言語、政事、文學四者，足盡儒者之能事。德行，體也。言語、政事，用也。文學，所以明其體與用也。自孟子殁而道術裂，要皆不出四者之分，而流弊遂不知其所底。宋儒一歸於德行，反經以救人心之陷溺，功可不謂宏焉！顧用有不逮，則經有餘，權不足，脩己有餘，治人不足；化善有餘，禦暴亂不足；正誼明道有餘，利天下成大功不足，夫豈所謂大學之道乎！噫！二帝三王之天下，至宋盡失，烏得謂爲儒者之過！然講理不講兵刑，尚仁柔，去剛武，繩墨以束其身，佔畢瞑坐以柔其習，自謂遠追三代，而使豪傑束手，不能有爲，奸宄得以自恣，而無所忌，不但不及聖人之經綸，且遠出漢、唐名臣建立之下，寧非風氣議論所漸濡，使上下陰受其弊而不覺歟？然而宋儒固皆君子也，雖有不逮，身心則無虧也。即其所見，未嘗不各有所得，卓然可傳於世，而非誣也。乃若後之借程、朱立門户，以爲名而競爲私者，其人之賢不肖何如乎？予不得而知之矣！

與方靈臯書

昔伊尹未遇成湯，未嘗不以天下爲己任；孟子不得志於梁、齊，老於鄒、魯、滕、薛而守先王之道，以待後之學者，然則儒者或出或處，莫不爲天地立心，爲生民立命，爲往聖繼絶學，爲萬世開太平。乃源從事於儒，而不敢以儒自命，何哉？蓋以後世之儒謂之道學，而近之講道學鮮有不僞者，非借道學以掩其汙穢而要禄位，即借之以投時尚而博聲名。欺人不得不自欺，自欺不得不大聲疾呼，自以爲真程、朱，又不得不大聲疾呼，力詆陸、王，以見其所以自命者，至純至正，而無一之不實。著書立説，縱横侈肆，無所不至。乃試問其心術，考其行事，不但不足爲君子，并不足爲小人，祇成其爲穿窬之盗，患得患失之鄙夫而已。嘻！若輩奚足道哉。且夫程、朱之學源，亦有未盡服者。其德行醇矣，學正矣，然其高談性命，而不能有經天緯地之才，佔畢瞑坐，以柔其氣而弱其習，必不足以有爲，必不足以平天下。唯太平無事時，使之坐而論道，或爲一方之司牧可耳。此又何足以希陽明之一二！然而源雖力推陽明，又不敢以其學爲宗，何也？以其雜於禪也。禪之明心見性，似亦無惡，於天下而必不可雜於其學者，何也？以其爲天地之豺狼，生民之盗賊也。何以言之？天地之大德曰生，人受天地之氣以生，未有不好生者，此好生之心，所謂惻隱之心也。惻隱之心，纏綿固結而不可解，故君義、臣忠、父慈、子孝、兄愛、弟敬、夫和、妻順。而聖人能盡其心性，故能盡人物之心性，此聖人之於心性，實能復而全之，體而充之，而德以之明，民以之親也。佛氏則不然，舉所謂心與性者而滅之，而後謂之明，而後謂之見。夫必滅之而後謂之明，謂之見，則彼之心明、性見，而天地之生機熄矣！人心之惻隱亡矣！可以立視其父子兄弟之死而不動矣！天主生而彼主滅，人欲生而彼欲滅，是與豺狼之以殺人成性，盜賊之以殺人成能者，何以異哉！顧文之以慈悲戒殺，混之以滅爲不滅，是豺狼鳴和鸞以噬人，盜賊習揖讓而行劫也。嗟乎！學術不明，陽明既顯雜於佛氏，程、朱亦隱爲所壞。靜坐觀道，非禪而何？又何怪其門人之入於禪？又何以獨訾陽明之爲禪哉？伯夷曰：「黄、農、虞、夏忽焉没兮，我安適歸矣！」遥遥千古，孔、孟不作，將何所適從焉。源所以不得已置道學之説，但欲以忠孝廉節爲本，而以經濟文章立門户，上之北面武鄉而希其萬一，下則與陳同甫並驅而爭先，此則區區之夙志也。乃自讀李剛主大學辨業而翻然悔、勃然興矣。又介剛主受業於顔習齋先生之門，而慨然以斯道爲任矣。蓋孔、孟所傳二帝三王脩己治人之道，備於大學一篇。格物者，大學之始事。程、朱之釋格物也，上極於性天，而下盡於草木，非高遠則汗漫。陽明意在致良知，其釋格物也，一以爲正事物，一以爲去物欲，非修身之事，則誠意之功，總於格物之義無當。格物，大學之始事也，格物不明，而明親之功何由實乎？明親不實，何由止至善，而修己、治人之道以傳乎？此孔、孟之學之所以亡，而後儒學術支離龐雜，使人不得其門而入也。今其言曰：「物非他，即大司徒『教萬民而賓興之』之三物也。格物非他，即學習六藝，以成其德與行也。蓋德行之實事皆在六藝，而六藝總歸一禮，故孔子謂非禮不動，所以修身，教顔子以『克己復禮爲仁』，又曰『爲國以禮』。故學禮即格也、致也，約禮即誠正修也、齊治平也。小學、大學，由淺入深，師以此教，弟以此學也，士以此造，才以此取也。士大夫之學出於此，君相之學亦出於此也。明明德、親民由於此，止至善即由於此也。豈以誦讀爲事，静坐爲功乎？豈置道藝之實務，舍下學而躐等，以言性天乎？」又引馮應京之言曰：「人之參天地者，六德也。德之見於世者，六行也。行之措乎事者，六藝也。先王之設庠序學校，唯五禮、六樂、五射、五御、六書、九數爲孜孜，而德行備乎其閒矣。」旨哉，言乎！切實而可據，簡易而可循，非學記所謂大學之正業，而確然入道之門哉！源故心悦而誠服焉。矢之先聖，以相助明行斯道爲任，學禮以立其剛，内而身心動静一致，加功不入空虚，不流泛濫，外而實究專精經世之務，不騖夸誕，不事繁瑣，置省身録時刻自檢，以驗其功之淺深進退，發憤刻勵，務抵於成，一息尚存，不容稍懈。苟得以餘年，進德修業，入孔、孟之門牆，追明親之實境，得志行乎天下，不得志傳於後世，使自嬴秦毁滅、漢、唐訓詁僅存、宋、明表彰未盡之道，一旦而復明於天下，則其德與功之所立，與僅以經濟文章自見者，何如？於戲！此顔先生所以不可不師，而剛主之書不可不虚心讀之，專力求之，而不可以世儒之成説自畫，俗人之門户相持也，吾兄得無意乎？

附録

崑繩從恕谷謁習齋，習齋曰：「聞子知兵，其要云何？」曰：「不外奇正。」習齋曰：「假子以烏合數千，何法治之？」曰：「莫先束伍。」習齋躍然曰：「子真其人矣！」習齋年譜。

恕谷嘗從容與語李衛公言：「史官多不知兵，故兵法不傳。今觀史、漢至南北朝良然。唐書乃專志兵，歐陽諸公之識，高出前史遠甚。」先生曰：「唐書所志，兵志耳，其法之不傳自若。及爲萬季野撰明史稿，兵志乃悉著其法於篇。」恕谷年譜。

平書凡八事：一曰分民。謂士農工商以分之，鄉以合之，立鄉官曰正、曰畯、曰巡以治之，而奸民、游食、異端則變之除之也。二曰分土。謂郡縣久任重權如封建，縣統於府，府統於藩，其地域則因山川、隨幅幁不相紊，不大懸也。三曰建官。謂内官設府，公孤、端揆、御史、成均也；設部，農、禮、兵、刑等六部也；設院，通政、黄門也；設衛，金吾、羽林也；設司，曆象、醫卜之類是也。外官則藩、府、縣。縣有堂，縣令、縣師也。有衙，六衙也。有監，是亦醫卜之類也。府、藩皆如之而異其名。其銓選，則以一途爲升降，不以他途雜之。如縣令轉至相國而其官止，縣師轉至大司成而其官止，縣衙理農者轉至大司農而其官止，縣醫官轉至京醫官而其官止之類也。别其賢否爲舉錯，不以年勞限之。天子考相國，相國考卿貳，以及州藩下則各考其屬。外，巡按御史劾之；内，御史府黄門院劾之。三年一考，九年三考，或陟或留或黜，而又有不時舉劾，不論年勞也。四曰取士。八歲入鄉學，教之孝弟幼儀，識字習數，讀經書，習小樂舞。十五入縣學，教之六德、六行、六藝，閱史陳策。二十後，教成者進之郡學，教之三月，試之。又進藩學，如之。進之成均，如之。遣歸縣，謂之太學生，分科以爲士，曰禮儀，曰樂律，曰天文，曰農政，曰兵法，曰刑罰，曰藝能，曰理財，曰兼科。分之各署，三年明習厥事，乃實授之職曰下士，予禄官以此爲始。五曰制田。議均田，開水利也。六曰武備。兵制、兵法也。七曰財用。論積粟、錢法、鹽法、商税也。八曰河淮。治水也。九曰刑罰。謂復墨以䍐贜，復刖以罪盜，復宫以罪奸也。十曰禮樂。移風易俗也。而最要者，尤在建官、取士二事，所謂爲萬世開太平者也。平書。

方靈皋曰：崑繩雖好氣，然内行篤修。其兄死，旬歲中貌若非人。性豪邁，不可羈束，於並世人，視之蔑如，雖古人亦然。所心慕，獨漢諸葛武侯、明王文成。於文章，自謂左丘明、太史公、韓退之，外無北面者。望溪文集。

鍾先生錂

鍾錂字文若，博野人。諸生。少負經世志，從習齋學。稍晚，從事六藝、九容，恕谷稱其學行爲顔先生門下一人。習齋設教漳南書院，實相之。率諸弟子習禮無愆儀，習齋視之亞於恕谷。自立日記册，習齋爲題册端，一曰勿欺，幽獨如對父師；二曰敦本，孝弟篤於家庭；三曰自立，言行勿隨流俗；四曰日新，時省過而改之，時思善而遷之；五曰務實，痛戒詩文棋畫，須求身世有功，而深嘉其能自强焉。雍正初，功令以諸生學行兼優者宣講鄉約，文若被選充，衆咸服之。縣令詢地方利弊，條上十事，而未嘗私見，令曰：「是博陵之澹臺子也。」輯習齋記餘言行録、闢異録。自著有哀感録、女範淑烈集、農書一隅三書。卒年七十九，私謚孝端先生。參習齋年譜。

案：習齋弟子見於年譜諸書者，同族則有士俊字千人，士佶字吉人，並諸生。士鈞、士侯、士銳、士倧字宗人，皆昆弟行也。希濂字廉甫，修己字敬甫，爾儼字畏甫，皆族子也。保邦，族孫也。蠡縣則有彭好古字敏求、壬之佐、朱體三、徐之琇、石鷟、石鸞字子雲、石繼搏字孚遠、孫秉彝、齊觀光、賀碩德、李仁美、李全美、王恭己、宋希廉、朱肖文、張澍、劉發璋、李廷獻、陳兆興。博野則有邊之藩、夏希舜、王久成、馬遇樂、曹可成、房魁盛、李植秀字果齋、李利、管廷耀、管紹昌。高陽則有李霖。肥鄉則有郝也廉、郝也愚、郝也魯、苗尚信、苗尚儉、白宗伊、李宏業、韓習數。深州則有劉琛、國之桓。安州則有陳天錫。安平則有可默。邢臺則有李倜。涞水則有曹敦化。完縣則有王學詩。及赴遼東尋親，有滿洲關拉江。游中州有湯陰朱本良、商水李順、李貞。今附載其名，無著述可紀，大抵皆率教躬行。略有見事蹟者，顏士俊學射。士佶學禮。士侯學律。希濂學書。爾儼學數。保邦學騎射技擊，初不知書，後乃頗知文事。曹可成學天文。李植秀學禮，問喪服。李利亦學禮。白宗伊、王學詩皆筆工，到處傳播顏、李之學。學詩不識字，有孝行，習齋初不許，後重其孝，列入弟子籍。國之桓長於習齋八歲，援董蘿石執贄陽明例，稱弟子，徒步從游中州。曹敦化學禮。朱本良爲明宗室後裔，父敬慕六藝之學，命之執贄。李順、李貞，父子青善拳法，習齋校藝，勝之，與談經濟，大服，乃命順、貞並從學。其他問學而未執贄者，不具列。

習齋交游

刁先生包 別爲用六學案。

王先生餘佑 別見夏峯學案。

李先生明性

李明性字洞初，號晦夫，蠡縣人。明諸生。孝友篤行。明末遭亂，執弓矢與鄉人禦賊。甲申後，韜晦不入城市。學以居敬爲主，慎獨功密。居家力行古禮。習齋與王法乾邀入學會，辭不赴，貽之書曰：「有道之士，文章皆秋實；浮狂之士，道德亦春華。」以顏子「不遷怒，不貳過」及「如愚」相勉，習齋奉爲畏友。子塨，從習齋學。參習齋年譜。

張先生羅喆

張羅喆字石卿，清苑人。明諸生。兄羅彦，官吏部主事，甲申守城死難。先生遂棄諸生講學，貧甚，非賢友之周不受。習齋詣之，問學，先生曰：「敬者德之聚，所聚者何德？誠者自成，所成者何事？仁而已。仁須肫肫，屯者肉象也，厚之至也。」其論性曰：「性皆善，而有偏全、厚薄之不同，故曰相近。義理即寓於氣質，不可從宋儒分爲二。」又言：「天者，理而已。溷語無極，非是。」時習齋猶執程、朱之見，反覆辯難，其後乃以先生之言爲真確。及存性編成，先生已卒，習齋謂：「安得復如其人者與言性哉！」參習齋年譜、存性編。

張先生起鴻

張起鴻，原名來鳳，字公儀，號石史，寧晉人。明崇禎丙子舉人。李自成陷京師，授僞官，拒之，械至保定。自成敗，乃脱歸。遠游，足迹半天下。晚居西山讀書纂著。聞習齋與王法乾講學，以聖賢相勉，作頤生微論贈之，又爲序存學、存性諸編。著有五芳井詩、蒼巖集、策論、法存、字存諸書。參習齋年譜。

王先生之徵

別見夏峯學案。

吕先生申

吕申字文甫，清苑人。諸生。棄帖括，究心天官、輿地、壬奇、太乙、孤虚、風角諸説，尤精堪輿家言。喜談經濟。習齋嘗從之問天文。所著書多不傳。參習齋年譜。

王先生養粹

王養粹字法乾，蠡縣人。年十六，補定州衛。諸生。有文名。以文就正李晦夫，語以聖賢之道，乃讀經學禮。習齋聞而納交，約爲日記，五日一會，訂其制行。習齋近狂，先生近狷。爲學，習齋壹意周、孔，先生依違程、朱，漸染莊、老。嘗相與縱論經史，意各有出，習齋每取其説。習齋歸宗，先生發其端。習禮、習射、習舞，節目多出講定，共學凡四十年。習齋晚年嘗問己學有進否，曰：「有遇人爭辯，能不言矣。」其殁也，習齋哭之慟，爲處置家事，猶以先生與張仲誠、李中孚皆天生秀傑，惜學爲宋儒所誤云。郭靖共字敬公，趙太若，遺其名，並蠡縣人。靖共，諸生。太若，布衣。習齋稱爲益友。太若性直率，人有過，指摘甚厲；靖共不面折，嘗祕書一小封授之。習齋有溢語，輒誦曰：「願無伐善。」二人與先生，皆習齋心交也。參習齋年譜。

劉先生崇文

劉崇文字焕章，蠡縣人。明崇禎己卯舉人，授興山知縣，陷寇，不克之官，署棗陽宜城。解組歸，與習齋爲忘年交,以聖賢相規勉。講學,門下甚衆。參習齋年譜。

陳先生之鉉

陳之鉉字國鎮,涿州人。鹿忠節善繼弟子,嘗曰:「傳吾學者,杜越之外,陳氏子而已。」學先躬行。年七十餘,諄諄提引後進不倦。大學士馮銓同城居,請見不得。參習齋年譜。

喬先生己百

喬己百字百一,臨城人。明諸生。講求經濟。明亡後,不履城市,好游名山,訪異人奇士。學以孔、孟爲的,闇修,世無知者。習齋遠訪之,見其耄年清苦,饋以酒食,寒舍論學,極懽。李恕谷亦以書問學,答之曰:「孔子教人,不過忠信、忠恕。性命之説渺茫,不如實行之有確據。實行敦,而性命自在其中,此孔子維世立教之意也。」先生博學粹行,郡縣長吏造門不得見。著述不輕示人,將卒,悉納之屋梁上,戒子孫勿動。同治中,訓導范鳴鳳搜破屋中得之,多殘蝕。其論顏子能發聖人之藴,孟子能大孔子之道,論者謂其學具體用。今存世譜前集三卷、正集三卷、後集六卷,及臨城志、葬説。參習齋年譜。

張先生鵬舉

張鵬舉字文升，蠡縣人。習齋以弟畜之。後與李恕谷共習韜鈐，考九邊圖，於漢、唐、宋、明制度、政事、風俗能詳能斷。習齋嘗謂：「友朋經濟之才，惟王五公、楊計公及文升。」所著書曰存治翼編。計公，安平人。諸生。能技擊，精西人算學。參習齋年譜。

張先生沐

別爲起庵學案。

許先生三禮

別見夏峯學案。

案：習齋嘗自言生平所嚴事者一人，曰孫徵君；父事者五人，曰刁文孝、李孝慤、王五公、張石卿、張公儀；兄事者二人，曰王五修、呂文甫；交友者三人，曰王法乾、郭靖共、趙太若。又曰：「予當恭莊時輒思劉焕章，矜莊時思呂文甫，坦率時思王五修，懇摯時思陳國鎮，謙抑時思張石卿，和氣包括英氣憤發時思王五公。」今據列之。此外喬百一、張文升著述皆有可徵。許西山雖未相見，貽書往復論學，後游中州拜其墓，故並列焉。其見於年譜者，尚不止此，或誼非久要，或事無顯著，姑從略。

習齋私淑

惲先生鶴生

惲鶴生字皋聞，武進人。康熙戊子舉人，官金壇縣教諭，少從常熟錢陸燦游，工詞章，喜觀禪宗書，信奉陽明、心齋、近溪語録。後改尊程、朱，服膺主静之説。游關中，聞謝野臣語習齋爲學大旨，心善之。及就蠡縣，幕往訪，習齋已殁。從恕谷得顔氏所著書，徧讀之，自稱私淑弟子，盡棄所學而學焉，恕谷引爲同志。所著書悉與商訂。别後貽書論學，互遣其子從受業。先生所著，有禹貢解一卷、思誠堂説詩十二卷、春秋解屬辭比事説六卷、大學正業一卷。恕谷善其説春秋，而以詩説尊毛駁鄭爲非，先生爭之甚堅。其於諸經傳注，多有駁義，世稱其長於毛詩云。參武進志。

程先生廷祚

程廷祚初名石開，字啟生，號緜莊，上元人。諸生。少好辭賦，從外舅陶氏得顔、李之書，讀而好之。時習齋已殁，乃作閑道録，上書恕谷，致願學之意。既而恕谷南游，先生過從問學，書存學編後云：「古之害道出於儒之外，今之害道出於儒之中，習齋先生崛起燕、趙，當四海倡和、翕然同風之日，乃能折衷至當，而有以斥其非，五百年間，一人而已。」於是確守其學，以博文約禮爲進德居業之功，以修己治人爲格物致知之要，禮、樂、兵、農以及天文、輿地、食貨、河渠，莫不窮源究委，旁涉與吾儒異者而辯之。出入於梨洲、亭林，而以習齋爲主。讀書極博，皆歸於實用。乾隆初，徵試博學鴻詞，十六年，薦舉經學，皆報罷。自試鴻博後，不再應科舉。自號青溪居士，卒年七十有七。著有易通六卷、大易擇言三十卷、彖爻求是說六卷、尚書通義三十卷、詩說二十卷、論語說四卷、周禮說四卷、禘說二卷、春秋識小録三卷、文集二十卷、詩集二十卷。參史傳。

附録

先生應鴻博，徵至京師，有要人慕其名，欲招致門下，屬友人達意曰：「主我，翰林可得也。」正色拒之，以此報罷。

於易不喜漢儒互卦、卦變、卦氣及宋、元河、洛圖、太極諸說，惟取王輔嗣、程正叔、項安世及近時李文貞觀象數書。同時惠徵君棟昌明荀、虞氏易，頗不然之。謂：「恕谷注易，專由象數以推人事，尚宗漢儒古法，而緜莊幾欲廢象，未免爲王、程二家所錮。」

戴先生望 別見南園學案。

清儒學案卷十二

敬庵學案

清初，中州諸儒多奉夏峰爲依歸，惟敬庵專宗程、朱，篤信謹守，與陸清獻相後先。躬行實踐，致君澤民，理學而兼名臣，亦與湯文正媲美。從祀廟廷，同膺盛典，洵無愧焉。述敬庵學案。

張先生伯行

張伯行字孝先，號敬庵，儀封人。康熙乙丑進士。通籍後，歸里讀書七年，盡通濂、洛、關、閩諸儒之書，始出考，授内閣中書，改中書科中書。丁父憂，歸建請見書院講學。會大水潰隄，先生募民夫塞決。總河張公鵬翮巡河，見而異之，疏薦堪勝河務，命以原銜赴工督修河隄及馬家港高家堰諸工，補授山東濟寧道。治運河蓄洩得宜，著書紀之，曰居濟一得。歲饑，自家運錢米賑之。命分道治賑，便宜發倉穀二萬餘石以濟民食。遷江蘇按察使。康熙四十六年南巡，命疆臣薦舉賢能，先生未與，聖祖召與督撫同見，曰：「朕久識汝清廉，今親舉之。他日居官而善，以朕爲知人。」遂擢福建巡撫，賑旱荒，清海盜，糾墨吏，禁淫祠，風化大行。擴建學舍，親與講學，閩學大興。調江蘇巡撫，治如在閩，尤注意於水利海禁。總督噶禮貪恣，動多掣肘，具疏以病請罷，詔慰留之。會鄉試有交通關節事發，命尚書張鵬翮、侍郎赫壽按治。先生與噶禮會鞫，得舉人吴泌、程光奎通賄，狀詞連噶禮。噶禮梗其獄。先生疏請解噶禮職，付勘，噶禮亦摭七事訐奏，詔同解任。鵬翮等瞻徇，奏噶禮無罪，先生坐誣，應奪官。更命尚書穆和倫、張廷樞覆審，仍如前議。聖祖謂是非顛倒，下廷議。復不得直，特諭曰：「張伯行居官清廉，天下共知。噶禮操守，朕不能信。無張伯行在，彼江南地方必被朘削。朕不爲保全，凡爲清官者，何所倚賴乎？」切責諸大臣何無一言，遂奪噶禮職，先生仍留任。命下，朝野懽聲雷動。後復以窮治海商張令濤通匪事，總督赫壽又袒庇之，命張鵬翮及副都御史阿錫鼐按之，仍坐先生誣陷良民論罪。上召來京，免其罪曰：「此人朕還當用之於有錢糧衙門。」命直南書房，署倉場侍郎，授户部侍郎兼管倉場及錢法堂事務，釐剔積弊。連典鄉會試，巡察順天、永年兩府賑務，按視河南武陟河工，擢禮部尚書。先後進所輯濂洛關閩書集解、近思録集解、續近思録、廣近思録及宋、元諸儒文集，世宗特賜御書「禮樂名臣」四字褒之。雍正三年卒，年七十五。温詔褒卹，特諭大小漢堂官，於諭祭出殯日齊集奠送，謚清恪。光緒初，從祀文廟。先生學宗程、朱，不參異説。奉「主敬以端其本，窮理以致其知，躬行以踐其實」三言爲準的，以聖人之道爲必可學，而不可一蹴，幾循序漸進，歷艱險崎嶇，確乎不可拔。以困學自居，退然不自足，檢束考驗，至老不懈誠敬。上結主知，立朝靖獻，一本所學，爲理學名臣之冠。所刊布先儒理學諸書，先後五十餘種。所纂輯者，濂洛關閩書集解十九卷、近思録集解十四卷、續近思録十四卷、廣近思録十四卷、小學集解六卷、小學衍義八十六卷、學規類編二十七卷、養正類編十三卷、伊洛淵源續録二十卷、性理正宗四十卷、濂洛風雅九卷、唐宋八大家文鈔十九卷。自著者，困學録、續録各二十四卷，合爲集粹八卷，正誼堂文集十二卷，續集八卷，居濟一得八卷，彙刊曰正誼堂全書。參史傳、學案小識、朱軾撰神道碑、杭世駿撰家傳、費元衡撰行狀。

困學録

仁者，天地生物之心；敬者，聖學之所以成始而成終者也。萬善之理統於一仁，千聖之學括於一敬，故道莫大於體仁，學莫先於主敬。

天地大矣，立三才之中，必能與天地同體，而後不愧於天地。聖賢往矣，生百世之下，必能與聖賢同心，而後不負乎聖賢。學者立志，可不遠且大哉！

格物窮理，存誠主敬，是爲學實地工夫。古來善學者，無如朱夫子，而或者每議其支離，無他，避難而就易，務爲苟道而已。豈知舍格物窮理、存誠主敬而言學，舉非學乎！

義理無窮，學然後知不足。試觀文王望道未見，孔子曰未能，曰何有，非示謙也，直見道量無盡、歇脚不得之意。

古之學者爲己，須是不求人知方好。若有一毫求名之心，要人知道，功夫便不真實，便有閒斷。試思仁義禮智吾心之所固有，孝弟忠信吾身之所當爲，那一件是求名的事？易云：「遯世无悶，不見是而无悶。」論語云:「人不知而不愠。」中庸云:「遯世不見知而不悔。」須是存這一副心腸,方是實落做功夫的人,方能有長進處。

學者誠有志於道,須是無以貨利損行,無以嗜欲忘生,無以驕奢敗德,而後可以求進於向上一路。

學者貴卓然自立,尤貴奮發有爲。只一箇「待」字,斷送了古來多少人,故因循最足害事。有待而興,便是凡民,凡民自甘爲凡民,非天有以限之。無待而興,即爲豪傑,豪傑自爲豪傑,非人有以助之。

人必於道理上見得極真,而後於貧賤患難上立得脚住;亦必於貧賤患難上立得脚住,而後於道理上守之愈固。

大凡處順不可喜,喜心一生,驕侈之所由起;處逆不可厭,厭心一生,怨尤之所由起,一喜一厭,皆有動於中也。聖賢之心如止水,或順或逆,以理處之耳,豈以自外至者爲憂樂哉!

天下只有一箇是,此是則彼非,彼是則此非。若曰兩存其是,豈有此理!譬如之燕都者,一人之北,一人之南,必告以之北是,之南不是,然後人有所適從。今日兩存之,則誤人多矣!今之明儒學案、理學備考得毋類是?

羅整庵云:「理之所在謂之心,心之所有謂之性。」愚案:心統性情,謂「心之所有謂之性」,則可;謂「理之所在謂之心」,似欠妥。蓋理之所在謂之心,是有道心而無人心。虞書何以曰「人心惟危,道心惟微」乎?謂理具於心則可,謂理之所在謂之心則不可。孟子曰:「養心莫善於寡欲。」欲之所在,將不謂之心乎?觀程子曰「性即理也,心則知覺之在人而具此理也」便見。

學者實心做爲己工夫，須是先讀五經、四書，後讀近思録、小學，則趨向既正，再讀薛文清讀書録、胡敬齋居業録，然後知朱子得孔、孟之真傳，當恪守而不失。再讀羅整庵困知記、陳清瀾學蔀通辨，然後知陽明非聖賢之正學，斷不可惑於其說。從此觀諸儒語録，則是非了然胸中，邪正判如白黑，可以無歧趨之惑矣。

天下事多壞於僞君子。今有人焉，觀其容貌君子也，觀其言論君子也，觀其威儀動作無往非君子也，而其最不能假者，每在利害之閒，蓋見利必趨，見害必避，乃小人之真情也。孔子曰：「君子喻於義，小人喻於利。」觀人者，亦觀其喻義者爲君子，喻利者爲小人而已。容貌、言論、威儀、動作舉不足憑，矢天誓日舉不足信也。持此以觀人，則小人之情無所遁矣。

人於外物件件要好，只有一箇心與身是自己的，偏不要好，失所重輕矣。或問：「心何以好？」曰：「還其心之所固有，去其心之所本無，如此而已。」問：「身何以好？」曰：「吾身所當爲者不敢不爲，所不當爲者必不敢爲，如此而已。心之所固有，仁義禮智信是也；身之所當爲，忠孝廉節是也。」

或問：「何以爲學？」曰：「致知力行。」「何以爲治？」曰：「厚生正德。」「何以治己？」曰：「存理遏欲。」「何以處世？」曰：「守正不阿。」「何以待人？」曰：「温厚和平。」守此五者，其庶幾乎！

此心不敬，則事事皆病；此心能敬，則百樣病痛皆無自而生，故「敬」字爲學聖要訣。中庸言慎獨，孟子言求放心，皆是「敬」字注脚。朱子之學主敬以立其本，窮理以致其知，反躬以踐其實，爲功切實可循，但學者每畏其艱苦難入。自姚江之徒，以不檢飭爲自然，以無忌憚爲圓妙，以恣情縱慾，同流合汙爲神化，以滅理敗常、毁經棄法爲超脱，凡一切蕩閑踰檢之事，皆不礙正法。天下有此便宜事，誰不去做，而聖學之籓籬決矣。即姚江亦不意其流弊至此。然作俑者誰？按律當分首、從，其罪亦何所逃於天地閒乎！

伊川先生每見學者静坐，便歎其善學。予謂静坐而思念俱冥者，此坐忘也；静坐而思念紛擾者，此坐馳也，皆不得謂之善學也。須是静坐時有存誠主敬之功方可。中庸曰：「戒慎乎其所不睹，恐懼乎其所不聞。」存養其要矣。

程篁墩道一編，信王陽明朱子晚年定論，幾欲混朱、陸爲一，使學者茫然莫辨。得陳清瀾學蔀通辨，朱、陸之異始見，朱、陸之早同晚異始見，是陳清瀾大有功於朱子，大有功於後學也。

尚論古人，須是設身處地方可，不然，做局外人説自在話，直是容易。

爲學如喫飯，無論家常飯食，須是喫在腹裏，方纔會飽。若不實在喫了，只向口頭去講，雖説甚麽精饌，説甚麽美味，非不傾耳可聽，終是濟不得饑。

聖人之道，有極精微處，有極淺近處，學者於精微處，每諉爲不能知，不能行，而於淺近處，又忽爲不必知，不必行，無怪乎其去道日遠也。

夫子不以一貫示他人，而獨示曾子；周子不以太極圖示他人，而獨示二程。曾子卻又不言一貫，而言忠恕；二程夫子卻又不言太極，只言人倫日用。當盡的道理，無非要人從極平常處循循做將去，自有入手得力處。張横渠先生以禮教人，使人有所持守；朱子纂小學，集近思録，亦是這箇意思。

人有不爲，是其操守堅定處；可以有爲，是其才猷練達處。一介不與，一介不取，伊尹之不爲也；以天下爲己任，放桐復辟，以安社稷，非其有爲者乎？西山採薇，恥食周粟，伯夷之不爲也；叩馬一諫，犯左右之不測，留君臣之大義，非其有爲者乎？伊尹之功，人皆知之矣，而或有忘其操者；伯夷之操，人皆知之矣，而或有忘其功者。然伊尹之功在一時，伯夷之功在萬世。倫常在一日，即伯夷在一日，吾安能知其始終哉！

古之成材也易，今之成材也難。古之時，耳目之所接，心思之所存，無非義理也。以義理相漸摩，故其成材也易。今之世，耳目之所接，心思之所存，無非勢利也。以勢利相追逐，故其成材也難。

權者，變而不失其常也。必於道理熟悉於胸中，乃可言行權。若學未至，而遽言行權，不入於委曲遷就，則流於機械變詐，上之僅可以爲鄉愿，下之即入於小人。

孟子曰：「舜爲法於天下，可傳於後世，我猶未免爲鄉人也。」不特庸庸碌碌、與世浮沈者爲鄉人，即志趨遠大而德業聞望無所表見者亦鄉人也；不特一介匹夫側身寒微者爲鄉人，即公卿大夫不能建立功勳、法令傳後者亦鄉人也。先將「鄉人」二字辨得明白，而君子之所憂可知矣。

夫子讀易，不曰無過，而曰無大過，蓋一部易經，皆是恐懼修省之意，故曰「可以無大過矣」。

近世講學者，標宗旨，便是異端。彭世昌問朱夫子云：「先生教人，有何宗旨？」答曰：「某無宗旨，尋常只是教學者隨分讀書。」

王安石亦是不世出之資，亦欲以堯、舜之道望其君，但其學術不正，遂誤天下，故學者不可不審所尚。或問於朱子曰:「介甫之心,本欲救人,及後來壞事者,皆是過誤致然。」朱子曰:「介甫之心,固欲救人,然其術足以殺人,豈可謂非其罪!」愚謂介甫一生,總壞於「執拗」二字。大學曰:「斷斷兮無他技,其心休休焉,其如有容焉。」直可謂得大臣之體者矣。惜乎,介甫之學,猶未及此也!

君子之辭受取予,皆有一定的道理,非可以苟焉而已。小之係一己之貪廉,大之關世運之盛衰,顯之見風俗之厚薄,微之係人心之醇漓,學者甚不可以爲小事而忽之也。

時勢之當然,事體之本然,自有可不可一定的道理。聖人只是可者還他箇可,不可者還他箇不可,不先存一可不可之見,這便是聖人之「無可無不可」耳。

善教者無他法,只是教人實下手做功夫便是善教;善學者亦無他法,只是從實地上下手做功夫便是善學。實下手做功夫如何?曰:「朱子不云乎,『主敬以立其本,窮理以致其知,反躬以踐其實』而已。」

「敬」字是徹上徹下工夫,當致知之時要用敬,當力行之時要用敬,即至成德之後,仍少「敬」字不得。

讀聖賢書,當思聖賢之所以爲聖賢者是如何,我之所以未至乎聖賢而求至乎聖賢者又當如何,其合乎聖賢者則行之,其不合乎聖賢者則改之,必求如聖賢而後已。先立定這箇根基,日積月累自然漸有長進。若不先定趨向,讀書時知有聖賢,到應事時,依舊還是庸人,隨俗俯仰,與世浮沈,徇情縱欲,流蕩忘返,汩没而不能以自振。迨至日暮途窮,歲月逾邁,而始歎生爲徒生,死爲徒死,不亦晚哉!

窮經致用，必先謹於少壯之日；著書立說，大抵俟晚定之年。不遇盤根錯節，無以別利器。大丈夫舉事，要當爲人所不能爲之事。若世間容易事，誰做不來！故朱子曰：「不哭的孩兒，誰抱不得。」明道先生論建學擇師，曰：「俾諸儒朝夕相與，講明正學，其道必本於人倫，明乎物理。其教自小學灑埽應對以往，修其孝弟忠信，周旋禮樂，其所以誘掖激厲、漸磨成就之道，皆有節序。其要在於擇善修身，至於化成天下，自鄉人而可至於聖人之道。其學行皆中於是者爲成德。」又言：「以成德者爲太學之師，聚天下子弟而教焉，此皆坐而言可起而行者，安得施之今日，而一收其效乎！」

學以聖人爲至，不爲聖人之學，而爲世俗之學，無爲貴學矣。治〔一〕先王爲法，不遵先王之治，而爲世俗之治，不足以言治矣。

吾人爲學，須是要日新月異而歲不同方好。今日勝似昨日，明日勝似今日，今月勝似前月，後月勝似今月，推之一歲有一歲之功，不可放曠了親切的工夫，不可虛度了少壯的時日，自然日有進益。若今日如是，明日亦復如是，今年此人，明年依舊此人，與不學之人何異！

人之初學，要整齊嚴肅之意多，方見得立志之專。學之既成，要溫厚和平之意多，方見得所養之厚。

或問：「不能盡其才，如何？」曰：「如人纔發得箇好念頭，從此充長去，便都是善，可以復其性之

〔一〕「治」下似脱「以」字。

本然。若纔發得一箇好念頭，見得善之當爲，卻又發一箇不好念頭，謂偶一爲之，亦自無妨，這一箇好念頭便不能充長去了。只是中間有阻滯，便是不能盡其才。」

仁無可名，惟公近之，蓋有公心，而後有仁心也。敬無可名，惟畏近之，蓋有畏心，而後敬心生也。君子比德於玉，素絲易染也，白璧投泥而不汙，則所云近墨者黑，近硃者赤，不足以定君子矣。君子比操於松，黃葉易彫也，青松凌霜而獨秀，則所謂榮者易枯，盛者易衰，不足以限君子矣。

視聽言動四者皆合於禮，辭受取與一介必準乎義，此真志伊尹之志，學顏子之學者也。希聖希賢，須從此始。客氣與氣節不同，傲世淩物謂之客氣，持己守正謂之氣節，故客氣不可有，氣節不可無。功利與事業不同，功名富貴謂之功利，輔世長民謂之事業，故事業不可無，功利不必有。

士之難知也久矣。其守正不阿，有似乎迂；其不枉道以求合，有似乎拘；其不同流合汙，有似乎矯；其守先王，待後學，有似乎亢；其持己之潔清，而不樂受人之汶汶，有似乎傲，是數者，皆其不合於時宜者也。持此數者不合之資，而欲求合乎人，亦誠見其難矣。自非具大識力、大眼目，安能識於風塵流俗之表！孟子曰：「觀近臣以其所主，觀遠臣以其所爲主。」以此觀之，亦可以得其人之大概矣。

中庸集註云：「獨者，人所不知，而己所獨知之地也。」此地須時時要慎。如念慮初動時，此衷先覺其真妄，是意之初起處，固獨也，須嚴以防之，存其真而去其妄。至事務交接時，亦有暗地自覺其是非者，是意之已成，亦獨也，須密以證之，是者從之，非者戒之。即事物應酬後，亦有默默回想其中之是非處，是意之既往亦獨也，須有挽回之法，使是者不鄰於非，而非者終返於是。此君子慎獨之法也。

蔣西章生日自誓曰：「自今生日爲始，只如脱胎换骨一番。從前弊習舊汙，悉於昨日止，等諸隔世；從後德業新造，即於今日起，另闢乾坤。出凡入聖，日就月將，萬不許再墮俗坑，負天地父母生成之恩。」學莫先於立志，未有無志而能有成者。觀西章自誓之言，思過之録，可謂有志者事竟成。

蔣西章曰：「學者志不立，每曰：『世趨日下，正學難行。』不知道無今古，近世此道既孤，士君子益當以身任之。維持聖教，越要在難立之時立得住，方見豪傑，有功聖門，其高卓更有加於吾道大行、理學昌明之日者矣。」又曰：「一日之閒，有許多危險關頭，心一放，便墮下去了。」又曰：「若説道不可行，學不該講，則是文廟可毁，四書、五經可焚，何爲而崇祀日盛，傳誦不已乎？」議論最爲警策，可破學者推諉因循之弊。

論人品，當取先儒長處，以決趨向。論學問，兼要知先儒錯處，以定從違。非苛責也，正恐辨之不明，以致貽誤後人。

二程夫子最爲朱子所尊信，而二程夫子所解四書，朱子所改正者不啻大半。大凡前人之説有未妥者，不妨從而改正之；前人之説有未明者，不妨暢快言之，此爲發前人之所未發，前人當必得我而快意焉。此朱子之大有功於前賢，大有功於後學，故至今學者稱朱子集諸儒之大成，無異孔子集羣聖之大成，並未有議朱子改程子之説以爲非者，蓋理惟求其一是。道理者，天下萬世之所公共也，學以講而後明。朱子之書，其中或有未定之論，及門人從旁竊記之訛。後之學者，其所講論，或有補於朱子之所不及，朱子之所未備，即所謂發朱子之所未發，而朱子亦必快意於我之有斯言，又何嫌乎！即如朱子四書集註，朱子日日改，月月改，年年改，至大學「誠意」章，爲朱子絶筆，則大學「誠意」章以後，及中庸、論、孟朱子之所未及改者正多矣。朱子嘗曰：「文字頻改則愈佳。」又曰：「不用某許多功夫，亦看某的不出；不用古聖賢許多功夫，亦看古聖賢的不出。」又自笑云：「那得箇人如此著述！」後之學者，果能用朱子許多功夫，並用古聖賢許多功夫，終日讀，終日講，終日改，是朱子之所心許者也。而其人，我則未之見也。

文集

聖人可學而至論

客有問余曰：「聖人可學而至乎？」余應之曰：「可。」曰：「何由知其可也？」曰：「三代而上，言聖者必曰堯、舜。孟子曰：『堯、舜之道，孝弟而已矣。』三代而下，言聖者必曰孔子。曾子曰：『夫子之道，忠恕而已矣。』今與人言堯、舜、孔子，則震而驚之，以爲不能爲。及與之言孝弟忠恕，則忽而易之，以爲不足爲。此聖人之所以往往而鮮也。世之不知學者無論矣。稍知學者，率皆求之高遠，或且索之幽深，探奇探異，日從事於不可究極之域，以炫耀於人。其爲學也愈難，而其去聖也愈遠。即有一二好修之士，知慕聖學矣，乃口談道德而念切紛華，言稱先王而行同流俗，無怪乎爲知者所非笑，而不知者且得藉爲口實也。旨哉！程夫子之言曰：『言學便以道爲歸，言人便以聖爲歸。』蓋聖之所以爲聖，祇此倫理之克盡而已。天下同此倫理，根於性爲仁、義、禮、智之德，發於情爲惻隱、羞惡、辭讓、是非之端，見於事爲君臣、父子、夫婦、兄弟、朋友之常，此人之所以異於禽獸，而聖之所以與我同類者也。聖賢千言萬語，諄諄告誡，無非欲人盡此倫理，成得箇人。既成得人，而聖已不外是矣。誠能於日用之間，入則孝，出則弟，事事本之以忠，而行之以恕，去其所以不如堯、舜、孔子者，就其所以如堯、舜、孔子者，則亦堯、舜、孔子而已矣，尚何聖人之不可學哉！孟子曰：『堯、舜與人同耳。』又曰：『乃所願，則學孔子也。』使以爲不可學而至也，孟子豈欺我哉！」

小學衍義序

予自丁亥歲奉命撫閩，仰體聖天子養育人才至意，建鼇峰書院以延英俊之士。作藏書樓，貯經傳史集數千卷，命書生課業之暇，日纂録古聖賢嘉言善行，予總其成，簡擇裁汰之，取朱子小學綱目例，分門別類，編次聯貫，凡得八十六卷，名曰小學衍義。既成而爲之序曰：「古者八歲入小學，十有五而入大學，凡格致、誠正、修齊、治平之事，俱於小學中養其知識、完其德性，後入大學，始無扞格不勝勤苦難成之患。自後世衰道微，小學之功不講，而望人才之成，難矣！朱子著小學一書，分明倫、敬身、稽古三綱領，各著條目於其下，源委井然，誠蒙養之聖功也。竊思朱子以後，名儒輩出，其議論風旨，足以啟佑來學者，亦夥矣。前人不能留其身以見後人，後人不能隔其世以見前人，求如洙、泗之間，師弟唱和於一堂，何可得哉！然古今之道一而已，散者寧不可聚，離者寧不可合，彙而集之，繼而續之，自堯、舜、禹、湯、文、武、周公、孔子、孟軻，皆可相見於六經、四書之中，何獨於朱子小學之書而不然哉！此予小學衍義一書，不避僭妄之罪，而欲小有補於朱子也。或疑採輯過多，非初學所能徧覽。不知道之在天下，無一事一物之可離，故禮儀三百，威儀三千，有經焉，即有曲焉，皆所以衍夫禮，而不厭其多者也。大學之有衍義，自西山真氏始，其規模較經傳已加詳矣。又有大學衍義補，則瓊山丘氏之説，較諸真氏又益加詳。予之爲是書，亦竊比於西山、瓊山云爾。雖然真氏、丘氏之書，當時已經進呈於朝，至今流傳海内，予何敢望！惟是區區纂輯之勤，歷有年所，且嘗與書院諸子切磋討論，冀稍當於立教、明倫、敬身之大旨。誠使初學之士取而玩之，庶幾有所考據，以爲學問、思辨、篤行之方，則是書或者不爲朱子所深非乎！

小學集解序

古者有大學小學之制，而未有其書。大學書傳自孔門，立三綱領八條目，約二帝三王教人之旨以垂訓，程子以爲入德之門是也。然小學尚未有書，或有其書而亡之，學者不能無憾。於是朱子集聖經賢傳及三代以來之嘉言善行作小學書，合内外二篇三百八十五章，以立教、明倫、敬身、稽古爲綱，以父子、君臣、夫婦、長幼、朋友、心術、威儀、衣服、飲食爲目，使夫入大學者，必先由是而學焉，所謂做人底樣子是也。學者不讀大學之書，無以得其規模之大，而不習之於小學，則無以收其放心，養其德性，而爲大學之基本。二書實相表裏，不可缺一。自世俗迫求近功，弟子當垂髫時即習舉業，小學一書遂塵封高閣矣。我皇上崇尚正學，特賜頒行海内，而淺識者又第以爲課試作論之資。坊間刻本亡慮數十種，纂註標題，未免苟爲試論剽竊之地，而鮮有敷暢尋繹其文義之微，與其教人親切之意，引學者以躬行而力踐之者。如此，則何貴乎朱子之輯是書？更何以仰副詔旨頒行期望始學之至意乎？夫朱子之爲是書也，規模節目，無所不備，蓋即一篇之中，而每章每句，皆有義理次第。每見註家於引四書之下輒註之曰：「已見論語。」「已見孟子。」不知孔、孟之言編入小學，則爲小學之義理次第，雖意無殊歸，而語各有當，何疏略若此也！至若小學大旨，前賢論之頗詳，余括其要而言之，不離乎「敬」之一字。必也於內外二篇三百八十五章，看得「敬」字義理次第分明，體之於身而實踐之，無不各有當然不易之則，修之則吉，悖之則凶，然後有以收其放心，養其德性，而大學之基本以立。苟不能敬，而存心處事，待人接物，有與此書相背違者，則已失卻做人底様子，而欲求入德之門，譬猶人之形體尚不能全，而欲肩重大之任以經營四方也，有是理哉！余故集諸家註釋善本而融會之，以成是編，且爲之掇其大旨，以弁之於首，俾學者知是書爲成就德業之要，勿徒視爲應試之資已也。

困學録序

知之數三，生知尚矣，而學知之下，復有困知。誠以天之所賦，資禀有厚薄，故心力有敏鈍。學焉而即知，乃大賢以上之事，而非中材所可幾也。易曰：「困，德之辨也。」記曰：「知困，然後能自强。」孟子言：「困於心，衡於慮，而後作。」蓋困則悔，悔則思，思則奮，奮則用力必堅，入道必深。故困而怠忽者，庸人之所以自棄也。困而刻厲者，君子之所以自修也。余禀質中下，幼受父母教誡，長承師友訓誨，雖頗知自愛，而讀書輒忘，不能使常著於胸中，余之於學，亦既困矣。於是隨時所閲，凡可以檢束身心，涵養德性者，從而筆之；以自省察，朝夕考驗，其有一理之未融於心，一事之未協於道，則潛思極慮以求之，困極而通，每有所得，亦附於後，以備參觀，題曰困學録。嗟乎！自異學紛起，其所宗主者雖不一其名，要之皆缺下學之功，妄議上達之效者也。甚且以任心而動者爲妙道所存，勤苦而有成者皆迹象所在。信斯言也，聖人不當以困學居學知之次，而中材無以爲入道之階矣。故欲辨異學，當崇正學；欲崇正學，當從困學之功始。余以此自勉，尤願與天下共勉之。

伊洛淵源續録序

昔朱子輯伊洛淵源録，薈萃程門師弟子授受之際，一言一行，莫不條列備載。其居恒磨礱薰陶，裁抑其過，激厲其不及，或隨其材，或因其時，教者之所以教，與夫學者之所以學，槩見於斯矣。自後未百年，而又有天民先覺者出，接引後學，爲之指其門庭，表其梯級而先後之，於是聖道益明，源流益遠，則是續録之所爲作也。夫二程子師濂溪而友張、邵，倡道伊、洛，一時高第弟子如游、楊、尹、謝數十輩，率能卓然有立，尊聞行知，以不負付託之重。蓋自鄒、魯風微，斯文勃興，越千餘年一盛，恐其難爲繼矣。然而引而彌長，擴之乃大，自楊而羅而李，三四傳至晦庵。夫子膺斯道之任，而集羣儒之成，繼往開來，流行浩瀚，無論通都大邑，僻壤窮村，靡不願游其門，執經請益。當此之時，循循誨誘，無閒晨昏，所謂居敬以立其本，窮理以致其知，反躬以踐其實，及夫言行之一致，體用之一源，務使切己尋求，由博歸約，而登斯堂，聞斯旨者，亦皆佩服勿諼，各得其意以去猗歟。盛哉！張南軒嘗曰：「道在武彝。」信矣，其猶原泉，混混之出於深山，迤邐九曲，分爲萬派，播爲百川，合而渾涵，渟滀於四海中乎！此其爲淵源，詎有盡藏歟？續録舊本自有，明成化謝方石先生已彙輯成帙，分爲六卷，然採取未備。至隆慶時，薛公方山復因莆陽宋公初藁而重編之，名曰考亭淵源録。顧宋公初稿雖未及詳定付刻，而編輯頗嚴，如朱子同志之友，自廣漢、金華而外，槩不之録。方山所刻，則於金谿、永康、永嘉悉爲增入，竊恐世之繹其緒論者，或借吾儒之説，以蓋其佛老之真；或喜浮夸之談，以辨其利之習，又將何以正之耶？余不揣固陋，參互考訂爲二十卷，折衷於方石、莆陽二者之閒，命陳生紹濂編校授梓。後之學者，庶知大儒閒出，其一時師友之所漸漬，及門之所依歸，開悟釋疑，精深廣大，講學極其盛，而衛道極其嚴，析之入秋毫，而放之彌宇宙。所以表章先聖者在此。所以津梁後學者在此。而凡師弟閒磨礱薰陶，激厲裁抑，合之程氏之門，初無異轍焉，或者有當於朱子輯伊、洛之意，則是録真不可以不續，而謝、宋二公不又先獲我心哉！因書以爲序。

性理正宗序

人禀陰陽五行之氣以生，而太極之理具焉。命之於天，成之於性，性無不同，而氣禀則有清濁之異，智愚賢不肖之分途以此。古之至人，所以能知性所從出，而復全其天者，必有靜存動察、下學人事之實功，以馴致乎自然，而非徒寂守此虛靈不昧之心，使之凝然不動，俟其一旦豁然省悟，謂可惟吾意之所欲爲而不顧也。是則心也者，性之所寓而非即性。書曰：「人心惟危，道心惟微。」殆謂是歟？自孟夫子倡明性善之旨，以惻隱、羞惡、辭讓、是非四者爲仁義禮智之端，學者務在擴充以盡其力，於是乎告子之徒，雖誤認知覺運動爲性，所謂「不得於言，勿求於心」者，終不能逞其狂瞽之說，以惑亂天下。孟子之功偉矣！厥後荀、揚輩或云性惡，或云善惡混，邪僻之見，均足以害道。降及漢、唐，千有餘年，詞章功利，惑溺沈痼，未有灼見心性之源者。得程、張諸子起而闡明之。程子之訓其門人，以謂「窮理則盡性，盡性則知命」。是知，非窮理無以致其功，而張子則云：「合氣與虛有性之名，合性與知覺有心之名。學者必須敬其事。敬，固聖學之所以成始成終也。」嗚呼！可謂深切著明矣，曷嘗有默坐澂心可以證道之説哉！不一再傳，而金谿之學熾甚，以爲即心是理，六經皆我註脚；不立文字，可以識心見性；不假修爲，可以造道入德，守空洞無涯之識，而昧然於天理之真。學者樂其簡便而易從也，於是矯誣聖賢，捐棄墳典，逞其擎拳豎拂之餘智，猖狂叫呶，猶自擬於聖人之尊性。若非紫陽朱子反覆辨難，大聲疾呼，比之爲告子，又直斥之曰禪，其爲正路之荆榛，入門之障蔀，寧有紀極耶！幸而格致、誠正、修己、治人之道大明於天下，雖百世守之可也，何又有姚江王氏祖述金谿，而以朱子之學爲支離影響，倡立致良知之新説，盡變其成規。知其不足以服天下，則又爲晚年定論之書，附會牽合，以墨亂儒。天下之談心學者，靡然響應，皆放佚準繩，不知名教中有何事。至啟、禎末年，而世道風俗頽敗極矣。蓋比諸金谿之爲禍，殆有甚焉。嘗見傳習録有云：「無善無惡者心之體，於事事物物上求至善即爲義外。」嗚呼！此即六經註脚之唾餘也，即勿求於心之宗旨也。不知窮理持敬是以不識心性，惟不識心性，故於默坐澂心時，偶見西來面目，即驚爲獨得之祕，遂至挾此以淩駕古今，莫之能禦。昔人有云，以學術亂天下，於姚江見之矣！非有特立不回之君子，障其狂瀾，而撲其熾燄，吾道其尚何望乎！余幼讀性理大全一書，見其引據詳贍，亦既留心潛玩矣。惟是天文、地志、律曆、兵機、讖緯、術數之學援引甚繁，未免失之駁雜。又其爲書，於儒、釋、參同語及縱横家義論槩有取焉，似乎擇之不精。余不揣固陋，謬爲編輯，删其繁蕪，補其缺略，尊道統以清其源，述師傳以别其派，凡静存動察、下學人事之實功，有切於心性者，無不盡其節目次第之詳。於宋則取周、程、張、朱五子之言爲的，於元、明則以許、薛、胡、羅四君子繼之，其餘諸子，閒有採録，不敢濫爲摭拾。惟於異學之邪僻，足以惑世誣民，而後之人能抉其樊籬，披其根株者，衛道之功不可泯，爲之三致意焉。是編也，始於辛丑，迄於癸卯，閱三載而後成，名之曰性理正宗。非敢自附於知道，惟自盡於區區向學之志，以遠於荆榛障蔀之歧途。尤願後之學者，循塗守轍，崇實黜虚，不至誤認知覺運動爲性，而默守其虚靈不昧之心，則窮理持敬，下學可以上達，盡性即以至命，於以上接濂、洛、關、閩之傳無難焉。此固學術之幸也，亦世道風俗之大幸也夫！

與毛心易書

近世學者，皆爲舉業計耳。足下謝絶舉業，一心聖賢之學，誠近今所難得。舟中讀延陵書院會語，亦多中道之言。獨是揭格物爲宗旨，予不能無疑。夫格物者，窮理之謂也。朱子論爲學工夫曰：「主敬以立其本，窮理以致其知，反躬以踐其實。」此三者，乃爲學之切要工夫。今以格物爲宗旨，予意若不主敬以立其本，是無本之學，而學爲雜學矣；若不反躬以踐其實，是無用之體，而體爲虚體矣。聖賢之學，由本以及末，明體以達用，内聖外王，備於一身，用行舍藏，運於一心，而謂一格物遂足盡聖賢之工夫乎？而謂一格物遂足滿聖賢之分量乎？程子曰：「涵養須用敬，進學則在致知。」是格物之前，尚有主敬之功。又曰：「學之道，必先明諸心之所往，然後力行以求至。」薛文清公曰：「讀書不體貼向自己身心上做工夫，雖讀盡古今天下之書亦無益也。」是格物之後，又有實踐之功，安得以一格物盡之哉！「主敬以立其本，窮理以致其知，反躬以踐其實」，聖人復起，不易其言。别立宗旨，奚爲也？

與友人書

來教云：「先讀四書、五經，再參以諸儒語録。」即此足見先生以古聖賢自期待，而不肯苟同於流俗，弟已仰止久矣。然其中猶不能無疑。夫先讀四書、五經，誠是矣。但諸儒語録，則不容於無辨，正未可强而同之也。先生所謂諸儒語録者，指薛、胡之語録乎？抑指陳、王之語録乎？若讀書録、居業録誠可讀也，豈傳習録亦可讀乎？陽明之學，羅整庵先生已辨之，陳清瀾、張武承、陸稼書諸先生又辨之，其不可爲其所誤，明矣！弟往見歸德陸别駕曾刻傳習録，而陸稼書先生見田梁紫先生札中偶及陽明之學，其答陳子萬書曰：「聞中州人主持陽明者甚多。」又述田先生來札云：「今日沈疴，惟在利之一端，我輩當實實於本分當知上討論，實實於本分當行上勇爲，只求自信，不圖人知。」予觀田先生，似亦非主持陽明者。其言於本分當知上討論，非朱子所謂「窮理以致其知」乎？於本分當行上勇爲，非朱子所謂

「反躬以踐其實」乎？是田先生亦朱子之學，而非陽明之學也。或偶以陽明爲前輩，而不欲輕議之，此亦忠厚長者之道。而稼書似以中州之人，皆爲主持陽明之人，不無太過。然推稼書先生之心，初非有他也，不過以正學不明，大道久晦，欲尊程、朱，黜陽明，使天下已讀陽明之書者，不至迷溺其中而不返，而未讀陽明之書者，亦不至誤入其中而不覺。此亦稼書先生不得已之苦心也。相隔千里，不知先生所讀語録爲誰氏之書。但學術不可以無辨，故敢爲先生陳之。愚意欲先生五經、四書而外，先讀小學、近思録、朱子文集、語録及薛文清讀書録、胡敬齋居業録、羅整庵困知記，而後漸讀諸儒之語録，庶有以辨同異而定取舍。若不先讀諸書，而汎觀先儒之語録，則美惡雜陳，是非混淆，我之趨向，能粹然一出於正乎！吾恐五色迷目，其不爲其所惑者，鮮矣！

附録

先生歷官二十餘年，未嘗攜眷，日用所需，皆自河南運載而往。初至閩，見署中帷幕器皿華侈，盡撤還之。比移吴，先檄禁陳設衙署。無錫縣送惠泉水，受之。後知以民船載送，即不受。費元衡撰行狀。

先生爲治，以養民爲先，教化爲本，遇災祲，賑糶並施，務使民無失所。設置常平社倉，以備凶荒。所至輒建書院，招來士之有學行者，相與講求聖人之道。在閩建鼇峰書院，擴學舍百二十間，月三四至，親與講論。貯古今經籍四百餘種，廣搜前賢遺書刊布之。於吴建紫陽書院，講習課試，與閩略同。一時士風斂華就實。同上。

先生論學，以周、程、張、朱得孔、曾、思、孟正傳，故纂濂洛關閩書集解以配學、庸、語、孟，名曰後四書。謂許、薛、胡、羅爲周、程、張、朱之正傳；謂本朝陸稼書學朱子之學，爲許、薛、胡、羅之繼起；他如楊龜山、謝上蔡、尹和靖、羅豫章、李延平，衍程子之派者也；張南軒、吕東萊取資於朱子者也，黄勉齋、陳北溪、陳克齋受學於朱子；真西山、熊勿軒、吴朝宗私淑於朱子者也。有明之學，得其正而不爲邪説，所接者曹月川、陳贍夫、崔後渠、魏莊渠、汪仁峰、蔡汶濱也。本朝之學，宗朱子者，張楊園、汪默庵、陳確庵、陸桴亭、魏環溪、耿逸庵、熊愚齋、吴徵仲、施誠齋、諸莊甫、應潛齋、劉仁寶也。其所述作，精擇而刻之。而吴朝宗、吴徵仲、施誠齋、諸莊甫、劉仁寶，皆隱居力學，世莫能知，久將淹没不傳，先生特爲表章，尤見顯微闡幽之義。同上。

先生修明正學，排擊陸、王。或曰：「陸、王往矣，似不復辨。」先生曰：「今之爲陸、王者，正不乏也，安得不辨？」又曰：「程、朱與陸、王，如雅、鄭朱紫，正邪截然。謂程啟皦之閑闢録、陳清〔一〕瀾之學蔀通辨、張武承之王學質疑已盡掘其根株，學者但取而讀之，自不容於復入。」同上。

先生所纂三朝名臣言行録已有定本，後經散失不完。四書正宗、易學編僅有稿本，尚未成書。五經大全意欲增删，另成善本，而未暇。晚年詳訂大學，依伊川改本，移「生財有大道」五節於「亦悖而出」

〔一〕「清」，原作「紫」，陳建號「清瀾釣叟」，今改。

之下，依古本復「邦畿千里」三節於「聽訟」之前，照朱子序文，改正右經一章。大註博綜諸〔一〕說，欲奏進而未及。同上。

沈果堂曰：「彤謁公問學，公曰：『朱子所云主敬以立本，窮理以致知，反躬以實踐，爲學之要，盡此矣！』又曰：『論語言君子喻於義，小人喻於利，老氏貪生，佛者畏死，烈士徇名，皆利也。利獨在貨財禄位乎！』後拜賜題祠額，公曰：『孝經云立身行道，揚名於後世。有恥所以立身，自强所以行道。爾加意宋五子書，苟專志不懈，於道也何有！』」沈彤述先師訓。

雷翠庭曰：「余癸卯公車入京，得見公。公聞鼇峰書院有志正學人，喜動顔色，引掖不倦，授余以居業録、斯文正宗、道南原委、續近思録、廣近思録等書，曰：『明儒薛、胡二先生最純正，初學尤宜從居業録入手。』又云：『余老矣，倦酬應。與人論學，則精力不衰，子無事可常來。』余落第後即歸，每念荷公教言，惟恐有負也。」雷鋐聞見偶録。

唐鏡海曰：「困學録所載，語語皆切實功夫，可以推闡程、朱之所已言，引申薛、胡之所未及。而按之先生平生踐履，歷官品節，所謂『先行其言，而後從之者』也。」學案小識。

〔一〕「諸」，原作「緒」，形近而誤，今改。

敬庵家學

張先生師載

張師載字又渠，號愚齋，敬庵先生次子。康熙丁酉舉人，以父廕補户部員外郎，出爲揚州知府。歲饑，高郵湖西民以縣吏報災輕，不得賑，先生行部，見饑民載道，不待報，賑之。江都芒稻閘，爲諸河入江要津，夏潦盛漲，閘官利鹽商餌，謂非運使令不啟。先生躬驗，水足運鹽，督役啟之，以洩水，遂以啟閉屬諸府爲例。累遷江蘇按察使，内擢右通政，倉場侍郎，協辦江南河務。授安徽巡撫，仍協同防河。會河溢奪職。再起，爲兵部侍郎、漕運總督。復授河東河道總督。乾隆二十九年卒，謚慤敬。先生長於治河，少讀父書，研性理之學，高宗稱其篤實。著有治水方略、改過齋文集、讀書日鈔等書。參史傳、先正事略。

敬庵弟子

蔡先生世遠

別爲梁村學案。

沈先生彤 別爲果堂學案。

鄭先生文炳

鄭文炳字慕斯，莆田人。少有志操，長探性命之學，作正學論要，以洛、閩爲歸。父游滇南，久無音耗，問於母，記其狀貌及離家年月，蹤迹至相見，號泣請歸，不可。及父殁，復奔赴，負骸歸葬，時稱爲鄭孝子。補諸生。敬庵先生撫閩，重其學行，選入鼇峰書院。及移撫江蘇，招至講業，年餘而歸。雍正、乾隆兩舉孝廉方正，皆不就徵。主洞橋書院。卒年八十有六。著有周易講義、明倫集、性理廣義、省心集。參先正事略。

費先生元衡

費元衡字□□，吴江人。從敬庵游，列門牆，奉提命者十有四年，親炙最久。敬庵殁後，撰次行狀，於學術事功，鉅細不遺。杭大宗稱其「著録公門，不肯以言語媚人」，必可徵信。參正誼堂續集及撰行狀、杭大宗撰張公家傳。

案：敬庵門下，以蔡文勤公爲傳學嫡裔。鼇峰書院志蔡文勤、鄭慕斯之外，所載海澄鄭亦鄒，進士；長汀黎致遠，後官刑部侍郎；南平余祖訓，亦官刑部侍郎，當時皆爲諸生。眉目雷翠庭，受業於文勤，乃再傳門人，別爲專案。

敬庵交游

方先生苞

別爲望溪學案。

朱先生軾

別爲高安學案。

沈先生近思

別見三魚學案。

汪先生份

別見望溪學案。

冉先生覲祖

冉覲祖字永光，號蟫庵，中牟人。康熙辛未進士，官翰林院檢討。少爲諸生時，喜聚書博覽，通史學韻學，不屑屑於科舉之業。康熙二年，舉鄉試第一，浮沈公車幾三十年。益研經學，兼採漢儒、宋儒之說，而以朱子爲歸。耿逸庵重興嵩陽書院，聘爲山長。初至，與諸生講孟子一章，剖析天人，分别理欲，以所作天理主敬圖及爲學大指十八則示之，四方學者，聞風踵至。晚達官翰林數年，遇覃恩，得封贈父母。即假歸，逸庵已歿，學者寥落，復主講嵩陽。會敬庵創建儀封請見書院，兼主之。假滿還京，未久，即告歸不出，教士益勤，成就甚衆。卒年八十二。先生學由博而約，邃於性理。於陽明，重其文章勳業，然謂「教人無歧路，此是則彼非，不可不辨」，於陸、王不復假借。著陽明疑案，敬庵最契之，謂「較整庵、後渠，論辨尤爲嚴正」。他所著有四書詳説、五經詳説、孝經詳説、正蒙補訓、寄願堂文集及雜著凡十餘種。參敬庵所撰傳。

文集

袁氏立命辨上

予少閲袁了凡所傳立命之學，喜其言有證據，而導人以爲善之路也，書一格懸之壁，日以功過自程焉。及漸體會孔、曾、思、孟之書有所入，覺了凡之言無當也，置之不復觀。近見張氏力詆了凡，謂：「感應功過格，附會太上不根之語，以覩人爲善，正孟子所謂要棄必亡者。」予因自幸不存少年之見也，然猶恐天下人同予少年之見也，故援孟子之言立命者以正之。孟子曰：「殀壽不貳，修身以俟之，所以立命也。」命謂天所賦予之理，修身則此理不至失墜，故能立也，非謂殀壽爲命，而立之以有壽無殀也。孟子又曰：「莫非命也，順受其正。」命謂氣數之命，禍福是也。君子盡道而得福，固其當然。即得禍，亦屬莫之致而至，故爲正命也。非謂盡道者順受其福，而去其禍也。了凡計功以千萬，而所求輒應，不與孟子相左乎？夫學者治心之要，不外存理遏欲耳。窮理居敬，以求欲之不萌，而猶患其潛滋暗長，不可禁也。今乃爲之勸曰：「行功幾何而得某報，行功又幾何而得某報，譬之商賈持籌，居某貨而利幾倍，居某貨而利又幾倍。」以此營營於心，人欲錮蔽，天理消亡矣。果其獲報，亦云私也，況其不獲，而徒役其心於不可知乎！天理，善也；人欲，惡也。存天理，君子也；徇人欲，小人也。未有人欲可謂之善者，未有徇人欲可謂之君子者。而司造化之權者，竟不能鑒其爲理，爲欲，爲君子，爲小人，而隨其願以應之，必不然矣。或曰：「了凡使人知命之可移，而勉於爲善，是亦名教之助也，而子深闢之，將使人肆然不知有善，乃爲愈耶？」予曰：「欲使人勉於爲善，莫若使人識善之真。告子以義爲外，孟子闢之，而人知義之在内。今人以善爲外，而予能聽其晦蝕，不爲置辨耶？所謂善者，本乎吾性之仁義禮智，發爲惻隱、羞惡、辭讓、是非之情。而惻隱其最先動者也。見一人一物之失所，不忍於中，而思有以施之、濟之。及人物之被其施、濟，祇順其惻隱之情，而全乎性之仁，故以善爲内也，乃天理用事，而不參以人欲者也。今人見一人一物之失所，思有以博施、濟之名，不以爲吾性、吾情之不可閉抑也，而但曰行善事耳，出其物力爲之施、濟。夫物力，固外也，非内也，施之則善，吝之則不善，豈非以善爲外乎？而且有覬覦而爲之，不獨外也，抑亦僞也。以善爲外，必待有所覬覦者爲之，無所覬覦則不爲矣。以善爲内，本乎吾性之固然，發乎吾情之不容已。其爲善，如饑者之求食，不飽不止也；如行者之赴家，不至不止也。而物力，特借資耳，非善之本也。孔子不以施、濟言仁，而取諸立、達之心。苟心純乎理，即不施、濟一人一物，而已深於爲善矣。此又不可不知也。今人方以善爲外，而了凡立説，又鼓衆而作其氣，久之迷於本原，而善愈晦矣，可謂勸善乎？若報應之説，吾以孟子爲斷曰，俟耳順，受耳不聞，隨人之願而轉移也。今信了凡，將謂孟子之言非歟？吾寧闢了凡而從孟子。」

袁氏立命辨下

命者，理爲主，而數寓其中，非數與理相衡，而無軒輊於其閒也。世俗以人生年月日時干支八字爲命，專言數矣，豈足盡命之實乎？故主理而兼數以言命者，君子也；遺理而專主數以言命者，術士也。術士之説行，而君子尠矣。予博觀當世，大抵有三失焉。一謂數固有定，而我以積善爲之轉移，可得種種福報。若然，則從來聖賢可以常存，而上世風淳，比屋可封，人盡富貴壽考，無有貧賤夭札者矣。此其説失之矯也，賢知之過也。一謂數既有定，非我所能轉移，福至則安坐而獲，禍來亦引領而受。若然，則聖賢之修身盡道皆爲多事，而庸夫之昏惰偷生，如醉如夢，反爲解脱矣。此其説失之卑也，愚不肖之不及也。而其甚者，謂數何足以限我，天下之高名厚利，我但施其權力智計而無不得。見有可趨，奪人而專之己；見有可避，全己而歸於人。此小人之尤不足齒者也。君子未嘗過也，以爲吾第爲善，而非敢爭權於造物也；亦未嘗不及也，以爲吾第爲善，而非可讓能於造物也，若不知有命，而權力智計是逞者，君子去之，霄壤遠矣！蓋君子言命，主理而兼數，固如是也。了凡以皇極之數爲命，始而安之，則愚不肖之不及也。既而奮焉，思有以移易之，則又賢知之過也。安命可也，安命不爲善不可也。奮而爲善可也，爲善而冀移易乎命不可也。此其失無可解也。而予尤怪了凡惑於數，異端因得售其術，竟陷溺其中而不返也。夫談數者，以衆人，而符於甲，爽於乙；以一人，而符於前，爽於後，其常也。孔生談皇極數固有驗，豈無一爽者乎？了凡值前塗之將窮，計無復之，舉以告雲谷。雲谷，僧之黠者也，知孔生之談數未必皆驗，故爲慰勉之語，謂「積德行善，命自我立」。其將來與孔生之數符也，則委咎於爲善之未篤也；與孔生之數爽也，則致慶於爲善之有功也。此異端誑誘庸夫之故智，而了凡不之覺。及其科名子息，壽考得諸望外，不知孔生之數不驗，而惟信雲谷之言有徵也，斯不亦陷溺實深乎！當其爲善也，禮佛懺罪，持呪書符，是以儒者之身，而爲釋氏之行也。其立説也，中心信奉，刊布海宇，是以儒者之口，而振釋氏之鐸也。孔子曰：「不知命無以爲君子。」了凡之謂矣。或曰：「積善之家，必有餘慶，數固不違，理亦應爾。了凡謂爲善而獲福報，固主理而兼乎數者也。」予曰：「非也。君子但知吾有爲善之理，而不計善有得福之理。積善，餘慶不期而然，豈人力所可倖邀乎！了凡言福報，如持左券而索償，人心橫發，道心不生，君子不謂之善也，而何主理之云！」或又曰：「言數者祖於易，易不爲趨吉避凶設乎？」予曰：「聖人作易，以前民用，昭示乎吉凶悔吝之象，使人致其恐懼、修省，所以剖天人之祕，而啟誠敬之扃也。觀伊川作傳，所言皆理矣，獨數哉！故讀易而知恐懼、修省，以期寡過，即爲修身順受之實，理與數兩得之。了凡以求福爲立命，理與數兩失之。抑易不云乎：『窮理盡性以至於命。』吾取而折衷焉。」

陳先生鵬年

陳鵬年字北溟，號滄州，湘潭人。康熙辛未進士，授浙江西安知縣，調江蘇山陽，累擢海州知州、江寧知府，廉勤多異政，深得民心。會南巡，治供帳，近侍索餽不得，陷以罪。聖祖聞其名，釋不問。總督阿山劾「受陋規，蝕關税」，落職下獄。士民揭其冤，讞鞫無所得，猶摭他事論重辟。聖祖特免其罪，命在武英殿修書。尋授蘇州知府署布政使。敬庵方爲巡撫，夙重先生，事無鉅細，皆與裁決。總督噶禮忌之，劾所作虎丘詩怨望，必欲置之死。先生終不屈，士民奔走呼籲，仍如在江寧時，部議削籍戍黑龍江，聖祖復原之，出其詩示諸臣，諭曰：「陳鵬年頗有聲譽，學問亦優，張伯行聽信其言，是以噶禮欲害之。宵人伎倆，大率如此，朕豈爲所欺耶？」學士沈涵密疏薦，上還其奏。久之，召先生入見，曰：「沈涵薦爾，朕疑之。今知非爾所敢請。」命署霸昌道，許自具摺奏事。有自稱王邸使，至索修城者金，先生縛置獄，馳奏得旨，聽其處分。杖斃一人，畿輔肅然。從尚書張鵬翮視南河，授河道總督。盡瘁河工。雍正元年卒，謚恪勤，祀賢良祠。先生生質剛毅，不屈不撓，屢以伉直被禍，聖祖保全之，馴至大用，名動海内。其學本於程、朱，心存仁義，與敬庵同患難，相契最深。勁節浩氣，雖出本性，亦由所學能成之也。著有道榮堂集。參先正事略、學案小識。

文集

三魚堂年譜序

長洲陸先生曾爲嘉定令，余守吴郡，時其邑之士大夫，至於田夫婦孺，皆思之不置，一墟一落，各有祠宇。及再任靈壽，民之思之，猶嘐志也。嗟乎！先生之感人如是，豈無本而能然與？余考先生年譜，自始學以至全歸，無日不講求於聖賢之道，其黜異端而崇正學，可謂不遺餘力矣。然究非敝敝焉大聲疾呼，務爲醜詆以攻其隙也。惟是講明吾儒之學，晰義理於毫芒，辨是非於疑似，使天下之人，於吾道燦然若黑白分而淄、澠别也，則異説不攻而自屈矣。此歐陽子所謂「修其本以勝之」也。觀先生進而在朝，退而在野，出而爲一邑之宰，處而爲黨塾之師，官守言責，敦然埤遺，往來酬酢，紛然雜乘，未嘗一日忘學。往往夢寐之閒，若或告之。此豈待仕之優，與夫時之暇哉！惟然，故丰采著於朝廷，惠澤施於百姓。本體之明以爲用之達，初非有加毫末於性分之外，及卷而藏之，不俟終日，而絶無幾微芥蔕於其閒。彼無異故，其素所蓄積然也。我朝昌明正學，聖天子表章孔、孟、程、朱之理，如日月之中天，照耀無垠，以故理學之儒，接踵而興，先生其當首置一座者也。異日修崇祀之典，將必有議而舉之者，豈特桐鄉之祭而已哉！記辛未先生以御史與邵子昆先生同有事棘闈，余即以是年成進士，曾望見其丰采，而未嘗一通請謁。今乃得拜先生於祠堂，讀其書，聞其流風餘韻，如親炙焉。適先生譜成，敬識數言於簡首，以志夙昔嚮慕之誠如此云。

道學正宗序

自十六字心傳之妙肇啟帝廷，從此君相聖賢遞相傳授，闡明性理，開示心學，已更無遺義矣。迄乎聖教寖衰，師承漸失，學者罔知所宗，諸家並起，見識各殊，異同雜出，甚且互相攻詆，如仇敵矣。傳曰：「天下同歸而殊途，一致而百慮。」先儒曰：「理一而分殊。」蓋理學之在古今，正如天地之大德敦化，小德川流，原自兼本末、該鉅細而言之，其中條分縷析，不爽累黍。要知似是而非之辨，所爭止在毫釐，相去已不啻千里。譬如人身之有血脈，無所不貫，即毫髮孔竅，一源稍有凝滯，即此一處，便是不仁，通體亦爲之不暢。甚矣！正學之難言也。學之不明，大約其原起於氣質之偏，繼且惑於異端，沾染而失於不自知。氣質猶可以學力變化，獨異端邪說，爲害最烈，不特俗儒庸衆受其沈錮，即一二高明才智之士，亦多失足其閒。無他，意見一涉偏陂，學術介乎疑似，堅僻蔽障，迷而不返，是可歎也。漢、唐諸儒，不無醇疵之差。逮宋六子出，從道統斷續存亡之會，直接二千年來孟氏無傳之學，遂爲吾道之正宗。後之學者，舍此將安適哉！昔龜山親受業於伊川之門，嘗疑橫渠西銘似近於兼愛，伊川爲辨論往復至於再四，始豁然而自釋。夫以橫渠之學識，大含細入，無所不備，猶不免於賢人君子之疑。又焉得世之學者，人人潛心篤信如龜山，而爲之師友者，誨人不倦盡如伊川者，而與之言正學耶？京江顧濂宗先生，好學君子也，嘗著道學正宗一書，上探羲、皇，繼以堯、舜、禹、湯、文、周、孔、孟及宋周、程、張、邵，終以紫陽朱子，窮源溯流，發凡起例，奉爲宗主，兼採其圖書語録，列諸篇簡。其所以繼美先儒，嘉惠後學之意，固甚深切而著明矣。讀是書者，尋往哲之緒餘，味斯道之宗旨，研究乎諸家之精藴，折衷乎紫陽，以爲指歸，且不爲異説所惑，其於千古理學之正，庶乎其不遠云爾。

敬庵從游

孫先生嘉淦

孫嘉淦字錫公，號懿齋，又號靜軒，興縣人。少時讀書，不泥章句，務返諸身，以求實踐，年二十餘，爲督學高文良公所識拔，得聞性命之學。又請業於張清恪公，所造益邃。康熙癸巳，成進士，改庶吉士，授編修。以侍母疾，乞假歸。服闋始出。世宗即位，上封事言三端，曰親骨肉，曰停捐納，曰罷西兵。上初怒其狂，繼嘉其直。召對，擢國子監司業，督安徽學政。遷祭酒，調順天學政。每按試，必與諸生講身心性命之學，纂近思録輯要授之。任滿，莅祭酒任，奏請令學臣選諸生貢太學，令九卿舉經明行修之士任助教，一以經術造之。又請廣學舍，增廪餼。詔户部歲給銀六千兩，賜官房百餘間，别爲南學。嚴立課程，五日一會講，人材稱盛。後循用其法，著爲令。兼署順天府尹。丁父憂，服未闋，以府尹召，擢工部侍郎，調刑部，兼辦吏部侍郎事，府尹、祭酒仍如故。以引見國子監教習，請授官，持議堅，忤旨，逮獄議罪。上意尋解，謂其不愛錢，命在銀庫行走。河東鹽政積弊，命往署理。高宗即位，召授吏部侍郎，擢左都御史，仍兼部事。上疏言三習一弊，謂「預除三習，永杜一弊，惟在皇上之一心」。論至剴切，上嘉納，宣示焉。遷刑部尚書，總理國子監事。奏仿胡安定遺法，用經義治事，分條教授，於是人知實學，興起者尤衆。轉吏部尚書，出爲直隸總督。奏懲刁民謀吞産，賄太監，投獻貝勒允祐門下。交刑部審訊。允祐議處。詔褒嘉優敘。賑災民，濬河渠，興水利。調湖廣總督，坐會巡撫奏劾糧道謝濟世不實，罷職。尋起爲宗人府丞，遷左副都御史，自陳休致。十四年，復以原官召直上書房，累遷工部尚書兼翰林院掌院學士。十七年，以吏部尚書協辦大學士。十八年卒，年七十一，謚文定。先生以至誠待人，自居鄉至立朝，未嘗作一欺人語。論學謂「人言朱、陸異同，直好以口舌爭勝耳。若實體，則窮理居敬，原不可分。克己乃主敬主腦工夫，但識己之所在。凡所動念，則據禮追己從生，究己終極，即是窮理。己克而禮自復，即是主敬。所復之禮，不外孝弟，天德王道皆統於是。即如人臣受職，但事事念及民生，休養生息，使之樂業安居，自能老者衣帛食肉，而忠君親上之心不教自生。孔子所謂『至德要道』，孟子所謂『堯、舜之道，孝弟而已』者，正此意也。」在翰林日著有春秋義十五卷行世，世宗非之，自悔曰：「吾學無真得，奈何妄測聖經！」遂并所著詩、删南華，通毁其板，不復著書。晚預經筵，命撰詩經補注，多秉睿裁。又命撰易傳補義，象、爻甫畢而疾革，乃命同直者續成之。奏疏存若干篇。參史傳、陳世倌撰墓表、盧文弨撰家傳、先正事略、學案小識。

春秋義自敍

春秋，編年之史也，紀列國之事，明一代之禮，立萬世之防，故曰：「我欲託之空言，不如見之行事之深切著明也。」又曰：「其事則齊桓、晉文，其文則史，其義則丘竊取之矣。」由此觀之，文因舊史，特因事以見義也。然而會盟侵伐不言，其故事有不詳，義無由見，傳者懵焉。乃區區於日月、名氏、爵號之閒，本無義而强鑿之，宜其輾轉牴牾而難通也。自唐啖叔佐、趙伯循、陸伯沖創通經旨，不守三傳，宋、元諸儒，遞相祖述，如劉原父、吕樸卿、程積齋、黄若晦之流，亦能細辨凡例之陋，深詆褒貶之非，顧於事之始末，終有未明。理可返心而求，事不能憑虚而悟，茫茫千載，九原不作，將誰使正？蓋極諸儒之研窮，終未能盡得聖人之意也。夫春秋者，孔子作之以教後世也，顧乃闕其事而不詳，隱其義而不著，以待後人之射覆乎？且設三傳不作春秋，其奚用焉？洤自束髮讀書，心竊疑之。因盡去諸傳，手録經文，沈潛反覆，亦已有年，而後乃今若有所見矣。夫會盟侵伐不言其故者，非不言也，不待言也。記曰：「屬辭比事，春秋教也。」事前有辭，事後有辭，比而屬之，始終本末具在焉。但使尋其起止，通其脈絡，則二百四十年國政之原委，邦交之離合，君卿之賢否，制度之沿革，如絲之綸，如珠之貫。其閒正君臣，親父子，序長幼，謹夫婦之禮，敦交友之信，微之天人性命之原，顯之禮樂政刑之大，使夫窮而在下者可以識正誼明道之功，達而在上者可以得撥亂反治之要，蓋内聖外王之義，不啻燭照數計而龜卜也。因不揣固陋，爲之註釋，義不盡用諸儒，事不盡用諸傳，即經以考事，即事以見義，使天下後世曉然知經本甚明，無借於傳，於凡例褒貶之外，別有以得聖人之用心，而一代之禮，與萬世之防，自玩索而有得焉矣。

奏疏

三習一弊疏

臣一介庸愚，學識淺陋，荷蒙風紀重任，日夜悚惶，思竭愚夫之千慮，仰贊高深於萬一。而數月以來，捧讀上諭，仁心仁政，愷切周詳，凡臣民之心所欲而口不敢言者，皆已行之矣。事無可言，所欲言者，皇上之心而已。我皇上之心，仁孝誠敬，加以明恕，豈復尚有可議？而臣猶欲有言者，正於心無不純，政無不善之中，而有所慮焉，故過計而預防之也。今夫治亂之循環，如陰陽之運行，坤陰極盛而陽生，乾陽極盛而陰始，事當極盛之際，必有陰伏之機，其機藏於至微，人不能覺，而及其既著，遂積重而不可返。此其間有三習焉，不可不慎戒也。主德清則臣心服而頌，仁政多則民身受而感，出一言而盈廷稱聖，發一令而四海謳歌，在臣民原非獻諛，然而人君之耳則熟於此矣。耳與譽化，匪譽則逆，故始而匡拂者拒，繼而木訥者厭，久而頌揚之不工者亦絀矣。是謂耳習於所聞，則喜諛而惡直。上愈智則下愈愚，上愈能則下愈畏，趨蹌諂脅，顧盼而皆然，免冠叩首，應聲而即是，在臣工以爲盡禮，然而人君之目則熟於此矣。目與媚化，匪媚則觸，故始而倨野者斥，繼而嚴憚者疏，久而便辟之不巧者亦忤矣。是謂目習於所見，則喜柔而惡剛。敬求天下之士，見之多而以爲無奇也，則高己而卑人；慎辦天下之務，閲之久而以爲無難也，則雄才而易事。質之人而不聞其所短，返之己而不見其所過，於是乎意之所欲信以爲不踰，令之所發概期於必行矣。是謂心習於所是，則喜從而惡違。三習既成，乃生一弊。何謂一弊？喜小人而厭君子是也。今夫進君子而退小人，豈獨三代以上知之哉！雖叔季之主，臨政願治，孰不思用君子？且自智之君，各賢其臣，孰不以爲吾所用者必君子而決非小人，乃卒於小人進而君子退者，無他，用才而不用德故也。德者，君子之所獨。才則小人與君子共之，而且勝焉。語言奏對，君子訥而小人佞諛，則與耳習投矣。奔走周旋，君子拙而小人便辟，則與目習投矣。即課事考勞，君子孤行其意，而恥於言功，小人巧於迎合，而工於顯勤，則與心習又投矣。小人挾其所長以善投，人君溺於所習而不覺，審聽之而其言入耳，諦觀之而其貌悦目，歷試之而其才稱乎心也，於是乎小人不約而自合，君子不逐而自離。夫至於小人合而君子離，其患豈可勝言哉！而揆厥所由，皆三習爲之弊焉。治亂之機，千古一轍，可考而知也。我皇上聖明首出，無微不照，登庸耆碩，賢才彙升，豈惟並無此弊，亦並未有此習，然臣正及其未習也而言之。設其習既成，則有知之而不敢言，抑或言之而不見聽者矣。今欲預除三習，永杜一弊，不在乎外，惟在乎心，故臣願言皇上之心也。語曰：「人非聖人，孰能無過？」此淺言也。夫聖人豈無過哉！惟聖人而後能知過，惟聖人而後能改過。孔子曰：「五十以學易，可以無大過矣。」大過且有，小過可知也。聖人在下，過在一身，聖人在上，過在一世。書曰「百姓有過，在予一人」是也。文王之民無凍餒，而猶視以爲如傷，惟文王知其傷也。文王之易貫天人，而猶望道而未見，惟文王知其未見也。賢人之過，賢人知之，庸人不知。聖人之過，聖人知之，賢人不知。欲望人之繩愆糾繆，而及於所不知，難已！故望皇上之聖心自懔之也。危微之辨精，而後知執中難允；懷保之願宏，而後知民隱難周。謹幾存誠，返之己而真知其不足；老安少懷，驗之世而實見其未能，夫而後欿然不敢以自是。不敢自是之意，流貫於用人行政之間，夫而後知諫諍切磋者愛我良深，而諛悦爲容者愚己而陷之阱也。耳目之習除，而便辟、善柔、便佞之態一見而若浼；取舍之極定，而嗜好、宴安、功利之説無緣以相投，夫而後治臻於郅隆，化成於久道也。不然，而自是之根不拔，則雖斂心爲慎，慎之久而覺其無過，則謂可以少寬；勵志爲勤，勤之久而覺其有功，則謂可以稍慰。夫賢良輔弼，海宇昇平，人君之心稍慰，而欲少自寬，似亦無害於天下。而不知此念一轉，則嗜好、宴安、功利之説漸入耳而不煩，而便辟、善柔、便佞者亦熟視而不見，其可憎，久而習焉，忽不自知，而爲其所中，則黑白可以轉色，而東西可以易位，所謂「機伏於至微，而勢成於不可返」者，此之謂也。是豈可不慎戒而預防之哉！書曰：「滿招損，謙受益。」又曰：「德日新，萬邦惟懷；志自滿，九族乃離。」大學言，見賢而不能舉，見不賢而不能退，至於好惡拂人之性。而推所由失，皆因於驕泰滿。與驕泰者，自是之謂也。由此觀之，治亂之機，轉於君子小人之進退；進退之機，握於人君一心之敬肆。能知非，則心不期敬而自敬；不見過，則心不期肆而自肆。敬者，君子之招而治之本；肆者，小人之媒而亂之階也。然則沿流溯源，約言蔽義，惟望我皇上，時時事事常存不敢自是之心，而天德王道舉不外乎此矣。語曰：「狂夫之言，而聖人擇焉。」臣幸生聖世，昌言不諱，故敢竭其狂瞽，伏惟皇上包容而垂察焉，則天下幸甚。

附録

先生居，恒以八約自戒，一曰事君篤而不顯，二曰與人共而不交，三曰勢避其所爭，四曰功藏於無名，五曰事止於能去，六曰言删其無用，七曰以守獨避人，八曰以清費廉取。家傳。

先生有成均講義一書，乃攝祭酒時，以大學「聖經」一章爲學者入德之門，乃逐節疏解，以發明朱子章句之義。其講致知格物，謂釋氏欲正心而不先誠意，陸子静欲誠其意而不先致知，王陽明欲致其知而不先格物，惟程、朱之書詳言格物，獨得孔子之傳。今日學者之流弊，譏釋氏之不能誠意，竝其正心而失之；譏子静之不能致知，竝其誠意而失之；譏陽明之不能格物，竝其致知而失之；名爲守程、朱之學，並其格物而失之。古之所謂物者，盈天地之法象道器，書其一也；古之所謂格物者，極事理之廣大精微，讀書其一也；古之所謂讀書，博洽無所不通，作文其一也；古之所謂作文者，體製不可枚舉，制藝其一也。然則今日士子之所學，視古者綱領條目之大全，相去何如哉！亦頗中學者之流弊也。四庫提要。

康熙辛丑，先生偕友人南游，作南游記，末云：「斯行也，四海濱其三，九州歷其七，五嶽睹其四，四瀆見其全。吾以二月出都，河北之地，草芽未生，至吴而花開，至越而花落，入楚而栽秧，至粤而食稻。粤西返棹，秋老天高，至河南而木葉盡脱，歸山右而雨雪載途，轉盼之閒，四序環周。由此言之，古今亦甚暫也。心不自得而求適於外，故風景勝而生樂；性不自定而寄生於形，故時物過而生悲。樂寧有幾，而悲無窮期焉。吾疑吾之自立於天地者，無具也。宋景濂曰：「古之人如曾參、原憲，終身陋室，蓬蒿沒户，而志意充然，有若囊括於天地者，何也？毋亦有得於山水之外者乎？」孟子曰：「萬物皆備於我矣。」老子曰：「不出户，知天下。」非虚言也。爲地所囿，斯山川有畛域；爲形所拘，斯見聞有阻抑。果其心與物化，而性與天通，然則自兹以往，吾可以不游矣，而吾乃無時不游也已。南游記。

唐鏡海曰：「先生三習一弊疏，責難格非，陳善閉邪，視朱子誠意正心之説，後先同揆，可以窺先生之學矣。」學案小識。

清儒學案卷十三

恕谷學案

習齋之學，自創宗旨，如初闢蠶叢，恕谷益修治疏通之。說經則實事求是，取諸毛西河者爲多。其時宋學極盛而將衰，漢學初興而未熾，顔、李之學，在培人材，濟實用，與專講訓詁考證者不同，而漢學家因其與宋儒立異，亦不廢其説，故四庫於其説經論樂諸書並採及焉。述恕谷學案。

李先生塨

李塨字剛主，號恕谷，蠡縣人。康熙庚午舉人。父明性，學行爲鄉里所式，顔習齋嚴事之，先生遂受學於習齋，以三物、六行、六藝爲學之本，期於致用，學數，學射御，學書。又從王五公學兵法，從毛西河學樂律。習齋厓岸甚峻，足跡稀出閭巷。先生則屢館京師，遠游西至關中，南及吴、越，徧交賢豪，上接公卿，下至騶卒，言必稱習齋，故習齋之名，亦因之遠播。在陝西、浙江，佐執友治縣，皆有聲。安溪李文貞公官直隸巡撫，聞其學行，將薦之，固辭。時相索額圖，及明珠之姪，皆欲延教其子，不就。皇十四子撫遠大將軍用兵西陲，再聘參其幕事，婉謝之。晚銓授通州學正，甫浹月，即以母老告歸。遷居博野，建習齋祠堂，收召學者，治農圃以終，年七十有五。

先生爲學，始終一守習齋家法，所輯小學稽業、大學辨業及學規、論學，以補習齋所未備。所擬太平策，根於周官。又訂王崑繩平書，乃以佐習齋存治所未逮。習齋以六藝立教，先生謂：「禮讓爲國，自治治人，非禮不行。農乃國本，食爲民天，而兵則所以衛民，故於田賦、郊社、禘祫、宗廟皆有考期，可見之實用。」五十後肄經，於易、詩、春秋、四書皆有傳註。論易以觀象爲主，謂「陳摶、劉牧無極先天之說，皆使易道入於無用；明人以心學治易，率持禪偈以詁經，反置象數於不問，弊不可窮」，故引而歸之人事。論詩主不廢序，在尋賦、比、興之義，以合乎興觀羣怨。論春秋在求筆削之義，以觀予奪褒貶。謂古大學教法，所謂六德、六行、六藝，規矩尚存，故格物之學，人人所習，不必再言，惟以明德親民標其目，以誠意指其入手而已，而格物一章可不必補，其說本之習齋。習齋於程、朱學說多出爭義，毛西河著書於朱子亦多攻擊，先生自從西河游，北面稱弟子，偏序其書，服膺其說，註經考典多取之。與方望溪交最篤，望溪恪守程、朱，斷斷相辨。及先生卒，望溪爲誌墓，言與論朱子節概政略諸端，先生亦是之，後於所著書不滿程、朱者有所刪削。然遺書具在，固未屈於其說也。所著書，今傳刊者，周易傳註七卷，筮考一卷，詩經傳註八卷，春秋傳註四卷，論語傳註二卷，大學傳註一卷，中庸傳註一卷，論語傳註問二卷，大學傳註問一卷，中庸傳註問一卷，中庸講語一卷，小學稽業五卷，大學辨業四卷，聖經學規纂二卷，論學二卷，學禮五卷，學射二卷，學樂録五卷，平書訂十三卷，擬太平策七卷，閱史郄視四卷、續一卷，評乙古文一卷，瘳忘編一卷，宗廟考辨一卷，恕谷後集十三卷，天道偶測一卷，訟過則例一卷，學御録一卷，恕谷詩集二卷。民國八年，從祀孔廟。弟壎、培、埈、壥並從學。埈字益溪，諸生，佐註周易。子習仁、習中、習禮。習仁，諸生，守家學，又執贄於方望溪，先卒。參年譜及遺書。

周易傳註

凡例

一、卦有材焉，繫辭傳曰：「象者，材也。」即居體之體也。而分之有德，繫辭傳曰：「卦之德方以知。」乾健坤順之類是也。有情，乾文言曰：「六爻發揮，旁通情也。」謂文動而變也。有象，繫辭傳曰：「易者，象也。象也者，像也。」説卦所取象皆是。有位，説卦曰：「易六位而成章。」有時，繫辭傳曰：「六爻相雜，惟其時物。」有義，繫辭傳曰：「六爻之義，易以貢。」有數，如初二至上。又如三日、三年、七日等數，以及大衍之數皆是。有主爻。如「无妄，剛，爲主於内」是。

一、卦爻見經者，論本爻，一也；論三畫卦，二也；六畫上下相合論，三也；内卦爲貞，外卦爲悔。應卦，四也；謂一與四、二與五、三與上，陰陽相配者曰應。若俱陰俱陽，則謂之敵應。然應亦有兼數爻言者，如「小畜，柔得位而上下應」之類。論位，五也；凡卦以二五爲中，又初陽、二陰、三陽、四陰、五陽、上陰，陽爻居陽，陰爻居陰，爲得位之正。否則失位不正。又八卦正位，乾、坎在五，坤、離在二，震在初，艮在三，巽在四，兑在上。又初二三離位，四五上坎位。見啟蒙易傳。有乘，六也；上爻乘下爻也。如屯六二「乘剛」也。有承，七也；下爻承上爻也。如蠱初六「意承考」也。互卦，八也。孔子所謂中爻也。如春秋周史占觀之否曰：「有山之材。」「山岳配天。」皆指互艮言。

一、卦爻義即經而可見者，本爻不變之義，一也；爻變則三畫卦變，二也；如師初六變，則下卦爲兑。智莊子解師初六曰：「川壅爲澤。」六畫卦亦變，三也；如師初六變則卦爲臨。智莊子解曰：「不行之謂臨。」並非占而爻變始論變也。蔡墨謂乾之姤、乾之同人皆同此。比爻，四也；相連爻也。繫辭傳言近者是也。兩互成一卦，五也；如泰二互爲歸妹是也。對易，六也；如乾、坤、頤、大過等卦，是即文言所謂：「六爻發揮，旁通情也。」反易，七也；如鼎與革反易，故初六有顛趾象。下巽反兑，有得妾象。重易，八也；如履與夬因重相易，則九五有夬象。伏羲畫卦以交易，一索、再索、三索則爻變也。成六十四卦以重易，文王序卦，則以對易、反易似體，九也。如頤似離而稱龜，大壯似兑而稱羊類，前儒亦明大體厚體。如上經終坎、離，其前爲頤、大過，下經終既濟、未濟，其前爲中孚、小過，皆大離、大坎象也。或謂大體不可取，則噬嗑似頤，彖傳曰：「頤中有物。」豈聖言不可遵耶？

一、彖辭與爻不同，不觀變，故繫辭傳于彖言材，爻言動。又曰：「彖者，言乎象者也；爻者，言乎變者也。」舊儒彖辭亦有以變解者，則彖六爻俱備，當何爻變？何爻不變？漫無式憑，不可爲訓。

一、七八爲彖，九六爲爻，原有參互錯綜，不可執一。然而爻辭與彖辭亦必對玩，不可覩後而忘前也。苗氏獨得解曰：「泰卦彖傳以『上下交』爲義，四爻陰首，正當下交，故爻辭曰『翩翩以鄰』。朱子本義解作『小人合交害正』，則不會卦意矣。小象釋曰：『皆失實。』實者，陽也。三陰無陽，故來下交。本義又謂：『陰當居下，在上爲失實。』殊不思失實言皆則兼五爻，五爻帝乙歸妹，亦不宜在上乎？又不思泰交原取陰上陽下乎？爻辭不明看小象，小象亦誤解，愈遠爻義矣。」

一、爻辭論本義外，閒及爻變者，如訟九四「渝安貞」，小畜上九「既雨」之類。祇其爻變，餘爻不變。如論乾初爻祇初爻變，蔡墨所謂乾之姤是也。或此爻辭明指他爻者，亦閒論變，故朱震易傳有陰陽相應相納而變之説，然用此義者甚少。若先儒説象，本爻不能解，遂展轉他爻，如小畜九三「輿説輻」，獨得解謂「坎爲輿，二變成坎」之類。則論一爻而諸爻盡變矣。且或變或不變矣，何以爲準？

一、繫辭傳謂易「原始要終，以爲質也。六爻相雜，惟其時物也。其初難知，其上易知，本末也。初辭擬之，卒成之終。若夫雜物撰德，辨是與非，則非其中爻不備」。蓋六爻相聯，有初有中有終，首尾合觀，勢如率然，此玩易之法也。獨得解曰：「宋人解爻辭，不顧前後，如解之初六无咎，以其剛柔際也，乃於四爻則謂應不以正，豈在初无咎，而于四則有咎乎？何以言剛柔際乎？」

一、伏羲作卦，而文王之彖因之，周公之象因之，孔子之傳又因之。學者須先觀玩畫卦，次及卦名，不得誦辭乃忘原本。

一、孔子彖傳即彖之註，象傳即象之註，不得背此别詮彖、象。

一、六十四卦三百八十四爻，天時人事之列像也，讀之而不能身心洞徹，世事弗知，經濟過誤，雖讀易亦奚以爲！

一、聖教罕言性天，觀易亦可見。乾、坤四德，必歸人事。以下屯「建侯」，蒙「初筮」，每卦皆言人事。至於大傳「乾大始，坤成物」，合以賢人德業，陰陽性道，歸之仁知君子，「鼓萬物而不與聖人同憂」，以明聖人之崇德廣業有憂患焉。其餘專明人事，此易之大旨也。

一、本義筮法非古，予輯古人筮占一帙，曰周易筮考附後，亦彰往察來之一助也。

一、易有道、有數、有象、有占，然繫辭傳曰：「易者，象也。」道寓象中，數、占即象而見，一言象而易盡矣。六十四卦，六十四象也。三百八十四爻，三百八十四象也，而每爻中復具數象，則象不可勝窮，皆畫虚象以待實徵，所以能盡天下之變也。王弼、韓康伯不知象而掃之，不足道。兩漢諸儒皆言象，而或得或失。元人吴澄作纂言，則穿肉附毛，强桃代李。至明，來知德易註，何楷訂詁，漸順適而尚多附會。今但求自然，不事强造，且即象玩義，非謂象解必合聖心，不可更移。如此活看，庶幾觀象玩辭之道也。

一、易象隨觸而呈，不必全設。如損、益皆有損剛益柔之象，而彖傳惟用于損卦，不見于益；既濟、未濟皆有剛柔應之象而彖傳惟用于未濟，不見既濟，所謂不爲典要也。故詮卦爻隨機論象，不必比例。若觀者執一以繩一，膠柱刻舟，左右之袪，分寸必齊，則于易道奚啻逕庭而遥！

一、易入漆城已久，若與先儒辯難，卷不勝載，故是編但註經意，不爲駁言，惟如河圖、洛書等甚有關者，則不得已辯之。

一、伏羲畫卦，而後文、周繫辭，孔子贊易，皆以成己物，爲世道人心計也。若于三聖所言之外，再出枝節，非小道術數，則曲説纖巧，易之亡晦，皆以此也。故于五行勝負、分卦直日及京房一世二世三世四世遊魂歸魂諸説俱不入；即至上、下經，乾、坤之爻各三十而爲否、泰、損、益等論，雖有附合，而聖言所不及，亦一概芟除不録。

一、後人偶獲一見，附離聖經，曲爲比合，甚失易妙。爻下亦有及古人行事者，乃以其爻義難明，借以明之，非執定一事也。至于流于異端，牿于方技，如參同契、易圖鈎隱、三易洞璣諸書，皆亂易者也，學者勿爲所熒。

一、自漢、唐以來，易書閱幾百家，而十九影響。朱子作本義，曰：「吾于易，乃隔四五層解。」又曰：「下經、下繫難會。」其不自是，而惡人異己也，審矣！故明代時文，一遵朱註，而易註乃有來矣鮮諸人行世，世亦未有以異朱而訾謷之者，以易道廣大，原賴發揮也。學者無見舊人一說，遂自封錮。

論卦變

按漢焦延壽有「一陰一陽自姤、復，五陰五陽自夬、剥」之説，宋人因之爲卦變，仲氏易因之爲推易，大約謂一陽五陰之卦皆自復、剥而來，一陰五陽之卦皆自姤、夬而來，二陽四陰之卦皆自臨、觀而來，二陰四陽之卦皆自遯、大壯而來，三陰三陽之卦皆自否、泰而來。朱子以爲非作易本旨，乃卦成後有此象。其言近是。如兩人對閱，高下互分；二木相勘，枝節參錯，爲卜筮觀玩之一助亦可，而以諸卦自復、剥等來則斷不可。乾坤生六子，一因重之，六十四卦皆具焉，有師卦自復卦來，訟卦自遯卦來之理耶？且六子助天地以生萬物者也，而震、巽、坎、離、艮、兑反生自臨、觀等卦，則傎甚矣！以至干寶謂乾之初九自復來，乾之九二自臨來，諸卦反生乾、坤，更顛倒淩亂之極矣！烏可訓耶？至來知德，又專歸反對，名之曰綜。夫反對見于雜卦，本屬經意，但專以此解往來諸辭，則其説有難盡通者。如賁與噬嗑反對，賁彖曰：「柔來而文剛。」來註曰：「噬嗑上卦之柔，來文賁之剛。柔指離之陰卦，剛則艮之陽卦。」「分剛上而文柔。」來註曰：「分噬嗑下卦之剛，上而爲艮以文柔。剛指震之陽卦，柔則離之陰卦。」夫噬嗑上卦爲離，下卦爲震，是亦可曰柔文剛、剛文柔矣。且分字何解？猶是一陽二陰之卦，衹一倒觀，並無移動，何以言分？

辨河圖洛書太極

「天一地二，天三地四，天五地六，天七地八，天九地十」。此實指天地之數，以起下詰應之端，而覆明大衍也。按：鄭康成註曰：「天一生水于北，地二生火于南，天三生木于東，地四生金于西，天五生土于中，陽无耦，陰无配，未相成也。地六成水于北，與天一并；天七成火于南，與地二并；地八成木于東，與天三并；天九成金于西，與地四并；地十成土于中，與天五并。」然其說不始康成。揚雄太玄以三八爲木，四九爲金，二七爲火，一六爲水，五五爲土。呂不韋月令曰：「木數八，火數七，土數五，金數九，水數六。」蓋自戰國末即有其說矣，而實與易道剌謬不然。繫辭曰：「乾大生，坤廣生。」皆生也，而成在其中。觀坤曰資生，即曰成物可見也。不則「乾知大始，坤作成物」，或可曰天生而地成。今乃天地各分生成，各有生成，是何說乎？且天三生而二成，地三成而二生，何以言之？水木土何以當生于天而成于地？火金何以當生于地而成于天？金木皆地生，若曰木天生者，得天氣也，則何物不需天氣者？取火于日，空中有火，火不實生于天乎？土之生，似當先于金木，而反居五。天五行之配一二三四五，何居？或謂洪範一曰水，二曰火，三曰木，四曰金，五曰土，因據之爲相生之數，則洪範枚舉，不容无序，非爲生成也。不然，五事一曰貌，二曰言，三曰視，四曰聽，五曰思，豈亦先生貌，後生言，以及視、聽、思乎？夫土即地也，豈有地猶無土，待生水火木金後而天乃生之乎？地之成土，即以地成地乎？況六七八九十之數復何自焉？後人以此裝河、洛，圖太極，爲生人生物之源，則所繫重矣。乃聖經祇有五十五數以爲衍之本，而並不及五行生成一語，豈經旨尚有紕漏耶？其爲曲學穿鑿附會，灼无疑也。故五德相禪之妄，高氏拱本語明辨之矣。五行生成之説非易道，郭氏雍亦言之矣。且五行配八卦，鄭註无此，係後人僞河圖，見後。加以生剋，更爲誣經。毛河右易小帖云：「以卦義言，離爲火，坎爲水，巽爲木矣。然震爲雷不爲木，艮爲山不爲土，兑爲澤不爲金。革彖曰：「水火相熄。」則兑澤屬水。即乾之爲金，不過與爲玉並言，非專屬金也。乾爲金，爲水，爲大赤，爲木果，則金木水火皆備矣。以卦位言，則震木、兑金、離火、坎水，似矣。然而坤不是火，艮不是水，有四正而无四維，即曰坤、艮屬土，正合五行，然何以水火各一卦，而金木與土則各有複卦？且何以中央之土反无卦位也？以卦數言，則天一爲坎，地二爲離，天三爲震，地四爲兑，而乾、巽、艮、坤則又以六七八九就天地而分屬之，似矣。然而土爲五，十反爲卦數所不取。夫參同契云：『三五至精，五行之數，全在正五。』今卦有合五，而无正五。如金水爲一五，木火爲一五，皆可兩合，而土之正五，卦何以反不及也？至宋人太極圖專論五行，且欲以五行生八卦，更無理矣。」王崑繩曰：「五行生剋，始于鄒衍，而成于漢劉向、班固。然五行志等書皆牽扭可笑。江河井泉，金之流也，其然乎？世亦取火于金石，獨木也哉！水木火土，則謂草木悉漂萍，盲者笑其妄，以爲未有土，先有火，不知虚空何物可灰爲大塊也。剋木者金，而火未嘗不剋木也。吾見剋土者金，木之剋不若金之利也。火水交相剋者也。土剋水，水亦剋土也。總之，天地無不生，无不剋，萬物消長乎？陰陽也。若五行生剋，謬矣哉！」錢煌曰：「卦論生殺，則乾父剋震子，震子剋坤母。兑、離、巽三女，艮、坎、震三男，皆相尅。此大亂人倫之道也，而可哉！」胡朏明易圖明辨曰：「經言天地之數所以爲大衍也，註者簒以五行生成，則與大衍何與！何也？蓍无五行，无方位，无生成也。今試就筮法按之。自四營成易，以至十有八變而成卦，孰爲天生而地成，地生而天成耶？孰居東而爲木，居西而爲金耶？如今人河圖、洛書，圓者、方者、單者、複者皆安在耶？」塨按：金木水火土始見于大禹謨，然與穀稱六府，不稱五行。甘誓始言五行，而不詳其目。至洪範乃有五行物數，然水曰潤下，火曰炎上，木曰曲直，金曰從革，土爰稼穡，是指流行人間最大而適用者，有此五物，猶禹謨言財貨藏於是而謂之府也。故周禮考工記又名曰五財，春秋傳亦曰「天生五材，民並用之」，非謂五行握自帝天而能生萬物也。宋人太極圖乃謂五氣順布，化生人物。則金木何許，較之人微且頑矣，乃能生人，焉有是理！若謂四時配五行，天有五緯，星氣實生人，則地有一物，天有一星，如少微四輔，類非星氣能生人也。王良、傅說，以人得名，能生人耶？王崑繩曰：「五星，古名歲、填、熒惑、太白、辰，配以五行者，漢人也。」四時配五行，亦後儒約略象物之說。月令春盛德在木，乃言春之盛德種之于木，非言木有盛德而生春之物也。夏秋冬之于火金水亦然。且此聖經所未有也。按說卦方位，夏火、冬水，而春木、秋金則无其象。至以天地生成配易卦，謂天一生水爲坎一，地二生火爲離二，天三生木爲震三，地四生金爲兌四。因以地六成水，并列西北爲乾六；天七成火，并列東南爲巽七；地八成木，並列東北爲艮八；天九成金，並列西南爲坤九。則乾爲天，爲老陽，乃爲地成，乃得老陰六數；坤爲地，爲老陰，乃爲天成，乃得老陽九數，何其傎乎！聖經乾天稱父，坤地稱母，以生萬物，而震雷、巽風、坎水、離火、艮山、兌澤六子動之，撓之，燥之，潤之，說之，終始之，陰陽化育之，道盡矣。

今術數家，但知宗後人五行生物，不知大易，此其所以爲小道也。五經、語、孟言道已盡。出此者，即可擲之。汪季青曰：「謂五行爲天地也，不可；謂五行即六子也，則六子无金；謂五行後于六子乎，六子已有水火矣；謂五行先于六子乎，是六子不當稱六子，而稱六孫矣！」其言涉戲，亦明且著者。五行之物，散見于易。或以五行生成講易難通，遂謂易无五行，又非也。但五行者，言已成之五材也，五材不可言生剋而有畏愛，如白朮、防風爲使，愛也；木香見火无功，畏也。世誤以畏爲剋，愛爲生耳。

辨先天圖

天地定位，山澤通氣，雷風相薄，水火不相射，八卦相錯而八卦之象可説也。天地固有否泰往來，而尊卑之位一定。艮山兑澤，分據而通氣，山伏氣于澤，澤蒸氣于山，爲雲，爲嵐，爲泉，爲雨。震雷巽風，各體而相薄，出于地，行于天，風叫號而迫雷，雷訇訇而從風。咸、恒、損、益四卦，可觀水火之性，則不能對發而相射也。火上水下，炎上者上，潤下者下，曰未濟。又火上澤下曰睽，謂不相射而遠去也。水上火下，炎上者上入于水，潤下者下入于火，曰既濟。水火有形无質，相濟則水火爲一，不相射也，又火下澤上曰革，彖曰：「水火相息。」非水下而息火，即火上而息水，更革而不相射也。是非相濟即相革，故又曰：「水火相逮。」以水火之卦雖可對列，而水火之物无能對据也。唐、宋訓「不相射」爲不相入，不相犯害，明與經文「相濟」「相息」背矣。是定位也，乾、坤相錯；通氣也，艮、兑相錯；相薄也，震、巽相錯；不相射也，坎、離相錯，重而六十四卦皆相錯。如屯、鼎相錯類。錯，交也，摩也。此節文義甚明，宋人忽以道士陳搏先天之圖溷之，謂之伏羲八卦方位。夫經文但曰「天地定位」，未嘗曰乾南坤北也；但曰「山澤通氣」，未嘗曰艮西北、兑東南也；但曰「雷風相薄，水火不相射」，未嘗曰震東北、巽西南、離東、坎西也，而强誣聖言，可乎？且伏羲、文王同此八卦，而誣曰此伏羲八卦。「帝出乎震」一節，爲文王八卦，何所據乎？文言曰：「先天而天弗違，後天而奉天時。」言大人行乾之事也，與道士修煉之術何與，而竊取爲名乎？王文中擬經，亦屬擬議之事，宋人遂比之操、莽，今强篡聖經，以入異端，較之擬經，何如也！

詩經傳註

孔疏曰：「鄭以賦之言鋪也，鋪陳善惡，則詩文直陳其事，不譬喻者，皆賦也。」鄭司農云：「比者，比方於物，諸言如者，皆比辭。」如如沸、如羹之類。又云：「興者，託事於物。則興者，起也，取譬引類，起發己心，詩文諸舉鳥獸草木以見意者，皆興辭也。」賦、比、興如此次者，言事之道，直陳爲上，至比之與興，雖同是附託外物，比顯而興隱，當先顯後隱也。毛傳特言興也，爲其理隱故也。「螽斯羽」，疏曰：「此實興也。傳不言興者，文義自解，故不言。凡説不解者耳，衆篇皆然。」朱子乃以螽斯、柏舟、緑衣、終風、凱風等篇，毛公所謂興者，而易之以比，與前人所解異矣。

又按：劉勰文心雕龍論賦、比、興亦同前説，則漢、魏、六朝詩賦正盛之時，皆如此立解。不容今人作詩，動遵古體，而賦、比、興反有異義也。

邶柏舟

朱子曰：「序不知其時者，必强以爲某時；不知其人者，必强以爲某人，鑿空妄語，以誑後學。如柏舟，不知其出於婦人，而以爲男子；不知其不得於夫，而以爲不遇於君，斷然以爲衛頃公之時，則其故爲欺妄以誤後人之罪，不可揜矣。」又曰：「其爲説，必使詩無一篇不爲時君國政而作，固已不切於性情之自然。而或書傳所載，時無賢君，則雖辭之美者，亦例以爲陳古而刺今。是其輕躁險薄，尤有害於温柔敦厚之教也。」愚按：朱子亦謂「序或言孔子，或言子夏，皆不可考。而鄭康成以爲『序本合一編，毛公始分以置諸篇之首』，則毛公之前，其傳已久。」夫曰傳之已久，則學禮、學詩必孔門弟子所流傳矣，而乃痛詆力斥，何也？且朱子不生於秦、漢之前，何由見其不知人而强曰某人，不知時而强曰某時也，而遂詈之，以欺妄誑人也乎？如柏舟之詩，朱子所據者，列女傳也。夫序傳之已久者不可信，而列女傳出於後人者乃足信乎？況其辭曰：「微我無酒，以敖以遊。」又曰：「不能奮飛。」夫欲奮飛，欲飲酒而敖遊，豈婦人之事之言乎？乃强坐曰：「其辭卑順柔弱，疑莊姜所作。」則請再讀之，「心堅逾石，心直勝席，威儀肆應，無一不善」，是爲卑順柔弱之辭乎？且曰「故爲欺妄以誤後人」，則請問朱子，木瓜之易報德以姦私，鵲巢之易迎婦以嫁女，風雨、子衿之易君子學校以淫奔，諸如此者，不可更僕，皆有所本乎？何所據乎？不更蹈於欺妄誑人也哉！孔子曰：「詩可以觀，可以怨。」太史公曰：「小雅怨誹而不亂，則刺時君，明國政，援古正今，正孟子所謂『王者之迹』也。」小弁之怨，親親也，詩之道也，乃詆之曰「非性情之自然」，「輕躁險薄」，則必如岳珂之言曰：「今儒者置君父之大讐於不問，而徒講正心誠意，吾不知其正心誠意者安在也！」是爲得性情之自然矣！是爲膜置坐忘而不輕躁險薄矣！朱子於柏舟，既以爲婦人之詩矣，而註孟子又宗序文，謂「衛之仁人，見愠羣小」。於青衿既以爲淫奔矣，而白鹿洞賦又宗序文曰「廣青衿之疑問」，是見且未確，一口兩舌，而乃勝氣很辭，痛罵古人，是何意哉！

杕杜

采薇三章，序以爲文王事，朱子無所考而駁之，以爲未必。按：常武詩云：「王命卿士，南仲太祖，太師皇父。」宣王時，皇父爲太師，而其始祖曰南仲，則南仲必周初之臣，建大功而有封爵者矣。太王、王季初起，未能肆征皆勝，武王末，受命伐紂即終，未聞遠略邊荒，則玁狁、西戎序以西戎爲昆夷。之征，非文王而何矣！況孟子曰：「湯事葛，文王事昆夷。」湯初事葛而後征之，文王初事昆夷而後征之，事相類，故並言。大雅曰：「昆夷駾矣，維其喙矣。」亦言文王事，是確有據矣。而必改序之以世次詩者，爲無附著之言，爲閒閒屬詠，使後學無以知人論世，豈詩教乎？

皇矣

絶高謂之京。爾雅。無鐘鼓曰侵。春秋傳雅。〔一〕大阜曰陵。大陵曰阿。爾雅。矢，陳也。謂按止徂共之周師，依屯於京不動，以牽密旅。而掩旗息鼓，自阮疆以侵密國，出其不意，至其國，即陟高岡而陣之。此與依京皆「誕先登於岸」也，於是密須之岡、陵、阿、泉、池皆爲我有，而密人無敢陳兵，無敢飲水者，蓋密已滅矣。於是兵民歸從者益衆，舊都難容，乃度其善原，在岐陽渭側而建邑焉。周書「文王在程」是也。鮮，善。將，側。方，嚮也。按：太王居周原，頌謂在岐之陽，此「鮮原」亦在岐陽者，蓋去舊都不遠也。正義。

執競

詩内有「成康」二字，朱註遂臆改，以爲祀武王、成王、康王之詩，則「奄有四方」不始成、康，且周人無擇三王而專祀之之事也。文、武爲受命之君，有不祧廟，故可專祀者。若成王、康王，禘祫耶？不專成、康與武王矣。時祭有分祀耶？何以三王一詩也？此皆不可通者。況見有「成康」二字，遂謂是成王、康王，則昊天篇曰「成王不敢康」又何解耶？

〔一〕「雅」字疑衍。

雝

太祖，即始祖后稷也，非后稷不可稱太祖也。箋以爲文王，非也。禘，即春秋之吉禘也。蓋成王喪畢，奉武王主合祭於太廟，乃以次遞遷，而武王主入禰廟焉，故詩專詠武德，告太祖以當入廟也。若大禘，則追所自出之帝，如商頌長發，歷陳祖德，不得專稱皇考矣。下篇接言「諸侯始見乎武廟」，蓋武王始有廟也，一時事也。

閔予小子

按左傳、家語、文王世子、明堂位、史記、詩序、書序、尚書大傳以及漢、唐註疏，武王卒年在十一月，成王時年十三。明年，周公攝政，爲元年。是年，即管、蔡流言，周公東征，三年而歸。歸而立制度，作禮樂，以成文王之德。至七年，營洛邑，時王年二十矣，而公自請明農致政，故史臣於洛誥總記曰：「惟周公誕保文、武受命，維七年。」此確可憑者。而宋人如蔡沈輩，忽改爲周公留後於洛，凡七年而卒。則遍稽周公，並無留洛七年一事。況曰七年而卒，出於何書，而妄言之？且即曰留洛，但可曰承成王命耳，保成王之政耳，何以云「誕保文、武受命」也？豈前此冢宰攝政，並非「誕保文、武受命」乎？原其意，乃謂周公攝政，不過成王喪中，如「百官總己以聽於冢宰」而已，喪畢，即成王親政，何有居攝之名，以起王莽之借口者！不知有伊尹之志，放君猶可，孟子言之矣，而況居攝乎？三年内可居攝，爲其君弱小；

引而七年，猶三年也，而遂謂傷於臣道乎！夫王莽借口居攝，遂辨周公無居攝事，則王莽借口受禪以篡漢之天下，將又謂舜、禹無受禪事耶！

春秋傳註

元年春王正月

杜註云：「不言一年一月者，欲人君體元以居正也。」孔疏云：「君即位必改元，諸國皆然。左傳謂鄭僖之元年朝於晉，簡之元年士子孔卒是也。昭公以敬王十年冬薨，十一年夏六月喪至，定公乃即位，而春已書元年者，先君已薨於前年，即位雖在後，亦統此歲也。」春正月者，周制改前代時月，建子之月也。經桓八年冬十月雨雪，夏之秋八月也，夏冬十月小雪矣；成元年春二月無冰，夏之冬十二月也，夏春二月冰泮久矣，俱非異也，何記焉？故左傳僖五〔一〕年春王正月，日南至，以子月長至也。春秋以年領時，以時領月，以月領日，而事屬之常也。元年春正月，史文也。王正，則孔子筆也。謂周卜世三十，卜年七百，今惟正朔行於天下，此王章也。其餘即位、會盟、朝聘、征伐，皆自諸侯出，自大夫出，無王矣，春秋之大義揭於是矣。王不在春上者，孔疏曰：「三正迭建，月改則春移，春非王所改也。其後有王二月至三月者，言商之正月乃周王二月也，夏之正月乃周王三月也。」四時首月，雖無事猶書，謹時

〔一〕「五」，原作「二」，據左傳改。

也，故春必正月，夏必四月，秋必七月，冬必十月。而有時不在首月，如「夏，五月，鄭伯克段於鄢」；「四年，春，王二月，莒人伐杞」，以旁月有事，而首月無事也。若空書時月，必在首月。亦有書旁月，如「莊二十二年，夏，五月」，杜氏曰：「誤也。」又如「二年，春，會戎於潛」，無月；「秋，八月，庚辰，公及戎盟於唐」，有日而他無；桓四年、七年無秋冬；「僖二十八年，冬，壬申，公朝於王所」，有日無月；昭公「十二月，甲子，宋公成卒」，不書冬，皆闕也。「桓十二年，冬，十一月，丙戌，盟武父」；又，「丙戌，衛侯卒」，一日兩書，羨也，聖人因之不敢增損，所謂及史闕文也。

毛氏傳曰：「國君改元，則必告廟朝正，行即位之禮。周制，遭喪即位，踰年改元年，一年不可有二君也，故書成王崩在四月乙丑，越七日癸酉而康王即位。史記世表魯真公二十八年，宣王即位，至二十九年，王始改元，是即位改元，本非一時。然遭喪即位，仍反喪服，至踰年改元，又特行正位之禮，百官以敍，然后史書即位於改元下。其或朝正告朔，而不行此禮，則史不書，此不書以攝位也。莊、閔、僖三君亦不書，以皆遭逆之變，倉卒即位，不忍再行也。行則書，不行則不書，禮也，而義亦寓焉。若隱被弑而桓即位，則桓何心？襄仲戕儲，而宣居然行即位禮，其幸禍可知矣。「隱之攝位，何也？左傳曰：「惠公元妃孟子卒，繼室以聲子，生隱公。宋武公生仲子，有文在其手，曰爲魯夫人，故仲子歸於我，生桓公而惠公薨。」公羊傳曰：「桓幼而貴，隱長而卑，諸大夫扳隱而立之，隱於是焉而辭立，則未知桓之將必得立也。且如桓立，則恐諸大夫之不能相幼君也，故隱之立，爲桓立也。隱長又賢，何以不宜立？立適以長，不以賢；立子以貴，不以長。桓何以貴？母貴也。子以母貴，母以子貴。」何註云：「禮，妾子立，則母得爲夫人，夫人成風是也。」屬辭比事，記曰：「春秋有始娶、再娶。若繼室，則媵妾之當室者耳。」蓋始娶無子，則再娶。衛莊公始聘於齊，曰莊姜，無子，則又娶於陳，曰厲嬀，且有其娣曰戴嬀，是再娶夫人也。若始娶者或卑微，或不成禮，則亦有再娶。魯莊公始娶孟任，已爲夫人矣，後又以其卑微，且築臺於黨氏而私娶之，不必成禮，故又再娶於齊曰哀姜。及哀姜無子，則仍以孟任之子般立爲適子，雖哀姜有娣叔姜，已生閔公，又前此媵妾之成風，早生僖公，而成季主之，皆不得立，以其爲始娶夫人也。隱公爲繼室聲子所生子，而惠公再娶仲子，實爲夫人，則桓公爲適，當立，而隱公居攝，禮固然也。愚按：周禮七出，無子，去即當去。而遇三不去者，亦但養之終身。夫必再娶，則衛莊之再娶禮也。魯莊已娶孟任有子，又娶哀姜，則辛伯所譏「並后匹嫡」，非禮也。若惠公元妃卒，繼娶仲子爲夫人，則考經文，周桓王十六年，祭公逆王后於紀；靈王十四年，劉夏隨單靖公至齋逆后；齊襄公五年娶王姬；齊桓公三年娶王姬，皆似再娶。公羊傳、白虎通言天子諸侯不再娶，誤也。蓋春秋、戰國已如漢、唐後，后卒即選妃立之，遂爲是言，而實非禮也。曾子問孔子曰：「宗子，雖七十無無主婦；非宗子，無主婦可也。」夫宗子不可無主婦，可以天子諸侯無主婦乎？然孟子載葵丘之會，申王章曰：「無以妾爲妻。」則將以誰爲主婦乎？其再娶也必矣。又按：經不書即位，何以知爲攝乎？何以別於遭變者乎？曰下書隱夫人薨，不成小君禮，爲桓母立宮。且隱薨不傳子，而及弟，則居可知矣，則與他公不書即位者別矣。故經文必前後貫串觀也。

九月考仲子之宫初獻六羽 隱公五年。

隱爲桓攝而見居君位，則宗廟中不可使桓主祭其母也，又不可代桓祭母而使桓不祭也，故别立仲子之宫，若姜嫄之有專廟者然。其後桓爲君，自請仲子入祔惠廟而祭之，但春秋以恒禮不書耳。經例，太廟稱廟，羣公廟稱宫。此亦稱宫者，見可敵體於惠公也。杜註曰：「考，祭以成之也。初，初祭也。獻六羽者，從仲衆之言，用諸侯之舞數，以見其爲夫人也。婦人無干舞，故獨稱羽。」

春王正月公會齊侯宋公陳侯衛侯鄭伯許男曹伯侵蔡蔡潰遂伐楚次於陘夏許男新臣卒楚屈完來盟於師盟於召陵 僖公四年。

齊桓經營歷年，諸國合兵力盛，然後帥而伐楚。且不遽及楚也，先侵其與國之蔡。蔡衆潰叛，軍聲赫矣，遂入楚境。楚使來問，管仲責以不供王祭包茅，昭王南征溺死於漢二事。使於不貢認罪；昭王不復，委之於水以對。齊桓於是進師，次於陘。使回，楚人震恐，乃使重臣屈完來齊師求盟。夫敵國以兵，聲罪伐我，而我造其師中請盟，以求息戰，大辱也。宣十五年，華元謂子反曰：「城下之盟，有以國斃，不能從。去我三十里，惟命是聽。」是也。屈完陳詞，若出己意，而不直言君使，諱辱也，故不書使。然來盟，孰使之？君在中矣。故書曰：「來盟於師。」楚絀矣，霸主之威伸矣。齊桓乃曰：「楚先王建國也，師中不可以辱，吾其以禮盟焉。」乃退一舍，使屈完與諸侯盟。自此終齊桓之世，楚不敢爭鄭焉。其後晉文興霸，雖能勝楚，而不能服楚，遜齊桓矣。左傳：「屈完如齊師，師退召陵，齊桓乃與屈完謀好。」楚未求盟，而齊桓遽退三十里，且先求好。桓斷不悖誤至是，蓋左氏録楚史之文也。公羊「師在召陵」，穀梁「權在屈完，桓不得志」，皆屬誤語。然後知聖經曲折自具，而非傳所知者多也。何註云：「許男不言卒於師，無危也。楚臣如得臣、宜申椒皆獨書名，此書屈氏，蓋以對有度，齊人喜之，故載書書其氏以赴諸侯也。」杜註：「召陵，楚地。潁川縣南三十里爲陘。」

九月公至自會 僖公十有七年。

上書公會齊侯於淮，而接書滅項，則公在會而暗使人犯霸令以滅國，明矣。接書夫人姜氏會齊侯於卞。卞，魯地也，必夫人請其父至卞而會也，而公未歸，則公被執，明矣。姜氏爲公請，亦明矣。接書公至自會，齊桓釋之，明矣。乃但書自會，諱也。聖經之無字句中，有事有文，類如此。

夏五月庚寅宋公茲父卒 僖公二十有三年。

齊桓興霸三十餘年，内政、軍令、經理諸侯，節節有道。管仲固天下才也，其於楚也，大張網羅，全畜精力，乃能制之。而六七年後，楚即乘隙蠢動。宋襄親見之矣，乃見如未見，一則天姿庸鈍，一則狂躁蔽之，急合諸侯，且拉敵楚。夫虎可伴乎？不能縛虎，而欲使虎，且求虎翼，有是理乎？是時，陳穆與魯僖並無明見。齊之盟，惡宋襄，思齊桓，而糾楚人，楚人思齊桓乎？列陳、蔡於楚人上，楚人甘乎？明借此以入中國之盟，姑欺之耳。迨會鹿上而楚人讓人先，猶欺之也。至會盂，而楚子列諸侯上矣，乃宋公猶主盟，矇瞍相牽，走入虎口，可怪歎矣！魯頌所謂「荆、舒是懲」者，不自悖其言哉！苟非晉文繼霸，城濮一戰，震天岌地，楚其并吞中國矣。

三月乙巳及晉處父盟　文公二年。

左傳，晉侯以公不朝來討，公如晉。晉侯不出，使陽處父盟公以恥之。適晉不書，諱之也。甚矣，晉之亢而魯之靡也！或謂「經有故起人疑，令檢傳而得之」者，非也。經不待傳也。必待傳，使三傳不作，經遂晦於後世乎？如此，及晉處父盟，必公如晉而及盟也。何者？盟於魯，則必上有某來之文，而上無其文，處父係以晉，其如晉而盟，可知矣。公如晉，必盟其君，而不得，而及其臣盟，則晉怒而辱之，可知矣。其下三年冬，書公如晉，及晉侯盟，愈知此之爲辱，而後晉人改禮矣。觀後之書公如晉，則知此之如晉而不書，爲諱辱矣，何待檢傳哉！

夏五月公四不視朔　文公十有六年。

自二月至五月也。公羊傳曰：「何言乎公有疾不視朔？自是公無疾，不視朔也。」蓋視朔，聽政也，自是政權下移矣。又按：書四不視朔，以見後之或視或否，諸公繼之，三家且竊其政，而不顧公視，視朔之禮自此廢，故記其始也。使四不視朔外皆視，而相繼之公亦視，則月吉大夫皆入朝聽政矣，何以獨孔子於吉月必朝服而朝也？夫不告朔、視朔，大過也，乃不書廢，而曰閏月不告，猶朝曰四不視朔，若少間而不廢者然。臣子於君不忍斥盡，不敢斥盡之辭也。

夏六月鄭公子歸生弒其君夷 宣公四年。

據左傳，公子宋與歸生謀弒君，歸生止之，反譖歸生，歸生懼而從之。書曰「公子歸生弒其君夷，權不足也。」未確也。傳歸生在文十七年，爲書與趙盾，辭甚伉直，晉遂來行成，且以卿壻爲質；經宣二年，帥師敗宋，獲華元，非權不足者。宋與之謀，蓋以非歸生則不能行弒也。且後鄭人討弒君之賊，斲歸生之棺而逐其族，必親手弒君者矣！左氏未確也。

六月癸酉季孫行父臧孫許叔孫僑如公孫嬰齊帥師會晉郤克衛孫良夫曹公子首及齊侯戰於鞌齊師敗績 成公二年。

鐵壺氏曰：「此大夫會伐以名見之始也。蓋魯卿各伐其功，故並書於册。而晉卿、衛卿、並曹小國之卿，亦以名見，而大夫悖逆之迹，孔子以因舊史之文而益見矣。」愚按：昭十三年傳曰：「南蒯以費叛[一]。」經不書叛，惟筆曰「叔弓帥師圍費」。定九年傳，書「陽虎入讙、陽關以叛[二]」，奔齊，經俱削之，筆曰「盜竊寶玉、大弓[三]」，「得寶玉、大弓」。十有三年傳，載荀寅、士吉射攻趙鞅，鞅奔晉陽。已而荀躒、韓不信、魏曼多攻寅、吉射，二子奔朝歌，經削其相攻，而筆曰「晉趙鞅入於晉陽以叛，荀寅、士吉射入於朝歌以叛」。是春秋筆削，全改舊史之文矣。推此，則更舊文者，固以義筆削也。即仍舊文，如鐵壺所言，春秋初，列國卿稱人，後稱名，楚始舉號，而後稱人、稱子，一仍舊史之文者，亦以義筆削也。蓋義即在於隨時變稱，因其文即筆也，而褒貶寓焉，非漫無義，而但以舊史之文爲文也。故曰：「其義則丘竊取之矣。」故孟子曰：「春秋，天子之事也。」言憲章周制，以爲予奪，即天子之事也。故曰：「春秋成，而亂臣賊子懼。」如鞅、如虎、如荀見是筆也，能無懼乎？若曰「其文則史」者，所因所革皆以舊史之文也。

宋華元出奔晉宋華元自晉歸於宋宋殺其大夫山宋魚石出奔楚　成公十有五年。

鐵壺氏曰：「再書華元，與良霄自許入鄭异辭，蓋爲宋、晉遠奔，歸必須時日，故再舉華元；許、鄭

[一]此傳文在昭十二年。
[二]此傳文在定八年。
[三]此經文在定八年。

接壤，方出即入，故不再舉良霄，因事而屬辭也。」又曰：「自僖、文以後，列國之大夫無不氏，而蕩山不氏者，宋人惡之，不以氏赴也。左傳『宋蕩澤弱公室，殺公子肥。華元以己爲右師，不能討，因奔晉。魚石以與澤同爲桓族，曰：「右師，國人與之，不反，懼桓氏之無祀於宋也。」乃自止華元於河上。請討，許之，乃反。攻蕩澤，殺之。魚石初料其反，而不敢討，及討畏罪，及與同族五大夫舍於睢上，華元自止之，不可。華元決睢登陴，魚石五人欲還不得，奔楚。』按：經稱『華元自晉歸』，蓋河上即晉地也。時晉及魯及齊四大國，皆大夫自相屠戮，乃知政逮大夫，亦非大夫之幸也。亂世無道，如彼流泉，淪胥以敗，可鑒戒矣。

春王正月作三軍　襄公十有一年。

魯爲侯國，亞於公，故舊雖三卿，而衹二軍，所以省賦而惜民也。今季氏乘襄公幼少無知，欲分公室，故作三軍，而三家盟詛以成之，三分公室而各有其一。季氏一軍，使其軍之人，力役邑税盡入於己。叔氏一軍，臣其子弟之力役邑税，父兄之力役邑税則歸公，是取其半也。孟氏一軍，又僅取子弟之半，是取四分之一也。蓋孟獻子頗賢，穆叔次之，季武子最爲很忍。故分公室者有輕重，而季氏亦必以己爲正卿費繁故取多，仲氏次之，孟氏又次之，故以爲盟也。

楚殺其大夫公子追舒　襄公二十有二年。

左傳「觀起有寵於令尹追舒，未益禄而有馬數十乘。楚人患之」，王乃殺追舒，而轘觀起。利禄之禍人如此，而人如蠅趨羶，何也？又按：當時楚雖偪於吴而政權不失，晉則諸卿擅權，渺無君矣，此楚所以久延，與七國同亡，而晉遂爲三家所分也。

仲孫羯如晉　襄公二十有八年。

告晉將朝楚也。以宋之會，約晉、楚之從，交相見也。謂從晉者亦朝楚，從楚者亦朝晉也。桓文之霸，猶假尊周以爲名也。至是則漠不言周，而南北分峙，如後之南北朝矣，王迹之熄愈甚矣！向戌之弭兵，子罕責以「天生五材」，兵不可去，謂其「以誣道蔽諸侯」，未足盡其失也。

蔡侯廬歸於蔡陳侯吴歸於陳　昭公十有三年。

蔡、陳之歸，承上公子棄疾殺公子比之文也。棄疾殺比而自立，故復封已滅之國以嗚恩也。不言自楚者，楚貪利滅之則滅之，楚假名復之則復之，皆無道而非法也，故不言自楚也。世子有之子廬、太子偃師之子吴，不惟未成君，並未嘗立之爲子，而遽稱曰侯。若其自有之者，以爲義在則然，楚平不得借以嗚恩也。

二月公侵鄭公至侵鄭 定公六年。

左傳，王子朝之徒有儋翩，以鄭伐周胥靡，晉使魯討之，取匡歸之晉。按：自宣之末年，凡伐不言公，魯無君將者八十年矣。至是書侵鄭，則以三家四分公室，兵賦皆出其手，雖委之君將，而無虞也。然犯强鄰，從霸主，則委君；侵小國，披土邑，則自爲惡，甚矣。

得寶玉大弓 定公九年。

左傳，陽虎歸寶玉、大弓於魯。魯伐陽關，虎焚萊門，犯之而出奔齊。已而奔晉主趙簡子。按：陽虎謀殺季氏不成，據邑以叛，奔齊、適晉，亦我國成敗一大事，而經不書，但書盜竊寶玉、大弓，「得寶玉、大弓」，何也？蓋以此爲順耶？則虎狂險顛越，一無訏謨，不能爲順也。以爲逆耶？則虎叛季氏，非叛公室，不可謂逆也。且三家視虎如虎，而聖人曰：「此盜也。」視虎殺季桓如天翻地覆，而聖人曰：「此以盜攻盜也，皆無足道者也。」無足道，則削之已耳。惟寶玉、大弓，先王賜之，宗國守之，與山河城池同永者也。遭竊幸得，謹而書之，足矣。聖人之筆削高嚴乃爾。

夏公會齊侯於夾谷 定公十年。

左傳，齊、魯既平，故約會夾谷，孔子相儀。及會，齊以萊兵將劫魯侯。時孔子先具武備，見萊人，即奉公退，而使士以兵擊之，然後曰：「兩君合好，而裔夷之俘以兵亂之，非齊君所以命諸侯也。裔不謀夏，夷不亂華，俘不干盟，兵不偪好，於神爲不祥，於德爲愆義，於人爲失禮，君必不然。」齊侯聞之，遽辟之。將盟，齊人加於載書曰：「齊師出竟，而不以甲車三百乘從我者，有如此盟！」孔子使兹無還揖對，曰：「而不返我汶陽之田，吾以共命者，亦如之！」蓋周王曾命齊爲諸侯之伯，故可以甲車從。但齊侵魯邑，既好當歸於魯，以供賦役，故以返田要之。不書盟者，要盟不潔，略之也。又按：季桓懲於陽虎之禍，故發憤而用孔子，其如庸怠之不終，何哉！然孔子雖去，而其家政遂決之聖門，如冉求等。此亦聖門出處之一大關也。

十有二月公圍成公至自圍成　定公十有二年。

按：左傳曰「仲由將墮三都」，蓋仲氏義勇，以邑無百雉之城，三家僭越已久，今乘家臣據叛，三家患之，故因而使墮。又傳云「費人襲魯，仲尼命二大夫下伐之」，則仲尼亦與其事矣。然而不克成而遂已者，何也？蓋事有當行者，有當止者，有在行止之間者，有半行而當半止者。三家之邑城越分，可墮也；然已設城而墮之，傷也；或自此不修築之耳。且成非郈、費比也。郈、費叛，成未嘗叛也。又郈、費惟邑大耳，與魯形勢無甚關也。成在魯北境，齊人窺我所必經者，故昭二十六年，公居鄆，而齊即欲取成以便其私。是成，孟氏之保障，而即魯之保障也。墮之以銷私强，可也；不墮以爲國險，亦可也。經於墮郈書叔孫，墮費書季孫，而圍成獨書公，則孟孫陰與處父約駕，言有他事而委之，公往也，明矣。

曰「圍成」，則成人不肯墮，而乃圍之也，明矣。曰「公至自圍成」，則必圍成之後，三家與仲尼議，郈、費已墮，成且姑存，而請公撤師以返也，明矣。是以不書不克也。聖人之隨時而不固執如此，三傳不能詳，漢、宋之儒徒侈仲尼之弱私家，而不顧其前後，使聖經之昭然俱載者，而湮没不明也。

論語傳註問

馮樞天曰：「集註『學』云：『人性皆善，而覺有先後，必效先覺所爲，乃可明善而復其初。』其言本之天命，該以知行，歸於盡性達天。今之不用，必宜詳説。」曰：「集註以『爲』訓『學』，無所不該，然但空囊旁浸，而於聖經言學之正途未註明，乃聖學之所以歧也。且無論他經，即以論語言，數章下即曰『學文』，則文非正學之所在乎？朱子訓『文』曰『詩、書、六藝』，乃於此不之及，何耶？興詩、立禮、成樂，文以禮樂文武之道，賢者識大，不賢者識小，夫子焉不學！聖門論學，確有指實而不之及，何也？溯之天命，歸於盡性，則上達之事，非下學也。躐等矣，即學兼知行，亦未清楚。程子曰：『學者，將以行之也。』其言尚是。蓋學有可即見於行者，如日用動静之禮是也；有不能即見於行者，如兵農禮樂，由、求等經世之猷是也。且即日用之禮，如手恭足重正立執顔之類，可即學即行；如孺悲學士喪禮於孔子則但爲學，必他日居喪如禮，乃爲行，不可即以學爲行，故中庸好學、力行分二事也。宋儒爲學，專在讀書，内則玩索性天，外亦輔以倫常。至於禮樂兵農，聖門所謂博學於文者，尚書教胄子，周禮、禮記學法昭然可考，獨置之若遺，以致處無學術，出無政事，世道民命，無所托賴，豈小失哉！然朱子註『學文』曰

『詩、書、六藝』，註『斯文』曰『禮樂制度』，何其明切。而首一章乃籠統作解，蓋薈稡衆說，積誤已久故也。使今日尚在而一質，當逌然矣！」

趙漸逵問曰：「本，根本也。根立，枝葉自生。乃程子又訓本爲始，以孝弟爲第一坎，仁民第二坎，愛物第三坎。世有一坎立，而二坎、三坎生者乎？」曰：「然。仁即言仁民愛物也，不必牽及性。樊遲問仁，子曰愛人；言愛，曰使枉者直，未嘗盡及心性也。程子必訓仁爲性，則孝弟難以言爲性之本，遂訓本爲始，且因而詆其詞曰：『性中衹有仁義禮智而已，何嘗有孝弟。』不惟與孟子愛親敬長、不學而能相反，而率天下之人而禍孝弟者，恐自此言始矣。」

問：「朱註：『仁者，心之德，愛之理。』不用之，何也？」曰：「後儒改聖門不言性天之矩，日以理氣爲談柄，而究無了義。曰『理氣不可分而爲二』，又曰『先有是理，後有是氣』，則又是二矣。其曰『太極是理，陰陽是氣』，太極生兩儀，爲理生氣，則道家『道生天地』之說矣。不知聖經言道，皆屬虛字，無在陰陽倫常之外，而别有一物曰道、曰理者。易曰：『立天之道，曰陰與陽；立地之道，曰柔與剛；立人之道，曰仁與義。』則道者，乃陰陽、剛柔、仁義之通名，不在陰陽、仁義前也。在天、在人通行者，名之曰道，故小人别有由行，亦曰小人之道。『理』字則聖經甚少，中庸『文理』與孟子『條理』同。言道秩然有條，猶玉有脈理，亦虛字也。易曰：『窮理盡性以至於命。』理見於事，性具於心，命出於天，亦條理之義也。今乃以理代道，而置之兩儀、人物以前，則鑄鐵成錯矣。即如『愛之理』，自幼觀之，以爲『愛之道理』云爾，虛字也。及觀朱子自訓，乃滋之惑。曰『理是根，愛是苗，猶糖之甜，醋之酸』。夫糖甜醋酸，即其性，即此物，非糖醋爲根，酸甜爲苗也；亦非酸甜爲根，糖醋爲苗也。仁性即愛，非别有一理爲根，而愛爲苗也。孟子曰：『惻隱之心，仁也。』『人皆有不忍人之心。』易曰：『天地之大德曰生。』生生即仁也，即愛也，即不忍也，即性、即情也，必以愛爲專言情，而曰有一理根在先，亦異於易與孟子矣。」

馮樞天曰：「楊氏謂『敬事』章但論所存，未及爲政，請問事非政事乎？」曰：「非但此也，即朱註『務本』亦誤。使民則修築細事亦具矣，曰事則本末畢舉矣。顔習齋先生曰：『明示治國之政，而曰未及爲政，先儒斷不冬烘至此。』其源則以重惺覺，卑事功，不知不覺，遂爲此語也。」

又曰：「文，詩、書、六藝也。朱子加『之文』二字，恐人仍以書策所載即爲藝矣，故去之。然朱子此註，甚有功於聖道。邢疏已訓文爲文字矣，賴朱註有此踪跡，可與學者共證實學，是其功也。註『游藝』曰『禮樂射御書數』，甚明。今有宗班史謂六藝即六經者，非也。朱註明列詩、書於六藝外，其見高於班史、文人多矣。」

或問：「子夏恐人專以記誦辭章爲學，故曰『敦倫謂學』，舊解自是。」曰：「非也。專以記誦辭章爲學，宋、明來則然，春秋時尚無此弊。孔子學在識大識小，孔文子好學而能治賓客，子産有學曰博物，是無論君子小人，皆學禮樂名物，非若今人，但頫首伊吾以爲學也，子夏何爲箴此！且敦倫，行也。好學力行，孔子分二事矣，故可曰行自學入，不可曰行即爲學。行即爲學，是曰無學，是曰冥行，如子路所謂治民人，守社稷，非事君致身之事乎。然書曰『學古入官，不學牆面』，子産曰『學而後入政』，未聞以政學。子路乃使子羔以政爲學，未習操刀而使割，賊子羔矣！今吾子又執敦倫爲學，其受賊者豈止子羔耶!」

問:「集註『德者,行道而有得於心』。傳註云『於心』二字,何也?」曰:「去『於心』二字,則得於身、得於心皆具矣。若禮記所言『德者,得也』。禮樂皆得,謂之有德,誠古聖流傳之言。或以爲朱子倣之,則但指以得訓德耳。」

問:「改集註『居其所不動也』作『不移』,何也?」曰:「北辰隨天而轉,何嘗不動?但不移其所耳。如人君一日二日萬幾,何嘗無爲?但不出廟堂,而即可及天下耳。不動,則無爲之説也。聖言爲政,今言無爲,可乎!」

或問:「不用集註,使人得其性情之正,何也?」曰:「聖人明言,詩三百,思無邪,今乃謂詩亦有邪,而用在使讀詩者無邪,不反聖言乎?朱子認鄭、衛詩淫,故謂詩有邪,不惟與序不合,即以春秋行事觀之,子太叔賦褰裳矣,子游賦風雨矣,子旗賦有女同車矣,子柳賦蘀兮矣,子展賦將仲子矣,子太叔又曾賦野有蔓草矣,同時伯有賦鶉之賁賁,趙孟斥曰:『牀第之言不踰閾,非使臣之所得聞也。』夫刺淫之詩,尚以爲牀第之言不可聞,則數詩朱子謂之淫詩也,乃可名卿賦之,名卿聞之,入於燕會,以干聘問大典乎?其非淫詩,明矣!」

又曰:「近宗程、朱者詆陸、王頓悟爲禪,不知古經無『悟』字,悟即禪,旨不在特頓也。程、朱好誦讀,重惺覺,故悟欲漸;陸、王輕誦讀,專惺覺,故悟欲頓,蓋視程、朱又甚耳。潘用微曰:『悟者,從未有是景,而忽及之,禪家以此爲法門。』愚謂大學言知在於格物,論語先覺,就應事接物言,與一旦豁然,大事頓悟，天淵有分也。」

問：「用行舍藏，註何如？」曰：「則行則藏，有求志達道之具也。集註如尹氏、謝氏專以行藏無意、必言，宋人不重經綸之具可見矣。事懼謀成，正告子路以行軍之道，非不與其行軍也。若不與其行軍，曷爲曰『可使治其賦』乎？謝氏乃曰其問卑，宋人之輕去武備又可見矣。此所以成一代消弱之乾坤也。」

問：「集註贊曾點胸次與天地聖人同，而以三子爲規規事爲之末。又曰：『三子皆欲得國而治之，故夫子不取。』然乎？」曰：「夫子本問應知，豈夫子已規規事爲之末乎？子曰『安見五六十、六七十而非邦？赤爲小，孰爲大？』而乃曰『不取』，明反聖言，何也？宋儒棄事功，樂虛曠，故深取曾點，而斥三子。不知夫子『與點』，明書『喟然』，則歎道不得行，隨境尚可自主耳，非與其以春風沂水終也。」

問：「『徹』從趙邠卿註，訓『取』，不從集註訓『通』，何也？」曰：「以詩『徹田爲糧』、『徹彼桑土』證之，則『徹』本訓『取』，不訓『通』。且集註訓『通』，而曰『耕則通力合作，收則計畝均分』，憑空撰一王制，殊可異也。如此，則九百畝爲一處耳，秋成分糧，始分九分耳，詩何以分公田、私田？孟子何以言公事畢，然後治私？何以言八家皆私百畝，其中爲公田？穀梁傳何以言公田不善則責農，私田不善則責吏？處處與經傳相反，而遂特造一論乎？」

大學傳註問

問：「朱註明德何如？」曰：「虛靈不昧，具衆理，應萬事，此心之訓也，非指性之德也，則所謂明者，佛氏之明心耳，豈吾儒盡性之學哉！」又問：「孟子言：『仁，人心也。』『仁，性也，即心也。』今何分心性爲二也？」曰：「善哉問也。經有分言者，存其心，養其性，則心以氣質言也，性以義理言也。有合言者，仁義之心，心之所同，然曰理義，是義理即在氣質，無二物也。異端滅去義理，而專以靈明知覺爲心，己心非其心矣，又何與於性！」

閻樞臣問：「明明德於天下，不用朱註，何也？」曰：「予著大學辨業時，謂朱註使天下之人皆有以明其明德，則是愚夫愚婦皆使之欽明正心矣，雖堯、舜爲君，湯、武爲臣以治之，亦不能。不如註疏章明其德於天下爲是。然以爲辯之不勝辯，但用註疏，而朱註不論。今思之，程子改親民爲新民，朱子訓使民皆明明德，此亦學術治術之大關鍵，不可不辨也。親民者，井田學校，富之教之。若保赤子，使民視菽粟如水火，有無相通，孝慈義讓，所謂必世而後仁也，民之質矣，日用飲食也，此王道之止至善也。若曰使民皆明明德以新之，是以教士者一概教民，非古人士之子恒爲士，農工商之子恒爲農工商之法矣。且可言不可行，講王道而必出於無用，豈小誤哉！」

方鐵壺問：「格物必作三物，何也？」曰：「物者，學中之物，即明親之事也。明親之事，有外於六德、六行，六藝者乎？蓋六德即仁義禮智也，六行即子臣弟友也，六藝即禮樂兵農也，此外無道矣。自朱子認爲，凡天下之物，而草木並進，龍蠖雜陳，學入泛濫，茫無把持，矯而一變，遂爲姚江，歸於禪定，聖門之博文約禮者幾亡矣。」

謂方鐵壺曰：「主敬存誠，誠意正心，道學把柄，然一往有誤。主一無適，乃主靜之功，非兢兢業業、小心翼翼之敬也。真實無妄，乃質民之誠，非返身而萬物皆備之誠也。誠意統明親。意者，知正修齊治平之善而欲爲之也。誠者，實其意而定於必爲也。意定然後可正修以明德，齊治平以親民焉。正心兼動靜，有念有事，無念無事，時時敬慎，使天君肅然中處。若朱註以意爲心之發，則心統動靜，誠意即屬正心功矣，何以經曰『欲正其心，先誠其意』，分爲二事也？況人心發念時多，未發時少，發念屬誠意，則正心之功僅幾希矣。若終日寂然惺然以爲正心，則異端之元牝、白業又非聖學矣。」鐵壺曰：「論道須以人心之不言而同然者，此其是矣。」

語習仁曰：「大學首段言道已盡，而以『此謂知本，此謂知之至也』二句接『其本亂』數語，而結之以『見修身爲齊治平之本，知本則知先後，知所止而知乃至也』。後申明誠意，而又結曰『此謂知本』者，蓋『毋自欺』段言誠意，而即接以『瞻彼淇澳』、『前王不忘』二節，言誠意則德可明，民可親，至善可止，而乃引『克明』以及『穆穆文王』諸古事以證之，末引子言『無訟』，以見上誠意則民意亦畏之而誠，是上誠意則德潤身而身修也，故再結『知本』，其下則申明正修齊治平之必有先後也。章法呼應之妙如此。程、朱乃謂『此謂知本』句爲衍文，『此謂知之至』句釋『格致』，後此謂『知本』段釋『本末』，將經文割手添足，似不可矣！」

中庸傳註問

陳睿安問：「性道，朱註皆統人物言，傳註專言人，何也？」曰：「註意照下天地萬物而非道矣。性通人物言，是孟子所斥告子以犬牛之性猶人者也。佛教狗子如來齊進，猪狗皆可成佛，固異端之説矣。若犬牛各率其性而爲道，則犬率其性而食臭，是何道乎？孟子曰：『萬物皆備於我。』謂服牛乘馬，隨山刊木，萬物裁成之理，皆在吾性中，非謂萬物與人同性道也。」

語劉其德曰：「中庸戒懼不睹不聞與慎獨，道學板分静存動察，非也。謂不睹不聞之須臾亦不可離道，則睹聞之不離道可知矣。人以爲隱微而忽者，君子必不忽而慎之，則見顯之慎可知矣。故曰，致中，言自其所不睹不聞，推至共睹共聞，無時不存其心也。致和，言自隱微，推至見顯，無在不敬其事也。蓋己不睹聞之時，人所易忘，固屬肯綮；而共睹聞之時，如兩軍鬭戰，殺人如麻，庸人於此，面無人色，心飛膽戰，而天君湛然，神清氣定，豈屬易易？火熄修容，固爲誠篤，而見顯之處，動容周旋中禮，非盛德之至，何可能者！致之，則三達德、五達道、三重、九經皆全而無憾矣，天地萬物有不位育者乎？」

其德曰：「向閲朱註，致中謂自戒懼而約之，以至至静之中，無少偏倚，疑其所不睹不聞已屬至静，此外又有一至静之中，是何境界？聞此豁然矣。」

謂馮樞天曰：「宋儒分存養省察爲二事，不知存養省察皆正心之功，非二事也。君子九思，省察也，而思則得之；先立其大，即存養矣。曾子戰戰兢兢，臨深履薄，統省察存養言也。孟子操則存，操必須省察，而即存養矣。蓋省察則心自存，存養則心能照，似有分功，而實一事也。宋儒皆爲周子所誤。周子爲壽涯、陳摶所誤，以主靜爲存養，遂板分曰靜存動察矣。」又曰：「世有存養而廢省察者，佛、老真空玄虚之存養，非吾儒之存養也。省察而不存養者，雜霸機變色取之省察。非吾儒之省察也。」

張顧門問：「朱註『顔子蓋真知之，故能擇能守』，何以不用？」曰：「道不行，由不明，必如舜智而道行；道不明，由不行，必如回守而道明，則回之爲人節自重行，何以又重知且能擇知也？又有一真知在其前，是何物乎？非異端圓覺之説乎？子曰『學而知之』，禮曰『人不學，不知道』，程子乃反之曰『進學在致知』，則其所謂學者爲虚字，而其所在之致知爲講誦，爲惺覺，非聖學矣。書曰『知之非艱，行之惟艱』，而朱子曰『真知自然行，不能行衹是不能知』，又反書言矣。陽明『致良知』正同此誤，乃爲程、朱者，何以亦明知其近禪乎？」

閻季白問：「朱註天道人道分章，不從之，何也？」曰：「天道言天與人之道也，人道言人自盡之道也。今乃獨以自然之聖人爲天道，豈勉然者非天道乎？以勉然之人爲人道，豈聖人非盡人道乎？且『故至誠無息』，緊頂上文『成己』、『成物』，而上文曰人道，此分之曰天道，王天下有三重，即帝王不過如此，而單歸勉然之人，文義皆不合也。」又曰：「大學一章，中庸一章，朱子强分多章，誤矣。」

江陰徐翁世沐閱中庸傳註，批曰：「大旨不差，第捷徑一開，靡然世爭趨之，掃記誦訓詁詞章村學究之窠臼，快則快矣，如捷徑何？」曰：「承教甚喜，然捷徑不敢不辨。愚之所傳者，顔習齋先生之學也。自聖道晦，而朱、陸兩分，朱重誦讀著述，陸譏之曰『支離』；陸重心地澄澈，朱譏之曰『捷徑』，以其斥去聞見，直指性天爲頓悟爲捷徑也。今顔先生之學，重詩、書，習禮樂，博衣雜服，以孫以摩，操心省身，遷善改過，日慎月勵，未能遽成，路甚不捷矣。海内是此，學者漸多，然以實力於學，實見於行，或畏其難。翁乃以爲捷，非信口之言乎！」

傳註云：「不覩不聞，僅須臾耳，而念即旋生。」批曰：「亦不止須臾。」曰：「翁於内地，或未用力，但隨筆爲言耳。王陽明曰：『人心少有無念時。』陸桴亭曰：『嘗於夜閉目危坐，屏除萬慮，以求所謂中。究之念慮不可屏，一波未平，一波又起。或一時强制使定，又思此念，亦是已發。間或一時嗒然若忘，以爲此似之矣，然此境何佳，而先儒教人爲之，且不幾入於學禪者耶？久之，始知人心原無息時，不可一概遏抑。』所云未發者，不過念慮轉接毫髮之閒，初無一日一時之可計也。子思所謂須臾也，塨嘗體驗，静時心易起念，以心未有念也；動時易無雜念，以心有一念也，故擬存心之道，不論無念有念，無事有事，總持一敬，是戒懼也。異端形如槁木，心如死灰，則不止須臾矣。然此乃異端功力，非未發境界也，無戒慎恐懼也。」

傳註云：「祭法『有虞氏祖顓頊』，以下窮禪、敬康、句芒、蹻牛、瞽瞍共六世。舜受命爲帝時，瞽瞍尚在，祖廟以顓頊下四世爲四親廟，是宗廟饗之也。」批曰：「祭法不是。舜無四親廟。」曰：「曾見翁批禮記，宗石、梁、王氏等説，刪抹甚多，此似毁經蔑古，不可學者。今復曰『祭法不是』，則國語亦云『有虞氏禘黄帝祖顓頊』，將國語又不是乎？舜無四親廟，則木本水源，即在監門傭卒，無不感夫春露秋霜者，曾舜而監門傭卒之不如乎？孟子曰：『以天下養，養之至也。』乃以天下養，不以天下祭乎？且此宗廟饗之，將作何解？若曰堯廟而舜饗之，則與瞽瞍何與，而入於大孝之内也？尚書廣聽録曰：『蔡氏註書，據蘇軾之説，謂神宗堯廟。其意謂舜受堯禪，則舜一代不當立廟。此皆小人之腹，妄測大典，遂紊倫常。天下豈有身爲天子，而不爲祖宗立廟者？然則孔子所謂宗廟饗之者安在？若謂宗廟饗，子孫保，皆指商均以後言，則當身不事祖考，而欲使子孫事祖考乎？且此何所見也？況蔡註引祭法有虞氏禘黄帝而郊嚳，祖顓頊而宗堯，證堯廟正惟此時。舜自立有虞氏之廟，故得禘黄帝，祖顓頊。禘與祖皆廟中之祭，黄帝與顓頊皆舜之親，堯未嘗與顓頊有統系也，此舜立廟也。其郊嚳而宗堯者，以舜不宗堯，論功德所授，當以郊祀配天屬之嚳，宗祀明堂屬之堯耳。至於宗禹、宗湯、宗武王，皆繼世之主所宗，舜無繼世也，然且所郊所宗，皆係特設，與廟主無與，而蔡氏以宗堯證帝堯之廟，是誤以宗祀爲宗廟矣。且益稷篇曰，祖考來格。馬融謂此乃舜除瞽瞍之喪，祭宗廟之樂，雖不知在何時，然以簫招九成觀之，則禹爲舜興九招樂，在禹攝政後，必瞽瞍爾時始死。觀舜踐帝位後，常載天子旗朝瞽瞍可驗也。其曰虞賓者，堯子丹朱助祭稱賓，則舜立宗廟明矣。而蔡註於祖考二字不置一解，不知爲誰祖誰考，天下有註經如是者乎？』堞按：五帝首黄帝，黄帝至堯五世。文祖，孔傳曰：『堯祖〔一〕廟。』舜追祀自出之帝，不過黄帝，則堯祖廟爲黄帝，明矣。神宗，孔疏曰：『舜始祖之廟。』祭法則明曰『祖顓頊』矣。向來闕義，可以豁然。」

〔一〕「祖」，原作「廟」，今改。

文集

與方靈皋書

塨自幼知求友天下，而亦幸有其人，或志節醇篤，或記覽淵博，或才能揮霍。然醇篤者，率墨守先儒舊説，未有心得；淵博者，或亟亟好名；揮霍者，每跅弛不循矩矱，而三者已極天下之選矣。惟見門下篤内行而又高望遠志，講求經世濟民之猷，沈酣宋、明儒説，文筆衣被海内，而於經史多心得，且不假此媕娿侯門爲名譽，此豈近今所能得者！私心傾倒，謂樹赤幟以張聖道，必是人也。而相晤恨淺，不盡欲言，是以久思奉書左右，惟採擇焉。憶癸未春，聚於王崑繩長安寓所，門下執拙著大學辨業相提誨，塨因謬陳「格物之義，聖學之大旨」，門下稱是，深相結而別。迄丙戌春，入京會葬黄崑圃父喪。至八里莊，門下揖塨語曰：「大學格物，先儒論之詳矣。今聞格物即格三物，終有疑，奈何？」塨曰：「君疑之，即吾亦謂人疑也。周禮，人方疑爲僞書，何有三物？但門下不必作周禮三物觀。惟以仁義禮智爲德，子臣弟友五倫爲行，禮樂兵農爲藝。請問，天下之物，尚有出此三者外乎？吾人格物，尚有當在此三物外者乎？即雜以後世文章講誦，亦祇發明此三者耳。格物之物，非三物而何？吾儒明德親民之學，止於至善，乃尊於農工商，而爲士之職也。試觀宋儒用佛門惺惺法閉目静坐，玩弄太極，探蹟性天，内地不雜於二氏乎？終日章句伊吾，經濟安在！試思伊尹割正有夏；周公制禮作樂，誅平管、蔡；孔子則朞月三年日望施行，及爲司寇，卻萊墮費，宋儒自期有是乎？相推有是乎？不過明理尋樂，闡發經旨，共爲將就耳。孔、孟之傳，祇如是乎？盡明親止善之道乎？士之職乎？」門下撫膺曰：「然。朋友所以貴面講也。」伊時深服虛心亮識。抵翌日過尊寓，復垂商治河、水利、弭盜諸事。又以旋里悤悤，大略數言別去。自此日懸於心，夢寐服食，如見顏色，不知果可脱去舊轍，剖明聖道與否？每浩然而歎，良友時聚爲艱，而天不生才，偶生之，又未卜何途之用也！塨聞學於顏習齋先生，先生嘗言：「學非鉤異，亦非沽名。鉤異則爲異端矣，沽名則爲小人矣，二者皆往聖所宜誅。」乃深憂聖道之墜地，生民之塞屯，不得已而作存性、存學以辨之，庶幾聖道、生民之不淪胥也。蓋先儒歧路，亦非有心，時勢積漸，莫能自主。然而下阪之車，東逝之水，無人挽回，滔滔安底！粤稽堯、舜傳中，因天性而成德行道，人倫著，禮樂興布之則爲政，導之則爲教，先傳後受則爲學。然而道雖原於天，事必習於學，任天難概，下學可幾。三代承二帝之法，於民擇聰穎者爲士，使之學於學中，就樂正、大胥習禮樂射御書數之藝，而即以此供子臣弟友之職，全仁義禮智之性。分名而一事，幼學以此，壯行以此。虞書、周禮、學記、文王世子諸篇可考也。論語孔門諸子問仁、問孝、問政，由、求、公西赤應知以禮樂兵農。孔子自居好學，而其所學之文，朱子解「文章」曰「威儀言辭」，解「文在茲」曰「禮樂制度」，解「學於識大、識小之道」曰「謨訓禮樂」，正所謂「博學於文，約之以禮」也。博文，即格物也；約禮，即將所學之文物，而實體之於誠正、修齊、治平也。諸經所載，前禮所注，確證如此。至誦詩所以習樂，讀書所以考政，總未有如後儒躬率弟子，今日背何經，明日講何文，皋比而談命天，四坐環聽，搦管而著書解，萬卷獺陳者也。自秦火而後，學術晝然一變，古聖口傳身示之實迹無從授受，不得不尋之載道之籍，如所謂經書者。既尋之經書，遂因而習行少，講説多，德行讓之長者，如陳寔、荀淑等；政事讓之雄豪，如周亞夫、霍光等，而專箋註傳經爲儒者，用是塞天地、横四海之聖道，僅存一線。陵夷以至五季，程、朱諸儒出，慨然欲任聖緒，其志誠豪傑之士也。而沿流既久，尋源爲難，知訓詁不足爲儒，而内益之以心性，外輔之以躬行，變箋疏之名爲章句、語録，以爲發明聖道，非僅訓詁，自謂超漢、唐而接孔、孟矣！孰意漢後，二氏學興，宋儒又少聞其説，於是所謂存心養性者，雜以靜坐内視，浸淫釋、老，將孔門不輕與人言一貫性天之教，一概乖反，處處談性，人人論天，而外以孝弟忠信爲行，註經論道爲學，獨於孔門之禮、樂、兵、農、執射、執御、鼓瑟、會計忽然不察，以爲末務，又諉之於小學已失，而遂置之。於是退處則爲鄉黨自好，立朝願爲講官諫臣。所稱特開門户以轉世教者，不過如是！若其濫竽賣鼎，並得罪宋儒者，又不足辯也。而至於扶危定傾，大經大猷，則拱手推之粗悍豪俠；其自負直接孔、孟者，僅此善人、書生之學而已。明太祖崛起，儒者惟一宋濂，而一無所建。今定三藩之難者，並無道學，不可見歟？聖道之明親、止善，乃如此歟？然人才不一，互有長短，亦何足病。所痛者，不自以爲不足，而憪然全任聖道，率天下之聰明傑士，盡網其中，以空虚之禪悦，怡然於心；以浮夸之翰墨，快然於手。自明之末也，朝廟無一可倚之臣，天下無復辦事之官，坐大司馬堂批點左傳，敵兵臨城賦詩進講。其習尚至於將相方面，覺建功奏績俱屬瑣屑，日夜喘息著書，曰此傳世業也，以致天下魚爛河決，生民塗毒。嗚呼！誰實爲此！無怪顔先生之垂涕泣而道也。前餽存性、存學，想已寓目，但恐習説先入，急難驟拔，而左右痼成見者復來簧鼓訾謷，則未決何如！塨曾覽門下時藝，於世道政術題反覆躊躇，惻乎其言之知人心爲質，迴異近儒，而又氣厚識沈，其所望以卓然有定，重明孔、孟者，豈淺鮮哉！顏先生爲學一生，四十五歲始得下走，教以心性之功，經濟之道。及後崑繩來名，既成年亦長，而聞道心折，遂肅執贄，可稱勇決偉人。但崑繩夙學原從豪傑入，故共學經濟，更其所長，新著平書一帙，命塨訂之，遵同之外，有補有改，甚有關也，容後呈教。今塨年五十矣，素原愚弱，更向衰老，而夾扶寡侶，傳受尠人，即嚮所得三者之友，亦零落殆盡，日爲壹鬱。以門下之德望，若得同心，倡明正學，則登高而呼，所聽者遠。南中後進殊尤，必有聞風而興起者，較之窮崖空谷之鳴號雖厲莫聞何啻霄壤。昔三代封建諸侯，久而列國兵爭，各求富强，勢日趨於功利。至戰國時，衆口一詞，其焰焚如。孟子乃獨區區持仁義迂闊之說，以相攔抵，宜其爲淳于髡輩所譏笑也。然無何，至秦、漢之間，而其言大驗。聖賢見之遠，而慮之深，乃如此也。今聖道之悠謬二千年矣，顏先生忽出，而獨尋墜緒，以開吾徒，豈一人一心之力所能致此，殆亦天地神聖之所啟也。門下雅欲爲不朽人，必不隨場觀笑。富貴既如浮雲，文辭亦屬春華，其所以仡仡自立者，必有在矣，繼往開來，幸力自決。馳祝馳祝。存治、存人、顏先生年譜三種呈覽，不知明春可北上賜教不？佇望不盡！

答三弟益溪問舊說居喪廢宗廟祭

古人未嘗廢也。按：曾子問孔子聞諸老聃曰：「天子崩，國君薨，祝取羣廟之主而藏諸祖廟。」以葬前不祭，且象祖考聚憂也。「卒哭成事，而後主各反其廟。」以卒哭喪事成，行祔祭，且後此行四時祭，故主各反廟也。若四時之祭，三年不行，則主何必各反其廟！且祔后，羣廟主仍當聚藏祖廟矣。而不然也，是即主之反廟，不可爲葬後不廢常祭之證歟？

且古人實事可驗，非僅空文。春秋襄公十五年十一〔二〕月，「晉侯周卒」。「十六年春，葬晉悼公。平公即位，羊舌肸爲傅，改服、修官，烝於曲沃，會於湨梁」。襄二十二年，「晉人徵朝于鄭。鄭公孫僑云：『湨梁之明年，公孫夏從寡君以朝于君，見于嘗酎，與執膰焉。』」是葬後，小祥後俱行四時祭矣。叔向、子産稱知禮者，必非妄行妄言也。況以情事揆之，無廢常祭者。葬後冠衰屨皆有受矣，腰麻變爲葛矣，虞變喪奠而爲祭矣，祔不稱哀子而稱孝子矣，故三虞卒哭之祭稱成事，謂喪事成於此也，謂常祭之禮於此始可成也。喪服小記曰：「虞杖不入室，祔杖不升堂。」儀禮虞祭，主人酳尸，尸酢主人，主人坐祭，卒爵，皆漸近吉禮。以神道接先人，至祔則竟合食祖廟矣。後此則哀愈殺，而反謂廢祖廟食乎？春秋傳曰：「禮，卒哭而祔，祔而作主，特祀則於寢，烝嘗禘於廟。」杜預謂：「如朔奠、小祥、大祥之特祀則於几筵，宗廟、四時常祭則如舊。」釋例是之。不可以杜氏不能助晉武終喪，並此言廢之也。

而杜氏之解，猶未盡合也。「特祀於寢」，謂專祀新死者，則主在寢，因以祀也。「烝嘗禘於廟」，謂遇烝嘗禘祭，則請主入廟，與祖合食。毛河右經問所謂「仍奉主祔之祖旁」是也。杜氏乃謂四時常禮如舊。三年喪畢，又大禘，乃皆同於吉，似烝嘗於廟。無新主者，文義不順。且何取於無新主也？謂新主不可驟入廟耶？則祔祭曾入廟矣。以爲吉祭新主不當與耶？則孝子可主祭，新主乃不可與祭，是傎

〔二〕「二」，原作「一」，據春秋改。

也。或曰：「即祭，孝子亦不與攝主耳。」曰：「有之，而非概也。」伊訓：「惟元祀，十有二月，乙丑，伊尹祠于先王。」漢律曆志以爲，太甲踰月即位改元，逢乙丑朔冬至，越茀郊天。按世紀，成湯以丁未十三年崩，當必崩於建亥十一月。商制踰月改元，故於建子十二月改元。稱元祀，適逢朔旦日至，故令伊尹攝行祠先王契以配天。見祭典。此是未葬祭外神攝主之證也。晉平公葬悼公後，烝於曲沃。明日，改服行事。此葬後祭先自行之證也。朱晦庵家禮，謂喪中宜倣杜元凱説，墨衰家祠行祭，而顔先生深非之。執緦不祭之説甚嚴，今念族姻繁者，功緦之變比有，必至累歲宗廟不一血食，於心忍乎？以至輕之服，廢所重之祭，於心安乎？記顔先生於王法乾卒，服緦，廢家祠獻祭。塨自浙來見曰：「先生誤矣！豈有以朋友逝而卻祖父食者哉？先人其恫諸。」先生曰：「比乃知之。儀禮『朋友麻』，不言緦，謂弔服加麻也。學記曰：『師無當於五服，五服弗得弗親。』師不在五服內，而朋友乃有服乎？吾悔焉，而不知即緦服亦不可廢祖父食也！」按：儀禮註疏：「朋友皆在他鄉，袒免，歸則已。若同在國，弔服疑衰，服緦之絰帶。」夫朝服十五升，疑衰十四升，故曰疑，疑吉也。緦衰七升半。則朋友弔服與緦大殊矣。

然「緦不祭」之言何也？曰：「上文曾子問『與祭』指喪祭言。此節文連義屬，所謂己有喪服與相識之祭，亦指虞祔祭也，故孔子曰：『緦不祭，又何助於人。』即雜記云：『父母之喪，將祭，而昆弟死，即殯而祭，若同宮，則雖臣妾，葬而後祭。』是遭始死之喪，即輕如緦，自己喪祭且停，而況助人。非言四時常祭也，熊氏註甚明。」

「王制曰：『喪三年不祭，惟祭天地社稷，爲越紼而行事。』非言終喪不祭歟？」曰：「又非也。『喪三年』一讀，言喪之三年者，不於葬前屬紼之時行宗廟祭，惟天地社稷則越紼行之。觀下言『越紼』，則上文『不祭』者，不越紼也，非葬後執紼已畢亦不祭也。設葬後不祭，則曰『喪三年不祭，惟天地社稷祭』可矣，何必專指曰『越紼行事』乎？至五祀，葬前亦祭，不曰越紼者，鄭志答田瓊曰：『五祀宮中，在喪內也。』」

曾子問：「鼎俎既陳，不得成禮。」一則亦有士「緦不祭」語，乃言祭正設，聞變而廢。大夫有九喪至大功、士十一小功、緦亦廢焉，非言殯葬後廢祭也。

且即此則而觀，大夫遭齊衰、大功喪，門內廢，門外不廢。士遭小功、緦，當亦如之。而且曰「於死者無服則祭」，是諸喪甫聞驚悼之時，尚有不廢祭如此者，而謂殯葬後不常祭，可乎？

然則如之何？曰：「天子以及於士，皆葬前停祭。卒哭後，凡遇常祭，請新主祔祖合食，祭畢反寢。孝子將事素服，微殺其凶，即『虞杖不入室堂』之義也。祭禮降殺，不樂不飲，醑受胙，即曾子問『天子崩，未殯，五祀之祭不行。即殯而祭，尸入，三飯不侑，酳不酢而已。自啟至於反哭，五祀之祭不行。已葬而祭，祝畢，獻而已』之意也。況古有牲曰祭，無牲曰薦，今世大夫備牲者少，清酌庶羞，並非祭也，又何妨焉。」

書習齋存治篇後

先生三存編，存性、存學皆悟聖學後著，獨存治在前，乃壯歲守宋儒學時所作也。當是時，仁心布濩，身任民物之重已如是，其得聖道也，蓋有由矣。塨從遊後，聞而悦之，著瘳忘編以廣其條件。張鵬舉文升著存治翼編，聚晤考究，歷有年所。及塨出遊四方，辨證益久，謬謂「鄉舉里選，行之或亦因時酌略，而大體莫易井田，則開創後，土曠人稀之地，招流區畫爲易，而人安口繁，各有定業時行之難。意可井者井，難則均田，又難則限田」，與先生見亦頗不參差。惟封建，以爲不必復古，因封建之舊而封建，無變亂；今因郡縣之舊而封建，啟紛擾。一、三代德教已久，胄子多賢，尚曰「世禄之家，鮮克由禮」，況今時紈袴，易驕，易淫，易殘忍，而使世居民上，民必殃。二、郡縣，即漢、唐小康之運，非數百年不亂。封建，則以文、武、成、康之聖賢治之，一傳而昭王南巡遂已不返。後諸侯漸次離析，各自爲君，六七百年，周制所謂「削地滅國」，皆付空言，未聞彼時以不朝服誅何國也。矧於晚近，雖有良法，豈能遠過武、周？三、或謂明無封建，故流寇肆毒，遍地丘墟。竊以爲，宋、明之失，在郡縣權輕，若久任而重其權，亦可弭變。且唐之藩鎮，即諸侯也；而黄巢，儼然流寇矣，豈關無封建耶？四、或又謂：「無封建，則不能處處皆兵，天下必弱。竊謂：「民間出兵，處處皆兵，郡縣自可行，不必封建始可行也。」五、封建之殘民，則恐不下流寇。不觀春秋乎？列國君卿，尚修禮樂，講信睦，然自會盟朝遇，紛然煩費，外侵伐戰取，一歲數見，其不通魯、告魯者，殆又倍蓰。幸時近古，多交綏而退。若至今日，殺人狼籍，盈野盈城，豈減流寇！然流寇亡蹙，而諸侯亡遲，則將爲數十年殺運，數百年殺運，而禍更烈矣。唐之藩鎮爲五季；金之河北九公，日尋干戈，人煙斷絶，可寒心也。六、天子世圻諸侯，世同卿大夫，獨非伯叔甥舅之裔耶？亦世采自然之勢也。即立法曰世禄不世官，必不能久行，周之列國皆世臣巨室可見矣。夫使天下富貴，數百年皆一姓及數功臣享之，草澤賢士，雖如孔、孟，無可誰何。非立賢無方之道也，不公孰甚！欲治平何由！七、戊寅，浙中得陸桴亭封建傳賢不傳子論，蓋即郡縣久任也，似有當質之先生。先生曰：「可，而非王道也。」商榷者數年於兹，未及合一，先生倏已作古矣。於戲！此係位育萬物，參贊天地之事，非可求異，亦非可强同也。因書於後，以待用者。

附　録

先生二十五歲，讀春秋繁露，書其後曰：「漢之儒者，宋人獨推董子。今觀其遺書，乃知爲臭味也。陰陽五行十餘篇，則太極圖説、西銘之濫觴。言米出禾中而禾未可爲全美，善出性中而性未可謂全善，則性有惡，圖之乘韋，與孔、孟罕言性天及言性善者大異也。獨『明道而不計其功』二語，宋儒以爲學宗，則班、史誤易其字，而非廣川本意也。對膠西曰，『正其道不謀其利，修其理不急其功』，與孔子『先事後得』、『放利多怨』等語本無齟齬，班固誤爲『不計其功』，則禹治水而不思安瀾，周公制禮樂而不期太平也；子爲父嘗藥而不思其起，臣爲君敵愾而不計其勝也。學者奉斯言爲指，則學無事功，舉世陸沈，此言之禍，可勝道哉！」年譜。

先生應石門吴公匪庵聘，教其子，入京，習齋謂曰：「勿染名利。」對曰：「非敢求名利也，將以有爲也。」先生不交時貴，塨不論貴賤，惟其人。先生高尚不出，塨惟道是問，可明則明，可行則行。先生不與鄉人事，塨於地方利弊，可陳於當道，悉陳之。先生一介不取，塨遵孟子，可食則食之。但求歸潔其身，與先生同耳。」習齋首肯。同上。

先生游浙，問樂於毛西河，西河以所著樂録示之，曰：「予論樂以實事，不以空言。」先生拜曰：「願學。」踰月，以所著學樂録就質。問：「定聲録佪不當生乙，四字調無乙字，正與林鐘不生大吕、生太簇合。」西河以爲然。又問「唐五音歌訣」，西河曰：「歌存圖亡，未悉也。」及北歸，恍若有得，乃著宫調圖幷七調全圖，每調有宫商角徵四調，與唐後所傳四十九調、四十八調、二十四調皆可相合。復思器色七聲隔八相生，圖前謂佪生上爲四字調，不用乙，義尚未盡，取竹吹而度之，乃悟「正生清，清生正，高低相生之法」也。畫十二律器色七字爲七調還宫相生。全圖寄質西河，西河稱爲絶世聰明。後又以六律正五音圖求正，並問「郊社及經義」，西河答書，盛稱「英儁槩世一人」，且鐫其學樂前二卷入西河合集内。同上。

浙人邵允斯亦受教於西河者，貽書論學，答之，略曰：「塨少承先孝慤家學，即欲自立爲一儒者。弱冠從顔習齋先生游，教塨力求古聖舊轍，置日譜以糾察身心。學禮，學射，學韜鈐，學數，凡古今成敗，日夜研究，經史子集皆繙閲之，以爲實行之考證，非務佔畢也。如是者幾至四十。以樂無傳，入浙，拜河右先生問樂，因從而學焉。且聞先生言『太極先天本於釋、老』以及『儒者欲以干羽平賊』諸謬，而於素所言宋儒之體用俱與聖人異者益信。又得觀其駁正易、詩、書、春秋、禮諸經謬解，而經學頗進。已而得陸桴亭書，見其言戒慎恐懼之功甚正，與佛氏所謂明心見性者較若黑白，於是無動無静，咸以小心翼翼自持，而存養之功亦稍進。然而體道之功愈進，而愈見其難，且論學直宗周、孔，以待來者，將世所謂程、朱、陸、王之歧途，欲從而改正焉。世人聞之，大驚小怪，恐非縣力所能撑撐。足下賜教，使得折衷，幸甚！」同上。

萬季野素嗛毛西河，見先生所作西河全集諸序，不悦，故屢過從而有退言。及將刊大學辨業，念季野負重名，必須一質，合則歸一，不合則當面剖辯，以定是非，乃持往求正，數日，季野拜曰：「某慚與先生識，久爲所包，不知先生。今乃知聖道自有正途也。」遂爲之序，謂：「大學言物，即大司徒之三物；言格物，即學習禮、樂、射、御、書、數之物，爲得古人失傳之旨。卓識不可及，不可謂異乎前儒而驚疑之也。」同上。

先生與方望溪交最深，當六十九歲時，望溪書邀入京，念向者論學尚未盡言，往晤語之，曰：「庶子爲君，尊母爲夫人，春秋有經文，禮記有典禮，歷代帝王有成規，請勿執胡傳之謬也。」望溪曰：「先生舉儀禮，則喪服傳慈母生母與父及嫡母同三年，足可伸追稱小君之説矣，不必用春秋文也。」先生以其猶護胡傳，姑已其言。又謂之曰：「顔先生學之切實，君所素許也。但謂宋儒是聖學，則天下無是非並立之地。請問其以主静爲主敬之功是禪宗否？其存誠是愚誠否？其窮理是俗士之誦讀否？以六藝爲末務粗迹，而專講性天，是背聖學否？以致聰明，人盡歸無用，遂使神州陸沈，王夷甫輩安謝其咎，仁人念之垂泣否？」望溪憮然曰：「願先生急著治平書，以爲世法，則正學興，彼學退矣。」同上。

恕谷弟子

馮先生辰

馮辰字拱北，一字樞天，清苑人。諸生。貧而篤學，恕谷聞其名，贈以訟過則例，介於習齋問學。後遂師事恕谷，與威縣劉調贊同稱高第弟子。恕谷所著書，多載其問答，書成輒序之，有所發明。恕谷卒後，先生爲輯年譜。其所自著有士喪禮、學規、家勸等書。晚失明，口述一編，倩人書之，曰倩人諺語。參顔李遺書。

劉先生調贊

劉調贊字用可，威縣人。少能詩，年二十四，見恕谷所著大學辨業、聖經學規而慕之，賦詩二章，介肥鄉白宗伊來謁，執贄門下。恕谷教以習儀辨業，兼講武備，立日記自考功過，以慎獨、謹微、習勤爲主。能琴，通樂律。後恕谷建道傳祠，命先生撰樂章三篇，先生與其族子述舞及冀州趙本中以琴笛笙和之。恕谷於及門最稱其穎敏。馮樞天輯恕谷年譜，未終，先生續成之。自著有士相見禮儀注、冠禮儀注。參顏李遺書。

鄭先生知芳

鄭知芳字若洲，棗强人。康熙戊子舉人。父端，官江蘇巡撫。先生與同邑張叔璋瞻抑聞習齋之學，同來執贄，會習齋歿，乃受學於恕谷。再迎恕谷至其家講學，其兄見百、良仲、長民皆從請業。先生尤英邁，曾規恕谷曰：「行道而不辯，何如？」恕谷曰：「不可。君子得位則行道，不得位則明道。道不明，是棄道也。且世之辨先儒者在章句，顏先生所惻者在斯世斯民，學術不明，民物終無起色，安可不辯。」先生又曰：「攻佛不知其精，不如勿攻。」曰：「不然。能攻賊即賞之，不必盡悉賊之贓款也，故曰：『能言距楊、墨者，聖人之徒也。』」恕谷又謂之曰：「馮樞天有爲聖賢之志而才短濇，子有爲聖賢之才而志游移，苟無佛、老溷之，隱怪牽之，富貴誘之，志可立矣。」恕谷周易傳註成，先生與參訂，專以人事論易，如恕谷之旨。參顏李遺書。

閻先生鎬

閻鎬字季伯，蠡縣人。恕谷館其家，從學甚久。學禮，佐纂學禮録。辨大學、中庸分章之誤，恕谷采其説。習齋教人，以禮爲主，恕谷兼以文事。馮樞天傳其禮，先生傳其文，故恕谷所著書，多樞天爲之序，獨恕谷後集，使先生序之。參顔李遺書。

錢先生煌

錢煌字曉城，桐鄉人。諸生。講經濟考訂之學。恕谷至桐鄉，先生以弟子禮來謁，恕谷語以習齋之學。先生所著籌邊三略、讀史危言、治河一得、瘳忘贅語、讀存學後編、壁書辨僞、中庸辨、孟子疑義，就正習齋，習齋評之。貽書論書生、文人之非儒，勉以「即素所究治兵、治水二端，討論體驗，使可見之施行，斯爲真儒」。後先生跋恕谷閱史郄視，言「仁勇之合，不能勇則德仁亦僞」，蓋服膺習齋云。參顔李遺書。

案：恕谷弟子見於年譜及顔李遺書各種者，蠡縣則有閻鍵、閻鈵、閻銓，皆鎬之兄弟，又其族人閻鈺、閻茂宗、閻世昌，趙宏澤、趙宏濟、趙宏深、趙宏澍、劉心衡、劉心蕙、劉珙、李書思、陳兆興、李廷獻、李元英、齊春、彭如龍、彭猶龍；博野則有趙暐、趙昕、趙瞵、趙士秀、郭藩、劉貫一、鍾淑、管廷耀、管廷昌；京師則有郭鍈、郭培、郭宏、申奇章、董漢儒、董漢傑、伊維藩、伊維城、祁鼐臣；通州則有宋惟孜；高陽則有王楫、齊勳、齊中岳；安平則有趙垂勳及子瑞鴻、弓巽、弓御九、王博古、王傑期；肅寧則有王業豐、王業彪；深澤則有李通及子基；冀州則有趙本中；衡水則有劉廷忠、劉廷直、杜謙牧、杜謙益；棗强則有李杜；大名則有張珂。其籍隸他行省者，武城劉天植；德化黎長舉；石門吴闕杰、吴用楫、吴師栻，皆侍郎涵之子姪；桐城方道章，侍郎苞之子；武進惲宗恂、惲敦夫，皆鶴生之子。又常州孫應榴，亦鶴生所介，遥執弟子禮。葉惟一受業最晚，籍貫未詳。以上諸人，未見著述，行事不詳，附列其名。

恕谷交游

許先生三禮　別見夏峯學案。

竇先生克勤　別見潛庵學案。

方先生苞　別爲望溪學案。

胡先生渭　別爲東樵學案。

萬先生斯同　別爲鄞縣二萬學案。

閻先生若璩 別爲潛丘學案。

梅先生文鼎 別爲勿庵學案。

楊先生名時 別爲凝齋學案。

王先生源 別見習齋學案。

惲先生鶴生 別見習齋學案。

程先生廷祚 別見習齋學案。

王先生復禮

王復禮號草堂，錢塘人。爲學初欲調和朱、陸，作三子定論。恕谷游浙訪學，與投縞紵。致書論朱、陸、王三子，當以孔、孟爲斷，合於孔、孟，三子即各詣無害也；不合孔、孟，三子即同歸無取也。先生是之。恕谷再至浙，先生以所著四書集註補、書解正誤示恕谷，且曰：「聖經昭如日星，後儒每滋異説，如言孔子誓子路則誣聖，樊遲粗鄙近利則誣賢，『活潑潑地』等語則參佛、老，『無爲無不爲』等語則雜老、莊，非小失也，故不得已，分矯誣聖賢、詮注佛老二例以正之。」又曰：「吾輩爲聖道而辨先儒，不得已也，不可過激而失中，不可剽古人舊論以爲己出，不可刻訾小文小義，此余正誤意也。」恕谷曰：「善。」又與恕谷論學，因言：「陽明善射，少年即以豆爲陳習兵。」恕谷曰：「程子亦考行禮。朱子輯禮行禮。蔡氏律吕，雖有誤義，而亦留心於樂矣。陽明之兵，寧不可幾聖門子路？但所憾於諸公者，不專以是爲學宗，且雜聖道以他途耳。」先生曰：「此論甚平，可質九原矣。」以所著就正習齋，習齋稱爲淑行好學。恕谷亦服其貫串諸經。參顔李遺書。

郭先生金城

郭金城字子固，大興人。原姓張氏，父盡忠，養於郭氏，始隸漢軍旗籍。先生以官學生試，授内閣中書，累遷刑部員外郎，轉御史。與恕谷游，延教其子。聞習齋學説，私淑之，盡棄所學。講求天文、地理、政刑、經世之學，在刑曹有聲。及爲御史，疏請汰宂員，議復古學校選舉之制，持清操，不謁權貴。兄金湯字子堅，官桐鄉知縣，聘恕谷往佐治，事之如師。恕谷與其昆季交最深，歿並爲之傳。參恕谷年譜、文集。

案：恕谷交道甚廣，録其著者，畿輔學者凡與習齋接者，恕谷皆共講肄，不複載。

清儒學案卷十四

梁溪二高學案

自明季梁溪顧、高二公講學東林，東南壇坫稱盛。彙旃繼忠憲之志，久主講席，江左學者，翕然向風，推及新安諸子，故有紫陽通志之録。紫超逸情孤詣，避遠聲華，篤志研經，不專談性理，實開震滄顧氏、味經秦氏之先焉。述二高學案。

高先生世泰

高世泰字彙旃，無錫人，忠憲公攀龍從子。明崇禎丁丑進士，授禮部主事，擢湖北提學僉事，修濂溪書院，遴諸生數百人講學其中。均州劣生某，導武當太和宫稅璫謁文廟，令諸生講書，有非笑之者，璫怒，誣以拆毁宫坊，文致數十人。事下勘覈，備陳璫僭虐狀。得旨，撤璫，罪劣生，獄乃解，遂辭職歸。先生少侍忠憲講席，篤守家學。及歸林下，時東林書院毁廢已十餘年，先生重建之，取舊藏先聖木主奉祀，春秋仲丁行釋菜禮。次第復道南祠、麗澤堂，築再得草廬，講學其中，四方學者相率造廬問道，凡三十餘年，以東林先緒爲己任，壇坫復盛。清初鉅儒李二曲、陸桴亭、張清恪皆嘗至會講。祁州刁蒙吉篤信忠憲之説，與先生往復論學，學者有「南梁北祁」之稱。孝感熊文端，因其父舊出門下，亦守東林之一脈焉。先生著有中庸問答、高子節要、忠憲公年譜、東林書院續志、紫陽通志録、三楚文獻録。參先正事略、錫金合志、東林書院志。

東林會語 與李二曲會講東林之語，見二曲集。

「學而時習之」，「之」字要體認。此書上虚字，須照定本章章旨看。如「吾斯之未能信」，「斯」字便指仕之理而言；「如切如磋，其斯之謂與」，「斯」字便指未若之理而言。此猶爲舉業做文字者言也。若首章「學」字，註中是「效先覺之所爲」，「爲」字著力，又補以「坐如尸」，坐時習也；「立如齋」，立時習也，豈不是一箇「敬」字？即如君子「九思」章，豈不是一箇活「敬」字？非禮勿視、聽、言、動，豈不是一箇活「敬」字？朱子曰：「習静不如習敬。」信哉！

馮恭定有言，漢、唐、宋之制科，本無關於身心，殊非聖賢之務。若八股之業，所讀者聖賢之書，所摹擬者聖賢之語，只是不曾發得聖賢之心，故不能做聖賢之事，立聖賢之品。今亦不須易業，只就其先資之言，而勉爲實行，便是聖賢了。無奈以書本爲敲門瓦，科名到手，書本棄去，一一盡是反做。此之謂言不顧行，行不顧言，不但是背聖人之言，即自己平生之言，自己全不照管，那得成人！

言滿天下無口過，其惟紫陽朱子乎。「六經皆我註脚」，是陸子之口過也。「滿街都是聖人」，是王文成之口過也。學者一啟口而不可不慎如此。

「行滿天下無怨惡。怨惡在人，如何免得？要知不是求免怨惡。」此兩句原是發孝子不登高、不臨深的念頭。

附録

先生之學，近守忠憲，遠宗朱子，而尤以朱子大學格物補傳爲聖賢切實要領工夫。謂「朱子早慮後人認作空知，但説靈明知覺，而於事物都不能貫通，故提出一『理』字以實『知』字，再提出表裏精粗以實『理』字，蓋人心之靈猶如火，火必有所附麗而後見其光明，物乃知之附麗處，格則推致廣遠，所以用而不窮之法也。離物言心，遂爲二氏之别傳。舍格物而單提良知，終非聖門之正的，爲其與『致知在格物』之旨不符耳。故講大學者，或提致知，或提修身，或提誠意，頭緒愈紛，不如仍本聖經明文在格物爲大定」。以下並見熊賜履撰傳。

李二曲學尚姚江，特造東林會講，先生與之辨論，二曲答云：「陸、王矯枉救弊，其言如藥中大黄、巴豆，疏人胸中積滯，未可概施虚怯之人，先生所慮極是。」退而謂其從游，謂宜奉爲典型。

休甯汪學聖參究禪宗幾二十年，聞先生講道，造門而請，先生與言「後學宗派惟程、朱，程、朱宗派惟孔、孟，闡發程、朱是爲正宗，厭薄程、朱是爲亂宗。世之談性者既荒唐，於禪宗之徒尤荒唐，於援儒入禪之徒，必欲堅持三教一家之説，惜誤用其精神矣」。留語數十日，而學聖遂悟從前所學之非。

新安汪知默、陳二典、胡淵、汪佑、吴日慎、朱弘、施璜輩，講朱子之學於紫陽書院，因汪學聖游先生門，相次問學，於是更定紫陽通志録以廣薪傳。先生主東林書院三十餘年，蒞行忠憲同善會八十餘次，孳孳焉守忠憲之道，以待後之學者，故學者莫不知有彙旃先生云。

高先生愈

高愈字紫超，忠憲公兄孫也。諸生。十歲讀忠憲遺書，即有志聖賢之學。既長，熟復羣經及諸儒語録，務躬行實踐，不尚議論，謂「士求自立，當自不忘溝壑始」。事親孝，家貧，父嗜酒，食必具酒肉；或就人飲，則遺僮往候，自屏立路隅，俟與主人別，扶掖以歸，以爲常。居喪，不飲酒食肉，不入内。取與之介最嚴。與人以和，雖子弟未嘗訶譙。終日危坐，不欠伸，盛暑不裸跣。有忿爭者至其前輒愧悔。里人好以道學相詆諆，獨至先生，僉曰「君子人也」。晚年益困窮，嘗餟粥七日，方挈其子登城眺望，意充然樂也。張清恪撫蘇時，延主東林講會，以疾辭，卒年七十有八。生平覃精經術，爲周禮解，凡數十易稿。與華霞峯論春秋，「聖人據事直書而義自見」，爲辨正諸家之失，顧祭酒棟高從受學，説春秋往往宗之。著有周禮集解二十四卷，小學集註六卷，老子道德經解，薛、胡、羅三先生要語各若干卷。參史傳、先正事略、錫金合志。

公羊賊不討不書葬論 以下二篇見春秋大事表。

公羊内賊不討不書葬，外仇不復言葬，義之精者也。然考經所書則不盡然，經固有内賊未討而亦書葬者，若蔡景、許悼之書葬，則于所謂内賊未討不書葬者，其説未信矣。然則或葬或不葬者謂何？曰：「禮成而葬者書葬，委屍而藁葬者不書葬。」蓋凡所謂葬者，非徒掩之于土已也，將必有子孫之踊從焉，公卿之備位焉，鄰國之賵奠焉。凡賊既討者，必重更棺斂，告于鄰封，成禮而葬，蓋元凶既去，而忠臣孝子得以自盡其心也，如是而安得不書葬！若賊未討者，往往弒逆之賊猶擅國柄，懟其君父藁葬路隅，若欒書以車一乘葬厲公于東門之外，鄰封不與，知公卿不備位，則是不成乎葬也，如是而安得書葬！更有逆子推刃其父，欲自掩其弒逆之迹，而反告于鄰封，隆禮以葬，四鄰諸侯亦皆遣使以供其事，則是實行葬禮矣，如是而又安得不書葬！然則凡討賊者必成禮而葬，則經亦書葬，非以討賊之故而始書葬也。凡賊未討者，多委棺暴屍，不成乎葬，則經亦不書葬，非以不討賊之故而不書葬也。更有鬼蜮譸張，假飾以葬，則經亦書葬，又不以不討賊之故而不書葬也。是則或葬，或不葬，聖人一皆據實書之耳。然而葬則書葬，足以安既死之魄，而慰枕戈待旦之心；藁葬不書葬，足以彰暴骸之慘，而激同仇泣血之志；僞爲葬者亦書葬，又以明其巧飾之惡，而一時之會葬者，皆當擊其首而碎之也，而聖人之立義固精矣。

與華霞峰書

春秋十二公，不書即位者四君，説者謂皆聖人削之，然其説可通于此者，即不可通于彼，于是各爲委曲相就之説，而春秋之旨晦矣。隱不書即位，文定主「内無所承，上不請命」，其論固極正大，然嘗竊惑之。春秋之法，是非善惡固云大公而不私，然尊君父不敢斥言者，亦春秋之定理也。春秋惡天下之無王，則亦惡乎一國之無君；惡一國之無君，則已更不當先萌無君之心，而遑無君之筆。夫春秋諸侯其不請命而無承者遍天下，而文定乃曰「春秋首絀隱公以明大法」，則是聖人欲正天下無王之罪，而已先遑無君之筆矣。夫君父一也，今有羣爲盜者于此，而其父亦與焉，藉令身爲士師，而曰首誅吾父之爲盜者，其可乎？隱公即有可絀之罪，而聖人非絀隱公之人。若謂「聖人作經，直以天自處，而于此乎何恤焉」，則亦悖理逆倫之甚矣。今謂削隱公爲不禀于君父之例，即文定「首絀隱公」之意也，此其説之可商者一也。謂「文、成、襄、昭、哀五君皆不禀于君而禀于父，可從末減」，義亦未安。夫諸侯之位，受之王也，非受之父也。既不禀于王，則雖受之于父，而亦爲擅立，又可從而末減乎？既可受之父而從末減，則天下諸侯其干王法者少矣！既削隱公爲不禀于君父之例，又末減于文、成諸君而書即位，以書即位者爲是，則疑削即位者爲非；以削即位者爲非，則不宜以書即位者爲是。是非可以互易，予奪可以條更，隱何獨不幸，以春秋之首君，而當大罰，此其説之可商者二也。又謂「桓、宣、定三君皆繼弑而與聞乎故，故亦如其常而書即位」。夫桓、宣繼弑君，信矣。若昭，非弑也。昭非弑，而强使之同乎弑，則亦模糊遷就之説也。桓、宣之惡極矣，俱志存乎殺兄。定非志乎殺也，但不能討意如爲罪耳。因定不承于父，難從受父未滅之例，而直使與桓、宣之弒君者同科，則用法可謂不平矣！此其説之可商者三也。「然則十二公或書即位，或不書即位，其義果云何？」曰：「一從其實而書耳，聖人非有意于其間也。隱之攝而不即位也。變例也。莊、閔、僖之繼弒君而不即位也，定例也。桓、宣故踰其例者，則以欲自掩其簒弒之實耳，若從其例，則是自明其簒也。慶父立閔公，誠無不忍子般之意，然慶父醜聲昭著，廷臣亦惡之，季友之徒，或有與之爭而抗者，故亦不行即位之禮也。然則桓、文、宣、成、襄、昭、定、哀八君，實嘗即位矣，則經亦無容没其實而不書即位；隱、莊、閔、僖四君，實未嘗即位也，則經亦不得强而誣之爲即位，皆從其實而書耳。然春秋雖皆從實以書，而于文、成、襄、昭、哀五君書即位者，自有以明傳世繼統之重；于莊、閔、僖三君不書即位者，自有以昭萬世嗣君處變之法；于桓、宣之不應即位而書即位者，自有以發其很賊無兄之隱；于定之六月戊辰而始書即位者，自有以見意如强逼專制其君之實，此如太陽一照，而萬物無遁形，聖人之意未嘗不深切而著明也。」或曰：「王法所最重，莫過于繼世而立君；王法所必誅，莫過于不稟君父而自立。今謂隱公不書即位，止于從實而書之，則所云『丘竊取』者謂何？」曰：「子不稟于父，臣不稟于君，爲王法必誅之定律，聖人于衛人立晉之文發之矣，不必更牽合于此也。」「然則隱即位不書，止于從實，而無他義乎？」曰：「位者，人君之大寶，命德討罪，皆藉位以行之。天子正其位，然後可以有爲于天下；諸侯正其位，然後可以有爲于一國，不書即位，則是失其人君之大寶，而不足以有爲于一國也。嗚呼！此其所以終蒙菟裘之變也歟？」

彙旃弟子

張先生夏

張夏字秋紹，號菰川，無錫人。明諸生。孝友力學，有文名，後乃棄舉業，潛心理學，以朱子爲宗。自高忠憲罹黨禍，人目東林爲畏途，而先生信道愈篤。洎明亡，彙旃修復學舍，遂從學。學者雲集，春秋釋菜後，升堂講學，每推倡首，爲衆所服。康熙中，湯文正公撫蘇，至東林會講，甚重之，延至蘇州學宫講孝經、小學，聽者感動，咸謂東林有人。自彙旃既殁，學者奉之爲師，如事彙旃。歷三十年，東林講席不輟，賴其力也。卒年八十有六。其學守居敬窮理，不爲他歧所淆亂。於經尤深易、詩、春秋。熟精十七史，諸家記載，典章紹革，歷歷指掌。博訪先儒遺書，手跋親鈔，率多秘本。著洛閩源流録，有功聖學。又有五經四書述朱解、孝經問業、小學瀹註並行世。後唐氏鏡海尤稱「其洛閩源流録，辨論儒宗，毫釐剖晰，不參客氣，足以翼道」云。參東林書院志、錫金合志、國朝學案小識。

洛閩源流録

自序曰：「嗚呼！世之學者，往往陽儒陰釋，以進釋退儒，始而薄程、朱，繼而卑孔、孟，繇是道術淩雜，世教日衰。然則何以正之？亦正之以儒而已。孔、孟，其儒之始祖乎！程、朱，其儒之大宗乎！是故欲正之以孔、孟，不若即正之以程、朱，欲正之以程、朱，不若即正之以學程、朱之真儒。嘗取宋、明儒派，合參之宋人之爭衡程、朱者，前有王、蘇，後有張、陸，皆禪學也。彼安石父子之篡祀，由京、卞借名競黨，龜山出而一疏斥去，公論昭然。其蘇學亦祇行於北，而程學盛行於南，不以學禁稍沮。朱子因之，録伊雒淵源，固易辨也。横浦稱能正色立朝，其得表章，以史衛王報舊知特請於上，史敗而聲迹旋湮。象山著荆門軍之政，其徒尊之，乞易名置祠，尚援濂、洛爲重，要亦非溢數。吾朱子雖嘗三黜乎，殁未幾而賜謚文，旋與周、張、二程並躋文廡，所著諸書，亦皆通行，而後人爲録考亭淵源，在宋史既成道學，有傳之後，又易辨也。明儒之變派則異是。當其初，孝陵首正道揆，金華之傳未散，紫陽之教增新，故台海挺立大節，澠池篤勵躬行，河津標復性之宗，泉南啟主一之鑰，其揆一也。自陳、王倡異，而其徒決裂太甚，隱怪有述，詖邪生心，一時講壇徧地，絃誦徹天，問之，則皆講新學伐程、朱者，名爲道席之極盛，實當道席之極亂。時則有若餘干、蘭谿、虚齋、二泉諸先生，皆以醇儒守先待後。而泰和三辨王學，高陵出甘泉之門，不徇其説，莊渠既焚毁達摩遺跡，又搜剔慈湖禍根，三先生者，尤持論鑿鑿，大有匡維。然至隆、萬間，屢議廡祀，先辞、繼陳、繼王，而胡僅得末祔，竟如晉、楚分歃，蔡、衛爭長，非閏位之奪正乎？既而東林鼎建，我顧、高兩夫子並作，一提性善以破無善，一提格物以救空知，辨析絲毫，庶幾障川東流，俾夜復旦，乃爲讁籍孤臣，未免聯席倉皇，異同回互。尋罹璫禍，身隕節完。而恩恤之後，復以牽連黨議，未湔謗史，極於南遷，尚爲口實。嗟乎！生不逢崇、政坐講之儀，結垂拱、延和三召之契，没未膺淳祐從祀之典，亦不聞有靖康明詔、淳熙正議釐革乎其間，吾道窮矣！大抵宋儒之道，多沮抑於小人，害尚淺，故其名先晦後顯。明儒之道，先掩飾於新學，害尤深，故其實雖存若亡。學者居今日而尚論前人，或聞其名，未覩其實；或習其言，未考其行，苟無記録，何以詳議本末終始，而知其爲足以砥衰還盛也乎？況邪慝流殃，設吾黨不早論定，得無有紊亂先型，以迷惑後生者乎？此洛閩源流一録，夏之所以不得已而作也。惟是禪學者流，不難埽除六經，其見吾録，必有掩耳閉目，走匿不欲讀者。否則，有倡爲不必分辨之説，以調停異徒者。又其甚，非病以方，人即詆爲偏黨，欲箝吾口而掣吾筆，將若之何！雖然，吾不敢以此量天下士也。斯録也，非吾之私言也，一代真儒學程、朱以學孔、孟者之公言也。賢者而或有取焉，則於道術之歸一，世教之復興，未必無少助，安敢逆料其無益而竟置之哉！」

正宗十六先生，朝野久有公論，擬進廡位。所宜詳慎訂正敬軒、整庵兩先生傳，既折衷高子遺書，餘皆讀全集，參諸録，詮次爲編，而正學、月川、敬齋、涇野、涇陽、景逸六先生尤私心宗法，易稿至數番始定。雖淺薄不足測海窺天，而傳中具有步驟曲折，亦冀同志者之細讀，有所證入也。

陳、莊、王、湛品正學偏，君子爲吾道辨之則是，小人以私意毁之則非。當時秉鈞軸而惡陳、莊及欲罪王文成者，皆儼然自命爲大儒，而忌賢害正，不自知其墮入下流，況平日出處卑污，議論詭僻，躬負種種悖戾，又可使薰蕕同器乎！是録雖力辨陳、王，在所必存；雖節取正論，而丘氏、張、桂，槩不之録，此稟孔門家法，非敢意爲進退也。朱子嘗爲周、程、張、邵、司馬六君子贊，及録伊雒淵源，獨遺涑水，是嚴於辨學處。然後來遞進六子於文廡，竟以六贊爲據矣。至謝、方、石氏續録後敘中，惓惓於杜清獻、車玉峯兩公，而遺魏鶴山；馮氏考略亦遺王文烈、潘陽節，先正當有主見，後生未敢遽議。今以夏之寡陋，掛漏宜多，年來頗事搜輯，固有向擅儒名，及購讀本傳無關學問如某某者。至如朱以功、馮忠齋、冀端恪、劉文正諸先生，曾窺語録著述一班，知其所學各正，而朱、馮、冀誌傳無考，記文正事者多異詞，亦遂闕疑，誠是録之憾也。況當老成半謝，離索成愆，中閒出入品第，有未及商改者，補遺訂誤，統以俟當世大君子。

吴先生日慎

吴日慎字徽仲，號敬庵，歙縣人。諸生。家貧力學。游吴，隱於醫。聞彙旃講學東林，往從游，虚心請益，析疑問難，時出讜論。後返里，會講紫陽、還古兩書院，守白鹿洞學規，以居敬窮理、返躬踐實爲主，究其得力，尤在一「敬」字，自號敬庵。著有周易粹言、大學章句翼、中庸章句翼行世。於周易、四書、周子太極圖、西銘皆有論著，並名曰「翼」，藏於家。參東林書院志。

汪先生璲

汪璲字文儀，號默庵，休寧人。少即潛心儒書，事親孝。遭亂家落，爲賈以養。僦居漢陰，遂占籍，文譽甚噪。久乃棄去，惟力於躬行。與吴敬庵、施誠齋先後問學於東林。不妄交，所師友者，惟彙旃及吴中徐俟齋與同里數會友而已。著有讀易質疑二十卷，以程、朱之説，體驗身心，研究最精。又有大學章句釋義、周易補註便讀、語餘漫録、文集、悠然草詩集、儀典堂文録。參東林書院志。

施先生璜

施璜字虹玉，號誠齋，休寧人。少過郡紫陽書院，有講學者，往聽之，聞身心性命之緒論，喟然曰：「學者當如是矣！」遂棄舉業，發憤潛修，於先儒諸書，能辨其源流，得其指歸。時新安紫陽、還古兩書院每月會講，往往推爲主席，必先期齋戒，莊肅將事，於先儒語録多所發明。康熙壬子歲，來梁溪謁彙旃，執贄行師事禮，彙旃推重之，會輒推爲祭酒。著有思誠録、小學發明、五子近思録發明。初來會講，與彙旃約某年月日復來會講。及期，設榻以待。或謂：「千里安能必如約？」彙旃曰：「施生篤行君子，如失期不來，吾不復交天下士矣。」言未竟，果至，時傳爲美談。殁後，東林學者以誠齋與吴敬庵、汪默庵三人並附祀道南祠。參東林書院志。

彙旃交游

顧先生樞

顧樞字所止，號庸庵，無錫人。端文公憲成孫，明天啟辛酉舉人，承家學，又受業於高忠憲。明亡後，屏居涇皋，結茆於故居之旁，取陶淵明詩語名之曰西疇。深自斂迹，不入城市，不赴講會。淹洽諸經，尤深於易。晚爲易稿，折衷諸家，主理不主數。嘗言：「程、朱易，至矣。近世孫文介明雒義、倪鴻寶兒易、黄石齋易象正，皆吾所不解。吾祖於易理最精，獨無著述，僅仍舊解略爲去取而已。後生小子可妄肆穿鑿乎？」其於易，蓋心體而躬行之。所學原本家庭，以性善爲宗，以無欲爲括，而敦行以復性，踐禮以克欲，則其自主之階津也。其論明儒，服膺薛文清、胡敬齋，而謂「白沙、陽明未免一線之差」。又曰：「端文主無欲，忠憲主格物，並直接宋儒。」著有西疇易稿、西疇日鈔、古今隱居録、端文年譜、端文要語。參東林書院志、錫金合志。

秦先生鏞

秦鏞字大音，號弱水，無錫人。父爾載，爲高忠憲入室弟子，率之同受學。明崇禎丁丑進士，與彙旃同登第，以文章氣誼相砥勵。官江西清江知縣。又補山東蓬萊，有惠政，擢河南道監察御史，屢上封事。見國事日非，告歸。明亡，隱於城東弓河上，自題所居曰千休館。謝絶人事，惟與門弟子講學，十餘年乃卒。著有易敘圖說、周子通書半解、皇極内篇小衍、先儒四編講録、參同閣集、清江縣志。參東林書院志、錫金合志。

胡先生時亨

胡時亨原名時忠，字伯昭，號慎三，無錫人。明崇禎丁丑進士，官江西南昌府推官，治獄清簡，有平寇功。福王在南都，擢福建道監察御史。上疏清言路，正綱常，收人心。不能用，究心理學。著聖學源流録。參東林書院志。

嚴先生瑴

嚴瑴字佩之，號生軒，無錫人。明諸生。甲申後，不復赴試。篤學好古，博究經史百家，而以理學爲主。曰：「吾自得高子遺書，方知學有歸宿處。」與彙旃講道東林，推爲主席。著有生軒易說、生軒存稿、屬比直書、易同、東林書院志。參東林書院志、錫金合志。

易說

龍本有首，以天德之不可爲首也，故剛而能柔，有而若无。所謂「見羣龍无首」，而非猶夫夢夢焉无首者爾，不然「首出庶物」又胡爲稱也？惟首，則爲庶物主；亦惟首而无首，則萬國各得其所而咸安。是道无爲恭己，虞舜以之。抑在下亦有然歟？曰：「居深山而同野人，是之以爾。」

乾初象「潛龍」，靜觀君子之藏；坤初象「履霜」，俯視小人之出。聖人之於微、陰、賤之惡之也如是。

「修道之謂教」，既薦之教也，皇極之敷言也。「神道設教」，盥不薦之教也，皇建其有極也。往來不可絕，憧憧不可有。不往不來，其學也禪；「憧憧往來」，其學也俗。

不久得禽則爲王良之詭遇，久安得禽則爲宋人之守株。彼之貪也巧，此之貪也拙。

「小人用壯」，不學禮也，學禮則爲知方之勇。「君子用罔」，不致知也，致知則爲必明之强。知復之「來復」可與言天德，知解之「來復」可與言王道。

「无妄之疾」，來之速，去之不可速。苟負屈而必鳴，被謗而必白，是始之外邪，終將內毒，乃益其疾也，所以「不藥有喜」。損之疾，攻之速，去之不可遲。苟有諍而不從，聞過而不急改，則生理鮮矣，醫雖良，能續乃命於天乎？所以「使遄有喜」。

「剥，不利有攸往」，陽不可盡。「夬，利有攸往」，陰不可留。

豐、巽上爻，皆人臣之欲保終者。豐則峻宇危垣，居高而絶物；巽則卑棲俯伏，喔咿而栗斯。一爲怙權恃位之老奸，一爲吮癰舐痔之鄙夫，皆凶道也。

舍嚴祖而呢慈妣，雖有童心，不失天性；失主眷而安臣分，雖無感悟，終鮮怨懟，皆過而不過之義。悔雖向吉，然未離凶，蓋猶有疵者存也。吝不遽凶，然漸遠吉，蓋已有疵者起也。凶爲大疵，悔疵爲凶之將終，吝疵爲凶之方始，故皆曰小疵。

和順於道德而理於義，繇一致而萬殊；窮理盡性以至於命，繇萬殊而一致。

惲先生日初

惲日初字仲升，號遜庵，武進人。明崇禎癸酉副榜，應詔上備邊六策，不報去。隱浙東天台山中三年而兩京亡，浙亦被兵，走閩、粵爲僧。與閩中兵事，軍潰，獨走歸常州，僧服講學。少時文章瑰麗而嗜宋儒書，後師事劉蕺山，學益進。蕺山殁後，訂正年譜，撰行狀，發明其學。一日，攜狀過梁溪以示彙旃曰：「劉先生謁忠憲講論，有問學三書，皆儒宗關鍵。劉先生之學，即忠憲公之學也。」因作高劉兩先生正學説略曰：「忠憲得之悟，畢生祇重修持；會稽得之修，末後亟稱解悟。忠憲以格物爲宗，成乎形之謂物，本乎天之謂則；會稽以慎獨爲宗，一於位之謂獨，原於性之謂誠。要以窮理主敬，用各有當，而進實相資。孔門之博約也，虞廷之精一也，兩先生所由接其傳學者，惡容以偏廢也！」會彙旃重興東林書院，時與周旋其間。郡守駱鍾麟求見，不納；及其去官，始一見。陸桴亭講學常州，數與往復，於論性書有辨駁。著有四書講義、劉子節要、見則堂語録、古文野乘諸書。參惲敬撰家傳、武陽合志、東林書院志。

龔先生廷歷

龔廷歷字玉臣，號震西，武進人，徙居無錫。順治壬辰進士，官浙江湖州府推官，以平反冤獄忤上官，罷職歸。博通天文、地理、諸子百家之學。晚益潛心考道，與彙旃講學東林。著有願學編、理學醇疵辨、諸儒語録諸書。參東林書院志。

湯先生之錡

湯之錡字世調，宜興人。布衣。安貧力學，於書無所不讀。篤信周子主靜之說，或議其近於禪，曰：「程子見學者靜坐，即歎其善學。易言：『齊戒以神明其德。』靜坐即古人之齊戒，非禪也。」居親喪，一循古禮，就地寢苫。事諸父如父，昆弟無閒言。得高忠憲復七規，曰：「此其入德之門乎！」仿其說爲春秋兩會，聞風者數百里來就學焉。明亡，年二十四即棄舉子業。嘗論出處之道曰：「『潛龍勿用』，潛要確，若不確，則遯世不見知而悔矣。古來多少高明人，只爲此一悔所誤。」常州守駱鍾麟請關中李二曲講學毘陵，特遣傳聘先生，辭不赴。後延主延陵、東林講席，皆不就。爲學專務切近，絕無緣飾。或詢陽明致良知之說，及朱、陸異同，曰：「顧吾力行何如耳，多辨論何益！」卒年六十二。及門金敞、顧培輩，建書院於惠山之麓，奉其主祀之，著偶然云集。敞字廓明，靖江人。少負氣節，爲任俠。已而至宜興問道於世調，與顧培築共學山居於錫山。培字畇滋，無錫人。從世調昕夕講習，遵高氏靜坐法，以整齊嚴肅爲入德之方，求合於孔氏之「默識」，且以觀喜怒哀樂之未發。山居行復七規。巡撫張清恪詣東林論學，頗以靜坐說爲疑。培立義數千言，以申高氏之旨。參史傳。

李先生顒 別爲二曲學案。

刁先生包

別爲用六學案。

陸先生世儀

別爲桴亭學案。

徐先生世沐

別見桴亭學案。

紫超弟子

顧先生棟高

別爲震滄學案。

紫超交游

華先生學泉

華學泉字天沐，號霞峯，無錫人。以經學著。所著儀禮喪服或問，紫超極稱之。又有讀易偶存、春秋經傳日鈔、春秋類、春秋疑義增訂、周禮集解、老子疏義、霞峯文鈔。甥顧棟高從受學，所撰春秋大事表多取其說。參錫金合志。

清儒學案卷十五

用六學案

用六篤行好義，忠孝貞隱，與夏峯爲友，聲應氣求。其學私淑梁溪高氏，尊程、朱而抑陸、王，故陸清獻深取之。述用六學案。

刁先生包

刁包初名基命，字蒙吉，號用六，祁州人。父克俊，有道而樂施，爲鄉里引重，學者所稱貞惠先生也。先生魁岸穎異，少承家學。明天啟丁卯舉人，再赴禮闈，不遇。見天下將亂，遂棄舉子業，以學道自任。卜築城隅，署其齋曰潛室，亭曰肥遯，讀書其中，學者歸之。尚義持正，邑有大事，每倚以決。崇禎末，流寇犯境，毁家倡衆，誓固守，城得完。甲申國變，設莊烈帝主於所居，朝夕哭臨，賊以人望，强徵之，以死拒。及入清代，終不出。孫夏峯徵君避難過祁州，留與講學，心嚮之。既而見高忠憲之書，尤篤好。南游至無錫，與忠憲猶子彙旃訂交，盡讀忠憲遺書，遂稱私淑弟子。其學以謹言行始，嘗曰：

「君子守身之道三，曰言行不苟，取與不苟，出處不苟。」論學由高氏上溯程氏。於陸、王有微辭。於諸經尤深易、春秋。所著有易酌十二卷、四書翼註十六卷、辨道録八卷、潛室劄記二卷、斯文正統十二卷、用六集十二卷。以居母喪致疾卒，年六十六，門人私謚曰文孝先生。無錫學者祀之東林書院道南祠。

參魏裔介撰家傳、學案小識、先正事畧。

易酌序

易何昉乎？自庖羲氏一畫始也。而康節教學者，直遡諸未畫以前。夫畫前之易，生天、生地、生人者也。舉天地人不能出其範圍，而易於是乎見矣。學畫前之易，即心見易；學畫後之易，即易見心，故曰：「易，心畫也。」繇一畫而加之至三百八十有四爻，交易變易，妙有權衡，故用酌。或仰酌諸天，或俯酌諸地，或中酌諸人，變化生心，萬理具備，聊以待夫神而明之者，而未獲一遇也。越數千載，文王作於前，周公繼於後，一則酌羲之畫，合而爲彖，有彖下之辭；一則酌羲之畫，分而爲爻，有爻下之辭。讀其辭，離奇奧衍，非上智茫不得其解。潔淨精微之教，難言矣。越數百載，天縱孔子而假之年，畫酌羲，彖酌文，爻酌周公，用成十翼，易繇此爲古今第一完書，開五經之祖，標四書之宗，神靈呵護，雖秦火不能焚也已。嗣是而後，言易者無慮數十家，若焦延壽，若京房，若郭璞，其表表者矣，然皆相傳爲卜筮之書，以自神其術數云爾。唯韓康伯之註，王輔嗣之疏，粗知義理，惜其旁酌老、莊，未免影響支離，揣摹其皮膚，而無繇洞貫其腠理也。潔淨精微之教，難言矣。越千四百載，得伊川程子，其人以周元公爲師，太極圖、通書既有以酌其源流；以明道爲兄，家庭閒講習討論，又有以酌其體用。行年七十有三，尚冀少進，不輕以其書示人。竭終身之力，破除術數小技，歸乎綱常名教，洗滌註、疏陋説，徵乎日用行習，原本孔翼，發揮三聖之藴，以教天下來世於無窮，一人而已。雖然，作者固難，知者亦未易。孔子而後，唯伊川爲能作是書，唯考亭爲能明是書。本義翼程，爲二傳功臣；正猶程傳翼孔，爲十翼功臣也。讀者不察，判然視爲兩書，可謂知言乎？國家以制科取士，考其始，程之傳，朱之本義，蓋嘗並列學宫。其既也，厭博而就約，避難而趨易，於是專主本義，程傳不得而與焉。業易者，童而習之，白首而不知爲何書。其所爲舉業家言，則又彷彿於不可知之象，馳騖于無所用之辭。程之奥旨宏綱，棄置有如隔世；朱之微言約義，奉行又徒具文，易所可見者，畫焉耳，易所可讀者，辭焉耳，若夫義理之存焉者，蓋寥寥也。義理亡而簡編存，天下豈復有易哉！潔淨精微之教，難言矣。包也有憂之，竊以爲學易者，學畫，學象，學爻，功夫固有次第，使非肆力於孔子之翼，以求作易者之心於憂患之中，則羲之畫，文之彖，周公之爻懵如也。學畫、學象、學爻者，學十翼，功夫乃有著落，使非肆力於程子之傳，以求贊易者之心於韋編之外，則孔之翼懵如也。夫是以矻矻窮年，纂輯成書，大都以孔子十翼爲三聖之階梯，以程子二傳爲孔子之階梯，或録其辭而表章之，或述其志而推廣之，而亦閒以朱義補程所未備，而亦閒以諸儒及己義補程、朱所未備。總之，酌朱以合於程，酌程以合于孔，酌孔以合於羲、文、周公，統四聖二賢之易爲一心之易。内省吾心，一易之注存也；外觀吾身，一易之發見也；極而至於家、於國、於天下，何莫非一易之洋溢也哉！夫然後學畫後之易可，學畫前之易亦無不可矣。

辯道録序

人知好辯之名自孟子始，而不知其始自孔子也。孔子之辯在六經，删詩所以辯性情也，删書所以辯政事也，禮定而尊卑貴賤辯矣，樂定而性反功德辯矣，贊周易其辯三聖之心乎，修春秋其辯一王之事乎。上下二論，則又神明六經之旨，而辯之於日用常行也。顏子「不違如愚」，獨無辯。喟然一歎，凡古今辯道者無能贊一辭，誰謂顏子也而不善辯乎！顏子没而道在曾子，則以大學辯；曾子没而道在子思，則以中庸辯；子思没而道在孟子，則以七篇辯。此一聖四賢者豈好辯哉，蓋有所不得已焉耳！嗣是而後，千四百年，如醉如夢，不復有辯及此者。即有之如董江都、王河汾、韓昌黎，要亦彷彿大段，非能窺見個中祕密也。天開宋室，五星聚奎，濂溪太極一圖，辯諸天地未生以前；横渠訂頑一銘，辯諸天地既生以後。程氏兩夫子辯學、庸，使不混於大、小戴之記；辯語、孟，使不襲於揚子雲之法言及戰國策士之説。易有傳，然後知四聖同歸，而老、莊之辯無所置喙矣。春秋有傳，然後知三傳殊途，而康侯之辯有所折衷矣。不百年，又篤生集大成之朱子焉。小學以辯教而入德有其門，近思録以辯學而成德有其序。未也，集註以辯四書，本義以辯易，詩傳以辯詩，而師弟授受，一禀於朝廷之功令。猶未也，書則授其辯於蔡，蔡之辯，即朱之辯也；春秋則推其辯於綱目，朱之辯，即孔之辯也；禮則詳其辯於家、於鄉、於學、於國、於王朝，而約其辯於經傳通解也。噫，辯止矣！此五賢者，豈好辯哉，蓋有所不得已焉耳。自姚江倡良知之學以爲辯端，讀其文章，津津乎蘇、韓矣，而以理學爲文章，則蘇、韓遜席；考其事功，巍巍乎韓、范矣，而以理學爲事功，則韓、范退舍。至於道德之醇，節義之嚴，則又近而比隆於周、程、張、朱，遠而媲美於顔、曾、思、孟。若後學新進，敢出而疵議之，不亦過乎！雖然，吾見其辯儒也，右陸左朱，而儒之正閏無以辯；吾見其辯性也，以無善無惡翻案，而性之源流無以辯；吾見其辯學也，以不思不勉樹幟，而學之安勉無以辯；吾見其辯書也，以禪學證聖學，而書之異同無以辯。包不敏，心竊疑之，思一辯而未得其辭也。及讀困知記，然後知整菴羅子當陽明之時，同以講學明道爲事，其於傳習録暨朱子晚年定論，辯之至詳以確，惜陽明未能受盡言，而四方學者雲從響應，故整菴之學，晦没而無傳。幸景逸高子、涇陽顧子、仲好馮子一時鼎興，其著書垂訓，一禀有宋正傳，而不悖羅子，於是泰和之書復出，而其學亦漸明於天下矣。包也焚香卒業，深有當於心，遂各擇典要，分爲四種，彙輯成編，以告天下來世之學道者。僭不自量，閒亦附以己意。嗚呼！注杯水於江河，豈能益其深；燃爝火於日月，豈能益其明。然而涓滴之細流，未敢自竭也；希微之末光，未敢自滅也，以注以燃，以示私淑四子之意。此四子者，豈好辯哉，蓋亦有所不得已焉耳！

文集

春秋公子遂書法論

自古亂臣賊子，或殺身，或赤族，未有一人得善其終者。即偶爾漏網，又有春秋之斧鉞在。嗚呼，嚴矣！乃公子遂之事吾惑焉。遂也，内交宫禁，外結强鄰，殺太子及其母弟，而援立私人，天下之大惡也。其如齊而疾也，則以「以尸將事之禮」望之，而責其廢棄君命。夫曾子疾革而易簀曰：「吾得正而斃焉，斯已矣！」死不廢禮，大賢以上之事也，而望之弒父與君之人乎？今執桀、紂而問之曰：「汝何以不爲堯、舜？」執跖、蹻而問之曰：「汝何以不爲夷、齊？」不情甚矣！其卒也，適當廟祭之日，則以「卿卒不繹之禮」望之，而責魯之不能寵遇大臣。夫生也不能正其法，死也不能明其罪，又從而禮貌焉，是崇獎奸回也。春秋於天且削其秋冬，於王且削其天，於吴、楚、徐、越且削其爵，而反加禮於遂，有是理乎？且也與遂並使者，叔孫得臣也，内大夫卒，無有不日者，而得臣卒，不日。胡氏以爲仲尼削之也，若曰大夫而不能爲輕重者，不足加以恩數云爾。惡有首從，得臣，從惡也，魯加恩，則仲尼削之；仲遂，首惡也，魯不加恩，則仲尼責之，是自相矛盾矣。噫！此胡氏之説，非聖人意也。然則云何？公子遂如齊者數矣，一書再書，屢書而不略者，備著其弒立之罪也。至是又如齊，而至黄乃復，見其困於病，而不能如矣。昔者，往來自如，未有能制之者；今也，人不能制，而天制之，故乃有二義，一幸其災，一恨其晚也。「辛巳，有事於太廟」，正祖宗來格來饗之日，而仲遂告終，豈非周公在天之靈，陰殛而顯奪之乎？是又人不能誅，而天誅之也。其曰「壬午，猶繹，萬入〔一〕去籥」者，何也？猶亦有二義：可已而不已曰「猶」，猶者，責辭也；不可已而不已亦曰「猶」，猶者，恕辭也。當時魯之臣子，明知仲遂之爲大惡，欲黜而奪其禮乎，則宣公在焉，使弒立之罪，暴揚中外，勢有所不敢也；欲隆其禮，則公論之謂何？傳稱夫

〔一〕「入」，原作「人」，形近而誤，據春秋左傳宣公八年經文改。

人姜氏「哭而過市，市人皆哭」。以情度之，夫人亡而哭，則仲遂卒而喜矣。在通國喜幸之不暇，而吾輩欲畢致其哀戚之情，不亦過乎？故猶繹而萬者，魯臣子秉彝之良心也。去籥者，魯臣子塗飾之具文也。聖人書此，以見天理之不容誣，人心之不可欺如此也。繼即書曰：「戊子，夫人嬴氏薨。」嬴氏，與仲遂同惡者也，相去不旬日，而後先殞命，天道不愈彰彰乎！及再不克葬，胡氏始歸諸天道，以爲著咎徵焉，盍亦因此以識彼也？或曰：「然則遂之罪不容誅矣，於世卿何責焉，而經書字？」曰：「書字以譏世卿，若季友是也。季友討罪，人立賢君，可謂社稷功。生而賜氏，與者、受者皆有罪焉，是春秋責備賢者之意也。遂也，悖人倫，逆天理，恣行不義，而莫之顧，可同年語乎？然則何爲書字也？曰：「生而賜氏，尊貴無與比，自以爲簒弑之計得矣，究難逃於太廟之靈。垂之斃，則何益哉？所以灰奸雄之心，而生亂賊之懼也。」愚意如此，願與讀春秋者共詳之。

春秋趙盾許世子止書法論

春秋書弑君三十六，而趙盾、許世子止兩案，幾成千古疑團，蓋惑於歐陽子之言也。歐陽之意以爲，二子不弑君，聖人必不加以弑君之名。聖人書弑君，則二子必有弑君之實。似矣，然未達於春秋之義也。春秋書法同，而立義各不同，雖弑君大獄，固有然者。不明其教，不可以得其義也。是何也？趙盾書弑君，誅其心也；許世子止書弑君，憐其志也。曷言乎誅其心也？盾以正諫忤靈公，公必置之死地而後已，方是時，盾無葬地矣。趙穿者，其平日所蓄養之嫳也。公之嫳不能殺盾，而盾之嫳殺公。舍主人而歸獄於㚖，可乎哉！在穿未嘗有憾於公，特其意欲生盾，故不得不死公耳。即穿未必請命，盾未必授意，試思發難謂何，則盾之心斷可識，而罪有所歸矣，又何待亡不越境，反不討賊，而後知其弒君也？我故曰誅其心也。曷言乎憐其志也？許世子仁孝性成，於悼公非有纖芥之嫌也，以不嘗藥而死之，王導所謂「我雖不殺伯仁，伯仁繇我而死也。」朋友且然，況君父乎！按左氏稱：「止自責曰：『我與夫弒者。』不立乎其位，哭泣歠饘粥，嗌不容粒。未逾年而卒〔一〕。」繇此言之，棄千乘如敝屣，而捐性命以從亡父於地下，是故直書弒君者，聖人之法，亦世子止之意也，我故曰憐其志也。所謂書法同，而立義各不同，雖弒君大獄，固有然者，此類是也。或曰：「趙盾，名卿也，身在局外，而不爲開一面之網；許世子，孱子也，身在局中，而必爲申三宥之條，子何以知之？」曰：「屬辭比事而知之也。曷言乎屬辭比事也？春秋之法，君弒而賊不討則不書葬。趙盾書弒，而靈公特闕其葬，所以明盾之爲賊，法在必討也。許世子止書弒，而悼公特著其葬，所以明止之非賊，法在必赦也。雖無其事，卻有其心，故有可入，無可出也。雖有其事，卻無其心，故旋入之，旋出之也。屬辭比事，春秋教也，不於此深切著明矣乎？胡氏發明兩案，可謂破千古之疑，而未嘗以葬、不葬權衡其閒，故其義有未盡者。若歐陽子，何足以知春秋！」

〔一〕以上引文見春秋穀梁傳昭公十九年，原稱左氏，似誤。

春秋楚公子比書法論

春秋之筆如化工，非人力所能爲也，惟胡氏傳察理之明，析義之精，能爲化工寫照，勝公、穀、左氏遠矣！然其閒偶有未安者，如楚公子比弑君一案是也。何也？傳於比之弑君也，責其不明乎君臣之義。按楚虔弑君而立，所謂亂臣賊子，人人得而誅之者也。凡在楚之臣子，義不與共戴天，而況比出奔十有三年，未嘗一日北面而朝之哉！考諸經，州吁嘗君衛矣，書「衛人殺州吁」，而不稱君，明衛之不得以爲君也。陳佗嘗君陳矣，書「蔡人殺陳佗」，而不稱君，善陳之不肯以爲君也。何獨至於楚虔而君之？魯桓弑隱而立，與楚虔同，春秋於會盟朝聘之際，屢示誅討之意。至其殁身，猶舉王法，所謂「身無存殁，時無古今，皆得致討而不赦」也。豈聖人之法，嚴於宗國，反寬於鄰國乎？如之何其君之也？且也君臣之分，無所逃於天地之閒，以傳所引晉欒、衛鱄之意言之，則是君臣大倫，皆出於人爲，而非本於天定也，不亦惑乎？若曰「去國雖久，而爵禄有列於朝，出入有詔於國，不掃其墳墓，不收其田里，不繫纍其宗族，即君臣之分猶在」。是以一時之私恩，亡萬世之公義，其説益不可通矣。至其較量於五難五利之閒，尤非平日解經之法。何也？論是非不論利害者，春秋之旨也，焉有利在棄疾則薄其誅，不利在子干則厚其責者乎？反覆是傳，其智者千慮之一失與？然則聖人何以書比弑君也？誅比者，其名也；誅棄疾者，其實也。誅其名無以詰其實，則比之罪宜在所矜；誅其實難以逃其名，則棄疾之罪寔無可逭。何以知其然也？以去就之義言之，比與棄疾同遭弑君之變，比於時奮然長往，雖未能舉不共戴天之義，而亦自有不與同國之心；若棄疾則委質爲臣，甘心乎亂臣賊子之黨矣！比正而棄疾邪，具見之矣。以次及之序言之，比，兄也，經以小白繫齊，明小白宜有齊也，其比之謂乎；棄疾，弟也，經於糾不書子，明糾不當立也，其棄疾之謂乎。比長而棄疾幼，則代虔者宜比矣。而事乃有大謬不然者。按子干歸自晉，觀從假棄疾命而召之來則來，豈非棄疾授之意乎？坎牲加書而强之盟，則盟，棄疾强之也；帥四族衆而使之入楚，則入，棄疾使之也；殺太子禄而立之爲王，則王，棄疾立之也；周走而呼於國中，謂衆怒如水火，而逼之自殺，則自殺，棄疾逼之也。傳謂行止遲速，去就死生，皆觀從與國人所爲，而不知盡棄疾之爲也。舍渠魁而問脅從，失其平矣！夫始也，借比以殺虔，而顯被以弑君之名。既也，借虔以殺比，而陰行其篡國之實。其計何其狡也！其意何其慘也！其手何其毒也！春秋推見至隱，書曰：「楚公子比自晉歸於楚，弑其君虔於乾谿。」所以憐比之愚，而甚棄疾之惡也。故下即繼之曰：「楚公子棄疾殺公子比。」繇是叵測閃鑠不可方物之情狀一筆寫出，而大獄然後有所歸矣。此與許世子止一案正可參觀，蓋世子止雖書弑君，然寓意卻在許悼公之葬，所以明其誤陷於法，而止非可討之賊也；公子比雖書弑君，然寓意卻在楚公子棄疾之殺公子比，所以明其迫脅於逼，而棄疾寔當討之賊也。方其玩弄亡公子於股掌之上，如嬰兒，如木偶，不貲之利予己，不赦之條予人，豈不自謂得計！厥後入郢之役，伍員取其屍而鞭之，以古今奇禍，償古今奇惡，天道聖筆，固有並行而不相悖者在也。或曰：「然則春秋何以不書？」曰：「不可爲訓也。但書吴入郢，雖以貶吴，而平王貽禍之慘固在其中矣。不然，如胡傳所云『寬於棄疾而苛於比』，則亂臣賊子皆以詭計獲免，而至愚無知如史、泰、鄧、扈、欒之徒，反蒙歸獄而受戮焉者，又何説也？春秋之法，豈若是失輕重哉！」

答孫容城徵君書

前承大序，爲斯文生色，謝不能口。不肖包，至愚極陋，荷先生提誨，不敢安自菲薄。區區一得，因有道以受知於兩大老，因兩大老以受知於天下後世，功德豈有量哉！惟是日用工夫，茫無頭緒，日以「求放心」三字爲入手，而「憧憧往來，朋從爾思」，此物究竟不在腔子裏，奈何，奈何！承諭補瀉之説甚善。包則以爲，孔、孟而後，越千餘年，或溺功利，或流虛無，或侈辭章，程子所謂「醉生夢死，不自覺」也。尚論者，未嘗以是病孔、孟。賴周、張、二程出，以迄于朱子集諸儒之大成，然後孔、孟之道如日中天。嗣是而後，遡正學，衍嫡派，代不乏人。至魯齋、草廬諸公，皆能力行小學，步步趨趨，不失尺寸，是果誰氏之力與？自國家以制科取士，士子役役於口耳之學，不復反諸性命，以求實用，迬迬陽用建安之名，而陰棄其實，然失之博雜者十之一二，失之寡陋者十之七八。不製方，不服藥，肆意鑿喪，以致陰陽失調，諸症交作，此而曰建安所傳染也，誣矣！冤矣！是故建安無病也。陽明亦何病？病在支離。建安而後，人用其方，遂成虛症，牢不可拔。按脉切理，惟建安可以醫之。鄙見如此，未審有當高明否？

與張溎水司馬書

嘗讀胡雙湖上疊山謝先生書，而知位有尊卑，齒有先後，地有遠邇，俱所勿論，惟是以文章爲媒，以道德爲贄，雖千里猶同堂也。恭惟台臺，品擅千秋，望隆一代，所謂今之疊山，非歟？不肖某，生居僻壤，寡陋無聞，何敢望雙湖萬一？然高山景行之慕，適館授粲之好，則有未敢自後古人者。且也小技受知，愧稱許之過情，用六命名，華異地之合符，此徵君孫先生橋梓形之筆札，而幹汝耿子所津津道之不容口者也。夫是以不避未同，特修尺一，以徵君爲媒，以斯文正統爲贄，區區之心，亦欲如雙湖之上疊山者，位之尊卑，齒之先後，地之遠邇，俱所勿論，而狂瞽一刻，更希高賢大良爲之辭，以冠簡端。萬一不棄，視孺子爲可教，則一日之知遇，百代之華衮也。又聞先生於書無不讀，尤善易與春秋。此兩經者，竊嘗究心，偶獲一得，請遂因而就正，可乎？夫易有程傳，猶春秋有胡傳。朱子云：「某只是卜筮大綱，若義理充實遍滿，離不得程夫子書也。」今學者童而習之，白首而弗敢去，惟是本義已耳，程傳則置之高閣久矣。舍程而問易，是何異於舍胡而問春秋哉！故其爲説穿鑿支離，舉四聖立言苦心，大半爲舉業二字抹殺矣。於程傳既廢厥實，於本義又徒存厥名，易之不燼于秦火者，幾何不燼於舉業也哉！且本義亦有所未安者，如於每爻之下，必曰占者遇此則云云，是一爻只作一事用也。文公方諄諄以此戒人，而解占筮之義如此，無乃淺之乎視占筮乎？竊思占筮者，非象數之事，而乃心性之事也，故繫辭云：「聖人以此洗心，退藏於密。」「聖人以此齋戒，以神明其德夫。」全易專重此兩句，兩句又專重「以此」兩字。若使心不洗，藏不密，德不齋戒，而神明之，日屑屑焉從事卜筮，神將厭之，其猶我告乎！記云：「齋之爲言齊也，齊不齊，以致齊也。防其邪物，訖其嗜欲。心無苟慮，必依於道；手足無苟動，必依於禮。」此克己功夫也。學者明乎齊戒之義，以洗心，以神明其德，而占可得而言矣，而易乃可得而言矣。至于春秋與易，實相表裏，雖康侯立言，未必全得聖人之旨要，其道破者，蓋已什之七八矣。大儒如陽明，獨以淺近當之，嘗謂徐日仁云：「左傳可廢，聖人不爲艱深隱晦之詞。其書弒君，即弒君便是罪，何必更求其弒君之詳。征伐自天子出，其書伐國，即伐國便是罪，何必更求其伐國之詳。」信斯言也，是春秋一書，索然無復意味矣。嘗試考之，均一弒君也，有甲弒而書乙者，有乙弒而書甲者，有本不弒君而書弒者，有本弒君而不書弒者。均一伐國也，或稱師，而稱師又與稱師不同；或稱人，而稱人又與稱人不同；或稱爵，而稱爵又與稱爵不同。或口或諱，或全書而不削，或全削而不書，書同而予奪美刺各不同。如見以爲弒君已耳，如見以爲伐國已耳，不復細加體勘，曲爲領會，則聖人之精意隱，而大法不傳矣。是春秋爲含糊體面之書，又何云見諸行事之深切著明也哉！故必深求其微言奥義，確然有會于胡傳之中，超然有得於胡傳之外，而後屬辭比事之旨出矣。不肖嘗有言曰：「不知易而説道理，不知春秋而斷是非，直捕風捉影耳。」然而易不明不可以治春秋，春秋不明又不可以見易，兩經者，同條共貫者也。豈獨兩經爲然哉，推之六經，亦莫不然。鄙見如此，未審有當高明否？

答范定輿銓部書

捧讀贈言，渾渾灝灝，逼真三代以上，非晚近操觚者所可同日語也。服服謝謝，程、朱、陸、王之學聚訟久矣，前偶爾及之，蓋以平生所疑，一一印諸梁溪，而涣然自信。梁溪者，忠憲高先生景逸，死璫禍者也。及門高第弟子稱其微妙踰薛，純實無弊勝王。包不勝心折。兹者遠承明教，縷縷數千言，皆先輩所躬行而實踐之者，相愛豈有量哉！惟是内省平生所學，終有不自安者，敢披肝膈以告，幸高明垂聽焉。憶徵君先生，嘗以甲午之夏，訪蓬玄先生于東昌。蓬玄出高子遺書及涇陽、少墟兩先生集讀之，反復商榷，折衷大中，越浹旬西歸。徵君有「疑關歧路幾分明」之句，此載在遊譜，而搆斯馬令親嘗口述焉，包因是粗有領會。竊謂孔子之道，見而知之者，顔、曾、思、孟也；聞而知之者，周、程、張、朱也。舍周、程、張、朱而求顔、曾、思、孟，猶舍顔、曾、思、孟而求孔子，必不得之數也。不謂高子先得我心同然。業已條分縷析，筆之於書矣。來諭繇孔門而及孟子，繇孟子而及象山，繇象山而及伯安，則是江西餘姚直接鄒、魯之傳，將置濂、洛、關、閩於何地乎？又云：「近思、傳習原是一書。晦菴、象山原非水火。」此曲爲調停之言也。夫以晦菴、象山爲水火，誠過矣。然而同歸者原自殊途，蓋象山之學，從致知入，在孔門爲捷徑；晦菴之學從格物入，在孔門爲定本，此毫釐千里之差，梁溪辨之最中情實者也。若謂近思、傳習原是一書，包固未敢以爲然。蓋近思經晦菴采輯，粹然一出於正，誠所謂四書、六經之階梯也。若傳習録出門人之手，疵累儘多。熟讀近思，當自得之，亦豈可以筆舌罄哉！嘗試約略一二，如宗旨中首云「無善無惡心之體」，終云「爲善去惡是格物」，此兩言者，果可爲訓否乎？傳習云：「至善者，性之本體也。」又云：「性無不善，故知無不良。」此孔門嫡傳，胡爲乎又以無善無惡爲心之體也？心即性也，無惡可矣，無善可乎？則其所傳而習之者，得無自相矛盾乎？夫無善之説，倡於佛氏，和於告子。今既明明襲其説矣，而又嘐嘐自命曰「我之無善，異乎佛氏、告子之無善也」，其誰信之？若夫爲善去惡，與格物全無干涉，而强以當孔氏入門第一義。梁溪不云乎：「陽明所謂致知格物者，致吾心之良知於事事物物也。致吾心良知之天理於事事物物，則事物各得其理矣。事物各得其理，格物也。是格物在致知，知致而後格物也。」又曰：「物，事也；格，正也，但意念所在，即要去其不正，以全其正。」又曰：「格物者，格其心之不正以歸於正。是格物在正心誠意，意誠心正而後格物也。」如此折難，恐陽明復生，當亦不能爲之辭矣。不特此也，以晦菴爲影響，爲支離，往往厭薄而有所不屑。及其束整菴羅先生，直謂「昔人之尊信楊、墨，不減於今人之崇奉晦菴」。惡是何言也？幸而人心之靈，莫不有知，未至行其言耳。其言行，則繼往聖、開來學之功，所不掃地者，幾希矣！包嘗有言曰：「朱子學似顏子而功過之，如註四書，集小學，作綱目，表章太極圖、西銘之類是也。功似孟子而學過之，夷攷其生平，博古通今，無不讀之書；仰觀俯察，無不窮之理；形而上、形而下，無不優爲之事也，其庶幾孔門中行者矣，狂狷不足以盡之也。若伯安與象山，曠世相感，其穎悟似子貢，其文學似子游、子夏，謂之狂也可，謂之狷也可，謂之中行則未也。」大抵悟有頓漸，修有淺深，立功於吾道有大小，分統於斯文有正閏，以爲水火，誠過矣！殊途者，又何嘗不同歸乎？此方今學者第一吃緊事，所賴銅觔鐵脊漢爲宇宙擔此重擔，以登孔氏之堂而入其室，竊於先生有厚望焉。包不揣，嘗網羅梁溪諸君子遺稿爲辨道録，首儒，次性，次學，次書，亦欲使格物之學，曉然復明於世。所愧學踈才劣，緦緦焉有不勝任之憂，惟先生不棄而終誨之。

與史子敏論史書

從金容得論史書讀之，始知洋洋大國，有所謂子敏史先生者，當代史才也。子長、孟堅而後，直振其響矣。相去五百里，未獲一把臂暢所欲言，豈非憾事！雖然，吾不得而身交之也，請以心交之。心可得而交，則口可得而言。包何言哉？言史而已。廿史瑕瑜，古今固有定評，執事又從而折衷之，抑揚予奪，鑿鑿若指諸掌。他不具論，如降霸王爲世家，而以抑下之遺爲缺典，以陳壽之史爲瞇目喪心，皆千古快論，讀史者不可不知也。至於論列明史，尤中權衡。如建文革除，景泰附録，皆當代缺典，有史氏之責者，豈能一日置諸其懷耶？今幸毅然立紀，此筆乎其所不得不筆者也。顯陵立紀，索然無味，即有好文章，將安用之？適足以彰祖宗盛德之累而已。今幸毅然删去，此削乎其所不得不削者也。劉伯温以開國名臣而兼文學，宋景濂以文學名臣而兼開國，當是子房流亞，鄧、馮、房、杜諸人不及也。其始也，既不得與草廬例論，其既也，又不僅與管仲同科目，曰遷喬，亶其然乎？江陵、分宜特書二鉅，猶蜀人之目姜、黄也。伯約志圖恢復，雖不克而死，凜凜有生氣焉，豈亡國敗家之黄皓所可同日語哉！江陵，實録具載慎行，于公上丘司寇一書，包已集諸斯文正統矣。崇禎閒特加恤録，未爲過分，蓋其輔匡救之功，昭然在人耳目，非分宜所敢望也。開國逸民，首陳靜誠，允爲一代冠冕。近代則百谷眉公，其人抑亦名實允稱。雖二公學術未醇，終其身以詩文見長，然不事王侯，高尚其事，庶幾遯之上九矣。至於雪菴和尚、東湖樵、補窩匠〔一〕諸君，或死或從，皆以身殉君父，置之閑閑十畝豈有倫哉！宦官一流，賢奸霄壤，如唐張承業，綱目大書特書，直與韓張良、晉陶潛異世同心。若以寺人，故一槩抹殺，非

〔一〕「補窩匠」，似當作「補鍋匠」，指黄直。

情理之平也。表而出之，誰曰不宜！以上數論，皆包晤對聖賢所千慮一得者，不謂執事先得我心也，竊自欣慰，以爲未就正而合符有道，一似天牖其衷者。雖然，執事固有言矣，讀上傳名公書云：「如某唯唯稱善，不盡肝膈畢奏乎執事之前，某不敢出也。」包於執事，亦云：「敢諱狂瞽乎？」竊嘗反覆執事之言，有所疑而臆爲之説者四焉，有所信而進爲之説者四焉，願盡肝膈畢奏之。自古母后之惡，至武氏極矣。呂雉其次也。先生平心以核，謂不失爲本朝國母，或者未安乎！何以言之？春秋於魯文姜去其姓氏，傳謂：「絶不爲親，禮也。」呂氏穢德彰聞，不減文姜，而殺戮功臣，半出其手，凋喪漢家一代之元氣，且也誅鋤宗室，布列親黨於要地，以圖不軌，若非平、勃交歡，諸君左袒，劉氏將轉而爲呂氏矣。牝雞之辰不可長，猶緩乎其言之也；永嘉諸人列諸佞倖，誠過矣。但以世宗爲純孝，文忠爲純忠，或者未安乎！何以言之？繼統非繼嗣，此自有見而然。包獨謂繼統便當繼嗣，不繼嗣便不得繼統也。尊爲天子，以繼統，故尊也；富有四海之内，以繼統，故富也；宗廟享之，子孫保之，以繼統，故享之、保之也。尊富享保，伊誰之賜，而可忘其所繇來乎？昔司馬温公議濮王典禮嘗曰：「濮安懿王雖有天性之親，顧復之恩，然陛下所以負扆端冕，萬世相承，皆先帝德也。」至哉，言乎！可爲萬世法矣。請以舜、禹言之。舜繼堯之統者也，非繼嗣也。禹繼舜之統者也，非繼嗣也。按祭法，有虞氏宗堯未及瞽瞍，夏后氏郊鯀未及舜，後儒便有異議焉。其言曰：夏后氏之天下受於舜，非受於鯀也，禹安得以天下私其父哉！異氏繼統且如此，而況世廟實猶子，孝宗實猶父乎！以親而言，興獻，父也，孝宗不可謂之非父。孝宗，君也，興獻不可謂之非臣。父若子，蓋嘗北面而朝之，一旦入繼大統，遂使正統失其親而親歸本生，正統失其尊而尊歸本生，尊尊親親之道固如是耶？非特親本生也，且若特疎正統以明本生之親者；非特尊本生也，且若特卑正統以明本生之尊者，姑舉其一二言之。如興獻太后千秋節，命婦各上箋賀，晏賚倍常。昭聖誕辰，則傳命婦免朝。如昭聖仁壽宮役，深念歲災民困，暫停以恤民命。獻皇觀德殿役，則敕禮工二部十日營度，羣臣或言災異罷工則不報。如武宗莊肅皇后謚法槩從減削，事以嫂禮，而忘其爲天下之母。至於祧仁宗附興獻，尤爲不經。以華亭之賢，初議甚正，再議甚婉，而終不免於逢君也。諸如此類，永嘉諸人，未聞一語相及，又從而贊成之，朝夕迎合人主，以加恩本生爲事。夫本生之恩可加也，正統之恩獨可減乎？減正統之恩，以加本生，恐非義理所得爲也。然則議世廟之禮，當如明道先生說。考孝宗妣昭聖，而稱興獻爲皇伯父某國太王，興獻后爲皇國母某國太后，此天經地義之不可易者也。方繼統之初，業已俯從衆議，夫何以羣臣之言，終反初命哉！昔温公又嘗曰：「漢宣帝爲孝昭後，不追尊衛太子、史皇孫。光武上繼元帝，亦不追尊鉅鹿南頓君。」竊意宣帝、光武與世廟正未可以例論也。何也？宣帝之祖爲衛太子，父爲史皇孫，皆孝武嫡傳，不幸以讒廢死。宣帝崛起民閒，即追尊其祖其父〔一〕，正自不礙昭帝，而不然者，蓋泥於繼昭帝之統，即繼昭帝之嗣也。漢之天下爲新室十有九年矣，光武從馬上百戰而得之，與高帝何異？即追尊其祖父，正自不礙元帝，而不然者，蓋泥於繼元帝之統，即繼元帝之嗣也。世廟繼統孝宗，在祖父非有宗子冢嗣之傳也，在當身非有創業垂統之實也，視宣

〔一〕「其祖其父」，原作「其其祖父」，今改。

帝、光武，蓋迥乎不同也，而必追尊興獻哉！竊意興獻有子者也，未有天下以付之，孝宗、武宗有天下者也，未有子以付之，在興獻以子而有孝宗之天下，在孝宗以天下而有興獻之子，豈不以情理允協者乎！當日伏闕諸公，出死力以爭之，爲孝宗耳。謂十八年盛德大業，不可以不嗣也，豈有所爲而爲之哉！若張、桂、方、席諸公，援古證今，力排羣議，爲世廟也。當是時，有所見適同，而將順其美者；有所見未必同，而憚於批鱗，從而爲之辭者；有窺見上意，毁方爲圓，一言投合，立致通顯者，考其與禮官辨折十三事，大抵皆矯誣粉飾，而不可以服天下萬世之心也。噫！餘吾無責焉矣。若永嘉學識，大有可觀，且於世廟稱魚水懽，使其心果出忠孝，非詭隨以圖富貴，當年高官大糈，皆宜堅辭不受，以爲伏闕諸臣請命，若入告我后曰：「臣言果不謬，幸布告中外，允行之。在臣終不敢以此爲進身地。建言諸臣，各陳所見，亦忠於朝廷之職分也。今或死或竄，或貶或謫，處分得無過甚矣乎？」如此，則世廟未必不見聽。即或不見聽，此心固可以對人、己而兩無愧，豈不偉然大丈夫哉！奈何苛以迫脅，誣以欺罔，惟恐諸臣得罪之不深也？噫，亦已甚矣！執事獨恕之曰：「入廟稱宗，後亦未嘗詭隨圖富貴也。」包獨謂詭隨圖富貴，更有甚於入廟稱宗者矣。入廟稱宗而可詭隨也，天下事無不可詭隨者矣。厥後郊祀配天，與高祖、成祖同爲百世不遷之廟，亦相率而詭隨之，孰非永嘉作俑乎？胡傳曰：「人子不以非所得而加之於父，是爲孝。人臣不以非所得而加之於君，是爲忠。」文忠所加諸父，是爲孝。世廟所加諸父者，果人子所得爲乎？人臣不以非所得而加之於君，是爲忠。文忠所加諸君者，果人臣所得爲乎？非所得而加之，以之爲孝、爲忠且不可，而況純乎！」梁溪先生曰：「門人厚葬，何以不可？使門人爲臣，何以爲欺天？只此二事，可體認天理。春秋一書，無一事不是此理也。」以此理律之，世廟、文忠恐非春秋之所與矣。執事獨云：「一命之榮，無不欲歸之父母。以此諒世廟之心，宜矣。」竊嘗歷考孝經及戴記，所稱以人子一命之榮歸之父母爲孝乎？抑以立身行道揚名於後世爲孝乎？夫舜、武之孝，首以其德，曾、閔之孝，不以其貴，然則孝弟斷可識矣。夫子不云乎：「斷一樹，殺一獸，不以其時，非孝也。」當日以大禮興大獄，伏闕諸臣，謫戍者二百二十人，廷杖者八十餘人，病瘡卒者十有七人，此史册所僅見也。不知永嘉諸公，紆青拖紫，備極一時榮寵，亦曾念及此百爾臣工之含冤負痛否耶？夫一獸一樹，斷之殺之不以其時，未可爲孝；忠臣義士，黜之戮之不以其罪，可謂孝乎？然而世廟之大孝至孝，固有在彼不在此者。何以知其孝之大也？敬天法祖，知人安民，創造中興之業，非大孝乎？何以知其孝之至也？追慕本生，四十餘年如一日，每遇生日忌辰，精虔慘怛，無不泣下，非至孝乎？「孝子不匱，永錫爾類」，世廟之謂矣。若夫稱考稱妣，稱皇稱宗，以至於入廟配天，百世不易，主一人之私，非萬代之公，恐未足以爲大孝至孝也。執事云：「六經惟易道精微，別是一體。若書、詩、禮、樂、春秋皆史也。」此論極爲卓越。但經既可以爲史，則史亦可以爲經，或者未安乎？何以言之？靜修劉先生曰：「古無經史之分。詩、書、春秋皆史也，因聖人删定筆削，立大經大法，即爲經。」夫史經聖人筆削而後以經名，彼未經筆削者，經云乎哉？若等夷而論，恐非聖人分本末、別精粗至教矣。蓋六經之書，皆聖人不得已而爲言也。伊川曰：「有是言則是理明，無是言則天下之理有闕焉。如彼耒耜陶冶之器一不制，則生人之道有不足矣，六經之謂也。」愚謂斯人有六經，如天有日月，不日不月，則天晦矣；如地有山河，不山不河，則地竭矣；如人有耳目手足，不耳不目，不手不足，則無所知能，而失其所以爲人矣。自格物、致知、誠意、正心、修身，以至齊家、治國、平天下，何以不本諸此！所謂建諸天地而不悖，質諸鬼神而無疑，考諸三王而不謬，百世以俟聖人而不惑者也。若諸史臚列，如金玉然，其精美可寶，而不能無玷無瑕；如花木然，其色味可珍，而不能無凋無謝，視得之則生，弗得則死者，有間矣。吾不敢謂格、致、誠、正、修、齊、治、平之不出乎此，吾不敢謂格、致、誠、正、修、齊、治、平之盡出乎此也。豈曰不可以建天地，然而或有悖焉者矣；豈曰不可以質鬼神，然而或有疑焉者矣；豈曰不可以考三王、俟聖人於百世，然而或有謬焉、惑焉者矣。故謝顯道舉全史不遺一字，明道謂之玩物喪志。伊川春秋傳序謂：「後世以史視春秋，褒善貶惡而已，至於經世之大法，則不知也。」近思録論爲學之序，亦俟諸經畢讀，明乎春秋之用，然後可以觀史，而辨其是非得失之故。然則經與史分本末，别精粗，誠聖人至教也，果可等夷而論哉！昔人有言曰：「謗讟也而史，賊臣也而史，寇蜀也而史，獎北酋也而史，受贓也而史，下代上瑑也而史，狐媚也而史，事數君也而史，清談也而史，蔡卞、蔡京也而史，脱脱也而史。」史之流弊有如此者。然則域中有三大，史居其一，蓋子繇不知道，而妄爲誇大之辭也。包竊謂，史之大何如經之大，經者聖人之全體大用，史者聖人之跡也。執事又曰：「因左傳仰遡春秋，因通鑑深思綱目。」此必執事讀書得力處，徑路豈必盡同。但春秋，經中之史也，左傳只可謂之史；綱目，史中之經也，通鑑不可謂之經。不本經以攷史，而繇史以求經，或者未安乎？何以言之？太祖開科，春秋四傳併列學宫，及成祖命儒臣纂修大全，然後專主胡氏。蓋康侯二十年攻苦，其於尼父微詞奥義，所窺見者蓋十之七八矣，即立言之本旨閒有未合，而垂訓之大道則無或戾也。公羊、穀梁偶有一得，左氏則取其足以考二百四十二年之行事而已，其是非能不謬於聖人哉！今之治舉子業者，家傳户誦唯胡氏，而割裂聖經，穿鑿附會，不復覩本來面目，麟經一書，蓋名存而實亡矣。包不自揣，欲一舉而更易之。校士命題，以經不以傳。與諸經同，爲文則大段本胡氏立説，而推其意，暢發之公、穀、左氏。偶有獨到，亦時爲表章。否則斷以己意，而明正四傳之非。夫如是，則聖人之本來面目，可復覩而見諸行事。信乎，其深切著明矣。若徒以左傳仰遡春秋，恐未可以得春秋也。資治通鑑删前史之浩瀚而出以簡練，洗前史之蕪穢而出以精純，豈非一千三百六十二年之功臣哉！然其褒貶未能盡合於聖人。如曹操，國賊也，而恕其非取天下於漢，幾與帝魏寇蜀同識。荀彧，助桀爲虐也，而稱其仁先管仲，又與蘇長公之見，前後如出一轍。仁山金氏譏其「志不本經，而信百家之説，未足以傳信」，豈過也哉！朱子綱目雖本温公，然其文通鑑也，其義則竊取春秋。讀綱目而不明乎春秋之旨，開卷茫然，無所取裁矣。是故上繇春秋，俯而印諸綱目；下繇綱目，仰而遡諸春秋，尼山、考亭若合符節。若徒以通鑑深思綱目，恐未可以得綱目也。所謂有所疑而臆爲之説者四焉，此也。執事憂忠義之少，繇於孝道之衰，欲立逸民、孝子、忠臣、節婦四傳，以補吾學編之缺。此探本窮源之論，移風易俗之心，其爲名教裨益多矣。包則謂忠臣之少，繇於孝道之衰，固矣。孝道之衰，實繇於學道者之寡也。何以言之？自道學之名，爲舉世所厭薄，而忠孝兩字，幾不知爲何物。竊謂吾人一身，親生之，君成之，兩者俱無所逃於天地之間。居恒念身體髮膚所自受，起居視息所自如，則思吾親。思吾親，而知吾之身本親身也。身爲親有，故出言跬步不敢忘吾親。居恒念室廬田里所自保，庠序學校所自育，則思吾君。思吾君，而知吾之身本君身也。身爲君有，故處常臨難不敢忘吾君。然非平生學道，則決不至此。執事欲立四傳以補吾學編之缺，包又欲執事立道學傳以補四傳之缺。蓋道學之傳，自堯、舜、禹、湯、文、武、周公遞及孔子，見而知之者，顔、曾、思、孟也；聞而知之者，周、程、張、朱也。越四百年篤生真人，發明周、程、張、朱之藴，以仰遡顔、曾、思、孟之傳，而直統諸孔子，則景逸高子是矣。其餘或以全體著美，或以偏端擅長，蓋學有異同，則統分正閏，雖兼收併録，而不可不爲之別户分門也。希將尼父宗傳有無虛實不落邊際者萃爲一編，若夫溺於虛於無或失則禪，滯於有於實或失則支，兩者各萃爲一編，如是則道學倡明，而人知所嚮，方行見孝子忠臣接踵於世矣。李本寧先生庚申紀事，包未之見也。平生惟服膺梁溪先生與王黄門一書，剖明三案，皎如日星，嚴如斧鉞，直使亂臣賊子更無躲閃處，雖聖人復起，不能易也。甲申之變，記録不知凡幾。據包耳目所及，有怵於賊，抱頭鼠竄，而以爲全節者矣；有死於賊，肝腦塗地，而以爲殺身者矣；有矢口罵賊，併罵舉朝從賊者，百死不回，未幾兵變，獲以身免，而泯没無聞者矣。從耳目所及，推之耳目所不及，正願博搜遠訪不遺一人，不濫一人，以成信史，緊惟執事是賴。恐曹秋岳先生所謂二十八人者，亦未可遂爲鐵案也。死者固宜核真，生者亦宜防僞。先生欲以近間不仕及棄諸生、諸公爲獲麟乎？然有形跡雖同，而處心積慮殊異者，不可不辨也。從君父起見，日抱慚負天地、不可以立於世之心，而慨然以斯道自任，爲天地立心，爲生民立命，爲往聖繼絶學，爲來世開太平，此方今第一流乎！從蒼生起見，飢溺而切，繇己之思，鋭意問學，矢心經濟，自天文、地理、人物，以至出奇制勝之策，扶危定傾之略，靡不有以自命，此其次也；從時勢起見，明哲而得保身之道，厭囂就寂，去危即安，放浪於山水之間，流連於詩酒之内，視富貴利達若將浼焉，此又其次也。若夫名則不爲，實則不能，偷安藏拙，竊附隱逸，吾不知之矣！所謂有所信而進爲之説者四焉，此也。不肖至愚極陋，渺見寡聞，所爲效顰弄斧者，無他焉，特以相愛之深，相望之厚，故縷縷數萬言，不自知其煩多也。然豈遂自以爲是乎？伏望提綱挈領，剖析微茫，酌爲定論以示，俾包確有見地，不復徘徊於歧路，受賜多矣。

答崔亮遠問慎獨主敬二義

來諭云：「『獨』字與出門、使民相照，出門、使民乃是動時也，未出門、未使民方是獨也。慎獨便是守之之法，言靜能敬，自然動能敬也。是程子又推上一步，示人喫緊處。」此皆饒有見地，非從揣摹中得來者。但云「慎獨非動而省察之獨」，則有所未安。朱子解中庸，分靜，分動，分存養，分省察，以上節爲不睹不聞，下節爲獨睹獨聞，故如此分析。若程子所謂慎獨，須兼存養、省察二義。蓋動者，動念之動，非專指動履言也。所謂省察者，念頭一動，義與利、與公、與私、與一切内照，果其爲義也、公也，則引而伸之；果其爲利也、私也，則遏而絶之。省察正所以存養也。存養而不省察，則爲無悟之修；省察而不存養，則爲無修之悟。李延平先生教人「靜中看喜怒哀樂未發時氣象」，此省察中存養也；陳白沙先生教人「靜中養出個端倪來」，此存養中省察也。曰「端倪」，便須省察矣，然則兩者相須併進，而非各自爲功也。若曰「慎獨非動而省察」，則是動而省察在出門、使民時，未出門、未使民，只是靜而存養矣。存養而不省察，胞中冥冥昧昧，茫無入手處，其何以存養哉！乃知「慎獨非動而省察」一語或過矣。又曰：「有人時則主敬，無人處則輟之。」此一語亦覺未安。我輩學道，大抵以求放心爲主，無人處，或讀書，或靜坐，尚有主一無適時，至於應事接物，則恒至忘卻矣。陽明先生曰：「千軍萬馬中，覺的有個心在。」正此意也。是故靜能敬，自然動能敬。此爲大賢以上言之耳。若我輩，無人時則知主敬，有人處反輟之，此爲通病。未有有人時主敬，而無人處反輟之者也。允若茲，則必有人時未嘗主敬也。允若茲，則所謂主敬者，必是作意粉飾，而非出於中心也；非出於中心，則是巧令色莊一流人，豈所語於學道者哉！愚嘗從事於此，而彷彿爾爾，敢告之同志。

答宋羽戢問喜怒哀樂兩説

喜怒哀樂一節，朱子有兩説，固矣。愚意不必問朱子也，請求之吾心，可乎？今試反觀内省，喜怒哀樂未發時作何氣象。果其私心妄念無少參焉，而寂然其不動也，斯謂之中。謂之中，則大本在我，而天下有所不能外矣。及其感而遂通，發爲喜則不流，發爲怒則不遷，發爲哀樂則不傷不淫，一一合乎天則而不過焉，斯謂之和。謂之和，則達道在我，而天下有所不能外矣。若然，必其靜而存養，不睹不聞時煞有工夫也；若然，必其動而省察，獨睹獨聞時煞有工夫也。若猶未也，胸中做主不起，私心妄念營營擾擾，如何除卻的去？縱使用力除卻，恐此念滅，彼念生，欲求所謂中也，豈可得乎！發爲喜怒哀樂，或偏私，或躁戾，或沾漫，種種病痛，不可枚舉，欲求所謂和也，豈可得乎！不中則體無以立，不和則用無以行，是必平日談心論性，半從口頭放過，而未嘗實用其力也。即用力，而倏斷倏續，乍合乍離，亦全未有得手處也。然則天之所以命我者，豈不純粹至善也哉！而何以中和之德不爲吾有也？可見朱子前説，「必先戒懼而後言未發之中，必先慎獨而後言中節之和」，繇工夫以及本體也。無工夫，則本體從何處見得？朱子後説，雖云「天命之性」云云，下即繼之曰「静而不知所以存之，則天理昧，而大本有所不立；動而不知所以節之，則人欲肆，而達道有所不行」，繇本體以及工夫也。無本體，則工夫從何處用得？是則兩説者，蓋互相發明，而非判然爲二也。但看書時，須用前説來諭，固自得之，無庸贅吾辭矣。

附録

先生性至孝，父卒，三日勺水不入口。母哭慰之，始進一溢米。鬚髪盡白，杖而後起。治喪一依朱子家禮。既葬，廬於中庭簷下，三年不入内。及母喪，竟以毀卒。魏裔介撰傳。

當守城禦寇時，兵退，流民載道，聚養傷病者。有山左難婦七十餘人，命老成之僕送歸。臨行，八拜送之。人感其誠，力護，無一失所者。魏裔介撰傳。

先生服膺高忠憲之學，置木主，與父主並奉之。一言勿檢，一行弗實，詣主前自責，其勇於自克如是。篤於故舊，始終如一。與魏蔚州及東林諸君子爲神交，各以所得，遥相質正問學，至老不倦。魏裔介撰傳。

陸清獻在江南，早聞先生名，及宰靈壽，見用六集，先生已卒，馳書先生子再濂，徵取遺書，已刻者印刷，未刻者鈔稿以去，手次先生行實，其傾倒甚至。陸隴其撰文孝先生事實録。

易酌用注疏本，以程傳、本義爲主。雖亦偶言象數，皆陳摶、李三才之學，非漢以來相傳之法。大抵明白正大，足以羽翼程、朱，於宋學之中實深有所得。四庫全書提要。

用六家學

刁先生再濂

刁再濂字靜之，用六先生子。諸生。不事科舉，從父執王五公及顔習齋游。手録父遺書副本，質之四方學者。年逾六十，復手録付諸子，且誡之曰：「昔蔚州魏公巡京畿，余以故人子獨被渥洽，鄰邑人遂籯金而請事，余掩耳走，若穢汙之及吾體也。汝曹他日登仕籍，若以官富吾家，吾生不受其養，死不享其祭，惟先人遺書未刻者尚百餘萬言，必約身而次布之。」其後子顯祖、承祖等，盡刻諸遺書行世。其易酌，顯祖有所附益，凡例、諸圖及案語，皆顯祖筆也。

用六交游

孫先生奇逢 别爲夏峯學案。

高先生世泰 别爲梁溪二高學案。

陸先生世儀 别爲桴亭學案。

魏先生象樞 别爲環溪學案。

王先生餘佑 别見夏峯學案。

張先生羅喆 别見習齋學案。

清儒學案卷十六

蒿庵學案

蒿庵隱居績學，爲清初山左第一醇儒，學究天人，而無理障。至其精孚禮經，墨守高密，最爲亭林所推服。後來繼起，循其緒而擴之，先導之功，不可泯也。述蒿庵學案。

張先生爾岐

張爾岐字稷若，號蒿庵，濟陽人。明諸生。父行素，官石首驛丞，死兵難。先生慟而投水，不死；欲著道士服入山，以母在不果。入清，隱居不出，題其室曰蒿庵，取蓼莪詩之義。篤行孝友。居親喪，三年號泣不輟，殯葬皆遵古禮。與兩弟析產，取其最下者。又以仲弟殘疾，代納賦税三十餘年。閉户著書，不求人知。曾與修山東通志，遇顧亭林，亭林聞其與人談儀禮，指畫古宫制朝聘大享表次著位，士喪禮内外男女賓主東西面南北面哭泣弔問之次，東西階登降送迎之節，又説鄉射、大射、鄉飲酒、燕禮歌樂飲饌之算，衝口𧮭肊，而辭罔不順比，大驚異，遂與訂交。平生交游，亭林之外，惟長山劉友生、安樂李象先、關中李中孚、王山史四人而已。晚年蕭然物外，不與世接。康熙十六年卒，年六十六。自爲墓銘。先生學守程、朱，窮究性命天人之奧，治古文辭。嘗作天道論、中庸論、篤終論，又作學辨五篇，曰辨志、曰辨術、曰辨業、曰辨成、曰辨徵，其辨志尤爲時稱，餘不傳。年三十，治儀禮，苦其難讀。五十後，乃取經與注章分之，疏則節録其要，有疑義則以意斷之，始名儀禮鄭注節釋，後改曰儀禮鄭注句讀，凡十七卷，附監本正誤、石經正誤二卷。他所著有易説略八卷、詩説略五卷、老子説略二卷、夏小正傳注一卷、弟子職注一卷、吴氏儀禮考注訂誤一卷、濟陽縣志九卷、蒿庵集三卷、蒿庵閒話二卷，春秋傳義未成。參李焕章撰傳、羅有高撰傳、漢學師承記、先正事略。

儀禮鄭注句讀序

在昔周公制禮，用致太平，據當時施於朝廷鄉國者，勒爲典籍，與天下共守之，其大體爲周官，其詳節備文則爲儀禮。周德既衰，列國異政，典籍散亡，獨魯號秉禮，遺文尚在，孔子以大聖生乎其地，得其書而學焉，與門弟子修其儀，定其文，無所失墜。子思曰：「仲尼祖述堯、舜，憲章文、武。」孔子亦自謂曰：「吾學周禮，今用之，吾從周。」「文王既没，文不在兹乎！」並謂此也。秦氏任刑廢禮，此書遂熄。漢初，高堂生傳儀禮十七篇。武帝時，有李氏得周官五篇，河閒獻王以考工補冬官，共成六篇，奏之。後復得古經五十六篇於魯淹中，其中十七篇與高堂生所傳同，餘三十九篇無師説，後遂逸。漢志所載，傳禮者十三家，其所發明，皆周官及此十七篇之旨也。十三家獨小戴大顯，近代列於經以取士，而二禮反日微。蓋先儒於周官疑信各半，而儀禮則苦其難讀故也。夫疑周官者，尚以新室、荆國爲口實。儀禮則周公之所定，孔子之所述，當時聖君賢相士君子之所遵行，可斷然不疑者，而以難讀廢，可乎？愚三十許時，以其周、孔手澤，慕而欲讀之。讀莫能通，旁無師友可以質問，偶於衆中言及，或阻且笑之。聞有朱子經傳通解，無從得其傳本。坊刻考註解詁之類，皆無所是正，且多謬誤。所守者，唯鄭註賈疏而已。註文古質，而疏説又漫衍，皆不易了讀，不數繙輒罷去。至庚戌歲，愚年五十九矣，勉讀閲六月，乃克卒業焉。於是取經與註章分之，定其句讀；疏則節録其要，取足明註而止。或偶有一得，亦附於末，以便省覽。且欲公之同志，俾世之讀是書者，或少省心目之力，不至如愚之屢讀屢止，久而始通也。因自歎曰：「方愚之初讀之也，遥望光氣，以爲非周、孔莫能爲。已耳莫測其所言者何等也。及其矻矻讀之，讀已又默存而心歷之，而後其俯仰揖遜之容如可睹也，忠厚藹惻之情如將遇也。周文郁郁，其斯爲郁郁矣；君子彬彬，其斯爲彬彬矣，雖不可施之行事，時一神往焉，彷彿戴弁垂紳，從事乎其閒，忘其身之喬野鄙僿，無所肖似也。使當時遇難而止，止而竟止，不幾於望辟雝之威儀，而卻步不前者乎？噫，愚則幸矣！願世之讀是書者，勿徒憚其難也。」

周易説略序

天下之理，一而已矣，而致用則萬。聖人欲舉一以示人，而一無容示也，萬又不可勝窮，於是乎卦以象之，爻以效之，統於六十四，析爲三百八十四，而天下之人皆在其中，天下之物皆在其中。天下人物之成敗盈虧，以至一動一息，其數不可勝舉矣，而舉不出此六十四卦、三百八十四爻者，謂其已具天下人物一切動静之影似也。天下之人物，與人物之一切動静，質言之則不可勝窮，而擬其影似，則六十四卦、三百八十四爻而可畢者，質言則專，專則滯，故愈詳而愈多失；擬其影似，則略於事而言理，略於理而言理之象，於是乎事所不得兼者，理得而兼之，此之理不得兼彼之理者，理之象則無不得而兼之也。宓羲之畫，文王、周公之辭，孔子之翼，無二致也。朱子作本義，亦但依貼卦辭，銷釋凝滯，寧爲略，不爲詳者，亦曰求不失其爲影似者而已。世之爲舉業者，遺天下之人而專言一二人，遺天下之物而專言一二物，甚至舉數卦數爻，無不屬此一二人、一二物。其言此一二人、一二物也近於詳，而於天下之人之物則荒矣。夫此六十四卦、三百八十四爻者，謂其各指一人各指一物且不可，況舉而屬之一二人、一二物！豈四聖之作易，專爲一二人、一二物設哉？予自四十讀易時，取以授子姪門人，每病俗説之陋，而本義又不易讀，乃本其説，稍爲敷衍，名曰説略，以便童蒙。儻讀者因此以得朱子之説，復因朱子之説以求四聖人之説，庶幾見聖人設卦繫辭待用於無窮者，果非質言之所能詳，而依其影似，隨事擬議，以盡變焉，將不容言之旨，亦依稀可睹矣乎！

老子説略序

老子明道德，蓋將治身以及天下，與外倫常、遺世事者異趨矣，先儒審辨源流，每有論駁。至清静不爭之旨，則莫或異議。彼好之者，欲以先六經固不可；若槩以浮屠神仙之屬等斥之不已過乎！註者紛紛，務矜新異，各以其胸中所見之老子爲老子，非必西周柱下之老子，而老子殆將隱矣。譬之水，瀹茗則苦，清蔗則甘，和醯則酸，投鹽則鹹，雜橘橙薑桂則又橘橙薑桂，謂水味本爾，不誣水乎！今夏偶及是書，目力衰甚，苦不能讀細註，流覽本文而已。讀有未通，輒以己意占度，稍加一二言於句讀隙間，遂覺大義犂然。迴視諸註，勿計不能讀，亦已不欲讀矣。因自笑曰：「貧者啜水，乃厭酒醴之爲煩，此豈可與言天下之備味哉！」雖然，屬饜之餘，激喉滌齒，亦未必不有取於斯也。因劄録之曰說略。

文集

辨志

人之生也，未始有異也，而卒至於大異者，習爲之也。人之有習，初不知其何以異也，而遂至於日異者，志爲之也。志異而習以異，習異而人以異。志也者，學術之樞機，適善適惡之轅楫也。樞機正，則莫不正矣；樞機不正，亦莫之或正矣。適燕者北其轅，雖未至燕，必不誤入越矣；適越者南其楫，雖未至越，必不誤入燕矣。嗚呼！人之於志，可不愼歟？今夫人生而呱呱以啼，啞啞以笑，蠕蠕以動，惕惕以息，無以異也。出而就傅，朝授之讀，暮課之義，同一聖人之易、書、詩、禮、春秋也，及其既成，或爲百世之人焉，或爲天下之人焉，或爲一國一鄉之人焉；其劣者，爲一室之人，七尺之人焉；至其最劣，則爲不具之人，異類之人焉。言爲世法，動爲世表，存則儀其人，没則傳其書，流風餘澤，久而愈新者，百世之人也。功在生民，業隆匡濟，身存則天下賴之以安，身亡則天下莫知所恃者，天下之人也。恩施沾乎一域，行能表乎一方，業未大光，立身無負者，一國一鄉之人也。若夫智慮不離乎鍾釜，慈愛不外乎妻子，則一室之人而已。耽口體之養，徇耳目之娛，膜外槩置不通痾癢者，則七尺之人。篤於所嗜，瞀亂荒遺，則不具之人。因而敗度滅義，爲民蠹害者，則爲異類之人也。豈有生之始，遽不同如此哉？抑豈有驅迫限制爲之區別致然哉？習爲之耳。習之不同如此，志爲之耳。志在乎此，則習在乎此矣；志在乎彼，則習在乎彼矣。子曰：「苟志於仁矣，無惡也。」言志之不可不定也。故志乎道義，未有入於貨利者也；志乎貨利，未有幸而爲道義者也。志乎道義則每進而上，志乎貨利則每趨而下。其端甚微，其效甚巨，近在胸臆之閒，遠周天地之內，定之一息之頃，著之百年之久。孟子曰：「雞鳴而起，孳孳爲善者，舜之徒也。雞鳴而起，孳孳爲利者，蹠之徒也。欲知舜與蹠之分，無他，善與利之閒也。」人之所以孳孳終其身不已者，志在故耳。志之爲物，往而必達，圖而必成。及其既達則不可以返也，及其既成則不可以改也，於是爲舜者安享其爲舜，爲蹠者未嘗不自悔其爲蹠，而已莫可致力矣。豈蹠之聰明材力不舜若歟？所志者殊耳。世之誦周公、孔子之言者，肩相比也。誦其言，通其義，以售於世者，又項相望也。周公、孔子之遺教未聞，有見諸行事，被於上下者，豈少而習之，長而忘之歟？無亦誦周公、孔子，志不在周公、孔子也？志不在周公、孔子，則所志必貨利矣。以志在貨利之人，而乘富貴之資，制斯人之命，吾悲民生之日蹙也。志之定於心也，如種之播於地也，種粱菽則粱菽矣，種烏附則烏附矣，雨露之滋，壅培之力，各如所種以成效焉。粱菽成則人賴其養，烏附成則人被其毒。學不正志，而勤其佔畢，廣其聞見，美其文辭，以售於世，則所學於古之人者，皆其毒人自利之藉也。嗚呼！學者一日之志，天下治亂之原，生人憂樂之本矣。孟子曰：「士何事？曰：『尚志。』」學記曰：「凡學，官先事，士先志。」張子曰：「未官者使正其志。」教而不知先志，學而不知尚志，欲天下治隆而俗美，何繇得哉！故人之漫無所志，安坐飽食而已者，自棄者也。舍其道義，而汲汲貨利，不知自返者，將致毒於人，以賊其身者也。自棄，不可也；毒人而以賊其身，愈不可也。且也志在道義，未有不得乎道義者也，窮與達均得焉。志在貨利，未必貨利之果得也，而道義已坐失矣。孟子曰：「欲貴者，人之同心也，人人有貴於己者，弗思耳。」「求則得之，舍則失之，是求有益於得也，求在我者也。求之有道，得之有命，是求無益於得也，求在外者也。」人苟審乎内與外之分，必得與不必得之數，亦可以定所志矣。

中庸論上

中庸之見尊於天下也久矣，而小人每竊其説以便其私，宋儒已力明之。至近日而復晦者，何也？蓋以言中庸而不指名其物，人得本所見以爲説，如覆物而射之，各設隱語，摹求形似，以妄意一當而已。故高之則以爲，渾渺幽玄之事，淪於空寂，不可致詰。卑卑者則以爲，義理損其半，情嗜亦存其半，此中庸耳。衆所可，可之；衆所然，然之，此中庸耳。從前之説，既不可致詰；從後之説，又以爲游移熟便猥近之稱，而人之自寄於中庸者，於是乎衆矣。今試聚百人而與語，無不自信以爲中庸者。百人所爲，百有不同，無不自以所爲爲中庸者。嗚呼，何中庸君子之多也！此無他，不明中庸之所指者何事。既無所持以繩其是非，故人得自美其名，以各慰其不肖。如此也，觀之射懸的，百步之外而命之中。射者耦進，過高者、卑者、弱者、蕩者、立跛踦者、不習者皆不中；握堅舍疾、視審志定者中矣。其甚習者，又比於禮，比於樂矣。於是始執算臨之曰，某中多，某中少，某也巧，某也拙。不然，聽所射而莫爲之的，矢之所直，必有其物，誰非能中，而又將何所據以爲中乎？故言中庸而不得所指，人得各以其所能者爲中庸，而中庸始亂。愚嘗讀其書而思之，其至要者，兩言耳：「喜怒哀樂之未發謂之中，發而皆中節謂之和。」中以自知，不見於人，而所爲中庸者，又發而中節一言耳。夫喜怒哀樂，一日之間屢遷矣，自天子至於庶人，苟非聖賢，必不能遽中節也。聖人必知人之不能遽中節，又必不肯聽其不中節而無以節之。節之，則有其物矣；不然，則喜者、樂者何以適得吾仁？哀者、怒者何以適得吾義？何所藏以爲智？何所決以爲勇？君臣、父子、兄弟、夫婦、朋友之倫，祭祀、喪葬、禪代、征誅之故，百司執事、典章儀物之數，飲食、言語、揖讓、登降之節，何以明得失，生變化？富貴者何所稟以爲功？貧賤憂患者何所恃以自强？四時鬼神之所幽，山川百物之所明，天地之所統，綱紀之所維，帝王之所公；以爲制作，匹夫之所私；以爲學問，士君子之所循；以爲出處進退，則又何物以善其會通？吾知必禮也。繇禮而後可以中節，中節而後可以爲中庸，則中庸云者，贊禮之極辭也。中庸一書，禮之統論約說也。夫禮抑人之盛氣，抗人之懦情，以就於中。天下之人，質之所不便，皆不能安，不安，恐遂爲道裂。指禮之物，而贊以坦易之辭，以究其説於至深、至大、至盡之地，所以堅守禮者之心，而統之一途也。故其言始之天命以著從來，曰斯禮也，命與性先之矣，不然不汝强也。極之倫彝典則以表大業，曰斯禮也，帝王之所考，名教之所責，無之或二也。要之誠明以立本事，曰斯禮也，非明無以通微，非誠無以正隱，非所以爲外也。於是使愚不肖者知所跂，而賢智者亦厭其意，而不敢求多焉，此中庸之書，所以繼六經而鞭其後也。使其漫無所指，懸一至美之稱在事實之外，聽人之所擬，豈聖賢著書道善禁奸之本意乎？難之者曰：「禮者，道之文也。子舉中庸蔽之於禮，聖人之道，無以加於禮乎？」曰：「禮者，道之所會也。雖有仁聖，不得禮，無以加於人，則禮者，道之所待以徵事者也，故其說不可殫。聖人之所是，皆禮同類也；聖人之所非，皆禮反對也。易之失得，書之治亂，詩之貞淫，春秋之誅賞，皆是物矣。盡六經之說，而後可以究禮之說，而後可以究中庸之說。中庸者，禮之統論約說，非其詳者也。而孔子之告顏淵曰：『克己復禮爲仁。』仁不得禮，無以爲行，並無以爲存也。禮之所統，不既全矣乎！吾故斷以中庸爲必有所指，而其所指，斷乎其爲禮，而非他也。漢儒取以記禮，爲得解矣。世方樂中庸之便其私，其疑吾說也必甚。吾之說，漢儒之說也。漢去子思未遠，必有得之師傳者，亦非漢儒之說，而子思之說也，亦程子、朱子之說也，人自不致察耳！」

天道論上

吾鄉邢先生作天道難知論，以紓其怨。予讀而傷之，釋曰：「天道之難知也，求天道者之自爲不可知也。其視天若有國之君然，日懸賞罰，以待功罪，銖銖而衡之，毋怪其愈推而愈不應也。推而不應，因以哀君子之心，而作小人之氣，吾懼其說之長也。夫天與人之相及也，以其氣而已。寄其氣於人而質立，質立而事起，事起而勢成，而天之氣因之任之，若水之行於山崖澗谷，莽曠之墟，爲奔爲跳，爲洄洑，爲人立，爲安流，亦不自知其至也。聖人逆觀其勢，而知其衰興，決之數百年之前，應在數百年之後，若有鬼神。人以爲聖人之於天道，如是其著明也，而垂之訓者，不過曰惠迪吉，從逆凶，福善禍淫，積善餘慶，積不善餘殃而已矣。其曲折必至之勢，不能爲人言也。而人執此一言，以衡古今禍福之數見，其不應，以爲無天道。甚矣，其固也！古今稱善、不善之最著者無如周、秦，人以周八百、秦二世爲天道，又即以周八百而滅於秦、秦祖孫繼惡而卒滅周爲無天道。不知周之八百，周之善氣足以及之也，亦文、武、周公能維其善以勢，而被之八百也。其亡也，則勢盡而善與俱盡，無是勢，無是善，則亡焉，宜爾。秦之以惡滅周也，秦用其惡以乘人之衰，無文、武、周公之善之勢以抑制之，故勝也，二世而惡之勢極，惡之氣亦極，極則盡，則人之怨怒之勢以極而全也，而世之人快指之曰天道。曰天道者，猶之曰自然而已矣。勢之所必至，氣之所必至，安得不曰天道也！」「國之興替則然，年命之永促，子孫之單繁、隆降，以至卒然之禍，無妄之福，或以類至，或不以類至，此其勢安出歟？」曰：「天之生是人也，猶父母之生子也，氣至則生矣，而人之得之也則曰命。其得失也，若器受物，狹則受少，宏則受多而已矣，其命是也。若以物與人，適多則與多，適少則與少而已矣。其善而短也，清純之氣適短也；其惡而長也，則濁亂之氣適長也。永促定於其生之初，迨期而盡，天亦不可如何也。至于子孫，則天之氣與其父母之氣相爲多少也。父母而賢而氣適少，天不能以多與也；父母而不賢而氣適多，則子孫或得厚焉，或得多焉，適值其清，或得賢焉。血脈性情，起居倫類，皆氣所乘之勢也。賢者之爲善，人見之；氣之多寡，人則不見。執所見以疑所不見，則過矣。」「然則惡人之子孫逢吉者，百年不得一人焉，其非天有以抑制之然歟？」曰：「不善人之不足以召善也，猶濁律之不能爲清聲也。其用天之氣，則如烈火之化物，費者實甚，子孫逢吉，安可以數數見也？至衰季之際則不然，天之氣倍旦而向暮，若羣汲之井，清者不給。其時之君若臣，又日以其昏戾淫僻之治，參和撓逆結爲客氣，天亦若詘其常然之性以聽所爲。凡爲孛、爲彗、爲震、爲霾、爲水、爲旱、爲疾疫、爲蝗螟，殺人害物者，皆惡人之所沃灌滋益，酌而自蓄者也。世所爲禁奸防民之具，又適足以制善人，賢人君子率求自善而止，不知取聖人之經法，以破陰邪之勢。富厚榮利，子孫蕃廡，不此之歸，而孰歸哉！要之，勢極則盡耳，盡則天之常然者於是復伸。」「勢之所至，善惡從而消息焉，不止國家之大也。禍與福之適然者何也？」曰：「是亦不可歸之適然也。其致此者甚漸，人不知，以爲適然耳。善者之適禍，必有召其適禍者也，不然則周身者疏也。周身疏不以善免，如祖者之當白刃也。若惡者之適免也，必有宜免者也，不然則欺人而適售也。欺人而人不知，惡草之得蔽芝蕙且不及矣。」曰：「善惡之氣之行以勢，如是惡者其知所恃乎？」曰：「否，否。善惡之事，不自一身止也。是且被之人，亦不自一人止也。是且被之人，人被以善而不喜，被以惡而不怒，豈情乎？勢也者，積人人之喜怒而成之者也。善惡之勢成，人喜人怒之勢亦成。勢成，而惡者自防之勢，皆怒者可藉之勢也。其不以此事應而以他事應，不以此時應而以他時應，需其成耳。故善之勢失可以制於惡，惡之勢成且終制於善，善可使極，惡不可使極。易曰：『善不積不足以成名，惡不積不足以滅身。』則勢既成之故也，奈之何可不一於善也！故古之爲善人者，嚴思慮、訖嗜慾以杜費，考得失、慎言動以利用，親君子、附衆人以增烈，正基緒、教子孫以永世。動而得吉，人以爲天之報善人者厚也，亦知善人之積以自全者如此哉！人之求天道者，則積不至其分而責所應，應已至其分而猶責所應，是朝種而夕然炊，限霜而求嘉禾也，不可得矣。」「然則書曰：『皇天無親，惟德是輔。』子曰：『言行，君子之所以動天地。』『獲罪於天，無所禱也。』此數説者，非天之衡人者至歟？」曰：「非也。人之不可絶於天也，猶草木之不可絶於地也，根荄不屬非地，故奪之而自不生。人之受是氣也，其末在人，其本在天，持其末以動其本，爲善爲惡必有相及者矣。相及而逆其常然之性，則自爲竭絶之道也。夫子所云動天，所云獲罪，言人與天之以氣相屬也，故善惡之自喻者，吾達乎天之實也。人與人同繫於天，善惡之被人者，亦其相連而達天之實也。至於善惡既形，積而成勢，勢之既成，禍福歸之。書所云『惟德是輔』，言其勢之既成，天與而人歸也。其絶之也，非天之故絶之；其輔之也，非天之故輔之，積於善惡者之所自致耳。方其積之未至，亦必有其受損受益者矣。小益而人不及見，小損而人亦不及見，而積而至大者，世不恒有，人所以終疑天道爾。」曰：「伯夷、比干積不至乎？」曰：「伯夷之賢賢以餓，比干之仁仁以死，惜伯夷、比干，而以餓與死疑天道，是惜其賢與仁也。伯夷而千鍾，比干而苟存，則何以惜之？因勢以成吾志，亦曰天道而已矣。則甚矣，疑天道者之與於惡也！於善惡之數未識其所歸，禍福之應不詳其所起，徒欲銖銖而求之天道，豈若是勞乎？吾故曰：『天之於人也，不能相御以心，而相及以氣，則天道虧盈而益謙之説也。』又曰：『因勢所至，而歸之自然，則天下有道，小德役大德，小賢役大賢；天下無道，小役大，弱役强，二者皆天之説也。』」

天道論下

曰：以天道爲必不可知者，非也。不可知，是天不足恃也。以爲必可知者，亦非也。必可知，是天可以意也。不足恃，是爲不量天；可以意，是爲不量己。不量天，則視天過疏，長中庸之怠，而奪小人之忌；不量己，則信己過是，忘修悖之慮，而責陰陽之失，二者誣天均也。其以爲不可知者，又未有不始於妄意可知者也。以爲可知而責之，責之不得，以爲不可知而委之。責慈於父，必無孝子；責禮於君，必無忠臣；責福應於天道，必無良士。責天之過篤者，責己之過薄者也。其心曰：「我之所爲已是矣，無非矣，天之利我何等也？」黠人之得之，曰：「彼何長於我而得之？我何不遽得也？」於人之失曰：「是於法宜失！」及身履憂患，又訝其何以並及也。有一得則曰天道，有一失則曰無天道，百年之內，不能有得而無失，故疑爲有，疑爲無，反覆而不能自決也。天不以物之惡殺而廢秋冬，不以人之惡險而廢山海，不以人之惡禍而廢消息也，明矣。奈何初責之以可知，而遽委之不可知也？消息之所之，天不知其何以至也，人於其中得盛衰焉。人秉天之氣而然耶？天之自著其氣於人耶？固不能爲愚者息機，亦不能爲智者易軌。而君子之所爲福，小人必不能得；小人之所爲福，君子必不肯受，是盛之氣一也，取盛者異其質。君子有時得禍，必不同於小人；小人免禍者多方，有時甚於君子，是衰之氣一也，履衰者異其事。以爲可知耶？是欲天異己於衆人之列也，君子固有其禍，小人固有其福，天已不異君子矣。以爲可知，是不量己之過也。以爲不可知耶？君子、小人固已不同量矣。此修悖之最可據，而予奪之不可誣者也。以爲不可知，是不量天之過也。易曰：「日中則昃，月盈則食。」天之不可如何，不能爲君子異者如是也。又曰：「易者使傾，危者使平。」天之有以予君子者然也。天道終古予君子，而世人終古疑天道，則何也？以故分不可得而明也。人君予人而人知之，人知其故分之多寡也。雖有上智，必不能知天所予之故分矣。後之予之不得而知也，奪之不得而知也，而或予或奪，必有不如其故分者，可以意而決也。吾驗之養生而知其然。人之死生必有其期矣，然精明强固每得之淡嗜慾、平心氣之時，知生之可引以長也；昏惑疾病每得之恣歡娱、極思慮之時，知生之可迫以短也。有時養者未必長，而不養者未必短。其及是適止也，安知不養之不先是止也？其能及是乃止也，安知善養之不更進於是也？人之命不可前期，誰能指所餘之分爲天所予之分乎？富貴福澤亦是類而已矣。人不知君子之分，莫見天之予君子；人不知小人之分，莫見天之奪小人。世又鮮自疑其非君子，而驚所獲之已優者，故疑其可知、不可知無已時也。乃君子之奉天也，湔滌積累，唯日不足，於欲易給而不求，於害輕受而不懾，富貴則大吾業，貧賤則精吾事，默聽天之所爲，而盡吾力之所可至，循於自然之野以休焉。其於可知也，曰可知者如是，聊以自慰也。其於不可知也，曰不可知如是，吾以自威也。可知、不可知交信，其必有而已。不然，執睫閒而疑幽窈，抱侈志而責逾量，舍日用飲食，而眩瞀於禍福徵應之閒，亦惑矣！

和載六德容包六行説

周禮，鄉老及鄉大夫，三年正月，「獻賢能之書於王」，「退而以鄉射之禮五物詢衆庶，一曰和，二曰容」。鄭註云：「和載六德，容包六行。」孔疏云：「和在六德之下，故云和載六德。容則孝也，孝在六行之上，故云容包六行。」鄉射禮疏又云：「容爲孝者，人有孝行，則性含容。」嘗申釋之曰：載也者，爲之基也；包也者，爲之受也。莫爲之基則無以立，莫爲之受則無以積。載於物誠重也，和載六德，和固衆德之所必待也。德之和者，其心平，其氣順。恒以其心之至平，歷天下之至不平；恒以其氣之至順，融天下之至不順，極人世豔羨、憂危、困挫、厭瀆之事，卒投之而不至於激，紛乘之而不至於亂，於是知也、仁也、聖也、義也、忠也，時出之裕如也。何也？載之者厚也。載之者厚，則所載者必全，故觀其和而知衆德之備也。求士者，得若人而用之，誠足勝艱大而無難，付以生民之命而無所恤矣。不然，亢而難平，躁而易動，任情便私，而無以自勝。其人雖曰知足析疑，仁足惠下，聖可通微，義能制物，忠思自盡，遭時遘會，而爲所欲爲，奪於强戾僨盈之氣，而失其本懷者多矣。世固有負聰明異敏之材，辨博淵通之學，堅忍剛果之力，而不適於用，用而適足爲宗社憂、生民害者，豈其設心固然哉！一念之不和，激之遂不自知其所至耳。周之教人取士必以六德，六德必要於和，所以爲獨得也。德誠和矣，和不易徵，容即其徵。容以徵和，先徵之孝，故詢六行者必首孝。又不曰孝而曰容，容之爲言，似不可施之吾親也。而云爾者，何也？人未有不愛其親者也，其不愛者，卒起於所見之偶異。所見異，而不能舍所見以適親，則應違生。應違生，而拂愉殊。孟子所云「不可磯」者，不容之謂也。傳曰：「父母愛之，喜而弗忘；父母惡之，懼而無怨；父母有過，諫而不逆。」又曰：「孝子之有深愛者，必有和氣，有和氣者，必有愉色、婉容。」又曰：「下氣怡色，柔聲以諫。」皆言容也。舜之「夔夔齊慄」，容之盡善者也。故孝者必容，不容者必鮮能孝。誠容以成孝，則曰友、曰睦、曰婣、曰任、曰恤，放之而無不宜矣，故曰「容包六行」也。包云者，全乎此即兼乎彼之謂也。周公教成王曰：「小人怨汝詈汝，則皇自敬德。厥愆，曰朕之愆。允若時不啻，不敢含怒。」成王命君陳曰：「必有忍，其乃有濟，有容，德乃大。」周家君臣之閒，其所諄諄相勖者，皆以容德爲最盛，其所以成一代太和充滿之治者，惟此也。夫詢士者，安得不亟亟於此與？曰其詢之於射者何也？射，競事也，習競事者必有競心應之，相與爲競，而飛揚浮動之意不介乎容儀者，其有純氣也久矣。嗚呼，此豈後世擇士者之所及也哉！

袁氏立命説辨

予讀袁氏立命説，而心非之曰：「立命誠是也，不曰夭壽不貳，修身以俟之乎？乃瑮瑮責效如此！」近日其説大行，上自朝紳，下及士庶，尊信奉行，所在皆然。予大懼其陷溺人心，賊害儒道，不舉六經、語、孟，先聖微言盡廢之不止，於是爲數言以告吾黨曰：此異端邪説也！文士之公爲異端者，自昔有之，近代則李贄、袁黃爲最著。李之書好爲激論，輕儁者多好之。既爲當時朝論所斥，人頗覺其非是。至袁氏立命説，則取二氏因果報應之言，以附吾儒「惠迪吉，從逆凶，積善餘慶，積不善餘殃」之旨，好誕者樂言之，急富貴、嗜功利者更樂言之，遞相煽誘，附益流通，莫知其大悖於先聖，而陰爲之害也。夫大禹、孔子所言，蓋以理勢之自然者爲天，非以紀功録過銖銖而較者爲天也。蓋言天之可畏，非謂天之可邀也。爲臣者矜功伐以邀君寵利不可謂忠，爲子者鬻勤勞以邀父厚分不可謂孝，況日以小惠微勤，而邀天之福報，將得爲善人乎？以天爲可邀，將得爲畏天乎？不畏天而邀天，其不獲罪矣乎？曰：「袁氏意主誘人爲善而已，似無可罪也。」曰：「人之不幸而爲惡者，不知惡之不可爲也，或生而不聞善者也。幸而人教之以善，亦有幡然悔悟者。晚而聞道，折節自修者多矣。即不然而惡極勢窮，悔禍自新者亦有矣。以其真知昔之爲惡也，真知昔之爲惡，愧恥痛恨而不忍復蹈，故不憚去惡而從善也。方其爲惡，未嘗假一善，故其爲善，亦未嘗參一惡也。今爲立命説者曰：『汝爲善，爲善則美報隨之，有一善則有一報。其報也，大小厚薄各有成格，計日課數而告之天，天亦絜長量短而酬其人。』於是信其説者，覬其報而行吾善，日起食人一飯，予人一藥，周人一錢物，便利人一言語，放一魚鳥蟲蟻，皆注之籍曰，吾爲善矣。終日銜其小惠微勤，與天地鬼神爲市，其心之爲公、爲私、爲誠、爲僞，不待辨而較然也。既私且僞，方自信爲積德之要術，格天之捷徑，父以詔子，師以教弟，以爲永保禄命之具。人尚有能教之以善者耶？豈特人不能教之以善，迴視六經、語、孟且如嚼蠟，其所以誦習講説之者，直以發題應科，不得不然而已，豈肯一瀋思身踐之耶？不知六經、語、孟何語不教人爲善？何語不堪立命？何語如袁氏之所謂善？如袁氏之所謂立命，人舍六經、語、孟所教之公善成善，而學爲善以自私，不可謂非袁氏陷溺之也。陷人於私僞之途，而曰誘人爲善，可乎？六經、語、孟以至誠至公立教，而袁氏以私僞亂之，士人乃陽守六經、語、孟，而陰奉袁氏，勢必將以所學於袁氏者，施之家國天下之際，其害可勝言耶？」曰：「人信袁氏而爲善，善之所及，於物必有濟矣。子之非之，何也？」曰：「予何敢非人之爲善以濟物也？非人之爲善而私且僞者也。私僞之心積於中而不去，徒以望報之故，飾而爲善，其所以濟物者，可知也。且其望報者切，必將報不至而疑，報既至而怠，所濟者幾何乎？不然，此説流行近百年，物之獲濟者，其成效當可睹矣！使其以信奉袁氏者，返而信奉六經、語、孟，其爲士也，日以六經、語、孟之言，朝以考德，晝以修業，夕以計過，無憾而後即安；其既仕也，日以六經、語、孟之言，朝以考政，晝以莅職，夕以計過，無憾而後即安，其於濟物，當不僅如信奉袁氏者之所濟已也。予何敢非人之濟物，予病夫濟物而不本於六經、語、孟者也。」曰：「人之舍六經、語、孟而信袁氏，且久而不替，何也？」曰：「此如病人有不嗜五穀而嗜泥炭者，以有積蟲奪其飲食之正也。知其爲病，急舍所嗜，用藥殺蟲，漸進五穀，則元氣可復。不然，不得爲平人矣。今之爲人胸中積蟲，使之舍五穀而嗜泥炭者，何物也歟？躁進倖得之念是也。」曰：「袁氏之説，人方信向不疑，而子非之，子言出，必得罪於人。且袁氏爲中下設也，夫何病？」曰：「此又其蔽也。君子之教人也，中道而立，能者從之，烏有揣人之不足以爲善，而姑以私且僞者誘之，使苟不至於殺人害物而已者耶？人苟自進於善，何論中下。苟不自進於善，徒日習其私者僞者，乃適成其爲中下耳！士人讀書立身，將以中下自域耶？君子教人，將盡天下之人驅之中下耶？信然，予獲罪多矣！」

答顧亭林書

自章丘得近清光，數聞緒論，兼得讀諸作，固已私意先生所學有異世俗，非僅文章之士已也。時亦欲出所緝綴以求削正，不特小巫氣盡，而舊稿多爲諸同人所點注，未遑更寫，姑俟後期。嗣是歷聘之跡，自北徂西，所居僻陋，莫得確秏，流傳之口，時雜異同，仰嚮徒殷，積誠莫達。去歲春初，辱承德音，及惠韻譜，因急圖一晤，而流傳者云，已爲有力者禮致以去。逮五月上旬，乃知其謬，削牘仰酬，而行旌又出矣。五六年來，願見之切，而相遇之難如此。其所以願見者，非敢效世俗過從虚儀，亦欲商略道術之同異，決所學之當否耳。今夏，同學艾兄攜所賜教函及論學書、干禄字樣至，喜慰莫勝，反覆流覽，乃信昔所私意者之不謬。教言訓勵諄切，多所獎牖，且示以康成、泰山、徂徠三先生之遺烈，而期之修述，此豈猥陋敢希萬一。雖然，自有識來，於六經、亦嘗稍涉其流矣。見諸儒先之言經者，後先繼出，注疏之典核，程、朱之深醇，大全、蒙引之語，詳而擇精，似已各極其至。今欲修而述之，未知當於何處著手。學者苟能習其成業，尊所聞而行所知，上者可至於聖賢，下者亦足以效一官、濟一隅、名一善而無難。私謂士生今日，欲倡正學於天下，似不必多所著述，正當以篤志力行爲先務耳，不識高明以爲何如？論學書粹然儒者之言，特拈博學、行己二事以爲學鵠，確當不易，真足砭好高無實之病。「行己有恥」一語，更覺切至學之真僞。祇以行己爲斷，行己果有恥也，博學固以考辨得失，即言心、言性亦非窕語；行己未必果有恥也，言心、言性固恍惚無據，即博學亦未免玩物喪志之失。此愚見所以於一語中更服此語之有裨世教也。弟老矣，於博學已無及，敢不益勵其志，以終餘年乎？在愚見又有欲質者。性命之理，夫子固未嘗輕以示人，其所與門弟子詳言而諄復者，何一非性命之顯設散見者歟？苟於博學有恥真實踐履，自當因標見本，合散知總，心性天命將有不待言而庶幾一遇者。故性命之理，騰説不可也，未始不可默喻；侈於人不可也，未始不可驗諸己；强探力索於一日不可也，未始不可優裕漸漬以俟自悟。如謂於學人分上了無交涉，是將格盡天下之理，而反遺身以内之理也，恐其知有所未至，則行亦有所未盡，將令異學之直指本體，反得誇耀所長，誘吾黨以去，此又留心世教者之所當慮也。寡昧之質，樂求師資，不敢苟異，亦不敢苟同，惟幸裁正拙作。本欲請教，既承近日不作文字，遂亦不敢復以此等相瀆。所以然者，欲先生永不破除此戒耳！獨中庸論一篇，似與論學書旨有偶似者，謹録奉覽，儻肯一涉筆繩削乎？良晤何期，惟爲道自愛爲祈！

蒿庵閒話

愚讀儀禮，自鄭、賈注、疏外，偶得吴氏考註，稍一涉目，輒掩卷置庋閣，以其註皆采自鄭、賈，往往失其端末，至其自爲説，則大違經意故也。及儀禮鄭註句讀成，乃取考註爲之勘訂，其不用鄭、賈者四十餘事，唯少牢篇「尸入正祭」章補出「尸受祭肺」四字爲有功於經，餘皆支離之甚，不須剖擊，疵病立見。疑其書殆庸妄者託爲之，不然，草廬名宿，豈應疏謬至此。後得三禮考註序讀之，又取其書與之覆較，遂確然信其非吴氏之舊也。序云：「忘其僭妄，輒因朱子所分禮章，重加倫紀。其經後之記，依經章次秩序，其文不敢割裂，一仍其舊，附於篇終。」今此書則割裂記文，散附經內矣。序又云：「二戴之記中，有經篇離之爲逸經，禮各有義，則經之傳也。以戴氏所存，兼劉氏所補，合之而爲傳，傳十五篇。」今此書十五篇則具矣，士相見、公食大夫二篇，但采掇禮記之文以充數，求所謂清江劉氏之書無有也。至於逸經八篇，序則又詳列其目矣。公冠、遷廟、釁廟取之大戴，奔喪、投壺取之小戴，中霤、禘於大廟、王居明堂取之鄭氏註。逸經雖曰八篇，實具其書者五篇而已，其三篇僅存篇題，非實有其書也。今此書則取大戴明堂列之第二，蓋不知王居明堂之與明堂爲有辨也。三者與序皆不合，其不出於吴氏也審矣。序又云：「正經居首，逸經次之，傳終焉，皆別爲卷而不相紊。此外悉以歸諸戴氏之記。朱子所輯，及黄氏喪禮、楊氏祭禮，亦參伍以去其重複，名曰朱氏記，而與二戴爲三。」草廬本書次第，略見於此數言。今此書朱記了不可見，則又雜取二戴之書名，爲曲禮者八篇，龐雜猝會，望之欲迷，與草廬所云「此外悉以歸諸戴氏之記」者又不合矣。何物妄人，謬誣先儒至此，真可恨也！

又何喬新書儀禮序後録云：「三禮考註近刻於吾盱，廬陵楊文貞公以爲『此文正公所考定，而晏璧彦文掩爲己作者也。』竊嘗考之，文貞公考定儀禮，正經與記一仍其舊。今考註仍於朱子通解經傳雜然無倫，其所註釋，徒取鄭康成、賈公彦之文而綴輯焉，亦與易、書、戴記、纂言之文不類，決非出於公手。豈晏氏不見公本，而以己意爲之耶？」考註一書，前人已判其爲僞，而猶流傳至今者，以此經習之者鮮，人不及深考，遂致坊賈流布不已耳。愚爲拈出，庶不使後學受其疑誤。將以暇日，準吴氏所序次第，訂爲一書，當亦禮家之巨觀也。

鄭康成註中庸云：「天命謂天所命生人者也，是謂性命，木神則仁，金神則義，火神則禮，水神則信，土神則智。」正義曰：「冬主閉藏，充實不虚，水有内明，不欺於物，信亦不虚詐也。金、木、水、火、土無所不載，土所含者多，智亦所含者衆，故云土神則智。」漢、唐人言五常者如此。則以水爲智，以土爲信，自宋儒始也。

索隱行怪者，心在求人知也，故人亦有述之者。其述之者，惟不知中庸之爲道，故隱怪得而眩之。浮屠、神仙之説，其飛揚浮動之意，少年文士之未知道者多爲所引；不然，則名節既虧者借以自蓋。吾儒既無新奇可喜之論，而大義昭然，豈容假借！故宋人有云：「後人有聰明過孔子者，儒門淡薄，收拾不住。」淡薄云者，政以無隱怪處耳。

學記曰：「凡學之道，嚴師爲難，師嚴然後道尊，道尊然後民知敬學。」後世既無碩師爲人所宗仰者，須推一古人爲之矜式，如有明之尊程、朱是也。故其初年，人材蔚興，風俗醇美。隆、萬而後，人敢肆爲異論，至於醜詆程、朱，幾如三家村老學究，且漸漸侮及先聖，於是名檢大裂，無禮無學，而天下遂大壞矣。

人有資性醇厚，立身謹愿，而好詆程、朱者，於集註、本義諸書皆極力吹索，妄生穿鑿，必別立一解，欲駕其上。若肯平心靜氣於先儒成説心體而躬踐之，豈不有益！乃費盡聰明，衹成一無忌憚，罪過亦深，可惜！推原其故，自良知之説一倡，一二妄人遂敢肆口訕笑儒先。其説流布四方，雖有美質，亦被引壞。百年以來，餘毒未殄。近日雖號爲遵註，其人大率意在制義，揣摩時趨而已，至於古人爲人、苦心著書本旨，皆未暇體究，其中一種平淡真切之味，實未曾細咀而熟嘗之也，勿怪乎異説之紛紛也。六月偶閲人易變説，感而書此。

附録

先生學易，於程子易傳及邵子書皆有節録，曰：「朱子極推程傳，其爲本義，則不多取傳説，以其説理雖精，或非經義，固不得强徇也。然朱子極推之意，正不在解經，即非經義，不害其精於理。近日學易者主本義閒及傳，亦采其合於本義者耳。讀程仍以朱律程，而程學微矣。」又曰：「康節先生之學主於數，觀物篇天道、物理、人事、經術，先生之自得者，實具於此，誠吾人窮理修身之助。」蒿庵集周易程傳節録、邵子節録兩序。

先生旁通壬遁之法，又善風角，然平居與人言，絶口不言術數。盛百二柚堂續筆談。

顧亭林曰：「獨精三禮，卓然經師，吾不如張稷若。」又曰：「儀禮鄭注句讀一書，根本先儒，立言簡當，以其人不求聞達，無當時之名，其書實似可傳。使朱子見之，必不僅謝監嶽之稱許也。」亭林文集廣師及答汪苕文書。

阮文達曰：「蒿庵沈潛注經，尤精儀禮，以唐石經校明監本，得其脱文三節。元奉敕校勘石經，取蒿庵説載入考文内。昨者，詔書論及此，實臣爾岐功也。」蒿庵墓誌跋。

陸朗夫官濟南守，建蒿庵書院以祀先生，顔其堂曰辨志，取先生所論以教士也。陸燿撰蒿庵書院碑文。

蒿庵交游

顧先生炎武　別爲亭林學案。

李先生顒　別爲二曲學案。

王先生宏撰　別見亭林學案。

劉先生孔懷

劉孔懷字友生，號果庵，長山人。隱居嗜學，精於考覈。顧亭林游山左，曾主其家，與之辨析疑義，爲作古易序。蒿庵因亭林識之，遂定交。蒿庵儀禮鄭注句讀成，鮮受者，惟先生與亭林各録一本，點而藏之。所著有四書字徵、詩經辨韻、五經字徵諸書，又有范文正公流寓長山考。蒿庵爲題語，先生亦爲蒿庵題文集。參亭林年譜、蒿庵集。

李先生焕章

李焕章字象先，號織庵，樂安人。與蒿庵同修山東通志。工文章，著有織齋集。蒿庵與交密，尤喜其文，鈔而序之。蒿庵殁，爲作傳，又序其集。參蒿庵集。

清儒學案卷十七

潛齋學案

潛齋宗程、朱而譏切陽明，然於考亭亦屢見諍義，雖不滿陽明，而許爲救時之藥，是固所謂深造自得，不隨聲附和者。述潛齋學案。

應先生撝謙

應撝謙字嗣寅，號潛齋，錢塘人。明諸生。至孝，母病，服勤數年，母爲娶婦，不入私室，母卒，除服，始成禮。家貧甚，隘屋短垣，妻執爨，子供役，處之恬如也。杭州知府嵇宗孟數式廬，欲周之，讀所作无悶先生傳，乃不敢言。海寧知縣許三禮請主書院，造廬者再，辭曰：「令君學道，但從事於愛人足矣。彼口説者，適所以長客氣耳。」康熙中，開博學鴻儒詞科，内閣學士李天馥、項景襄以先生應詔，力辭。巡撫范承謨復欲薦之，乃輿牀告有司曰：「撝謙非敢卻薦，實病不能行耳。」或以孫明復娶宰相女爲喻，先生曰：「我不能以我之不可，學明復之可。」乃罷。二十六年卒，年六十有九。

先生撰性理大中，首道統，次儒紀，列濂溪、明道、伊川、延平、考亭、魯齋、敬軒諸儒，終以陽明，而辨其十失，次論學，次論治，凡二十八卷。撰教養全書，分選舉、學校、治官、田賦、水利、國計、漕運、治河、師役、鹽法十考，略仿文獻通考之例，於明事尤詳。不載律算者，謂徐氏光啟已有成書；不載輿地者，以顧氏炎武、顧氏祖禹方事纂輯也。凡三十四卷。他所撰述，有今文孝經辨定一卷、編注古本大學一卷、中庸本義一卷、語孟朱注大全拾遺二十一卷、周易應氏集解十七卷、易學圖說一卷、書經蔡註拾遺、詩傳翼皆無卷數、禮樂彙編六十三卷、春秋集解十二卷、古樂書二十四卷、校定文公家禮四卷、家塾祀規一卷、考亭集要二十卷、兩漢言行録十六卷、洪範圖說一卷、周官聯事二卷、禮器圖說一卷、經韻簡一卷、三家釋要三卷、莊子雅言二卷、訓子約語、養蒙文、樂志章各一卷、潛齋文集五十卷。陸稼書取性理大中紀陽明一卷，別爲王學考，序而傳之。參史傳、國朝先正事略。

性理大中自序

予生於東南之偏，而得性近中，自二三歲時，即知讓食，爲父母所稱。不幸少長，適當邦國殄瘁之際，風俗以詼嘲相尚，言道學者輒爲厲禁，所謂河魚不得明目，雖繩尺自守，不敢放言畸行，爲決裂名教之戎首。然倀倀乎如無相之瞽，將十年，使所本明之性，寖微寖滅，不絶如綫，流離患難，遭逢鞠凶，而後此心瑩然哉生，猶於存亡之介，堅壁相持，又四三年，方始稍定。思余少時，本業文字，因及性理一書，自視其才有不止於可文已者。其後因循怠廢，在己既不篤於親師取友，亦未有苦口之朋，以此事相責成，幸其所以迷而知警，顛而復興，惶懼驅策於胸中，而不敢即安於小人者，皆以此書爲之始。然以家貧寡書，即此書亦未免假之於友人，而未有藏本。庚寅歲，羅生曉從予游，年十有四，聞予所誦性理之説而好之，即與往市於坊閒，則見小説時文皭然編列，而此書無有也。走十里，始得之於故書肆中。予喜甚，攜歸，日點次數章。以曉與朱生弘正年學相及，使偕肄焉。嘗謂性理一書頗易明了，但當時輯書諸儒，不以平易之説，人道之常，先之爲教，而冠以太極一圖，又諸儒之解，繁然雜出，使有志者困於榛蕪，無志者堅其怠厭，心頗病之，意欲更其篇籍，删其繁支，訂以己意，補其闕略，而病耗之餘，獨力難就，閒與同齋諸子論列及之，諸子欣然，各任校録之責，不數月，此書遂成。戴生圖業、錢生濟、蕭生觀肅、程生泰賡咸與有力焉，而曉與弘正之力尤多。蓋自是而原道、繫統、讀書、明性、主敬、窮理、修己、治人之序粲然可循也。噫，此書之繫亦重矣！或以學識寡陋，妄行修改爲罪者，予不敢辭其責。儻或後之人有取焉，而以爲小有裨於天下後世，則諸子之功也，抑予又有望焉。古之著書，非獨爲人而已，懼方寸之地，出此入彼，不得不假至言以修心，而作善成朋，方能有立。若出入交游，左右省覽，皆非正言正事，欲立志則莫與開發，欲致知則莫與講明，欲力行則莫與輔翼，衹恃此惺然一心，力戰於羣霾積晦之中，吾知其難也。方今兵荒接軫，天之方怒，重以病威，豈非以存心養性事天者鮮其人乎？嘗怪伊尹以有莘匹夫，患天下之大，有一人不被堯、舜之澤者，若己推而納之溝中，立心疑爲太遠。以今推之，天下之失治，實儒者之責也。朱子有言，「兩軍相當，站定者勝。」程子有言，「一德立而百善從之。」今吾與諸子，生於末俗，築塘海濱，雖積土成山，不難波蕩。必用生鐵灌爲基址，務令潮汐日至，此基不摇，則從此以往，次第加功，絶非難事。謹言語，慎威儀，近耆德，遠燕朋，立心之方，無過此矣！

重訂性理大中序

天下之人材，至難得也。天生萬姓，而其中有明睿者出焉，天必不使之豐衣厚食，以豢養終其世而已，必從而艱難之，成就之。蓋人禀陰陽之氣，有嗜欲之性，不能無流，不能無亢，必歷諸艱，而其德始固，所謂五行以剋相成者是也。君子信其在己者，知其在天者，不敢棄而褻之，兢兢思所以自成，既以體諸己，又以推諸物，在上則治人，在下則教人，行則見諸事，藏則傳諸書，此君子所以事天而盡己之責也。世或不求其實，而欲以著述徼名於後，故言愈多而愈離於道，且不得與草木之秀，競一時之榮，亦可哀已。善學者不然，本身徵民，而憂世覺人之心，貫乎金石，因心之誠而時發焉，垂爲訓典，在時則如耒耜陶冶之切於用，出乎一室中，而事功之應，極乎天地，非苟而已也。乃不知者，則以君子之矻矻窮年，與好名之士同類而譏之，謂語言文字徒紛紜耳。吾人若畏此譏，將閉目危坐，以遺長日，任生心害政之言，徧行海内，方稱爲己之學哉！農耕於野，官勤於朝，商賈臚於市。爲士者修身束行，不敢荒怠，述前謨，開來學，不問世之知不知，學之傳不傳，而夭壽不貳。此所以事天而盡己之職也，又何恤乎人言！性理大全一書，永樂閒諸儒所輯先賢之格論。予向者館華嚴寺，不揣曾脩敍之，顔爲大中，尚有闕略焉。越六年，初遷臨平，閒居無事，手訂成書。以爲聖人之道，從是以入，必可達也。後復二十六年，歲有增改，庶少遺缺，抑予又有懼焉。陽明王氏有言：「世之學者，謂聖人之道勞苦無功，非復人之所以可爲，而徒取辨於言辭之間。古之人，有終身不能究者，今吾皆能言其略，自以爲若是亦足矣，而聖人之道遂廢。」旨哉，其言之也！讀是書者，其念天之所以與吾，而艱難成就之，毋徒能言其略，而爲陽明氏所痛哉！

周子太極圖説曰：「无極而太極。」自韓康伯以老解易，以无訓極，而西晉以來，咸有无極之説。何氏曰：「太極即无極也。」柳氏曰：「无極之極。」則以太極爲无極，其來舊矣，不自周子始也。然周子此言，全非以无極爲太極也，但以太極本无極耳。今且置天地之太極，而言生人之太極，則人之生也，莫不體具陰陽，而推人之自始至於胎中一氣，可謂極矣，而仍莫非陰陽之所生，則不可謂有極也。從此推之，太極生陰陽，陰陽復生太極，何所窮極！故曰：「无極而太極。」竊意周子之意，大略如此。彼以太極爲无者，固爲大謬，而朱子以理爲太極，亦非正旨。陸子靜謂：「通書言一、言中，即太極。」此語得之。惜子靜未知格物，則終未知何者爲中耳。

邵子曰：「道爲太極。」此即朱子「理爲太極」之説。有物於此，究其端緒，條而析之之謂理；有路於此，行而無不通之謂道。經緯一定，而紀綱無變。道爲交易之理，衡從錯出，而往來無窮。理、道各有其極，而理、道非即太極也。

世儒皆知論太極，無論所言非是，即使近之，則物物各有太極，草木亦有之，使其身與草木同太極也，不亦末乎！今所當明，人極而已，五常之中，性是也。

五常之性，其傳舊矣，至程、朱始發明精粹。但所謂「性即是理附在氣上」之説，未免毫釐千里之差。蓋馬性健，牛性順，健、順本天地之理，而不專屬之牛馬。馬之所以健，牛之所以順，其得之於天地之氣者，是其性也。人備衆善，其所以得衆善，是受氣有異於物，而得中者，是其性也。然則人性之善，正以氣質，而謂氣質害之，可謂誤矣！

聖賢言性不同，總皆一貫。有對命而言者，命爲天所賦，性爲人所受。有對心而言者，心是性之充周，性是心之保合。有對情而言者，性是未發，情是已發。有對善而言者，善即性之流行，性即善之收斂。有對習而言者，性是孩提之初，習是教養之後。有指天命之本然而言者，是五德之中氣，所謂天下之大本是也。有兼人欲之雜而言者，是耳欲聲，目欲色，四肢之欲安佚之類，孟子所謂動心忍性者也。知其一貫，而各不相混，性之説盡於此矣。

附録

先生父尚倫，故孝子，先生之生也，有文在其手，曰「八卦」。左重耳，右重瞳，少即以斯道爲己任。踰冠，作君子貴自勉論。偕其同志之士虞畯民、張伏生、蔣與恒爲狷社，取其有不爲也。明季，社事方盛，杭州有讀書、小築、登樓諸社，皆重文辭。先生稍晚出，而狷社之所淬厲，乃在志行。先生坦白直諒，表裏洞然，獨抱遺經，貴實踐，不以勦説。一筵一席，罔不整肅。倦而休，則端坐瞑目；寤而起，則游息徐行。所居僅蔽風雨，簞瓢屢空，不以易其志。兵起，奉親避山中。亂定親喪，自以故國諸生，絶志進取。歎曰：「今日惟正人心，維世教，庶不負所生。」益盡力於著書。全祖望撰神道碑。

同里御史姜圖南視䠞歸，有所餽，力卻之。一日，遇於塗，方盛暑，先生衣木棉之衣，蕉萃躑躅，圖南以越葛二端贈曰：「雅知先生介然，此區區者，聊以消暑，且非自盜蹠來也，幸毋拒。」先生謝曰：「吾尚有絺綌在笥，昨偶感寒，欲其得汗耳。感君意良厚，然實不需此。」竟還之。同上。

先生弟子甚多，因以樓上樓下爲差，如馬融例。里中一少年使酒，忽叩門求聽講，門人欲拒焉，先生許之，曰：「來者不拒，去者不追，是孟子之教也。」其人聽三日，不勝拘苦，不復至，使酒如故。一日醉，持刀欲擊人，忽聞先生來，其人遽投刀垂手，汗出浹背。先生至前，撫之曰：「一朝之忿，何至於此，曷歸乎！」其人俯首謝過，去。同上。

全謝山曰：「姚江黄丈〔一〕晦木嘗曰：『大好潛齋，可謂人中之鳳，惜所論述，未能博學而詳説之，墨守或太過。其足師表末俗，蓋不在此。』晦木之言，不可謂非先生之良友，然先生深造自得，固非隨聲附和者。世但知先生不喜陸、王之學，而不知其與朱學亦不盡同。如論易則謂孔子得易之乾，老子得易之坤，雖未必然，然别自有名理可思。要以先生之踐履篤實，涵養沖融，是人師也。其於經師之品，則其次也。況其發明大義，固已多矣。」同上。

先生論易，嘗謂：「伏羲之易，乾在上，以天爲主，得之不得有命，非人之所能爲也，先天之事也。後天之易，作於文王，離在上，以心爲主，夭壽不二，修身以俟之，易凶爲吉，所以立命也。」其論爲先儒

〔一〕「丈」，原作「大」，形近而誤，據結埼亭集改。

所未發。國朝先正事略。

先生撰古樂書，議論醇正，考訂簡覈，自爲之序，略曰：「夫樂何爲而作也？民受天地之生，稟陰陽之氣，有清濁之聲，而性情形焉。聲之變有萬，而不離於五，喉音宫，齒音商，牙音角，舌音徵，脣音羽，五音備矣。無中，聲則不發；中氣實矣，無五者則不聲，此民之具於天者也。然此五者，惟中土之人得其中。九州之外，偏氣所極，皆得其一方之音而不能變。聖人懼人之習於偏音，而失其中性，乃取十二月之中氣，命神瞽考中聲而量之以制，此十二律所由起也。其聲之下而濁者，至黄鐘而極；高而清者，至應鐘而極。彼此旋宫，因時發斂，大聲不至震越，小聲不至哀細，使天下之人，皆以爲節，聽而法之，以和其聲，以平其心，然後耳目聰明，血氣流行，風俗變化，師訟不興，職是故也。」

陸稼書曰：「自陽明之學行天下，潛齋獨以一言斷之曰：『陽明之功，譎而不正，詭遇獲禽耳。』又推其本而論之曰：『陽明自少馳馬試劍，獨學無師，而始堅於自用。』則又直窮其病根。陽明復起，不能不服斯言。潛齋論性，論太極，頗與程、朱牴牾，余不敢從。然其教人用功，必以窮理格物爲本，謹守朱子家法，故其言多可羽翼經傳。」陸隴其王學考序。

潛齋家學

應先生禮璧

應先生禮琮

應禮璧字子蒼，禮琮字以黄，潛齋子也。承家學，師事陸稼書，爲高第弟子。稼書許爲「好學深思，必能卒其父業」。

潛齋弟子

淩先生嘉印

淩嘉印字文衡，錢塘人。家貧，爲府推官吏，嗜讀書，同輩非笑之。嘗匿書直舍案下，無人時，私讀之。四十後，棄吏，受業於潛齋，盡得其所傳。窮年矻矻著書，年垂六十，注禮書，日必有程。嘗謂：「學者治學，須到造次顛沛必於是，方有得力。」康熙三十七年卒。著有春秋集解緒餘、春秋提要補遺各一卷。參沈近思撰傳。

沈先生士則

沈士則字志可，仁和人。諸生。師潛齋，學禮。初疑禮難行，潛齋曰：「爾自不行禮，禮豈難行哉！」自是以力行古禮爲己任。居家教授，端坐終日，雖盛暑不去冠襪。出則徐行，緩步接人，貌温氣和，無疾言遽色。人有過，正言規之。居喪，不用浮屠，事必師古。於斂葬尤詳慎。嘗云：「惟送死可以當大事。」功緦之喪，必服其服。後學舉性理大中相質，答之曰：「知師説者，有淩文衡，予惟學禮而已。」康熙四十年卒。參沈近思撰傳。

姚先生宏任

姚宏任字敬恒，又字思誠，錢塘人。少孤，隱於市，營十一養母。母賢，一日，見其貿絲銀，惡愠甚，曰：「汝亦爲此惡行乎？」皇恐，跪謝。乃受業於潛齋，日誦大學一過，言行必法潛齋，泊然自晦。沈甸華卒，潛齋哀其無以爲喪，先生曰：「請爲先生任之。」乃代經紀。潛齋不輕受人物，惟先生餽不辭，曰：「吾知其非不義也。」潛齋卒，執喪如古師弟子之禮，黄梨洲嘗許爲獨行傳中人。游福建，總督姚啟聖禮延之，訪以海上事，曰：「游魂不日底定矣。但閩中民力已竭，公何以培之？」晚家落，以非罪陷縲絏。使者閔囚入獄，聞方誦大學，案上皆程、張諸子書。呼與坐語，大驚，即日釋之。卒以貧死。參全祖望撰事略。

案：潛齋及門甚盛。與助修性理大中者，羅曉、朱弘正、戴圖業、錢濟、蕭觀燾、程泰賡皆未詳其事蹟。又有闞嵩，字聲山，仁和人。孝友過人，事潛齋十年。見杭州府志。

潛齋交游

沈先生昀

沈昀字朗思，初名蘭先，字甸華，仁和人。父之龍，以學行著聞。崇禎間，先生年十六，入學爲諸生。讀書好古，聞劉念臺講學蕺山，渡江請業，至是始爲正學。室無容榻，桁無懸衣，披帙覽書，凝坐恒終日。其學以誠敬爲本，專宗考亭，不雜以金溪、姚江之緒。刻苦清厲以自守，推而至於事物之繁，天地古今之變，則以適於世用者爲主。其言無一不切於人心。力排佛、老，曰：「其精者傍吾儒，其異者不可一日容也。」平居，日課有定程，月則綜其所得，與同人相質難。與應潛齋交尤契。聞四方有賢士，即書其姓氏，置夾袋中，冀一見之。然不肯妄交，於取與尤介。潛齋嘗曰：「生平自謂於辭受不苟，然以視沈先生猶覺媿之。」念臺既卒，門弟子爭其宗旨，各有煩言，先生曰：「道在躬行，若騰口說以求勝，非師門所望於吾曹也。」明亡，年二十七，棄諸生，不事舉業。與其父迭出教授。家居，則與弟蘭彧怡怡父母側，動循法度，不妄言笑。教二子毅中、純中，止令下學，弗使干禄。居父喪，輯士喪禮說，薈萃儒先之說，定其可行者，以授弟子陸寅。輯宋五子要言、四先生輯略諸書。晚，家益貧，無以養母，出游至揚州，病而歸。疾革，潛齋門人姚宏任問曰：「此時，先生誠敬之功，當無稍閒。」曰：「唯唯。」卒年六十三，時康熙十九年也。卒後，無以爲斂，宏任爲經紀，葬於湖上。參史傳、國朝先正事略。

附録

先生授徒自給，三旬九食以爲常。每連日絶粒，采階前馬蘭草食之。有聞之者，餽米數斗，先生不受。其人固請，則固辭，宛轉益困，遂仆於地。其人駭走，先生良久始甦，笑曰：「其意可感，然適以困我耳。」自是，里中弟子習知先生清節，極意求爲繼粟繼肉之舉，而不敢前，以先生必不受也。

先生輯宋五子要言、四先生輯略，以究濂、洛之蘊。又以經術諸儒各持其說，淆然聚訟，於是博考同異，著四書宗法、七經平論，未就。尤長於史筆，有古今升降編。考覈聲韻之學，以正韻及孫愐唐韻爲主，而又博採諸家正二書之誤，有古韻、同文韻。又採古今行事可爲鑒者，有名臣言行録、居求編。文宗兩漢，而以韓、歐矩矱行之。詩則言情寫事，獨出體裁，歸乎大雅。所選有古今詩最、今詩紀諸書，具見應潛齋所爲先生傳中。惟以貧，無寫官，卒後，其子遠出，扃而藏之。後全謝山求之不得，蓋散佚久矣。

秦先生雲爽

秦雲爽字開地，號定叟，錢塘人，受業於同里虞鈖。鈖之學，兼取陸、王，而以朱子爲正。先生讀陽明書，頗疑朱子晚年定論之説。輯紫陽大旨，一曰朱子初學，二曰論已發未發，三曰論涵養本源，四曰論居敬窮理，五曰論致知格物，六曰論性，七曰論心，八曰論太極，凡八卷。大旨以「初學」爲未定之論，二卷以下，則真知灼見，粹然一出於正。其論陽明，謂：「弊在以無善無惡爲心之體，若良知之説，不可謂非孟子性善之旨。」又謂：「陽明獨崇古本大學，能絶支離宿障，有功吾道。」又謂：「先儒所見不同，吾人最急，無如爲己。若竊衛道虚名，門户相持，開罪名教，不敢效尤。」先生與潛齋交數十年，書成爲之序。後屢貽書相諍。陸稼書亦謂先生於王學掃除未盡云。參杭州府志。

施先生相

施相字贊伯，號石農，仁和人。亦虞鈖弟子，居湖墅。明亡，棄諸生。西谿有鄞萬氏丙舍，就其地築室曰豳居，徙而居焉。別築室叢竹中，曰竹廡，以居其友徐介。萬斯備來省墓，爲賦豳居二十四絶相和焉，因相與講學。斯備出姚江，而介與潛齋友，宗程、朱，相落落無所附，獨以所見自成其是。介與共處四十年，老益貧。介卒，先生與子雲蒸適皆出門，人疑所殯，雲蒸之婦曰：「徐先生大故，焉有不於正寢者。」出簪珥成禮。先生歸，喜曰：「不媿吾婦。」未幾，先生亦卒，故人以百金致襚，雲蒸拜而謝曰：「是非吾先人意也。」先生僅存遺詩一卷，久之亦佚。參杭州府志。

徐先生介

徐介字孝先，號狷石，仁和人。明諸生。家塘棲。明亡，棄田廬，白衣冠，倘佯山水間。與臨安徐允鄖、海寧徐孟錆稱三高士。妻子皆死，乃依施氏以居。嚴事潛齋，閒亦有糾繩。潛齋辭徵，孺人頗勸之，先生謂曰：「吾輩出處，使若曹得參其口乎！」潛齋嘗使其子就試，先生曰：「吾輩不能錮其子弟，以世襲遺民也。然聽之則可，從而爲之謀，則失矣。」潛齋謝之。與顧祖禹善。祖禹方館徐乾學家，至門不入，祖禹出見。乾學聞之，亟出迎，解舟疾去。卒年七十二，存詩百餘篇。參杭州府志。

沈先生佳

沈佳字昭嗣，仁和人。康熙戊辰進士。初知湖廣監利知縣，移安化，卒官。自少有志伊、洛之學。

鄉舉出湯潛庵門。潛庵語録，先生及同門王廷燦、范景等所手述也。學出於潛庵，而一宗朱子。以黄梨洲明儒學案於姚江末流頗爲回護，乃著明儒言行録以救其失。書仿朱子名臣言行録例，大旨以薛瑄爲宗，於陳獻章頗致不滿；雖收王守仁於正録，而守仁弟子删汰甚嚴，王畿、王艮咸不預焉。潛齋稱其「去取至慎」。先生考訂博洽，嘗貽潛齋書，論易四德及禮禘祫義。他所著有易大象玩、易解、春秋學大全粹語、明代人物考、禮樂全書、樂府中聲、省𠑽録、復齋遺集。參杭州府志。

陸先生隴其 別爲三魚學案。

甸華家學

沈先生蘭彧

沈蘭彧字方稷，甸華弟。諸生。年十一作大樹賦，見賞於陳子龍。後深究易理，與其兄講學河渚，負笈從游者甚衆。

案：蘭彧，潛齋先生所爲甸華傳作「蘭成」，今依杭州府志，並録其傳。

甸華弟子

陸先生寅

陸寅字冠周，仁和人。父圻字麗京，少負才名，與陳子龍、張溥爲登樓社，工詩，世號「西陵體」。又與毛先舒等酬唱，號「西泠十子」。莊廷鑨史禍作，株連下獄，僅乃得白。親既没，棄家遠游，不知所終。獄急時，先生與兄皆被逮，爭取重索自縶，而讓其輕者。父既出游，乃奉病母以居。母卒，有傳父所在者，萬里行求，朱彝尊爲作零丁以哀之。十餘年不歸，然竟不可得。康熙二十七年，成進士。逾年，咯血卒。有玉照堂集。

清儒學案卷十八

程山學案

清初，西江言理學者有程山、髻山、易堂諸子。秋水初學佛，去而爲陽明，復返於程、朱。白石刻傳習録，而質言其爲禪。若躬庵、中叔，則塗轍有不同矣。述程山學案，而以髻山附焉。

謝先生文洊

謝文洊字秋水，號約齋，南豐人。明諸生。年二十餘，入廣昌香山閲佛書，好之，棄諸生，學佛甚力。讀大慧禪師書，一日午坐，忽如鳥飛出籠，游太虚中，自此神氣灑然，異於平時。既讀王畿書，復好之。求得陽明諸書，徧讀之，信益篤。與諸友講陽明之學，會於新城之神童峯。有王聖瑞者，力攻陽明，先生與爭辨累日，爲所動。取羅欽順困知記讀之，始一意宗程、朱。縣城西，有程山，闢學舍其間，名其堂曰尊雒。與其徒敦實行修古禮，晝之所爲，宵必書之，考業記過，朔望相質訂。是時寧都易堂九子、星子髻山七子以文章節概與同道相砥礪，先生獨反己闇修，務求自得。髻山宋之盛過訪，遂邀易堂魏禧、彭任來會。講學旬餘，皆推先生篤躬行，識道本。所著大學中庸切己録二卷，首以君子有三畏講義，發明爲學之要，在於主敬，「畏天命」一言盡之。聖人一生戰兢惕厲，曰「顧諟天之明命」；曰「上帝臨汝，無貳爾心」；曰「昊天曰明，及爾出王，昊天曰旦，及爾游衍」，無非畏天命之心法。學者常當提持此語，注目而視惟此，傾耳而聽惟此。稍有一念之私，急須當下提醒，痛悔刻責，速自洗滌，無犯帝天之怒。工夫既久，人欲淨盡，上下同流，樂天境地，可得而臻也。次爲程山十則，務以躬行實踐爲主。末附西銘解，謂此爲學者究竟指歸，因尊之曰「事天謨」。自言八九易稿乃定。他著又有易學緒言二卷、風雅倫音二卷、左傳濟變録二卷、大臣法則八卷、程門主敬録一卷、初學先言二卷、養正編一卷、兵法類案十二卷、程山集十八卷。康熙二十一年，有疾，自爲墓誌，卒年六十七。參史傳。

程門主敬録自序

予讀程氏遺書，識主敬之説久矣，然用功作輟，迄今無成，是豈敬之咎哉？是豈非人自負於敬哉？今歲仲春，入程山靜坐，久之，敬心乍復，惕然自懲前非。欲入深山，竭力收攝，作終年不反之計，然細思敬之爲法，豈獨宜於靜，而不宜於動乎？何淺之乎視敬也！心一志定，行坐起居日用周旋於敬，不容暫離，既乃恍然，夫子所謂「雖之夷狄，不可棄」者，其然，豈不然哉！用敬之餘，益喜閲遺書，於其凡論敬者畢録，又廣集諸儒所論以附，統曰程門主敬録。雖其意未必盡出於程門，然提掇淵源，實自程門昉也。其中互相發明，詮剔藴奥，語淺味深，朝夕省覽，供我飢渴。因歎聖人不作，學之無所歸也，千有餘年矣！程子出，始闢此周行。苟循其途轍以入，其弗克有成者，鮮矣！而或舍之，則不淪於污俗，必遷於異端，飄泊汩没終身，胥溺以亡而已矣，又何學之可言乎！敬之，敬之！永矢毋悖。

風雅倫音自序

嗚呼！倫紀之壞，尚忍言哉。子臣弟友之不能各盡其道，以至於乖張變亂，尚忍言哉。有心者，莫不撫膺傷懷，而不知救之之道之所出。予以爲，救世須救倫，救倫莫切於救情。情也者，五倫之血脈也。人之一身，血脈不運，則五官百骸不相附屬，小則違和，大則痿痹，醫家謂之不仁。今五倫之不仁，可謂極矣！其弊皆起於情之薄。上下彼此之閒，泛泛然若萍聚，若鷗值，居常則各顧其私，相遺以詐，依違於儀節之虚文，猶且幾幾莫必。一旦有故，則背負棄捐，舉非難事。甚則至於賊害悖逆，寃仇慘痛，傷千古君子仁人之心，而召高天厚地之妖氛災變者，皆薄情之爲根也。夫五倫之分，父子兄弟夫婦主恩，君臣朋友主義，然皆歸於情之不容已，故情厚則恩義重，情薄則恩義輕。吾重惡夫恩義之輕，以致五倫之敗也，而思所以救之，其法利用興。人非木石，自有感通，感通之道，在乎聲音，此聖人所以深達其微，善道其機，而設法最神者也，故曰興於詩。吾因取三百篇之關於五倫者，分類編録，仍取法乎正，而不遺乎變。正也者，人生之大幸，而情之至當者也，故綢繆繾綣，愛慕不已，相結以善，而相勉以德。變也者，人生之不幸，而情之無可奈何者也，故雖憂愁哀苦，不能無怨。然或引咎，或假託，或法言，或巽語，或既懲其往，而猶冀其來，愈以見其忠厚。惻怛而不忍，恝然之意，要皆出於情之厚也。五倫之後，又附以警學，蓋以所稟不齊，或過乎情，或不及乎情。有學於此，則或俯而就，或跂而及，一皆以中正爲軌。故學也者，又所以調劑培植此情，以維持五倫者也。編成，日取數章，拊節歌之，覺此中油然欲生，盎然若有一物不能去諸懷，於是作而歎曰，情之感人也如是乎！聖賢之所以爲道，而王者之所以爲善，治基本者，盡在是矣。嗚呼！世有薄情人，其冷也無由使之熱，其幽陰也無由使之朗，其頑鈍也無由使之動而有恥，其負心而反側也使人駭且惑，而無由推測其所以然，究且法令之所不能禁，告語之所不可入，此其人之肺腸，豈真别具者耶？試與之歌詩！

左傳濟變録自序

處國家之事，惟變爲難。得失成敗，恒在幾微呼吸之間。使闇者當之，惘惘然莫得其方，神亂氣沮，一再躊躇，而大事已去，智不足也。智稟於天，而未嘗不得之於學。恃天者每有奇中之能，然事遂功成，往往以不善居而敗，智於始而闇於終，有足悲者。惟得之於學，以勇則沈，以養則邃，遇事不震不徐，而適投其機，功成之後，又恬然若未嘗有是事者，雖有猜主妒相，而不假以隙，此之謂大智。夫學，明理於經，而習事於史，史於學居十之六，而閱歷鍛鍊又居其四。事變無窮，莫可究詰，然能舉古人之成案，精思而明辨之，置身當日，如親受其任，而激撓衝突於其閒，如是者久之，則閱歷鍛鍊已兼具於讀史之中，矧身世所遭，得之於動忍，增益其力，又有大焉者乎！以此知得於學者全，而得於天者半。身任天下者，烏可無智？欲智者，又烏可以無學也？文洊生也闇，幸而天下事未嘗及身，年已浸衰，足免覆餗之恥。賤貧多暇，授徒左傳，見其時名卿大夫濟君國之險艱，識深力堅，誠有不可及者，因國取數事評註之，得二十八篇。又予友魏裕齋有杜預癖，深謀祕計一一摘抉於字句外，發從來讀左氏者所未發，輯左傳經世一編，而祕不輕出。予得竊窺其五篇，而逸其一，其四則全録。其評鍾氏伯敬之言，亦時一録之。夫以予之闇，又老且賤，安能與一時英才抵掌談天下事？惟是取古人陳跡，神而明之，以補天所不足。雖不徵之實事，庶幾心目開朗，俾不至以闇終，則厚幸矣。若夫明體適用之學，非全力不足以幾。自共學以至於立，立而能窮不失己，達不離道，不亦可矣！然使時勢安常，則以立者居之而有餘；一有變故，非權曷濟！故學不至於能權，則才不足以御變。天下事既以身入其中，能保其有常而無變耶？至於立之未臻，而急於用權，則將以利爲義，詭御思獲，此又豈識聖人之所謂權哉！春秋時，諸名卿大夫之權，未必一一不謬於聖人，惟是學之有道，則變化在我，雖以小人之智，毒如烏堇，亦未嘗不可泡而製之，以神吾生！人之權得是意而推之，將博觀全史，以盡古今之變，區區守一左氏，恐猶不足以濟吾闇也。

初學先言自序

自小學不興，士心士品凡庸而不可救，率由童稚之年，父兄師長眩之以辭章，欣之以功利，俾其知能椓喪，私欲牢固，不可以拔於此，而欲其聞仁義道德之言，惕然有動於中也，不亦難乎！嗚呼！民生之不幸，實教化之衰，有以陷溺之至於此也。善夫！楊文公家訓曰：「童稚之學，不止記誦，養其良知良能，當以先入之言爲主。蓋年方童稚，如繪師之有素地，或施之墨，施之丹，無有不受，一受之後，永不可移，惟繪師矜惜其始，斯不至枉其素地耳。」予閒取先儒格言，及古人至性篤行、易悦人心目者，本朱子小學敬身、明倫篇目，以經爲正，以儒先嘉言爲廣，以古人善行爲實，彙次爲一書，因楊文公之意，名曰初學先言。使爲人父兄師長者，於子弟經書之隙，或解課游息之下，爲之講習，日月浸漬，深入不覺，又每即事提撕，俾知取法，久之氣質自美，習俗自化，則人才有造，在鄉閭可以爲前後輩矜式，在國家大之備朝廷之楨幹，小之供郡邑四方之任使，轉移世樞，其機豈不於是寓乎！然此書必爲父兄師長者欣然有會於心，知學有歸宿，然後樂取而教子弟，則「初學」之爲言，該父兄師長而言也。嗚呼！上智之資，得此爲基，又擴之以經史，其足以彰盛德大業，固矣！即資屬中下，果敬守是編，終身不易，又豈失爲聖賢之徒哉！予蓋驗諸古人，而知其不欺也。

日録

萬物皆備於我，前後皆備於今，總不離目前一步。約之又約，只在此處，即至誠無息，純亦不已，皆自此踏去。

西銘曰：「存，吾順事；没，吾寧也。」存，須是視無形，聽無聲，貫通呼吸，方爲順事。没，須是仰不愧，俯不怍，交付完全，始得就寧。一生有如許大事，尚敢留一絲偷懦乎！

慎獨最刻苦，然到極瑩潔處，便是江、漢濯，秋陽暴；到極光華時，遂爾睟於面，盎於背。

立志須是全體承當，則全副精神與古聖人相對照，又何處容得絲毫偷惰。若尚有未淨盡處，必是承當處還有餘地，故陽明先生教人責志，最爲親切。然立志在先，責志在後。立志須是看見聖人安身立命去處，清真朗析，無絲毫溷淆；自己懽忻踴躍，全身聳入，如日午中天，立表其下，光覆當頂，四旁影子，一齊俱滅。從此起手，纔是直取驪龍頷珠，鱗爪一片不屑。以後責志，俱不離此，則成效可必矣。

事父母有一毫私心，便是不竭力。事天亦復如是。日用常行，不體天心，起見者都是私心；真畏天命，人惟恐一毫不合天理，安得不精義。

禪家頓悟，將從前黏縛處忽爾空卻，若再生一遭。然當其參究時，是用何等苦力，方有此一日。今我習氣種種，無由脱去，日用之中，須要與彼參究時一般誠切，覺隱微稍動，即與斬截。不可稍爲因循，聽其自然消隕。即今便要斬然一變，與從前是兩截人物，方是猛烈丈夫手段。不然，只若存若亡而已，恐終身坐在蕪穢窠中，不更羞苦，可哀也哉！

凡人心懾憚處，必有所著。如小兒怕嚴師，這怕是著在師身上。如吏胥怕官長，這怕是著在官長身上。臨深淵，履薄冰，這怕是著在冰、淵上。此獨知之地，非嚴師，非官長，非冰淵，如何不恣肆？須要知此一念靈明，知惻隱，知羞惡，知辭讓、是非，這便是天命我的性。一念私欲，便隕越此天命，所以夫子説畏天命，便畏此獨知也。此獨知，即鬼神上帝也，即師保父母也，如何不怕得！雖然，得罪鬼神上帝便有災禍，得罪父母師保便有打駡，人所以怕；獨知之地，無災禍，無打駡，人如何怕？須要曉得，無形的災禍打駡，更痛更辱，且召致外面的災禍打駡，如影響之不爽。知此，便不由不戒慎恐懼也。然此等意思，最要人自體會得，如會不得，便昏昏地不識痛癢矣。所以說，小人不知天命而不畏也。

與諸生論知、行。平常只說行難，若看聖人說博學之一節，則知更難。既博學矣，豈可自以爲是，又須審問；既審問矣，豈敢便以人言爲然，又須慎思；既慎思矣，還恐是私意見，故又須明辨。經四折而後篤行。下節又復丁寧懇切，重以弗能、弗措、弗知。弗措爲言，知之難也。如此，後儒學術之差，貽害無窮，看來只是知之不精耳。若肯依聖人如是用功，則所見畢竟無弊，決不至壞天下後世人心，故學者慎無輕言知也。顧涇陽先生論「誨女知之乎」章云：「子路只是心粗，信口便說，不肯沈潛理會耳。」又云：「知的曉得是知，甚易；不知的曉得是不知，卻難，雖賢者亦多錯過。」高存之曰：「此是世間通病，其機甚微，其害甚大，吾輩切宜猛省，不可只去子路身上推求。」看二公如此較量，益見真知之不易。學、問、思、辨、行五者工夫，又加博、審、慎、明、篤五字在上，此是聖人校定千古不易定方，決不許庸醫增減些子。

畢竟是「敬」字平正。王門弟子流爲無忌憚，還是當日忽略此字。此是千古學術命脈所關，雖有極精微之見，如不用敬，總有弊端在後。

悠忽馳散，只是自待菲薄，看小了身子，故精神不振，可惜好日子，只是汨没了。人須是有遠大之志，自然與世關切，不患無智勇出來，纔是箇丈夫氣概。不然，營營逐逐，徒自苦耳。須是徹底掀翻，卓然擔荷。

畢竟憂貧，遂覺精神不振。生計自不可不料理，計算自不可不精析，但加一憂念，便與道相妨矣。

勤儉二字，是人開口常談，其實是爲學全副工夫。

舊所未去之習，力求去之；舊所未踐之善，力求踐之，小心苦力，勿自欺詐。

每有山中養靜之思，此還是擔當不力，敬畏不密，遂有此想。若真擔當，真敬畏，當下安有不靜！何處不是山中！故有走逗，只當責擔當、敬畏。若必作山中之想，是又添一妄矣。從來聖賢教人做工夫，決無有舍當下別尋靜境者也。

閱念菴集，見其工夫刻苦，因妄習難了，遂欲終於靜坐，以期凝定。此真披肝瀝膽不肯自欺者。今日學者，逐物度日，誰肯發憤斬截，真爲自己性命！試以念菴自鏡，豈得不芒背。但靜坐境遇，非人所易得，不如於日用場中，作收斂凝聚之法。然舍卻「敬」字，更無別路也。但苦倏忽微渺，摇蕩不測，稍稍因循，漸就頑痹，非矯强堅忍，不顧性命，於萬死一生之中，自討活路，未見有出脱之期。羅先生是何等人，尚爾堅苦自矢。我等乃汎汎放逸，真棄物矣！

人生須是臨氣絶時一念無疚，始是自己實受用處。若此一時問心不過，則更無可贖時矣。然欲此時一念無疚，須是平時念念無疚。人於平時，念念逐物，思欲自振，因循沾滯，不即決斷，一夕不測，措手無及，枉生數十年，供人彈駁，窮盡天地，更無轉移之期，直是苦也。

魏叔子曰：「讀古人書，與賢人交遊，最不可苟爲同，又不可苟爲異。二者之失，總是胸無定力，學問中便有時勢趨附，非諂則驕耳。」愚謂：「消盡意見，剥盡浮慕，具真識，求真益，自然不苟同，亦不苟異矣。後生輩若據一不苟同在胸中便好爲異，據一不苟異在胸中便强爲同，故須是具真識，求真益，則源頭清楚。同是道合，不是徇人；異是特見，不是自矜。成心破除，虛公獨運，古人賢人，自應心折。」

昔人云：「自己猶不能快自己意，如何要他人快我意。」此語最可味。氣質高明者，不可多得，若一一責以理，便非全交之道。但當發念責人時，便以此反躬自責，則待人寬恕，而己心益盡。

讀書之益，隨處不可缺。幸而家計温飽，得以下帷，固是大福；不幸有饑寒之累，不得不遊食於外，亦須讀有益之書，不得遊目泛覽，徒取雜博。須看自身現在所習何業，便須專精於此一類文字，以求透明。此理實際，坐可言而起可行，方見有功。儻自己胸中半青半白，茫無實據，欲以此見長，而究竟不長，自問尚信不過，安能取信於人！試之於用，錯誤雜出，如此才料，求食且不可得，安望成名！追求其失，總是自己精神妄用故耳。

夫差使人呼於庭，蓋夫差貴人也，恐以宴安自溺，故須人唤醒。若伍員貧賤，耕野乞食，自不煩人唤醒。生於憂患，死於安樂，驗之古人，無不然者，可弗凛然。今我輩處貧賤憂患，儻負此境，其爲虛生，更何以自解。書此時覽，以代呼者。

儒行篇，正大中有一二語不純，其氣象稍亢厲。然孟子「彼以其富」與説大人諸語，亦是如此氣象。當士氣卑陋時，自不得不如此激厲。學者志氣不振，亦不可不讀也。

語小兒德宏教子孫家法：「以明經立品爲本，以讀史達才爲用，以醫業爲游藝，以詩文爲潤澤，能世守此，雖興隆有數，終不至墮我家風。」

講義

子曰君子食無求飽章

世人明知學爲第一事，然畢竟精神不鼓舞，意興苦衰颯者，何以故？大抵爲俗情淡泊不得，惰習整肅不得，浮氣收斂不得，驕心按抑不得，是以支吾歲月，墮於庸俗之流。其甚也，陷於小人而不知。何謂俗情淡泊不得？如居食二者，是人生之本務，若隨分麤遣，則人欲悉歸於天則；微有愛憎，漸生較量，充其求安求飽之勢，不至於食前方丈，榱題數尺，不足以滿所願。迨至節義盡毀，廉恥盡喪，爲士君子所不齒。原其由，亦不過一念難淡泊耳。如甘淡泊，則心胸清楚，氣概超邁，趣味灑落，自然與道日近，與俗日遠，聖賢根基，即此樹立矣。何謂惰習整肅不得？大易曰：「天行健，君子以自強不息。」元化周流，四時運行，晝夜無一息之停，方能化育萬物，亘古常新。君子以一身處五倫，當亦如元化，朝乾夕惕，亹亹不倦，方於性分、職分無歉。然稟氣有清濁，氣清者自不容已，如顏子語之不惰，子路惟恐有聞；氣濁者昏昏無主，如宰予晝寢，冉求自畫。不但己也，妄念邪行，自惰而生；淫朋匪類，自惰而集；聰明精力，自惰而消；身計家業，自惰而敗，其患可勝數哉！誠能起惰爲敏，則聖賢事業，任重道遠，皆一肩荷之而存餘矣。何謂浮氣收斂不得？血氣輕浮，一舉一動，俱莫能自制。而言爲尤甚，出之於口，非躁則妄，躁則麤鄙，妄則悖謬，見於辭氣之閒，小之召辱，大之招禍，所以典籍慎言之訓，最爲諄諄。亦非專事緘默，惟先後詳略，輕重疾徐之閒，一不自察，即失機宜，招尤取咎，無所止極。其故皆由志不凝定，中無物以鎮之，沖口而出，但取快便一時耳。夫沸湯在釜，火氣上浮，水自溢出，雖疾颺之，亦不能退，盍於釜下減薪息火乎！所以聖人取訒、取訥，取不出諸口，皆欲人於內地持重，則外守愈固耳。何謂驕心按抑不得？凡人以我見爲是，則矜高多泰，一往不反，一意一見，無不盡覺己是而人非，雖有道在前，啟發不悟。推其弊，不特一己自誤，在家則誤一家，在國則誤一國。如才高學博，足以張皇其說，則并誤天下後世。一念自滿，爲害如此其甚。徵之於史，歷歷而然，人人不免，但有甚不甚耳。氣質和平者既不多見，其餘則未免有物，外貌雖若謙沖，中實隱然作礙，求其虛受如空谷，聽言如轉環，恐非有若無、實若虛之顏子，無此風度也。此俗情、惰習、浮氣、驕心四者，乃學者之通病，有一於此，即與道隔，況爲全具乎！故必俗情消，惰氣振，浮氣收，驕心抑，方可謂之好學，然非大智沈勇不能。在初學，如覺未能，則又切須篤志。

子曰知之者章

夫子謂：「知之者，不如好之者。」論其境，自是不如。然愚意，爲學之序，知固在先，好固在後，但人有秉彝，即好是懿德，如孩提之童，無不知愛親敬兄，雖有惡人，聞人至性奇情，亦無不怵然動，慨然歎，此即孟子之所謂良知，陽明夫子舉以爲宗旨者。此好原爲固有之良，不俟後來增入。所苦者，後來增入之好，日見深重，故固有之好，日見消奪。有志之士，知之亦久矣，何以仍然故我？必須將此增入之好，如貨色，如逸欲紛華，如辭章技藝，如禄位之類，漸自輕淡，將此固有之好，如孝友，如忠恕，如篤友誼，如謙虚受言之類，漸加濃厚，則於此道，自然由知而好之篤，不患不臻樂境矣。諸子非無知者也，試自審所好何在，如十分有五在固有，五在增入，則學也尚易爲力；如十分有七八在增入，僅有二三在固有，則幾希之存，吾恐漸就澌滅，其狼狽墮落，尚忍言哉！自己性情，如何欺得自己，頻頻省察，諒亦不難！

象曰地中生木升君子以順德積小以高大

木在地中，土氣充養，則生氣日滋，由萌蘖以至於干霄蔽日，皆分内事。其閒雖爲風雨所飄摇，霜雪所剥落，迨至春時，依然榮茂。何也？以木根原具生氣，本有干霄蔽日之理，若能謹慎護養，不使牧以牛羊，伐以斧斤，則勢不至干霄蔽日不止也。君子觀於升之上坤下巽，遂得爲學之法。知人有此德，原從無極之真，二五之精，妙合而凝，人人具足，亦如木根在地，具此生氣，本有可以爲聖爲賢之理，然聖賢累世不少概見者，何故？由人於此德不能慎。其所以不能慎之故，弊蓋有二，一曰怠心，一曰躁心。怠則物欲乘之，中守不堅；躁則功利乘之，急於求成。二病竊發，將向之所積者，銷隕殆盡，小且弗保，安望高大耶！此豈非人事不慎之所至耶？使念慮之閒，果凛若淵冰，精神綿密，工夫絲毫不肯放過，如富家之積財，一錢不妄用，如農夫之惜穀，一粒不輕棄，慎之如此，時年既久，自不覺其已造聖賢之域矣。陸象山先生曰：「涓流滴到滄溟水，卷石崇成泰、華山。」此之謂也。而吾原學者所以有二病之由，一則是安於小而不敢希冀高大，以高大爲天生聖賢之事，自己得爲鄉里善人足矣，小廉曲謹，一步展擴不開；一是妄自高大而不甘於積小，以爲我性分中自高大，原不藉乎積累，無翼而飛，無足而走，勇於自信，不顧傾跌。二者又往往各自以爲是，互相指摘。而由君子觀之，一則不見本性之德，體段原與聖賢無分，若肯虚心强力研究學問，變化氣質，則生機勃發高大，乃吾德性中本分事耳，何苦自畫其限。一則乍識德性，便自狂喜，不知風氣之雜揉，習染之隔礙，竭力以致其功，尚恐不得真實，豈容一超直入，勢不至墮落坑塹不止。學者惟將升卦大象細心抽繹，自見聖人於此，原未嘗限人以高大，亦未嘗遽許人以高大，但人能具優裕强毅之心，從一言一動，銖積寸累，時而順適，勿自足而起虚憍之念；時而拂逆，勿畏難而生退縮之想，小心翼翼，終日乾乾，由此程途逐日進步，高大雖遠，自有到期矣。

程山十則

一、辨喻以定志。

人貴立志，志一則氣從。然未有器識鄙陋，而能特然以聖賢爲志者，故先須辨别所喻。如見解意趣只在富貴功名，或辭章技藝，或鄉黨自好，則其志之所向，不過成就富貴功名而止，辭章技藝而止，鄉黨自好而止，如此而欲求入聖賢之門牆，登其堂奥，豈可得乎！故愚欲學者先於西銘一篇，細研實體，捐去私吝，識得天地萬物一體之意，寸心耿耿，有獨契而難以語人者，則志之所之，決不肯自安於狹隘，其光明俊偉之胸懷，軒昂振迅之氣概，雖欲自異於聖賢之徒，而不可得矣。

一、實踐以立基。

日用下手，不過當下一步，放過不得，躐等不得。爲學而舍卻當下，決無有入手處也。如在家則孝父母，友兄弟，撫妻子，畜婢僕；在外則料理世事，應酬人情；在館則親厚師友，教授生徒，以至一切動静語默，見在所值，皆屬當下一步。愚所編幼學先言一書，便是教人當下著力樣子。不論成人小子，皆從此一一踐履過去，方得成章，方可上達。如造大廈，不先堅固基址，則梁棟輪奐將無所施。故凡見地遠大、志願高邁者，須急求實踐，以立基址，庶不墮罔念之狂。

一、奮厲以去習。

爲學之蠹，莫大於氣質習染，惟自幼得嚴明父師爲之絶其萌芽，正其機勢，庶幾坦行無阻。儻質已僻，習已深，雖將義理看得燦然，如一物在眼前，只須拾取，必且扞格沮禦，若有一人陰掣其肘而不得自遂者。於此稍一因仍，則日甚一日，久而相忘，照人則明，照己則昏，勝人甚勇，勝己甚怯，豈不可歎！若夫具真見、立真志之豪傑，定然奮不顧身，用人一己百、人十己千之力，如先儒所謂持志如心痛，防過如猫等鼠者，日漸月劘，必期掃滌至盡而後已，決不肯自欺自怙，苟且偷懦，以了此生也。至於人各一偏，不能列舉，平心細察，必自了然。

一、堅苦以礪操。

人生素位，逆多順少，而逆境之操尤難。三代以下，儒者之不得志，身處逆境，皆視爲本分事。知爲本分，則安心寧耐，固守不移，一切援上陵下、怨天尤人之意，俱歸消融。其生平行己，防範則如處女，堅貞則如金石，光明則杲日之麗中天，潔清則秋月之映止水，如此胸次，有何順逆可分。吾輩生多貧賤，而拂亂時有，於最難過處，當勉思古人以自礪，馴至於安貧樂道，斯可不愧儒者矣。

一、**繹理以養心。**

人心不得所養，則天理無所滋益，而私欲日漸生長，久之，本心蔽昧將有必不可爲、必不肯爲之事，忽隱忍爲之者，此學者所當大懼。故先儒語録，當時加思繹，其析理之精，發明五經、四書之旨各有獨得，而古人用功得力處，其甘苦滋味又最能引人著勝地，能時取而涵泳之，則浸灌日深，機趣日熟，從理自順，從欲自逆矣！

一、**讀史以致用。**

二帝、三王修己而天下治，然兵農禮樂各有致用之方。詳内略外，非聖賢之學也，故中庸言「知所以修身，則知所以治天下國家矣」，又必曰「凡爲天下國家有九經」，可見治天下亦非徒一修己可了。經世之術，濟變之方，莫備於史。讀史者須别其是非，究其利弊，通其時勢，坐可言，起可行，方謂有用之學。經曰：「安而后能慮。」注云：「慮處事精詳。」不到能慮，終算不得得止也。

一、**勤講以精義。**

爲學固在自己，然孤而無輔，終難課進。昔聖人以學之不講爲己憂，不恥下問爲可謚，蓋以天地間義理無窮，聞見有限，是非得失，所爭在毫釐閒，而私意一蔽，遂有莫能自别者。此非藉朋友問辨之力，將何由得當！故諸友無論朔望講會之期，即平時相對，偶爾過從，意中口中，無非爲此事放舍不下，必互相質證，彼此剖析，然後快心。若相見之時，止以寒温套語及泛常閒事了之，親厚者又不過家庭俗務，一再籌畫而止，則志氣悠忽，工夫粗疎，欲與之研究理路於幾蔽之介，判決事機於疑似之閒，不可得矣！

一、簡事以專功。

職分内事，當一一盡之，使無遺闕，此即是學。但務外喜事，得已不已，則最爲妨功，且令精神疲倦，心氣粗浮，不惟於聖賢精微之言漸不相入，即辭令容止之閒，亦易流於塵俗。論語曰：「居敬而行簡。」程子曰：「居敬則所行自簡。」人不能簡者，皆繇利念、名念及好氣之習不能自克，是以無事輒有事，小事成大事，易事變難事，一事生多事，羈絆層疊，迄歲不了，反將分内學業荒疎廢置。遷延既久，恐一段初志俱汩没矣。惟敬以居心，則克己有力，内地既清，外事自簡。

一、自反以平謗。

君子自修，惟務獨知，不必人言是問。然謗議之來，正可自考。其中吾失者，吾之師也，急求改過以謝之；其不中吾失者，或不中吾此一事，亦當深思精察，平日必有致謗之繇，萬一在己無歉，亦可以防於未然，作他山之石，而爲委土之師。若但知尤人，不思自反，則不惟學問無長進處，而人益謗之，若張的而招射者矣。

一、相規以有成。

人有能虚受不能忠告者，有能忠告不能虚受者，均非也。虚受者，虚己從人，不文過，不好勝，聽而能受，受而能改，固爲難矣。然見友有過，緘默隱忍，坐視成敗，此非關切之誠有未至，則善柔之氣不能自强也。忠告者，剛直不回，懇款陳言，如不容已，夫豈易及？但過在己躬，友言見及，則拂然色沮，或爭辨自怙，此豈友實無識，其言悉不足采歟？或亦好勝剛愎，抑遏不下，而吝於自反耳。故忠告者貴虚受，虚受者貴忠告，二者循環不已，相與有成，則同堂中如五味調適而共烹，八音和諧而合奏，於以享賓降神，敬無不將，而誠無不格矣。

文集

誠説上

爲學之道，豈别有祕要哉，實理實心而已。實理者何？誠是也。實心者何？誠之是也。惟聖人心與理融而爲一，則謂之至誠。而學者每疑誠之爲道爲甚遠，不知誠固人人所自有。吾觀今人欲習淹博，習辭章，習醫卜、算數，習天文、地理，一技一能，皆知具實心，以求必達，何獨於學，欲化其氣質之偏，滌其習染之蔽，以復還生人之實理，而乃半就半去以赴之，若合若離以趨之，及其無成，則曰天之限我，聖賢之不可學也。嗚呼！是果至誠之難於學而至然耶？夫人之心至虚至靈，舉天地間至巨至細、至奇至巧、至炫赫、至幽深、至艱險之事業，莫不皆發於至虚至靈之一心，然而心雖虚靈，用之一途則舉，用之兼攝則墮。故目雖明也，兼視則昏；耳雖聰也，兼聽則眩，兼則歧而妄，一則貫而通。故以至虚至靈之物，而用之不誠，其功與未用同。彼無志者無論已。吾獨悲夫有志爲學者之用心不誠，而卒歸於無成也。夫不誠則歧也，妄也。歧與妄之所趨，非他，名耳，利耳，紛華耳，逸欲耳，憂貧且賤，患得與失耳。吾爲窺其際，將盡用之欲，亦覺名義之可畏；將盡用之理，則又覺諸欲之難去，於是或作或輟，一出一入，隱忍於中，矯飾於外，悠忽支吾，於早夜之閒，迹似爲學，而神明之地，反而自叩，其不異於流俗者幾何哉！蓋不誠之爲禍烈矣！然斯人而遽目之爲僞與姦，彼亦有所不甘，蓋其心非不知理之當從，欲之當違，特起於一念不決，遂至因歧而妄。始則欲去欲就理，而憚於力，繼且遷延日久，欲日益熾，而理日益消，終將決防潰隄，與小人同歸，而有所不暇顧。至是而欲辭姦僞之目也，雖善爲解者，亦有所不能，豈不哀哉！陽明子每教人立必爲聖人之志，程子以聖人爲必可學，而己必欲學而至，學者如知姦僞之可羞，安得不以聖人之學爲歸？聖人之學，惟遏絕歧妄之私念，而反之於誠。具實心以求實理，一念專決，萬欲俱隕。如此而飲食夢寐，如此而造次顛沛，如此而生，如此而死，獨往獨來，豈不毅然大丈夫也哉！朱子曰：「人不忠信，則事皆無實。」孟子曰：「反身而誠，樂莫大焉。」誠不誠之故，古聖賢皆身經得喪於其間，而後著之書以立教，豈有欺乎？奈何有志爲學，而甘浮沈於姦僞之中，而不知反之於誠也？

誠說下

或曰：「實心之未具，乃實理之未知故耳。子不責人之未明，而遽責人以未誠，則於自明誠之訓，得無違乎？」予曰：「明以求誠，固也。然士生今日，規模具於聖賢，義理昭於簡策，非誠以求明，則所謂明者，乃聞見之知，雖知之，於誠何補乎？夫誠之爲説，本於舜典，徵於大易，會極於中庸，而周子、程子諸儒又遞詳之，誠之義幾無遺藴矣。聰明之士，不煩歲月，即可以博綜而明。然卒能誠者之少，則知非明之難也，誠以求明之難也。然則以誠求明，奈何曰亦具此實心而已矣？夫學弗能，問弗知，思弗得，辨弗明，而皆曰弗措。此非實心以求明，何以篤摯周詳如是。必實心如是，而後可以明；必實心所得之明，而後可以弗篤、弗措以行其明。蓋執柯以伐柯而柯乃成，則是實心者，乃終始貫通之謂也，非是何能明，亦何以成其誠！」或曰：「世亦有實心以求明，而其所明，又不過辭章、醫卜、算數、天文、地理、一技一能而已，而卒無益於聖賢思誠之學，此豈得咎以求明之心不實乎？且更有實心求明，而遂通於釋、老之徑，又甚則工巧於邪謀詭術，其爲實心，視思誠之學，不啻背而馳，且畔而賊之矣！安在實心之爲可貴乎？」予曰：「此非實心之咎也。其咎在小用之，與歧用、妄用之，其所趨不在吾道，吾又何責焉！吾獨悲夫用心於君父之大，不敢謂之不誠，而終不得即謂之誠，如荀息之死忠無當乎忠，伯奇之死孝無當於孝，與孔子之所謂「六蔽者之明，不足以濟之」之爲可惜也。明亦豈緩事也哉！況夫飾其衣冠，峻其門牆，聲援黨庇以自高，而胸臆閒卒未有精確不易之指歸，見諸行事則鄙陋偏頗與憒憒者不遠，聖賢思誠之學，又豈如是哉！此其蔽於明與蔽於誠，均非吾所謂誠以求明、明以成誠之謂也。」或者又曰：「苟具實心，宜無不明，所謂心誠求之，雖不中不遠，又何必更求明乎？」予曰：「謂之不遠，則猶遠矣。父母於子之疾病，其關痛迫切，直可通幽明，格鬼神，而藥之灸之，何以往往多誤？豈非誠而不明之故乎？自醫者視之，則了然於其疾痛之由，藥之灸之，每多立效，而關痛迫切，終不能如其父母，又豈非明而不誠之昭著者乎？吾之説，蓋父母而工乎醫者，方其診視，用藥用灸，參酌於方書時令之宜，而確與病中，而藥之灸之，即計日而立奏其功。夫惟誠以求明，而明即以成誠，由是循循然即以入於至誠之域，皆此實心爲之貫徹始終也。學者於誠果能是，誠豈猶有不成哉！

壬辰答易堂彭躬菴書

確齋至，相與商訂斯道，大意亦如先生所賜教。然文済意則以爲，天地萬物總在道中，所以説「道不可須臾離，可離非道也」；又曰「誰能出不由户，何莫由斯道也」。玩此，則世間富貴貧賤，夷狄患難，無一不統於道中。陸子云：「道外無事，事外無道。」蓋道即事，事即道也。今先生所見，似以搶攘悤遽中，未必可一一合道。如此，則道是閒中物，忙中則無；是山中物，世中則無，道固如是乎？又以爲論理自是一貫，其奈力量何。夫力量視工夫以爲進止，而志則實不容纖毫移易，況論語明説「造次必於是，顛沛必於是」！言必於是，則困勉工夫，決不以人力量稍差，别有捷徑，借之以度此造次、顛沛也。凡事之成敗利鈍，是有主之者在，以直爲之則利，以枉爲之或未必利；枉爲之而利，則直爲之必更利。直落得直，枉徒自枉耳。在先生意中，豈不曰「枉尺直尋，亦豪傑所快意」！殊不知聖賢所深懼，志差一黍，則事差一鎰，快意未可得，及悔而挽之，已有莫可及之勢。以先生聰明氣魄，何爲不可！而肯遜其志，以堯、舜、周、孔第一等人物讓與他人，而退居漢、唐以下，區區建立，以爲表見乎？是自棄也。願先生不問是兔是象，總搏之以全力，則衍道脈於無窮，開太平於萬古，而世間一切大忠大孝，殊功偉績，統括無遺矣。

癸巳再答彭躬菴書

天地間無懸設之理，其意必有所由來；無無故之言，其端必有所由發。不據其由來而按之，則至切之理見爲至迂；不審其由來而判之，則中窾之言視爲不急。如文洊前書所陳，蓋因先生面談時，曾論我輩優閒可以辨道，而一身之饑寒急迫了無奇策，文洊是以有「事外無道，道外無事」之引證，有「道爲閒時物，忙時則無；爲山中物，世中則無」之疑問。又論此道難造純粹，且留爲後局，文洊是以有「工夫則有淺深，志則不容稍委」之規戒。今來書以醫爲喻，謂文洊如十年學醫，千里求藥，以坐視父母之斃。文洊前書，實不如此，可覆按也。文洊意，正責成先生，勿投雜藥，試以庸醫，至心有未盡，而自信自矜，以重誤其親之病。夫同一父母，子則均子也，譬之先生爲老成歷鍊之子，文洊則爲少不更事之子。然弟雖少不更事，而情之疾痛呼籲，未嘗或減於老成歷鍊之兄。其惓惓屬望，惟恐老成歷鍊之兄，投以雜藥，試以庸醫，以至誤親之病之念，勢自不容已也。豈有己少不更事，而且欲老成歷鍊之兄，從容學醫，遲遲求藥，以坐視其父母之斃耶？至枉尺直尋之說，文洊更有所鑒矣。往見前輩中，有名已立，節已著，而其行事常有大不滿人意者，是豈惟不能起父母之疾，且令父母元氣摧傷，雖其孝親之念未之或泯，然意緒不誠，以至庸醫妄試，雜藥妄進，有令人扼腕傷心而不能爲解説者。而先生復有難於純粹之語，竊恐失足類是！夫吾人立志，寧求合道未能純粹，毋以未能純粹而遂不求合道。求合道而未能純粹，則純粹終可期；以未純粹而不求合道，則志已委矣，又何純粹之望乎！孟子之所謂「尚志」，乃在取非其有非義，殺一無罪非仁。今之君子，不能合乎仁義，以至事不立而道與俱喪者，皆不知志之當尚也。先生誠能以尚志之訓爲主宰，以成敗利鈍非臣所能逆睹之語爲輔佐，濟以之，不濟亦以之，生以之，死亦以之，雖與日月爭光，可也，區區建立，豈足云乎！審如是，則事即道，道即事，不論閒忙，山中、世中，均奉此志爲周旋，永矢不渝，又安患工夫之不純粹也哉！來書又云：「管仲之仁，孔子不廢；同甫之語，朱子所卑。」使先生而不聞道，則與管仲、同甫爭較，文洊亦不敢過求先生；而聞道也，乃復以管仲、同甫自待，則非文洊所敢知也。朱子云：「豪傑而不聖賢者有之，未有聖賢而不豪傑者。」故文洊惟患學聖賢之不真，而不患有遺於豪傑。在先生意謂聖賢難以促至，不如豪傑之易就。而文洊則謂聖賢乃性分中事，隨用隨足，無煩於待；若豪傑挾氣魄以驅馳，其機權作用，必假借於規矩之外，而後可以快意，其功業非不奇特，而功利之根，隱伏而不化，律以性道，遂有毫釐千里之别。陳仲醇曰：「豪傑險而聖賢穩，豪傑奇而聖賢平。」此自未聞道者論之，則似穩之外有險，平之外有奇，穩與平之不足以自見，則思爲險奇，以發舒其壯氣，以表著於千古。其實，概之以道，則但有平穩，而無奇險。揖讓穩而無險，征誅亦平而無奇，以至君可放，弟可誅，權奸之三都可墮，皆至穩而極平，與日用飲食、灑掃應對無以異。若歧穩而爲險，歧平而爲奇，則總與道歧。既與道歧，則豪傑而不聖賢，在今日亦如景星慶雲之不可得見。而文洊於先生，終有進而望焉者，先生以爲然乎？亦尚有擬議而未盡所云乎？願更洗發，益我不淺。

附録

己亥書示門人甘京曰：「近始看得羅整庵不苟，先儒所不到處，整庵爲發明之，殊快人。於此始惕然理之難明，從前粗躁，實追悔不及也。」甘京撰親炙録。

又書示甘京曰：「凡一切應酬，亦難免於人情事勢中。周旋發付，求得一段天機迸露，油然於形迹之外，方爲合道。然視此尚在想像中，不得湊泊融釋。新擬一柱聯云：『屈非可辱，伸非可榮，庭下薫風吹茂草。峻不至拒，通不至徇，夜深孤月度寒潭。』觀此亦可知吾志之所在。非曰能之，亦當求勉而已。」同上。

先生論有明學術，推薛文清入手歸宿果是程、朱正派，不得以落禪議之。後來諸公能免此議者少。平心觀之，亦最易見，但苦好高者多，平心者難得耳。玄孫鳴謙輯年譜。

星子髻山宋未有之盛。來訪，兩山以書論學有年，至是各質所懷。論程子識仁，儒禪差别，程、朱學脈，及無善宗旨有弊，俱契合。時魏冰叔館新城，走百二十里赴會，聽者甚衆。髻山歸，歎曰：「不到程山，幾乎枉過一生矣！」同上。

程山弟子

甘先生京

甘京字健齋，南豐人。諸生。好學，能詩文，負氣慷慨，講求有用之學。嘗區畫田賦上下，上有司，行之。年饑，山賊起。先生請免荒税，均賦役，行賑恤。潛身走山砦下，知其險易，因畫戡定策，請於大吏勦治，亂以定。與程山同學，一日會講，心折，便請北面稱弟子。立身砥行，温潤栗理。其論學，謂朱、陸歸宿不異，特所趨之塗異。塗異自有失，見其失而攻之，無害；護其失而爭之，則有害矣。既又與易堂諸子講習，魏禧兄事之。隱居不就試，爲童子師自給。著有家禮酌宜、通鑑類事鈔、軸園稿，其芟賸之作，爲軸園不焚草、無名高士傳。程山弟子甚衆，先生與同縣封濬、黄熙、危龍光、曾曰都、湯其仁爲高第，稱程山六君子。子來字衷素，有膜堂類稿。

封先生濬

封濬字禹成。貢生。孝於親。父病，祈天請代。兄不得於父，爲慰解而曲成之。教授里中，生徒至百人。年四十，師程山，少程山五歲，執禮恂恂，耐勞勩。縣中丈田，與黄熙任其事，好爲人排難解紛。彭士望戒以毋出位，因自號位齋。魏禧稱其才「當爲治繁劇之良有司」，而惜其不用也。

黄先生熙

黄熙字維緝，與程山爲友，折節師事之，服弟子之事，進退維謹，程山引爲入室弟子。順治戊戌進士。縣中丈田，與封濬任其事，無敢干以私。閭里有不平事，皆平心平之，無不服。當謁選，乞養歸。父卒，蔬食三年。奉母居山砦。母卒，山居火，先生撫棺大慟，願以身同燼。風返火滅，人以爲孝感。喪終，乞病不出，卒。子國望、國垂，簡其日録，分事親、守身、論學各爲卷，并所爲詩文雜録，總曰做園遺稿。

危先生龍光

危龍光字二爲，又字在園。諸生。善事後母。後母遇之非禮，委曲承順，久而愛之若親子。以吕氏鄉約法約其族人，旌别善惡，救恤患苦，宗黨皆推敬焉。有告以過者，辭雖厲，無所忤。聞過則喜，先生有焉。

曾先生日都

曾日都字美公。諸生。年四十，饒於庠。忽棄之，受業於程山，腐豆賣錢以自食。其學務實體諸己，因自號體齋。刺取經史及語録與人之篤於行誼關風化者，爲有用録百餘卷。

湯先生其仁

湯其仁字長人，又字密齋。歲貢生。居家有法度，朔望聚子弟訓以先正格言。有孤寡必卹之。著四書初問、省克堂集。

附録

魏叔子曰：「程山之門，禹成爲最長，其德宇尤大醇，篤行有道君子也。」又曰：「美公毅而介，長人和而有守，健齋、二爲坦中而好義，維緝虚己而摯。此五君子者，性情行己之不同也，而孝友於家，廉於財，不苟且於言行，學古賢者之學，而歉然以爲若將弗及然者，則無所不同也。」

案：程山弟子，又有傅與字同人，諸生，有禪根論，著録程山集中；李萼林字仲闇，一字深齋，亦諸生，好施與，嘗割産以濟人，聞有才俊之士，徒步百里訪之；高識字敏生，隱居講學，年二十七喪婦，以有子不再娶。三子亦皆南豐人。

程山交游

魏先生禧

別爲寧都三魏學案。

彭先生士望

別見寧都三魏學案。

彭先生任

別見寧都三魏學案。

宋先生之盛

宋之盛字未有，星子人。崇禎己卯舉人。少孤，事兩兄如父，以授經自給。居匡山下白石村，人稱爲白石先生。明亡，更名惕，結廬髻山，與同里查轍、吴一聖、余暐、查世球、夏偉及門人周祥發講學，時稱「髻山七隱」。其學以明道爲宗，識仁爲要，於二氏微言奥旨，皆能抉摘異同。與程山交最篤。嘗與甘京論祭立尸、喪復禮不可廢，魏禧亟稱之。禧語甘京，學道當能文，使可傳於後。先生不謂然。先生文清挺，無宋末語録之弊。晚讀胡居仁居業録，持敬之功益密。康熙七年卒。著求仁編、丙午山閒語録、程山問答、髻山語録。孫士宗能傳其學。士宗字司秩，雍正丙午舉人，官南豐教諭。乾隆元年，舉博學鴻詞，以部駁不與試。學宗程、朱，著學統存、史學正藏。

刻傳習録序

王文成良知之學，疑於禪覺，時嘖有煩言。或辨曰：「説本孟子。」鄭鹽官氏作吾學編，復奮然論定曰：「公功名昭揭，不可蓋覆。虚心平氣，反覆融玩，久當見之矣。」證文成學之是者無如孟子，是證文成學之是孟子非禪者無如傳習録矣。惟學術邪正，未易詮測。以是指斥，則譏説易行。傳習録諸書具在，學者「道家言虚，吾儒於虚上加不得一毫實；佛家言無，吾儒於無上加不得一毫有。」此陽明語，鹽官氏豈未嘗反覆融玩而故作是辨？鹽官氏當亦有見而言之也。釋氏以理爲障，而録中於「去人欲，存天理」六字丁寧諄復，不下百數十言，據此猶比例而同之禪覺，豈非周内？然而天理之似是而非，固有不容不辨者。夫天則誠而已矣，「元亨」誠之通，「利貞」誠之復，其命於人則爲仁義禮知之性。此理粹然至善者也，擇此謂之擇善，好此謂之好善，樂此謂之樂善。聞中庸言明善矣，未聞言明即是善。聞孟子言知性矣，未聞言知即是性。言明即是善，知即是性，則文成良知之説也。知覺特心分事，而傳習録曰：「心即理也。」夫心而即理，孟子不應曰「理義之悦我心」，又不應曰「仁義禮知根於心」，又不應曰「君子以仁存心，以禮存心」。豈謂心之悦心，心根於心，以心存心乎？又孟子道性善，録曰「性無善無惡」。又於告子之言有取焉，曰：「只無善無不善一語已了，不應復分別仁內義外。」又於大鑑之言有取焉，曰：「莫思善，莫思惡，爲不識本來面目者說。」試反覆融玩，其言本孟子乎？本告子乎？抑本大鑑禪師乎？文成惟認良知爲天理，故告蕭惠有曰：「所謂汝心，却是那能視聽言動的。這箇便是性，便是天理。」與在耳曰聞，在眼曰視，在手握持，在足運奔之類，識者知是佛性，何銖黍爽！又曰：「何思慮是工夫，即思善亦非。」又以一心讀書，應賓接物，比之好色貨及酒。又教好善惡惡不得傷其無善無惡之體也。如是，則文成所謂天理，概可知矣。所謂存天理，亦概可知矣。傳習錄具在，鹽官氏更能下轉語否？雖然，禪學固未易言也。非龍場動忍，朝思夕究，不輕許以禪參；非一夕呼躍，從者驚駭，不輕許以禪悟；非英敏天縱，權變莫測，不輕許以禪機、禪用。先生人品光霽，勳業爛如，固豪傑之士哉！夫謗人者，自謗也；誣人者，自誣也。先生既楊、墨疑紫陽，而余小子復以大鑑疑先生。事類反脣，又當佛法盛振之日，不度綿弱，嘵嘵然呵詆禪宗，兼闢吾儒之似禪者。又舉前喆所論定非禪舊案而掀翻之，行將見其受排擠於衆，顛隮而莫之救也！然中有不獲已者，不遑恤也，亦曰：「孟子具在，傳習錄具在，期共告之天下後世云爾。」

案：髻山同隱諸子：吴一聖字敬躋，亦崇禎己卯舉人；余晫字卓人；查轍字小蘇，皆星子人。晫隱居教授，建宗祠，萃子弟讀書其中。轍通天文、曆法、算學，兼精岐黄。並見星子縣志。查世球，明諸生，明亡，募勇士圖舉義兵，順治五年，逮赴江南，不屈死。見南康府志。夏偉、周祥發不可考。南康府志又有許延緒字餘子，都昌諸生，師白石，讀書不理外事，年未三十卒，爲白石弟子之一，亦附著焉。

清儒學案卷十九

柏鄉學案

清初多理學名臣。貞庵著述皆宗程、朱，本所學以立朝，因事納忠，知無不言，言無不盡，論者謂政事、文章、理學蓋兼而有之。述柏鄉學案。

魏先生裔介

魏裔介字石生，號貞庵，一號崑林，柏鄉人。父柏祥，篤學，工古文。明天啟元年恩貢。鼎革後，杜門著書，有四書日録、讀史縈言、柏鄉縣志。先生生而沈默寡言笑，穎悟絶倫。順治丙戌進士，改庶吉士，授工科給事中，歷吏科給事中、兵科都給事中、太常寺少卿、左副都御史、左都御史加太子太保。康熙二年，遷吏部尚書。三年，擢保和殿大學士。十年，以疾乞歸。十一年，加太子太傅。先生在言路最久，前後二百餘疏，内贊政典，外籌軍務，或行或不即行，要未嘗有知而不言者，號稱敢言第一。先生性嗜書，輿中輒攜一卷。及致政，紬繹經史百家之言，拳拳服膺宋五子書，窮理盡性之指，時有所深省獨得。嘗謂「朱、陸之辨紛紛不已，然尊德性、道問學實非二事，故晚而相合。隆、萬以來之學者，以佛附儒，有毫釐千里之失」。又嘗與孫鍾元辨論王陽明無善無惡一語曰：「心性一也，謂無善無惡者心之體，亦可云無善無惡者性之體乎？若云無善無惡者性之體，是又一告子也。」於是本其爲學之宗旨，著聖學知統録二卷，以述見知聞知之統。由堯、舜而前，始自伏羲，以明知學之本於天；由孔子而後，終於許、薛，以明知學之不絶於人。又以董仲舒以下，至高攀龍諸賢，材力有厚薄，學問有淺深，德業不同，要皆足以鼓吹六經，羽翼聖道，爲聖學知統翼録二卷。取周子太極圖説、張子東西二銘、周汝登所輯程門微旨、孫承澤所輯考正晚年定論及朱子與廖德明問答諸書，爲周程張朱正脈一卷。孟子詳説反約爲學者之指歸，不有博何以説，不有説何以約，爲約言録二卷。采古今嘉言善行，而取其不偏不倚、有倫有序者，取周子通書之義，彙之成帙，爲希賢録十卷。採五經、論語、孟子及秦、漢而後諸家言性之語，而衷以己説，爲論性書二卷。集程、朱及諸儒格致之説，而附以己所作辨二篇，爲致知格物解二卷。彙紫陽白鹿洞學規及平川、甘泉、韜穎諸家，而附之以己所纂述知性十八篇，爲學規彙編一卷。以薛瑄之學得程、朱正傳，乃録其要語，以自修省，爲薛文清讀書録纂要若干卷。其平生講學尊朱大旨，具備於以上所著諸書。其他所撰，又有四書大全纂要、四書精義彙解、惺心篇捷解若干卷，孝經注義一卷，鑑語經世編二十七卷，傳家録三卷，附家約一卷，樗林三筆五卷，明百家説三卷，耕餘雜語一卷，多識集十二卷，雅説集十九卷，佳言玉屑一卷，瓊琚佩語一卷，兼濟堂文集二十卷，嶼舫集若干卷，崑林小品三卷，崑林續鈔三卷，溯洄集十卷，鄉塾全書若干卷，教民恒言一卷，風憲禁約一卷，巡城條約一卷，勸誡圖說一卷，牛誠續鈔三卷。康熙二十五年卒，年七十有一。雍正十年，入祀賢良祠。乾隆元年，追謚文毅。參史傳、徐乾學撰墓志、任啟運撰傳。

孝經註義自序

夫政刑所以馭頑梗，教化所以美風俗，唐、虞、三代其效可覩矣。夫子以删述訓世，晚年乃作孝經，蓋欲舉道德之宏綱，示百王之軌範也。而文辭簡古，氣藴宏深，鄭、孔之説，不無踳駁。自漢已然，況於後代！六家同異，既難强合，邢昺翦截，復多迷誤，欲以探洙、泗之微言，達天德之本然，不其難乎！余昔厠列諫垣，時請以孝經取士，疏聞，天子制曰可。自是海内衿佩，家絃户誦矣。先是，閩中明經盧爾唱，曾以所著孝經集解求序於余，深歎其實有見於生人性命之本源，千古治化之要道，因爲文以弁之。其書業已問世矣，顧缺略尚多，而坊本不無紕繆，余每欲詳加纂述之，而未有暇。蓄念慇慇，十有九載。兹者請告歸里，乃取舊業，閉門研究。大約以註疏爲據，而參之以諸家之説，既訓釋其字，復詳衍其指，庶俾後學之士，因文求義，無繁蕪之失，得樞要之會也。嗟乎！道德五千言流入刑名，「白馬」四十二章終淪空幻，學術誤世，陷溺者衆。彙五經之精理，開萬世之太平，孰有若斯經者乎？夫子曰：「吾志在春秋，行在孝經。」五孝終始，達於古今，通乎貴賤。凡讀是經者，皆當思所以竭誠而力行之，匪徒資講論已也。若曰希升堂而攀逸駕，余且滋愧矣。

四書大全纂要自序

余録四書大全纂要，序畢，作而歎曰：詳觀四子之書，皆本天言道，以人治人，而非一毫人欲私僞之所得而託也。夫子以授曾子，曾子以授子思，子思以授孟子，大學言明德，中庸言誠，論語言仁，孟子言性善，一而已矣。孟子殁，不得其傳，故漢、唐以來，非無功業才力足稱之士，而優入聖學者終鮮。即河、汾、昌黎，不免大醇小疵，其他可知也。濂溪、明道卓然續鄒、魯之統，而紫陽復集其成。集註者，四書之孝子忠臣，而大全者，又集註之孝子忠臣也。後之欲窺聖人之道，非集註何由進！非大全，則集註之微言奥義亦幾不明。大全一書，豈非入德之門，致治之基哉！余垂髫即服膺此書，乙亥丙子間，手録一帙，朝夕披繹，後登仕版垂二十餘年，未嘗一日去諸懷。嘗見士人童而習聖賢之業，及其長而盡棄之，且也置聖賢之書於高閣，而珍重異端之説，服習異端之教，空虛誕妄，羣趨如騖，仁義五常，缺焉不講，毋惑乎！大道不昭，世風日下也。余既以幼之所學不敢忘，又恐世之學者，見大全之汪洋浩瀚，而不能窺其涯際也，因取爲諸生時所録大全纂要，稍加損益，刻之家塾，以爲子弟進德修業之標準，而併望海内之學道君子，由此以求大全之全，復由大全以求集註，由集註以求聖賢之心與己之心，則訓詁之學，與性天之理，一以貫之，豈曰筌蹄之舊，糟粕之餘已耶！

聖學知統録自序

聖學知統録者，述見知、聞知之統也。自孟軻氏既殁，聖學晦蝕，火於秦，雜霸於漢，佛老於六朝，詩賦於唐，至宋乃有濂溪、程、朱繼起，伊、洛淵源粲然可觀。其後爲虚無幻妄之説，家天竺而入柱下，知統遂不可問矣。余因子輿氏之意而發明之，由堯、舜而前，始自伏羲，以明知學之本於天；由孔子而後，終於許、薛，以明知學之不絶於人。其間或考諸經史，或徵諸先儒，蓋推天命人心之自然，以發大中至正之極則，而功利雜霸、異端曲學之私，不敢一毫駁雜於其間。誠不揣固陋，亦欲存天理，遏人欲，息邪説，放淫辭，稍有助於化民成俗之意也。學者志聖人之道，由是而求之，水木本源，豈不昭然覺悟！而知天之所以與我者，良有在乎！昔論語終篇，述帝王治世之要，而推其本曰「中」；孟子終篇，述聖賢傳道之意，則揭其要曰「知」。所知維何？亦曰「知厥中」而已矣。「知厥中」謂之見知、聞知，不知厥中不可謂之見知、聞知也。吾願學聖人者，從事於格物致知之學。

聖學知統翼録自序

余既作知統録矣，復續以翼録者何？嗚呼！自孔、孟以後，道之不明於天下也久矣。豈道之難知哉？天命人心，至善之道，本自易知。不求者失之不著不察，而過求者失之索隱行怪，此其所以終於不知也。孔子曰：「不得中行而與之，必也狂狷乎！」中行者，聖道之醇詣；狂狷者，聖道之干城也。伯夷、柳下惠，論語以爲逸民，而孟子躋之聖人之列，乃又曰隘與不恭。蘇子由古史則云：「夫人而不能無可無不可，而尚足以爲聖人乎？伯夷、柳下惠，吾從孔子而已。」然余觀二子之所學，實亦未易及者，雖道遜孔子，亦亞聖之儔，清和之贊，良非誣也。天運遞衍，賢哲代興，自董江都以下，至高存之，或材力有厚薄，學問有淺深，時命有隆替，師友有淵源，德業不同，要皆篤志進修，挺然自立，不惑異端，潛心希古，豈非所謂豪傑之士，雖無文王，猶興者耶？使得聖人而爲之師，其所造又寧止是已乎！以之羽翼聖道，鼓吹六經，亦猶淮、泗之歸於江海，龜、蒙之儕於岱宗也。余因摭拾遺傳，詳爲論述，俾後世學者，知所景行焉。至於世所好尚而悖於理，與近於理而未深未醇者，並不采録。夫豈不欲汎愛兼收，誠恐開不正之端倪，而未合於天命人心之本然也。尚冀海内大賢，匡其不逮而誨之，若曰知我罪我，則余豈敢。

希賢録自序

夫人有志於道，則願學聖人而已矣，奚以賢爲哉！雖然，聖者聰明睿知，有生知安行之美，自皇古以來，蓋可以屈指計。而下此者，必孜孜矻矻，從事於知行之功，以求不愧於天之所以與我者。周濂溪先生曰：「士希賢，賢希聖，聖希天。」觀此言也，似若等而三之。究其所希者何物，則亦不過此獨知聖善之一念，積之至於可久可大，未始有二也。而前言往行，不能無助焉。易曰：「天在山中，大畜。君子以多識前言往行，以畜其德。」而朱子作小學，分嘉言善行，誠有功於後世也。余屆暮年，愈知學之有益。歸里以來，復輯希賢録一書，蓋隨其目之所見，録記之久而成帙。其大綱有五，曰爲學，曰惇倫，曰致治，曰教家，曰涉世。中間復條分縷晰，融會貫通，蓋舉修己、治人、窮理、盡性、至命之道，大槩已蘊括而無遺矣。夫朝廷所以設庠序，立師儒，命司徒，敷五教，諄諄然惟恐其不詳盡也。父兄所以購經史，延名俊，夙興夜寐，鰓鰓然惟恐其不周備也。此意何爲也哉？亦不過培養、涵育、陶鎔氣質，俾學者就於賢人之歸而已矣。若教之不得其要，導之未協於宜，其始也敬業樂羣，其既也鹵莽滅裂，卑者趨於富貴利達，僻者入於異端邪説，可不痛哉！余之此書，采古今嘉言善行，而取其不偏不倚、有倫有序者，使有志之士，潛心玩索，敦勉不倦，而因之以考其全，邃其養，庶幾修之於家者，即可獻之於廷，因名之曰希賢録。蓋亦竊取周子通書之義，而參贊考亭小學之傳，其於世道人心，不無小補云。

鑑語經世編自序

古之史，皆經也，尚書、春秋是已。迨其後，而史自爲史矣。司馬子長變編年爲紀傳表志，蓋仿尚書之遺意。司馬君實復變紀傳表志爲編年，則春秋之舊例也。然大書特書，未暇筆削，自戰國以來，事蹟燦著，善惡臚列，凡國家之所以興衰，政治之所以得失，天道之所以運轉，人事之所以推移，與夫禮樂名物、山川險易、賢否用舍、兵法奇正，莫不備焉。是以宋英宗悦之，賜名資治通鑑，神宗親爲製序，誠人君宰世度務之權量，而賢人君子有志於尊主庇民者，所當博綜而詳繹者也。顧其爲書，卷帙浩繁，甕牖繩樞之士，既非力之所能購，其縉紳先生，家有是書者，往往不暇讀，讀之而不能竟，竟之而不得其要，於是汩没於腐儒老生之説，膠錮其胸臆而不可解，史學之失久矣，又何問經學也！余自甲辰以後，閲温公資治通鑑及王宗沐所增定宋元資治通鑑一周，又三年再閲一周，乃録其要者曰鑑語，請正於宛平少宰孫北海先生，北海曰：「此經世之要也，可命名曰鑑語經世編。」余唯唯從之。迨辛亥歸里，廣平侍御甯元著借本鈔録。壬子索歸，又閲一周，再加增益，每段之下，詳略不等，識其所見而論之，遂付剞劂，以廣其傳，數載始竣其工，蓋前後有十年之力焉。嗟乎！温公之創爲通鑑也，殫十九年之力，萃劉攽、劉恕、范祖禹之長，當時能讀之者已鮮。温公自言，惟王勝之借一讀，他人讀未盡一紙，已欠伸思睡。余之爲此書也，孜孜矻矻，獨爲黽勉，纂述十八代之菁華，竊附於丘明國語之義。録古人之書，其事較易，取通鑑十分之一讀之者，亦較逸。然讀此書者，固能悉通鑑之大略，若不讀通鑑全書，亦無由悉此書之本末，得評説之源流。故余望世之君子，好學深思，心知其意，以經衡史，未可窺一斑而遂視爲全豹也。

文集

四書近指序

不讀四子之書，而欲知聖人之道者，騖焉而趨已矣。既讀四子之書，猶以爲未盡聖人之道，而舍是以求之者，亦騖焉而趨已矣。嗟乎！今天下道之不明，非不讀書者之過，讀書而舍四子以求者之過也。大約泛濫於百家則爲詞章之習，沈墮於空冥則爲邪詖之説，究其要歸，於聖賢意指，相隔奚啻天淵！自紫陽衍周、程之緒，纂諸家之説，輯爲集註，其於四子之微言大義，蓋不啻水乳之合矣。而後世學者，紛紛欲自立門户，言勿忘勿助者，既未得其進修之序；言無善無惡者，且並失夫性命之源，訛謬相承，不敢自出一語。然而自古相傳，不可磨滅之神理，天之所以與我者，何可誣也！四書近指，容城鍾元氏作，曠覽百家，獨存正解，不求異，不尚同，惟求合於聖賢之初意而止。標之曰近指，明其不敢爲高遠之説也。易曰：「近取諸身。」夫子曰：「性相近也。」大學曰：「藏身乎恕。」中庸曰：「造端乎夫婦。」孟子曰：「仁，人心也；義，正路也。」良知良能皆言近也。夫道近之而愈明，遠之而愈失。彼守先待後之儒，實有一段真實性地，當下見得，然後著書立説，昭示來茲，令人觸處貫通，洞若觀火。而不然者，幾何不望洋而歎，歧路而悲也！先生近指之意，其在斯乎！其在斯乎！

小學集註序

古之爲教者，家有塾，黨有庠，州有序，國有學。小學之法，自三代而已然矣。蓋人生自童年以後，嗜欲日增，知識日繁，自非端之以訓誡，嚴之以師保，則心志流蕩，而不知約束。故小學者，所以立大學之根柢；而大學者，所以擴小學之規模也。三代教人有序，故其成材之易，譬髦蔚起，禮義成風，治安之效，權輿於此。西漢去古未遠，敦崇實行，尚有古教之遺。自晉、魏以來，或崇尚佛老，或耽習綺靡，自垂髫授書，而富貴利達之見薰蒸膏肓，難以鍼砭。此賢才所以衰乏，而治術不登於純熙也。昔晦庵朱子集諸儒之成，纂鄒、魯之緒，所著小學一書，蓋即内則、曲禮、弟子職諸篇而引伸之，以立教、明倫、敬身爲綱，而其所纂之嘉言善行，莫不近裏著己，切於修身正心之道。學者果能循循服膺，守而勿失，上之希聖希賢，次亦不失於令名。而其如淫辭邪說，離經畔道之書，汗牛充棟，雖窮年鑽營，鉥目劌精，究竟無得，而學者趨之若騖。至於則古昔，稱先王，德由是進，業由是修，乃視爲平易無奇，而不加務，誠可爲悼歎也！許魯齋云：「小學一書，余敬之如神明，愛之如父母。」余幼常誦習，竊見魯齋所言之不誣，而恐後學之闕焉弗習也，故以爲，欲成天下之材，立大學之根柢，當奉是書以爲蒙養之基，乃因茲刻而爲之序，言於簡首，以著其景仰之願云爾。

與魏環溪論學書

前日公務勞心，捧接論學三書，高置案頭。今午歸寓，門無剥啄，意頗閒適，焚香拜讀，乃知先生於聖賢之學，體認親切，非以騰口説好，辨論爲能也。昔朱、陸之辨紛紛然，尊德性，道問學，實非二事，故晚而相合。今茲晉卿之論，欲復元明，先須去識。據佛氏之論，識與明爲二，儒則明與識非有二也。論語云：「默而識之。」「多見而識之。」易曰：「多識前言往行，以畜其德。」聖學重在默識，未有以識爲害性而去之者。識即知也，知即性也。識可去，知可去乎？知可去，性可去乎？佛氏之言，有不可强同於儒者，此之謂也。君臣父子，兄弟夫婦，中庸謂天下之達道。又云：「率性之謂道。」謂此爲道之入門，則何處更有道之堂室乎？好念頭著不得，不好念頭著不得，此語論性，似是而實非也。孟子論性，以爲仁之端，義之端，禮之端，智之端。謂裏邊有他，然後發生出來，譬若稻種生出來方是稻，穀種生出來方是穀。若裏邊原無，彼穅秕，豈能生乎？凡以無言性者，皆以性爲穅秕者也。謂人性不容一物，似近於未發之説，而不知從天命以求之耳。事物終無可去之時，性亦終無可離之理。戒慎恐懼之中，即有無聲無臭之體，此所謂脚踏實地。寡欲、養心、復性，聖賢相傳之要也。若以無爲宗，以解脱爲了當，未有不流於放逸，入於荆榛者，其沾滯糾纏，牢不可解，安得見天然樂趣於語言文字哉！夫道之憒憒也久矣！隆、萬以來之學者，雖稱大儒，多中此病。其差在以佛附儒，而不辨於毫釐之間也。今夏，兵部韓聖秋以論學的旨求僕參證，其見解已到精微，但微有牽合處，余盡爲去之，正謂此毫釐之間，是千古聖凡異同分界處，不可不察也。夫去識解脱，皆佛門妙義，以之誘進凡俗，不啻熱鬧場中灑以清心甘露。然以論聖人之學，則有間矣。孔、孟之學，至周濂溪先生而大明。何嘗不解脱？而非佛氏之解脱也。先生脚踏實地，認性善爲初體，可謂知之明，而守之篤矣。晉卿固有志於道者也，特其所入，未免有隆、萬以來儒而溷於佛者之言。然一反求焉，易易耳。夫道之憒憒久矣！余既喜先生之論，足以破愚祛惑，故以平生之所學者，書而請正焉，惟不惜鞭策而教之，則幸矣。

再與魏環溪論學書

昨教「制慾非難，無慾爲難」，正謂慾不能無，故制之爲難也。若學至於無慾，則聖矣。昔聖門若顔子，三月不違仁。不違仁，無慾也。子夏則入見夫子之道而悦，出見紛華靡麗而悦，此猶然慾心未盡耳。若能刻刻制伏，念念制伏，久久純熟，豈不竟似顔子！但聖人以禮爲主，譬如大將登壇，則一軍震慴，無敢譁亂。學者鮮能認得此禮而堅守之，故制之而復起，如風中埽葉，埽去還來。然欲學爲聖人，必須如此用力；不然，目前聲色嗜慾，人情物態，何日不來？窺伺因緣，如賊兵十萬，百道攻城，非墨翟豈能守宋？非李光弼焉能守河陽耶？大約近世學者，知自愛，知養心，而恐物有以誘之，則學佛氏，一切舉而空之，以爲直捷了當之法，在彼法中亦自有受用處。而聖人之學，廣大精微，有一大主宰，故可以窮而著書，可以達而行道，可以飯糗茹草，可以袗衣鼓琴，而於本性無加毫末。此謂之無慾，而非初學制慾所敢望其藩籬也。禮也，即性也。夫聖人之治一身與治天下也，豈有外於禮者哉！

與周茗柯書

承教體用兼全之説，誠爲有見。然向來諸公議論不一，多將體認差了。認得體真，用自不遺。認得手，便知會持；認得足，便知會行。王陽明認得良知，又曰「無善無惡」，卻是不曾認得良知也。孟子認得真，故道性善。勿論書本子靠不得，若不從自心上認得真，隨聲耳食，如聽盲人指路，必走荆棘矣。天之與我，渾然完全，天爵章已明，擴充之外，別無擺脱工夫。世緣紛紛，先定其在我者，則自不爲外所摇也。

附録

先生喜言性理，尤好爲詞章之學。爲文醇雅，不失爲儒者之言。詩宗陶、韋，而於君臣父子兄弟朋友之間，尤惓惓三致意焉。徐乾學撰墓誌。

先生孝行純篤，與人交，質直無城府，久要不忘。尤善奬掖後進，急人之難，周人之急，不啻飲食嗜欲。懸車十六年，課督農桑，循行阡陌，混迹於田夫野老，人不知其爲舊相也。嘗自作贊，生平嚮慕留侯、二疏及裴晉公、白樂天之爲人，其出處亦相類云。同上。

先生著希賢録，十餘年而成。其書有五門二十五目。一曰爲學門，目曰格致，曰存省，曰謹慎，曰遷改，曰闢距；二曰敦倫門，目曰君臣，曰父子，曰夫婦，曰兄弟，曰朋友；三曰致治門，目曰宰輔，曰臺諫，曰牧守，曰教化，曰武備；四曰教家門，目曰勤儉，曰學問，曰敦睦，曰仕宦，曰祭葬；五曰涉世門，目曰頤養，曰度量，曰謙忍，曰義命，曰應接。蓋致知、格物、正心、誠意、修身、齊家、治國、平天下俱蘊括其中矣。學案小識。

柏鄉家學

魏先生荔彤

魏荔彤字賡虞，號念庭，一號淡庵。文毅子。年十二補諸生，入貲爲中書舍人。官至江常鎮道〔一〕。

〔一〕「江常鎮道」，原作「江長鎮」，據四庫提要改補。

崇道嗜古，勤著述，自經傳及諸子百家，皆有心得。嘗自云：「手注九經，道窺一貫。」其自負如此。罷官後，著大易通解十五卷，附録一卷。謂畫卦與河圖、洛書，祇可謂其理相通，不必穿鑿附會。又以乾一、兑二、離三、震四、巽五、坎六、艮七、坤八非生卦之次序。其論爻，則兼變爻言之。謂占法，二爻變者，以上爻爲主；五爻變者，占不變爻；四爻變者，占二不變爻，仍以下爻爲主。餘占本爻與象辭。至論上經首乾、坤，中間變之以泰、否；下經首咸、恒，中間交之以損、益，尤得二篇之樞紐，皆頗有所見。惟不信先儒扶陽抑陰之説，反覆辨論。大意謂，陰陽之中，皆有過不及，皆有中正和平。德皆有美凶，品皆有邪正，非陽定爲君子，陰定爲小人，陰陽中皆有君子小人。陽之美德剛健，其凶德則暴戾；陰之美德柔順，其凶德則姦佞。陰陽之君子俱當扶，小人俱當抑。陰陽二者，一理一氣，調濟剛柔，損益過不及，務期如天地運化均平之時。此四聖人前民之用，贊化之心，而易所以作也。又有懷舫集三十六卷。參四庫提要。

柏鄉弟子

徐先生乾學　別爲健庵學案。

曹先生禾　別見梈亭學案。

柏鄉交游

孫先生奇逢 別爲夏峯學案。

魏先生象樞 別爲環溪學案。

熊先生賜履 別爲孝感學案。

申先生涵光 別見夏峯學案。

郝先生浴 別見環溪學案。

張先生能鱗

張能鱗字玉甲，號西山，大興人。系出横渠，先世徙京師。家學淵源，以西銘、正蒙爲窮理盡性之本。順治丁亥進士，授仁和縣知縣。康熙中，舉博學鴻詞，未遇。歷官江蘇提學，山東、四川巡道。在江蘇，以士風華靡，以致知力行之學，身先多士。聘陸桴亭纂輯儒宗理要一書，俾循誦服習，不惑歧途。

在山東，治先教養，禁異端曲學，崇孝弟，興教化，撰青齊政略。所著又有詩經傳説取裁十二卷，西山集九卷，孝經衍義補删若干卷。論學直指金谿、姚江爲禪。當時魏文毅、陸清獻皆重之。參學案小識、兼濟堂文集。

清儒學案卷二十

環溪學案

一代之興，必有正人君子立於其朝，激濁揚清，引爲己任，而後人才出焉，風俗成焉。敏果律己嚴而知人明，同時諸賢，如孫鍾元、刁蒙吉，既屢與酬答，湯文正、陸清獻又皆所薦達也，講道論藝，聲應氣求，烏乎盛已！述環溪學案。

魏先生象樞

魏象樞字環極，一字環溪，號庸齋，蔚州人。順治丙戌進士，改庶吉士，授刑科給事中，歷工科、吏科。以事降補詹事府主簿。累遷光禄寺丞。以母老請終養。康熙十一年，母憂服除，用大學士馮溥薦，授貴州道監察御史。屢有陳奏，大要謂「先教化，則宜崇臣僚之家教；亟治河，則宜蓄任使之人才；正人心，則宜戒淫巧；勵天下，則宜輯禮書」。聖祖皆是其言。旋擢左僉都御史，歷順天府尹、大理寺卿、户部侍郎。會西南用兵，上籌餉三疏。擢左都御史，首疏申明憲綱十事，聖祖嘉其切中時弊。

時嘉定縣知縣陸隴其有清名，以盜案開報職名遲延革職，先生疏舉之。遷刑部尚書，疏請留御史臺，爲朝廷整肅綱紀，聖祖可其奏，以刑部尚書留任。遵諭舉廉吏，疏薦高珩、達哈塔、雷虎、班迪、瑚密色、蕭維豫、宋〔一〕文運、畢振姬、陸隴其、張沐十人，皆得旨録用。逾年，始任刑部尚書。二十三年，以病乞休，賜御書「寒松堂」額，寵其歸。二十六年卒，年七十有一，謚敏果。先生自少至老，未嘗一日輟書不讀，讀有所得，未嘗不見之行事，而尤邃於宋儒之書，故所得於理學者爲深。立朝端勁，爲人望所歸。激濁揚清，進賢退不肖，無虛日。凡所陳奏，於國家大根本，大綱常，大典禮，大政事，以及吏治積弊，民生疾苦，無不周悉。先生之學，蓋主於誠，成於忠，而終身存省於勿欺者也。著有大學管窺、庸言、儒宗録、知言録、寒松堂集。參史傳、陳廷敬撰墓志、學案小識、四庫全書提要。

文集

致知格物解

一部大學，所學何事？致知格物是入門第一事也。儒者辨論紛紛，意見各出，説心、説性、説理、説良知，千言萬語，近是者多。若以之表章聖經，垂訓後世，實有大不可解者。抑人自解，而樞自不解；樞自不解，而並諸家之解亦若有不解者耶？竊嘗愧焉。近見刁蒙吉先生格致補傳一編，彙集諸説，參

〔一〕「宋」，原脱，據清史稿魏象樞傳補。

以獨解，似爲不解者進一解矣。樞再四讀之，又不能解，蓋樞鄙儒也，淺學也，未能讀傳，安敢解經！第見致知格物之解，聚訟數百年，而終無把柄。有説内一邊者，如淘沙井，愈淘愈深。有説外一邊者，如放風鳶，愈放愈遠。又有内外兼説者，如對鏡花，捉水月，愈尋愈没著落。只一「格」字，有解爲格鬭之格者，有解爲扞格之格者，有解爲感格之格者，有解爲格式之格者，有解爲格眼之格者，有解爲天壽平格之格者，猶曰旁引曲喻，以明「格」字之義也。獨於「物」字，不一其説，大抵多在大學之外著解。間有一二從大學看出者，又若含而不露，露而不全。而其極力闡發者，又謂六經、孟子句句是格物，而反不以大學之所以格物者解格物。則樞之惑也滋甚矣。嗟乎！一部大學，所學何事，而致知格物一語，竟終身不解，可乎？此樞所爲管窺蠡測，謬成拙解，終不敢自信其不謬。竊願與海内學者互相發明，以證朱子即物窮理之意云爾。

致知格物，諸儒辨論紛紛，家持一説。余聞見有限，曷敢以管見妄爲低昂。嘗因書旨不明，取白文讀之，從上節「物有本末，事有終始」，讀到此處，不曰「欲致其知者先格其物」，而曰「致知在格物」，何也？蓋明指天下、國、家、身、心、意是物，致知工夫就在這裏，不在别處也。與「文不在茲乎」、「直在其中矣」等「在」字相同，與「在明明德」等「在」字相應。大人之學，内聖外王，萬物皆備，開手便從天下做工夫起，一串聯珠歸落致知格物，是大學最得力處。朱子解即物窮理，原自實學，後之説者，謂其即天地古今之物而窮其理，將不勝窮矣，故稍有滯礙。夫天地古今之物，實有不能窮，亦有不必窮者，以其無關於天下、國、家、身、心、意也。惟即天下、國、家、身、心、意之物而窮其理，纔是致知，纔是明明德。

如天下本平，國本治，家本齊，身本修，心本正，意本誠，而何以不平、不治、不齊、不修、不正、不誠也？天下不平，國不治，家不齊，身不修，心不正，意不誠，而何以平之、治之、齊之、修之、正之、誠之也？此物未格，此知不至，不能洞洞徹徹，必且以非爲是，以是爲非，顛倒混淆，毫釐千里，非大人之學也。大人視天下、國、家等，皆我性靈中物。諸凡善惡、真妄、公私、義利之關，纖微毫髮，都有一箇理在。由本及末，原始要終，一一討得分曉。我於物無疑，物於我無蔽，物之所感，知是知非，知之所存，有是無非，此誠意之所以先致知也。然則致知不先格物，而在格物者斷斷格天下、國、家、身、心、意之物，而天地古今之物，亦格其關於天下、國、家、身、心、意者而已矣，非泛然逐物而格之，明甚。況致知是知止真工夫，固未有紛紜繁賾之交役耳目、竭精神而始云知止者。果爾，則定、靜、安、慮中便著不得天下國家等物，只閉户澄心以盡其理，是又離物而求知，與禪學無異。近有解物爲物欲，格爲格去者，頗合明明德之旨。而「物有本末」一句，又不貫通物欲，安得有本末耶？且窮理之時，是非分明，積久功深，物欲何處潛伏？格去之意，已在窮理之中矣。余反覆紬繹，朱子之説，終不可易也。或曰：「八條各自爲目，難以牽合。」又曰：「致知者，致吾之良知於事事物物。」又曰：「知之所在即是物，物即性也，善也。」率皆明儒之説，余所不解者。第就白文讀之，物有本末，天下、國、家、身、心、意、知皆物也；事有終始，格、致、誠、正、修、齊、治、平皆事也。本末始終，當身體認，隨事措施，此知行合一之學，學之所以大也。

中和位育説

嘗讀中庸，至「致中和，天地位焉，萬物育焉」，終日理會而不得其解。按朱子云：「推而極之，蓋自戒懼慎獨而約之精之。」實從天下大本，天下達道，推而極之也。本者根也，千枝萬葉從此發出也。道者路也，千門萬户從此走去也。君子戒懼慎獨，一身之内，中和備矣。自一身以致之於天下，使天下無一人不中，無一人不和，無一事不中，無一事不和，是廣之布之義也，所謂修道之教也。洪範云：「皇建其有極。」「無偏無陂，遵王之義。會其有極，歸其有極。曰皇極之敷言，是彝是訓，于帝其訓。凡厥庶民，極之敷言，是訓是行，以近天子之光。」董仲舒云：「人君正心以正朝廷，正百官，正萬民，而陰陽和，風雨時，諸祥畢至。」則中和位育之實理實事可知也，其爲修道之教無疑矣。乃説者曰：「位育之效，帝王有其事，聖賢存其理。」夫古有聖賢而帝王者矣，亦有聖賢而不必帝王者矣，雖一本而萬殊，實同體而異用。故一身中和，即有一身之位育，如心廣體胖，睟面盎背，動容周旋中禮是也。一家中和，即有一家之位育，如父慈子孝，兄友弟恭，夫倡婦隨，男女繁生，奴婢聽令，草木昆蟲不傷其類，雞豚狗彘無失其時是也。自國以及於天下，斯聖賢而帝王者之能事矣。何也？人君之喜怒哀樂，即禮樂政刑之所從出；人君之禮樂政刑，又即雨暘寒燠之所由見，中節則一人無偏倚之私，天下自協好惡之公。生所當生，生固生也；殺所當殺，殺亦生也；予所當予，予固予也；奪所當奪，奪亦予也。推之而田疇以治，學校以興，諸侯用命，臣工修職，徭役均平，盜賊屏息，範圍天地而不過，曲成萬物而不遺。天道下濟，地道上行，則位之象也；人無夭札，物無疵厲，則育之象也，又安有禮樂政刑之乖其宜，而雨暘寒燠之失其序者哉！夫人君之喜怒哀樂，患不中節耳，不患位育之無其事也。故大本者，道之自修於一人也，所以施教也。達道者，教之大行於天下也，所以立命，所以事天也。

三物字説

先生閱拙著大學管窺，乃問大學「物」字，與「舜明於庶物」「物」字，是一是二，與「萬物皆備」之「物」，「有物有則」之「物」，是一是二。樞曰：聖賢立言，一章有一章之意旨，訓詁家難説是一。若參會説來，安得有二？「舜明於庶物」，無非身、心、意、知、家、國、天下之物也，當日工虞水火都是大學中物，人倫尤庶物之本，舜不徧物，而急先務者，正是致知格物「知所先後」也。「明於庶物」，「明明德」於天下矣。由仁義行止於至善矣。又如「萬物皆備於我」，無非備此身、心、意、知、家、國、天下之物也。一物不備，從何格起？既備於我，便非逐物矣。反身而誠，誠意之學也；强恕而行，絜矩之學也。一部大學，自誠意説到平天下，孟子兩言括盡，原自願學孔子得來。至於詩言「有物有則」，此物即身、心、意、知、家、國、天下之物，没一件不與形氣俱生。此則即格、致、誠、正、修、齊、治、平也，没一件不與天理恰好。天理流行，其則不遠，件件要還他恰好處，須件件便格到恰好處。大人明明德，蒸民好懿德，壹是皆以修身爲本也。再按中庸「誠者，物之終始，不誠無物」。先生雖未下問，亦可參看。「物之終始」，事有終始也。「不誠無物」，本亂而末治者，否也。成己，明明德也。成物，新民也。時措之，宜止於至善也。大學誠意必致知格物者，誠之爲貴也。諸如此類，原不宜穿鑿割裂，其實皆可一綫穿去矣。敢因問而請正焉。

答刁蒙吉先生書

先生不棄庸闇，重惠斯文正統一書，纔閲目次，知天下文章莫大乎是，洵六經、四子之宗子功臣也，敢不服膺。大稿六册，敬存案頭，容卒業另報。儒言録與斯文、五經翼原不可以一例觀，蓋儒言以語録爲主，取其詞簡而義該，或爲二書之階梯，未可知也。陳克庵，語録缺而姓氏亦略，王龍溪，姓氏具而語録無多，自先生論之，始定矣。俟脱稿呈教。名儒以下，止存姓氏備考，非宗也。高邑固不倫，即康齋薦出權倖，亦心少之。劉念臺先生語録與本傳俱無徵，每欲置一席而無由也。明辨録不無未議。何椒丘、邵二泉，樞淺學，從未聞見，然何以詩文傳，邵以高子許耳，羽翼當必有説耶？更疑者，湛甘泉之折衷慈湖也，曰禪宗，曰真禪學，曰何曾望見二程脚板，曰不知學之頭腦，曰賊夫人之甚。其闢慈湖，不謂不嚴，顧與慈湖列别傳，且宦轍所至，毁佛寺爲儒祠，學問何等光明，而别之耶？凡此皆樞之請於退谷先生者，惟先生正之。頃者，明訓諄切，終身可行，對症之藥，不難起死回生，人自諱病耳。古人云：「醫不三世，不服其藥。」先生之修辭立誠，似當爲第一劑也。别論柏鄉世好諒，必慕先生之學，而重先生之人，斯文爲贄，去縞紵遠矣。但新簡銓衡，不嫌瓜李乎？吕涇野先生文集二十册附覽，並乞隨筆點正爲願。仍有内篇並四書因問，恐來人不能多攜也。整庵先生集假自代州，完璧久矣。昨庸言忽有數則，「災木四十」以前率多孟浪，不意有當於先生，果何所取而云然也？馮使附復，兼候道履。

答刁蒙吉先生書

使者到蔚，在望前一日。是日從枕上憶先生久不惠教，晨興，欲覓便人寄訊，忽小价報尊函至矣。古人神交，良不誣也。亟詢道履，知杜門清勝。刻集、序目並諸稿俱奉教訖。斯文正統既有成書，或搜羅增補，抑另有續集耶？耑候台諭。昨謬論康齋，擬之蔡邕、相如，蓋謂不幸而爲權倖所薦耳。惜也，非責也。古今人之類此者，豈少哉！文中身當隋、唐之際，表章洙、泗，厥功不小。誠然廬陵本論、朋黨論諸作，既有闢邪崇正之功，又有扶陽抑陰之志，惓惓爲世道人心計。夫二子者，若以一節之責責之，則後之學人，不足齒於聖門者多矣。至於「性非所先」一語，先生責之也甚力，而樞解之也甚平，是非可否，並惟詳示。宋儒於性理之中見文章，而廬陵於文章之中見性理，歐陽而外，更有幾人。先生謂其粗知義理，未離詞章，非樞之所敢知也。司馬文正公是有宋一大人物，而道統遺之，樞意斷不及此。且樞庸齋祀文正者謂何，寧不爲退谷先生一助高深耶？湛甘泉隨處體認天理，所學不差，因先生未見全集，或難評定，謹以儒言録一册奉覽，其甲乙去取，可概見也。整庵困知記率皆辨佛，詞繁而不簡，當如何纂輯，未得要領。譬如治癲狂病者，只與講正經話頭，其病自愈，若隨其狂語而節節辨之，上天下地，彼將無所不説矣。先生正在披閱，示樞以的，幸甚。樞與先生共肩斯道，會晤難期，筆舌難盡。況樞之筆舌甚鈍，問不詳而答不備，且平日於序、跋、碑記、壽賀、誌銘等文從未涉筆。前謂大集序，非退谷先生不可，業以情告久矣。再承專委，不敢固辭，勉構一跋，綴之劄記之末，尚乞筆削，勿使見笑大方，則先生盛德事也。立雪集不吝裁答，直抒胸臆，謹受教矣。內有一二條在疑信間者，仍希開牖。集名易以「問途」，遵台命也。劄記莊誦數過，字字會心聖學，得傳千秋大事。樞誠慮，一言未確，有負虛懷，竭其一念之誠，罄其一得之見，寧爲先生割愛，不敢爲先生闕疑。但造詣原分淺深，立言各有本末，樞之妄删者，先生不妨復存之，總期歸於至當而止。是又樞之所爲切禱者也。續有所請，附於問途集後，並近稿一册，皆觸類而及之者，先生點竄擲回，以志手教。呂涇野先生內篇六册，藉手呈閱，幸加丹鉛。大集領略名言，不敢草率盛伻，淹留半月，臨筆乞恕不一。

與刁蒙吉先生書

朔日拜覆明教，計達左右矣。先生至誠愛人，惓惓無已，示以成書，屬以底稿，或問而後答，或答而復問，盡脱講學之習套，實究日用之庸行，實獲我心，烏得不感。若拙手素未作序，俚語不文，無足表章著述之萬一。儻拾而梓之，瓦缶在前，何以法今而傳後。即附在劄記之末，猶可藏拙，然而樞之抱愧者已多矣。劄記一編，皆先生躬行心得而出之，樞以蠡測海，妄度高深，至今思之，種種無當，雖體虛懷誠，不自量耳。在先生之意，以修己者訓人，惟恐其不詳。樞竊謂，善學者得其一二語可用之不盡，而不善學者必有數字之彈駁，恐失立言之本意也。徵諸往事，大可鑒矣。樞願此書一出，俾孔、孟如綫之脈不至中斷，關於世道人心不小。君子慎言，慎此而已，故一偏之見，不敢自欺高明，亦毋因愚説而自阻，樞乃可以無憾也。更有疑焉者，蓋因持敬是學者第一義，主一無適是「敬」字第一解，而梁溪反之，曰：「心無一事之謂敬。」樞竊疑其似禪也。尹和靖云：「其心收斂，不容一物。」夫主一而不容一物，可也；主一而無一事，可乎？梁溪立身行道，卓然大儒，識力在白沙之上。白沙「靜中養出端倪」，自無而有也，世且訿之曰禪。梁溪「心無一事之謂敬」，自有而無也，此言視白沙又何如也？一疑也。樞謂「求放心而歸於仁義」者，蓋剥後之復也，危中之微也，狂時之聖也，故程註云：「下學而上達也。」夫下學人事，便是上達天理，天理非仁義乎？樞聞人之言曰：「釋之徒有入定，老之徒有調息。」此時似求放心矣，於人事天理有何干涉，亦可謂學問之道乎？吾儒舍人事而求放心，謂知放心心便在，然不過攝念云爾，何學、何問、何道，不幾與釋、老之徒等乎？又一疑也。道學家有事事不假安排之説，樞前問及此，先生解之曰：「無容心耳。」且曰：「不思得，不勉中，豈有待於安排哉！」夫聖如孔子，固不思不勉矣。自及門以至邦君大夫隱逸輩，必矯其偏而鍼砭之，所以施教也。樞每思孔子一片苦心，如父兄之愛子弟，時時刻刻貼到心上來，安得謂之無容心？即如先生著斯文正統一書，爲吾道計，至深遠矣。其於人品學術去取前後之間，曾一容心否乎？世間學問修持，無容心焉而可乎？又一疑也。樞至愚陋，聞見無多，第舉目前切近者商量如此，再以聖賢之言質之，如三愆、三戒、三畏、九思，以及四勿、三省、三反、五教之類推之，視觀察之知人，直諒多聞之取友，譎戇直諷之度主，豈盡無容心而能之乎？樞之疑也，滋甚矣！惟先生明以牖我，是非可否，以人事斷之，斯於心身有裨耳。先生大略賜答，以慰懸望。閏夏望前三日。

答刁蒙吉先生書

捧教深慰懷念，但兩勞蘧使，詛所未安，感當何如耶？讀斯文正統一書，大抵皆先生所云，平生景仰佩服之人也。而樞自審傾向之不同，識見之有異，淺深大小虛實之各殊，無足佐高明萬一者，滋愧矣。康齋原不敢與蔡邕、相如同例，前牘甚悉，但何因而僅受石亨之知？是其不幸者也。况特聘於朝，未展所蘊，止一泛泛條陳而去，真可惜耳。先生「安貧樂道」四字，千古定評矣！文中、文正、文忠三説，已達退谷，各有確見，先生之言，宜並存也。惟文忠「性非所先」一語，前人駁之，先生又駁之，以孟子道性善之功，加以反孟子之罪，則過矣。夫所云聖人教人，蓋指孔子而言也。請看二論。如學而時習，復性也，而不言性；入孝出弟，率性也，而不言性；巧言令色，失性也，而不言性。從頭至尾，止「性相近也」一語，何嘗語語先標性字乎？大賢以下，開口便著，夫亦聖賢之分量，與聖賢之時勢，俱未可同日而語也。至謂周易，歐公茫然不解，樞雖欲强解之，而亦茫然矣。此皆樞之學問識見，大段可知者也。湛甘泉一集得荷指南，羅整庵一集尚未卒業，統容另正。至於問途諸款，樞一問再問，辱先生一答再答，知無不言，可以止矣，乃深慮言多而行不逮，大抵在淺深之閒耳。樞專心致志，在一「淺」字，如魚飲水，冷煖自知，起居動静，實不敢自略也，遷善改過，實不敢自信也，而先生欲進之以至深之義，向癡人説夢，豈有合乎？拙序遵命創爲，蓋心折劄記，勉附驥尾，是所願也。用六集業有名序，幸勿附入，以全初心。聞退谷先生其難其慎之意與樞頗同，而退谷嫌近名，樞嫌取忌耳。前大集稿中不避愚狂，過於割愛，正此意也。拙稿雕蟲之技，亦煩目及，猶家人説家常，不計瑣瑣矣，謹受教。朱子與南軒、東萊商訂四書，何等功用！今人各闢壇宇，恐未可倣而行之，聊於次牘中具復可也。來札云涇野先生諸書正在披閲，不妨留之。四書因問收入矣。潄州鄭侯，仰止高山，頃得佳刻之惠，感不去心。仕優則學，此又一益矣。統謝不盡。

答刁蒙吉先生書

前書已勞記室，再則瀆矣。然既奉手裁，曷敢不報。讀先生答言有云：「道理甚大，亦甚活。」只此二語，可省多少辨論也。無已仍於語言文字間再商之。一則文藝之説也。夫文藝有視爲照心鏡者，有視爲敲門瓦者，其人不一矣。先生之文藝，固不敢作應世觀。樞於此亦非率然者，平日每構一藝，必曰行不去莫説出，及藝成而行不逮，又撫心自問曰，既不行，誰説來！噫，策勵至此，究竟託之空言者，不知其凡幾也！先生顧謂所行無憾於所言，於樞何有哉！一則梁溪心無一事之説也。理學家言，亦取其實，實可行，足以明聖經，啟後學而已。前樞所云似禪，謂其一語似之，非謂其所學似之也。若以一語而概前輩之生平，樞方爲歐公解，先生又爲梁溪解，解何時已。樞請自爲梁溪解，可乎？先生曰：「執事敬則執之，行篤敬則篤之，事思敬則思之。」先生曰：「主一無適之謂敬。」則主之無一，非實學也，而又安得心無一事哉！尹和靖之言，素未詳其本末，及因台札引證，乃借書考之，下句云：「其心更著不得毫髮事。」非「便」字也。「更」與「便」何啻千里！梁溪、和靖又相反矣。先生誤檢乎？諱言乎？不則必梁溪之自驗，與和靖之自驗，各有不同矣。一則求放心之説也。求放心，固指不得某事某地，卻離不得某事某地。若心上求心，心仍未放也，故樞謂之攝念也。前樞類擇諸説，取其切於事情者，比類言之耳。況先生所引，率皆主敬之功，心未放而持之，與心既放而收之者，必有辨也。茲於問答中，縷縷千言，示以心學，抹殺人事，豈學爲心學，而問亦心問乎？一則無安排、無容心之説也。先生解此，非不甚明，樞聞羣言淆亂，折衷聖人，如陽貨之往拜，孺悲之辭疾，冉求之鳴鼓，原壤之叩脛，謂之無安排、無容心可，謂之有安排、有容心亦可，正所云「道理甚大亦甚活」也。學聖人之道者，各隨其資力之所近者學之，可矣。然辨論之書，汗牛充棟，有不能爲諸公解者，非此長而彼短，則前甲而後乙，各闢壇宇，自占地步，爲聖經計乎？爲躬行計乎？爲著作計乎？此樞前牘所謂「未可倣而行之」者，以不得援商訂經書之例也。先生以爲何如？承教貴州熊侯神交雅誼，彼此同心，但賤性硜鄙，即本地當事，亦愧疏節越，在鄰封尤自愧也。先生婉謝之，幸甚。問途一集，有疑則問，有行之不得於心者則問，爲己非爲人也，授梓便爲人矣。先生慎之，擬各録一册，兩地存閲，明春寄上也。來使淹滯六日，樞適爲敝州閲月課卷，蓋鄭侯因蔚士初改策論，未諳體裁，月合通庠而課之，樞與諸孝廉共事丹鉛，一如闈例。事竣裁復，並附即事小詠，統乞垂覽。

答左翼宸先生書

記言奉教收訖，所謂内可告妻子，外可告朋友者，是樞之心也、言也，大筆一一誌之矣。老母入夏雖較春月稍健，委不敢輕離膝下，未卜瞻仰大賢，定在何日耳。知非録妄加品題，自愧寡陋。然長者之命，固不敢違，而赤子之良，更不敢昧。況學問必須明辨，立言期於可傳，樞嘗有志而未逮，讀先生之録，自覺純駁相半也。其中評論無當，祈先生酌之、諒之。稿定後，謬書數語，以報虚心下問之意耳。明儒先呈文清録，望先生詳論之。近時名家十一人，非樞師則樞友也，各集附覽，以見海内之好學，幸有不附二氏者。閲完取回，中秋爲期也。理學以東林爲鑒，誠至愛至教，敢不佩服。但吾輩既生天地間，便欲講學，便欲交正人君子，既欲交正人君子，便欲遠邪説、小人，既欲遠邪説、小人，便難免於謗且忌矣。東林之人，今日如生；東林之言，今日猶芬，而謗東林、忌東林者，且遺臭萬年，孰得而孰失也哉！首善書院考一册，夫亦得失之大概，亦既奉聞。乃樞竊謂，學未成而志不堅，名雖聞而行不立，即不謗不忌，而謗且忌者自在，甚爲可戒。若舍理學而他學，萬不敢出也。學者勘破利害死生四字，從此做人無難，先生以爲何如？淩十齋歸里逃禪，近無音問，前日之詩，即其尺牘也。太翁誌銘領入，惟一字不飾，故足傳耳。謝謝。知非録嵩人完上，外書箋四種，奉先生存覽，臨筆悚切。

答馮訥生及門書

門下天資高妙，平日敬服，頃接翰示，具見向學真誠，句句踏到實地，所詣自不敢量矣。細讀來論，以求放心爲本，以勉强力行爲先，以有恒爲要，是三是一，但入手把柄，用力淺深，隨人自得耳。如行路然，認得程途不差，究竟走到是處。若化名心、窒忿欲云云，當於存心公私辨之。人倫日用間，本無新奇之言，矯激之行，將從何處求名？然而實行之必有名者，猶芳草之必有香，非求香也，香亦不能自掩耳。故君子疾没世而名不稱，不然，逃名絶世，是禪，非儒矣。至於怒與欲，尤不可少。一怒而天下安，則公；一怒而諸侯懼，則私。欲立欲達，則公；欲富欲貴，則私。正門下所謂「止爭天理人欲」者也。純天理者爲聖，守天理而閑人欲者爲賢，此即安勉之分耳。聖人是有體有用底人，然道理只是一貫。曾子守約，見爲忠恕，故唯這箇；顏子復禮，見爲文禮，故歎這箇。且當日卓立光景，明白易見，了無疑義。人自今日懸想孔子道理，一言一動，實實落落，如在眼前。顏子親承教澤，如愚足發，故所見如此。註謂日用行事是也。日用行事，無一非性與天道之端倪也。此外無道矣，亦無學矣。極知趨向堅定，力圖體用之學，再進一言，先求改過。僕不敏，願互相切磋焉。時家祠經始，方有事於土木，不及詳答，再白。

與馮訥生及門書

前讀來書，先行求放心二解，率皆探本之論，其於學也，庶幾矣。昔人云：「學貴疑。大疑則大進，小疑則小進。」僕尤不能無疑焉。門下解先行，是教以慎言之道，非教以立言之道。誠然，但云聖賢不得已而有言，非有意立言，此非僕所知也。竊謂，聖賢之言，如人之飲食夢寐，如物之跂躍飛鳴，如天之風雨露雷日星雲漢，皆自然而然，何嘗有意立言。惟近代詩文之家，分門别類，極巧窮工，每刻一集，動至三二十册，不知於立言之道果何如也。僕嘗反己，自愧犯此病多矣。若夫聖賢之言，皆聖賢之行也，譬如閱歷程途，其中山川險夷，一一舉以告人，使人不迷於所往，雖謂之有意立言，亦無不可。其不得已者，又安在耶？門下又解求放心，謂「心，神物，豈能求來更不再放？豈同雞犬可以籠致」云云，此更非僕所知也。竊謂，雞犬至蠢也，人心至神至靈也，既知一念之邪矣，而一念又續之；既知一事之錯矣，而一事又繼之，推之念念事事概可知也，豈復可言學問？若云時時放，時時求，是無他者而有他，已矣者而不已也。立言宗旨，果如是乎？且孔子言「一日克己復禮，天下歸仁」，言成功之一日乎？抑教之日日克，日日復乎？克復與求放心，有何異乎？勿其非禮則禮復矣，既復而仍有不復之時乎？知其不仁不義則放心求矣，既求而有仍放之時乎？夫放而弗知求者衆也，及其求之而又放之，以學道問道之心亦有時而不仁不義，以至神至靈之心亦有時而若愚若頑，欲其終食無違，造次顛沛必於是，難矣！門下所謂「內外精粗、中和慎獨俱在此」者，必不得之數也。以愚論之，世儒之求放心者，皆攝念之說，非求放心之說。本章「仁，人心；義，人路」，專爲求仁義而言。孟子七篇，大本領正千古學問大根源，蓋心之放於不仁不義者，確乎從事物求之也。不然，泛泛求心，佛氏未嘗無之。居仁由義，恐不爾也。如謂「去聲色、勢利、佛老，一求已畢」云云，乃僕前說未悉，門下之疑，有自來也，請一再申之。譬有人焉，今日知聲色、勢利、佛老之非，明日又見聲色、勢利、佛老之是，倏收倏放，反復不常，雖操、莽之心，不是過也。門下顧以堯、舜微危擬之，豈人心去而道心存，亦有忽存忽去時乎？類擇一集，雖言不能盡，亦可爲本章羽翼耳。至謂「心在腔子裏，察公私義利之辨」，此門下合乎朱註「志氣清明，義理昭著」之說也。謂「心求來，更不再放」，則僕合乎程註「下學而上達」之說也。明辨之後，尚俟豁然貫通焉，故不覺娓娓言之，門下何以釋僕之疑乎？二説與祁州刁蒙吉商量未定，因檢諸稿奉覽，幸一參訂之爲慰，餘不悉。

如晤語與孫鍾元先生問答

竊聞先生曰：「子臣弟友盡分，視聽言動合禮，喜怒哀樂中節，是終身行之不盡處。」樞謂：「分何以盡，只要忠恕；禮何以合，只要克己；節何以中，只要戒慎恐懼。」又樞終身無行而不當盡處。先生曰：「庸齋之板實，即江村之認真也。」真人本色，開口托出。

先生曰：「饑餓窮愁困不倒，聲色貨利浸不倒，死生患難考不倒，而人之能事畢矣。」樞謂：「素位而行之，君子上也；不淫、不移、不屈之，大丈夫次也；循理、守法、安命，樞之所謂不倒也。」先生曰：「成功，一也。」

先生曰：「或曰：『士不可以小自待，不惟不宜讓今人，並不宜讓古人。』予謂：『士不可過自恃，不惟宜讓古人，並宜讓今人。』」樞謂：「不宜讓者，是引之使進也；宜讓者，是抑之使退也。因人施教之法，或言亦宜並存，不宜抹倒。」先生曰：「有前段，自應有後段，如雜卦一反一正相互者然。」

有問處事之道者，先生曰：「水到渠成，不必急。性天大事，總平常事。」樞謂：「水到渠成者，是堯則天，舜恭己，禹無事，孔子不踰矩也。學者引水開渠時，這等話且莫説得太蚤。」先生曰：「正好理會。」

先生曰：「匹夫不可奪志也，蓋志不可奪，便是造命立命處。」樞謂：「此孔、顔真樂源頭處也。下學上達，欲罷不能，安可奪乎？」先生曰：「人各有不奪之志，獨孔、顔真樂，是其源頭。」

先生曰：「人患不能信，更患不能疑。人患無所知，更患有所知。人患不明白，更患太明白。此非真實有理會者，未易語此。」樞謂：「首二語，如曾子之三省身，漆雕開之未能信是也。次二語，則孔子所謂『吾有知乎哉？無知也』。末二語，則文王内文明而外柔順也。賢可勉而能，聖不可學而至。若説與初學人，恐引入圓熟曠蕩一路矣。」先生曰：「法非專爲初學説，先生慮及初學，便是爲初學説法，思深哉！」

「仁者以天地萬物爲一體，諸儒卻未説明。」樞謂：「無私則一體，兼愛非一體。堯、舜生殺予奪，孔子筆削褒貶，纔是一體，學者切莫錯認。」先生曰：「無私與兼愛自别。」

「孔子罕言仁，故論人亦不輕許仁。而儒者率云『孔門之學先識仁』。仁從何識乎？」樞謂：「仁者，無私之謂，心安理得之謂。一事無私，則一事之心安理得也；終身無私，則終身之心安理得也。生熟之間，違合之分耳。識仁者，亦求之無私而已矣，求之心安理得而已矣。」先生曰：「罕言仁，無躐等之教也。除卻心安理得，所言何事？此論得之。」

先生曰：「周元公而後，程正叔不讀佛書。」「樞生平未見所謂佛書道藏者爲何物，雖云不博，卻落得胸中有大受用，口中無大辨駁。」先生曰：「有此大受用，又何用大辨駁！」

何以止謗？曰無辨。昔人之言也。何以别異端？曰無辨。樞之言也。無辨者，非徒閉口，要盡其所當盡耳。先生曰：「極是。」

樞嘗聞人有言釋氏云：「終日喫飯，不挂一粒；終日著衣，不挂一絲。」人皆贊之。樞謂：「此二語，只是一箇没天理。吾儒終日喫飯，粒米皆挂。詩曰：『鋤禾日當午，汗滴禾下土。誰知盤中餐，粒粒皆辛苦。』讀此，能不挂乎？吾儒終日著衣，寸絲皆挂。詩曰：『昨日到城郭，歸來淚滿巾。徧身綺羅者，不是養蠶人。』讀此，能不挂乎？若讀至『二月賣新絲，五月糶新穀。醫得眼前瘡，剜卻心頭肉。我願君王心，化作光明燭。不照綺羅筵，偏照逃亡屋。』樞恐普天之下，食者衣者，俱不自安矣。此豳風之所以告成王也。吾儒異於釋氏，寧俟辨而知之哉！」先生曰：「儒家用世，釋氏出世，用世者自挂心，出世者自不挂心，所謂法各爲用，道不相謀也。」

樞有三關，循途而過焉。第一關，違禽獸不遠；第二關，悦不若己；第三關，言行不相顧。樞平日策勉如此。讀先生「恥不恥之間，其人禽之介乎」，更嚴矣！先生曰：「人不肯認者我不諱，便是大過人處。」

先生題三教堂云：「法各爲用。」樞以四字足爲一聯曰：「道不相謀。」此都門讀問答問時申明先生之意，今録而質之，以志十年同心之一端云。

按家禮，朱子曰：「薦新告廟祠，吉凶相襲，似不可行。未葬可廢，既葬則使輕服。或已除者，入廟祠行禮，可也。四時大祭，既葬亦不可行。」又曰：「家間頃年居喪，於四時正祭則不敢舉，而俗節薦享則以墨衰行之。蓋正祭三獻受胙，非居喪所可行，而俗節則惟普同一獻，不讀祝，不受胙也。」又曰：

「喪三年不祭，但古人居處、言語、飲食皆與平日絶異。故宗廟家祠之祭雖廢，而幽明之間，兩無憾焉。今人居喪與古人異，卒哭之後，遂墨其衰，凡出入、居處、飲食，與平日之所爲，皆不廢也，而獨廢此一事，恐亦有所未安。竊謂，欲處此義者，但當自省，所以居喪之禮，果能始終一一合於曲禮，即廢祭，無可疑。若他時不免墨衰出入，或其他有所未合者尚多，即卒哭之前，不得已準禮且廢，卒哭之後，可以略倣左傳杜預之説，遇四時祭日，以衰服特祀於几筵，用墨衰常祀於家廟家祠，可也。」樞讀此，略爲參酌，三年全廢祭禮，朱子之説固是；四時祭日，以墨衰行禮，杜預之説亦有可商。樞平日家祠祭禮止三獻，讀祝不受胙；而鄉中先達，亦從未見墨衰之制。竊欲略倣前人諸説，於小祥後，既以練服爲冠，去首絰負版辟領，亦不必復製墨衰，止以練服四叩於祠外畢，令嫡孫輩除服者告獻，並不讀祝，或亦幽明兩無憾之道。不然，祖宗三年不血食，不見子孫俯首於堂下，靈爽其安乎？昔人因情而制禮，後人酌古而準今，故寒家有家禮酌一書，蓋取「擇善而行曰酌」之義也。質之先生，先生曰：「禮以禮其心之所安而已。心之所不安者，便非禮。夫子大林放之問本，喜商也之起予，其言曰：『事死如事生，事亡如事存。』其意自見。」

附録

先生家居，立友仁社，邑士從游者甚衆。講求性理書，凡嘉言懿行，恒手自鈔録。

先生嘗言：「爲大臣而德不純，學不粹，不如下僚。爲下僚而政不平，刑不中，不如素士。爲素士而理不明，學不正，不如庶民。」其論學以脩德爲體，以講學爲用，以徙義改過爲工夫。平生事業，悉本於此。

順治六年己丑，先生分校詩五房，取成性等二十三人。時闈中同人各期所拔士，或云可相，或云可將，或云可秉節鉞，任封疆。先生獨曰：「願得理學任吾道，足矣。」榜發，性冠本房，後以理學清介稱。餘官内外，無一以貪敗者。

環溪家學

魏先生學誠

魏學誠字無僞，敏果長子。少承父學，文行純粹。康熙壬戌進士，官内閣中書。乞養歸，家居七年，不謁選。適聖祖西巡，謁行在，改翰林院修撰，累遷諭德。後遭母喪，遂不復出。敏果年譜，即口授先生及諸弟等手録者。著有一齋新舊詩。

環溪交游

孫先生奇逢 別爲夏峯學案。

刁先生包 別爲用六學案。

魏先生裔介 別爲柏鄉學案。

李先生顒 別爲二曲學案。

湯先生斌 別爲潛庵學案。

陸先生隴其 別爲三魚學案。

耿先生介 别見潛庵學案。

申先生涵光 别見夏峯學案。

劉先生醇驥 别見孝感學案。

郝先生浴

郝浴字冰滌，一字雪海，號復陽，定州人。順治己丑進士，授刑部主事，遷御史。巡按四川時，川亂未平，迭疏陳兵事及善後之策，報可議行。吴三桂督師入川，專擅驕縱，屢疏劾之。爲所忌，誣以欺罔冒功，逮訊。論重辟，免死，流尚陽堡。及三桂叛於雲南，大臣交章論薦，環溪言之尤力。起用，復原官。巡視兩淮鹽課，累遷左副都御史，迭疏陳軍國大計。清操風節，冠於一時。出爲廣西巡撫。兵事之後，民窮吏玩，設匭通衢，許冤抑者自訴，屬吏懔懔奉法。汰冗兵，而於鎮安、泗城、田州、梧州，凡邊方及扼要之地，增兵防守。請䘏死事諸臣，以勵忠節；建立書院，以勸來學，粤境大定。康熙二十二年卒於官，年六十一。後以軍需移動倉庫，部議革職追補，特詔念其廉潔素著原之。子林上書訟冤，復原官，賜祭葬如例。先生生平負氣節，棘棘不阿，所遭多艱苦而志彌堅。嘗與孫夏峯論學，自道所得，謂循究聖賢窮理盡性之書，密證諸家未有，深入反求之曾子、孟子及兩程子之學，參之六經，以合於宋、明諸儒，若有别也。乃放懷天地，縱觀古今，思所以適於治之正理。確然深信兩程子之學於聖門爲契合，即於周子、朱子與明之薛、王俱别，無論諸儒也。著有易注、孟子解、中山史論、中山奏議、朱紫陽大全始條理編、中山詩文集。參史傳、先正事略。

于先生成龍

于成龍字北溟，號于山，山西永寧人。副貢生。授廣西羅城縣知縣。猺疆煙瘴，以至誠爲治。在任七年，從者皆死亡。民憐其貧，斂金錢進供鹽米，卻之。招流亡，修學校，定昏喪之制。以卓異遷四川合州知州，瘠苦與羅城等。再遷湖北黄州府同知，攝武昌知府。調黄州時，吴三桂叛，湖北賊蠭起，集鄉兵屢平巨寇。擢江防道，歷福建按察使布政使，會耿精忠叛亂之後，閩民多以通海獲罪，多所省釋。薦廉能第一，擢直隸巡撫，調授兩江總督。所至以清廉率下，官吏皆望風改操。臨事應變無方，尤善治盜，當時號爲清官第一。聖祖嘗諭曰：「理學無取空言。如于成龍未言理學，而服官至廉，斯即理學之真者也。」康熙二十三年卒，年六十八，謚清端。先生以實心行實政，不居講學之名。有于山奏牘七卷、詩一卷。其自省六戒，曰勤撫恤，曰慎刑法，曰絶賄賂，曰杜私派，曰嚴徵收，曰崇節儉。立説悉本於天理人心。論陽城「撫字心勞」，謂：「撫字必從心出，由心而發，隨事加恤，更有裨益；若徒從外面摭實一二便民事，以爲得意，亦市名也，其去殘忍者幾希耳。」殁後，子準輯先生生平雜鈔之稿，編次增益爲正修録三卷、齊治録三卷。正修録所採，凡一百三十八家之言，不分門目。齊治録亦採諸家之説，分幼學蒙養、閑家善後、士子守身、搢紳居鄉、以道事君、任職居官、勸諭愚民、慎重刑獄、善俗戢姦、催科撫字、備荒救災，凡十一門。稱「先生不從理學立名，絶無彼此異同之見」。又言：「先生不佞佛，亦不闢佛。謂身爲儒者，方憂聖賢道理挹取不盡，何暇探討宗教，律觀諸書，以資辨駁。」準官至江蘇巡撫，克稱家聲焉。參史傳、先正事略、四庫全書提要、學案小識。

張先生貞生

張貞生字幹丞，號簣山，廬陵人。順治戊戌進士，累官翰林院侍講學士。爲司業時，刻鄒南臯宋儒語略，頗主良知之説。後與魏敏果、熊文端往來講學，乃一宗考亭。康熙九年，議遣大臣巡方，先生疏言：「察吏安民，當責成督撫大臣，巡方徒擾百姓，無益。」坐出位言事，降二級。尋乞病歸，然卒罷巡方之令。居京邸，蓬蒿滿徑，突無炊煙，瀕行不能具裝，故人餽贐，皆勿受。家居，構我師祠，又捐宅爲書院。十四年，起補原官。卒年五十有三。著有庸書二十卷、聖門戒律八條、簣山語録、唾餘、玉山遺響集各若干卷。先生爲學，一以慎獨主敬爲歸。嘗大書座右曰：「最危是人禽之界，喫緊在義利一關。」又言：「學問經濟，本非兩途，然經濟有從學問來者，學顏子之學，即志伊尹之志是也。亦有不從學問來者，則爲驕吝，爲器小，爲執拗，甚至爲奸險，非不自謂有爲有猷，其實毒蒼生而誤國是者，即此自命經濟之人也。」論者以爲名言。子世坤能傳其學，有恥言集。參先正事略、學案小識。

簣山語録

學問自有漸進工夫，別無頓悟法門。

諸家言自然，言頓悟，不問元氣虛實，專用表散之劑，不害人不止矣。

儒者言學，謂人所説過者，不必更説。然舍人所説過者，更從何説！聖賢語言，愈讀愈有味，越講越無窮。

氣無動無靜，以所行有動有靜矣。氣無聚無散，以所附有聚有散矣。

陰陽有相生之時，無未生之時。

儒者之學，不宜單提「靜」字，以類於禪。然靜則悔吝少，亦收斂之一端。

附　録

簣山與魏庸齋論尋孔、顔樂處，庸齋云：「舍功問效，如舍舟渡水，舍梯登屋，終日尋不能得。否則講説高妙，動涉禪機，茫無把握。不若溯流尋源，從切實下手處尋去，自有樂地。」簣山曰：「樂者，即吾之本體，成之性，得之天，非從外面攙和，非從後來添設。獨恐爲境遷，爲物撓，爲欲蔽，遂舉本來樂體，被無端怨尤填胸滿膺，非用一番工夫，一番尋求，便説曠達放誕，總非向來真樂。」又云：「誠本體，固難。復本體，尤難。」庸齋又云：「從何處尋？曰：『下學上達，克己復禮。』」學案小識。

先生與人書曰：「人欲合知行爲一，我必分知行爲二。單提致知，不如直説篤行爲明白切實。若以力行工夫，總以『致良知』三字盡之，雖是透脱，恐學者走入空寂一邊。」又與熊青嶽書：「若提明『性善』二字，謂可包知行，則致良知亦可包知行，姚江復起，將有辭於我矣！」同上。

陳先生廷敬

陳廷敬字子端，號説巖，澤州人。順治戊戌進士，改庶吉士。初名「敬」，以是科館選有同姓名者，奉旨增「廷」字。授檢討。洊擢内閣學士，充經筵講官，翰林院掌院學士，教習庶吉士。入直南書房。丁母憂，服闋，補原官。歷遷禮、吏二部侍郎，管理户部錢法。擢左都御史，疏言：「貪廉者，治理之大關；奢儉者，貪廉之根柢。欲教以廉，先使之儉。古者衣冠、輿馬、服飾、器用之具，婚喪之禮，賤不得踰貴，小不得加大。今或等威未辨，奢侈之風未除，貧者循舊而見嗤，富者即新而無厭，轉相慕效，積以成風，由是富者黷貨無已，貧者恥其不如，冒利觸禁。其始由於不儉，其繼至於不廉，猶水之失隄防而莫知所止。乞敕下廷臣，博考舊章，斟酌損益，務合於中，罔敢淩越，則節儉之風庶可漸致。」又疏言：「督撫之職在察吏，吏果廉能，毋敢有加派火耗，毋敢黷貨於詞訟，毋敢朘削夫富民，然後能一意行上之教，而民不罹於刑。今吏或不能，誠有罪焉，然非盡吏之罪也。上官廉，則吏自不敢爲貪；上官貪，則吏雖欲爲廉，而不可得。方今要務，在於督撫得人。爲督撫者，不以利欲動其心，然後能正心以董吏，吏不以曲事上官爲心，然後能加意於民，民可徐得其養，養立而後教可行。宜通飭督撫，凡保薦府州縣官，必確察其無加派火耗，無黷貨詞訟，無朘削富民。每月吉，集衆講解上諭，實心奉行者，俾知功令之重在此。而皇上之考察督撫，則以潔己教吏，吏得一心養民、教民爲稱職。使賢者知勉，而否者知懼。」二十五年，同徐學士乾學奏進鑑古輯覽，詔嘉其勸戒昭然，有裨治化。時纂輯三朝聖訓、政治典訓、平定三逆方略、皇輿表、一統志、明史，先生並充總裁。官累遷工部、户部、吏部尚書。旋以湖廣巡撫張汧案牽引，上察其誣，不問。以父年老，乞歸養，准以原官解任，仍領修書事。二十九年，起爲左都御史，遷工部尚書。父憂，歸。服闋，授户部尚書，調吏部，授文淵閣大學士兼吏部尚書。四十九年，以耳疾乞休。既而大學士張公玉書卒，李公光地疾未愈，詔仍入直辦事。五十一年卒，年七十四，謚文貞。先生童稚之年，即知嚮慕正學，衣冠偉岸，擬而後言，議而後動，磊砢自異，蓋天性也。侍講席最久，經筵奏對，時中啟沃，所爲文亦逼韓、曾諸大家，言中有物。有午亭文編五十卷。參史傳、四庫書目提要、名家詩鈔小傳、學案小識。

文集

錫土姓説

古無無土無姓之人，禹貢言錫土姓，惟五服諸侯之事，而不及凡有土有姓者，非略之也，舉其大而小者可知也。故凡有土有姓，其源流失得之故，有可考者。夏后氏五十而貢，殷人七十畝，周人百畝，是三代無無土之人矣，而取民之制不過什一。魯至宣公初税畝，成公作丘甲，哀公用田賦。夫税畝猶未遠於什一之法，而左氏譏之曰非禮。丘甲重斂，已違什一之制。至於田賦，則實爲後世以田斂錢之始，其大遠於什一矣。秦孝公用商鞅，廢井田，制阡陌，任民所耕，不限多少，其多者得鬻賣；又戰得甲首者益田宅，五甲首而隸役五家，兼并之患，自玆起矣。民田多者，以千畝爲畔，無復限制。以田之多少，爲賦斂之厚薄。及其後也，乃舍地而税人，地數未盈，其税必備，其繆戾滋甚焉。始皇三十一年，始令民自實田以定賦，蓋取大半之賦，竭天下之民力，以逞其欲。二世承之，海内叛亡。當是時也，天下無復有有土之民矣。夫民之無土，其始由於厚斂。民既無土，而國亦隨之。傳云：「與其有聚斂之臣，寧有盜臣，自古以來，未有聚斂而不亡者也。」然至於秦，有無土之人，無無姓之人。左傳曰：「因生以賜姓，胙土以命氏。」史記註：「天子賜姓命氏，諸侯命族。族者，氏之别名也；姓者，所以統繫百世，使不相别也；氏者，所以别子孫之所出也。」吕祖謙曰：「姓者，所以統其祖考之所自出，百世而不變者也。氏者，所以别其子孫之所自分，數世而一變者也。」春秋纂例云：「姓則百代不易，惟天子乃得特賜姓，如舜賜禹姓曰姒，伯夷曰姜；武王賜胡公姓曰嬀是也。又天子之子，例以謚配字，僖伯、文伯、宣叔、襄仲之類是也，而後代子孫，因以其字爲氏，示所出不亂，所謂别子爲祖也。」由諸説考之，别姓則爲氏，合氏則爲族，則是氏與族爲一，姓與氏爲二矣。故羽父爲無駭庶子，隱公命以爲展氏，則氏族爲一也。風俗通曰：「或氏於號，或氏於謚，或氏於爵，或氏於國，或氏於官，或氏於字，或氏於居，或氏於事，或氏於職。以號，唐、虞、夏、殷也；以謚，戴、武、宣、穆也；以爵，王、公、侯、生也；以國，曹、魯、宋、衛也；以官，司徒、司馬、司寇、司空、司城也；以字，伯、叔、仲、季也；以居，城、國、園、池也；以事，巫、卜、陶、匠也；以職，三烏、五鹿、青牛、白馬也。」然凡賜氏族者，子孫爲卿，有大功德，則生賜以族，若叔孫得臣之類是也。其無功德，死後乃賜族，若無駭者是也。夫無駭生不得賜氏，又況生而自以爲氏者乎？若是乎氏族之重，其君不賜，而子孫自以其祖父爲氏爲族者，皆僭也，亂也。然氏亦謂之姓，如舜生嬀汭，賜姓曰嬀，封舜之後於陳，以所封之土命爲氏，故舜後姓嬀，爲氏曰陳。今之以陳爲姓者，不聞其别爲氏，則姓氏爲一也。蓋其初若將以别之，而其後乃復爲一。一之以百世不易之姓，而不一之以數世一變之氏也，傳有之。姓者，生也。以此爲祖令之相生，雖及百世，而此姓不改，所以統繫焉，使不相别也，故先王之所尤重者，姓焉而已矣。夫惟天子乃得賜姓，諸侯則否，諸侯賜氏。則凡不得賜，而自以爲氏，謂爲僭且亂者，所以防天下之自别其子孫之所出者，而因以自昧其始生之祖也，姓顧不重矣哉！鄭夾漈氏族略謂：「凡言姓氏，皆本左傳。左氏所明者，因生賜姓，胙土命氏，及以字、以官、以邑，五者而已。今則不然，論得姓受氏者三十二類，一曰以國，二曰以邑，三曰以鄉，四曰以亭，五曰以地，六曰以姓，七曰以字，八曰以名，九曰以次，十曰以族，十一曰以官，十二曰以爵，十三曰以凶德，十四曰以吉德，十五曰以技，十六曰以事，十七曰以謚，十八曰以爵氏，十九曰以國係，二十曰以族係，二十一曰以名氏，二十二曰以國爵，二十三曰以邑係，二十四曰以官名，二十五曰以邑謚，二十六曰以謚氏，二十七曰以爵謚，二十八曰代北複姓，二十九曰關西複姓，三十曰諸方複姓，三十一曰代北三字姓，三十二曰代北四字姓。」所援据最詳，而亦不分孰爲姓，孰爲氏。要之，猶未遠乎姓氏爲一之義也。至所云「三代之前，姓氏分而爲二，男子稱氏，婦人稱姓」，於文，女生爲姓，故姓之字多從女，如姬、姜、嬴、姚、姒、媯、姞、妘、婤、始、妊、嫪之類」。夫先王以姓爲重，今曰男子稱氏，婦人稱姓，則是反以氏爲重，而以姓爲輕，其亦不明乎禹貢之義者也。禹貢言錫土姓，使天下無無土之人，亦無無姓之人也。其時所錫者，雖止及於五服之諸侯，而諸侯之土田人民，諸侯實自經理之，雖不得賜之以姓，而或者推天子之意賜氏焉，以別其人。苟非然者，是使高山大川雖已奠之，而畎澮之水任其横流而不治也，其尚可以爲國乎？吾故以爲，古者無無土無姓之人，而推言由秦以來，乃有無土之人，至於其凡所以得姓之故，尤致意焉，使世之讀禹貢者，不因文以害義，以見先王之治天下，使無土者有土，無姓者有姓，其爲萬世生民計者，至深遠也。

春秋始隱公論

粤自西周板蕩，王轍東遷，平王以來，流離世故，斯亦極矣。眷言豐、鎬有故國舊京之感焉，此周家之一大變局也。春秋託始於平王，無可疑者。陳氏傅良曰：「春秋非始於平王，始於桓王也。當平王之世，魯隱之奉其弟軌，宋穆之舍其子馮，諸侯猶有讓千乘之國者也。衛石碏、晉九宗五正嘉父、宋孔父之流，猶知尊君親上也。鄭莊公爲卿士，王貳於虢，於是周、鄭交惡。隱之三年，平王崩，桓王即位。四年，而鄭始朝。身爲卿士，而有志於叛王，此春秋所以作也。」嘗試論之，夫桓之於鄭，孰與平之於申、鄫？而鄭之叛志，孰與齊、楚、秦、晉之强僭？四年而朝，孰與周、鄭之交質？繻葛自將之役，孰與犬戎弑君之大變？故謂春秋託始於桓王者，是亦齊末之見矣。孟子曰：「王者之迹熄而詩亡，詩亡然後春秋作。」二雅絶於幽王，平王之世，詩下降於國風，是所謂王者之迹熄也，又何疑於春秋之託始與？然則曷不始於平王之初年也？趙氏鵬飛有言：「子嘗曰：『吾其爲東周乎！』蓋將興西周矣。興西周之志不得行於時，而寓於春秋，則春秋者，中興周室之書也。」又言：「平王之末，政愈不綱，天下之亂，有加於前，而中興無其人矣。夫子於是憫悼衰世而作春秋也。」趙氏説雖善矣，而未盡也。余謂春秋之作，始於隱公者，隱公之元年，當平王之季世，隱公有讓國之心，而遭簒弑之禍，其父子君臣之際，有臣子所難言者。夫子垂典法於萬世，明大戒於方來，首記其事，有微文顯志焉。或曰：「禍基於惠，而記始於隱者，何也？」曰：「傷隱之賢，而誅桓之簒也。」或又曰：「隱攝也，桓宜爲君者也，宜爲君者而誅其簒，何也？」曰：「凡隱之立，夫子許其爲公，不言其爲攝。攝，經無明文也。非攝而親遇弑焉，其爲簒也，何疑乎？是以劉氏敞曰：『讓則不攝，攝則不讓。』而傳謂隱公攝，是非其位而據之者也，於王法所不得爲。於王法所不得爲，則桓之弑隱，惡少減矣，春秋不宜深絶之。今以其深絶之，知隱公乃讓也，非攝也。今以攝言隱公，是不盡春秋之情也。而穀梁子之論隱公也，曰：『春秋貴義而不貴惠，信道而不信邪，孝子揚父之美，不揚父之惡，先君之欲與桓，非正也，邪也。既勝其邪心以與隱矣，已探先君之邪志，而遂以與桓，則是成父之惡也。』蓋穀梁之論過甚矣。昔者，周之始興也，泰伯之讓，孔子賢之。當春秋之世，視泰伯之時，何時也？有能以讓而身蒙禍患，猶刻責之，追訴其所爲，曰『探先君之邪志』，曰『成父之惡』，使此人之隱衷大節，既無以白於天下，而世不復知讓爲盛德，以簒奪爲固然，將陰以生亂臣賊子之心，其何以勸善而懲惡也？亦異乎君子成人之美矣！且太王之欲傳位季歷，亦可謂爲邪志，而季歷及昌，亦可謂爲成先君之惡者耶？雖隱公之賢不及泰伯，而惡亦未著，春秋之作，將以獎善戒惡耳。惡者猶欲進之於善，況非惡之尤著者乎？惡未著，而被之以『成父之惡』之名，聖人與人之意，度不出此。故曰『傷隱之賢，誅桓之簒』，此夫子之微文顯志也。」或者謂：「春秋有書即位，有不書即位。隱不書即位者，不成其爲公也。不成其爲公，是夫子不許之也。」曰：是豈然與？凡即位之例，啖氏助言之，陸氏淳誦説之。余嘗求其義矣，知隱之不即位，有非例所得盡者，而啖氏未能究其義也。啖氏之言曰：「凡先君正終，則嗣子踰年行即位禮。穀梁云：『繼正，即位也。』文、成、襄、昭、哀五公是此例也。凡先君遇弒，則嗣子廢即位之禮。不忍行也。穀梁云：『繼弒君，不書即位，正也。』莊、閔、僖三公是也。凡繼弒君，而行即位禮，非也。穀梁云：『桓公繼弒君而行即位，則是與聞乎弒也。』公羊云：『宣公繼弒君而行即位，其意也。』意欲爲君，故黨於賊，而行即位。左氏不達其意，曲爲其説，而云莊公『不言即位，文姜出故也』；閔公『不言即位，亂故也』；僖公『不言即位，公出故也』，左氏云，閔公弒後，「成季以僖公適邾，共仲奔莒，乃入立之」。

公出復入不書，諱故也。』言經中無僖公出入之文。以得罪去國，猶曰不忍，父爲他國所弒，其情若何？不舉其大，而舉其細，非通論也。且三月文姜方孫，何妨正月即位乎？故知解莊公不言即位妄也。國有危難，豈妨行禮，故知解閔公不言即位妄也。若君出諱而不書，昭公何以書乎？假如實出，亦當非時即位，如定公也，故知解僖公不言即位，妄也。」按陸氏引啖子所稱繼正即位、繼弒不即位之說當矣。至其闢左氏所云莊、閔、僖之不即位，辭尤辨而正也。而獨於隱，則猶因左氏、公、穀之說者，余故以爲未究其義也。左氏云：「不書即位，攝也。」而公羊以爲：「何以不言即位？成公意也。公將平國而反之桓。」穀梁以爲：「何以不言即位？成公志也。言君之不取爲公也。君之不取爲公，將以讓桓也。」愚以謂，左氏言攝，既與經違，而公、穀以爲成公之意、志云云者，是公既即位，而孔子削其事矣。審如是，則是夫子欲成隱讓國之心，而隱實未得行即位之事。不得行即位之事而即位焉，是在隱初非欲讓者也，烏在其爲成其意、志乎？是以由左氏、公、穀之論，而知啖氏之言猶未究其義也。宜乎隱公讓國之賢，未大著明於後世，而遂失聖人所以作經之心矣。故吾斷以謂，隱不書即位者，隱自不行即位之禮耳。夫子不得而書，故夫子亦不得而削也。及觀趙氏汸之論，而有合焉。趙氏有謂策書之大體者曰：「行其禮則書，不行其禮則不書，此無待於筆削者，吾無加損焉。」蓋隱公之即位，策書之大體也，其書於策，則存而不削，不書於策，雖聖人不得而益之。趙氏之說，有以得乎聖人光明正大之心，而不同乎谿刻詭僻之見，宜其合於吾心也。明乎此，而後知隱之於桓，讓也，非攝也。讓而弒之，夫子是以傷其賢，而誅其篡。春秋之始紀隱公，而善善惡惡之大義已並行而不悖焉，此其爲聖經也與！且夫吾之於春秋也，恒體聖人善善長惡惡短之義，而不敢有谿刻詭僻之見，以冀無失聖人光明正大之心。是以於隱公之事，不敢有過求焉爾。因敍春秋之所以始，爲論其義而辨之。若夫求其義而不得妄生穿鑿，如葉氏夢得所云「天有十二月，冕有十二旒，服有十二章，春秋紀十二公，逆而推之，至於隱公以成其數」者，是皆小見破道，邪説亂經，學者尤當以爲戒也。

古今易説

易於六經最古，遭秦燒書，以卜筮獨得存，最爲完書。最古而完，而今所傳者，特爲淆亂，視他經爲甚焉。樂既散亡，二禮經晚出，雖闕，然幸不爲後人所亂。書得之孔子屋壁，詩賴諷誦以存，雖不無殘脱，然考詩、書之序，或皆繫於篇末，或自合爲一篇，其始皆不亂於正經。書自孔安國，詩自毛公，始別序入經，冠之篇首。朱子除其序，各合爲一編，以置經外，而復詩、書之舊焉。春秋一經三傳，初皆別行，漢以來，儒者欲省學者兩讀，至以公、穀配經，左氏分傳附經之年，朱子雖未及詳定，而亦別出左氏經文，蓋將以復春秋之舊也。經之存者五，惟易最古，而最先亂。已而幸正之，卒又亂焉。藝文志云：「易經十二篇。」顔師古謂：「上下經及十翼。」蓋古經也。漢費直以彖、象釋經，附於卦後。今乾卦起「大哉乾元」，至「用九，天德不可爲首」，是其例也。雖其初加一「傳」字以別於經，然十二篇之經，直已亂之矣。漢鄭康成注易，合彖、象於經，而所謂彖、象不連經文者猶在也。至魏王弼注易，用康成本，又增入乾、坤文言，雖加「彖曰」、「象曰」、「文言曰」以別於經，然直之所既亂者，弼又從而亂之。若説卦等篇仍其舊，總曰繫辭。自是世儒知有弼易，而不知有古經矣。程子作易傳，因弼本，未暇更正。嵩山晁説之考訂古今，釐爲八卷，卦爻一，彖二，象三，文言四，繫辭五，説卦六，序卦七，雜卦八。而吕氏大防周易古經，上經一，下經二，上彖三，下彖〔一〕四，上象五，下象六，繫辭上七，繫辭下八，文言九，説卦十，序卦十一，雜卦十二。王氏原叔家古易本，卦辭一，彖辭二，大象三，小象四，文言五，繫辭上六，繫辭下七，説卦八，序卦九，雜卦十。東萊吕祖謙則定爲經二卷，傳十卷，上經一，下經二，彖上傳一，彖下傳二，象上傳三，象下傳四，繫辭上傳五，繫辭下傳六，文言傳七，説卦傳八，序卦傳九，雜卦傳十。朱子本義從之，故朱子曰「經則伏羲之畫，文王、周公之辭也，并孔子所作之傳十篇，凡十二篇。中閒頗爲諸儒所亂。近世晁氏始正其〔二〕失，而未能盡合古文，吕氏又更定，著爲經二卷，傳十卷，乃復孔氏之舊」云。按朱子之言，幸古經之復正也。明永樂時，修五經大全，易則從程傳元本，而本義則以類從。夫以程子未及更正之經，取朱子從古經説易之辭，割裂參錯於其閒，使古經已正而復亂。而最繆戾者，篇首仍載朱子幸古經復正之説，而又不言其不從古經之故，是則所謂復孔氏之舊者，果安在乎？至使前賢之意，乖剌不明，至今三百年餘，未有能正之者也。成化閒，奉化學教諭成矩謂「世之讀易者，先本義而後傳」，遂獨刻本義行於世。今家傳户誦者，成矩之書也。夫朱子因古經作本義，明初諸人以本義參附

〔一〕「彖」，原作「象」，今改。

〔二〕「正其」，原作「其正」，據易本義乙。

於傳而一之，已失朱子之意矣。然猶曰：「此集諸儒之説，非專朱子之書也。」今矩所訂之書，儼然朱子之書，世之學者遵信之，而不復知其舛謬之若此也。蓋易之最古而完者，及今猶可考見，故與世諗焉。

朱子論定文鈔序

衆言淆亂折諸聖。去聖日遠，邪説害正，不有其人排斥而決擇之，以衷諸孔子，則天下倀倀焉，如瞽者之無相，瞑行之無燭，不及於顛踣陷溺，無所底也。當戰國時，去孔子猶未遠，而楊、墨、告子之徒，各倡異説，塞仁義之途，孟子辭而闢之，廓如也。洎秦以來，游士縱横捭闔，傾動世主。其人皆詐謀詭論，欲苟一時之得，不復顧萬世之害，舉先王所以成教化而美風俗者，毀裂滅絶，其害甚於燔書。浸淫既久，中於人心，由是百家紛出，奮其私知，敢有顯然非聖之書矣。兩漢雖表章六經，而微言既湮，其流至於曲學阿世，迨其後生心害政，以致禍亂相尋，歷晉、唐洎五季之時彌甚矣。中閒二三賢喆之士，如韓、歐諸君子，出而力爭之，聖人之道，賴以綿綿延延不墜於地。然亦莫有能集諸子之言，而匯歸於一是者也。故即濂、洛之賢，其言亦僅邈焉，孤存於世。逮及南宋，紫陽奮興於千載之下，正百家而集大成。迨於今世之學者，知道之有歸，而學之有統，謂非朱子之功，將誰屬哉！昔蘇子瞻論楊、墨之害等於洪水，降及後世，曲學之患，甚於異端。昌黎推尊孟子，以爲功不在禹下，然則朱子之爲功，亦不在孟子下矣。孔子曰：「不知言，無以知人。」孟子願學孔子者也，曰：「我知言。」夫言之淆亂，難知也久矣，由孟子辨之，而天下後世，始因以知之。今去孟子之時千有餘歲，羣言之紛綸莫可紀極，朱子從而别白是正焉，而天下之言理者始歸於一，是朱子之知言，繼孟子而興起者也。其言散見於羣書，及具本集中者，石門吴子青壇距户十年餘，潛心蒐輯，薈萃成編，名曰朱子論定文鈔。昔人謂仲尼篤說者，朱子篤孔子之説者也，今復篤朱子之説，可謂金口而木舌者矣。聖天子典學重道，紹接洙、泗，陂衺新異之説，不得至於黼扆之前，知言獨至矣。是書也，上佐乙夜之觀，益廣文明之化，又豈僅爲學士大夫誦説服習之書而已也哉！然學士大夫果皆能誦説而服習之，以求至乎成教化而美風俗，則簡册之所傳，即政教之所布也，知言之功，不其偉與！青壇以書問序於余，余是以樂爲之序。

困學緒言

率性爲道，道不可離，即此已見性善矣。如使性而惡也，有善有惡也，則亦何爲須臾不離此性而惡者，及有善而又有所謂惡者哉。故觀乎此，而紛紛之説，其爲謬妄，益信矣！

太極圖括盡天地人物之理，然其所以接聖道之統，開理學之傳者，所貴學者以此理實體於心耳。若不實體於心，則天地萬物亦何與於吾事乎？故曰：「君子修之吉。」修者，修此而已。

「克己復禮」，禮言復，本有也，禮即性也。夫曰禮，其善可知，烏有所謂惡哉！故絶天下之惡，而成天下之善者，「性善」兩字之功也。

貪生怖死，恒人常情。人能盡其道而死者，鮮矣！故委心任化，達人之情；盡性至命，聖人之學。

揚子雲謂：「通天地而不通人曰伎。」程子曰：「豈有通天地而不通人？如止云通天文地理，雖不能之，何害爲儒？」然則儒之所貴，可知矣。豈天文地理之謂哉！世之惟務從事於此者，諒矣！

吾學亦屢變矣。其始學詩，當其學詩，而見天下之學無以加於詩矣。其繼學文，當其學文，而見天下之學無以加於文矣。其繼學道，及其學道，而見天下之學無以加於道矣。

薛子讀書録言其心之所得，以備不思而遺忘，非如今之言道者，竊道之似，以成其説也。與其言而不行，寧行而不言。

凡事之難，當盡其道，處之不得有己。有己則自私，自私則用智，愈覺其難矣。故凡未盡其道者，皆有己者也。

易言而受責，其爲益多矣，思而改之，可也；逆而報之，大不可也。小人者，賢者恨之，聖人憐之，是聖與賢之別也。

完養思慮，涵泳義理，真積力久，自然有得。發而爲言辭，自當中理，而無鄙倍之虞，所謂「有德者，必有言也」。若學未至，而汲汲於爲文，正如小兒學語，雖道得一兩句，亦不得通貫曉暢也。

此道正如人之於飲食，得之則生，弗得則死。其事最平常，其理最切要。今人只作一件奇特高遠事看了，莫肯尋向上去。偶見學者從事於此，即自恥其不能，指目爲立異，可歎也！

凡心之所思，四肢百骸之所職，視聽言動之所以然，皆天也，非人之所能爲也。知其爲天，非人之所能爲者，則何可不敬以守之、愛之、護之、珍之、惜之，以無失其正耶？明道程子曰：「視聽思慮動作皆天也，人但於其中要識得真與妄爾。」

心之於道，猶腹之於飲食，飲食之至於腹，不假安排布置，而自能疏貫流通；道之體於心，亦豈待造作矯揉，而後能神明變化耶？

西銘「天地之塞吾其體，天地之帥吾其性」，自子思、孟子以來，無人見及此。惟程子云：「天人本無間斷。」語義約而能盡此，皆學者切要入德功夫，極其至，雖聖人莫能外焉。

或言：「道學不可不行，而可不講。」曰：「是也。然雖講之，庸何傷？講之所以求爲君子，不爲小人也。若心慕君子之名，而身冒小人之行，不愧於己，必愧於人，愧夫人之以小人目之也。既愧小人之名，將慕君子之實矣。愧於人，必愧於己，其致一也。若都不知愧，又何須講！且猶講之，必至於愧，愧其不爲君子，則必不至於爲小人矣。使天下羣然愧爲小人，慕爲君子，此道學之所以行也。羣居見人擾擾，己心能不動，此處正驗學力。未能至此，切須加勉强之功。」

一日之間，於言語應接不失其道，而中心浩然有所得者，學之驗也。

明道作縣，凡坐處皆書「視民如傷」四字，嘗曰：「顥常愧此四字。」此即萬物一體之意，學者當常存此心，不特居官臨民宜然。

南豐曾氏思政堂記有曰：「得於己故謂之德，正己而治人故謂之政。」朱子註「爲政以德」，正與此合。

當戰國時，闢楊、墨亦不止孟子，觀孟子言「今之與楊、墨辯者，如追放豚」云云，則可見矣。然而後世獨知有孟子者，不惟以其闢楊、墨，以其有所以爲孟子者在也。其諸與楊、墨辯者，以其專務闢之，而不知所以自治，所謂能言而不能行，不可以欺天下後世之人者也，是亦楊、墨之徒而已，烏足道哉！

問：「周子云：『見其大則心泰，心泰則無不足，無不足則富貴貧賤處之一也，處之一則能化而齊。』不知如何能見其大？」曰：「且須理會古聖賢言語行事，如理會得孔子疏食曲肱樂在其中，顏子陋巷簞瓢不改其樂，此見得一分，則心泰一分，見得十分，則心泰十分，既有所見，須守之勿失，漸次擴充到純熟處，則化而齊也。」

先儒謂：「孔、顏自有其樂，不因疏食曲肱、簞瓢陋巷而後樂。」此論最是的當。愚以爲，大聖賢處富貴貧賤一以視之，若常人處富貴而淫，處貧賤而憂者，固不足道矣。然常見膏粱華寢之人，所憂有甚於蓬茅藜藿之士，是則疏食飲水，陋巷簞瓢，固亦自有樂在爾。

程子言：「聖賢千言萬語，只是欲人將已放之心，約之使反，覆入身來，自能尋向上去。」朱子言：「收斂此心，不容一物，乃是用功。」此本體、功夫合一之至論。

「天命之謂性，率性之謂道，脩道之謂教」，是統論此理。辨明「性、道、教」三個字，使天下萬世人不爲異端所惑，以致走差了路頭。此三句，子思一生大本領，聖學大源頭，故首揭以示人。自「道也者，不可須臾離也」，至「君子慎其獨也」，是指點人下手做工夫處。既有此段工夫，所以養成喜怒哀樂未發之中，發而中節之和。中也者，天下之大本，便是天命之謂性。和也者，天下之達道，便是率性之謂道。致中和，天地位焉，萬物育焉，便是脩道之謂教。首尾相應，脈絡分明，學者默識而從事焉，盡性達天之學，具於是矣。

凡人役志於榮利紛華，一旦小失意，則戚然如不欲生，蓋其生平患得患失，至此而益不能以自持，所謂「不仁者，不可以處約、樂〔一〕」也。若夫有道之士，不處非義之富貴，不去非道之貧賤，其自處有素，所謂「富貴不能淫，貧賤不能移」也，焉往而不浩浩哉！

讀書、養氣，不得分爲二事。

附録

先生夙知靈壽令陸公隴其、清苑令邵公嗣堯賢，袖疏草，將列薦。會上御宫門，亟召九卿舉廉吏。既進升階，未盡一級，上獨目先生。班定，又數目，若詔使言者。蓋是時先生方掌御史臺，以進言爲職，又嘗數薦人，以故數目先生使言。先生自念，班六卿下，既未承明詔，當以次對。已而六卿有言他守令賢者，語未竟，上特問先生，廉者果爲誰。先生奏言：「知縣陸隴其、邵嗣堯，皆天下清官，雖治狀不同，其廉則一也。」於是兩公皆擢御史。始先生嘗亟稱兩公廉，或謂曰：「兩人者，廉而剛，剛者易折，且多怨，恐及公。」先生曰：「果賢歟，雖折且怨，庸何傷？」是可謂能以人事君者矣。先正事略。

聖祖留意古學，嘗召對羣臣，從容問在廷中誰最能詩，先生以王公士禛對。詔舉博學鴻儒，先生疏薦汪公琬。之二公者，一爲詩伯，一爲古文家，而皆由先生言以達天聽。後十餘年，聖祖復以後進詩人

〔一〕論語里仁作「不仁者，不可以久處約，不可以長處樂」。

垂詢先生，先生以史給諫申義、周宮詹起渭對，皆一時之傑也。同上。

林吉人曰：「先生平生學術師法河津，河津之學以復性爲宗，而文與詩皆雅健絶倫，淵源最正，爲紫陽以後一人。先生少刻苦，以正學自命，一以河津爲的。其立朝公忠之大節，行己廉慎之清脩，言必稱先，詞自己出，所謂貫文與道而一之者，無媿於河津矣。」林佶午亭文編後序。

清儒學案卷二十一

愚山學案

愚山家傳理學，根柢深厚。出而蒞政，廉明慈惠，澤加於民。特以夙負詩名，晚又以詞科進，修史者列之文苑傳中。德行政事，實與睢州、當湖相伯仲，固一代醇儒也。述愚山學案。

施先生閏章

施閏章字尚白，號愚山，宣城人。祖鴻猷，明萬曆閒以理學顯，學者稱中明子。父譽、叔父譽克紹其業，孝友雍穆，江南言家法者，推施氏。先生少孤，叔父撫以成立。嘗從同里沈徵君壽民受學，博綜典籍，工詩古文辭。順治己丑成進士，授刑部主事，擢員外郎。引經斷獄，期於平允。出爲按察司僉事、山東提學道，先生歎曰：「吾家世擅理學，三傳皆困諸生，一旦抗顔爲人師，進退學者，吾敢以俗學負家學哉！」取士先行而後文，崇雅黜浮，有冰鑑之譽。遷布政司參議，分守湖西道。所轄臨、袁、吉三郡壞瘠，歲饑，邑多逋賦，追呼急，輒相聚爲盜。先生作勸民急公歌，召父老垂涕諭之。吉水有大户，聚數千人，依險自保。邑令乘閒執之，以叛聞。先生察其枉，盛陳兵衛，曉以禍福，縱之去，令輸租以自贖，餘黨亦解散。徧歷崇山廣谷閒，拊循周至，四境帖然，人呼爲施佛子。嘗作彈子嶺大阬、歎竹源阬等篇，以告諸長吏，讀者感歎，比之元道州之春陵行焉。重修景賢、白鷺兩書院，集多士講學其中。有兄弟爭産者，將具牒請質，適開會講習，先生講長幼有序句，極陳兄弟之恩，且曰：「某少孤，終鮮兄弟，見友恭者，固欣然慕，即見鬩牆者，亦心動，以爲彼尚有同氣，或可轉乖爲和也。」言已泣下。忽二客相持大慟，各出袖中辭焚之，讓所爭産爲祀田。後以裁缺歸里。居十年，當補官，以叔父年老，引疾固辭。己未，召試博學鴻詞，授翰林院侍講，纂修明史。先生素以文學飭吏治，至是始得著作之任，考覈同異，辨析是非，無所回互。典試河南，稱得士，張清恪伯行其一也。轉侍讀。康熙二十二年卒，年六十有六。

其爲學以體仁爲本，姚江、盱江之説雖習之，而獨宗濂、洛。文章原本道義，意樸氣靜，守歐、曾矩度。尤以詩名，據東南詞壇者數十年，時稱「宣城體」。著有學餘文集二十八卷、學餘詩集五十卷、試院冰淵一卷、施氏家風述略一卷、硯林述遺一卷、矩齋雜記二卷、蠖齋詩話二卷，擬明史稿七卷、青原志略補輯十三卷。參史傳、湯子遺書、西河文集、愚山年譜、鶴徵録、先正事略。

文集

景賢書院記

書院稱景賢者何？曰存古也。曷言乎存古者？吉州舊有景賢堂，以祀王文成先生者也。地距南郭高阜，憑江面山，久廢爲榛莽之墟。嘗過之，太息，謂：「有司盍復諸？」予講學白鷺、青原間，既二年，諸君子欲爲別置講堂，羣謀僉同，選地維舊，於是卜築於景賢之遺址。以其名歸予，予固謝曰：「君子恥名勝其實，未聞無實而弋名者也。凡吾之講業於此，蓋踵吉州舊事，振其緒而弗敢墜焉，非抗顔人師也。且將爲實乎？白鷺、青原之席具在；將爲名乎？則今之才力殫矣，曷忍擾吾民！」爲辭之數四，終弗能禁。且視昔規制有加，予懼然曰：「噫！是重吾過也。」毋已乃祀文成如其舊，而虚其堂爲講學之所，是爲景賢書院。楚進士羅喆芰樞，有志於道者也，過螺川，移書曰：「聖自我作，景賢之義何居？」予告以故，且謂之曰：「聖賢道二乎？尼父之教人也，高下偏全，兼蓄曲成，未嘗揭揭焉責之以聖，而聖人之道以明。且子將薄賢乎？傳曰賢賢易色，見賢思齊，而遜謝聖仁爲不敢，豈姑舍其最上者乎？夫學，以學爲人也，君子以人治人，改而止。今有人於此，稱之以聖人，雖強者不敢當；斥之以禽獸，舂兒走卒皆怫然戟手矣。然而孟子辨其所異惟幾希，蓋危之也。出此入彼，間不容髮。然則有志於道者，亦還其爲人而已。洵爲人，則其去堯、舜、周、孔不遠矣。夫侈然予聖，是自誣也。謂予弗克聖，是自棄也。人皆恥不肖之名，而或不免蹈其實，是有知而不克致也。易不云乎：『可久則賢人之德，可大則賢人之業。』賢與聖何畛焉？吉州既爲文成政教漸被之邦，俎豆未墜，風澤未遠，而學者又砥礪奮迅，不介以孚，苟能如祭嶽而涉海，不躋其巔，不窮其流不止也，寧第稱賢而已哉！」既以復羅君，又具告諸君子，皆曰：「善。請記之。」予不敢作也，聊次其語。若夫經始落成，度費董工，紀姓氏本文，則有吉州諸君子在。

重修復真書院記

施子曰：余觀於吉州，而知理學之盛也。其最則安成。蓋自鄒文莊洎劉三五、師泉、兩峰諸公，受業文成，稱高弟子，繼又有王塘南先生，兩峰之門人也，於時講德考業，書院相望，有曰復古，曰復真，曰道東，曰識仁，皆書院之著者也。而所謂復真者，文成嘗手書惜陰説以勖之。一邑之中，所在有會，歲必數舉，舉必累日，用相砥以勿懈。有入其中而戾其教者，則人目笑而背指之曰：「夫夫也，而與於講學者邪？」其人聞之，必大慚。於是君子有所誘而爲善，小人有所憚而不敢爲惡。淺者習威儀，守繩墨，深者略言語而優入於性命。田夫孺子市販之徒，皆耳習其言，目習其事，若日用飲食之相循不廢也。故其教立而俗以不偷，則此數君子力也。近年書院多荒圮，余閒爲修舉故事。其在屬邑者，弗遑偏也。而上南里鄉先生王君吉、張君瑛、朱君經、康君若生輩，居近復真，輒聚衆力葺之，以董率後學，可謂知所先已。君子之教人也，非三復以申命，則入人不深，而苟非其人，往往數聞而易厭，甚有竊其似而離焉者，遂爲人口實，非教者之過也。文成之致良知，孔、孟之言，非王氏私言也。不學者或以任情率意爲良知，而躬行闕焉，則王氏之罪人也，豈待羅文莊困知之辯，而後知其非哉！人有少去其鄉，長而迷所歸者，告以父母宗族所在，無不蹶起思返者，豈天之所與，棄不反顧歟？天命流行，物與无妄，夫亦在乎復之耳。於乎！昔之數君子，予不得見矣，猶及見後人修復其盛事。苟得二三君子，爲之必誠必盡也，其立教成俗，何遽不古若也？謹志其歲月，而别書其同事之賢者，劖諸石，庶後來之有繼也。

先大父中明府君集書後

是編經始乙卯春，刻成於丙辰仲秋，合之得中明子集十卷，蓋先大父允升先生之書也。先生少篤孝，長志聖學，會祁閶陳九龍先生履祥至，遂北面焉。九龍蓋盱江羅公汝芳之高弟子，鄒忠介公元標之畏友也。其學隨事指授，要歸知性，自稱天學生。先生從游，辯論往復，日夜不倦，久之涣然以解。既游郡校，楊復所先生嘗遇之金陵，見其舉子業，謂必名天下，先生泊然不以經意。其師事九龍，不啻七十子之於孔子。九龍亦倚毗心膂。嘗病甚，九龍慨然籲神，至捐己算以益之。師弟之篤，可謂曠世一遇者矣。所至講會有録，欲俟中年後編校成書。年四十七而殁，遺言殘帙委諸篋笥。先君子居廬，日録數紙，跪而陳之靈几。既爲一編，乙丙之閒，狼藉兵燹。今從故舊藏書家綱羅考訂，故遲之歲餘，疑者闕焉。其講義不可勝載。於乎！先君子能跪録之衰絰之中，而後人不能保之兵燹之際，痛可言哉！抑韓氏所謂存十一於千百，猶愈於澌滅都盡也。孔子立教，以文、行、忠、信、詩、書、執禮，未嘗數言性道。使人學焉而自得，性道卒在其中。故子貢以夫子性道爲不可得聞；子思子作中庸，首揭天性，而以率修爲學，本之不睹不聞，極之無聲無臭。孟子尤極言性善，宋儒祖而述之，直指本體，自謂得孔、孟心傳，非不學也。學者，學此也；覺者，覺此也。其爲物不學而能，而非不學所能全。故終身由之而不盡者，性也，蓋自濂、洛諸儒授受皆然矣。或有致疑盱江之學，殆未知道者也。

修史議

史不可一日無也，良史才則曠世不多覯也。左氏之後，史、漢並稱良史。紀、表、志、傳之體，馬遷創始，班固繼作，其法遂不可易。魏、晉以還，惟陳壽之三國志、歐陽修之五代史差爲近古。然壽之短諸葛也，比於雪怨而索米，見詆抑又甚焉。歐陽不爲韓通立傳，蘇公亦嘗議之。夫歲遠則異同難明，代近則恩怨多乖，徵實則有目睫之虞，矯誣則有人鬼之讉，故以昌黎之才，亦遜謝不遑，史固難言哉！我皇上天授亶聰，祖經禰傳，既修皇清玉牒實録，又纂輯四書講義、皇輿考、人物考諸書，文治丕茂，又將有事明史，監前代之得失，以信今而傳後，誠盛舉也。且勝國諸史，未有不成於後王者。遠不具論，宋、金、遼三史，元臣脱脱總其事，而元史之成，則宋濂、王禕爲之。今國家膺圖秉籙三十年餘矣，明史廢而不修，後將何稽？推而論之，其難有八。一曰考據。後漢紀傳，發源東觀，梁、陳二書，父子繼成，蓋創始者難爲功，因舊者易爲力也。明史如大政紀、吾學編、憲章録諸書，皆起自洪、永，訖於萬曆，啟、禎二朝，信史闕然。此考據之難也。二曰裁制。馬遷敘三千年事，五十萬言。班固敘二百年事，八十萬言。非固詳而遷略，而多寡懸殊。唐書修後，事增於前，文省於舊。按明二百七十年，紀、表、傳、志，動須累尺，繁則蕪雜，略虞挂漏。此裁制之難也。三曰核實。所見異詞，所聞異詞，所傳聞異詞，有疑必闕，古聖所稱。前朝載籍，佚於兵燹，而子孫志傳，類多曲筆，鑒定衡平，吾斯未信。此核實之難也。四曰定論。議禮則予張、桂而絀楊、羅，講學則禰紫陽而祧新建，百喙爭鳴，幾成聚訟。尤可異者，楊、左、崔、鄭黑白較如，而三案旋定旋翻，知我罪我，志在春秋。此定論之難也。五曰門户。甘、陵之部，分自清流；蜀、洛之黨，成於賢哲。明季門户，清濁判然，事異往昔。然張湯以後，賢不入酷吏，寒暑筆端，古今同歎。此門户之難也。六曰牽制。古人修書，出於一人之手，成於一家之學，班、馬是也。後此分曹共局，是非牴牾，議論蠭起，腐毫輟翰，相持不下。此牽制之難也。七曰忌諱。事涉本朝，崔鴻匿書不出；因避唐諱，百藥甘受世譏。蓋文字常伏危機，吹毛動成大戾，彼亡虜之佐，或以興秦，吠堯之犬，本以忠桀，棄則失真，著恐觸忌。此忌諱之難也。八曰程限。班掾承其父彪端緒，積思二十餘年，猶待女弟昭以卒業。宋祁出守成都，許以唐書自隨。蓋以事在千古，非可取辦歲月也。若急就之章，繩以八法；疾行之步，律以采齊，當不然矣。此程限之難也。要以作之者數人，議之者千萬人，嫺詞賦者乏史裁，善記問者短筆札，工捃拾者罕定識，嚴綜核者少持平，所謂擅三長而去五失，蓋難之難者也。

復湯孔伯書

吾道之衰，甚矣！處今之世，薄聲利而急道德，早歲拂名，講洙、泗、濂、洛之學，如年丈先生，當復幾人。平居引頸遠望，庶幾旦暮遇之。及相見，又復邂逅别去，蓋是時家叔父年正七十，游子心動，魂夢作惡，惴惴恐不相見，故兼程遄歸。及抵里，幸無恙，始追恨從前之會，爲當面錯過也。僕不幸，少習雕蟲，爲名交所累，觸緒牽纏，動不可了，即使留數日，亦未必有可就正。今復何以應明問，而裨高深乎？孫徵君先生，今代典型，得見於榻前，慇懇良至，又辱其手書贈句。比即爲報章，兼函二金，爲九十之觴，會項君兩歲不至，遂無從郵寄，不知孫先生天尚慭遺否？今仍將原書附去，倘已歸道山，幸致其喆嗣，爲我焚之其墓。嗟乎！天未喪斯文，其或勉留先生百年乎！今年偶過錫山，尋東林書院，謁楊龜山道南祠，見高彙旃先生亦扶病一面，坐閒輒語及夏峰老人，然觀東林講學諸子亦寥寥。近有敝門人海陽施璜虹玉者，壯年棄舉子業，專力理學。其爲人悃愊無華，而所至學者傾動。其後來成就遠近不可知，要是尊信謹守一流人。此道惟苦歧路亡羊，門户高而閫奥薄，往往無成。若果鞭心向裏，無論大小偏全，要得其性之所近，猶愈於燒破空鍋也。年丈近日所得何如？幸不吝指示。去歲「徽變」震鄰，禍且切膚，敝郡人皆驚竄，弟亦不能安坐。今日城野兩難，將從何處生活？每憶南陽在孔道，而諸葛君躬耕，高卧草廬，此法今日尚可行耶？勉旃爲善，外此多未可卜耳。

復孫徵君鍾元書

夏仲，湯孔伯同年郵到手牘，伏審杖履安健，忻忭無量。至大作中所云：「九十蹣跚叟，儼然侍君旁。」讀之惄然悚愧。先生即容接後輩，何勤懇折節至是。然獲見風采，聞緒論，未敢一日忘也。姚江立教，有閒涉禪語處，其徒從而張之，致滋口實。然致知、良知，語本孔、孟，姚江從萬死一生中體驗得來，正大有功。苦在學者循聲失實，空説本體，咎在不致其知，非良知之罪也。姚江之説曰：「所惡於上是良知，毋以施於下是致知。」何等知行合一。但單提此説，便覺一切記誦學問可廢，未免偏枯。此是朱、陸之辨。其實，尊德性未有不道問學者。楊慈湖曰：「識得此體，不用工夫。」語亦有病。先生稱薛文清明之醇儒，王文成明之大儒，殊途同歸，不失尺寸。近日談道之儒，遂舉陽明而斥之，絶以異端，且自謂能闢王氏，即爲有功斯道，心竊惑之。譬有人於此，無立錐之地，而日訟其鄰人與爭界址，角門户，亦徒見其太早計也。儒宗一書，門徑不隘，要歸一揆。就中指示精切，往往發人深省。二三同志之友，競相傳寫，日苦不及。便中再得一二册，並幾刻短言見寄，誠大惠也。家居附郭，人事沓冗，惡動求靜，正是動靜未合一處。此道要須靜處立根，久之即動是靜，乃爲得手。今尚未免憧憧，祇增纏結耳。孔伯於此，大具猛力，惜草草萍散。蘇門游記詩附呈記室，不腆之私，聊當三千里外一觴，伏惟爲道自愛。

復汪惕若先生書

僕不敏，中年學道而無聞者也。遠思孔、孟之傳，仰承祖父之緒，弗克負荷，中夜不寐，拊膺而汗背者數數矣。總以世網紛牽，未免支離作輟，年向垂暮，尚無渙然冰釋處。老先生壽我以鴻篇，進我以大道，首推聖人作經之意，與聖人之所以用心，歷數羣聖心法，而歸於中庸。庸不離中，是爲至一；誠則無息，是爲合天。大哉言乎，非其人，誰足以當萬一哉！僕蓋學道而無聞者也。然不能自得，由不深造之故，此事未了，縱名敝天壤，浪死虚生，終無歸宿。從此亦惟努力以畢殘年，尺寸或有所得，敬奉教於先生矣。至於賤號愚山，得之夢中，似是前生夙因，詳見夢愚軒記，非敢上擬顔子之「如愚」也。先生將掖而進之乎？抑好而忘其醜耶？敝郡之會，惟姑孰王便朴先生表明性學。是月朔日，聞姑江有大會，乘扁舟冒雪而往。郡中數十人，肯從風雪中危坐一日，亦是唐、虞、三代氣象。偶語及二十年前舊寓僧舍，都迷門徑。王先生笑曰：「先生二十年不到太平，便不識舊寓，止恐我輩墮地，數十年不尋來路，亦不識自家舊宅。」僕亟歎曰：「此可爲頂門一針。」時坐中憮然各有省，聊舉以告先生，傳示學者，願共勉之。

附録

先生性至孝，母馬夫人以不得於其姑吴太夫人，緣細故叱歸其家，旋卒，時先生纔三歲耳。其後，先生父述明先生悔之，然不久亦下世。迨先生膺鄉薦，還謀與叔父砥園先生，歸馬夫人主祔廟，顧重傷厥考心，將俟吴太夫人命，惟恐太夫人不懌可若何。會覃恩贈馬夫人爲安人，賀者盈門，先生因號哭吴太夫人前。太夫人命設豆上坐，而坐述明先生主於其旁，食而囑之，且令爲文，告於廟，乃親挈馬安人主與述明先生主入祔焚黄。先生伏主前，長慟不起，左右皆哭，賀者爲之罷。方先生未達時，吴太夫人嬰重疾，不受治，先生以襁褓失恃，賴大母恩育，因齋沐密禱於神，願減一紀，以延其壽。此事人無知者。是日，太夫人竟不藥愈。後十二年乃終。官湖西時，叔父砥園先生往視，先生跪迎之。遇有不悦，必冠服跪終日，俟其解乃起。先生行誼，蓋合循吏、通儒、順孫、孝子，以一身兼之。西河文集、施氏家風述略續編。

先生視學山左，衡文之外，絲粟不苟。偶安丘劉相國書來，有所屬，先生不應。客曰：「禍福係此，何固爲？」先生曰：「徇一請，失一士，吾寧拌此官，不忍獲罪于名教。」安丘怒，徵諸試牘及所屬者之文，閱竟，釋然歎曰：「施公可謂不畏强禦，不邇貨財，君子也！」巡按御史知其事，兩賢之。施氏家風述略續編。

講學臨江景賢書院，問者曰：「君子存之，庶民去之，彼豈甘禽獸？」答曰：「予學未至恁地，然推先中明子之意，大約『順、逆』二字，即存去之主腦。孟子『口之于味』章，謂性爲命即徇欲，所謂順而下達；不謂性命即復禮，所謂逆而上達。順易逆難，君子堅忍精進，獨爲其難，所以存之也。」學者皆謂此論如撥雲見天。同上。

先生自庚寅後，宦京師、山左、江右，及里居或出游，每講學不倦，曰：「先世不言而躬行，至中明子講明性理，善與人同，予小子未能繩武，徒文藝弋名，使當世目之爲詩人，殆先世之不才子。然此固祖志也，一息尚存，不敢稍怠。」同上。

梅定九曰：「先生自臨江裁道缺，歸卧寄雲樓，有終焉之志，鴻博之舉，非其意也。御試後，有謂宜稍講求者，先生笑謝之，且曰：『吾豈惡秩之崇，所惡者，官高一級，即人品減一等耳。』」施氏家風述略續編書後。

湯潛庵曰：「先生賦資中正，漸濡庭訓，孝友純懿，仁慈篤摯，見利思避，慕義若競，常以博愛弘濟爲心，會友輔仁爲樂，誾誾諤諤，不亢不隨，推挽名流，吹噓後進，是皆出自真誠，非由矯僞。至矜恤困苦，如拯溺救焚，夙夜遑遑，猶恐不及。世之學者，高譚性命，樹立壇坫，求其惻怛爲懷、渾忘物我如先生者，幾人乎！」湯子遺書愚山祭文。

全謝山曰：「先生之造詣，與蔚州魏敏果公、睢州湯文正公、平湖陸清獻公同道同德，不相上下。魏、湯二尚書雖未竟其用，然尚揚歷槐棘，多所發舒；清獻則以遭摧挫而愈顯。先生於其中最爲闇淡，又以工於詩古文詞，世人反用是掩其學問之大原。倘有如李巽巖李文簡公作韓、范、文、富、歐、馬六公年譜者，其必班先生而齊之也夫！」鮚埼亭集愚山年譜序。

愚山家學

施先生彥恪

施彥恪字孝虔，愚山次子。與兄彥淳均能世其所學。著有施氏家風述略續編。梅文鼎跋。

施先生念曾

施念曾字得仍，號蘖齋，愚山曾孫。雍正己酉拔貢生，歷官廣東興寧、浙江德清等縣知縣。擢河南禹州知州，未之任，以事爲前縣尉所誣，解官聽勘，獄白遽卒。學有宗傳，克承家法。令新會時，嘗葺白沙先生祠。調任餘姚，爲黃忠端公置祭田。所至聚書，雖在官衙，不廢稽古。愚山未刻諸書，悉爲付梓，並纂輯愚山年譜四卷。參鮚埼亭集墓志銘。

愚山弟子

施先生璜 別見梁溪二高學案。

袁先生繼梓

袁繼梓字勝之，宜春人。康熙甲辰進士，以知縣歸班候選。愚山官湖西道時，講學吉州青原、白鷺之閒，耆俊環集。先生與吉水龍臚先、安福王枚臣、南昌熊漁濱、黃州王九山諸人，皆釋褐而未仕者，次第至，相與講誦，累日夕不倦，觀聽者千餘人。先生歸，請於袁州郡守，重葺昌黎書院，並修講會，從事惟謹。又承其先志，建秀江石梁，繕本邑義倉，凡利賴於其鄉者，區算無遺策。愚山先生嘗與論服官之道，先生瞿然對曰：「使服官得罪百姓，如今日侍皋比何！」家居六七年，赴部謁選。康熙十年，卒於京邸，年五十二。參學餘文集墓志銘。

愚山交游

陳先生宏緒

陳宏緒字士業，號石莊，新建人。明兵部尚書道亨子。以諸生承廕，當得仕京朝，不就。與同郡萬時華等十餘人游，皆當時知名士。復進而折衷於道德，其學益醇。崇禎中，以巡撫劉宗祥薦，授直隸晉州知州。時畿輔被兵，守禦無備，百計修繕。寇至，環攻七晝夜不下，乃解去。尋因事被劾，緹騎逮問，士民詣闕下，頌其保城功，始得釋。謫浙江湖州府經歷，歷權長興、孝豐兩縣事，有惠政。嘗獻勦撫流寇策，調知舒城縣。復坐事罷歸。順治中，屢薦不起。廬墓西山，輯南宋遺民録以見志。後移居章江，坐卧一樓，作江城懷古詩六十首，讀者隕涕。工古文，與同邑徐世溥齊名。爲文閎達浩衍，出入歐、曾。修南昌郡志，成書五十卷。好聚書，鈔藏甚富。王阮亭見其所作酉陽山房藏書記四卷、續記二卷，歎曰：「名下固無虚士也。」康熙十二年卒，年六十九。愚山誌其墓。著有周易備考四卷、詩經解義八卷、江城名蹟録二卷、寒夜録四卷、士業全集十六卷及尚書廣義、荷鋤雜志、晤齋詩等書。參愚山撰墓志銘及文集序。

王先生士禛

王士禛字貽上，號阮亭，山東新城人。順治乙未進士，授揚州府推官。治通海寇獄，保全良善甚衆。募輸欽案積逋，雪高郵居烈婦之冤，號爲神君。在任五年，完大獄八十餘案。行取擢禮部主事，洊升户部郎中。聖祖留意古學，特召賦詩。改授翰林院侍講，直南書房。詔徵其詩，録進三百篇，謂之御覽集。歷官至刑部尚書，治獄寬平，爲政持大體，清不戾俗，和而有執，一時重其清德。坐讞獄失，出罷歸。尋以上眷念在籍舊臣復其職。康熙五十年卒於家，年七十有八。卒後五十餘年，高宗特詔以先生績學工詩，在本朝諸家中流派較正，未邀易名之典，宜示褒榮，以爲稽古者勸，賜謚文簡。先生之詩，爲一代正宗。博學多聞，著述皆歸雅正。幹濟風節，衆望所崇。長成均時，疏請定文廟祀典，增從祀先儒，整飭教條，杜絶請託，所奬拔多正士。典試所得士，如楊文定名時、陳勤恪鵬年、黄侍郎叔琳、惠研溪周惕，皆爲名臣名儒。當開鴻博特科，先生言於魏果敏象樞曰：「公以學行聞天下，薦士不當以文藝，必如湯某者，乃可應詔。」人知湯文正之薦由魏公，不知自先生發之也。所著帶經堂集九十六卷，其他池北偶談、居易録、古懽録、香祖筆記、分甘餘話、漁洋詩話、蜀道驛程記、皇華紀聞、隴蜀餘聞、秦蜀驛程後記、粤行三志、浯溪考、北征日記、感舊集、唐賢三昧集、唐人萬首絶句選、唐詩十選諸書，凡百餘卷。參宋犖撰墓志、王掞撰神道碑、先正事略。

湯先生斌 別爲潛庵學案。

馬先生驌 別見亭林學案。

毛先生奇齡 別爲西河學案。

清儒學案卷二十二

寧都三魏學案

易堂諸子與程山、髻山相爲應和，皆明遺民也，而易堂聲氣特盛。三魏競爽，叔子爲之魁，氣節文章，志在經世，視謝、宋諸人之潛修稍殊焉。述寧都三魏學案。

魏先生際瑞

魏際瑞，原名祥，字善伯，一字伯子，寧都人。明諸生。父兆鳳，以孝聞。家饒於財，急人之難。崇禎初，薦舉、徵辟皆不就，學者稱曰「徵君」。先生性敏，善强記，於兵刑禮制律法，皆窮析原委，遇難事剖決如流。與叔弟禧、季弟禮並有時名，號「三魏」。客潮鎮劉伯禄幕。清初，大兵入粤圍潮，久不下，欲屠之。伯禄用先生言，爲民請命，得免。後范忠貞承謨巡撫浙江，禮爲上客。躅荒賑饑，諸善政多得其力。康熙丁巳，吴三桂部將韓大任踞贛，當事議撫之，大任揚言，非魏善伯來不信。先生方客總鎮哲爾肯所，遂遣往，慨然曰：「鄉邦之禍烈矣！拌此身以圖之。」甫入營，官軍遽從東路急攻。大任疑賣己，被拘留，既而大任改降閩，先生遂遇害。著有文集十卷、雜俎五卷。參先正事略、文集。

文集

答友人書

承長書見示，淼然如河、漢而無極也。又承命瑞㞺復，不敢不竭其愚以對。所云：「極重大者，克己做人一事。」竊謂此事人人言之，而無一當者，則以其情尚僞，其事尚虛，其志尚言，又莫患于其言太精，不顧其樸，其論太篤，反失中庸。夫巧匠能施彫繪之美者，爲有樸也；聖人能盡聖神工化之極者，爲有庸也。苟不務近而先謀諸遠，不能粗而欲致其精，是未步者學趨，未能言動而思歌舞也。所云：「向日志氣在文辭一路，正恐詩參李、杜，文擬韓、歐，又豈得爲豪傑之士！」竊謂斯言當矣！雖然，文所以不如行者，文虛而行實也。使不致其實，徒棄其文，則不如執一藝以成名者，猶得繫其身心，不至如游民罷士之媮惰，而一無所就。又況韓、歐、李、杜，其詩文各有原本，非苟然爲文章者哉！所云：「凡事無不刻苦而能自成立者。」竊謂大而聖賢，小而工技，誠不出乎斯道。然所以刻苦者，在行不在言，在誠不在僞，在實不在虛。萬分之似，不如一分之真。騏驥一日馳而千日息，不如駑馬終歲駕；言之至精，不如行之至粗；許之一斛，不如與之一斗者矣。所云：「此事易入僞妄，并有始而鮮終。」竊謂誠至而僞散，猶日出而雪消也。吾僞吾妄，吾無不知，知僞妄而僞妄者，非易入也，故出也，將凡事非此無以飾觀美焉。有始鮮終，終宜策也，始且無矣，終于何附？所云：「師友之資，斷不可少，惟難同方術者其人。」竊謂師友之資，譬諸藥食，吾有善，美食助而養之；有惡，良藥攻而去之。然則藥與食者，非能徇吾之滋味，而合其嗜好也。燕昭能以郭隗爲馬骨，田單能以老卒爲神師，雖非其人，而卒收其效，而必謂同其方術于是乎？教玉人以琢玉，教疾醫以爲醫，瑕日以多，病日以長，勢所必至。所云：「不知人之所以爲人，而與之講學，遺其大而言其細，是放飯流歠，而問無齒決也。」竊謂人之所以爲人者，人倫而已。事無細而不巨，行無終而不始。蜂棘之刺不能任，何言乎白刃？宴飲之約不能踐，何言乎久要？簞食豆羹不能捐，何言乎千金一擲？故爲人子者，富則甘旨，貧則菽水，不必俟天下萬方之養也。行則追隨，坐則侍立，不必希嚴父配天之文也。有善則喜，有過則憂，不必冀顯親揚名也。小過則幾諫，大過則號泣，不必舉底豫允若也。而今之高談尊養者，肥甘先于妻子，以爲後將萬方天下養其親；觝忤形諸辭色，以爲後將享帝配天敬其父，所謂舍爾求遠，舍易求難，徒取飾于言語，以欺夫盲瞽之士，而識者笑而譏之，仁人君子等諸穿窬奸宄之徒而誅之無恕論，豈非僞不可售，虚不可恃耶？所云：「凡人之病，患不能知，真知則病自去，不待費力驅除。須如知衣之必能煖人，食之必能飽人，烏喙之必能殺人。」竊謂人之大病在不能行。不知不行，猶望其知；知而不行，無復可望。聖人所謂：「説而不繹，從而不改，吾末如之何也。」夫今人非不知好色之必死，好之愈力；非不知貪食之必病，貪之愈多；非不知昧心取財之必悖出，而黷貨無厭；非不知舞文弄法之必犯刑，而爲奸滋甚。凡此者，非不知也，不能用力驅除，而溺于所好也。故知法而犯者，刑必倍；諱疾忌醫者，身必亡。所云：「藉于師友，非以彼此夾持爲存誠居敬之地，又不在教爲端襟危坐以收放心。」竊謂學問之道無他，求其放心而已矣。聖人所以教人者，要不出此。放心不收，是猶家無主人；誠敬不存，必僞必肆。既無主人，又肆且僞，雖奸非盜賊，何不可爲！是以古人必正襟危坐者，一以存其誠敬，一以厲其精神。譬如懸梁錐刺，使怠惰之氣不設于身；又如官府鐵面下臨吏民，在下者生儆惕之心，在上者不敢有戲渝之色。瑞氣疏習蕩，不樂拘簡，然見端人莊士，則必敬而畏之，不敢以爲迂者，蓋誠有見于此也。所云：「最苦無復黨侶，偶負此志，益爲孑立。儻與人言，惟有哄然而笑。」竊謂人同此心，心同此理。天下之事，非必我盡知之，而人皆不知也。吾以爲人皆不知，則自以爲是，而妄者有矣；自以爲能，而盈者有矣；且自以爲得，而欺世罔人者有矣。吾恐人笑吾言之不怍，不慮其以我爲異也。又承以此冀瑞，肯爲觀摩與有成！竊以瑞之碌碌，此事尚未夢見。然人肯自治，何非它山之石！不必問其人之肯與不肯，但在我之資與不資。又云：「士誠有志成立，必非不出閭井可以倖致，猶當作計遠游，冀得明師。」又云：「近日習氣，稍能勉爲變遷。」瑞竊幸矣幸矣！雖然，不敢信也。今或地無方里之遐，人無齒牙之齬者，其學其識，縱不足以爲師，而亦未嘗不可爲友。而足下足不出閨房，聲氣不通尺素，離羣索居，甘自孑立，然則雖成遠游，吾恐四方明師良友不可得也。來書有云：「前月忽有所感，自是極重大事，欲因謝客得過商之。」瑞竊以爲，既極重大矣，咫尺之閒，乃須因事相過而卒未嘗過，然則非重大者且如之何？此瑞所以不敢信其有遠游之志，不敢信其能勉爲變遷，不敢信其所謂克苦成立、師資做人之語，一若徒取言之可聽，而矜重以相示也。夫人欲信友，必先自信；欲得自信，必毋自欺。而今之爲學者，其得意在文章，反謂文章爲小技；其得手在僞妄，乃謂僞妄爲匪人；喜肆惰而畏拘束，則謂嚴謹者爲迂；好將順而惡切磋，則謂直諒者爲異己。又或憚于改過，而以補捄爲細事；恥於下人，而以近交爲不足也。詩曰：「蛇蛇碩言，出自口矣。」口者，騰口説也。申公曰：「爲政不在多言，顧力行何如耳！」語當不倫，惟恕諒之。

與甘健齋

十一月十一日，有信附湯使來，想不浮沈日月，又既四旬所造，當復有進境也。嘗論程山諸公，本立功深，皆我師範，黄維緝暨健齋，又能見諸行事，有用之學，非虛談性命者可比。而愚則以爲，維緝見義必爲，聖賢中之豪傑，吾黨所宜萬分愛惜。莫邪干將，用以屠割龍虎，是爲適宜；苟斫鐵斬石，非折則缺；以割狗彘，遂失威靈。夫聖人之道，不在位則不謀，君子藏器，待時而動，易稱儉德辟難，語云危行言孫，孟子有不爲而後可以有爲。苟徒惑見義無勇之言，執志士不忘之説，則俊厨顧及覆轍在前。從井救人，孔子所戒，況維緝上有老母，外有尊師！聶政不敢以身許人，子在回何敢死，斯何時哉？可以戒矣！孔子曰：「臨事而懼，好謀而成。」「暴虎馮河，吾不與也。」夫惟道德理義之人，能不屈于時勢。然正惟道德理義之人，而后可與語時語勢。故曰：「識時務者，在乎俊傑。」又曰：「善强者能弱，善勝者能敗。」敗所以全勝，而弱所以保强也。道有所不行，勢有所不逭，財有所不給，時有所未至，則君子蠖屈焉。微服過宋，陳、蔡要盟，豈聖人所欲哉！仇莫大于弑逆，孔子未嘗伐季氏而討陳恒；禮莫重于親喪，原壤登木而歌，孔子若爲弗聞也者而過。瑞亦未悉諸君子之何者宜行宜止，而言其大概，冀臨事之際，將有所戒懼而審處之者，此确齋、凝叔、和公之所欲言。以瑞躁動妄行，常犯大難，故使親切言之，足當殷監。其或言之不倫，則健齋又宜有以教我也。

答葉尹如

九月初十日，于松陽得來教。竊謂足下貴胄英年，斷然畢志于聖賢之學，此古人所不易覯也。瑞有數友，嚮年結屋翠微，名曰易堂，日究精義致用安身之道，故瑞亦稍竊聞其說。大抵易之變化全著于象，宋儒徒據乎理，似僅一説。夫既名曰「易」，則貴變通，變通之本原，自不易殊塗百慮，正變通之驗也。語曰：「識得一，萬事畢。」愚云：「萬事畢，乃識得一。」夫不畢萬事，何由識其爲一？故人之爲學者，必于日用事物求其妥當。如欲穫稻，不求諸稻，但爲耕鋤灌溉，稻必穫矣。如欲成井，不求諸井，但爲去土掘石，井必成矣。聖人言仁，必言其事，如答顔淵、仲弓、樊遲、司馬牛，皆非空言仁體，教人體認太極，蓋事當乎理，即謂之仁。聖賢學術，原欲施諸行事，非但爲正襟危坐而設，故曰：「精義入神，以致用也。」宋儒輒議韓、范徒有經濟，惜未知道。夫韓、范功業，與蕭、曹、房、杜似有分別，但口中未言正心誠意而已。總之，持己者宜密以嚴，處事待人宜寬以恕，若迂執一法，譬如方輪不可轉動，不但舉一廢百，并其一而廢之。太極日日在前，何足貴乎？作事如王文成，處物如大程、周子，然後可謂真道學也。漸老漸熟，乃造平淡，此語最爲有味。夫謂之「平淡」則非高自矜持，謂之「乃造」則非遽然可至，故必閲盡世情，乃見道情，道情即世情之恰好者耳。來翰所云：「一致而反百慮之爲難。」今且料理百慮可也。大抵事不可迂，情不可不近，故孔子曰：「能近取譬。」又曰：「忠恕違道不遠。」吾黨爲學，因其易者，勉其難者，事貴閲歷，理必躬行而已。至於諸儒格物、主敬、存誠、致良知，各持一説，要不過自其一己得力者言之，我正不必執一教門以啟爭辯。此瑞所聞于朋友之説，敬陳左右，以備採擇。若瑞則于此中尚未夢見，不敢碩言自口，以取大賢之鄙笑也。朋友不可無，瑞二十年來，親受其益，故實見爲一日不可少之良藥美食，惟足下留意焉。

再答葉尹如書

伏讀來書，云：「象之爲言，乃天地萬物之實體。」此確論也。夫象乃至虚，須臾忽變，然成此須臾之象者，必有其所以然，是故所性根于心則生色見于面，人事悖于下則天道變于上，觀其所變，而天地萬物之情可見矣。又謂：「易象之難明者，若坤爲牛，又爲馬，乾本爲馬，又取震龍，豈乾與震合乎？」夫震得乾一索，是爲長男，則肖乾者莫如震，故乾健而震動。震得最初之生氣，在東方而爲木。龍，木也，陽精而潛于陰，故震一陽在二陰之下。古人謂梭杵之能化龍，以木屬耳。乾之六爻曰六龍，則乾亦龍也。而乾不曰爲龍者，以震所專，乾與震合，斯理爲不易矣。若夫坤之爲牛，是坤順之本體，而坤德爲地，主于載物，馬者，載物者也。天用莫如龍，地用莫如馬。牝馬地類，行地無疆，則坤之爲牛，正言其體；坤之爲馬，兼言其用；而謂之牝馬，則與乾有異也。夫曰乾爲馬矣，而又曰爲良馬，爲老馬，爲瘠馬，爲駁馬；坤爲牛矣，而又曰爲子母牛，是以牛馬爲象者，亦非定指一端。而震、坎亦有，其于馬也，爲善鳴，爲美脊之類。則是自乾、坤大概言之，則爲馬爲牛，自其至賾而言，則非馬牛之一象爲可盡也。今夫山川之氣，結而爲雲，其降也則爲雨，而凝之也則爲雪。是三物者有異矣，故曰：「不可爲典要，惟變所適。」此象之所以爲妙也。通易三百八十有四爻，其象各有所適，而莫不各有所主；又互有所錯，而莫不各有所生，神而明之，存乎其人而已。至所謕大學親民之說，不過「新」之譌「親」，而本傳釋以日新、作新、維新者，其文甚明，不足辨也。凡諸臆説，皆祈有以教之。

億言

詩之有韻，猶易之有象也。詩無韻則情不彰，易無象則理不著。而易亦有韻者，易之情也，易與詩有相通之道焉，故其情相應，而聲亦相感，故曰：「易者，感應而已矣。詩者，亦感應而已矣。」易與詩，蓋員而不方者也；韻與象，亦員而不方者也。員而不方，故其感之也無定情，而其應之也亦無定體。無定者，至定者也。鑑懸于虛，凡物得之以爲象者，其體定也。

雜説

季成子問於魏子曰：「君子亦務博乎？」魏子曰：「君子務達不務博。農非無穀也，而粉餌饔飧不能施其劑；屠非無肉也，而脯醢羞膳不能致其調。穀與肉者，所以適口也。君子之博學，所以適用也。博而不達，不可適於用；肉穀而無調劑，不可適於口，是以君子不務博也。」曰：「然則務博者亦有害乎？」曰：「君子之博也，能得其意，而操其至約，以善其用，故愈博而愈精。小人騖博而矜，其智小者堅怪僻之學，其大足以文過濟惡而遂非，是以小人之博之害無窮也。」

於是或有問於魏子曰：「敢問子之所謂簡者，何謂也？」曰：「不煩也，要也，明也，易也，決也，擇也，略也。不多於此事之外，故不煩；約而精之於此事之中，故曰要也；無歧説臆見以淆亂之，故明；直如是而已，故易；明而易，無留滯矣，故曰決也；有百事焉，治其一二，其餘者無足治也，故曰擇；有一事焉，得其意而足矣，事之爲形迹者無足拘也，故曰略也。」「敢問簡亦有本者乎？」魏子曰：「本之以平恕，而行之以安靜。平恕則絜矩而易得其情，安靜故端詳而暇豫，識大體故中節，急當務故寡而不遺。故曰簡者撿也，能撿制其煩苛紛躁之情，而不使意見之妄乘於事會也。天下之事，庸常而已矣，庸人不安其庸，而思以相勝，則詭異偏頗，適以自亂。亂則又從而紛更之，故一事之中，千百雜出，欲已而不能已也。不準於古人之法，以求人之情，而任己情，以創今之法，是以事日多而愈不可治。如蘇威、王安石之徒，足以爲戒也！」

魏先生禧

魏禧字冰叔，一字叔子，號勺庭，又號裕齋。生負異禀，年十一爲諸生。崇禎甲申遭國難，哭臨縣廷，憤咤不願生。謀從曾給事應遴倡義兵，不果，棄諸生服，隱居教授。以世亂，移家翠微峯，距寧都四十里，因地險爲守望。後寧都被寇，翠微獨完，士友稍稍依之。彭躬庵士望、林確齋時益亦至，皆與先生立談定交，挈妻子來家翠微。又有李咸齋騰蛟、丘邦士維屏、彭中叔任、曾青藜燦，與先生昆弟三人，皆敦古誼，相與講學，世所稱「易堂九子」也。時南豐謝文洊講學程山，星子宋之盛講學髻山，弟子著録者數十百人，與易堂相應和。易堂以古文實學爲歸，風氣一振，由先生爲之領袖云。先生肆力古文辭，喜讀史，尤好左氏傳及蘇洵。其爲文識議，淩厲雄傑，遇忠孝節烈事，則益感慨淋漓。年四十乃出游，涉江踰淮，至吳、越，多交奇士遺民。康熙己未，舉博學鴻詞，被徵，以疾辭。有司敦迫就道，舁至南昌就醫。巡撫疑其詐，以板扉舁至門，絮被蒙頭卧，稱病篤，乃放歸。後二年，赴揚州故人約，卒於儀徵，年五十有七。著有左傳經世、日録，又文集二十二卷。參先正事略、文集。

左傳經世自序

讀書所以明理也，明理所以適用也，故讀書不足經世，則雖外極博綜，内析秋毫，與未嘗讀書同。經世之務，莫備于史。禧嘗以爲，尚書，史之大祖；左傳，史之大宗，古今治天下之理盡于書，而古今御天下之變備于左傳，明其理，達其變，讀秦、漢以下之史，猶入宗廟之中，循其昭穆，而别其子姓，瞭如指掌矣。嘗觀後世賢者，當國家之任，執大事，決大疑，定大變，學術勳業，爛然天壤，然尋其端緒，求其要領，則左傳已先具之。蓋世之變也，弑奪、烝報、傾危、侵伐之事，至春秋已極，身當其變者，莫不有精苦之志，深沈之略，應猝之才，發而不可禦之勇。久而不回之力，以謹操其事之始終，而成確然之效。至于兵法奇正之節，自司馬穰苴、孫、吳以下不能易也。禧少好左氏，及遭變亂，放廢山中者二十年，時時取而讀之，若于古人經世大用，左氏隱而未發之旨，薄有所會，隨筆評註，以示門人。竊惟左傳，自漢、晉至今，歷二千餘年，發微闡幽，成一家言者，不可勝數，然多好其文辭篇格之工，相與論議而已。唐崔日用工左氏學，頗用自矜，及與武平一論三桓七穆，不能對，乃自慙曰：「吾請北面。」徐文遠從沈重質問左氏，久之，辭去，曰：「先生所説，紙上語爾。」禧嘗指謂門人，學左氏者，就令三桓七穆口誦如流，原非所貴；其不能對，亦無足慚，此蓋博士弟子所務，非古人讀書之意。善讀書者，在發古人所不言，而補其未備，持循而變通之，坐可言，起可行而有效，故足貴也。禧評註之餘，閒作雜論二十篇，書後一篇，課諸生作雜問八篇，用附卷末，就正于有道。左氏好紀怪誕，溺功利禍福之見，論時駁而不醇，然如石碏誅吁厚，范宣子禦欒盈，陰飴甥爰田、州兵之謀，晏嬰不死崔杼，子産焚載書，及子皮授子産政諸篇，皆古今定變大略，而陰飴甥會秦伯王城，燭之武夜縋見秦伯，蔡聲子復伍舉，則詞命之極致，後之學者，尤當深思而力體之也。

文集

正統論上

古今正統之論，紛紜而不決，其説之近是者有三，歐陽修、蘇軾、鄭思肖是也。歐陽子之説曰：「正統有時而絶。故曰正統之序，自唐、虞、三代，歷秦、漢而絶；晉得之又絶；隋、唐得之又絶。」蘇氏之説曰：「正統之爲言，猶曰有天下云爾。無其實而得其名者，聖人亦以名與之，名輕而後實重，故曰正統，聽其自得者十，曰堯、舜、夏、商、周、秦、漢、晉、隋、唐；序其可得者以存教，曰魏、梁、後唐、晉、漢、周。」鄭氏之説曰：「以正得國，則篡之者爲逆；不以正得國，則奪之者爲非逆，故曰正統，三皇、五帝、三王、東西漢、蜀漢、宋而已。」三者之説皆近于理，而鄭氏爲尤正。然各有其偏見，不可以不辨也，辨其非，則是者出矣。天下不能一日無君，故正統有時絶，而統無絶。絶其統，則彼天下將何屬乎？而其予西晉而不與東晉，等後唐、後漢于朱梁、石晉，尤爲非是，此歐陽子之蔽也。偏安之主，篡竊之人，吾予之以正統，彼正統者，孰肯與之？蘇氏曰：「猶夫大夫、士與民也，而或爲盜，勢不得不與之偕坐。」夫吾非有誅賞進退之權則隱忍而偕坐，固其勢也。旁觀之君子，而必別其爲盜，而不齒之大夫、士與民。且以爲，舉天下而授之魏、晉，漢、魏之過，與之統者何罪？猶舅以妾爲妻，而婦奈何不以爲姑？則大不然矣。生于篡君之子孫，親爲其臣子，謂之姑，可也，然君子有微辭焉。春秋于桓公元年書「春，王正月」，於三年書「春，王正月」之義是也。至於後世之公論，則是人以妾爲妻，而國人則妾之耳。使當時之名一定，而後不可更，則公議無權，亂臣賊子不畏身後之誅，以爲吾固可與二帝、三王儼然而並列也，孔子之春秋可無作矣！故以爲歐陽子重與之，而吾輕與之者，此蘇氏之蔽也。鄭氏身當宋亡，發憤于心史，雖元魏之修禮樂，興制度，亦所不取。其尊宋之極，至于黜唐。夫以爲不正而得國，則陳橋之變，與隋禪唐，何異？而唐除隋暴，尤正于宋之取周，故以爲三皇、五帝、三王、漢、宋者，忠臣之心，義士之見，非古今之公論，此鄭氏之蔽也。然則正統之説惡乎定？魏子曰：「古今之統有三，別其三統，而正統之説全矣。曰正統，曰偏統，曰竊統。正統者，以聖人得天下；德不及聖人，而得之不至于甚不正，功加天下者，亦與焉。偏統者，不能使天下歸于一統，則擇其非簒弒、居中國而彊大者屬焉。竊統者，身弒其君而簒其位，縱能一統乎天下，終不與之以正統，而著之曰竊統。是故因其實而歸之以其名者，正統也，唐、虞、夏、商、周、西漢、東漢、蜀漢、東晉、唐、南宋是也。正統絶，而其子孫無足以繫天下之望，而後歸之偏統，後唐、後漢是也。天下之偏統絶，雖亂賊固已正乎其爲天子有天下，則不得不歸之竊統，秦、魏、西晉、宋、齊、梁、陳、隋、後梁、後晉、後周、北宋是也。吾故折衷歐陽子正統有時絶、鄭氏簒正爲逆、奪不正非逆之説，以明三統，三統明，然後天下之統不絶，偏安之主，簒弒之人，亦終不得以干正統，而正統之論定矣。」

正統論中

「秦何以不爲正統也？歐陽子曰：『諸侯共起而弱周，非獨秦之暴也。且夫周棄豐、鎬以賜襄公，赧王稽首獻地自歸于秦，秦雖有滅周之罪，亦與後世之弒君簒國者異矣。』秦何以不爲正統也？」魏子曰：「諸侯不敢滅周，而秦卒滅周；周無幽、厲之罪，而秦有桀、紂之惡，取之以詐力，守之以殘暴，惡在其爲正統也！」「唐高祖廢酅國公，與晉武廢陳留王，隋文廢介公，宋太祖廢鄭王，同一簒也，何以不爲竊統？」魏子曰：「陳留、介公、鄭王初無罪，不足以失天下，其臣又皆以勛戚居中用事，爲先君所依托，一旦欺人孤寡而攘奪之，故雖晉武、隋文成混一之業，息南北之兵，宋太祖禪受之後，奉其故君與子孫無失禮，深仁厚德浹數百年，而其得國之不正，終不可以貰。隋之淫虐，過于桀、紂，李氏興兵而誅，湯武之業也，而惜乎其立侑而禪之，以湯武始，而以莽、操終，謀之不善，非其本志，固不可以爲篡。混一之功比晉、隋，而仁恩之在天下者等宋祖，故予之也。」「後唐、後漢何以不爲竊統也？」「朱温滅唐而李存勖帝鄴，契丹滅晉而劉智遠帝晉陽，歐陽子曰：『李氏、朱氏共起窺唐，而梁先得之，李氏因之者，非也。』克用忠唐，志在滅梁，存勖後雖自帝，始未嘗不欲承父志而報國仇，故欲並之于梁者，非也。歐陽子曰：『劉智遠始不與契丹戰，以幸其敗，後不能奉從益以存晉，與梁、晉無異。』夫滅梁不自帝，與奉從益以存晉，此聖賢之用心，忠臣之盛節，而可責諸五代之君乎？今夫責人以聖賢，爲忠臣不得而遽同之于亂賊，此學者欲苟成其説而文致之，非天下之公論，故歐陽子之説不可訓也。」「東晉統承西晉，南宋統承北宋，何以祖宗之一統者爲竊，而子孫僅有天下之半得爲正也？」曰：「晉、宋之君天下，天下奉爲共主久矣，雖其始不正，前後相承，而元帝、高宗當滅亡之餘，有特起之勢，又以子孫復其祖業，義不得不進之于正統。楚子僭王滅諸姬，罪在不赦，至昭王失國而復之，則聖人有取焉。歐陽子之黜東晉，亦不可訓也。且夫義得爲正統者，其子孫雖甚微弱，不可不存以爲正。故三十六邑，一日未獻，不可不書周；禪宋之筆，一日未操，不可不書晉；崖山之舟，一日未覆，不可不書宋。奈何既以正統予西晉，而其子孫尚有天下之半者，乃以偏安斥乎？革姓受命之事，非天心所欲，勢也，君子必不得已而後絶其統，所以不傷忠臣孝子之心，仁人之志也。吾故曰，正統絶而後歸之偏統，偏統絶而後歸之竊統也。」

正統論下

魏子曰:「吾于竊統,其書法猶有説焉。」鄭氏之言曰:「史,篡弑之君所稱某祖、某帝及朕、詔、封禪、郊祀、太子、后諸禮,宜書曰某名僭行某事。」魏子曰:「讀史者其知懼乎!然是道也,施于始篡之君,其子孫則不加焉。夫身篡弑者,雖爲天下君,終不貰其實罪而予之美名。子孫襲成業而安,不可以重誅也。故篡國子孫,其臣有能服義死節者,則君子必以爲忠。是故貶削其身,所以正古今之名;寬其子孫,所以存天下之實,名實得而史法立矣。雖然,吾猶有説焉。作史者多務博而徵信,務博則不諱不經之言,徵信則盡當時之實事,故凡人君之奢淫殘暴,必詳書于册,爲後世鑒,而不知夫不肖者之見而適中其欲也,則且或傚而行之。詩曰:『毋教猱升木。』揚子曰:『勸百而懲一,而獨何取焉?』昔唐太宗元夜大張燈火,以問隋蕭后曰:『煬帝時亦如此乎?』蕭后盛述當時華侈百倍太宗。太宗蓋口刺其奢,而心服其盛也。夫心服其盛,雖賢君猶不免是,而況于不肖者乎!吾則以爲,史凡宫室、田獵、聲色、奇技、淫巧、非刑、酷殺之事,記載詳悉者,盡删除其文,而括其大略,足知致亂之故而已。至于生民愁苦怨詛,天災人禍,盜賊危亡之狀,則極書之以顯示于册,使後之人主荒淫可喜之刑、慘毒快意之具無所接于其目,而愀然生其危懼。宋真宗時,陳恕久領三司,嘗命條其中外錢穀以聞。恕久不進,屢詔趣之,恕對曰:『陛下富于春秋,若知府庫充實,恐生侈心,是以不敢。』李沆爲相日,取四方水旱盜賊奏之,以爲人主少年,當使知四方艱難,不然血氣方剛,不留意于聲色犬馬,則土木、甲兵、禱祀之事作矣。

古之大臣防微杜漸，以謹人主之耳目，而絶其萌孽，道蓋如此。余于司馬氏通鑑，常欲以竊統之法改書之，删除其文足眩世主之心者，有志而未逮也。夫正統定書法，明史其幾于道矣。」

留侯論

客問魏子曰：「或曰子房弟死不葬，以求報韓；既擊始皇博浪沙中，終輔漢滅秦，似矣。韓王成既殺，酈生説漢立六國後，而子房沮之，何也？故以爲子房忠韓者，非也。」魏子曰：「噫，是烏足知子房哉！人有力能爲人報父讎者，其子父事之，而助之以滅其讎，豈得爲非孝子哉！子房知韓不能以必興也，則報韓之讎而已矣。天下之能報韓讎者莫如漢，漢既滅秦，而羽殺韓王，是子房之讎，昔在秦而今又在楚也。六國立則漢不興，漢不興則楚不滅，楚不滅則六國終滅于楚。夫立六國，損于漢，無益于韓；不立六國，則漢可興，楚可滅，而韓之讎以報，故子房之志決矣。子房之説項梁立横陽君也，意固亦欲得韓之主而事之，然韓卒以夷滅。韓之爲國，與漢之爲天下，子房辨之明矣。范增以沛公有天子氣，勸羽急擊之，非不忠于所事，而人或笑以爲愚。且夫天下公器，非一人一姓之私也，天爲民而立君，故能救生民于水火，則天以爲子，而天下戴之以爲父。子房欲遂其報韓之志，而得能定天下禍亂之君，故漢必不可以不輔。夫孟子學孔子者也，孔子尊周，而孟子游説列國，惓惓於齊、梁之君，教之以王。夫孟子豈不欲周之子孫王天下而朝諸侯，周卒不能，而天下之生民不可以不救。天生子房以爲天下也，顧欲責子房以匹夫之諒，爲范增之所爲乎？亦已過矣！」

答曾君有書

疊承教以兵學敍、求治學敍書，欲使禧得獻其愚見。伏念禧知識足下，久愛足下爲文能脱去一切時俗庸人之氣，而志大才廣，不能測其所至。近諸門下生與足下周旋甚勤，頗知足下所自處，又方極齒牙之力，推譽易堂，虚己下問，不憚再三，僕則如何足爲報稱尊敍書？日者披覽甚善，頃勺庭新甃，地益敞潔，淨几明窗，心緒恬豁，念足下意，更取二篇點次，而鄙意偶有觸發，遂出異同。欲相正，非敢謂然也。然足下高明好學，當無取雷同之譽。兵爲治學之一，于天下事最爲難能，不可以輕談。敍中「兵者，人情而已」，又謂「法者，皆情變之極致」，二言者，可謂廣大精微矣，特以文好斷續，格前後，欲相爲工，遂令其指不暢。禧竊以謂，明理而適于用者，古今文章所由作之本。然言之不文，行之不遠，是以有文而天下之理與事有不可以盡言者，是以有含蓄之指有難于直言者，是以有參差、斷續、變化之法，則皆其後起者也。辟之于水，浸灌萬物，通利舟楫，此水之本也。而江河之行，曲折、洄洑、波瀾、漪瀔、激瀉，此水之後起而勢有不得不然者，水蓋不恃此以爲貴。兵法萬變，不可窮詰，人情二語，則已得其要領，奈何不使一暢其指乎？天下之法，貴於一定，然天下實無一定之法。古之立法者，因天下之不定，而生其一定；後之用法者，因古人之一定，而生其不定，蓋匪獨兵唯然也。至于治學，則天下事無一不在其中，非有聖作明述之智，文武將相之材，鮮有能兼綜而條貫之者。禧嘗欲集諸同學志當世之務者，各因所已知而討古論今，以成其説。如平居留心官制，則使討論古今之官；留心禮樂，則使討論古今禮樂。人任一曹或數曹，既各成書，然後合并貫穿，暢其利，杜其弊，而尤必使衆法雜陳之中，首尾不相扞格。蓋一代之治，條分縷析，剛柔文質，各異其宜，然必有一代制作之大意，其纖悉畢到處，與其大意必相通屬。一法雖善，不能獨行，必與他法爲表裏。辟之作室，欂櫨、斗桷、棟梁必大小相灌輸扶持，一室之規模成，而後一榱一桷始有所附。故原其始，非一人獨見所能辦；要其終，又非衆人之各見所可成。時不我與，諸同志或阻隔千百里外，或以饑驅不得卒所學，禧略用心者凡十數條，今成說者僅五六，至律曆、河渠、兵法，則尤不敢厝意，蓋自知終其身學焉而不能者也。禧生平好讀左氏，于其兵事，稍有窺得失，曾著春秋戰論十篇，爲天下士所賞識。然嘗自忖度，授禧以百夫之長，使攻萑苻之盜，則此百人者終不能部署，而小盜亦終不得盡。天下事，口言之與手習相去有若逕庭，有若南北萬里之背而馳者，而況于兵乎！今謹以評點一稿呈覽，惟足下更教。王生來，承賜泰西宫室圖，益奇妙。禧懸勺庭中，日視之，嘗若欲入而居者。非久即裁書報謝，乃竟未達。此函就，不敢輕寄，遂遲至今。禧白。

復謝約齋書

向以天雨，輿人從閒道之新城，不得暫過，至今怏怏。所教躬菴送熊生序，「經義氣節，總屬虚美」云云，弟今雖未甚記憶，恐躬菴初不如是，或詞氣抑揚過當，而自晦其意也。謂「刑名富强、智謀才武有濟於世，經義氣節反不如其實用」。此則專就經義氣節迂疎已甚者言之，故遂抑之於其下。先生所云刑名才智，區區有利於一時，遺害後世不小。經義氣節之士，雖未必見用於當世，而啟迪萬世人心，維持萬古綱常者，功甚大。此又專就經義氣節之最高，與刑名才智之最陋者言之，故遂伸之於其上。愚以爲，兩者之説，皆所謂鉤金輿羽，比量重輕，驟而視之，似爲大反，細而求之，實無異同。何者？經義氣節迂疏已甚者，在先生必不以爲是，而刑名才智違教害義者，實躬菴所不與。程山、易堂大抵于體用中各有專致，彼此勤勤，皆欲出其所見，以輔所不足，非苟求相尚也。頃拜手教，諷繹十反，不敢輕置，知先生愛易堂者深，望之甚大，惟恐其或有所誤以誤後人，易所謂麗澤之義正在於此。關尹子曰：「蝍蛆食蛇，蛇食蛙，蛙食蝍蛆。」聖人之言則然。弟每服誦斯語，以爲四書、五經莫不如是。譬如製舟車丸者以乾棗固其上，服半夏者用薑。夫一方之用必兼佐使，一藥之味必藉炮製，矯其偏而去其毒，然後食之者有益而無損。吾輩爲學立言，自多偏至，雖其是者，不能無弊。朋友講益，所謂佐使、炮製以成是藥之功，免是藥之罪者，而敢不敬受乎！易堂雖竊有意用世，然不獨其體雜而未醇，即所謂用者，舉一漏十，未能得其要領，毋暇他論。以弟一人言之，講求古今當世之務，蓋亦有年，每自揣量兵農禮樂之任，一旦驟以相屬，自信何者真足勝任，殆無一而可。且今伏處草野，亦每有猝至之故，盤錯之會，岦岦窒塞，顛躓不能中其窾會而洞其首尾。故弟輩之緦緦然以致用爲言者，非獨言其所好，實歉其所不足，以爲難而共勉之也。先生之言體，亦深見立體之難以相勉，而非謂以吾之有餘者告人，故曰：「細而求之，實無異同者也。」朱、陸之説，紛紜于後世，弟竊以爲，誠明明誠，朱、陸之學，原無異同，而異同特生于其辨。息其辨而致其學，則朱、陸之門人可合爲一，而況於朱、陸乎？然則由躬菴之説長於濟世，由先生之説長於持世，有持世者以操其本，有濟世者以治其標，輕重緩急之閒，因時而制其宜，固有非言説可盡者。又承示「造就人才，寧重體而用不違，毋重用而體或略」，此至當之論。尊作會講一篇，弟以性命之學未嘗用功，不敢妄加丹黄。中或一字一語，謬爲訂正。紀侯去國篇議确文暢，具詳評語中。日録一册奉正，乞先生暨諸同學細爲指摘，覓寄新城可也。

與謝約齋

貴堂會講，弟意欲增二條。今之君子，不患無明體者，而最少適用，然在學道人尤當練於物，務使聖賢之言見諸施行，歷歷有效，則豪傑之士爭走向之。愚謂會講日當分三事，一講學，今所已行是也；一論古，將史鑑中大事，或可疑者，舉相質問，設身古人之地，辨其得失之故；一議今，或己身有難處事，舉以質人，求其是而行之，或見聞他人難處事，爲之代求其是。於三者外，更交相規過。過有宜於公言，以要其必改者，則公言之；有宜于獨言者，則解班後私言之。當日所論，有確切足訓者，令退書一則，編于公堂，永作觀習。如是，講學則是非之理明，論古則得失之故辨，議今則當事不眩，規過則後事可懲，庶内外兼致，體用互通。否，恐本質雖美，試之以事，則手足錯亂，詢之以古，則耳目茫昧，忠信謹守之益多，而狹隘拘牽之病作，非所以廣聖學也。先生與諸同志酌而采之。

與彭中叔

史鑑雖古人陳跡，然百法具備，識時務者，但須揀擇用之，絶不消自己添出一毫物事，謂是補古人所無。先儒云：「讀史易使人心粗。」如云過獨木橋易跌，是要人細心讀史之意，非謂橋不須過。後人誤認此語。有志道學者，只看性理語録，史書置之高閣，即或涉獵，幾等稗官小説而已。伊川每讀史，到一半，便掩卷思其成敗，然後再看。有不合處，又更思之。其閒有幸而成，不幸而敗者，不得徇其已然之跡，與衆人之論，此止是怕心粗處。愚嘗謂，道學先生讀史蓋如此，恐今日自負才氣、淹通史學者，未必如是也。又嘗觀龜山議燕、雲、河朔事經濟如許，故知道學原貴經濟。陸子靜所謂「宇宙内事，乃己分内事」，晦翁不能攝服；同甫若遇王文成，當無告密結壇、以銀爲鐵種種辨論矣。

與甘健齋

尊書復躬老、而康二篇，理明語簡，筆力醇健，足知學問精勤，敬服古今。學術自大聖賢而下，不能無所偏至，故子夏「未學」語，先儒亦謂重此遺彼，不如餘力學文，本末全具。而游、夏彼此相非，遂開朱、陸異同之原。蓋朱、陸學本無異，因累辨而後異生。但求相濟，初不必相非，昔賢之失，亦吾黨前車之鑒也。至于宋、明儒者，各有宗旨，拈題固是各人學問得力處，要莫過于「主敬」二字，不可顛撲。貴堂師友講求持循，皆此二字，最爲的確。愚謂今日亦不必更拈「畏天命」三字特作宗旨，蓋主敬中已具有之，而不立名目，尤可以化從來道學家門户蹊徑之見，息天下之爭。孔子曰：「述而不作，信而好古。」古本當好，吾又第居于述，則天下之忮心平，而辨難之端無自起。弟不敢誦言于程山，私質吾兄，不知當否？

復沈甸華

知一向以衣食他走，吾兄性情醇篤，學問近裏，當不爲俗務所紛。比年多著述否？生今之世，無所自用，亦不得不爾。天下文章，最苦無真氣；有真氣者，或無特識；有特識者，或不合古人法度；合古法者，又或形跡拘牽，不能變化，故天下能者甚多，求其超逸絶羣，足與古作者馳騁，便爲少有。弟天資庸下，又拙記性，不能博極羣書，旁知物情，故文不能奥衍，有志未逮，嘗欲屬之少年英絶之人。得惠次君詩，才已老成如是，不知向時奇氣，今復何如？少年胸中，最怕只辦才人；名士自處，便生出各種病痛，到要緊處，平日口中筆下所得力毫不濟事。又名路不可令早涉，早涉則心務外，而酬應日多，向裏學問日少。尊兄宜令留意一切有用之學。易曰：「藏器于身，待時而動。」卒卒不及宣。

魏先生禮

魏禮字和公，一字季子，少於叔子五歲。父命叔子授以書，笞駡皆樂受，曰：「叔兄愛我。」比弱冠，刻苦自勵，學日進，兩兄以畏友待之。既棄諸生，乃遠游，歷閩、粵，北抵燕京，過汴、洛、沔、漢入秦，足迹幾半天下。所至，交其賢豪，訪遺佚。慷慨好義，所得金，隨手盡。居翠微峯頂，榜曰吾廬，更以自號。卒年六十六。著有詩古文集十六卷。參先正事略。

文集

書丘敏齋養正編蒙卦

魏禮曰：告不告二者，教術盡矣。其用告不告，在不泥不偏，利于正而已。蒙爲聖功，其道甚大。然既曰蒙，則未宜説向深微也。觀于弟子入孝章，義甚淺顯，作聖之功，能外是乎！

險止之德象，凡險必幽而不明，止則出而未通，皆蒙也。山下之險，險益幽暗。蒙如素絲，可以黄，可以黑，于此判矣。至險也，然有源之泉無不達，但其流出，而或成江河溉田畝，或漂屋殺稼流人民，是在導之者得其道而已。

「蒙亨，以亨行」，猶言大禹治水，行其所無事也。以蒙自有之亨而行也，有「時中」之德，故能如此。時則不泥，中則不偏，爻辭各致所謂時中也。若夫再三告者，則蒙且習爲汎常聞訓戒，浮而不入，久致頑懦，不繹不改，終于無成，故曰「瀆蒙」也。嘗見弟子隨口頻問，先生絮絮隨答者，其人終無成就也。夫蒙以養正，如甘受和，白受采，未有汙染，此時用以養正，乃作聖之功也。蒙之重如此。今人輕蒙，風習惡得不下乎！是故蒙者，國家人才之本，世道隆汙之原，此乾、坤、屯造之後，所以即繼乎蒙也。

夫大象之辭，不拘于卦義，君子觀其象，以爲修德致用之矩也。泉出山下，雖蒙穉，其流必達，是果也。泉始出，不遽進，渟瀠涵滀，是育也。君子體之，以果行育德，然而發蒙之道，亦無外于是。

「利用刑人」，震動之也。「用説桎梏」，不拘繫之，窒其始達之機也。發蒙之初當如此。若過于用寬，過于用嚴，則皆所謂以往致羞吝矣，正與大象之旨合。然發蒙之初，即曰利用刑人，似非道德本意，故小象特明之曰：「以正法也。」故曰師嚴而道尊。

二爲發蒙之君子，六爻皆主二言也。中互坤有婦之象，女始爲人婦，亦蒙也。包蒙納婦，蒙事備矣，而皆吉，是以爲「子克家」也。蒙與婦正，家事備矣。家正則天下正矣。「子克家」，承上二語言，故小象如此。

至互坤有女之象，純陰以往，爲不有躬者矣。而納者勿納，取者勿取，所謂時中也。四之困，此之不有躬，男女蒙之不能化者，于是該矣。

雖四困於陰蒙之中而「獨遠實」，然致四之困而遠實者，發蒙之君子亦以爲羞吝也，若己推而內諸溝中之謂也。辭曰「困蒙」，若吾困之，故不曰蒙困也。君子之心有如是。

操切剛果，發蒙之一道也。冥頑者不知率教，終日惰昏沈淪，習非不可救藥，設教者至極而莫可如何，不得不施迅厲剛果以奮發之，此上九所以終有「擊蒙」之象也。蓋如雷鳴而泉達，雷雨作而百果草木皆甲坼，雖過亦中也。我發之暴虐，是爲寇也；我發之當，而禦其害蒙之惡，是禦寇也。寇者，害人之謂。上九以剛果禦其寇害，而冥頑不知有其身者，亦從而蚤自起發，則上下皆順于道矣，故曰「上下順」矣。

書王荆公上仁宗皇帝書後

安石非有心于害天下，天下卒被其害，則所謂「性執拗不曉事」之故也，而天下後世以爲奸。吾讀上仁宗皇帝書，未嘗不歎奇士。其自命王佐之才，蓋非無故。雖竊比皋、傅爲謬妄，而其言當與賈長沙、諸葛武侯相上下。然所謂「執拗不曉事」者，吾則又於是書見之。語曰：「鼓瑟于吹竽之門，瑟雖工而不好。」故人方惡熱，吾進以裘；人憂濟川，而奉以車馬，蓋未有能悦者。仁宗寬仁敦厚，樂與天下休養，雖立制度、變風俗之説非其所好，而顧欲加小罪以大刑，法始于左右通貴，宜齟齬而不合也。嘉、祐之際，天下治安，賢人登用于朝，縱不能比隆三代，以視漢文帝、唐太宗，當或庶幾。百司之失職，民之不得所，風俗之偷，豈曰亡有，亦何至如安石所云，「在位人才未有乏于此時，天下才力日困窮，風俗日衰壞」，至稱「漢、唐所以亡」，以危懼其君乎？如是，則君必不信，在位之賢人必有不服。司馬徽曰：「儒生俗吏，不識時務。識時務者，在乎俊傑！」嗚呼！賈誼痛哭于文帝之時，而安石危言極論，以聳動劫制仁宗，則皆不識時務之過也。且夫時務之要在知人，而審機劫制之術，君子所不得已，可以不用而用，則其勢必有所反。辟之御然，桀劣之馬，不束縛鞭策，不能就馳驅；馴良伏習者，因其勢利道之而已，顧施以束縛鞭策，必拂其性而敗吾御。書曰：「沈潛剛克，高明柔克，彊弗友剛克，燮友柔克。」治天下之道，進言之方，如是而已矣！

答山西侯君書

僕兄弟三人，如影之隨形，響之答聲，今乃寂其響，單其影，僕獨何心，能不悲乎！足下遠垂唁，且道懇到之意，僕何可忘！辱書首舉同人之義，所以期勉於僕甚大，僕用悚息，如蚉負山，商蚷馳河，其弗克勝也矣。竊惟易之同人，以同爲卦，而聖人所以垂象設辭，乃在於不苟同。然則不苟同者，能不同乃能大同乎？夫不同何以能大同也！彖曰：「唯君子爲能通天下之志。」通天下之志，貞而已矣。貞者，人性之大同也。夫人之情，萬有不齊，而必欲齊之以一同，雖天地且不能。如以同爲同，則是嗜甘者必不同於辛，而鹹酸苦各有其不同。如曰五味而已，是天下有口者皆同也。故論其同，君子與君子不同者多也；論其不同，小人之同於君子者亦多也。向者之同，亦背者之同。公山弗擾、佛肸、南子，聖人同之。至於匡人之圍，桓司馬之要殺，聖人之同自在也。假使孔子之同，必欲異其不同者，則七十子而止矣，三千人之徒而止矣，惡能通天下之志乎？故二五同也，三之「伏戎」，四之「乘其墉」，皆同人也，而睽之時，見惡人無咎矣。且夫聖人有以探天下之賾，見天下之隱，而爲此辭也，知不貞之同，與有主之同，爲禍最烈。國家之傾覆，是非之潰亂，世道淪胥，君子塗毒，小人得志，皆由此也。是以二五「中正」，義所當同，此歐陽氏所謂君子與君子爲朋者。而聖人寧著于宗之吝，必以「于野」、「出門」爲貞，略其常義而昭其大全。孫氏曰：「物有黨有仇，不歷異之辨，不知同之常，若東漢諸君子，分別甚則傷明，矯抑至則傷健，操持峭厲則傷中正，非君子之貞，而涉川何利焉？」易序同人於否之後，爲世道切，而爲君子計尤遠也。雖然，大通之同、聖人之道不苟同之義，君子之守，苟妄希夫！通天下之志而不得其道，則流爲比匪踰閑亂德之鄉愿。賢不肖雜糅，模棱脂韋，以敗其身，失類族辨物之明健也。然則道患不廣，守主乎固，蓋通者所以利其守，而守者所以馭其通，無他，貞而已矣。足下言之，魯、衛、汴、淮南而未能得所同，其殆能究同人不苟同之旨者乎？僕兄弟鄙野，不足以發足下問。足下生堯、舜之鄉，去文王、周公、孔子地皆近，又好學，其必有得於聖人之遺言，僕所未聞睹者，儻肯尋惠然之言，藉以開僕固陋，且續先叔兄一日之雅，是所願也。

附録

伯子才能經世，客浙江幕府，摘鈔所爲奏記告諭公移之文曰：「四此堂稿，叔子序之，以擬陽明别録，謂其論治不去小人，必不能用君子，不除民之害，必不能興民之利。又曰：『利民之事，嘗或至於害民，而民害苟除，則雖不興利，而固已利之。』」其説自申、韓以至於聖人，不能易也。四此堂摘鈔序。

叔子左傳經世外，又作春秋列國論十餘篇。又作春秋戰論，論城濮、殽、邲、鞌、鄢陵、平陰、汮陵諸役。又兵謀篇謂，左氏之兵，爲謀三十有二，曰和，曰息，曰量，曰忍，曰弱，曰彊，曰致，曰畏，曰防，曰需，曰疾，曰久，曰激，曰斷，曰聽，曰詭，曰信，曰諜，曰間，曰内，曰釁，曰偪，曰與，曰脅，曰假，曰名，曰辭，曰備，曰法，曰同，曰本，曰保。兵法篇謂，左氏之兵，爲法二十有二，曰先，曰潛，曰覆，曰誘，曰乘，曰衷，曰誤，曰瑕，曰援，曰分，曰嘗，曰險，曰整，曰暇，曰衆，曰簡，曰一，曰勸，曰死，曰物，曰變，曰將。

皆各以事證之。文集。

易堂諸人，誼如骨肉子弟，無恒父師。方密之至山中，歎曰：「易堂真氣，天下無兩。」叔子師友行輩議，爲易堂同學而作，謂「師也者，師其德；友也者，友其義。惟師友德義爲名分，故兄弟子孫行輩非族姓姻戚之有定，可遞推也，參以學與齒，權衡出入」。謝約齋謂其「有激勸之意，可見風義」。先正事略、文集師友行輩議。

三魏家學

魏先生世傑

魏世傑字興士，伯子子。諸生。少奉庭訓，稍長，父遠游久客，從仲父講論最久。叔子謂其「於古文得窺門户」。又謂：「及門中，惟世傑將來可獨任事。讀書處世，足有成立。」彭躬菴亦許爲易堂後來第一。及父被難，徒跣往迎喪抵家，拔佩刀自刎，左右持之，日夜椎胸哭，呼號二十日而死，年三十三，人比之何炯、謝藺云。所著有梓室詩文集。參魏叔子、彭躬菴撰文集序、先正事略。

魏先生世傚

魏世傚字昭士，季子長子。從世父叔子學十年，又從游江南，後復游京師，於叔子執友多得奉教。著有文集。參文集。

魏先生世儼

魏世儼字敬士，季子次子。少鋭於學，婦翁寓書，謂「子弟但宜循規蹈矩，應制舉，以爲門户計」。喟然曰：「從未見易堂前輩沾沾習是，我何爲者！」遂從世父叔子學古文。父年老，朝夕從侍，居則闔户著書，出則將車行酒。同時諸老歎其有志操，以爲名父兄之子弟也。著有文集。參黎士弘、吴正名撰文集序。

三魏交游

彭先生士望

彭士望字躬菴，一字樹廬，南昌人。少有雋才，究心經世之學，喜結客，立義聲公卿間。父晳病且革，閱邸鈔，見漳浦黄公道周平臺召對語，拊枕歎曰：「鐵漢也！」顧謂：「兒當師之。」先生治喪畢，即裹糧往謁。時黄公已下詔獄，爲傾身營救。會太學生涂仲吉上疏訟公冤，并下獄，辭連先生，禍幾不測。黄公論戍，事乃解。尋參揚州軍幕，未久辭歸。在易堂中，所學尤以躬行爲本。講學大抵以陽明、念庵之説爲宗，而歸於有實用。嘗謂「學者之病在於虚」。又曰：「凡病皆可醫，惟僞不可醫。」篤於風義，至老不衰。卒年七十有四。所著有手評通鑑、春秋五傳文，曰恥躬堂集，四十卷。參先正事略、陸麟書撰傳。

林先生時益

林時益字確齋，本明宗室，名議霶，與彭躬菴同里。因江、洪閒數被兵，兩人謀卜居，躬菴與叔子一見訂交，極言金、精諸山可爲嶺北耕種處，乃變姓名攜家往。先是，父統鏆，爲江夏令，卒官。嘗支帑金數萬修城，黠吏匿其籍，先生覼縷追憶，條寫而目算之，自是得嘔血疾。北遷寧都，已盡破其產，結廬冠石，傭田而耕，非其力不食。子楫孫，門人吴正名、任安世輩，皆帶經負鋤歌，聲出金石。康熙七年詔，故明宗室子孫衆多，有竄伏山林者，悉歸田廬，姓氏皆復舊。先生寄籍寧都，久不樂歸，山居三十年卒。所著冠石詩集五卷。參先正事略。

李先生騰蛟

李騰蛟字力貞，號咸齋，寧都人。明諸生。與臨川陳際泰、羅萬藻、寧化李世熊、同縣丘維屏爲文會。晚入翠微，與諸子講易，於易堂中最長，諸子兄事之。後別居三巘峯，以經學教授。著周易賸言。卒年六十。參先正事略、魏禮撰傳。

丘先生維屏

丘維屏字邦士，寧都人，三魏之姊壻。性高簡率穆，讀書多玄悟。弱冠爲諸生，家居寧都之河東，多古松，著書其下，自稱松下先生。避亂翠微峯，叔子嘗從之學古文。先生之學，原本六經、左、國、史、漢，旁及諸子百家，獨有得於泰西之書，心悟神解。方密之來易堂，嘗與布算，曰：「此神人也。」青州翟世祺守饒州，聘之，往爲演易數。青州馮相國欲招一見，卒不往。康熙己未卒，年六十有六。所著易勦說、易數曆書，皆垂成未竟，有文集。參先正事略、魏禧撰傳。

彭先生任

彭任字中叔，一字逐仕，寧都人。明諸生。國變後，結廬巘山，名所居曰一草亭，足不履城市。自入易堂後，嘗一訪其友謝文洊、甘京於南豐之程山，未嘗再他適。卒年八十有四。著有禮記類編、草亭文集。嘗論朱、陸異同，謂「學者之病，不在於辨之不明，而在於行之不篤」。持論最平。參先正事略。

曾先生燦

曾燦字青藜，一字止山，寧都人。明給事中應遴仲子。工詞章，重然諾。明季多故，思以功業自見，折節下士，士翕然歸之。明亡，楊公廷麟起兵保吉、贛，給事以閩嶠山澤閒有衆十萬，命先生往撫之。既行，而給事病卒，贛亦破，乃解散去。尋祝髮爲僧，遨游閩、浙、兩廣閒。大母及母，念之成疾，乃歸。築六松草堂，躬耕不出。後乃入易堂。少有詩名，選海内名家詩二十卷，號過日集。居吳下最久，著止山集、西崦草堂詩。後游燕，卒於京師。參先正事略。

謝先生文洊 別爲程山學案。

宋先生之盛 別見程山學案。

甘先生京 別見程山學案。

清儒學案卷二十三

孜堂學案

清初諸儒，懲明儒末流之弊，亭林、桴亭、楊園、三魚皆尊朱抑王，蔚爲大宗，而攻陽明最烈者，孜堂也。陸清獻引爲同志，表章其書；張清恪、唐確慎皆力守其說。四庫提要謂有「補偏救弊」之功，未免「鍛鍊周内」之處，斯爲持平。述孜堂學案。

張先生烈

張烈字武承，一字莊持，大興人。康熙庚戌進士，授内閣中書。己未，召試博學鴻詞，改授翰林院編修，與修明史。遷右春坊右贊善。先生自爲諸生，以至立朝，始終以清白自勵，不屑世俗榮利。少聰穎，讀書目數行下。及長，博通羣籍，精擘理學諸書。初嗜陽明之學，後知其誤，專守朱子家法，毅然以衛道爲己任。著王學質疑，舉陽明傳習録條辨之。其最要者三端：一辨心即理之説，一辨致知格物之説，一辨知行合一之説。及雜論、總論，共五卷。於諸經尤精於易，其説亦以朱子本義爲宗。謂：「易者，象也。

言有盡而象無窮。伏羲畫爲奇偶，再倍而三，因重而六。文、周逐卦繫彖，逐畫繫爻，全是假物取象，不言理，不指事，而萬事萬理畢具。大旨在因象設事，就事成理。」著讀易日鈔六卷，又有孜堂文集二卷。卒年六十四，祀鄉賢。門人私謚曰志道先生。參一統志、先正事略、學案小識、四庫全書提要、陸隴其撰王學質疑序。

王學質疑

自序

良知不講久矣，曷爲爲不急之辯？曰：「非敢然也。學孔子者，舍朱子莫由，而王盡翻朱子，與之爲水火。其說盛行於嘉、隆，天下講學者，莫不以詆朱爲能。萬曆之世，仙佛雜霸並行，士子不復知有儒矣。閒有高明特立有志儒術者，稍稍知朱子未可厚非，而意所專主，仍在王、陸，蓋習氣使然也。本朝釐正文體，朱註復興，講者稱周、程、張、朱，而仍與王、陸並列，亦習氣未盡也。相沿以爲，象山尊德性，朱子道問學。不知尊德性而不道問學，究失其所爲德性；道問學而不尊德性，則所謂問學者何爲？朱子果如是乎？夫嗜欲機智之用其心，記誦辭章之棼其習，不知有學者，無論矣。幸知有學，又爲王、陸所攝。先入爲主，必有好高矜伎之心，無復從容巽順之志，其取朱子，取其合於王、陸者而已。非朱子真面，即非孔子真面也。豈知朱子之言，詳密的實，中正無瑕？若陽明則虛浮飄蕩，假借可以禦人，按實終非妥確。望其藩籬者，皆欲揚眉努目，自標宗旨，亂儒術而壞人心，莫此爲甚。此而不知辨明，是終無以見孔子之道也。夫善惡兩存者，總成其爲惡；邪正並立者，總成其爲邪；王霸雜用，祇成其爲霸；儒佛合一，祇成其爲佛。譬之白置黑内，祇成其爲黑也，白不可復見矣。毒置食中，祇成其爲毒也，食不可入口矣。愚成童時，先人教以程、朱之學，信之頗篤。弱冠，始聞王氏之説，翻然盡棄其學而學焉，沈浸於宗門者十五六年。及聞厚菴曹先生講宋儒之學，鍾陵熊夫子督學畿内，與相應和，於時學者皆始留心傳註。愚隨衆觀之，追維先人之訓，恍如隔世，徐徐理之，欣然不逆於心，久久脱洗，乃知王氏之全非，蓋與聖門背道而馳也。譬之言飛昇者，立談之頃，兩股風生，皆虚誑耳。若朱子之言，如食可致飽，衣可禦寒，宫室之蔽風雨，藥餌之療疾病，皆實用也。故曰：『道也者，不可須臾離也。』彼王氏者，好高逞辯，導後學以妄誕浮夸，而道術爲天下裂，如之何其可並存而兩用也？輒不自揣，按傳習録中條舉大要而詳繹之，用存所疑，以待正於君子。數十百年之間，此道須有焕然光昭之日，王學未有不廢者。黜衆説而定一尊，風同俗美，庶幾其可見焉。若曰逞臆見，毁前人，故爲不急之辯也，烏乎敢！」

總論

象山言本心，陽明言良知，其弊使人喪本心，喪良知，何也？天之道，非别有一物寄於聲臭之上，時行物生，即所謂「無聲無臭，上天之載」也。人之心，非别有一物在窈窈冥冥之中，視聽言動，皆心所在也。善治心者，治視聽言動，即治心也。治倫物政事，即治心也。視聽言動、倫物政事之間，講明一分，則心之本明者復一分矣。力行一分，則心之本善者復一分矣。積之久而悟，其皆心也。天命流行之妙，一以貫之無餘。即使不悟，要其講求持守於視聽言動、倫物政事之閒者，固有規矩可循，心之本明本善者自在也。天下由此懼禮法而尚淳樸，畏清議而多善人，此聖學所以平穩純正，萬萬無弊者也。堯、舜十六字而外，不復言心，但與其臣惇典庸禮，命德討罪，教稼明倫，恤刑熙績，即無非精一，不必人人與之言心也。成湯若有恒性，而外不復言性，但惟用人惟己，改過不吝，顯忠遂良，取亂侮亡，即無非建中，不必人人與之言性也。夫子立教，惟是與子言孝，與臣言忠，寬信敏公，知人愛人，聞見擇識，禮樂詩書，即此人言此人，即此事言此事，不必人人與之言一貫也。惟朱子善學孔子，循循畏謹，一字必求其安，一事必審其極，奉先聖之格言，佩前賢之遺矩，俛焉日有孳孳，死而後已者，此聖門家法也。學者沿是而謹守之，即使不皆進於高妙，要其恪遵往訓，寧慎毋疏，敢於逞聰明，恣議論，蔑經侮聖者，無有矣。畏名教，憚公議，寧拘勿肆，敢於挾才任詐，恣欲敗檢者，無有矣。此弘、正以前，所以稱治正學之爲功於天下生民也大矣。今詆學朱子者，曰支離也，玩物也，義外也。講求制度名物者，謂增霸者之藩籬；而温清定省之儀節，等於扮戲。以是垂則後學，其誰不曰吾自有良知！六經任我驅使，讀書訓詁可鄙也，而穿鑿武斷、離經背道之講説顯行於世矣，誰不曰吾自有良知！制度儀節，傀儡具耳；而苟且佻薄簡略戲慢之行，衆以爲風雅圓融，無可無不可矣，誰不曰吾自有良知！公議皆世俗之論，名教特形迹之麤也。甚至蹤跡詭祕，舉良知以自解，曰吾一念自信而已。鄉評不許，舉良知以自文，曰良知自信，乃賢者所爲，與鄉黨自好者不侔也。而貪色好貨、爭名角利之習，可肆行而無忌矣。故單提本心良知者，予人以假借掩飾之題，挾高欺人，足以陵蔑君子，開不肖者方便之路；而及其既爲不肖也，并掩飾假借亦可不用，此必至之勢也。當陽明之世，欲前知末流之弊，誠有所甚難。由今以觀萬曆、啟、禎之士習，前弊彰彰較著矣，猶曰朱、陸並行不悖也，可謂知言乎！夫言本心，言良知，以是救夫專事口耳，不治身心者，誠良藥也。朱子固屢言之矣。若以是鄙棄一切，長傲恣胸，決隄防，破崖岸，蹈擊拳竪拂，呵佛駡祖之餘智，則聖門之罪人也。言本心，言良知，使人讀聖經賢傳，字字觸其本心，動其良知，巽順抑畏，以聽命於孔、孟、程、朱，則聖人之徒也。若以是目空千古，動稱顔子没而聖學亡，自處甚尊，而不過率天下爲佛、老，功利趨於淪胥而不救，則天下之至愚大惑，而可悵可痛者也。言本心使人喪本心，言良知使人喪良知，必至之勢，已然之徵，寧曰過論乎！

總之，陽明天資雄放，其於循循講習，循規蹈矩，實所不耐。及一旦有得於佛、老，與象山旨合，喜其與己便也，自私所好，亦可矣。不宜以此講學，獨闢宗旨。舉聖賢經書，直欲以此意强貫之，真謂六經註我，隨意驅駕，何所不可！此詖淫之始也。及人多不服，則借孟子「良知」二字，猶嫌其僅出孟子，遂竄入大學致知。至於攻者益衆，又見象山之學竟爲朱子所掩，計以爲勢不兩立，非抵死作敵，盡滅朱子之道，則人猶以朱律我，故遂操戈反面，盡翻全案而後已。朱子如泰山喬嶽，何可易摇！則以大學古本爲據，曰：「我非背朱，失於信孔太過也。」巧言如此。格不訓至，則以格其非心爲據，曰：「致良知於事物，格其不正，以復本體之正也。」牽强傅會又如此。至究其何以格其不正，則曰：「去人欲，存天理也。」詰其不即物窮理，恐認欲爲理，則又曰：「此志不真切也。」夫以格物爲去人欲，存天理，是欲正心先誠意，欲誠意先致知，而欲致知又在正心誠意矣，説其可通乎？況以認欲爲理，如此大病，不急求所以磨礲辨析之方，而竟以立志不真爲脱卸，真所謂茫茫蕩蕩，反以誣朱子乎！人曰東則拗而之西，人曰西則拗而之東，瀾翻泉湧，人人被其攝蓋，而悦其文詞者，尤俛首推服之。顧天下良知難泯，非之者不已也，則又以朱攻朱，著爲晚年定論。實則以中爲晚，以晚爲中，與當日情事迥不相涉。鍛鍊舞文，誑詞以欺天下。人不可欺，則又曰：「年歲原未深考。」乃委曲調停不得已之心。夫大道如日中天，是則是，非則非，乃亦調停委曲乎？即此一言，心術叵測，何止遁之又遁乎？夫妄稱「定論」，是意不誠也；不深考事實，是物不格也。此之謂物不格，知不至，故意不誠也。使其虚心遜志，從容詳審，則無是弊矣。惟其占題太高，叛道已甚，騎虎不得下，不得不左支右吾，藉筆舌以塞人。一時之議，而前後矛盾，罅漏實多，既曰信孔子太過矣，又曰孔子之言亦不以爲是也；既曰生平於朱子有罔極之恩矣，又曰天下宗朱如宗楊、墨也。如狡獪健訟之人，逢人即攀，遇事便借，口無一定之舌，筆無不牽之義，以此爲譸張伎倆可矣，以此爲戰國縱横游説詭辨可矣，乃用此以講學乎？然則王子之良知安在也？

朱陸異同論

朱、陸同異，非其互爲異也，乃陸之異於朱耳。天下之道，不容有二。今觀孔子語其弟子博文約禮，循循於矩度之内，未嘗敢放言高論，啟人以好異之端，則後之學孔子者，其必準諸此矣。秦、漢以來，學者未覩其要。惟朱子之書，廣大精深，無所不備，而要歸於平淡切實，雍容詳至，不敢爲新奇可喜之論。其躬行也，養於未發，省於方動，致謹於威儀言動之閒，以達於家國天下事物之變，一一務得其理，服官莅政，莫不竭盡誠意，致於君而利其民。觀其自贊曰：「從容乎禮法之場，優游乎仁義之府，是予蓋有志焉，而力莫能與也。佩先聖之格言，奉前烈之遺矩，惟闇然而日修，或庶幾乎斯語。」嗚呼，何其言之似孔子也！下學上達，高至於聖神無難，而下不失爲經明修行之士，天下之欲學孔子者，舍是無由矣。此非欲私一朱子而道之，在天下固如是而已矣。使必舍是而求非，無新奇徑捷之説，使人易知而樂從，而其失也，猖狂自恣，侮聖蔑經，未再傳而已不勝其弊，陸子是已。夫陸子直指人心，使人反而求之在己，似矣。然厭夫世儒之溺章句，忘本心者，而遂槩舉而屏除之，孤守一心，自以爲足，曰：「學者，學此而已；問者，問此而已。」甚至以爲，「六經皆我註脚」。嗚呼，是何言也！求之孔門，未嘗有是説也。孟子之言心，將拯人於功利嗜欲之中，而陸子之言心，將置人於好古敏求之上，故以子静之高明，已不免於自許太高，自任太過，有張皇遽迫之病。況其徒，不及子静之天資，徒舉師説而張大之，則浮游放蕩，僅與末禪之無忌憚者同歸而已矣，曾何益哉！雖然，宋、元之世，天下方尊尚朱子，陸氏之學不行，故其害未著，而草廬吴氏，尚以陸學不顯爲憾。及乎明之中葉，陸學大行於天下矣。何則？明之陽明，即宋之象山也。陽明以前，學者守朱學甚嚴，言純師，行純法，賢者窮理居敬，務惇於本實，而庸常之流，亦毋或有越於彝矩。即閭巷父老，往往誦習小學、性理、綱目諸書。當是時，風俗最爲淳質，議論一於下，紀綱修於上，而天下號爲治平，則朱學之效也。及陽明出，而以致良知爲説，竊大學、孟子之言，以文其佛、老之實，於宋則取象山，於明則取白沙，藉其杰爽之氣，詭幻之智，俊偉之詞，奮然而與朱子爲難。蓋世風漸下，人將生心，天下羣不逞之徒，其不便於朱子之教，而欲甘心於正人者，往往有之矣，特未敢有顯言叛之者。自陽明操戈樹幟，爲天下禍首，於是魁桀黠猾之士相助爲波濤，而庸愚下士盡從風而靡，五經、四書悉更面目，綱常名教爲之埽地矣。故一傳而爲王畿，則直言二氏而不諱；再傳而爲李贄，則盡詆古之聖賢，而取夫姦雄淫暴者以爲法，雖其人已伏辜，而天下相與扼腕而歎慕之。當是時，以姚江爲聖人，誦佛、老者爲名士，掊擊朱子者爲高賢，訶詆傳註者爲儁傑，酗博狎謔者爲風流，爭自號於天下，曰：「我學禪者也。」「學姚江者也。」既顯遁於朱教之外，然後可以恣爲濁邪而不愧。蓋鄙俗之見，不可以敵聖賢，惟持高說以駕之，則名教不足束我，即無所不爲，而不失爲高士。陽明馳騁異論，欲使人人爲聖人，而適以便天下之不肖。及夫禮義之教澤已盡，貪詐之習俗已成，日囂競於功利嗜欲之内，不惟朱子之説不足以入之，即象山之本心，陽明之良知，亦視爲浮塵土梗，邈乎其不相屬矣。高談妙悟，果何益乎！王弼、何晏，罪浮桀、紂。竊以爲，陽明之禍天下，即懷山襄陵，未足爲喻。陸氏之學，不行於宋，而行於明，此其效然也。然則朱、陸之辨，大是非、大利害存焉，又非獨同異而已也。我朝黜浮屏異，曩者譸張爲幻之説，學者絶不經於耳。惜也士無深志，不朱不陸，而習爲浮華無用之空言。此其尚沿於明末之習，不自覺知者也。廣厲學宫，振興絶學，尊朱子爲法，俾一返於淳實，士心其允正乎！是所賴於維皇之作極矣。

史法質疑

某鄙儒不知史法，嘗以愚見質之識者，曰：「史以紀實也，人而一事可傳則書其一事，一言可傳則書其一言。若名卿將相，戡亂致治，經緯謨猷，必銓次而詳誌之，俾後人有所考法。此經世實用之書也，寧樸勿巧，寧實勿虚。夫文以渾樸爲近古，巧妙爲時調，況於史乎？」曰：「否，否。史以簡爲貴，舉要删繁，安得事事而誌之乎？不見人身之有脈絡，畫家之有主峯乎？」愚曰：「旨哉，斯言！請因而推繹之。身有五官四體而脈絡具焉，脈絡即在官體之中，舍官體而存脈絡，脈絡果安在歟？舉五官之一而闕其四，舉四體之一而闕其三，曰脈絡如是足矣，是得爲全人歟？文之開闔照應，宋以後始言之，遂流爲格套，而不免於俗。唐以前未嘗有是名，要其比事屬辭，水至而渠成，乃所謂脈絡也。畫家求工於尺幅，經營結構，顧盼可觀，相矜爲能事，如使作三邊圖，某口某墩，某寨某堡，一一如其位置，安敢以意匠而顛倒删削之？作九州圖，某省某府，某州縣，某衛所，某城某驛，欲具知其險易遠近，脈絡所在，缺一區則絶一脈矣，又安敢略之？然爲此圖者，可以備有志經世者之考求，而無當於清齋之雅玩。此石田、思白所不肯爲，亦不能爲，而欲求有關於實用，則固在此，不在彼矣。今之爲史，將爲尺幅觀歟？抑核實考信，爲後世經世務者法歟？」曰：「此臆説也，於前史何據？」愚曰：「史遷之敍孔子也，必曰襄公某年，孔子若干歲，昭公某年，孔子若干歲，定公、哀公某年，又若干歲，適某國，遇某人，答何語，不厭詳也。若舉要求簡，止當云孔子生知好學，周流列國，晚仕魯爲司寇而已。又如曹參，敍次戰功甚詳，若舉要，則第載其清静畫一而已。唐書如魏徵、郭子儀、裴度、李德裕皆獨爲一卷，敍其生平、歷履、獻納，前後鱗次，有年月可考。而陸贄傳載奏議纍纍，舊唐書一萬三千言，新唐書亦萬言。若厭多而削之，諸大賢君子毋乃減色歟！考古者止讀通鑑節要數行足矣，何貴於全史而讀之？」曰：「子後學之寡陋者也。史事所關甚重，毋妄言。即有所疑，姑私誌之，以待長者教。」愚曰：「謹受命。」遂書之。

讀史質疑

宋史有道學傳，惟宋史宜有之。周、程紹先聖之絶緒，朱子集諸儒之大成，以道學立傳，宜也。餘則篤學如蔡西山父子，高明如陸子靜兄弟，純粹有用如真西山，僅列之儒林，此爲宋史者有識也。元儒如許魯齋、劉靜修、吴草廬、許白雲、金仁山，皆有功聖門，而許爲最，然終不敢比於程、朱，故不立道學傳，此爲元史者有識也。若有明一代，堪立道學傳者，誰乎？純正如曹月川、薛文清，不能過真西山、許魯齋。而光芒横肆如陽明者，假孔、孟以文禪宗，藉權謀以標道德，破壞程、朱之規矩，蹂躪聖賢之門庭。嘉、隆而下，講學者徧天下，人人各樹宗旨，卒之納降於佛、老，流遁於雜霸，總以成其爭名利、攘富貴之私，辱聖門甚焉。而遡其原始，陽明實爲首禍。如此而列之道學，恐天下後世稍知聖人之道者，必以史臣爲無識矣。愚故疑道學傳可不立也。

陽明宜立何傳？曰：「功在社稷，子孫世封，列之功臣傳，宜也。」曰：「陽明倡明絶學，其徒以爲滴血明宗，獨得先聖不傳之祕爾，何知而妄誹若是？」曰：「愚讀論語、孟子，惟曰文行忠信，詩、書、執禮，多聞擇識，博文約禮，博學詳説，未嘗一言及於高妙。其功積力久，悟及一貫者，一二人；而其餘謹守成法，誦詩、書，習禮樂，爲孝悌謹信之人，天下所以多善人也。要之，悟一貫者，心知性命之妙而不必言；即未悟者，自恂恂於出入孝弟之閒，莫非性命之流行，亦不待言也。象山、陽明必先提所謂本心、良知者，舉此以致之於事物，而以下學講習爲支離無本領，其亦舛矣。蓋象山、陽明之説，禪門直指人心之說也，聖門無是也。特以身爲儒者，不敢顯然談禪，而借孟子之本心良知，以附會其說。不知孟子所謂本心良知者，孩提愛敬惻隱羞惡之類，必待察識擴充，深造自得，學問之事尚多，未嘗曰耳本自聰，目本自明，六經皆我註脚也；又未嘗曰致此良知於事物之閒，不待即物而窮理也。夫無問學積累之力，而直提此心爲主，以爲施之而無不可，其不至偏陂放誕者幾希。象山門人，今日悟道，而明日醉酒駡人，正坐此弊，而猶曰吾獨得孔子之學，誣罔不已甚乎！愚謂『假孔、孟以文禪宗』者，此也。陽明恐人攻己，則援古本大學以爲據，此挾天子令諸侯之智也。著朱子晚年定論，此以敵攻敵之術也。以行兵之權謀，用之於講學，其心術險譎，而技窮可知。愚謂『藉權謀以標道德』者，此也。弘治以前，天下謹守程、朱之教，綱紀肅於上，廉隅勵於下，風俗號爲淳美，無敢一言謗議者。至陽明始肆然與之爲難，明斥程、朱之非，四書、五經盡改面目，遂若朱子無一言之可存者。其徒樂其誕而自便也，人人爭爲新奇之論，以揚其波而鼓其燄，聖門溫良恭讓之氣象，儒者讀書修身循循善誘之遺矩，蕩然無存。於是人心乖張，發政害事，至於崩潰壞爛而後已。夫弘、正以前，尊程、朱之教若彼；隆、萬以下，毀程、朱之禍若此。朱、陸得失，關乎治亂，彰彰較著，而說者欲調停而兩存之，不亦謬乎！弘治己未，陽明成進士。其年六月，孔廟災。九月，建陽書坊災。蓋陽明之出，孔、朱之厄也。天象昭著，人不及之耳。愚謂『破壞程、朱之規矩，蹂躪聖賢之門庭』者，此也。」曰：「中庸不言性命乎？爾何病乎陽明？」曰：「聖賢言性命，有惕然戒懼，勉勉下學之心焉。象山、陽明言本心，言致知，則侈然自大，侮聖蔑經矣。且人心險惡，聖人謂之惟危。詩、書名教，防此人心，猶懼不足，而忽有爲任心之學者，爲之誹斥先賢，非毀往訓，使人皆自任其聰明，此甚便於不肖之心，而人欲所以横流也。若陽明者，亦開阡陌，廢封建，焚詩、書，墮名城之徒耳。故陽明之出，聖道之厄也。」曰：「陽明自言其所悟也，爾何爲以禪誣之？」曰：「陽明言知善知惡是良知，是矣。謂爲善去惡是格物，已牽强不倫，猶未甚害於理也。必曰無善無惡心之體，其徒遂舉意知物，悉以無貫之，謂無善無惡爲祕旨，知善惡爲權教，詫爲天機漏洩。顔子、明道所不敢言，何無忌憚之甚也！夫無善無惡，不過如所謂不思善不思惡，是明上座本來面目也，非禪而何！且陽明之學，好高求勝，以爲良知之説，高出程、朱之上矣。但所謂良知，正佛氏所呵爲昭昭靈靈第八識不斷爲生死根本者。恐其見嗤於禪人也，故又言無善無惡以蓋之，而其徒遂顯然言禪言仙，謂『良知』二字，足以貫通三教。噫！此又鄙俚之甚，經書傳註所未有也。夫竊良知之説以勝諸儒，又竊無善無惡之説以敵佛氏，此其用心亦勞矣，而究爲佛氏所不許。徐存齋謂龍溪八十老翁，舍不得良知，終不濟事，欲了生死，須看話頭。存齋服膺陽明，而其言如此，正禪家所譏，儒門澹泊，收拾不住者。陽明欲以無善惡屈天下，而學佛者終不之許也。然則陽明欲爲儒而顯叛夫儒，欲竊佛而見嗤於佛，兩無所容，而邪遁之苦，亦已甚矣！故隆、萬之初，天下學者，羣然學佛，不屑言良知。其謹愿者，受戒持，呪禮經，懺求西方，修比丘之行；而黠者，掉機鋒，恣横議，沿李贄之餘唾，不以孔子之是非爲是非；其高者，脱略職業，以歇睡名庵；而卑者，日沈迷於酒色名利，以爲才情真率。當是時，几案有楞嚴、南華者爲名士；挾妓呼盧，裸而夜飲者爲高致；抗官犯上，羣譟而不逐者爲氣節；矯詐嗜殺，僥倖苟利者爲真經濟；謹綱常，重廉隅者爲宋頭巾。舉天下庠序之士，如沸如狂，入則詬於家，出則譁於朝，闖、獻之形，日積於學，士大夫之心術，而天下不可爲。故高談必趨於佛、老，佛、老必趨於夸詐，夸詐必趨於殺戮。陽明一出，而盡變天下之學術，盡壞天下之人心，卒以釀亂亡之禍。彼乃以天下崇尚朱學比於崇楊、墨，指正學爲洪水猛獸，欲身起而救之，不知其爲倡亂之首，悲夫！我朝鼎新文教，始有倡明程、朱之學者，而論者猶曲爲陽明諱，欲挽朱、陸而一之，此不深究其本末，徒爲世俗瞻循之態，非所語於學也。有識者，將黜陽明之從祀，何道學傳之有！」

附録

先生至孝，事繼母委曲承順，無閒言。性好施與，嘗留所入之半以濟人，故友親老子幼婚喪未終者，竭力籌畫如其家事。先正事略。

讀易，日鈔删潤凡四十餘次。易簀前，猶有考訂。同上。

修明史，分纂孝、武兩朝，如劉健、李東陽、王守仁、秦竑、李成梁、金鉉、史可法諸傳，皆先生手筆。嘗曰：「吾此數傳，是非不爽銖兩。」其論孝宗，謂：「明知閹宦之壞法，而不能遠，成陰勝之漸，是知不至，意不誠之故也。」其論李東陽，謂：「李公文章之士，與劉、謝同朝，則著侃直之風；與芳、瑾爲伍，盡露委蛇之態。而聲名素著，奬借後進，故競爲之掩飾，謂東陽若去搢紳之禍，不知所底。此欺世之論也。五年之中，冤死者不可勝數，搢紳之禍亦已至矣，李公拱手不敢異。偶中救一二人，遂詫以爲善類賴之，則張綵救吴廷舉，劉宇救王時中，亦得爲保全善類耶？」又云：「楊文襄，功名之士也，以爲將之智，用之爲相，晚年欲以其術籠絡張桂，而卒爲所敗，賫恨以没，智巧之不可恃如此。」議論皆卓然，不可磨滅。同上。

先生文集中多講學之文，其朱陸異同論附刻王學質疑後，四庫提要謂「不及其賈董異同論之持平」。又謂：「漢學有傳經之支派，各守師説而已，宋學既爭門户，則不得不百計以求勝，亦勢之不得不然者與！」四庫全書提要。

陸稼書曰：「先生言良知之害，至明至悉，不特盡埽龍溪、海門之毒，而凡梁溪之所含糊未決者，一旦如撥雲霧見白日。蓋自羅整庵、陳清瀾而後，未有言之深切著明如斯者也。」王學質疑序。

張敬庵曰：「先生初出入於王學者有年，既而翻然自悔，洞徹底裏，著爲質疑一書，蓋真能勇於決擇者。一一窮其源而披其根，蓋即羅、陳兩先生衛道之心，而抉摘精微，則又有前人所不及道者。」同上。

唐鏡海曰：「讀先生書，如日之中於天，如雷之奮於地，使人肅然而起，卓然而知所趨向，舉凡淫詖邪遁、虛無怪誕之説中於人心者，一砭而可以去其害矣。」學案小識。

孜堂交游

曹先生本榮

別見孝感學案。

陸先生隴其 別爲三魚學案。

孜堂私淑

馮先生濂

馮濂字周溪，寧晉人。明尚書英玄孫。幼聞孟子性善之説，因究問心性之旨。祖端祺奇之，命名曰濂，以周玄公期之也。弱冠，補諸生。讀書窮理守朱子家法，動静語默，整肅不苟。教人先小學，循守而進，以發蒙育德爲己任。研究易藴二十餘年，以朱子本義潔淨精微，日讀一卦，十旬一周，至老不輟。嘗言洙、泗以還，博文約禮兩極其至者，朱子一人而已。前儒許魯齋、薛文清、胡敬齋及陸稼書得程、朱正傳，次則曹月川、羅整庵、陳清瀾、張武承、張儀封五先生爲能羽翼程、朱，有功正學。設教京師，未嘗一至權貴之門。雍正十三年卒，年七十四。參北學編。

清儒學案卷二百十四

白山學案

徽州學派，開自江、戴，白山生二公前，不假師承，獨能鉤深致遠，發明新義。四庫徵書，東原屬當事訪得字詁、義府二帙獻之。白山著述不至湮没者，東原力也。述白山學案。

黄先生生

黄生字扶孟，一字黄生，號白山，歙縣人。明諸生。淹貫羣籍，於六書訓詁尤有專長。嘗著字詁一卷，根據奥博，與穿鑿者迥殊。又著義府二卷，凡經史子集，以至趙明誠金石録，洪适隸釋，酈道元水經注所載古碑，陶宏景、周子良冥通記訓詁，及别教之書，其古音古訓皆爲考證，論者謂其書不在方密之通雅下。生平著述好以古人書名其書。又有論衡及識林二種，葉書一卷，杜詩説十二卷，一木堂詩稿十二卷，文稿十八卷，内稿二十五卷，外稿三十卷，一木堂字書四部，雜書十六種，古文正始經世名文文筏三十卷，詩筏二十卷，又有三禮會籥、三傳會籥等書，惜多不傳。參史傳、四庫總目、徽州府志、黄承吉撰字詁義府合按後序。

字詁

兄

「兄」字，説文以爲長者，蓋謂以言語教誨其子弟，故字从口。此鑿也。以長誨少，父師皆可，何必定兄？愚以爲，當从兒省，會意。兒象小兒頭囟未合形，兄長於弟，則囟合矣，故作兄。六書正義歙吴元滿著。知不从口，而遂改作兄，亦妄。

冂鼏鉉

説文：「鼏，以木横貫鼎耳而舉之。周禮『廟門容大鼏七个』，即易『玉鉉大吉』也。」按考工記「鼏」作「扃」，則知説文「鼏」字正當作鼏，諧冂聲。後人誤傳寫从八，因加以莫狄切，失之遠矣。又按。轄訓「鍵也」。鍵訓「鉉也，一曰車轄」。鉉訓「舉鼎也，易謂之鉉，禮謂之鼏」。詳「轄、鍵、鉉」三字互訓。疑鼏爲舉鼎之物，鉉特其鍵耳。用鼏横貫鼎耳，加鉉以塞鼏端之空，使不脱出，如車軸之有轄，門户之有鍵，其用一也，故字從金。若與鼏爲一物，則不宜从金矣。三代名物，至漢已大變易，宜許不及見此物，故訓辭反覆不一。然他訓既互發，而本訓語反鶻突，何也？

弗弜弼弢弻彃 六字音同，讀近方音之不。

弗，説文訓「橋也。从丿，从乀，从韋省」。分勿切。「弜」字説文不收。弼訓「輔也，重也。从弜，西聲」。弢、弻、彃皆重文「弼」字。余考其文，六字當即一字。所謂弗者，即詩秦風「竹閉緄縢」之閉，以竹爲之，而以繩約於弛弓之裏，所以檠弓體使正也。今謂之弓牀。弗字从弓、川，不成字。指其事也。弜則从二弓，一反一正，檠弓者先反而後正，此會意也。弜有匡正之意，故借爲輔。「弼」字，古者繡其形於裳，以備章服之制，亦取輔弼爲義。黻注兩己相背，取其辨，此妄説也。第此字重文多而借義廣，故後世遂分爲二字。「弜」字竟以罕用而廢，獨見米氏一印。米名芾，字元章，蓋即取章服之義。弗耑爲不然之辭，弼耑爲輔弼之稱，弼本借義，無正字，故書古文「邶成五服」，詩「佛時仔肩」，孟子「法家拂士」，荀子「諫爭輔拂」，通行借用。主正義反爲借義所奪，因不知所從。詩用閉，固非，儀禮之作韍，亦謬。非皮革之物，不當从韋。伯溫知其失，而以必字當之，乃似是而非也。弗之从弓，於義較明，而周不取，繇不知古音故。

鱓

俗有鱔魚，古無其字，故借鱓徒何切。轉音，常演切。淮南子云「鱓似蛇」，荀子云「蟹非蛇鱓之穴無所寄託」是也。又或借鱣張連切。轉音，常演切。後漢書楊震傳「冠雀銜三鱣魚」，韓非、説苑皆云「鱣似蛇」是也。顏氏家訓云：「『銜三鱓魚』，假借作鱣鮪之鱣，俗因謂之鱣魚。」此顏但知鱣之爲借音，而不知鱓之亦借音也。漢注誤以張連切之鱣爲釋，羅願爾雅翼力辯其誤。又梁韋林戲作鮰表省鱣作鮰，亦通。酉陽雜俎載此賦，誤書鮰作鮰，篇海一並收之，徒增後人之惑。

齊

古書字尚簡，故齋、齎、齍、薺、齏、躋、劑等字通借用齊。禮「齊衰」。孟「齊疏之服」。本作齎。玉藻「趨以采齊」。本作薺。周禮醢人五齊：昌本、脾析、蜃、豚拍、深蒲。本作齏。禮記樂記「地氣上齊」。本作躋。周禮酒正「五齊三酒」。考工記「金有六齊」；本作劑。又，火齊，才詣切。珠名，言其色如金之在劑也。又尚書大傳「多聞而齊給」，鄭注「疾也」。史記五帝紀「幼而狥齊」，斐駰云：「狥，疾。齊，速。」當讀爲資，資，給也，言天性捷給也，今讀本音，似誤。

一

有物混成，先天地生，視之不見，聽之不聞，强名曰道，以立造化之根，以成萬事萬物之紀。萬事萬物，其數莫殫，歸根復命，必統於一。一也者，又道之别名也，在易曰極，在書曰中，極言至，中言央，皆一也。天地萬物之數，賾而不可紀，聖人者出，始制文字，以成萬世之用，天地之祕洩，三才之紀立矣。許慎氏創爲説文解字一書，分别部居，始一終亥，其中以類相從。一者數之始，亥者數之凡，亥，猶該也。井然粲然，有條而不紊，誠宇宙一大計薄也。後之人輒亂其次，以五音韻譜目之，而許公之旨全失，非是書之一厄乎？

耎偄媆懦報

說文：「耎，而伉切。稍前大也，讀若畏偄。」「偄，奴亂切。弱也。」「媆，而沇切。好貌。鉉等按，切韻又音奴困切，今俗作嫩，非是。」「需，相俞切。須也，遇雨不進，止須也。」「報，泥展切。轢也。」俗書偄作輭，又作軟，「輭」字合取耎、報而成，「軟」字則報之譌省也。報本訓轢，即今俗書「碾」字，音訓並不同。誤偄爲軟，自玉篇始。今按說文之訓，則物之弱者曰耎，人之弱者爲偄，此其分兩字意也。然史、漢諸書於前數字又多借用，是以後人反切亦從而互譌。如史記之言「選蠕觀望」，後漢清河王傳「選懦之恩」，又西羌傳「公卿選懦」，此借蠕、懦爲「偄」字也。如考工記鮑人「腥脂之則需」，又弓人「薄其帤則需」，此以需爲「耎」字也。如莊子之言「以濡弱謙下爲表」，此以濡爲「懦」字也。舊讀爲耎，非。如考工記輈人言「馬不契需」，此以需爲「懦」字也。舊乃亂切，非。漢書武帝紀「坐畏偄，棄市」，此以愞爲「偄」字也。說文無此字，注音如掾、乃管二反，韻會收入翰韻，音奴亂切，並非。說文偄本而沇切，孫氏乃音奴亂切；媆本奴困切，孫氏乃音而沇切；懦本音奴卧切，孫氏乃音人朱切。諸字既以溷借亂形，復以誤音溷聲，造次尋之，正未易辨。

饡

周禮玉人注「瓚，讀爲䬸饡之饡」，則旦切。疏「漢時有膏饡」，此本内則注「狼臅，臆中膏也，以煎稻米，則似今膏餍」。按：字从半犀，與則旦之聲不近，疑从羼省羼，初限切。作「餍」字。而膏餍之爲物，則似説文之「饡，以羹澆食也」。篇海注：「餍即古文饡。餍，諸延切，厚粥也。又則肝切。」此可知餍即饡餍之譌省耳。其以餍爲諸延切者，由誤讀内則釋文酏讀爲餰，之然反，餍又作餰，並之然反。此蓋明「酏、餍」二字當並讀爲餰，非謂餍即「餰」字也。若以諸延切餍，何以處玉人注之餰餍哉！膏餍，釋名作膏饡。

賸

説文：「賸，物相增加也。一曰送也，副也。」孫音以證切。按：「賸」字俗作剩，實證切。物相增加，即餘剩之義。曰送，曰副，則義與媵説文作倂。溷。孫之以證切，但爲次義之音，非初義之音。徐鉉音切，悉取孫愐唐韻，凡許具二義者，徐止切一音，後人承之，多致訛謬。韻會於徑韻兩出「賸」字，則當分注兩義可也，乃於實證切之下，但云益也，餘也。詳見本韻。而以證切之下，既引徐鍇本説文爲注，又引廣韻云長也，增韻冗長也，益也，餘也。唐書殘膏賸馥，則是以餘賸之義，從媵送之音，可乎？

以

以，古作㠯，象氣出形。語詞也。凡訓由，訓用，訓與，訓因，皆以聲近而借。書大禹謨「臨下以簡，御衆以寬」，此從用爲聲。昭十三年左傳「魯故之以」，史記商君列傳「卒受惡名於秦，有以也夫」，此從由爲聲。論語「以吾一日長乎爾，無我以也」，因我爲爾師，故不敢盡言，戒其勿如此也。易乾象「君子以自强不息」，君子法天之行，因自强不息。諸卦大象倣此。史記高祖〔一〕本紀贊「忠之敝，小人以野」，此從因爲聲。詩召南「之子歸，不我以」，注：「猶與也。」書金縢「天大雷電以風」，論語「使民敬忠以勸」，此從與爲聲。若考工記「天有時以生，有時以殺」，樂記「治世之音安以樂，亂世之音怨以怒」，此則但爲轉語詞，與而通用。或叩由、用、因、與聲近之義，曰：馮衍顯志賦「願横逝而無由」，上叶「來者不可與期」，參同契「蠢動莫不由」，上叶「日月相撢持，權輿樹根基」，是由古音夷也。陸機賦「旋皇輿於夷庚」，即詩之由庚。易豐九三「終不可用」，叶「不可大事」，又剥上九「終不可用」，叶「民所載」，是用古與庸同。古亦音夷也。古真、文多與支、齊通，如夤同胰，賁音墳。讀賁，音肥。敦讀敦，音堆。軍生暉，斤生旂，是因亦可音依也。古魚、模亦與支、齊通，如鼠爲施，上聲。史記「首鼠兩端」，後漢鄧訓傳作「首施」蓋音轉。諸爲之，母叶屺，詩魏風。居讀基，檀弓。是與亦可音以也。

導

封禪書：「導一莖六穗於庖，犧雙角共抵之獸。」說文：「導，禾也。司馬相如曰：『導一莖六穗。』」

〔一〕「祖」，原無，據史記補。

史記注，徐廣云：「䆃，瑞禾也。」索隱引鄭德云：「䆃，擇也。」又引説文：「嘉禾，一名䆃。」字林：「禾一莖六穗謂之䆃也。」漢書本傳但作「導」，注鄭氏云：「擇也。一莖六穗，謂嘉禾之米，於庖厨以供祭祀也。」按：漢時相如、揚雄皆通古文，許氏多取其説。此「䆃」字特引相如，則知封禪本作「䆃」。漢書「導」字，或傳寫之誤爾。索隱引鄭訓釋「䆃」字，乃知相如自以擇米爲䆃，而以爲嘉禾之名，則諸家皆承説文之誤也。據索隱所引，則今説文訓内脱一嘉字。又按：「導」字本訓引，無擇義。漢少府導官主擇米，以導爲擇，必漢時之通語，特相如識其本字，宜爲䆃耳，後遂通作導。釋名：「導所以櫟鬢，齊主衣中玉導。」古擇米必有其器，櫟鬢之器似之，故以爲名。唐百官志有䆃官令，尚用此「䆃」字。

無字之音

方言有有音無字者，經典多借字以寄其音，如毛詩「夜如何其」，及「彼其之子」，二「其」字，皆當讀基濁音。檀弓「何居」，「居」字當讀本聲濁音。按：束皙補亡詩中，云「彼其之子」，易「其」作「居」，益信「其」字不音「記」矣。書「若之何其」，讀「如」字，亦誤。蓋「何其」、「何居」，皆發問之助語詞，二音皆無正字，故寄聲於其、居之閒。若「彼其」，係指他人之詞，猶今人之稱渠此字亦呼在居、渠之閒。也。注家於「何其」音「基」，於「何居」音「姬」，而不發其借音之義，既已迷誤後人，若「彼其」之「其」音「記」，則謬之甚矣。禮表記引詩作「彼記之子」。至外國之音，以中國之字譯之，如康居、龜茲、可汗之類，居當讀居濁音，不得竟讀爲渠；龜茲當讀鳩茲濁音，不得逕讀爲丘慈；「可」音當近「酷」，「汗」當讀平聲清音，不得逕讀爲克寒。又「休屠」，匈奴王號，舊音「朽除」。休當讀本聲濁音，屠當讀諸濁音。蓋譯語本無正字，故古人借字以寄音。不然，何不逕以康居、丘慈、克寒譯其語乎？凡言讀如某字濁音者，本字皆無濁音，此所謂無字之音也，能熟辨字母之清濁，即得之矣。

干

晉人帖云：「淡悶干嘔。」楊升庵曰：「淡，古淡液之淡；干，古干濕之干，今以淡作痰，干作乾，非也。」予謂此用修好古之過。「痰」字古誠未有。若「乾」字，詩之「乾餱」，春秋傳之「乾溪」，易之「乾胏」，豈得謂其非古，而必「干」字爲古乎？干本干櫓之干，借爲水際之干。易「鴻漸于干」，鄭注謂「六水之傍，故停水處。」此指水旁乾地而言，故乾濕之乾，亦可借用「干」字。予又考後漢書獨行傳云：「明堂之奠，干飯寒水。」此又在晉人之先矣。用修語本黄伯思東觀餘論。

義府

毴毛

說文引書「鳥獸⿰而毛毛」作「毴毛」。而尹、人勇二切。鄭注周禮司裘「仲秋鳥獸⿰毛隹毨」，⿰毛隹即「毴」字之誤，陸直音毛，非也。書云「仲秋毛毨」，「仲冬毴毛」，鄭引釋「仲秋，獻良裘，王乃行羽物」，此兼詞耳。本注：「仲秋，鳩化爲鷹；仲春，鷹化爲鳩，順其始殺，與其將止，而大班羽物。」蓋鳥獸毛至冬益豐厚可用，故鄭云：「然經言仲秋，未必以秋爲限也。」後人以其本釋仲秋，不當牽仲冬爲說，故書毴爲⿰毛隹，即⿰毛隹音毛，以就尚書鳥獸毛毴之文。此昧理之甚者。集韻因收「毴」字，與毛重文，韻會亦仍其失。凡後世俗字一增，皆由輯字書者胸無涇、渭，止務博收故也。尚書通行本皆作「氄毛」，音周禮者或不知鄭從古本，又字誤爲「毴」，故昧其音。

血流漂杵

周書泰誓「血流漂杵」，賈誼過秦論作「漂鹵」，陳琳檄文作「漂櫓」。櫓、鹵同。大盾也。二語皆本周書。以理推之，櫓者軍中所宜有，杵非軍中所宜有也。予因悟杵即古櫓字，本單作午，加木爲大盾之杵，即古切。譜午敞吕切。聲，穿母諧來母，詳見諧聲譜。後借午敞吕切。爲午未之午，疑古切。又借杵即古切。爲舂杵之杵，敞吕切。因續制「櫓」字以代之。通用鹵。惟周書尚作杵，蓋舂杵亦器用之類，注家依此作解，所以存而不易，若賈、陳作櫓、鹵，是尚知杵即櫓字耳。

乙

禮記內則「魚去乙」，鄭注：「今東海鰫魚有骨名乙，在頰旁，狀如篆乙字，食之鯁人，不可出。」此説鑿甚。凡骨皆能鯁，何獨頰骨？且禮經豈專爲鰫魚戒耶？按：爾雅魚腸謂之乙，內則當指此耳。

鞮鞻

周禮春官：「鞮鞻注音低屨。氏掌外國之樂，與其聲歌。」鄭注：「東方曰韎，南方曰任，西方曰侏離，北方曰禁。」

鄭云：「鞮鞻，外國舞者所屝。」予謂鞮鞻當音低婁，反語即爲兜離，班固兩都賦作此字。兜離轉音爲侏離。本書前云：「韎師掌教韎樂，祭祀則帥其屬而舞之。」蓋韎師掌教舞，鞮鞻氏兼教聲歌，各舉一方爲名，互見之義也。韎師職有「韎樂」字，故鄭不生異説，不然，又將以韎爲服飾之屬矣。鄭引外國之樂，而不知鞮鞻即侏離者，漢人未知翻紐之法故也。

易叶韻

易剥之上九「小人剥廬，終不可用也」，與上文災、尤、載三韻不叶。又豐之九三「折其右肱，終不可用也」，與上文災、志、事三韻不叶。予謂由字訓用，若讀用爲由，叶音怡。即可叶矣。疑古「用」有「由」音。

襮

吕氏春秋忠廉篇：「狄入衛，食懿公之肉，舍肝。宏演啼曰：『臣請爲襮。』」按：襮當即古表字。表，外衣也。宏演剖胸納公之肝，言不忍使其暴露，如以衣襲之也。詩唐風「素衣朱襮」，蒲沃切。疑朱爲表衣，而素則其裏。毛云：「領也。」諸侯繡黼，丹朱中衣。」説文訓黼領亦引此詩。按：毛語出禮郊特牲，彼文無襮字，似不得引以爲解。且曰中衣，則與宏演納肝之意相左，又豈可言臣請爲領乎！

勃鞮

左傳僖二十五。寺人勃鞮，注即寺人披。按：披即勃鞮二合音，緩言之則曰勃鞮，急言之則曰披。由語有緩急，非人有二名。衛將軍文子名木，檀弓作彌牟，與此同。

請庚之

檀弓：「請庚之。」庚，道也。注訓償，未安。左傳「以塞夷庚」，詩序「由庚，萬物各由其道也。」申詳意謂，既已犯人之禾，請遂買此地，闢爲孔道，買地意從下文暎出。蓋欲掩過，以説如字。於民。子皋曉之，以爲買道而葬，固所以恤民，但以吾爲邑長於此，幸無得罪於上下，斯可耳，獨不思後此宰邑者難爲繼乎？蓋成民頑獷易玩，其上治之者，宜用威，不宜用惠也。哭則呼名，兄死不衰，孔子墮三都，獨成不肯下，此其頑梗難治之證。

廉

周禮天官以六計弊羣吏，如廉善廉能之類。此「廉」字作「察」字解，正借作規，古借用廉耳。後世廉訪使之名取義於此。今人通作貪廉之廉，其解殊誤。然「貪廉」二字亦有説，廉非對貪而言，乃對庸而言也。蓋山石之有棱角者謂之廉，故人之風采凝峻者以此爲目。孟子云：「頑夫廉。」石之無棱角者謂之頑石，二字正是相反也。注云：「頑者無知覺，廉者有分辨。」是又牽察義爲訓矣。

出於其類

孟子「出於其類，拔乎其萃」，出猶産也。左傳云「我之自出」是也。此句承上「類」字，轉下拔萃句，非高出之謂。

夫里之布

孟子「無夫里之布」，謂夫布、里布也。載師職「宅不毛者有里布，民無職事者，出夫家之征」。又閭師職「凡無職者出夫布」。二布並見周禮，趙氏但取載師入注，而遺閭師之文，集註因之。四書辨正以爲，朱子偶未深考，遂以夫家之征當之。不知朱本沿趙誤耳。趙或以夫布即夫家之征，故不另引。然當體本文，只以二布解之爲是。

其揆一也

孟子：「其揆一也。」揆，古作𠁾，所以度地之器也。如今之量之。此字作實用，言聖人雖有遠近先後之殊，而其揆則歸於一也。孔安國書傳敍「其歸一揆」，與此語同。

施施從外來

詩王風：「將其來施施。」毛傳：「難進之意。」鄭箋：「舒行之貌。」以詩注觀之，則孟子「施施從外來」，形容齊人醉歸，攲斜偃蹇之狀可掬矣。趙注：「喜悦之意。」朱因之云：「喜悦自得之意。」詳「施」字於喜義不近，及觀韻會「訑」字釋云「自得之意」，乃知趙讀施爲訑，故有此訓。「施施」用詩訓自佳，不必借訑義也。

蒲盧

中庸：「地道敏樹。夫政也者，蒲盧也。」陸佃埤雅以爲瓠之細腰者，得之。以爲蒲葦者固非，以爲土蜂者尤謬，蓋蜂以細腰，故亦有蒲盧之名。此處則指地之所植者言耳，蒲葦雖易生，第不須種植，瓠是種植所生之物，始與上文樹字相應。故沈括説亦似是而非。

司中

周禮有司中、司命二神。始不解司中之義，偶讀老子「萬物負陰而抱陽，沖氣以爲和」，乃知中即指此沖氣而言。沖氣以爲和，謂陰陽兩相和合，不偏不襍，人得之以生，此所以爲萬物之靈。中庸「喜怒哀樂之未發」，意與老子合。古人不分性命爲二物，故通謂之中。書所謂「和衷」，「降衷」，左氏所謂「天誘其衷」，皆指此。中、衷古通用。又左傳載「劉子云：『民受天地之中以生，所謂命也。』」此即天命謂性之意。謂性爲中。又檀弓云「文子其中退然如不勝衣」，此亦謂性爲中。注訓中爲身，非也。又國語云「左執鬼中，右執殤宮」，此「中」字正與司中之中合，蓋司中、司命二神，即今俗所謂「南斗注生，北斗注死」是也。司中主生，司命主死，故並祀之。左執、右執云者，猶言生殺在其柄，如司中、司命之神，凡大人小兒之命，皆得主之耳。本註解中爲身，亦誤。又孫思邈詩「南宮庭名北斗落」，籍玩「殤宮」二字，恐當時已有此語。

信信

信，古通借爲「申」字。易繫辭「屈信相感」，孟子「屈而不信」是也。按：詩周頌「有客信信」，毛注「再宿曰信」。予謂當讀爲申，申之訓重，即再宿義。注家知訓爲再宿，而不知讀爲申，何歟？

兑

兑，古「悦」字。禮學記引尚書説命作兑是也。詩大雅緜「柞棫拔矣，行道兑陸吐外、徒外二切。毛云：「成蹊也。」矣」，言道路通，則柞棫之木挺拔而生，行者皆喜悦也。又大雅皇矣「柞棫斯拔，松柏斯兑」，陸徒外切。毛「易直也」。兑即茂盛之意。漢武故事云：「體常壯悦。」體盛曰壯，色盛曰悦，松柏之兑亦此義。注中音、釋並誤。戴侗亦辨其非。

噍殺

禮記樂記「志微噍殺之音作而民思憂」，漢書禮樂志作「纖微憔悴之音」。按：噍殺當即讀爲憔悴，故漢人用其本字耳。「志」注疑作「急」，急微亦不成語，乃知古本作纖微。

敔 圉 雅

周禮小師注：「柷，如漆桶中有椎。敔，木虎也。」郭注爾雅，蔡注尚書，皆本此爲說。又笙師「舂牘、應、雅，以教祴樂」，先鄭云：「舂牘以竹，大五六寸，長七尺，短者一二尺，其端有兩孔，髤畫，以兩手築地。應長六尺五寸，其中有椎。雅狀如漆筩，而弇口大二圍，長五尺六寸，以羊韋鞔之，有兩組疏畫。」後鄭云：「牘、應、雅教其舂者，謂以築地賓醉而出奏祴夏，以此三器築地爲之行節。」按：先鄭所説三器，狀不甚殊，且應大似後鄭所説之柷。周頌「應田縣鼓」，後鄭以應爲小鼓，爾雅亦云然。無由。此應別是一物。徒取其築地爲節，何必用三器，若是之不憚煩乎？愚意應即周頌之應，牘即柷，而雅即敔爾。牘徒谷切。之爲柷，昌六切。亦如田之爲陳，休之爲屠，休屠音厨。隊之爲墜。雅之爲敔，亦如迓之爲迎爲逆，語有輕重，其實一義。騶牙之爲騶吾，允吾之爲鉛牙。古字多可通用如此，則牘、應、雅三器各得其所矣。

鼫鼠豹文

爾雅「豹文鼮鼠」，郭注：「鼠文彩如豹者。漢武帝得此鼠，孝廉郎終軍知之云出爾雅。」許氏說文：「鼫，豹文鼠也。」與郭說異。按：本書「豹文」二字，在鼫鼠之下，鼮鼠之上，郭以爲鼮鼠，是以二字下屬也；許以爲鼫鼠，是以二字上屬也，然詳前後文勢，當以上屬爲是。郭因終對而誤，說文不誤也。

附錄

先生辨正諸書，如論古文尚書非原書，在閻百詩前；解孟子「氣次焉」爲「次舍」，在毛西河前；解「呭呭沓沓」爲「多言」，在朱竹君前；以「追蠡」之「追」，即考工記梟氏之「隧」，在江慎修前；以「畢郢」爲「畢程」，在劉端臨前；以爾雅「豹文鼮鼠」，謂說文二字屬上，在邵二雲前；以書「塗炭」爲「染汙」，在王西莊前；以梟氏之「衡」爲即「甬上平處」，在程易疇前；以易「艮之夤」當从肉而通「胂」，在段若膺前；以「坤」字作「巛」爲借用，在王伯申前，隨舉十端，先生之學可謂夐絶矣！字詁義府合按後序。

白山家學

黄先生承吉

黄承吉字謙牧，號春谷，白山族孫。寄籍江都。嘉慶乙丑進士，補廣西興安知縣。再署岑溪，時有乙爲甲傭，忽告歸不至，乙妻子控甲，因鬭斃乙。先生察甲辭色，非殺人者。究得乙匿於廣東羅定州，欲以詐甲財，遣役捕獲之，甲冤始白。尋以事罷歸。幼聰敏，博綜兩漢諸儒論説，兼通曆算。與同里江子屏、焦理堂、李濱石友善，以經義相切劘，有江、焦、黄、李之目。其著述，校證經史多曠識。嘗以司馬遷爲孟子後尊聖道、明六經第一人，而揚雄謂遷行不副文，是非謬於聖人。班固助雄抑遷，以爲己地，即以其語爲遷傳贊。漢書本不應爲雄立傳，固特變史〔一〕例，全録雄自序爲傳，遂於仕莽事，略不及。因並論雄，毁東方朔，致毁柳下惠爲鄉原仁賊；設「勸風」二字貶賦，就以誣陷司馬相如；追序甘泉賦，自謂風戒，其實通篇皆以崑崙諛頌趙昭儀；所作太玄，自謂合天應曆，然皆臆數，與天曆不合。著文説十一篇以辨正之，總三十餘萬言。阮文達稱其「正文章，明臣節，卓然必傳」。又有經説、讀周官記、讀

〔一〕「史」，原作「吏」，形近而誤，今改。

毛詩記、夢陔堂文集十卷、詩集五十卷。道光二十二年卒,年七十二。參阮元撰墓志。

文集

字義起於右旁之聲説

曩與孟瞻書,謂凡字義皆起於右旁之聲,而語簡未明,今爲申其説曰:六書之中,諧聲之字爲多,諧聲之字,其右旁之聲必兼有義,而義皆起於聲。凡字之以某爲聲者,皆原起於右旁之聲義以制字,是爲諸字所起之綱。其在左之偏旁部分,或偏旁在右、在上之類皆同。則即由綱之聲義,而分爲某事某物之目。綱同而目異,目異而綱實同。如右旁爲某聲義之綱,而其事物若屬於水,則其左加以水旁而爲目;若屬於木、火、土、金,則加以木、火、土、金之旁而爲目;若屬於天時人事,則加以天時人事之旁而爲目;若屬於草木禽魚,則加以草木禽魚之旁而爲目,其大較也。蓋古人之制偏旁,原以爲一聲義中分屬之目,而非爲此字聲義從出之綱。綱爲母而目爲子,凡制字所以然之原義,未有不起於綱者。古者事物,未若後世之繁,且於各事各物,未嘗一一制字,要以凡字皆起於聲,任舉一字,聞其聲,即已通知其義。是以古書凡同聲之字,但舉其右旁之綱之聲,不必拘於左旁之目之迹,而皆可通用。並有不必舉其右旁爲聲之本字,而任舉其同聲之字,即可用爲同義者。蓋凡字之同聲者皆爲同義,聲在是則義在是,是以義起於聲。後人見古人使字之殊形,輒意以爲假借,其實古人原非假借,據字直書,必故爲假借何爲者!蓋古者原用其綱,而目則可别可不别,古人初不料後人之不喻乎綱也。至後世事物日繁，則必須逐目區分，以免混淆歧誤，是以制字日多日別，而用字乃重目而不重綱，於是必拘拘於左旁之目之迹，此乃後世不得不然之勢。然習之已久，遂不復知右旁之聲之爲綱，而其意轉以綱領爲繫於左之偏旁矣。是沿流而昧其源，可以論今，而不可以論古者也。後世之尚論者，大率溯至漢世遂以爲古，烏知漢世所傳之聲，即已近今者多，近古者少。蓋古者列國方言各異，運舌參差，漢以一統，延歷有年，乃使衆聲歸於畫一。東京音讀，尤與今日大抵相同。厥後歷代相傳，遂無多異。説文所定，盡屬今音，參差蓋寡。然即説文，亦但知某字爲从某聲，而不知其聲之即義。夫使非聲之即義，何以某字必當从乎某聲？何以某聲必當繫乎某字？此其至易明者。説文未及乎此，不得謂許氏既已知之也。且説文内有从某、某亦聲之例，夫从某者，言其義也；某亦聲者，言其聲也。如果知聲之即義，安用更分兩説？既以此字分爲兩説，是謂此字所从之字，有義而復有聲，則可見謂他字所从之聲，但有聲而無義也，則可見許氏之未審也。在許氏當字體積漸之時，極欲挽其合一，以救異歧，故特設立部居，主於左旁之是正，是爲繼往開來之統始。至其於右旁，則但審定其畫一之爲何聲，而不復問其所以爲聲之故。由其學主於彼遂疎於此，主於繼往以開來，而非一一力追乎繼往。蓋明乎右旁聲義之説，則凡同聲之字多可通用。通用者，繼往之學。許書惟不主通用，是以爲説文也。若右旁聲義之説，乃正與許意相違者，宜許氏之不致力於此也。夫説文之所謂假借，與古書通用之例迴殊。若如説文，則字無通用之例，必如本無其字之令長，而後爲假借，然古書通用之字明明具在，安得執説文而議以爲非？故必知凡字義皆起於聲，然後知古人通用原爲當日泛常之事，有本之學，並非率爾而書，正不得以説文之所無，繩古書之所有。乃説文之不主於通用者，既不知右旁聲義之所以然，即諸儒之習言通用者，亦不知其所以然，然則古人造字之源，其精義蓋已泯矣。逮至後世，字書日出，音義日多，大率泥於迹象，莫不執其左旁之膠見，以爲某是某非。甚至注家妄破古書所用原綱聲義之字，以從其後見，而不自知其蔽。夫後世之學之不可以繩古，猶古學之不可以律今。且古人制字之義，必起於聲者，何也？蓋語原自性生，而字本從言起。嬰兒甫通人語，未識字而已解言，而所解之言即是字，可見字從言制也。呼雞爲喌，使犬爲嗾，雞犬何知有字，而聞之皆應，而呼使之聲即是字，可見字從言制也。從言制，即是從聲制，可見字義皆起於右旁之聲也。由聲而有字，由字而後加以偏旁，偏旁原即是字，然必先取此字，而後以偏旁加之，則可見凡制字必以爲聲之字立義在前，而所加之偏旁在後，如是安得右旁之聲義不爲綱，而左旁不爲目乎？然則安有目而不統系於綱者乎？此又其至易明者也。或謂此右旁爲綱之説，如果其説確不可易，則是古人制字之本在是矣，何以其義乃不列於六書？不知其義原列於六書之中，而人未喻也。説文之形聲，周禮鄭司農注謂之諧聲。諧聲者，諧其聲也，正謂以義與聲相和相適，而所加偏旁又與此聲義相和相適，是以謂之諧。不然，義既與聲兩不相附，則右旁無所謂諧，以聲義兩不相附之字，而任加以偏旁，則是偏旁與从聲之字，並非必不可移之繫屬，則左旁與右旁亦無所謂諧，然則所謂諧者安在乎？諧聲，漢書藝文志則謂之象聲，其目列象形、象事、象意、象聲四者，皆謂之象，則象聲者，乃象其聲也。象乃虚義，而非形象之實字，如説文所謂形聲者也。象之義，即周禮注之諧，謂右旁之字，其義與聲相象，而左之偏旁，又與右旁之聲義相象。象者，像也，似也，言右旁之字既義與聲原相配合，偏旁又與此聲義相配合，故謂之像似也。正目之與綱像似，所謂見右旁之綱，即知左旁之目也。此正右旁爲綱之說，明明顯列於六書也。乃説文不曰諧聲、象聲，而謂之形聲，以形聲二字對待，則是左自爲形，而右自爲聲，而並無相諧相象兩相關合之義。既不兩相關合，則左之此形，何以必當从右之此聲？豈不但立一偏旁，而其右竟可隨舉一字以爲聲乎？若曰不然也，何以不見説文有左右兩相關合之字義，如所謂諧、象者也？又何以全部説文皆不見有兩相關合之語意也？且左旁者，偏旁而已，偏旁有形有不形，安得皆謂之形？況六書中既有象形之一目矣，安得又出一形字，致令例號混淆，是許氏形字先已未審。至其所綴「以事爲名，取譬相成」二語，自必傳自古先。在作此二語者，原謂以左旁之事爲名，而取譬於右旁之聲義以相成。譬者，喻也，言見彼則喻乎此，即所謂象而像似也。相成者，即所謂諧也，其言正是左右相關，聲義相銜之精意。而吾竊見許氏之意，則但解其形迹，乃謂江河之字以水爲名，譬其聲如工可，而不問其譬聲工可之所以然，是故段注亦如是解之。何以知許意之如是？以其全書皆不見有左右相關之意而知之，以其有从某、某亦聲之例而知之，以其上文冠以形聲對待之目而知之。蓋許氏以左爲形，而右爲聲，則已先立於聲義兩不相關之地；以形與聲對待相當，則已失乎綱輕目重之義。要之，非綱則目無由出，乃可以一語而明者，故必當正形聲之名，如周禮注、漢書之所謂諧聲、象聲者，而因聲起義之説乃明。然即二書之所謂諧聲、象聲者，竊謂亦非司農、孟堅實知其所以然之故，爲由於右旁之聲義，又合以左之偏旁，而後爲諧、象也。不過司農所承於古者其字爲諧，孟堅之承於古者其字爲象，非如許氏所傳之形字耳。蓋自秦坑火後，而古人制字之精意有傳有不傳。若右旁因聲起義之説，則至漢而已失其傳者，是以漢儒皆不知之。豈漢儒之學有不逮歟？不過師承所未及耳。何以見漢儒之皆不知？設令知之，豈有不呈見於其他所著傳注訓釋之中者！乃觀於漢儒所解一切經義小學，從無一二略舉其凡，而反形其漠不相入，既可見其皆不知也。惟予觀近人三十年來所著之書，漸有研及於右旁之義與全字之義相體合者，然亦不過一二人略見端倪，三數字稍循迹象。即有窺見左旁之義繫於右旁之聲者，乃其所謂聲者，仍不過右旁之義，謂其全字之義，闕合於右旁爲聲之半邊耳，雖曰聲，猶是義也。若夫制字之源，由於右旁聲義之所以然，暨乎凡爲此聲皆爲此義之精意，則尚絶無幾微之呈見，固不得以彼混此，謂是其説已有發明。然即近人所喻之端倪迹象，已爲漢、晉以來所未有。由是而充之，以進求乎古人制字因聲爲義之本始，而使聖學益明，則我朝文教經訓之覃敷有以啟洩之也。夫予謂此説雖漢儒不知，及近人所窺，亦不過稍萌端迹，然則將謂予之所見有以過人歟？非也。予所以知之者，予本歙人，而生長於揚，習爲揚、歙兩地之言，實知方音運舌之不同，乃正古音聲所以遷流之故，於是於古聲之不能通於今者，往往輒能喻之，不似他人但爲一地之音，而無由以喻。是以每讀書研字，乃覺聲無不合之義，義無不合之聲，任取一字，鮮不見其聲義相關，及求之古書，都無不合，初不至鑿空無據。此予所以領悟之故，由於適然之值，並非予之淺學，反可發千古之蒙也。予亦近有著書藉以實陳證據，俟書成後，或可質疑於當世爾。是故凡讀書研字者，不可不明制字之綱。苟能隨字逐明其綱，則即聲義了然於心，既爲此聲，必爲此義，既知此字右旁之聲義如此，即知彼字同於此字之右旁，其聲義亦必如此，不過異於隨事隨物之目之小別。若是，則凡所遇古人注釋訓詁之字，即可知其所訓爲其字之初義，爲繼起之義，爲旁通之義；甚至有由初義引伸，而逐爲遷轉以至於相反之義，皆可洞徹而無不明；至於誤解之義，亦即可燭見而無所遁；更不至隨波逐流，見有先儒訓釋異同，輒貿貿然是非莫辨，以至兩存其説而無所宰制，如是而後可以明經。若於一切事物，適采文字以施諸用，如是而亦可以適用。然則綱之所繫者大矣，顧欲知一字之聲義，又不徒求之於本字，字者，孳乳而生，凡制一字，必先有一字爲其所起之鼻祖，爲其制字之所以然。如予曩以著正揚論而窮溯「招、標、杓」三字之源，「招」字則起於刀之上指，「標」字則起於火之上飛，「杓」字則起於勺之曲出，則「刀、火、勺」三字乃「招、標、杓」三字之鼻祖，而上指、上飛、曲出乃三字從出之所以然，是以「刀」字、「票」字、「勺」字，以及凡從召、票、勺之字，其訓義無不究竟歸於爲末、爲鋭、爲纖，總不離乎上指、上飛、曲出之義，而「招、標、杓」三字皆爲同聲，是以同義。且凡同一韻之字，其義皆不甚相遠，不必一讀而後爲同聲，是故古人聞聲即已知義。所以然者，人之生也，凡一聲皆爲一情，則即是一義，是以凡同聲之字皆爲一義。試取每韻之字，精而繹之，無不然者。若夫有等同聲之字，至漢世而已不明，然每見於歷代相承之訓詁。古者多以聲爲訓，往往有漢儒傳述之訓，而亦自不知其訓之即聲者，則以其訓傳之自古，聲已展轉而遷，故雖述之者亦不喻。所以謂漢聲已近今也，蓋至漢世隱然已用四聲，於是古音多失，而訓詁之起於聲者不明。諸訓具存，精研之而可喻，正不僅釋名專取於同聲之訓，爲人所易見矣。夫必待精研而後喻者，予所言正以漢聲之已異於古聲，故同聲之訓，雖漢儒亦多未喻。若今人仍以今音求之，安得而喻其同聲？則必破除四聲之見，綜合古書曲折轉旋而後可以喻之。非爲學之必事乎曲折轉旋也，則以古今聲義之遷流不得不爾，故曰精研而後喻也。且予以字義爲起於右旁之聲，而有等字聲，則後人見之以爲非聲者；並有原起之義，遷流已久，而後人見爲非義者，此非曲折力求於古，安能得之？故即説文中之聲，後人已有見爲非聲；説文中之義，後人已多不知其義者。何況流轉四聲，其聲又出乎説文之外，而同聲通義，其義又爲説文之所未及者乎？則亦必待精研而後喻也。設非然者，見聲而不知聲，見義而不知義，則或反有以右旁因聲起義之説爲未確者，而不知其説之無可易也。夫釋名一書，以聲解聲，似已近乎因聲起義之説，然亦第能體其全字之聲，究亦未明其所以然起於右旁制字之本始，蓋其師承如是，是仍得之於迹象也。要之，説文之聲義，主於制字之後，字迹之中，而釋名之聲義，乃主於制字之先，字迹之外；説文精求乎體義，釋名切究乎聲音，故其以聲相傳，較説文爲别，究之殊途亦實可以同歸。蓋古人制字之源，聲義本相銜而具備，説文、釋名各爲具體。學者觀於釋名，即可見凡字義實由聲起，其書雖未達，而已略具津涯矣。至於説文，解義則自爲解義，從聲則自爲從聲，聲與義絶不相涉，是義雖覈實，而聲反蹈空，竟莫明某字某義所以當爲某聲之故，似若許氏之疎矣。然以聲與義分言之，自漢以來，其足以正義而定聲者，莫備於説文。不有説文，勢必至今日舉一字而不知其爲何聲，不知其爲何義，甚至不知其屬何偏旁。無聲，無義，無偏旁，則後之考古者，將何自而率循？即予今日已知右旁之聲之即義，要必循乎説文所列之偏旁聲義，乃可進而求之。然則許氏雖疎於明右旁相銜之聲義，而明之者仍舍其書而無由問津。是其書關楗古今，實爲繼往開來之極則，則予是説，乃仍得之於説文，仍得之於漢、晉諸儒之訓釋也。予至不敏，是説不過讀書之偶會，尚未知其是否信然。然如許氏者，乃吾私淑之高曾，平生之鑽仰，若非是說稍可自信，安敢起而議之。要之，非議之也，乃正所以翼贊而明經傳爾。所冀後之學者，鑒予說以進求諸字之全，則可以讀書論古，與後世之但取字畫之是正，而不必問右旁之聲義者，不同也。

與劉孟瞻書

月前三復大著，深佩闡微，使南北朝之學不終見覆，即左氏傳之義可衆共尋，意者一見一否之泉，於此而復挹也。其書近類樸遫，實懷縈紆，不似蒐輯諸家，僅窮可見而已。近時金谿王謨集漢、魏遺書，功等匡績，服、賈、劉、衛亦掇數編，然彼書循故籍之轍，庶幾守聞，此書伐正義之藩，斯云作者矣。僕因製序，併檢諸帙在旁。五日忽雨，不果弔屈。適取顧氏一種析觀，觸有謏見於是，搦管抒臆，輒明四義。遽累多辭，良以鈎隱，使之徑通冪周，務其隙泯，極圖隅反，深謝稜磨，非可遺爲後塵，正以乞之先路。而攻石未錯，疑竇更滋，遂復就許君之單辭，窮諸籍之微義，申之浹日，又積萬言。夫其詁渥爲霑，小大皆由天象，以淳爲渌，出入已盡人爲，一字之通，周乎覆載。而僕謂形聲之字，右旁匪直爲聲，斯解經無外之鐍扃，爲說文未發之窔奥。蓋字從言起，言自性生，非耳喻何由結繩，不口區奚以類物。聖人制器尚象，百姓與知與能，莫不主之。若乃釋名所載，異字同聲，虎通之詮，隨文作義，迥非斯術，夫豈達塗？就使窺見一臠，躡其寸檗，而沿溯未極，辨認終疏。要以張枑爲萬帛之統綱，得筏即千航之津渡，會其體要，則可使解顔相助，聚訟胥捐，若更渫以方音，豈猶迷夫小學！而蹉跎暮齒，白駒之隙不留；猗違後生，馬牛之風奚逮。藺室自蔽，著書無成，雖欲紬繹，不可得已。乃者，論深造則聽者皆倦，導浮慕則謀夫孔多，斯又一握爲笑，振古如茲者也。足下前世光伯，後來道原，榆棗洽其功深，風雲互其氣厲，屬當前之樸學，豈非能賢！有如斯之顓門，所屆莫量，如何十稔既覯，一笥未傾，徒令懷伐木之實繁，歎漸醴於往昔。意如吾友其人，其人者，不可復覯，然而山鍾川毓，鄉閭已諡名儒，日居月諸，堂室須登繼者。夫名物所證，乃闔闢之維，模范苟存，即方員之本。由斯以況，則今之僑、肸，非君其誰！罄折肱之良，援交臂之失，冀此時矣。且知言必先訓詁，識字豈外經綸，肩有替勝，顧而一韊。洵乎！恃君爲質，勿以弃遺，亦云微子之故，非有璞進。至於言之綦盡，則待易燭而規我也。草録一册，愧蕪蔓之甚，蘄切教之。

僖三十年傳「饗有昌歜」，服，杜俱解爲昌蒲葅，正義謂：「人名邴歜、公甫歜其音爲觸。此昌歜之音，相傳爲在感反，不知其字與彼爲同爲異。」此不究六書之言也。顧氏杜解補正以「歜」字爲誤，謂其字當從玉篇音徂敢反，訓爲昌蒲葅之「歜」字。殆亦不究六書之言。段氏説文注則云：「言昌陽氣辛香以爲葅，其氣觸鼻，故名昌歜。」其説至當。然又狃於玉篇「歜」字之音訓，而云「蓋古本左傳有作昌歜者，二字可相假借」，則非也。蜀之制字，其義本同於觸，故觸之字起於蜀。説文解「蜀」字，謂葵中蠶〔一〕，上目象蜀頭形者，正是上觸之象，故加蜀以角，則爲角之觸，加蜀以欠，則爲氣之觸。説文解歜

〔一〕「蠶」，原作「蟲」，據説文改。

爲「盛氣怒」者，是氣觸之本字也。後經籍中一切引伸皆通用「觸」字，因於氣歜亦書爲觸，而置「歜」字不用，則歜遂爲不經見之字，其實與觸字一也。觀説文之訓，及正義、廣韻、集韻，皆讀歜如觸，而齊顔歜亦作斶，則「歜」字之同「觸」顯然。然則昌歜即昌觸也。至於「䶣」字，説文以爲「欱䶣」，云「口相就」也，其字乃加鼀於欠，而以爲聲。鼀，乃詹諸之鳴。鼀鼀，音義同於蹙蹙，即同於詩戚施之戚，爲蹙縮之象。蓋戚施面柔則不能仰而蹙，而口相就則亦蹙，故䶣以鼀爲聲，而即本其義。大凡字之以某爲聲者，必兼其爲聲之字之義，不徒聲也。此説文之所未發者，僕著書輒隨在明之。若是，則「䶣」字與昌菹何涉乎？夫歜之音義皆如觸發之觸，觸向外而向上，故昌菹之氣出，取之若䶣之音，義則皆如蹙縮之蹙，蹙反向内而向下，於昌菹何取焉？且觸之音亦與蹙相似而不同，何所取而假借？所可異者，歜與䶣之本音，一在燭部音觸，一在屋部音蹙，不知何以「歜」字既變爲在感反，「䶣」字復變爲徂敢反。廣韻、集韻則歜爲徂感切。兩字之變，宛然相同，原知不過由於音之相轉。然觸、蹙之於感、敢，並非正轉之音。凡轉音雖由口吻，而實有典型，段氏所謂「由其音均表之第三部可轉入八部」者，乃强説也。顧其所以轉之故，僕則知之。僕生於揚，而習歙語，讀字多與古書相合。如「蜀」字之音，若歙讀則如叟，非實讀爲叟也，歙人口中之蜀，自吴人聞之則如叟也。此其音讀通於楚、蜀，是以後漢書董卓傳云：「吕布軍有叟兵内反。」又劉焉傳云：「焉遣叟兵五千助之。」其叟皆即蜀。章懷不解其故，而云「漢代謂蜀爲叟」，非也。乃彼地讀蜀如叟耳。歙讀蜀如叟，而其讀觸與蹙，則音如集韻此苟切之趣、趨等字，千候切之鏃、蔟等字，亦非實讀爲此苟、千候切也。歙人口中之觸、蹙，自吴人聞之，自然如此苟、千候切也，所以莊子「諸大夫蹙然」之蹙，釋文云「或作愀」。彼讀蹙近於愀，愀、蹙之音一也。即吾歙亦讀蹙如愀也，所以「趣、趨」二字與蜀、觸同在集韻燭部，又入於厚部，而爲此苟切也；「鏃、蔟」二字在屋部，而又入於候部，爲千候切也。所以蜀聲之觸，亦入於厚部也。觸、噣又入於候部也。推之所以服、蓼亦入於有部也，所以嗾、簇、竦、蔌等字亦入於厚部也，所以福、復、宿、祝、遂、畜等字亦入於宥部也，所以縠、渥、牧、族、讀、槈等字亦入於候部也。以上各字，若以吴人聞歙語，實皆如有、宥、厚、候等韻之音，是以韻書部分彼此疊見，而歙音實合於古書。一歙如此，他方可知。故凡反切韻書之一字數讀，及相傳所謂轉音者，莫非由於方音之異。以彼口中之讀，就此耳中之聞，聞者輒相率記載，而别爲一讀。其實此所别區，仍即彼之原讀。如歙之讀觸、蹙如此苟、千候切者，仍即吴讀之觸、蹙，並非有所異殊，乃其舌之各能如是，而他方之聞而記載者不知也，至於相承而觀記載反切之韻書者尤不知也，此其由來遠矣。僕以兩操土音，漸染切磨，得之過半，故每見數讀之音，輒知其故，因而知歜、歜二字之變入感、敢二反，並非正轉。其正轉要當如趣、趨、鏃、蔟等字爲此苟、千候切之音，何也？前所舉集韻屋、沃、燭部之字，多轉入有、宥、厚、候部，與歙讀一一相符，則可見有、宥、厚、候部分實爲屋、沃、燭自然正轉之音，而非一歙之私音也。然則屋、燭部歜、歜之音如觸、蹙者，實當轉入有、宥、厚、候等部；而如歙讀之此苟、千候，無從轉爲感、敢部之二反也。至於其所以變爲彼二反者，則又異方聞此苟、千候之音，再轉而聽，如在感或如徂敢，彷彿參差，遂相傳記，乃音之誤會而成者，非如段氏之説，由其三部而徑可轉於八部也。即觀段書三部之字，亦並無可轉入八部者也。若云歜、歜徑可轉入感、敢之音，何以同於歜、歜本音之他字，如觸、蹙者，及凡屋、沃、燭部之一切字，絶不轉入此部之音，而偏多轉入有、宥、厚、候部之音，乃獨此歜、歠形似之兩字轉爲此音？則並非由音而成，反似從形而得。夫屋、沃、燭等部之字，既多轉爲有、宥、厚、候部之音，與歛音正同，則僕謂歛語之所讀者，實合於古書，而可爲典要也，即可見所謂歜、歠之當轉如歛音之此苟、千候切者，確有可憑也。至屋、沃、燭部之字，絶無轉入感、敢之音者，則段氏之所謂可轉爲在感、徂敢切者，無憑也；即可見歜、歠讀入感、敢之音，歛語所無，即果韻書不合，則雖四方亦必無之也，是則「歜、歠」兩字所變之音，其爲由於參差再轉者，無疑也。然兩字何以適合而皆變轉此音？要並未嘗適合也。何也？字爲形似之字，音非正轉之音，焉有他字不轉，惟此兩字適合？其參差移易，而齊曲轉爲此音，以赴其形似者，蓋初時變轉此音，不過歜之一字，後以歠字形聲俱近，遂誤以所轉之音，混淆於兩字之下，因以所釋之昌蒩，亦混於兩字，以致有移歜作歠者，是以玉篇沿承其誤，遂直以歠爲徂敢反，而昌蒲蒩矣。段氏見其本音既相近，所轉之音又同，所訓之昌蒩又同，遂不破而强合之，以爲可以假借。抑思此兩字本音雖近而實不同，義更不同，字非經見，音非正轉，安有適值此似類實殊之兩字，又適皆曲轉此不應轉之音，以供昌蒩孤義之通假者？且所假之字，但取同聲而假借，非謂字義之合符，安有歠爲假字，而反直踞本字之義，居然訓爲昌蒲蒩者？且即「歜」字，亦必加以昌字，而後爲昌蒩。若僅一「歜」字，豈得遂爲昌蒩？歜尚如此，安有僅一歠字，而可訓爲昌蒲蒩者？則顯然玉篇之誤也。玉篇混相承之，一徂敢於歠，故歜下反無此音。至廣韻、集韻之感部，惟列「歜」字，而感、敢部中並無「歠」字，蓋相承如是，則僕前所謂，初時變轉，不過歜之一字者，可於兩韻證之。惟兩韻僅以一「歜」字訓昌蒲葅，正蹈前説之誤，乃集韻於「歜」字又別出一文，加艸於蜀上，作⿱艹歜，更誤中之俗字。在制此字者，蓋亦見夫僅一歜字之不得爲昌葅，故加艸以飾之，然亦不成字體矣。僕之所以明歜、⿰鼀欠二字者如此。試更統而釋之曰：古者制字之始，皆起於物象。「歜」字起於桑蠶之蜀，「⿰鼀欠」字起於詹諸之鼀，其義皆見説文矣。然桑蠶何以爲蜀？以其首觸也，而以蜀字象形，則蜀即觸也。詹諸何以爲鼀？以其皮縐也，而以「鼀」字會意諧聲，則鼀即縐也。夫「縐」字而何以即鼀？如縐與趨皆芻聲，「趨」字在厚又在燭，「縐」字在宥又在屋。又説文引周書「至於㛯婦」，今梓材作「屬㛯」，在宥部，而又近屬。則可見芻聲之入於兩部，而「縐」字之在屋部者，與蹙、鼀同也。説文詹諸，「其皮鼀鼀」，實即蹙蹙。而詩鄘風「蒙彼縐絺」，箋謂「縐爲絺之蹙蹙者」，蹙與縐非惟義同，音亦同。人但知鄭之箋義，而不知其兼爲箋音。此正如説文解「歜⿰鼀欠」爲「口相就」，⿰鼀欠與就非惟義同，音亦同，人但知許之解義，而不知其兼爲解音。説文又以鼀爲即戚施之戚，其戚亦即鄭箋之蹙，此等通洽，非許、鄭不能也。蓋戚即蹙，蹙即鼀，鼀即縐，而縐又即就，故説文以「⿰鼀欠」字之俗體爲噈。可見鼀、就同聲，是以就聲之字，如噈、殧、蹴、⿱竹就、⿰虫就、⿰扌就等字，皆在屋部，又多入宥部，而「縐」字亦與戚、蹙、鼀同在屋部也。凡此鼀、蹙、戚、縐、就等字，皆同音同義，韻詁顯然。至於蜀、歜，雖亦同爲由屋、沃等部轉入有、宥等部之字，然與以上各字迥不相蒙，即聲音而亦顯難通假，則以其取以爲聲之字，義本不同，則其聲有閒也。所以然者，凡字先起於物象，詹諸爲物象，以其皮縐，故制鼀字，爲縐字之所由起，自人作絲，而後孳爲「縐」字以別之，此一義也。桑蠶爲物象，以其頭觸，故制蜀字，爲觸字之所由起，因牛牴觸，而又孳爲「觸」字以別之，此別一義也。逮後世一切引伸，相率通用觸、㛗二字，遂置蜀、鼀不用，於是蜀、鼀之義不明，即歜、⿰鼀欠之義益不明，而不知歜、⿰鼀欠二字以蜀、鼀爲聲，即以蜀、鼀爲義，雖蜀、鼀聲近而實蜀、鼀聲殊。明乎歜即是觸，而⿰鼀欠即是㛗，則兩字中從何徂感，從何假借，並從何昌菹，然則昌菹之所以爲昌歜者，不過因其辛香氣觸，偶用其歜之一字而已矣。凡此以上所言，及反覆於屋、沃、有、宥等諸韻部者，乃以明歜、⿰鼀欠皆不得爲感、敢之反切，實所以明兩字之截然異義，迥不相通。惟「歜」字易明，而「⿰鼀欠」字難明，故解「⿰鼀欠」字者十九。「⿰鼀欠」字明，則「歜」字益明矣。然則昌歜之爲昌觸，而與⿰鼀欠字無與也，審矣。至前謂鼀、芻之音，與蜀雖近而不同，乃説文引書之「㛗」字，今文作「屬」，又若芻、蜀可通用者。不知説文以㛗爲「婦人妊身」，自爲古文之義；屬則正義所謂「屬於人」之「屬婦」，別爲今文之義，蓋正以蜀、芻音近，致古今傳字異殊，並非㛗、屬一義而相通用也。

宣十二年傳：「晉人或以廣隊，不能進，楚人惎之脱扃，少進，馬還。又惎之，拔旆投衡，乃出。」杜解「惎」爲「教」。顧氏杜解補正引傅氏之説，以「惎」爲「毒」，言楚人將毒害之，而晉人乃脱扃拔旆投衡而出。顧氏謂：「杜解惎爲教，於義爲長，蓋晉人困厄，而楚人顧教之脱，險既脱，而復有謔言，故傳書之，以紀異。」其言如此。夫「毒」原「惎」字之本義，故説文如此訓。而定四年傳「管、蔡啟商，惎間王室」；哀元年傳「惎澆能戒之」；二十七年傳「是惎知伯」，杜亦俱解「惎」爲「毒」。然此傳則非其義。傳云：「晉人或以廣隊，不能進。」曰「或」者，人少之辭，偶然失墜之辭。以下文繹之，蓋不過廣車一乘，當陷隊之危急，若楚人毒之，則殆矣，尚安能脱扃拔旆投衡而出乎？此訓毒之不合者一也。且如使爲楚所毒，而晉人勉自脱扃，則其時禦楚情形應多支絀，安得楚人自毒，而晉人自脱扃，自拔斾投衡，險迫之中，一如無人之境？晉雖如此，楚人其能已乎？此訓毒之不合者二也。且以文義論之，晉人之不能進，不得出者，因廣隊也，非因楚人之毒也。若如「毒」字之解而玩傳文，則自「脱扃」以下之辭，又似因楚，而非因隊。蓋傳方言楚人相毒，而即以「脱扃拔斾投衡」緊承於下，豈不其辭竟似爲解楚之毒者？若曰非然，爲問楚毒何以解之，乃其辭實非因楚，而傳文明明終置楚毒於不顧，是則楚毒一語，儼若贅疣，言之無因，不如去之，反適諒傳文，何至如是之不適也？故必不訓毒，而後其語非贅疣也。此訓毒之不合者三也。且使其時果見厄於楚人，則必戈矛相向，曰逼之可也，刺之可也，何因虚言毒，而又文之以惎？當兵革相交之際，應以何者之舉動爲毒乎？此豈如「惎閒」、「惎澆」、「惎知伯」之諸多情事，不得不以「毒」字形容者乎？此訓毒之不合者四也。且如使楚人毒之，而晉人勉自脱行，方當仇之不暇，何爲而有大國數奔之謔語乎？方將遁之不暇，而暇謔乎？此訓毒之不合者五也。且惎之訓毒，説文解之，杜氏於左傳亦數解之，而許、杜於此傳則皆不用此訓，其非此義可知。豈有待傅氏反拾許、杜所棄之訓以正許、杜者乎？此訓毒之不合者六也。然則傅氏反徒爲好事矣！至於杜氏訓「惎」爲「教」，亦非義理。「教」字之訓，原先見於小爾雅，段氏説文注則以此傳「惎教」爲誋誡之借字，然晉人廣隊，其須脱扃拔斾投衡以爲出陷之計者，晉人豈不自知，而待楚人之教乎？安有楚智晉愚若此者乎！此尤至易明者，而顧氏乃以其説爲是，何也？然則何解爲是乎？曰：此正當如説文「畁、舉」之説，無可疑義。「惎」字者，「畁」字之假借也。説文云：「畁，舉也。春秋傳曰：『晉人或以廣隊，楚人畁之。』」黄顥説「廣車陷，楚人爲舉之。」其文如此。夫説文心部因别有惎字，乃許氏不以傳文列於其下，而反列於畀字之下，則可見其本字之當爲「畀」，而惎乃借字矣。段氏説文注引糸部「綼」字或作綦，是其明證。彼皆从糸，故爲異文；此則各从，知爲借字也。蓋傳文之爲畀，於義實當。夫舉者，非謂全舉其車也。車陷而不能進，正須多人助力，移舉車上機礙重物以爲釋卸輕便之地。若非有人助舉，則脱扃拔旆投衡之事，晉人力將不繼。助之，夫是以少進；再助之，夫是以乃出，即今時道路陷車之情狀也。是則惎之爲舉，就傳文觀之明甚。蓋楚人初次助舉晉車，俾晉人得以脱扃。原冀脱扃即可得出隊所，乃一卸也。及脱扃後，不過少爲進步，而馬又還而不進，則其勢非僅脱扃即可得出，計非再卸不可，於是楚人又助舉其車，俾得拔旆投衡，然後乃出。傳文顯然如此，故下文謔云「吾不如大國數奔」，即解嘲而寓致謝之意。夫彼時不謝則疎，致謝則辱，抑且無以自處，固非莊語所可措辭。稱之曰大國，則隱然今日戰敗，遜楚一籌；謂之爲數奔，則儼然往時戰勝，自高一幟，如是而悉歸於謔。感私而不辱公，得體而非忘義，此其人之善於辭令，所以可記也。傳之所記，專以此也。不然，瑣之又瑣，曷關於大事而記之！若如顧氏之所謂記異者，殊不足記也。然則惎之爲舉也，審矣。蓋其時晉軍已退不戰，所遇之楚人，見晉單車，故助之如此。若謂楚人不當助晉，杜氏之訓教，獨非助乎？試更申解之。傳文云「不能進」者，謂入隊所，不能前進；其曰「少進」者，謂少進步於隊所；曰「乃出」者，則謂直出隊所，而登孔道。故其或言進，或言出之，文義似若相違，而實一也。至杜解拔旆投衡，謂拔旆投衡上，使不帆風，差輕。夫旆乃大旗，安能置卧衡上？若使置卧，則旆愈横長恣礙，繽紛垂飾，繫重車轅，拖逼馬首，勢更阻於帆風，豈能反便登阤？蓋拔旆投衡，自爲兩事，謂既拔去旆，又投去衡。投者，謂投之車外，與拔旆互文。拔者亦投，投者亦拔，去此兩物於車外，則車輕馬便，乃可得出。若云置旆衡上，無論事義不合，即文義亦豈得謂之投也？至投衡乃專與上文「馬還」鬭合者，蓋衡以縛軛，所以伸用於平地，若仰行出坑，則掉重馬首，礙難登陟，故必去衡，乃使馬驤首而上，然後便力，此其所以投衡之故也。但衡既投去，何從縛軛，蓋著枙以轅爲主。按皇侃論語疏云：「即時車枙，用曲木駕於牛脰，仍縛枙兩頭著兩轅。古時則先取一横木縛著轅，兩頭又別取曲木爲枙縛著横木，以駕牛脰。」是則無横木時，枙木亦可自縛轅上。皇疏又引鄭注云：「輗穿轅端著之，軏因轅端著之。」是輗軏所以持衡而皆在轅，蓋軛亦即可牽貫輗軏。故是時雖去衡，而軛遂暫著於轅，俟既出，然後復衡耳。彼時倉皇之際，人馬併力，不爭車制，故但可就理測之。若臥旆衡上，則安有是理乎？

襄二十五年傳「表淳鹵」。杜解淳鹵爲埆薄之地。正義引賈逵云：「淳，鹹也。」是皆以淳鹵爲瘠地。杜解補正引陸氏曰：「淳鹵，地宜鹹者。而云上下皆以二字成文，未解淳爲何者之地。」夫陸之説鹹，仍即賈語，如信其語，則淳已明明即鹹，何以又云未解何者之地？如不信其語，則當云淳非必鹹，何以但云皆以兩字成文？如此等條，徵信存疑，兩無可託也。按：淳之爲埆薄，爲鹹，古無此義，而淳實無難解也。夫淳者，澆之對也；澆者，磽之同也。莊子繕性云「澆醇散朴」，即淮南俶真之「澆淳散朴」。淮南齊俗亦云「澆天下之淳」，是淳與澆對。孟子云「地有肥磽」，淮南修務云「肥磽高下」。諸傳注皆訓澆爲薄。孟子注，及荀子、前、後漢書等注，亦俱訓磽爲薄，是澆與磽同。又淮南注及詩傳、國語、前、後漢書等注，皆以磽爲埆，則澆義亦猶在土之埆。夫左傳之淳鹵，猶孟子之肥磽也。説文云：「鹵，西方鹹地，从西省，象鹽形。」蓋鹹地不生五穀，則即訓磽爲薄之義，釋名之所謂「地不生物爲鹵」也。鹽形象其堅塊，則即訓磽爲埆之義，易説卦之所謂「剛鹵」也。蓋磽埆即爾雅釋山之礉礐，故釋山云「山多小石礉」，而釋名釋山云「山多小石曰磽」。小石，正説文之所謂鹽形者，即鹽碱也。然則鹵即是磽，磽即澆。澆與淳對，磽與肥對，則淳實即肥磽之肥。是以質薄曰魯，質厚曰淳，體薄曰澆，體厚曰肥，皆此義也。鹵即魯。漢李尤賦「臣雖頑鹵」，文選劉公幹詩注所謂「鹵與魯同」也。且不獨因磽而知淳之爲肥，即諸書「淳」字之訓，亦多與肥訓同，如淮南齊俗注訓淳爲厚，一切經音義引三蒼訓淳爲濃，詩毛傳訓濃爲厚，而秦策注亦訓肥爲厚，考工記、士虞禮、内則、周語等注皆訓淳爲沃，特牲饋食禮連言淳沃，周禮赤犮氏疏云淳即沃，而魯語及文選西京賦注訓沃爲肥，淮南墬形注訓沃爲盛，而廣雅訓肥爲盛，是淳與肥之義展轉相訓，則淳即厚，即沃，而即肥也。然説文乃又訓澆爲沃者，蓋澆沃之本義皆爲灌溉，本非專言厚薄，故説文訓沃爲溉灌，而即訓澆爲沃，正澆灌之澆，即廣雅之訓澆爲漬，僖二十三年傳疏之訓沃爲澆水者。今人於澆薄讀「梟」，澆灌讀「交」，而古音則一。且即「澆、沃」二字亦本同聲，故二字猶並存於廣韻號部。然「澆、沃」二字中本無關於一切之厚薄也，其所以分爲一厚一薄者，蓋澆乃薄沃，而沃乃厚澆，故引爲一切厚薄之通義，而以水淳沃之淳亦屬厚澆，亦即通爲厚義，浸久則並其澆灌之原義而失之，而豈知其所謂厚薄者，即在原義之中？是以前舉「淳」字之訓，即以禮經之淳沃入之，蓋彼文之淳沃，實即諸書訓肥、訓厚之源也。若説文之訓澆爲沃，自爲灌溉本義，與諸書之別訓薄厚絶不相蒙。而他書肥亦沃厚，淳亦沃厚，則是「表淳鹵」之淳，明明即沃土也，即肥磽之肥也。試更明之。夫兗州之地之所以名魯者，以其地之黑墳也。墳即磽，即鹵。黑墳尤鹵之甚，故謂之魯。禹貢墳與壤爲對文，黑墳與白壤更爲相反之對文，「冀州厥土白壤」，馬注云：「壤，天性和美也。」周禮大司徒注亦云：「壤，和緩之貌。」禹貢之壤，乃本質之和美，故曰性；大司徒之壤，因耕藝而和緩，故曰貌。夫和緩之貌，與和美之天性，非淳而何也？淳和、淳美之義，書不勝舉，其見於訓詁者，如素問五常政大論注訓淳爲和，漢書敍傳集注引應劭訓醇爲美。醇亦即淳，即前引莊子之「澆淳」，淮南作「澆淳」是也。故漢書景紀注訓醇爲不澆雜，文選思玄賦舊注及後漢書張衡傳注即訓淳爲不澆。不澆，即不磽也。又論語集解訓純爲和諧，呂覽注訓純爲美，離騷注訓純爲至美。純亦即淳，史記平準書索隱謂純與醇同是也。故淮南原道注訓純爲不雜糅。不糅，猶之不磽也。此言「淳」字通於「壤」字之訓和美者也。惟淳、醇、純三字皆通，是以漢書循吏傳注訓淳爲不雜，而賈山傳、爰盎傳等注亦訓淳爲不雜。易文言崔覲注，莊子齊物注等，亦訓純爲不雜。其三者皆同訓者，乃其本文之義實相同，而不得不訓者也。至「淳」字和緩之義，則即見於論語之純如。其曰純如者，即形容上文「從」字之象。論語注以從爲放縱之縱，而説文訓縱爲緩，故皇侃疏云：「言樂又舒縱，其聲純一而和諧。」縱既訓緩，又曰舒和，豈非和緩也？純之和緩，即淳之和緩，則即壤之和緩也。此言淳字通於壤字之訓和緩者也。夫肥與磽對，磽與澆同，而淳即明明訓爲不澆。且墳與壤對文，而義同於鹵，乃壤〔一〕之義明明即同於淳，然則淳非壤而何也？非肥美而何也？說文云：「淳，不澆酒也。」然則淳爲不磽之地，何疑也？至淳與鹵謂之表者，惟其不同，所以分別表識。如傳所云沃饒而近鹽，則正淳鹵之交，若非表明，何以分別？故下文云「井衍沃」者，即用此表出之淳地，而置鹵地不用。表之者，正所以爲井之之地，表爲標識，井則施功也。其曰衍沃者，即淳也。沃之爲淳，即儀禮之「淳沃也」，是以大司徒以衍與墳對文，猶之禹貢以壤與墳對文，即猶之左傳以淳與鹵對文也。或謂傳文自蔿掩書土田以下爲甲午日，是日既已表之，安能井之？夫蔿掩設施諸事，豈能日計？曰甲午者，始作於是日耳，故下文云「既成而後授子木也」。而賈、杜之所以解淳爲鹹爲埆薄者，蓋正以礙於下文之衍沃，以爲不應重複，而豈知傳文之無礙也？然即礙於重複，亦豈可無故訓而以意解之乎？其無故訓者，其必無故訓者也。

襄三十年傳「取我衣裳而褚之」。杜氏解褚爲蓄，是以褚爲與儲相通之虛義，而不喻傳之與下「卒伍」對文，而當爲實物。陸粲解褚爲衣之橐，則知褚爲實物，蓋本於集韻以褚爲囊，而易之爲橐，而又不悟字之音聲。是褚字杜、陸各解其虛實一半也。成三年傳云：「荀罃在楚，鄭賈人將寘諸褚中以出。」莊子至樂云：「褚小者不可以懷大，綆短者不可以汲深。」褚中可寘人，而又與綆對文，是褚乃實物，非僅如杜儲畜之虛義。然褚之著物，要即由儲之音義而起，儲虛而褚實。凡字引伸皆然，故集韻解貯爲

〔一〕「壤」，原作「壞」，形近而誤，據夢陔堂文集改。

積云:「或作䝤。」著通作褚,則謂褚即「貯」字。其所謂貯者,即杜意中之儲;其所謂積者,即杜注中之畜,是以貯、䝤、褚爲一,即以貯、儲爲一,乃正如杜解之虚義也。集韻又别解褚爲囊,則又如成三年傳及莊子所指之實物也。是杜、陸兩解而集韻以兩列兼之也。然彼知褚之爲實物者,乃但循乎左傳、莊子之文義,以見其不得不爲實物,而究未明其音聲之本然,是以臆解之爲囊橐。其實非囊橐也,蓋褚即廚也。古時封與者同音,廚之封,即儲、褚、著之者,亦即貯之宁,是以杜以儲義解褚,集韻以「貯」字同褚,皆義之由聲而合者,其所從來一也。至集韻之䝤,則合宁者爲一,而成俗字,然亦可見其字義之出於聲音,而後乃展轉而有此字也。明乎此,則知褚之即廚,故踟躕之躕亦即躇。觀躕之封與躇之者相同,即知廚之封與褚之者相同。然則左傳及莊子之褚,皆即廚也。廚本庖室,後象其形如巾爲幮帳,至今通謂寘衣及凡寘物者皆曰幮,而不知古人之已先用褚字也。設非其字義由聲起,杜注何以義等於儲,集韻何以字同於貯?然杜注及集韻既知其音聲而不能徹解者,則不過就其相承之淺説,而非實知古音之所以然。若陸氏,則又不過見左、莊之指爲實物,故本於集韻,解之爲囊橐,更並不知所謂音聲。至莊子注,則又置「褚」字不解。蓋必聲音訓詁兼究,而後知字之所以然也。至若昧於音訓,而以褚、廚爲字形之異,平、上之分者,則後世之學,非可讀古書矣。

右第三條解淳鹵,以魯之地名起於磽鹵,因憶段氏解説文一條,有與僕説相背者,特舉而併明之。説文口部云:「台山閒陷泥地,从口,从水敗皃,讀若沇州之沇。九州之渥地也,故以沇名焉。」段氏注之云:「陷當作㵝,字之誤。水部曰:『㵝,泥水㵝㵝也。』水敗土而㵝泥多,是曰台。毛傳曰:『渥,厚也。』沇爲九州之渥地，如台爲山閒之渥地。」段氏之説如此。夫字之專訓厚者，未有不以爲美義者也。其引毛傳訓渥爲厚，是分明以沇爲美厚肥沃之地而名沇州，而僕反謂其因磽鹵而稱魯國，豈不僕言實屈乎？夫使僕言果屈，則自去其説可也。何也？僕所解者淳字，無庸定解魯地爲鹵，即去此一説，無不可也。乃其説實彼書之誤渥爲厚，遂一誤而無不誤，故不得不明之。試以説文折之。夫陷與敗之非美詞，夫人而知之也。厚之爲美，亦夫人而知之也。乃其上句既言陷，又明其爲水敗皃，而下句即以陷敗爲厚而美之，安得有此説文也？試即以其注折之。説文之陷，何以見其字誤而改爲洦？其「陷」字之訓云：「高下也。」段字彼注云：「高下之形曰陷。」且「陷」字从自，則正合此台字山閒高下之象。説文於陷之爲泥，則别以泥字明之；於泥之帶水，則别以「水敗」二字明之。且上言「陷泥」，下言「水敗」，正以「陷、敗」二字爲相銜之義，在在分明，是「陷」字顯然不誤。若易之爲洦，則反無山閒高下之義，而但爲泥水矣。且即泥水，亦不合於台字也。何也？説文云「山閒陷泥地」，其義以泥爲主，謂淖泥之帶水。若云泥水，則是以水爲主，而爲濁水之帶泥，非説文所以言陷泥之義也。夫陷泥原由於積水，而文義既主於泥，豈有所加之字反主於水？以主水之字加於主泥之上，則文義反背而不貫。且洦洦字乃虚以形容泥水，重疊之兩字並非實義，安得引其雙虚之文，摘爲一實，而輒謂之洦泥？在在支離，是「陷」字斷不得易爲「洦」字也。乃段氏反易陷爲洦者，其意蓋以曲合渥地之爲厚地，以爲陷則不得爲厚，必避去「陷」字，而後可以言厚。又以「陷」字不過僅於避陷，而亦不合於厚，則於洦之訓爲泥水，而以水爲主者，倒其義而以泥爲主，故於「水敗」下一注之曰「謂洦泥」，再注之曰「水敗土而洦泥多」。是明明以説文之泥水，倒其文爲水泥，意謂泥多即是地厚，猶俗説所謂水過田肥者，夫然後可以合於厚義矣。此段氏之意也。然其注中亦言水敗者，蓋以易其陷不能復易其敗，則惟有以「敗」字屬之於泥水相交之義而輕置之。何以見其然也？夫説文之敗字，乃謂泥陷則地敗，敗義主地而不註泥，固不得謂之敗土。而段氏乃文之曰「水敗土」，則是故以敗字屬泥，顯然即以敗義屬之於泥水淊淊之中，以成説文淊敗相應之文義，以見其水敗泥多之即爲地厚，其意中直無所謂地敗也。觀其「水敗土而淊泥多」七字，直貫爲一句一義，益可見矣。若如其説，又安得有此説文也？夫段氏説文之學致精，何至若是？核之有二故焉。其一則引毛傳之訓渥，而反遺其「渥」字之訓。詩簡兮「赫如渥赭」，毛傳云：「厚漬也。」以「漬」字訓渥，非以「厚」字訓渥也。此外終南「顔如渥丹」，信南山「既優既渥」，毛傳皆不復訓。按全詩並無訓渥爲厚之毛傳，而段氏引之，是引毛訓而反遺其訓，無怪其不能以證説文之義而漫解之也。此一故也。然以段氏而檢經傳，又何至若是？則由其意中先有以渥爲厚之見存，故檢毛傳時遂忽略而致誤。蓋如詩之「既優既渥」，渥厚之説，易於在人意中，非能時時實究「渥」字之本義，是以如此。此又一故也。夫其所以遺毛傳之「漬」字者，實即由於胸有「厚」字之成見，則二故原即一故。觀其易陷爲淊等辭，則知其誤實由於段，而非刊書時遺寫一字，故不得不辨之也。且毛傳之訓渥爲「厚漬」，即使不遺「漬」字，亦非段氏所當引也。何也？「渥」字説文訓霑，其義起於天雨之漬，霑逮引伸，而後爲人事一切諸漬。詩之「渥赭」，人事也，故毛傳以引伸之漬訓之。至於以説文訓説文，則其本書「霑」字之訓，即所伸諸漬，亦復原在其中。且從未有説文所用之字義，而出其本書所訓之外者，何爲舍其本書，而反以毛傳之漬注之？渥之爲漬訓而非證，安用取他書也？況毛傳之漬人事，故爲漬之者也；沇州之渥漬則積雨，而積水並非人爲，而出於地之自漬，雖貌同爲漬，而其義實不相當，故段氏之引毛傳，即使不誤，而其義已疎，何況反遺其漬，而但引其厚？則因訓而轉致其義之相反也。然而古來諸書之注，其訓渥爲厚者，亦有之矣。夫渥之用爲諸漬，引伸之通義也。至於由漬而又變爲舍漬而言厚，則疎於小學者遷流之舛訓，而不得謂之引伸。何也？以離乎霑漬之宗，而無復影響也。如楚辭惜賢云「芳鬱渥而純美」，其「渥」字正以形容蘭蕙之如經雨澤，猶詩「沃若之如經溉灌也」，而王注訓之爲厚，非其義矣。又漢書賈誼傳云「德至渥也」，外戚傳云「蒙聖皇之渥惠」，其「渥」字中皆含雨澤之意，而顔氏訓厚，非其義矣。然則「渥」字豈獨説文訓霑？即此訓厚之諸文無不訓霑。豈獨説文、毛傳不訓厚，即此訓厚之諸文實亦皆不訓厚。凡此訓渥爲厚者，即按之於其所訓之本文而皆不合，以作者之本皆不誤，而誤於注者也。又詩簡兮，釋文亦以渥爲厚，明明背於毛傳，更不足論。又廣雅釋詁亦訓渥爲厚，彼書乃集衆箸而成，蓋即本於王逸之楚辭注者，而玉篇又本之，則訓之不可爲訓者也。訓他書且不合，奈何以之訓説文乎？試更以渥之所以不得訓厚者言之。夫「渥」字訓霑之起義於雨澤，不獨「渥」與「霑」二字也。説文渥訓霑，霑訓霑，霑訓濡，蟬聯遞訓，無非雨義。霑字从雨，不待言矣。濡以需爲聲，而即取其義，故經傳中多有以需爲濡者。雲上於天，需之義即濡之義也。是説文所訓之兩義，字字相承，略無歧側。觀其遞訓之諸字，則可見渥之斷然屬雨。即以施之諸漬，已屬引伸，夫安得又復全去其引伸之漬，而無端訓厚也？至如詩之「既優既渥」，在泛讀者以優字例之，意謂渥與優對文，可以爲厚矣，豈知其優字乃瀀之假借？說文訓瀀爲澤多，而引此詩明之，則瀀爲「既優」之本字也。詩以瀀、渥、霑三字相承，而屬於天雨，猶說文之以渥、霑、霂、濡四字相承，而屬於天雨，亦皆字字蟬聯，略無偏側，足見古人訓詁之精，不必字書始見。而下文以「既足」二字統結三言，更極文章之妙。且詩之蟬聯字義，豈獨三言！自其上文曰天，曰雲，曰雨雪，曰雰，曰霢霂，而又益之曰瀀，曰渥，曰霑，以後文之九字，盡承屬於首舉之天，若綱在綱，井然不紊，於此益可見「優」字之不能孤立，而必當爲瀀，則以瀀證渥，而即以渥證瀀，不有說文，何以使經義悉解？至說文又有「浞」字，訓「小濡皃」，段氏注以詩之「既足」當之，則非矣。渥、霑之後，何反小濡？且說文並未引詩，則非「瀀」字之例。故讀書者取乎會通，而又不可牽合也。由此觀之，則詩之「既渥」，實即說文之霑，與本文之瀀、霑，悉爲雨義，尚且非引伸之漬，遑言如後人意中之所謂厚乎？然則「渥」字之不得爲厚也，明矣。夫後世以渥爲厚，何不可行，而不能以之解古書，何況說文！今所解者說文，故不得不如此也。且說文之所謂「故以沇名」者，謂沇州爲九州之渥地，故其州名「沇」也。假如說文訓渥爲厚，何以厚地當名爲「沇」？「沇」字中未聞有厚義也；若云以水爲名，「厚」字中亦未聞有水義也，則所謂故者，無故也。若謂沇通於衍沃之衍，故水經注謂俗呼沇水爲「衍水」，則衍即所以爲厚。然無論「衍」字本非厚義，傳注中從無訓衍爲厚者，亦無論呼沇爲衍。即水經注已言其因聲近而傳呼失實，就使衍可通沇，又可訓厚，且並上文陷敗而置之不問，而通假之義，乃說文本書所不用，說文一書，原爲力矯通假而作，其書中既以沇、衍各爲一字，安有解名沇之故，而乃用衍字之義者？此尤斷斷無之者也。況衍與沇，聲雖近而實不同，故水經注始爲分出俗呼之異。然則又必不能託辭於衍沃，而說文之所謂「故以沇名」者，乃實無合於「厚」字之故矣。乃段氏亦正見厚與沇之無從關合，則於「故以沇名」句下，注爲沇、台音同義同，竟似說文。此語乃謂台之以沇爲名，而非謂沇州之以沇名者，則由一「厚」字誤之，而逐爲强說也。夫如段氏所解，則敗與厚既相齟，厚與沇又無自相蒙，使說文一節之辭，乃成數橛，何以爲文義？良由誤會「渥」字，故至於此。則試舉說文而解之曰：「台者，乃山閒積水之地，水積而泥陷，則其地爲水所敗，故制字从口，象其山閒之形，从八，象其水敗之皃。其音讀若沇州之沇者，以沇州爲九州中積水之地，故不以他義名州，而即以州中之水名其州。」其解如此。後之解沇州者，所以證前之解台字也。許君之辭簡備，凡此所解，皆明明在彼二十餘字之中者，試申言之。夫台既爲陷敗之義，則必沇州亦本爲陷敗之地，而後合乎文義。不然，何爲以沇州解台也？何爲解沇州之義於「台」字陷敗之下也？段氏惟不見沇州之言陷敗，故誤渥爲厚，而反易去台下之陷字，而不知沇州爲陷敗之地，說文固已明言之也。於何言之？則即於「渥地」二字言之。蓋以「渥」字屬地，則爲引伸之渥，而不得復以本義之渥論之矣。夫人之所以不解「渥地」二字者，蓋意中既以渥爲厚，而或又混渥爲沃也。然沃者，人事灌溉之定名，而渥，乃天人統會之衆漬，義各不同。今欲明「渥地」二字，必知渥與沃爲兩義，又必究夫地之如何而可以稱渥，而後可以明之。且欲明地之稱渥，又必先明夫地之不得渥者，而後乃可明之也。夫渥之訓爲霑，霑爲雨䨮，其義本起於天，故人企雨而天澤之，則曰「既優既渥」。雨者，水也。水降自天，渥爲膏澤，乃渥之屬於天者，美事也。渥非訓美，因其渥之屬於天而美之，美在字外，不在字中。然渥可屬天，而不可屬地。何也？渥爲雨澤，雨之所至，雖在地，而不得稱爲渥地。

蓋雨即地濕，晴則地乾，乾濕得宜，而後爲美。若稱爲渥地，則常濕矣！且即使雨而常濕，亦但可稱爲恒雨，而不得謂之渥地。以雨降自天，非地自渥。且雨終必止，而地原不渥也，則非渥地也。此水之出於天之斷不得稱爲渥地者一也。若以沃字之義言之，說文訓沃爲溉灌，此字之起於人事者，與渥之起於天文者不同也。人所溉灌之水雖及於地，然必燥濕得宜，不使地之偏於漬渥。惟其不渥，是以種蓺肥美之地則謂之沃土。沃土字者，謂其土之適於灌溉。土爲地利，沃則人事也。假使灌溉而偏於漬渥，尚何沃土之有！故「渥地」二字，實與沃土相反。沃土者，人操乎燥濕之名；渥地者，地有濕無燥之謂也。且即使灌溉而偏於渥漬，其渥乃由於人，而非地之自渥，亦不得稱爲渥地，何況安有此事也？此水之出於人之斷不得稱爲渥地者二也。至於川流之水，各有水道，而不涉乎平地，則自溝洫以至江河，皆不得謂之爲渥地，更易明也。此即水之出於地，而亦斷不得稱爲渥地者也。夫至於天與地與人之水各及於地，而皆不得稱爲渥地，然則「渥地」二字無可名矣。然而「渥地」二字，實已爲沇州之主名，則不問而知爲積水之地耳。夫積水，則積川、積雨皆在其中，要之皆因地形之高下而致久積者也，所謂陷泥地也，所謂水敗也。夫積水即俗語所謂淹水，淹之訓漬，與渥同，如禮記儒行注訓淹爲漬，詩楚茨疏即以漬爲淹水。淹則停滯，故說文訓滯爲凝，淮南注訓滯爲止，而諸書則積曰積滯，淹曰淹滯。說文訓渥之霑曰霑滯，又由霑而訓𩅧之濡曰濡滯。凡以上與渥通訓之字皆曰滯。而魯語云：「敢告滯積，以紓執事。」若以言水，即不啻言滯漬，以滯之義本爲凝水、止水也。夫言渥而忽及於滯者，以渥爲積水，非滯字不明，而又舉滯以通於渥義之諸字也。蓋說文「渥」字雖止訓霑，然凡此以上所舉之「漬」字、「淹」

字、「䨩」字、「濡」字，推之如經典中之「漸」字、「浸」字、「漚」字、「潤」字之類，實皆合乎「渥」字引伸之通義。夫引伸而即爲通義者，即如霑字从雨，義雖起於雨，而不得以雨該衆漬，即不得不以霑屬他端。是雖引伸，而實通義。是以説文訓渥爲霑，而三蒼、方言等書即以渥爲漬，猶之毛、鄭之以渥爲漬。且一漬訓也，而諸書中「渥」字用之，「霑」字用之，「淹」字用之，「濡」字用之，即「漸」字、「浸」字、「漚」字、「潤」字皆用之。乃至鄭司農鍾氏注湛、漬之訓即「䨩」字亦用之。是諸字展轉相訓，其義皆與渥通，蓋霑、渥者不獨雨，即一切皆爲霑、渥。惟以霑、渥加於地字之上，而指爲其地之主名，則必常渥之積水，則即滯字之義，蓋渥之公訓爲水漬，渥之實象爲水積，渥之通稱爲水淹，渥之究境爲水滯。然則渥地實即漬水，即積水，即淹水，即滯水也。至説文之所謂陷泥者，蓋水滯則泥陷。楚辭懷沙云：「陷滯而不濟。」注云：「陷，没也。」易繫辭疏亦云：「滯，謂陷滯。」是皆喻人之陷滯，而本義則水也。又晉語云：「馬濘而止。」注云：「濘，深泥也。止，戎馬陷焉。」則實爲泥之陷也，則即説文之「陷」字，乃陷泥地之明證也。説文之所謂水敗者，蓋水淹則敗。方言云：「漫，淹敗也。」濕敝爲漫，水敝爲漫，漫與淹爲水敗，故今俗語猶以淹水爲漫水，其低下者則謂之渥水。而廣雅亦以漫淹爲敗，則實謂水之敗也，則即説文之「敗」字，乃「水敗兒」之明證也。夫惟水敗則泥陷，惟泥陷則水敗，此即易坎窞之義。凡積水之處皆爲坎，坎即水，而窞即陷，故説文訓淤爲「澱滓濁泥」，而張揖上林賦注即訓淤爲漫。以一「淤」字，而互爲泥水之訓，則更可見即水敗，而即泥陷也。而段氏乃易陷爲洎，何以位置其敗字也？且「渥」字之義，更有須申論而益明者。夫「渥」字與前所舉之諸字皆爲漬義，然則諸字豈竟一一相等，而絶無分別乎？則又不然也。夫漬者，水浹之統義也，然漬之事物不一，則制字之原，又各有別析於諸漬之中者，如霑从雨而沾聲，則既取雨，而必又以沾爲義；淹从水而奄聲，則既取水而必又以奄爲義。此僕所謂「凡爲聲之字，必兼取其聲之義」。大凡訓詁，如但解其字，而不能窮合其所以爲聲之義，其訓詁未有不誤者。此說非以形聲而兼會意，乃其義原寓於聲已成之字，而非字由此作也。蓋凡形聲之字，莫不皆然。渥雖霑，其義乃起於屋，凡字之以屋爲聲者，皆主局限一隅之義，如釋名訓屋爲奥，風俗通訓屋爲止，穀梁注訓屋爲覆，蓋惟其有所限局，是以爲奥、爲止、爲覆。又釋名謂「幄，屋也，以帛依板施之，形如屋」；左傳疏謂「在幕下曰幄」；漢書注謂「帳上四下而覆曰幄」；王制注謂「長不出膚爲握」；莊子李注謂「捲手曰握」；管子注謂「兩手相拱，著而不申者謂之握遞」；楚辭注訓偓促爲拘愚；史記集解引應劭訓握齱爲急促，而其字或作握齪、喔蹴、齷齪。諸書皆訓爲局促、局小、局陿，其實皆屋促二字也。凡古屋促之字，皆即局促，則屋字義同於局，即局蹐之局。雖人爲大屋，而以視虚空，則亦局，故曰：「謂天蓋高，不敢不局。」是以諸屋聲之字雖各施，而皆本於屋義之局。且如詩權輿箋云：「屋，具也。」正義以爲釋言文，而今釋言作握。釋文又謂李本作幄，是屋、握、幄皆義通於具。嘗怪考工記匠人注亦訓屋爲具，而不得其真解，諦觀注中三三相具之説，知鄭氏亦本自未明。何也？具字所以解夫三之屋，三而成具，則其義必屬於三，乃解之曰：「一井之中，三屋九夫，三三相具，以出賦税，共治溝。」如此，則三之界限無所分，何以見三之爲具爲屋？即出税治溝聯以九，何以見其分於三？是漫然以井解屋也。蓋屋之爲具，乃相承之舊説，鄭氏雖用，而亦未喻。及僕知屋義之如局，乃知局之即具，蓋各方讀局如具者甚多，不獨北人也。屋之如局，前已可見，試更以井田明之。夫司馬法所云「夫三爲屋」者，謂一井之中凡三遂，每三夫同一遂，以承受畎水。同一遂即是同一屋，故云「夫三爲屋」。其稱爲屋者，程氏通藝録云：「夫三爲屋，三夫田首同枕一遂，遂在屋閒，謂之屋者，三夫相連綿如屋然。」又自注云：「三夫三百畎如屋霤，一遂共納之如承霤，但以一木行水也。」其言屋義甚明。蓋衆畎之象，如俗語所謂瓦；行其水入遂中之象，如俗語所謂流入合漏。此其象之所以爲屋。而三夫同一遂，即同一屋也，古義，不必定以人所居者爲屋，此象則即爲屋。是以屋之義通於局，即證於前之諸字，而此三夫之屋，衆畎分行，正如枰局之衆，亦即局促之形，三夫而後成一局，由是而什佰千萬局統視諸此。故溝洫之制，萬井皆起於一屋。屋之訓具，具即是局。其可證者，説文⿱具糸、⿱具車、⿱具木等字皆以具爲聲，而音皆爲居玉切之局。在廣集韻之燭部，集韻以⿱具木、梮爲一字，段氏説文注亦云梮即⿱具木字，然則古者具、局同字也。又詩關雎疏云：「句者，局也，聯字分疆，所以局言者也。」孔氏此説，當出於舊。夫句與具同音，由此疏觀之，必兼同義。蓋文字斷言，尚且聯字分疆而爲局，豈有夫三成屋，非聯人分疆以爲局者乎？則具之爲局，顯然也。由此觀之，則凡屋、幄等字皆局也，是以訓具之屋或書爲握，或書爲幄，而凡屋促之字，其義皆爲局促，即鄭氏於易萃之「一握爲笑」亦注云：「讀如『夫三爲屋』之屋。」知此則知渥字之所由制矣。夫前所舉諸屋聲之字義皆起屋，何獨渥字不然？蓋渥之起義於霑雨者，正取乎雨被於三夫之屋而成字也。夫田閒水道莫小於畎，故雨集必先由畎入遂，而溝，而洫，而澮，而川。畎水入遂，如屋水之入承霤，則畎即屋也，三夫三百畎即一屋也。屋迫近於田，雨至田即爲入屋，故言雨之象自屋始，非畎則不爲屋，非屋則不近田，所以雨澤及田，制字而謂之渥。蓋屋屋皆水，則雨無不至，屋屋通水，則雨無不足矣。此可見其義之所以訓霑。而漬爲偏義，所謂漬之事物不一，制字各有其源也。然則渥之制字，與諸屋聲者之皆起義於屋，無不同矣。蓋渥之爲字，合而言之則大。何也？一雨而屋屋皆霑足也。析而言之則小。何也？當雨而所霑僅一屋也。故必明其字之所以然，而後隨處知其訓詁。至渥象之小，又可於程氏書證之。其言云：「一旦雨集，以大承小，遞相承焉。」其承𤰝者，名之以遂。何也？慮其蓄而弗暢也，故遂之。夫𤰝即受雨之屋，屋爲入遂之途，觀此所言，可見先聖始立遂名，乃即爲屋流不暢而設，則是遂與屋爲暢滯之對舉，而屋義之爲局促，更自顯然。夫屋之流者渥也，雨象在渥，而不暢之象即在渥，故相傳以水之滯流而不遂者皆謂之渥，則由於屋義之原爲局促也。其以渥爲大者，則屬於雨之統觀，而非屬於渥之本字也。若謂「渥」字不如此解，何以合於屋聲諸字？何以从水專爲雨霑？何以解於說文「渥地」？然則「渥」字以義言之則爲雨屋之定義，以象言之則爲屋雨之定形矣。由此推之，易鼎卦之「其形渥」，即此渥也。今必明乎「餗」字，而後可以言渥。餗，馬氏訓爲健，爲糜，而於繫辭作粥，鄭氏訓糝，說文亦訓健。是鼎實之霑漬者也。惟其霑漬，故鼎足折而餗覆，則餗霑渥而鼎欹向下，正與渥象相同。王注以爲霑濡，得其義矣，而未能解「其形」二字。夫句中「其」字之文義，緊承鼎之折覆，貫下，則其者鼎也；其形者，言鼎折覆後之情狀也。王注但言體爲渥沾，而不言鼎狀，是止解「渥」字，而不解「其形」二字，即「渥」字之義仍未解也。至於九家易及鄭氏、虞氏說主於刑義，皆牽强古「形、刑」二字通用。然此文方言鼎象，何應忽及於刑？即曰體應三公，言刑亦爲躉越。虞氏兑渥爲刑之說，殊非象義。

且句中其字顯然指鼎，則其形者實即鼎形。若以爲刑，豈能被刑於鼎？若云非鼎，安能以其字屬人？若云「渥」字古本皆如鄭注从刀之剭，義實爲刑，然九家易除鄭氏外亦多不出，鄭後彼訓渥爲厚大，豈能作剭？且九家易惟以渥爲厚大，其所云罪重，乃兼取上文「刑」字，虞氏何以以一「渥」字遂爲大刑？且「渥」字原無厚訓，就使渥能訓厚，必屬美詞，安能反以屬之重罪？且同一刑也，九家易與虞氏既用「渥」字，以爲厚大重刑，鄭氏又於周禮注引此爲剭，以爲不刑於市，而送甸師，義將誰適？且覆餗即應加罪，止合虛論咎愆，若如所云：「渥，厚大。刑剭送甸師。」易非律令之書，何故遽成大辟？且象鼎之三公，非必同姓公族，例亦不合刑於甸師。若云此剭非在甸師，鄭氏何爲於司烜注明明解此「剭」字？且易之凡言凶者，皆象在凶前，事乃隱約而居凶後，何因大刑已著，始反稱凶？且其象辭所云，信如何者，正謂覆餗之後，形象如此，信當如何之凶？若大刑已著，安得尚有如何之釋？凡此以上，如果「刑」字爲是，則應義有指歸，乃反絶無指歸，則是並非「刑」字。諸君不究形、刑通用，不尋「渥」字之真，乃至並不顧其字合上兩句之文義，而意爲之解，雖爲漢學，僕不敢阿也。夫所謂「其形渥」者，以渥爲夫屋挾雨之定形，其象敧斜而下，而此時之鼎狀似之。蓋鼎三足而止折其一，則鼎方傾側，餗雖覆，而鼎未空，餘餗在水〔一〕，有如停屋之雨，鼎含餘餗，猶之帶雨之屋，夫如是謂之「其形渥」也，夫是以謂之其形也。繫辭之所謂德薄者，知小、力小者，所以明「渥」字也。薄與小，即屋之局促、局小、局陿也。薄，何以義同於

〔一〕「水」，據文義似當作「鼎」。

小？薄之言迫，故諸傳注通訓薄爲迫。廣雅云：「迫，陿也。」左傳疏云：「薄者，逼近之意。」豈非屋之促、小而陿之義也？曰「不勝其任」者，所以指其形也。曰「鮮不及」者，所以應「信如何」三字，而以解「凶」字也。謂其鮮不及於凶，非謂形爲刑也。明乎易之「其形渥」，更可以明乎説文之「渥地」矣。且諸經中之「渥」字，又有不可不明者。考工記鮑人之事云：「革欲其荼白而疾，澣之則堅；欲其柔滑而腥，脂之則需。」其文「疾」字一斷句，不連「澣」字，「腥」字一斷句，不連「脂」字，鄭司農云：「腥，讀如沾渥之渥。」則「腥」字之義猶言潤澤，言欲其柔滑而潤澤，須塗之以脂則需矣。需即濡也，濡即渥也。其文謂脂之而後能渥。渥爲潤澤所冀之革象，虚辭也；脂爲膏油所施之人事，實物也。脂非即渥，猶之上句澣非即疾也。乃玉篇、廣雅皆訓腥爲厚脂，集韻訓爲脂豐，是直以渥爲脂。「腥」字不見他書，覈其所訓，顯然即本於考工記，而誤爲斷句。蓋其意必以「而腥脂之」四字相連，而後乃以腥當脂也。然觀考工記之文義，即書从肉之腥，亦不得以當下文之脂字。若此句以腥當脂，豈不以上句之疾當澣乎？必不能也。且無論「而疾澣之」四字相連斷不成文，若如其所斷之句，即其行文，亦豈考工記之句法？其所以誤斷者，由於見經之前文有「欲其荼白」、「欲其柔而滑」二語，以爲此文重述，不應句末忽加兩字〔一〕。豈知「荼白」、「柔滑」之義已盡於前文，此二句言欲其既荼白而又疾，則須澣之而乃堅。經文側重「疾」字，惟堅故疾也。欲其既柔滑而又腥，則須脂之而乃需。經文側重「腥」字，惟需故腥也。需即

〔一〕「字」，原作「子」，據夢陔堂文集改。

濡，腥即渥，即前所謂濡、渥，皆訓霑、漬之義。此鄭司農之所以讀如沾渥也。頃見通人著書，截「而腥脂之」四字爲句，心竊疑之。及檢玉篇二韻，乃知傳誤自古久矣。此亦關乎「渥」字之義者，不可不正之也。且經典中之「渥」字，又有不可不明者。考工記㡛氏云：「湅絲以涚水，漚其絲。」又云：「湅帛以欄爲灰，渥淳其帛。」又云「清其灰而盝之，而揮之，而沃之」云云。鄭氏於「漚」字注云：「漚，漸也。」於「渥」字注云：「渥，讀如『鄫人渥菅』之渥，以欄木之灰漸釋其帛也。」於「沃」字注云：「更渥淳之。」是鄭以漚、淳、沃三字爲一字也。「鄫人渥菅」出於左傳，而左傳作漚，今鄭氏讀「如之」，是直以渥爲漚，故亦解之爲漸，而與上文之「漚」字同訓，則是鄭謂記文有兩「漚」字也。鄭又以沃更爲渥淳，則仍謂即讀漚之渥，是直謂記文有三「漚」字也。夫使渥與沃皆同於漚，記何以三字異文？即不同字，而但爲同義，記何以不同書爲一字，而異爲三文？然此猶論字之迹象也，乃其義理，實有本不同者，而鄭氏誤混之，以至不能解此職之全文。今必先明乎漚、渥、沃三字之義，而後可以明㡛氏之文也。夫說文訓漚爲久漬，則「漚」字之本義爲漬，而「渥」字之通義亦爲漬。至於「沃」字，則本不得訓漬。何也？凡與水相深相入而後謂之漬，漬之言積，故何休公羊注以漬爲多積。說文訓漬爲漚，諸書訓淹，訓浸，訓染。其以「漬」字引伸於他事者，如曲禮「四足曰漬」，注云：「謂相瀸汙而死。」公羊傳云：「瀸者何？漬也。」吕覽云：「管仲有病，漬甚。」可見漬者，深入之義，故前所舉霑、淹、霂、濡、漸、漚、浸、潤等字，皆爲水深入而訓漬。至於沃爲溉灌，乃浮暫之水，安得爲漬？夫溉者，滌濯之謂，其字亦作摡，如周禮之「帥女宫濯摡」，儀禮「摡鼎」、「摡甑甗」，曲禮「溉者不寫」，詩「溉之釜鬵」，皆謂澆水滌濯器物，故其義同於灌。灌者，斟注之謂。説文以灌訓注，又以注訓滴，故凡諸書之言灌者，皆謂以水從上注下。如禮之「灌鬱鬯」，則以酒酹地而謂之灌。又如周禮典瑞「以裸賓客」，裸即灌。又投壺奉觴曰賜灌，則生人飲酒亦謂之灌，而沃水盥尸亦即是灌。至於以漑灌施之於田土，則極乎注水盛大之一端。然人力澆灌之水，浮而不積，非能深入土脈，故雖田土之漑灌，亦不得爲漬。何況「漑灌」二字，本該乎一切滌濯斟注微細之事物，而田土不過千百衆灌中之一事！即如漑鼎、漑釜鬵、灌酒、灌鬱鬯，何漬之有？且如曲禮所謂「漑者不寫」，其餘皆寫者，正謂漑者爲不漬，而其餘皆漬，其語尤爲易明。故必知灌漑非漬，則知訓漑灌之沃之非漬。即如禮之沃尸，豈亦令其筋血與水相漬入乎？沃尸非漬，即淳尸亦非漬。淳，説文訓漉，漉訓浚，浚訓抒，抒訓挹，挹又訓抒。段氏注謂抒挹爲出於水中是也。故一切經音義引通俗文云：「汲出謂之抒。」詩生民釋文引蒼頡謂抒爲取出。即漉、浚、挹皆一義也，是則淳之義同於抒、挹。淳、沃者，乃謂以手與水出入上下而數沃之耳。若以淳物，則取物出水；即不淳物，而取水出水，皆謂之淳。其取物，即俗淘米、淘井之意象，故淳訓漉而訓浚。其浚，即孟子之浚井。説文之以滰爲「浚乾漬米」之義，淘出淘入即是淳也。其取水，即俗之舀水，舀即詩「或舂或揄」之揄，亦不定取水取物，毛傳、説文皆訓爲「抒臼」，乃詩「挹彼注茲」之義。屢挹屢注，即是淳也。廣雅訓掏、舀、挹皆爲抒，又訓浚、滰爲湿，並是淳義，要之皆非漬也。説文所云「浚乾漬米」者，漬在先而浚在後。考工記鍾氏云「淳而漬之」者，淳自淳而漬自漬，乃謂淳而又漬，非淳即爲漬也。即内則之所謂「淳熬」、「淳母」者，亦謂沃膏而上下出入挹注之，沃之非一，故謂之淳。推之即左傳之所謂「淳十五乘」，杜注訓淳爲耦者，亦正以其非一而謂之淳。

蓋淳者即諄切反覆熟告，「諄」字之義，乃謂諄諄，澆沃之再三，故相傳讀淳沃之淳爲諄，其實音無二讀。此僕之所謂「凡爲聲之字，必兼其聲之義」者，於此可見一隅矣。試待以「堯」字、「夭」字，尋乎「澆、沃」二字所以制字之義，亦必無不合者。此漢儒所未晰，冀學者反三可也。淳之大旨如此。且灌、溉、淳、沃四字，試以詩之「挹彼注茲，可以濯溉」二語釋之最明。灌者注也，溉者濯溉也，其義彼此相互。沃則兼乎注與濯溉，而以注爲主。說文之訓沃爲溉灌者，兼乎注與濯溉之說也。又訓澆爲灌者，以注爲主之說也。淳則兼乎挹、注、濯溉，而以挹爲主。禮之以淳爲沃者，兼乎挹、注、濯溉之說也。說文之訓淳爲漉者，以挹爲主之說也。惟淳之挹注，即於其水，無所謂彼與茲耳。如是而四字之義無不明矣。明沃而又明淳者，淳明而沃乃可明，且正所以明㡆氏之渥淳，左傳之淳鹵也。蓋沃者澆之甚，而淳者沃之尤，沃已不止於薄澆，而淳去之尤遠，故說文以醇爲不澆酒，而諸書多訓淳爲不澆，因以淳、沃皆爲厚義，其訓詁之故顯然。要之三字之皆爲溉灌亦顯然。夫止於溉灌，則無論厚薄，皆未有與水切爲深入者，則渥之爲漬，亦顯然也。是以諸書無以沃爲漬者。惟廣雅以澆、淳、沃、灌等字皆訓漬，彼蓋謂經水皆得爲漬，而未之深審，故王氏疏證無以證之，但疏之云「皆灌之漬」四字而已，究不知其若何爲漬，則可見其漬訓之不合於經傳，無從徵引以明之也。廣雅一書，精之中閒有疏義，以其采輯衆家，在觀者實覈之耳。又玉篇沃下有「潰」字之訓，蓋「漬」字之誤，則即采之廣雅。總之，沃灌之義，皆謂人事，一切小大之挹注，與沃泉灌河之由於地力者不同。既屬於人事，而稱之爲澆、爲灌、爲溉、爲沃，則即本無漬義。若人事而用漬，則即別有漚、渥、淹、浸等之字面，而不稱之爲澆、爲灌、爲溉、爲沃。古書具在，歷可考見。蓋此數字之出於人事者，乃不漬之定義定名也。凡此皆以明沃之不得爲漬者也。然今欲明㡛氏之文，若謂沃必不得爲漬，或反疑爲强説。就使沃真訓漬，然漬之爲義不一，則前所云，又有各析於「漬」字之中者，所當分別觀之也。試以「漚、渥、沃」三字之漬言之。沃者，物在下而水從上注之，今俗之所謂澆，澆之甚則曰沃也。渥者，置物水中浸之，今俗之所謂泡，泡之透則曰渥也。漚者，聚物濡水而閉鬱之，今俗猶謂之漚，漚之音亦轉爲遏也。所以漚者，爲將舒洩其物，物平不舒，則必先閉悶之，涵水而不露水，使遏水氣不外出，逼入物裏，然後物氣鬱極而外布。凡所漚，多是物母未舒之質，而非已成適用之物，蓋將以漬之、剥之、抽之者也。此正合於説文所訓爲久漬之漚者，乃漬之屬於裏者也。所以渥者，浸物水中，合其氣性，令水物表裏融洽，水適於物，物適於水，但使均透，而非鬱水氣入物裏，斯乃已舒之質，既成之物，浸之將以適用。若成物之後更遏，則潰物而非潰質，必致物敗，是其不可漚，亦無須漚者也。此正合於説文所訓爲霑、䨲之渥者，乃漬之屬於表裏者也。所以沃者，物乾則沃之使潤，汙則沃之使淨，水雖歷物，而非令水物相融洽，不責水氣合物，亦不責物氣合水，量可而施，適用而止，其功力止於澆注，其本意亦非爲浸淹，是其在田土則不能渥，在器物則不可渥者也。此正合於説文所訓爲溉灌之沃者，即以漬論，乃漬之屬於表者也。夫漚、渥、沃三字之分別如此，乃鄭注全誤，今不得不正之。僕觀㡛氏之文，雖未知古人所以治絲帛之法，然其文義則可見也。説文湅繒爲練，故湅之義統乎絲帛。㡛氏分湅絲、湅帛二段，而湅絲之中有兩事，湅帛之中有三事，必能劃而後能明之。其云「涚水漚絲七日」者，謂湅繭而始析絲也。絲必繭潰而後可析，故以温水漚之，漚七日蓋足。當今之煮一日，其不曰湅𧄍者，𧄍即是絲，觀國語𧄍絲之言可證。若云漚絲，非爲漚𧄍，何以蠶吐𧄍謂之吐絲？且㡃氏職掌絲帛，若不繅𧄍爲絲，絲從何得？𧄍將誰湅？然則漚者，漚𧄍即漚絲也，此湅絲前半之事也。自「去地尺」以下，至「水湅」，則謂湅已抽之絲而暴之宿之。其云「七日七夜」者，與上文漚絲無涉。若以此七日夜屬之漚絲，則前文之「七日」二字何爲者？既前以「七日」二字爲界限，固截然兩事也。此湅絲，後半之事也。如是而治絲之事畢矣。其「以欄爲灰」四語，謂灰其始成之帛，欲令灰水與帛融洽，故漬渥之。又恐灰之沉散而不徧，故淳而上下出入之。淳雖非漬，而淳乃所以助其漬，故曰「渥淳其帛」。至於實器淫蜃，則灰而加粉也。曰「實之澤器」，則是出諸灰水器中，而別入一器。澤器，謂塗澤蜃粉之器，非如注之滑澤。此時於滑澤奚取也？此湅帛初始之事也。自「清其灰」以下，至「明日沃而盝之」，則謂潔其既灰之帛。其曰「清其灰」者，即是一沃，不沃何以爲盝？曰「清其灰而盝之」，猶下文言「沃而盝之」也。言清而不言沃者，清即是沃。廣雅云：「沃，漉也。」惟沃而後爲漉也。清，如周禮酒正之清。彼清謂去其滓，此清謂去其灰。清乃沃水之實事，非虚義也。沃而惟恐灰之不去，故盝而上下出入之。盝即是淳，而不言淳者，以上文之淳乃以濁水而入其灰，此之淳乃以清水而出其灰，其義不同，故變淳爲盝也。其曰沃之者，此時既清其灰而盝之揮之矣，尚恐其不潔，故再沃灌以清水，而又於此水中盝之。既盝，又實諸澤器，而塗之以蜃。不言澤器者，塗即是澤，一「塗」字已包乎「澤器」二句也。其曰宿之者，謂塗之而歷一夜，非下文「宿井七夜」之「宿」字也。其下文之明日，正以表一宿也。前文沃盝不言明日，因無所謂一宿，則無待於明日也。至「明日沃而盝之」，凡沃盝三次，則灰清而帛無不潔矣。此湅帛中間之事也。自「晝暴諸日」以下四語，則謂以此既潔之帛，如上湅絲之法而湅之，故其文一字不易。此湅帛終末之事也。如是而治帛之事畢矣。按巟氏考工記之文，所以記載職掌之實事者也，與周禮五官實出一例，故自纅絲以至成帛，莫不全爲舉列，如是而後巟氏之事備。至其所謂沃之、盝之、揮之、塗之者，乃其按部就班之一一實事，言一沃即是一沃，言兩沃即是兩沃，非如相機行文，可以意爲參錯。蓋其清灰之時，沃盝實止三次，揮一次，塗宿一次。以理揆之，其灰自無不清，其帛自無不潔。所閒之文，應揮之時而揮，應塗之時而塗，不復再塗。準物稱情，了然層次，安得如注所謂亦七日如漚絲者？若治清灰之帛，仍如漚未抽之絲，其帛豈不潰爛！且鄭氏於前文即誤以涚水爲灰所泲水，若如其言，無論不合於纅絲之説，即其以後文之灰，混前文之漚，顯然顛倒記之文義。此而未當，無怪其不能解此職之全文也。至於「漚、渥、沃」三字，若如其注，則是渥亦爲漚，即沃亦如渥而爲漚，前後混同，至不可解。夫其「漚」字之注，所云楚人曰漚，齊人曰涹者，即楚辭九歎所云：「盪渨涹之姦咎兮，夷蠢蠢之溷濁。」王逸訓渨涹爲汙穢者，蓋物閉遏則穢濁，所以爲漚。左傳「鄫人漚菅」，而曰「何故使吾水滋」者，菅本不滋，漚之於泥，而後汙穢而滋黑。鄭氏明知漚義，而乃以湅帛之渥屬之，且至以清灰之沃亦屬之，何歟？蓋鄭之所以誤者有二，其一由於未解「涚」字。鄭氏於周禮、禮記雖以涚爲泲，而其義總未透晰。今試以俗語解「涚」字，一語而明矣。「涚」字以兑爲聲，其讀即如兑，亦即如對。其相傳以爲舒鋭反者，由於方音之異，著反切之時，止據其一方耳。如説、悦、鋭、脱、税、梲等字，既皆爲兑聲，即皆當讀爲一聲，何以每字至讀爲每音？則由於偏據方音，而相傳如是，後世遂以爲典型耳。涚爲兑音，詩皇矣兑、對句連，其讀如對。今俗語猶然，即以酒論，吾揚市酒有以木瓜、百花、燒酒相攙和者，謂之木三對，又有南三對，實即涚也，即古者泲和之説也。郊特牲所謂「明水涚齊」者，謂即以明水涚於齊中，故曰：「凡涚，新之也。」謂齊酒爲舊醳，涚以明水則新也。其下文云：「醆酒涚於清，汁獻涚於醆酒。」皆此涚也。鄭注乃解「涚齊」自爲「泲五齊使清」，而云「及取明水」，則以「明水涚齊」四字分爲兩截而解，兩截解，則即記文之「明水涚齊」四字先已不成文義，故鄭雖以涚義爲泲，而又解涚字爲清，是究未徹明涚之如對。且其注中亦即引周禮㡆氏「涚水漚絲」之文，夫㡆氏之文本無庸引，於禮注而顧引之者，則正以涚義之原未徹也，是以鄭氏又不能解祭統「夫人薦涚水」之文。夫祭統之「涚水」，即郊特牲之「明水涚齊」也，而注云：「盎齊涚酌，凡尊有明水，因兼云水爾。」若是則涚與水各別，記文何得謂之涚水而薦之？蓋由其專泥涚於酒，而義終未徹，故於㡆氏則以涚水爲灰所泲水。夫灰水在下文，此文何從先泲？安有先半灰而漚，後乃全灰而渥者也？鄭氏惟自覺其層次之未適，因以「渥」字亦破爲漚而顛倒紊亂之，則由於其意中泥於酒之以清涚濁，而不知水之以冷涚熱，而亦謂之涚，温水者以冷對熱之水也。今俗以水之冷熱相和者通謂之涚，與涚酒同。且凡物之攙和者無不謂之涚。「涚」字右旁爲兑，物之相和，亦即麗澤之義，和兑之義，故今即以法馬兑物亦謂之兑，乃兩兩相和之謂，蓋俗語多相傳，自古可以證經，豈獨「渥」字而已！説文訓涚爲「財温水」，而引周禮「以涚漚其絲」，蓋財温之水，不偏於冷熱而温和，即謂之涚。涚猶和義也，謂各半而相和。平聲之和，即去聲之和耳。乃段注反謂「若從許説，則内則、祭統『涚』字不可解」，良由不達其旨。按内則並無「説」字，其所言者，蓋郊特牲，出於誤筆，非如毛傳渥厚之文，誤引之而從其義也。至於集韻以「涚」字列爲三切，而分水酒之義，則反切後之歧途耳。要之，鄭注之混乎漚、渥、沃三字者，此一故也。又其一，則因見記文之盝，仍即前文「淳」字之義，遂誤以沃爲仍即前文「渥」字之義，此又一故也。其實皆由於未解「涚」字，以致全文皆誤，則二故仍即一故。總之，乃鄭氏之偶疎而未深察耳。夫漚絲者，鬱而漬之也。渥淳其帛，以灰水漬之，不鬱也。沃之，則但澆沃而已，不漬也。即觀其記文，亦明明自言不漬。何也？盝之而即揮之，又盝之而即塗之，揮與塗未有不出諸水者，則明明不漬也。至於末之沃盝，遂以暴日，更不漬矣。然則此記亦即沃爲不漬之證也，即渥、沃不同之證也。夫渥、沃之異，人豈不知？即觀沃酒、沃盥之類，從未有書爲渥字者，而無如易地，則鄭氏猶且混之，安知他人不以混於與沃土相反之渥地？而許氏霑與漑灌之兩訓，實可使羣經盡釋，異説胥遷，豈獨明其本書之渥而已也！此以上皆所以明渥者也。至説文之所謂「故以涚名」者，並非謂「涚」字之義之闞合於渥地，乃第取乎涚之爲水之爲渥地也。渥之義爲水而非爲涚，以其水適名涚，故以涚名，言涚猶言水也。夫使其實取乎涚之字義以爲名，則但云涚州渥地，故以治名足矣，不必外言九州也。何也？涚自爲一州之水，驗在當前，如果與「渥」字義相同，固可不外本州而已足明其共詁。且涚僅一州之一水，於本州爲主名，於九州則偏狹，亦不足以舉其詁義以較況九州，故必言涚，不啻言水，而後可以舉況九州也，以水之義統而大也。其言渥地而舉況九州者，言彼八州皆非渥水之地，故皆不以水名，惟此一州爲渥水之地，故即以其州中之水名之。義止於水，而不主於「涚」，乃爲所以異於九州。其名涚者，其水適爲涚也，故曰言涚猶言水也。以文義非涚不明，故不曰水而曰涚。

許書不著閒字，故又不兼言沇水。若劉氏釋名則云兗州，取兗水以爲名，較説文多一「水」字。彼文非「水」字不明，此文無「水」字已足也。足於何見？即見之其上文之「九州」二字矣。惟其名沇，意主於水之統義，而後可以舉對九州；若主於沇，則一水小而九州滋大，何足以之對九州？故即其上文之言九州，而下文「沇」字之意已見，此許氏文義之精也。更觀釋名之文，正可見其實指。他州不以水名，惟兗州獨以水名，爲説文之明證。其八州不以水名者，則即釋名所云「青州取物生而青，徐州取土氣舒緩，荆州取名於荆山」之類。彼諸州皆不以水名，惟兗州獨以水名，則正合於説文之渥地。水經濟水注引孔安國曰：「泉源爲沇，流去爲濟。」則渥地乃似沇之爲濟源而出水，水與水相譬而名，蓋沇即「沿」字之義，謂其地之沿水而已矣，並非沇與渥又有相同之别義，而猶待訓釋也。至釋名所謂「揚州多水而波揚」，彼揚非水名，水非渥地，與此説文之舉渥地而以水名者不同也。如是而渥地之義明矣。渥地之義明，則魯地實因磽鹵而名，而僕之説爲不謬矣。蓋其所以名魯者，因其土之黑墳；所以名沇者，因其水之渥地。墳者亦渥，渥者亦墳。易説卦疏謂：「水澤所停則爲鹹鹵。」停澤者，渥也、沇也；鹹鹵者，鹵也、魯也。或謂沇州並不産鹽，何以以其地爲鹵？則即如「表淳鹵」之鹵爲埆薄，彼楚地亦不産鹽，並非爲「鹵」字之本義。是以「兑」字之上从台〔一〕，而其地即爲剛鹵，然則沇州與魯地之名相因而合者也。

〔一〕「台」，原作「兑」，據説文改。

且試即「兑」字而明沇、魯之義。説文兑，从儿，台〔一〕聲。按：兑字不得爲台聲。段氏以爲合聲，義屬牽强。僕謂此會意之字，但云从儿、台而已，聲字乃後人誤入者。今無論台之是聲非聲，要其字皆下儿上台，乃即一兑字。中而兑之，卦象已備。兑爲澤，屬於「台」字上之半水也；爲口舌，屬於「台」字下之口字也；爲少女，爲巫，爲妾，屬於「儿」字也，儿即人也；爲毁折，屬於台之山陷也；爲附決，屬於台之水敗也；爲剛鹵，屬於台之陷敗而磽埆也；爲羊，屬於台地之羸瘠也。説文解「祝」字云：「从示，从儿〔二〕口。一曰从兑省。」引易曰：「兑爲口，爲巫。」是其以口舌屬於兑中之口，巫屬於兑下之儿，可爲一證。又鄭氏解兑爲羊之句，而云其畜好剛鹵，則正以兑之爲羊，即屬之於爲剛鹵而爲一義，亦所可證，特尚未喻其自取乎羊之羸瘠耳。夫制字原與説卦無涉，而卦象悉括其中，若曰不然，兑亦何取乎「台」字而用之也？兑之取台，兑之所以爲澤也。然則兑又何以爲説？説者，兑之體；澤者，兑之象也。故明乎「兑」字之取義於台，則並可明夫渥之爲澤地，而沇之即魯矣。夫沇州雖非盡魯國之地，即魯國亦不盡系沇州，而魯都在沇，則實以地之大槩而名，猶之齊地不專在青州，而相傳則謂之「青齊」，蓋斷未有沇魯之地而磽厚相反者。今行役山東，有山路、湖路之别，山路多青、徐之地，湖路多兖州之地。每至春夏，澤停水漲，則湖路陷泥，不堪進轍，即所謂渥地也，沇之義也。及其水退，則土塊堅凝，輪蹄

〔一〕「台」，原作「兑」，據説文改。
〔二〕「儿」，原作「人」，據説文改。

錯硌，即所謂黑墳也，魯之義也。即釋名以魯爲鈍，謂國多山水，民性樸魯。亦謂魯取義於鈍，兼言人地。魯鈍，即鹵鈍也。地之磽鹵亦鈍也。古人質樸，不必凡地皆錫美名，名其實而已矣。若夫他書，則又有以美名釋兖州者，如春秋元命包以兖爲瑞信，或引作端；爾雅李巡注以兖爲謙信，或引爲信謹。然彼意與説文無涉，與兖魯之地土無涉。僕惟在明説文，明地土，以證淳鹵篇中魯地之説，餘不悉論也。至於段氏説文注一書，深明古義，多可矜式，而僕難之若此者，則正以其書之不可及，而不得不正其失以明經也。

前奉寄數條，末一條詳言渥、沃之别，於是沃爲溉灌之義習於胸中。隨因他字檢一切經音義，訝其引沃、溉、灌三字之説文，疎舛疊見，特爲表出，俾共知凡此等書之可采而不可奉也。説文解「灌」字云：「灌水出廬江雩婁，北入淮。」解「溉」字云：「溉水出東〔一〕海桑瀆覆甑山，東北入海。一曰灌注也。」解「沃」字云：「溉灌也。」三文如此。其灌與溉舉二水，而以溉灌之義别見於「溉」字之下，至精至括也。凡引訓詁之書，未有不慎舉其原文，而可意爲增損者。以訓詁本不過一二字，若增損，則必出其字義之範圍，失其訓釋之神致，所關似小而實大。況説文每下一字，必使如其義者無不入，非其義者無不出。夫是以舉其訓以備證諸經，鮮有不合，尤非後人所可妄厠一字。乃是書輒任意漫引之。其第一卷「溉、灌」二字下引説文：「溉、灌，注也。」此雖説文之原文，然説文乃以「灌注也」三字爲一句，而彼以

〔一〕「東」，原作「車」，據説文改。

解「溉、灌」兩字，則似説文本以「溉灌」兩字斷句，而「注也」自爲一句者。雖説文之文，而已非説文之句矣。其第二、三卷兩引説文「溉灌也」，謂：「灌，注也。」説文無此文也。第三卷又引説文「澆灌漬也」，則令人不可解矣。説文澆訓沃，沃訓溉灌，無論澆不訓漬，即沃與溉灌皆不訓漬。且澆雖由沃而轉訓溉灌，亦並未嘗訓澆爲灌，而玄應明明以爲説文之辭，爲問此「灌漬也」三字之説文從何而來也？其第四卷又引通俗文「溉灌曰沃。沃亦澆也、漬也」。其所引之「溉灌曰沃」，與説文同。下「澆也、漬也」之文，則其所增者也。第四卷引廣雅云：「沃，漬也。」僕閲至此，始知其前之以沃爲漬者，乃從廣雅而來者也。以其意中廣雅之漬，而誣引作説文之辭者也，可謂異矣！其第五卷引詩傳云：「沃若，猶沃沃然也，柔也，濕也，亦云下溜也。」毛傳亦止「猶沃沃然」四字，餘皆其所增設。今無毛傳，則人將謂柔、濕亦傳文矣。其第十卷引説文云：「灌，溉也。灌，注也。」説文無此文也。其第十一卷云：「沃猶灌溉也。沃亦漬也，澆也。」則不引説文，而爲所自釋矣。下文云：「沃，美也，濕也。溉灌曰沃。」亦不引説文矣。僕於此下，更不復閲。因思此等書之所以可重者，以其所引書籍今多不存，不得不藉爲菹醢。推之如唐、宋字書、韻書、類書皆然。雖有功績，然當識其涇、渭，分别以觀，善爲采用。乃世人反有據此等書所引，以補易見存之書，而其義非必即安者。甚至奉其顯謬之字句，公然以爲圭臬，良由不省遥源，但窺近跡，求古失古，浸亂其真。僕見坐此病者甚多，故聊於此明其無限中之一端，以告後之善讀書者。即如所舉，設今説文已亡，豈不令學者皆信其所引爲原書，而以之解字則字歧，以之詁經則經晦乎？由是觀之，則其所引他書之不存者可知也。而凡書之類於此書者，雖不至是，亦當研别，希足下共證之。

春秋左氏傳舊疏考正序

西漢傳經，主於誦習章句而已，其訓故惟舉大旨，記説或非本義，但取通藝，不尚多書，此秦燔後經學之權輿也。逮後漢廣爲傳注，然後語必比附經文，字承句屬，靡有漏缺；至魏、晉而解義大備，此既傳後經學之宗會也。洎宋、齊以降，則多取儒先傳注，條紬縷繹，各騁辨釋，而疏學以興。寖及於隋，撰著弗輟，此既解後經學之要歸也。蓋古者徵實之詣，至是而大具矣。夫授經及爲傳注，惟主一家之義，疏則兼舉衆説，疏通證明，明傳注乃所以明經，故研覈之事日繁，而輔翼之功滋大。其疏曰義疏，曰講疏，亦專曰疏。然疏者，乃其一時著書之體，並非其書必名曰疏，故當時成書亦多謂之義。若以義配他字，則如義宗、義記、大義、雜義之類，即前代之誼也。亦有專名義者，若范歆、伏曼容、崔靈恩、孔子袪等之書，皆孤謂之義，其書大都疏體。如皇侃論語、禮記義疏，其梁書本傳乃專稱論語、禮記義。沈重周禮、毛詩等義疏，其北史本傳亦專稱義。則義、疏二字可以分隸，不定以疏名書。是以當時凡稱某某爲義疏者，率通指體例，並非即其卷之命名。即孔穎達春秋正義序稱沈文何爲左氏傳義疏，經典釋文亦云：「沈爲春秋義疏，王元規續成。」而沈所著及元規所續書乃名義略。又孔序謂劉炫亦作左氏傳義疏，而炫書乃名述議。議與義古字通用，如後漢書許慎譔五經異義，鄭玄傳則作「異議」。即隋書炫本傳，謂炫著論語、孝經、春秋、尚書、毛詩述議，而經籍志皆作「述義」。隋書非出一手，是以各書。其志中孝經類謂王劭訪得孔傳送炫，炫因述其議疏者，即指炫所作之述議。議疏即義疏也，志文並未兼舉義議兩字。邢昺孝經疏采襲志語，而不達其文義，乃揣義議爲二，謂「述其義疏議之」，非也。且志辭方謂炫序述己書，專伸孔義，由是乃與鄭氏並立，豈反主於取他本之義疏議之？蓋議故即義，即可見炫所著諸述義，或攄發由己，或裒取損益，亦非必盡出一狀。若其左傳述義，就孔氏〔一〕正義逆之，則必兼采舊説，録其姓名，以分別引伸駁正，如吾友劉君孟瞻所云者。假令炫書而存，即謂炫以前諸儒之説並存，可也。炫傳載炫著春秋攻昧十卷、春秋述議四十卷，而新唐書藝文志則載炫攻昧十二卷，又規過三卷、述議三十七卷。規過不見於隋書，蓋即從述議四十卷分出，故述議止三十七卷，然亦可見歐、宋之疏矣。至宋史藝文志則載炫春秋述議略一卷，又春秋義囊二卷，或亦述議中展轉脱餘之帙，幾不可考。夫學者援後徵前，顧難傳信。又如隋志載春秋左氏傳杜預序集解一卷，劉炫注，而朱氏經義考乃不言注，竟似序爲炫作，設無左證，何以示諸後人？故就考敍炫書，名且致溷，遑問其餘！夫經賴傳注以傳，傳注又藉疏義以傳。凡漢人傳注，其不繫以正義者，悉多湮没，即賈、服之春秋解誼、解詁皆是，足見疏學爲用至鉅。然人知正義功在貞觀，而不知此學之貫穿明贍，萃於南朝，執守精專，又盛於河北。當時南北分途講學，及會歸隋氏二劉，實經學之大宗，故如炫之述議，設非唐人删爲正義，則其書可至今存，即炫以前之説舉可存。自有正義而後炫書廢，而諸儒之説盡廢，且不獨疏家之説廢，即傳注之説之存於述議中者亦廢。然則唐人之正義，襲故册而掩前編，乃唐人之過也。嘗慨左氏傳一書，凡杜氏以前

〔一〕「孔氏」，原作「孔子」，據夢陔堂文集改。

之習爲此學者，其書皆廢於杜氏；凡孔氏以前之習爲此學者，其書皆廢於孔氏。何則？杜氏之書名曰集解，「集解」者，自必匯諸解而集之，乃其注中更不指系一人，其序内則以「經傳集解」之目，位置於「分經與傳」數語之下，而與上文劉、賈、許、潁反若相離，於是孔氏遂聳稱其集由經傳，與何晏之論語集解不同。楊士勛穀梁疏亦如其説。然試問取傳附經，何名「集解」？文義不待再思而明。蓋杜意正以「集解」之名，混於經傳相交，又復盡乳羣言，歸其釋例，藉以遏先儒，而不覺專名之念，重若沉碑，可想證也。故自集解行，而賈、服諸家之書遂以日汩，此傳注之廢於杜氏者也。孔氏之書名曰正義，正義者，蓋謂正前此之疏義，即前所云諸書之名爲義者，非空義也。其名奉詔更裁，意在不甘居贊，定名曰正，則必先有委棄前疏之心，故其例必守一家之注而不衵，然後可以進退衆義，而不復更舉其人。至如禮記疏閒涉皇、熊，而體段曹然不見；毛詩疏空言焯、炫，而標著闃爾無聞，雖復肅、毓時陳，崔、盧偶掇，然疏中精義之出於誰何，祗成虚粕，又況左傳之顛倒彌甚矣！此固其臣之攘善，或亦其主之忌名，一紙蘭亭，尚圖專殉，可想證也。故自左傳正義行，而沈、劉諸家之書遂以日汩，此義疏之廢於孔氏者也。然他經之有衆説，固不可廢，而春秋尤不可廢。蓋易與詩虚而有則，書與禮實而可憑，雖有異轍，未容離畔。春秋介虚實之閒，一義之歧，眇不易斷，故其中大事，非可取決一家。乃自杜注出，而諸解盡亡。後人惟知有杜正義，又例不破杜，然惟杜氏輒即假傳以貢其私。其短喪之説，久爲前人訾議。至其申釋弑君「稱君君無道，稱臣臣之罪」二語，則吾友焦君理堂切譏之。雖舊注此説多同，不盡如焦所論，然杜每及是條，率爲深曲，非若出於無心。昔樂遜發杜違，諒抑有當，而其書弗傳。若非畸餘炫説，尚可僅見規摘前言，則後人奉杜，將謂可懸諸日月，其義允協於春秋矣，何可訓也？孟瞻近著春秋左氏傳舊疏考正一書，鉤稽正義中所藏炫説，及炫所采故義，逐爲釐出，使陳簡中混殽覆匿之迹，朗若撥雲。凡昔之自有而無者，今復自無而之有，覈實之思，等於叩寂，可云用心之勤。即觀宋督弒君一則，杜謂稱督以弒，罪在督，而又以孔父爲禍及其君。夫弒君之罪既在督，則孔父無罪也。於此而猶文致之，豈不督之弒君，隱然翻列孔父首惡！此杜以爲「稱臣臣之罪」者，其深曲尚如此。今孟瞻揭明正義「公穀」句下應具駁辭，則必當有辭嚴義毅足以令杜氏心慴者，語雖不存，實可想見。正義削而去之，反空折劉之規過，責以阿謬，其亦奚辭？然則著此書以尋炫説，雖意不主於非杜，而春秋之大義躍如，不獨釋辭講詁之是區，繼絶存亡之可貴矣。夫杜氏，左傳之癖，醰飫一生，豈遂遜槧前昔？正義葺經多彦，稡古鎔今，詎非精藝？惟察其所短，則不能盡予其長。且正義晝杜而袒杜，則杜氏雖短亦長；募人以毀人，則衆氏雖長亦短，又況泯其籍號，紊厥指歸，罔非短人之長，長己之短，平心以論，良復可嗤。夫紬注所以伸經，何形食蠧？信今斯爲傳後，豈預鳴蟬？竊怪當時既欲黜劉，又以爲本，及讐之而晉所從來，坐使周行之助，反喪於卬，須胠篋所開，致流爲疇，孰其於蟬蠹？抑又奚如？就使删定爲辭，意殊乾没，而難杜中杜，是劉非劉，且概不知所屬，則其蔽已多矣。孟瞻敦愿樸學，非故發唐人之覆，訖以蕲舊疏之真也。舊疏明，則傳注明，而經亦明，綴殘理缺之爲，不在自搼別論。蓋較諸陸、傅、二顧、兩惠諸家補正杜書，尤爲能得其要。且此緒一出，則使他端悉可類推，爰以訂六代流風，不徒娩雅兩河，舊宿自有典型。知人論世之衡，於茲未墜，行觀次第，而暨於諸經也。